Maths

DEFIBAC

enseignement spécifique
+ enseignement de spécialité

Gabriel Boissière
Agrégé de mathématiques

Marie-Laure Brunel
Certifiée de mathématiques

Vincent Douce
Agrégé de mathématiques

Gérald Gaudens
Agrégé de mathématiques

Rachid Hammoum
Docteur en physique

Florence Lomprez
Certifiée de mathématiques

Marie-Line Moureau
Certifiée de mathématiques

Cécile Rameau
Agrégée de mathématiques

Dominique Wargnies
Certifié de mathématiques

Vidéos :
Catherine Lebert
Certifiée de mathématiques

BAC T^le^ S

Ce code placé en haut des fiches vous indique qu'une vidéo vous est proposée. Celle-ci est lisible sur votre téléphone portable. Vous devez tout d'abord télécharger une application lecteur de code QR, puis prendre en photo le code via l'appli : vous accédez ainsi à l'ensemble des vidéos (films, schémas animés, cours de professeurs) de l'ouvrage. L'utilisation du code est gratuite.

Toutes les vidéos ▶ Vidéo sont indiquées sur le sommaire. Vous pouvez également y accéder via le site http://videos.defibac.fr.

Sommaire

Analyse

ISBN : 978-2-04-735142-0

Géométrie

Probabilités et statistiques

Enseignement de spécialité

16 Arithmétique

17 Matrices et suites

SUJETS DE DERNIÈRE LIGNE DROITE

L'épreuve de mathématiques

Description de l'épreuve

- **Durée** : 4 heures
- **Coefficient** : 7 (ou 9 pour les candidats ayant choisi les mathématiques comme enseignement de spécialité)

Nature du sujet

Le sujet de l'épreuve écrite comporte de **trois à cinq exercices** indépendants les uns des autres, notés chacun sur 3 à 10 points. Ils abordent une grande variété de domaines du programme de mathématiques de la série S.
Pour les candidats ayant suivi l'enseignement de spécialité, le sujet diffère de celui proposé aux autres candidats par un de ces exercices, noté sur 5 points.
Cet exercice peut porter sur la totalité du programme (enseignement spécifique et de spécialité).

Objectifs de l'épreuve

L'épreuve écrite est destinée à évaluer la façon dont les candidats ont atteint les grands objectifs de formation mathématique visée par le programme de la série S :
– acquérir des connaissances et les organiser ;
– mettre en œuvre une recherche de façon autonome ;
– mener des raisonnements ;
– avoir une attitude critique vis-à-vis des résultats obtenus ;
– communiquer à l'écrit.

Calculatrices

Sauf mention contraire sur le sujet, l'usage des calculatrices est autorisé.

Gérer son temps

L'épreuve dure 4 heures. Commencez par lire le sujet en entier ; repérez l'exercice ou les questions qui vous paraissent les plus faciles. Vous devez évaluer le temps nécessaire pour chercher, rédiger, relire chaque exercice.

En vous fiant aux indications du barème, prévoyez environ 30 minutes pour un exercice sur 3 points, 40 minutes pour un exercice sur 4 points, entre 50 minutes et 1 heure pour un exercice sur 5 points. Pensez à garder au moins 20 minutes à la fin pour relire votre copie.

Résoudre un exercice

Prenez le temps de lire, d'analyser et de comprendre l'énoncé. Il est important de relire chaque question et de retenir les consignes. Une question qui commence par « En déduire » a pour solution une déduction des résultats précédents.

Vous devez mobiliser et énoncer complètement les résultats du cours (définitions, formules, propriétés). Il s'agit de les restituer pour éventuellement argumenter vos réponses.

Un brouillon est souvent indispensable pour écrire vos idées, commencer un calcul, essayer une méthode.

Restez lucide et cohérent ; soyez rigoureux dans vos calculs et vos raisonnements.

Il faut toujours argumenter vos réponses (sauf dans les QCM ou les Vrai-Faux, pour lesquels l'énoncé précise de ne pas justifier).

Si vous ne trouvez pas de démonstration rigoureuse pour justifier un résultat, écrivez sur votre copie vos idées, calculs, réponses partielles, observations sur la calculatrice ; faites un dessin. Il faut montrer que vous avez pris des initiatives en indiquant toutes vos démarches, même non abouties.

N'hésitez pas à expliciter vos idées, vos recherches ; indiquez votre stratégie.

Lorsque vous rédigez, veillez à respecter les notations de l'énoncé et à utiliser le vocabulaire adapté. Pensez à numéroter les questions ; présentez soigneusement les figures et les tableaux.

Relire à la fin

Il est important de relire attentivement votre copie.

Corrigez les fautes d'orthographe, vérifiez les formules et vos calculs (attention aux étourderies dans les signes), soulignez les questions et vos réponses.

Si vous vous rendez compte de contradictions, d'incohérences, d'oublis, n'hésitez pas à le signaler et expliquez brièvement ce qui vous pose problème. (Par exemple, sur l'écran de votre calculatrice, une fonction semble croissante sur un intervalle et vous avez démontré qu'elle était décroissante parce que sa dérivée était négative.)

Pensez à vérifier la numérotation des pages ; vérifiez qu'il ne manque pas de réponse à un QCM ou à un Vrai-Faux et veillez à ne pas oublier les figures ou les documents à joindre à votre copie.

1 Suites

1 Raisonnement par récurrence

Pour montrer qu'une proposition P_n est vraie pour tout entier naturel $n \geqslant n_0$, on utilise le principe de récurrence :

– **initialisation** : P_{n_0} est vraie ;

– **hérédité** : si P_k est vraie pour un certain entier k, alors P_{k+1} est vraie ;

– **conclusion** : pour tout $n \geqslant n_0$, P_n est vraie.

2 Variations des suites

■ La suite (u_n) est **croissante** si, et seulement si, pour tout n :

$$u_n \leqslant u_{n+1} \text{ ou } u_{n+1} - u_n \geqslant 0.$$

■ La suite (u_n) est **décroissante** si, et seulement si, pour tout n :

$$u_{n+1} \leqslant u_n \text{ ou } u_{n+1} - u_n \leqslant 0.$$

■ La suite (u_n) est **constante ou stationnaire** si, et seulement si, pour tout n :

$$u_{n+1} = u_n \text{ ou } u_{n+1} - u_n = 0.$$

3 Limites de suites

a. Suites convergentes vers ℓ

■ Soit (u_n) une suite numérique et ℓ un réel. On dit que la suite u_n converge vers ℓ si tout intervalle ouvert contenant ℓ contient toutes les valeurs de la suite à partir d'un certain rang.

Exemple : Les suites $\frac{1}{n}, \frac{1}{n^2}$ et $\frac{1}{\sqrt{n}}$ convergent vers 0.

■ Si u_n converge vers ℓ, ℓ est appelé la limite de la suite u_n. Elle est unique.

$\lim u_n = \ell$ équivaut à $\lim (u_n - \ell) = 0$.

Exemple : $u_n = \frac{2n^2+1}{n^2}$; $u_n - 2 = \frac{1}{n^2}$, donc $\lim (u_n - 2) = 0$, d'où $\lim u_n = 2$.

b. Suites divergentes

■ Une suite divergente est une suite qui ne converge pas :

– soit elle n'a pas de limite.

Exemple : $u_n = (-1)^n$ ou $u_n = \cos n$;

– soit elle a une limite infinie.

■ La suite (u_n) tend vers l'infini si, et seulement si, tout intervalle ouvert de la forme $]A\,;+\infty[$ contient tous valeurs de la suite à partir d'un certain rang.

Exemple : n et n^2 tendent vers $+\infty$.

4 Opérations sur les limites

■ Si $\lim u_n = \ell$ et $\lim v_n = \ell'$, alors :

$$\lim u_n + v_n = \ell + \ell'$$
$$\text{et } \lim u_n \times v_n = \ell \times \ell'.$$

■ Si $\lim u_n = \ell \neq 0$, alors :

$$\lim \frac{1}{u_n} = \frac{1}{\ell}.$$

Si $\lim u_n = 0$ et $u_n > 0$, alors :

$$\lim \frac{1}{u_n} = +\infty.$$

ATTENTION
$\lim \frac{1}{u_n} = \frac{1}{\ell}$ si, et seulement si, $\ell \neq 0$.

■ Si $\lim u_n = +\infty$, alors :

$$\lim \frac{1}{u_n} = 0.$$

5 Limite et comparaison

▶ Vidéo

■ **Minoration :** si $\lim u_n = +\infty$ et si pour $n \geqslant n_0$, $u_n \leqslant v_n$, alors $\lim v_n = +\infty$.

ROC, p. 20

■ Si (u_n) est croissante et si $\lim u_n = \ell$, alors, pour tout n, $u_n \leqslant \ell$. ROC, p. 21

■ **Encadrement :** si $\lim u_n = \lim v_n = \ell$ et si pour $n \geqslant n_0$, $u_n \leqslant w_n \leqslant v_n$, alors w_n converge et $\lim w_n = \ell$.

À NOTER
Si (u_n) et (v_n) n'ont pas la même limite, l'encadrement ne permet pas de conclure à l'existence d'une limite de (w_n).

6 Suites arithmétiques et géométriques

a. Rappels

■ La suite (u_n) est arithmétique si, et seulement si, il existe un réel r tel que pour tout n, $u_{n+1} - u_n = r$, c'est-à-dire $u_{n+1} = u_n + r$.

Dans ce cas :

$$u_n = u_0 + nr \text{ et } S_n = u_0 + u_1 + \ldots + u_n = \frac{1}{2}(n+1)(u_0 + u_n).$$

■ La suite (u_n) est géométrique si, et seulement si, il existe un réel q tel que, pour tout n, $\frac{u_{n+1}}{u_n} = q$, c'est-à-dire $u_{n+1} = qu_n$.

Dans ce cas :

$$u_n = u_0 \times q^n \text{ et } S_n = u_0 \frac{1 - q^{n+1}}{1 - q}.$$

b. Variations et limites

■ Une **suite arithmétique** est croissante et diverge vers $+\infty$ si $r > 0$; elle est décroissante et diverge vers $-\infty$ si $r < 0$.

■ Une **suite géométrique** de premier terme $u_0 > 0$:

– converge vers 0 si $-1 < q < 0$ (elle n'est ni croissante ni décroissante) ;

– est décroissante et converge vers 0 si $0 < q < 1$;

– diverge dans les autres cas ;

– est croissante vers $+\infty$ si $q > 1$;

– n'a pas de limite si $q \leqslant -1$.

ROC, p. 20

Exemples : $2 > 1$, donc $\lim 2^n = +\infty$;

$0 < \frac{1}{2} < 1$, donc $\lim \left(\frac{1}{2}\right)^n = 0$.

7 Cas des suites monotones

■ Toute suite croissante (respectivement décroissante) et majorée (respectivement minorée) converge.

■ Toute suite croissante non majorée diverge vers l'infini.

ROC, p. 20

1 Conduire un raisonnement par récurrence

Énoncé

Pour tout entier naturel n non nul, $S_n = 1^2 + 2^2 + ... + n^2$.

Ainsi, $S_1 = 1$, $S_2 = 1 + 4 = 5$...

Montrer que $S_n = \dfrac{n(n+1)(2n+1)}{6}$.

Solution commentée

Savoir-faire

- Les trois étapes d'un raisonnement par récurrence sont indispensables. L'initialisation montre que la proprosition P_n est vraie pour son premier terme, qui peut être P_0 ou P_1 ou autre, selon les cas.
- Pour montrer l'hérédité, il ne suffit pas d'énoncer P_{n+1}, il faut montrer que P_{n+1} est vraie si P_n est vraie.
- On peut alors conclure.

On note P_n cette proposition.

- **Initialisation** : $S_1 = \dfrac{1 \times 2 \times 3}{6}$, donc P_1 est vraie.
- **Hérédité** : On suppose que P_k est vraie pour un certain entier k, c'est-à-dire :

$S_k = \dfrac{k(k+1)(2k+1)}{6}$.

$$S_{k+1} = S_k + (k+1)^2 = \frac{k(k+1)(2k+1)}{6} + (k+1)^2 = \frac{1}{6}(k+1)[k(2k+1)+6(k+1)]$$

$$= \frac{1}{6}(k+1)(2k^2+7k+6)$$

D'autre part, $(k + 2)(2(k + 1) + 1) = (k + 2)(2k + 3) = 2k^2 + 7k + 6$,

donc $S_{k+1} = \dfrac{(k+1)(k+2)(2k+3)}{6}$.

P_{k+1} est vraie.

- **Conclusion** : Pour tout n, P_n est vraie.

2 Étudier des suites récurrentes

Énoncé

On pose $p_1 = 1$ et, pour tout entier naturel n non nul :

$$p_{n+1} = 0{,}5p_n + 0{,}1.$$

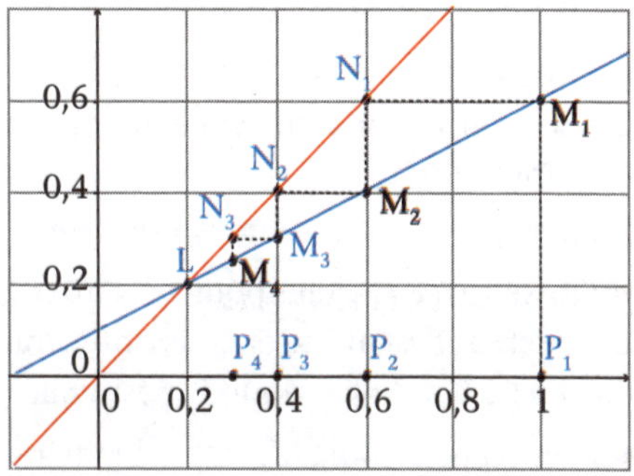

1. a. On pose $f(x) = 0{,}5x + 0{,}1$. Calculer p_2 et p_3. À l'aide d'un graphique, conjecturer les variations et la limite de p_n.

b. Montrer que, pour tout n :

$$0{,}2 \leqslant p_{n+1} \leqslant p_n \leqslant 1.$$

En déduire que (p_n) converge.

On note ℓ sa limite.

c. Montrer que ℓ vérifie $f(\ell) = \ell$. En déduire ℓ.

2. On note u la suite définie, pour tout entier naturel n non nul, par :

$$u_n = p_n - 0{,}2.$$

a. Démontrer que u est une suite géométrique, en préciser le premier terme et la raison.

b. Exprimer p_n en fonction de n.

c. Retrouver la limite de p_n.

Solution commentée

Savoir-faire

- On reconnaît une suite récurrente, $p_{n+1} = f(p_n)$.
- Sur le graphique, on trace la droite d'équation $y = x$, puis la courbe de la fonction f.
- On utilise une récurrence pour montrer l'encadrement, puis les théorèmes de convergence des suites monotones.
- La suite p est une suite arithmético-géométrique : on utilise une suite auxiliaire géométrique u pour répondre aux questions.

1. a. On pose $f(x) = 0{,}5x + 0{,}1$.

$p_2 = f(p_1) = 0{,}6$; $p_3 = f(p_2) = 0{,}4$.

Sur le graphique, M_k est le point de la droite d'équation $y = f(x)$ dont l'abscisse est p_k. Son ordonnée est p_{k+1}. La suite semble être décroissante et converger vers 0,2.

À NOTER
La question **1.** propose une méthode pour étudier les limites de suites récurrentes et la question **2.** est la méthode pour traiter des suites de la forme $u_{n+1} = au_n + b$.

b. On pose $P_n : 0{,}2 \leqslant p_{n+1} \leqslant p_n \leqslant 1$.
On démontre par récurrence que, pour tout n, P_n est vraie.

- $0{,}2 \leqslant p_1 \leqslant p_0 \leqslant 1$, donc P_0 est vraie.
- On suppose P_k vraie pour un entier k. On a donc $0{,}2 \leqslant p_{k+1} \leqslant p_k \leqslant 1$. La fonction f est affine et croissante, donc $f(0{,}2) \leqslant f(p_{k+1}) \leqslant f(p_k) \leqslant 1$; d'où $0{,}2 \leqslant p_{k+2} \leqslant p_{k+1} \leqslant 1$, donc P_{k+1} est vraie.
- P_n est vraie au rang 0 et est héréditaire, donc, par application du principe de récurrence, P_n est vraie pour tout n et $0{,}2 \leqslant p_{n+1} \leqslant p_n \leqslant 1$.

(p_n) est décroissante et minorée par 0,2 : elle converge.

c. $\lim p_n = \lim p_{n+1} = \ell$, donc, par opération, $\lim 0{,}5p_n + 0{,}1 = f(\ell)$.

$f(\ell) = \ell$, donc $0{,}5\ell = 0{,}1$, d'où $\ell = 0{,}2$.

CONSEIL
Vérifiez la justesse de la formule en recalculant les premiers termes.

2. a.
$$\begin{aligned} u_{n+1} &= p_{n+1} - 0{,}2 \\ &= 0{,}5p_n + 0{,}1 - 0{,}2 \\ &= 0{,}5p_n - 0{,}1 \\ &= 0{,}5(p_n - 0{,}2) = 0{,}5\,u_n \end{aligned}$$

Donc u est une suite géométrique, de premier terme $u_1 = p_1 - 0{,}2 = 0{,}8$ et de raison $q = 0{,}2$.

b. $u_n = u_1 q^{n-1} = 0{,}8 \times (0{,}2)^{n-1}$, donc $p_n = 0{,}2 + u_n = 0{,}2 + 0{,}8 \times 0{,}2^{n-1}$.

c. $0 < 0{,}2 < 1$, donc $\lim (0{,}2)^{n-1} = \lim u_n = 0$, d'où $\lim p_n = 0{,}2 = \ell$.

À NOTER
Le premier terme de u est u_1 et non u_0.

Pour réussir le jour J

LES ERREURS À NE PAS COMMETTRE

• Les règles sur les limites de suites ne s'appliquent pas toujours. On peut se trouver en présence de ce qu'on appelle des « formes indéterminées », notées parfois, par abus d'écriture $\frac{0}{0}$, $\frac{\infty}{\infty}$, $0 \times \infty$ ou $+\infty - \infty$.
Avant de tenter de calculer une limite, il faut analyser la situation et se ramener à des situations où les règles sur les opérations s'appliquent.

Exercice 3, p. 17

• Si l'un des termes d'une somme ou d'un produit n'a pas de limites, on ne peut pas conclure que la somme ou le produit n'a pas de limites. On peut alors utiliser les théorèmes de comparaison. *Exercice 4, p. 17*

• Si $\lim u_n = +\infty$ et $\lim v_n = +\infty$, alors $u_n > v_n$ ne signifie pas que $\lim (u_n - v_n) = +\infty$. *Exercice 5, p. 17*

• Pour établir une formule, il ne suffit pas de la « trouver », il faut encore la valider. En général, on utilise un raisonnement par récurrence. De même, pour vérifier qu'une relation est vraie, il ne suffit pas de la tester sur quelques exemples. Encore une fois, on utilise un raisonnement par récurrence. *Exercice 9, p. 18*

• Il ne faut pas confondre les suites de la forme $v_n = f(n)$ et $u_{n+1} = f(u_n)$, où f est une fonction donnée.

Les variations et la limite de f en $+\infty$ donnent les variations et la limite de (v_n), tandis que les variations de u ne sont connues que si f est croissante, ce qui ne signifie pas que u est croissante.
On montre alors que si f est croissante sur I et si, pour tout n, $u_n \in I$ et $u_0 > u_1$, alors u est croissante et si $u_0 > u_1$, u est décroissante.
On indique alors clairement que l'on utilise un raisonnement par récurrence. *Exercice 10, p. 18*

• Une somme de termes de limite 0 a pour limite 0 si cette somme est finie. Ce n'est pas le cas pour une somme infinie. *Exercice 17, p. 20*

10 qcm pour réviser le cours

Corrigés, p. 23

1 Soit la suite (u_n) telle que :

$$u_n = \frac{n^2 + 4n - 5}{n^2}.$$

$\lim u_n =$:

❑ **a.** 1.
❑ **b.** $+\infty$.
❑ **c.** On ne peut pas conclure.

2 Soit la suite (u_n) telle que :

$u_n = \sqrt{n^2 + 2} - \sqrt{n^2 + 1}$.

$\lim u_n =$:

❑ **a.** 1.
❑ **b.** $+\infty$.
❑ **c.** 0.

3 Soit la suite (u_n) telle que :

$$u_n = 2n + (-1)^n.$$

$\lim u_n =$:

❑ **a.** Cette limite n'existe pas.
❑ **b.** $+\infty$.
❑ **c.** 0.

4 Soit la suite (u_n) telle que :

$$u_n = \frac{2n + (-1)^n}{n}.$$

$\lim u_n =$:

❑ **a.** Cette limite n'existe pas.
❑ **b.** 2.
❑ **c.** 1.

5 Soit la suite (u_n) telle que :

$$u_n = \frac{2^n + 3}{3^n + 2}.$$

$\lim u_n =$:

❑ **a.** $\frac{2}{3}$. ❑ **b.** $+\infty$. ❑ **c.** 0.

6 Si $\lim u_n = +\infty$ et $\lim v_n = \ell$, alors $\lim \frac{u_n}{v_n} =$:

❑ **a.** $+\infty$.
❑ **b.** 0.
❑ **c.** On ne peut pas conclure.

7 Si $\lim u_n = \infty$ et $\lim v_n = \infty$, alors $\lim \frac{u_n}{v_n} =$:

❑ **a.** 1.
❑ **b.** 0.
❑ **c.** On ne peut pas conclure.

8 Si $\lim u_n = -1$, $\lim v_n = 1$ et $u_n \leqslant w_n \leqslant v_n$, alors :

❑ **a.** $\lim w_n$ existe.
❑ **b.** pour tout n, $-1 \leqslant w_n \leqslant 1$.
❑ **c.** w_n est bornée.

9 Soit (u_n) la suite définie par $u_0 = 4$ et $u_{n+1} = \frac{2}{u_n} - 1$, alors :

❑ **a.** (u_n) est bornée.
❑ **b.** (u_n) est croissante.
❑ **c.** $\lim u_n = 1$.

10 Soit (u_n) la suite définie par $u_0 = 4$ et $u_{n+1} = \frac{1}{2}u_n + 1$, alors :

❑ **a.** (u_n) est croissante.
❑ **b.** $\lim u_n = +\infty$.
❑ **c.** $\lim u_n = 2$.

Exercices

Exercice 1 (niveau 1)

Corrigés, p. 23

Déterminer les limites des suites suivantes.

1. $u_n = \dfrac{1}{n+1}$
2. $v_n = \dfrac{(n+1)(2n-3)}{5n(n-1)}$
3. $w_n = \dfrac{u_n}{v_n}$
4. $t_n = \dfrac{v_n}{u_n}$
5. $x_n = u_n - v_n$
6. $y_n = u_n + v_n$

Exercice 2 (niveau 1)

Corrigés, p. 23

Déterminer les limites des suites suivantes.

1. $u_n = n^2 - n$
2. $v_n = n^3 - 3n + 1$
3. $w_n = \dfrac{u_n}{v_n}$
4. $t_n = \dfrac{v_n}{u_n}$
5. $x_n = u_n - v_n$
6. $y_n = u_n + v_n$

Exercice 3 (niveau 1)

Corrigés, p. 24

Déterminer les limites suivantes.

1. $\lim \dfrac{2^{-n}+3}{3^{-n}+1}$
2. $\lim \dfrac{2^{n}+3}{2^{n}+1}$
3. $\lim \dfrac{2^{n}+3}{3^{n}+1}$

Exercice 4 (niveau 1)

Corrigés, p. 24

Déterminer les limites suivantes.

1. $\lim \dfrac{3+(-1)^n}{n}$
2. $\lim \dfrac{1+(-3)^n}{4^n}$

Exercice 5 (niveau 1)

Corrigés, p. 25

Déterminer les limites suivantes.

1. $\lim(\sqrt{n^2+1}-n)$
2. $\lim(\sqrt{n^3+1}-n)$

Exercice 6 (niveau 1)

Corrigés, p. 25

Déterminer les limites des suites suivantes.

1. $u_n = 1 + \dfrac{1}{2} + \dfrac{1}{4} + \ldots + \dfrac{1}{2^n}$
2. $v_n = 1 - \dfrac{1}{2} + \dfrac{1}{4} + \ldots + \dfrac{(-1)^n}{2^n}$

Exercice 7 niveau 1

Corrigés, p. 25

On pose, pour tout $n \in \mathbb{N}^*$, $u_n = 1 + 2 + \ldots + n$.

1. Calculer u_1, u_2, u_3.

2. Vérifier que $u_{n+1} = u_n + n + 1$.

3. Montrer par récurrence que $u_n = \dfrac{n(n+1)}{2}$.

Exercice 8 niveau 1

Corrigés, p. 26

On considère la suite t_n définie, pour tout entier naturel n, par $t_0 = 0$ et, pour tout entier naturel n, $t_{n+1} = t_n + \dfrac{1}{(n+1)(n+2)}$.

Montrer que, pour tout entier naturel n, $t_n = \dfrac{n}{n+1}$.

Exercice 9 niveau 2

Corrigés, p. 26

La suite u est définie par $u_0 = 1$ et $u_{n+1} = u_n + 2n + 3$.

Conjecturer une expression de u_n en fonction de n et la démontrer.

Exercice 10 niveau 2

Corrigés, p. 26

On pose $f(x) = \sqrt{\dfrac{x+1}{2}}$.

Soit (u_n) la suite définie $u_n = f(n)$ et (v_n) la suite définie par $v_0 = 7$ et, pour tout n, $v_{n+1} = \sqrt{\dfrac{v_n + 1}{2}}$.

1. Étudier les variations et limite de (u_n).

2. Montrer que, pour tout n, $1 \leqslant v_n \leqslant 7$.

3. Étudier les variations de (v_n). Que peut-on conclure ?

Exercice 11 niveau 2

Corrigés, p. 27

On pose $u_1 = 0{,}1$ et, pour tout entier naturel n non nul, $u_{n+1} = \dfrac{1}{5}u_n + \dfrac{3}{5}$.

1. Montrer par récurrence que, pour tout entier naturel n non nul :

$$u_n = \frac{3}{4} - \frac{13}{4}\left(\frac{1}{5}\right)^n.$$

2. Déterminer la limite de la suite (u_n) quand n tend vers $+\infty$.

3. Former un algorithme et l'implanter dans la calculatrice pour déterminer la plus petite valeur de n tel que $\dfrac{3}{4} - u_n < 10^{-10}$.

Exercice 12 niveau 2

Corrigés, p. 27

Soit (u_n) la suite définie par $u_0 = 2$ et, pour tout n, $u_{n+1} = 2u_n - 1$.

1. Montrer que si (u_n) converge, alors sa limite est 1.

2. Montrer que, pour tout n, $u_n \geqslant 2$.
Que peut-on conclure ?

Exercice 13 niveau 2

Corrigés, p. 28

Soit (u_n), une suite définie sur $\mathbb{N}$ dont aucun terme n'est nul et la suite (v_n) définie sur $\mathbb{N}$ par $v_n = \dfrac{-2}{u_n}$.

Pour chaque proposition, indiquer si elle est vraie ou fausse et proposer une démonstration.

1. Si (u_n) est convergente, alors (v_n) est convergente.

2. Si (u_n) est minorée par 2, alors (v_n) est minorée par -1.

3. Si (u_n) est décroissante, alors (v_n) est décroissante.

4. Si (u_n) est divergente, alors (v_n) converge vers zéro.

Exercice 14 niveau 2

Corrigés, p. 28

On pose $u_0 = 1$ et, pour tout entier naturel n, $u_{n+1} = \dfrac{1}{2}u_n + 2$.
On pose, pour tout entier naturel n, $v_n = u_n - 3$.

1. Démontrer que (v_n) est une suite géométrique dont on précisera la raison et le premier terme.

2. Déterminer v_n puis u_n en fonction de n.

3. Déterminer la limite de la suite (u_n).

Exercice 15 niveau 2

Corrigés, p. 28

On considère les deux suites u et v définies, pour tout n, par :

$$u_0 = 3 \text{ et } u_{n+1} = \frac{u_n + v_n}{2} \text{ ; } v_0 = 5 \text{ et } v_{n+1} = \frac{u_{n+1} + v_n}{2}.$$

1. Calculer u_1, v_1, u_2 et v_2, $v_0 - u_0$, $v_1 - u_1$, $v_2 - u_2$.
Quelles conjectures peut-on faire sur les suites u, v et $w = v - u$?

2. a. Montrer que la suite w est une suite géométrique de raison $\dfrac{1}{4}$.

b. Exprimer w_n en fonction de n et préciser la limite de la suite w.

3. Soit la suite t définie, pour tout entier naturel n, par $t_n = \dfrac{u_n + 2v_n}{3}$.

a. Démontrer que la suite (t_n) est constante.

b. Déterminer u_n et v_n en fonction de t_n et w_n.

c. En déduire la limite des suites u et v.

Exercice 16 niveau 3

Corrigés, p. 29

Soient (u_n) et (v_n) deux suites telles que (u_n) est croissante et (v_n) est décroissante et, pour tout n, $u_n < v_n$.

1. Montrer que les suites (u_n) et (v_n) sont bornées.

En déduire qu'elles convergent.

2. On suppose que $\lim (v_n - u_n) = 0$.

En déduire que (u_n) et (v_n) ont la même limite.

Exercice 17 30 min, 3 pts

Corrigés, p. 29

TYPE BAC

ROC Soit t un réel strictement positif. On pose, pour tout entier naturel n, $a_n = 1 + nt$ et $g_n = (1 + t)^n$.

1. Montrer par récurrence que, pour tout entier naturel n, $g_n \geqslant a_n$.

2. Déterminer la limite de (a_n), en déduire la limite de g_n.

3. Soit q un réel tel que $q > 1$. Montrer qu'il existe un réel $t > 0$ tel que $q = 1 + t$. En déduire que $\lim q^n = +\infty$.

4. Soit q un réel tel que $0 < q < 1$. Montrer que $\lim q^n = 0$.

5. Soit q un réel tel que $-1 < q < 0$. Montrer que $\lim q^n = 0$.

Exercice 18 20 min, 2 pts

Corrigés, p. 29

TYPE BAC

ROC Soit (u_n) une suite définie sur $\mathbb{N}$.

1. Rappeler les définitions suivantes.

a. La suite (u_n) est majorée.

b. La suite (u_n) est croissante.

c. La suite (u_n) tend vers $+\infty$.

2. Démontrer que toute suite croissante non majorée tend vers l'infini.

Exercice 19 10 min, 1 pt

Corrigés, p. 30

TYPE BAC

ROC Soient (u_n) et (v_n) deux suites telles que $\lim u_n = +\infty$ et, pour $n \geqslant n_0$, $u_n \leqslant v_n$.

1. Soit A un réel strictement positif.

Montrer qu'il existe un entier n_1 tel que, pour $n \geqslant n_1$, $u_n > A$.

2. En déduire qu'il existe un entier n_2 tel que, pour $n \geqslant n_2$, $v_n > A$.

3. En déduire que $\lim v_n = +\infty$.

Exercice 20 (10 min, 1 pt)

Corrigés, p. 30

TYPE BAC

ROC Soit (u_n) une suite croissante convergente telle que $\lim u_n = \ell$.
On suppose qu'il existe un entier n_0 tel que $u_{n_0} > \ell$.
On pose $a = u_{n_0} - \ell$.

1. Soit I l'intervalle $]\ell - a\,;\,\ell + a[$.
Montrer qu'il existe un entier n_1 tel que, pour $n \geqslant n_1$, $u_n \in I$.

2. Montrer que, si $n \geqslant n_0$, $u_n \geqslant \ell + a$.

3. En déduire que, pour tout n, $u_n \leqslant \ell$.

Exercice 21 (50 min, 5 pts)

Corrigés, p. 30

TYPE BAC

(Antilles-Guyane, septembre 2010)

On considère la suite de nombres réels (u_n) définie sur $\mathbb{N}$ par :

$$u_0 = -1,\ u_1 = \frac{1}{2} \text{ et, pour tout entier naturel } n,\ u_{n+2} = u_{n+1} - \frac{1}{4}u_n.$$

1. Calculer u_2 et en déduire que la suite (u_n) n'est ni arithmétique ni géométrique.

2. On définit la suite (v_n) en posant, pour tout n :

$$v_n = u_{n+1} - \frac{1}{2}u_n.$$

a. Calculer v_0.

b. Exprimer v_{n+1} en fonction de v_n.

c. En déduire que la suite (v_n) est géométrique de raison $\frac{1}{2}$.

d. Exprimer v_n en fonction de n.

3. On définit la suite (w_n) en posant, pour tout n :

$$w_n = \frac{u_n}{v_n}.$$

a. Calculer w_0.

b. En utilisant l'égalité $u_{n+1} = v_n + \frac{1}{2}u_n$, exprimer w_{n+1} en fonction de u_n et de v_n.

c. En déduire que, pour tout n de $\mathbb{N}$, $w_{n+1} = w_n + 2$.

d. Exprimer w_n en fonction de n.

4. Montrer que, pour tout entier naturel n :

$$u_n = \frac{2n-1}{2^n}.$$

5. Pour tout entier naturel n, on pose $S_n = \sum_{k=0}^{n} u_k = u_0 + u_1 + \ldots + u_n$.

Démontrer par récurrence que, pour tout n de $\mathbb{N}$, $S_n = 2 - \dfrac{2n+3}{2^n}$.

Exercice 22 40 min, 4 pts

Corrigés, p. 31

TYPE BAC

(Amérique du Sud, novembre 2011)

Soit f la fonction définie sur l'intervalle $]-1\,;+\infty[$ par :

$$f(x) = 3 - \frac{4}{x+1}.$$

Soit (u_n) la suite définie, pour tout $n \in \mathbb{N}$, par $u_0 = 4$ et $u_{n+1} = f(u_n)$.

1. a. Tracer la courbe $\mathscr{C}$ représentative de f sur l'intervalle $[0\,;+\infty[$ et la droite $\mathscr{D}$ d'équation $y = x$.

b. Sur le graphique, placer sur l'axe des abscisses u_0, u_1, u_2 et u_3, en faisant apparaître les traits de construction.

c. Que peut-on conjecturer sur le sens de variation et la convergence de la suite (u_n) ?

2. Cette question vise à démontrer les conjectures formulées à la question **1. c.**

a. Démontrer par un raisonnement par récurrence que $u_n \geqslant 1$, pour tout $n \in \mathbb{N}$.

b. Montrer que la fonction f est croissante sur $[0\,;+\infty[$.

En déduire que, pour tout entier naturel n, on a $u_{n+1} \leqslant u_n$.

c. Déduire des questions précédentes que la suite (u_n) est convergente et calculer sa limite.

QCM

1 **a.** $u_n = \frac{n^2+4n-5}{n^2} = 1+\frac{4}{n}-\frac{5}{n^2}$, donc $\lim u_n = 1$.

2 **c.** $u_n = \sqrt{n^2+2}-\sqrt{n^2+1} = \frac{1}{\sqrt{n^2+2}+\sqrt{n^2+1}}$, donc $\lim u_n = 0$.

3 **b.** $u_n = 2n + (-1)^n$, donc $u_n \geqslant 2n - 1$, d'où $\lim u_n = +\infty$.

4 **b.** $u_n = \frac{2n+(-1)^n}{n}$. Alors $2 - \frac{1}{n} \leqslant u_n \leqslant 2 + \frac{1}{n}$, donc $\lim u_n = 2$.

5 **c.** $u_n = \frac{2^n+3}{3^n+2} = \frac{2^n(1+3\times 2^{-n})}{3^n(1+2\times 3^{-n})}$, donc $\lim u_n = 0$.

6 **c.** Si $\lim u_n = +\infty$ et $\lim v_n = \ell$, alors $\lim \frac{u_n}{v_n}$ dépend du signe de ℓ. On ne peut pas conclure.

7 **c.** Si $\lim u_n = \infty$ et $\lim v_n = \infty$, alors on ne peut pas conclure sur $\lim \frac{u_n}{v_n}$.

8 **c.** Les suites convergentes sont bornées, donc w_n est bornée.

9 **b.** On démontre par récurrence que $u_{n+1} \geqslant u_n$. On en déduit que (u_n) est croissante.

10 **c.** On démontre par récurrence que (u_n) est décroissante et minorée par 0. Elle converge vers ℓ telle que $\ell = \frac{1}{2}\ell + 1$, donc $\lim u_n = 2$.

Exercice 1

1. $\lim(n+1) = +\infty$, donc, par inverse, $\mathbf{\lim u_n = \frac{1}{n+1} = 0}$.

2. $$v_n = \frac{(n+1)(2n-3)}{5n(n-1)} = \frac{n^2\left(1+\frac{1}{n}\right)\left(2-\frac{3}{n}\right)}{5n^2\left(1-\frac{1}{n}\right)} = \frac{\left(1+\frac{1}{n}\right)\left(2-\frac{3}{n}\right)}{5\left(1-\frac{1}{n}\right)}$$

$\lim \frac{1}{n} = 0$, donc, par opérations élémentaires sur les limites, $\mathbf{\lim v_n = \frac{2}{5}}$.

3. Par quotient, $\mathbf{\lim w_n} = \lim \frac{u_n}{v_n} = \mathbf{0}$.

4. $u_n > 0$, donc $\mathbf{\lim t_n} = \lim \frac{v_n}{u_n} = \mathbf{+\infty}$.

5. $\mathbf{\lim x_n} = \lim u_n - v_n = \mathbf{-\frac{5}{2}}$.

6. $\mathbf{\lim y_n} = \lim u_n + v_n = \mathbf{\frac{5}{2}}$.

Exercice 2

1. $u_n = n^2 - n = n(n-1)$, donc $\mathbf{\lim u_n = +\infty}$.

2. $v_n = n^3 - 3n + 1 = n(n^2-3) + 1$, donc $\mathbf{\lim v_n = +\infty}$.

3. $w_n = \dfrac{u_n}{v_n} = \dfrac{n^2\left(1-\dfrac{1}{n}\right)}{n^3\left(1-\dfrac{3}{n^2}+\dfrac{1}{n^3}\right)} = \dfrac{1}{n} \times \dfrac{1-\dfrac{1}{n}}{1-\dfrac{3}{n^2}+\dfrac{1}{n^3}}$, donc $\mathbf{\lim w_n = 0}$.

4. $t_n = \dfrac{v_n}{u_n} = n \times \dfrac{1-\dfrac{3}{n^2}+\dfrac{1}{n^3}}{1-\dfrac{1}{n}}$, donc $\mathbf{\lim t_n = +\infty}$.

5. $x_n = u_n - v_n = n^3\left(-1+\dfrac{1}{n}+\dfrac{2}{n^2}-\dfrac{1}{n^3}\right)$,

donc $\mathbf{\lim x_n = -\infty}$.

> **À NOTER**
> La suite x_n tend vers $-\infty$ si la suite $-x_n$ tend vers $+\infty$.

6. $y_n = u_n + v_n$, donc $\mathbf{\lim y_n = +\infty}$.

Exercice 3

1. $2^{-n} = \left(\dfrac{1}{2}\right)^n$ et $0 < \dfrac{1}{2} < 1$, donc $\lim 2^{-n} = 0$; de même, $\lim 3^{-n} = 0$;

donc, par opérations élémentaires sur les limites, $\mathbf{\lim \dfrac{2^{-n}+3}{3^{-n}+1} = 3}$.

2. $\dfrac{2^n+3}{2^n+1} = \dfrac{2^n\left(1+3\times 2^{-n}\right)}{2^n\left(1+1\times 2^{-n}\right)} = \dfrac{1+3\times 2^{-n}}{1+1\times 2^{-n}}$, or $\lim 2^{-n} = 0$,

d'où $\mathbf{\lim \dfrac{2^n+3}{2^n+1} = 1}$.

3. $\dfrac{2^n+3}{3^n+1} = \dfrac{2^n(1+3\times 2^{-n})}{3^n(1+1\times 3^{-n})} = \left(\dfrac{2}{3}\right)^n \dfrac{1+3\times 2^{-n}}{1+1\times 2^{-n}}$;

or $\lim 2^{-n} = \lim 3^{-n} = \lim \left(\dfrac{2}{3}\right)^n = 0$, donc $\mathbf{\lim \dfrac{2^n+3}{3^n+1} = 0}$.

Exercice 4

1. $-1 \leqslant (-1)^n \leqslant 1$, donc $\dfrac{2}{n} \leqslant \dfrac{3+(-1)^n}{n} \leqslant \dfrac{4}{n}$.

$\lim \dfrac{2}{n} = \lim \dfrac{4}{n} = 0$, donc, par encadrement, $\mathbf{\lim \dfrac{3+(-1)^n}{n} = 0}$.

2. $\dfrac{1-3^n}{4^n} \leqslant \dfrac{1+(-3)^n}{4^n} \leqslant \dfrac{1+3^n}{4^n}$.

$\dfrac{1-3^n}{4^n} = \left(\dfrac{3}{4}\right)^n (3^{-n}-1)$, donc $\lim \dfrac{1-3^n}{4^n} = 0$; de même, $\lim \dfrac{1+3^n}{4^n} = 0$;

donc, par encadrement, $\mathbf{\lim \dfrac{1+(-3)^n}{4^n} = 0}$.

CORRIGÉS

Exercice 5

1. $\sqrt{n^2+1}-n=\dfrac{n^2+1-n^2}{\sqrt{n^2+1}+n}=\dfrac{1}{\sqrt{n^2+1}+n}$.

$\lim\left(\sqrt{n^2+1}+n\right)=+\infty$, donc $\mathbf{\lim\left(\sqrt{n^2+1}-n\right)=0}$.

2. $\sqrt{n^3+1}-n=\sqrt{n^2\left(n+\dfrac{1}{n^2}\right)}-n=n\left(\sqrt{n+\dfrac{1}{n^2}}-1\right)$;

$\lim\sqrt{n+\dfrac{1}{n^2}}-1=+\infty$, donc $\mathbf{\lim\sqrt{n^3+1}-n=+\infty}$.

Exercice 6

On reconnaît la somme des termes de suites géométriques.

1. $u_n=1+\dfrac{1}{2}+\dfrac{1}{4}+\ldots+\dfrac{1}{2^n}=\dfrac{1-\left(\dfrac{1}{2}\right)^{n+1}}{1-\dfrac{1}{2}}=2\left(1-\left(\dfrac{1}{2}\right)^{n+1}\right)$.

$\lim\left(\dfrac{1}{2}\right)^{n+1}=0$, donc $\mathbf{\lim u_n=2}$.

2. $v_n=1-\dfrac{1}{2}+\dfrac{1}{4}+\ldots+\dfrac{(-1)^n}{2^n}=\dfrac{1-\left(-\dfrac{1}{2}\right)^{n+1}}{1+\dfrac{1}{2}}=\dfrac{2}{3}\left(1-\left(-\dfrac{1}{2}\right)^{n+1}\right)$.

$\lim\left(-\dfrac{1}{2}\right)^{n+1}=0$, donc $\mathbf{\lim v_n=\dfrac{2}{3}}$.

Exercice 7

1. $\mathbf{u_1=1}$; $\mathbf{u_2=1+2=3}$; $\mathbf{u_3=1+2+3=6}$.

2. $u_{n+1}=1+2+\ldots+n+n+1=\mathbf{u_n+n+1}$.

3. On note P_n la proposition $u_n=\dfrac{n(n+1)}{2}$.

Initialisation : $u_1=1=\dfrac{1(1+1)}{2}$, donc P_1 est vraie.

Hérédité : On suppose que P_k est vraie pour un certain entier k, c'est-à-dire $u_k=\dfrac{k(k+1)}{2}$.

$u_{k+1}=u_k+(k+1)=\dfrac{k(k+1)}{2}+(k+1)=\dfrac{1}{2}(k+1)(k+2)$, donc P_{k+1} est vraie.

Conclusion : Pour tout n, P_n est vraie et $1+2+\ldots+n=\dfrac{n(n+1)}{2}$.

Exercice 8

On note P_n la proposition $t_n = \frac{n}{n+1}$.

Initialisation : $t_0 = 0 = \frac{0}{0+1}$, donc P_0 est vraie.

Hérédité : On suppose P_n vraie pour un certain entier n.

$t_{n+1} = t_n + \frac{1}{(n+1)(n+2)}$, donc, si P_n est vraie :

$$t_{n+1} = \frac{n}{n+1} + \frac{1}{(n+1)(n+2)} = \frac{n(n+2)+1}{(n+1)(n+2)} = \frac{(n+1)^2}{(n+1)(n+2)} = \frac{n+1}{n+2},$$

donc P_{n+1} est vraie.

Conclusion : Pour tout entier naturel n, $t_n = \frac{n}{n+1}$.

Exercice 9

$u_0 = 1$; $u_{0+1} = u_0 + 2 \times 0 + 3$, donc $u_1 = 4 = 2^2$; $u_2 = u_1 + 2 \times 1 + 3 = 9 = 3^2$.
On conjecture que $u_n = (n+1)^2$ et on le vérifie par récurrence.
Soit P_n la proposition $u_n = (n+1)^2$.

Initialisation : $u_0 = 1$, donc P_0 est vraie.

Hérédité : On suppose P_p vraie pour un certain entier p, alors $u_{p+1} = (p+1)^2 + 2p + 3 = p^2 + 4p + 4 = (p+2)^2$, donc P_{p+1} est vraie.

Conclusion : Pour tout entier naturel n, P_n est vraie.

Exercice 10

1. f est croissante sur $[0 ; +\infty[$, puisque $f'(x) = \frac{1}{2\sqrt{2(x+1)}} \geqslant 0$ sur $[0 ; +\infty[$,

donc **$u_n = f(n)$ est aussi croissante.**

$\lim\limits_{x \to +\infty} \left(\frac{x+1}{2}\right) = +\infty$, donc $\lim\limits_{x \to +\infty} f(x) = +\infty$ et **$\lim u_n = +\infty$.**

2. $v_0 = 7$ et $v_{n+1} = f(v_n)$. Soit P_n la proposition $1 \leqslant v_n \leqslant 7$.

Initialisation : $1 \leqslant v_0 \leqslant 7$, donc P_0 est vraie.

Hérédité : Si P_k est vraie pour un certain entier k donné, $1 \leqslant v_k \leqslant 7$.
f est croissante sur $\mathbb{R}$, donc $f(1) \leqslant f(v_k) \leqslant f(7)$, d'où $1 \leqslant v_{k+1} \leqslant 2 \leqslant 7$, P_{k+1} est vraie.

Conclusion : Pour tout n, P_n est vraie : $1 \leqslant v_n \leqslant 7$.

3. $v_0 = 7$, $v_1 = f(v_0) = \sqrt{\frac{7+1}{2}} = 2$, $v_2 = f(v_1) = \sqrt{\frac{2+1}{2}} \approx 1{,}22$, donc (v_n) semble décroissante. On montre par récurrence que, pour tout n, $P_n : v_{n+1} \leqslant v_n$ est vraie.

Initialisation : $v_1 \leqslant v_0$, donc P_0 est vraie.

Hérédité : On suppose P_k vraie : $v_{k+1} \leqslant v_k$.
Or f est croissante sur $\mathbb{R}$, donc $f(v_{k+1}) \leqslant f(v_k)$, d'où $v_{k+2} \leqslant v_{k+1}$.
P_{k+1} est vraie.
Conclusion : Pour tout n, P_n est vraie : **(v_n) est décroissante.**
La suite (v_n) est décroissante et minorée par 1 : elle converge.

Exercice 11

1. On montre par récurrence que, pour tout n non nul,
$P_n : u_n = \frac{3}{4} - \frac{13}{4}\left(\frac{1}{5}\right)^n$ est vraie.

Initialisation : $u_1 = 0{,}1 = \frac{3}{4} - \frac{13}{4}\left(\frac{1}{5}\right)^1 = \frac{15-13}{20} = \frac{1}{10}$, donc P_0 est vraie.

Hérédité : On suppose $P_k : u_k = \frac{3}{4} - \frac{13}{4}\left(\frac{1}{5}\right)^k$ vraie pour un entier k donné.

$$u_{k+1} = \frac{1}{5}u_k + \frac{3}{5} = \frac{1}{5}\left(\frac{3}{4} - \frac{13}{4}\left(\frac{1}{5}\right)^k\right) + \frac{3}{5} = \frac{1}{5}\left(\frac{3}{4} + 3 - \frac{13}{4}\left(\frac{1}{5}\right)^k\right) = \frac{3}{4} - \frac{13}{4}\left(\frac{1}{5}\right)^{k+1},$$

donc P_{k+1} est vraie.

Conclusion : Pour tout n non nul, $u_n = \frac{3}{4} - \frac{13}{4}\left(\frac{1}{5}\right)^n$.

2. $0 < \frac{1}{5} < 1$, donc $\lim \left(\frac{1}{5}\right)^n = 0$, d'où $\boldsymbol{\lim u_n = \frac{3}{4}}$.

3. Algorithme : $A = u_1$; $x = 1$
Tant que $(3/4 - A) < 10^{-10}$ faire $X = X + 1$; $A = A/5 + 3/4$;
Fin Tant que
Afficher X
On trouve $n = 16$.

Exercice 12

1. Si (u_n) converge, alors $\lim u_n = \lim u_{n+1} = \ell$, donc $\ell = 2\ell - 1$ et $\ell = 1$.
2. On montre par récurrence que pour tout n, $P_n : u_n \geqslant 2$ est vraie.
Initialisation : $P_0 : u_0 \geqslant 2$ est vraie.
Hérédité : On suppose $P_k : u_k \geqslant 2$ vraie pour un entier k donné.
Alors $u_{k+1} = 2u_k - 1 \geqslant 2 \times 2 - 1 \geqslant 2$, donc P_{k+1} est vraie.
Conclusion : Pour tout n, $u_n \geqslant 2$.
Si (u_n) converge, alors $\lim u_n \geqslant 2$, ce qui est contradictoire avec $\ell = 1$.
La suite (u_n) ne converge donc pas.

Exercice 13

1. Faux : si $\lim u_n = 0$, alors v_n est divergente. Par exemple, $u_n = \frac{1}{n+1}$, $v_n = -2(n+1)$ et $\lim v_n = -\infty$.

2. Vrai : si (u_n) est minorée par 2, alors, pour tout n, $u_n \leqslant 2$. Donc $\frac{1}{u_n} \geqslant \frac{1}{2}$, d'où $\frac{-2}{u_n} \leqslant -1$; (v_n) est minorée par -1.

3. Faux : u_n ne garde pas un signe constant. Par exemple, soit $u_n = -2n + 9$. (u_n) est décroissante et (v_n) n'est décroissante qu'à partir du rang 5.

4. Faux : par exemple, si $u_n = (-1)^n$ est divergente , alors $v_n = -2(-1)^n$, donc (v_n) ne converge pas.

> **À NOTER**
> *Divergente* ne signifie pas uniquement avoir pour limite $+\infty$.

Exercice 14

1. $v_{n+1} = u_{n+1} - 3 = \frac{1}{3}u_n + 2 - 3 = \frac{1}{3}u_n - 1 = \frac{1}{3}(u_n - 3) = \frac{1}{3}v_n$, donc

(v_n) est une suite géométrique de raison $\frac{1}{3}$ et de premier terme $v_0 = u_0 - 2 = -1$.

2. $v_n = -\left(\frac{1}{3}\right)^n$ et $u_n = v_n + 3 = 3 - \left(\frac{1}{3}\right)^n$.

3. $0 \leqslant \frac{1}{3} < 1$, donc $\lim \left(\frac{1}{3}\right)^n = 0$ et, par somme, $\lim u_n = 3$.

Exercice 15

1. $u_1 = \frac{u_0 + v_0}{2} = 4$; $v_1 = \frac{u_1 + v_0}{2} = \frac{9}{2}$; $u_2 = \frac{u_1 + v_1}{2} = \frac{17}{4}$ et $v_2 = \frac{u_2 + u_1}{2} = \frac{35}{8}$;
$w_0 = v_0 - u_0 = 2$; $w_1 = v_1 - u_1 = \frac{1}{2}$; $w_2 = \frac{1}{8}$.

La suite u semble être croissante, v décroissante et w géométrique de raison $\frac{1}{4}$.

2. a. $\forall n \in \mathbb{N}$, $w_{n+1} = v_{n+1} - u_{n+1} = \frac{1}{2}(u_{n+1} + v_n - u_n - v_n) = \frac{1}{2}(u_{n+1} - u_n)$

$$= \frac{1}{4}(v_n - u_n) = \frac{1}{4}(w_n)$$

Donc **w est une suite géométrique de raison $\frac{1}{4}$.**

b. $\forall n \in \mathbb{N}$, $w_n = \left(\frac{1}{4}\right)^n w_0 = 2\left(\frac{1}{4}\right)^n$ et $0 < \frac{1}{4} < 1$, donc $w_n > 0$ et $\lim w_n = 0$.

3. $\forall n \in \mathbb{N}$, $t_n = \frac{u_n + 2v_n}{3}$.

a. $\forall\, n \in \mathbb{N}$, $t_{n+1} = \frac{1}{3}(u_{n+1} + 2v_{n+1}) = \frac{1}{6}(u_n + v_n + u_n + 3v_n) = \frac{1}{3}(u_n + 2v_n) = t_n$,
donc **t est constante** et, $\forall\, n \in \mathbb{N}$, $\boldsymbol{t_n = t_0 = \frac{13}{3}}$.

b. $w_n = v_n - u_n$ et $t_n = \frac{1}{3}(u_n + 2v_n)$, donc $3u_n = 3t_n - 2w_n$ et $\boldsymbol{u_n = \frac{1}{3}(3t_n - 2w_n)}$.
$3v_n = 3t_n + w_n$ et $\boldsymbol{v_n = \frac{1}{3}(3t_n + w_n)}$.

c. $\lim w_n = 0$ et $\boldsymbol{\lim t_n = \frac{13}{3}}$, donc, par somme, $\boldsymbol{\lim u_n = \lim v_n = \lim t_n}$.

Exercice 16

1. (u_n) est croissante, donc $u_0 \leqslant u_1 \leqslant \ldots \leqslant u_n$. (v_n) est décroissante donc $v_n \leqslant v_{n-1} \leqslant \ldots \leqslant v_0$ et, pour tout n, $u_n < v_n$, donc :
$u_0 \leqslant u_n < v_n \leqslant v_0$: on en déduit que **(u_n) et (v_n) sont bornées par u_0 et v_0.**
(u_n) et (v_n) sont bornées et monotones, donc elles convergent.

2. On suppose que $\lim u_n = \ell$ et $\lim v_n = \ell'$, $\lim (v_n - u_n) = 0$ entraîne que $\ell - \ell' = 0$, **donc (u_n) et (v_n) ont la même limite.**

Exercice 17

1 pt **1.** On montre par récurrence que, pour tout n, $P_n : g_n \geqslant a_n$ est vraie.
Initialisation : $a_0 = g_0 = 1$, donc P_0 est vraie.
Hérédité : On suppose P_k vraie pour un entier k donné : $(1 + t)^k \geqslant 1 + tk$.
$(1 + t)^{k+1} = (1 + t)^k(1 + t)$. Or $(1 + t) > 0$,
donc $(1 + t)^{k+1} \geqslant (1 + kt)(1 + t) \geqslant 1 + (k + 1)t + kt^2 \geqslant 1 + (k + 1)t$.
P_{k+1} est vraie.
Conclusion : Pour tout n, $(1 + t)^n \geqslant 1 + nt$.

0,5pt **2.** $t > 0$, donc $\boldsymbol{\lim a_n = +\infty}$, et, par minoration, $\boldsymbol{\lim g_n = +\infty}$.

0,5pt **3.** Si $q > 1$, alors $q - 1 > 0$. Donc, avec $t = q - 1$, $q = 1 + t$.
On en déduit que $\boldsymbol{\lim q^n} = \lim (1 + t)^n = \boldsymbol{+\infty}$.

0,5pt **4.** Si $0 < q < 1$, alors $\frac{1}{q} > 1$. Donc $\lim \left(\frac{1}{q}\right)^n = +\infty$. Or $\left(\frac{1}{q}\right)^n = \frac{1}{q^n}$, donc, par inverse, $\boldsymbol{\lim q^n = 0}$.

0,5pt **5.** Si $-1 < q < 0$, alors $-(-q)^n \leqslant q^n \leqslant (-q)^n$. Or $0 < -q < 1$, donc $\lim (-q)^n = 0$; on en déduit, par encadrement, que $\boldsymbol{\lim q^n = 0}$.

Exercice 18

0,25pt **1. a.** La suite (u_n) est majorée, s'il existe une réel M tel que, pour tout entier naturel n, $u_n \leqslant M$.

0,25pt **b.** La suite (u_n) est croissante si, pour tout entier naturel n, $u_n \leqslant u_{n+1}$.

0,25pt **c.** La suite (u_n) tend vers $+\infty$ si tout intervalle de la forme $]A\ ;+\infty[$ contient toutes les valeurs de la suite à partir d'un certain rang.

1,25pt **2.** Soit (u_n) une suite non majorée, donc, pour tout réel M, il existe $n_0 \in \mathbb{N}$, tel que $u_{n_0} > M$, et (u_n) est croissante, donc si $n \geqslant n_0$, $u_n \geqslant u_{n_0} > M$ et tout intervalle ouvert de la forme $]M, +\infty[$ contient toutes les valeurs de la suite à partir du rang n_0 : **la suite (u_n) tend vers l'infini.**

Exercice 19

0,25pt **1.** Soit A un réel strictement positif. Par définition de $\lim u_n = +\infty$, il existe un entier n_1 tel que, pour $n \geqslant n_1$, $u_n > A$.

0,5pt **2.** On pose $n_2 = \max(n_0, n_1)$. Si $n \geqslant n_2 \geqslant n_0$, alors $v_n \geqslant u_n$ et $n \geqslant n_2 \geqslant n_1$ entraîne $u_n > A$. On en déduit que, pour $n \geqslant n_2$, $v_n > A$.

0,25pt **3.** Par définition, on a donc bien **$\lim v_n = +\infty$.**

Exercice 20

0,25pt **1.** Soit I l'intervalle $]\ell - a\ ;\ \ell + a[$.
$\lim u_n = \ell$, donc, par définition, **il existe un entier n_1 tel que, pour $n \geqslant n_1$, $u_n \in I$.**

0,25pt **2.** (u_n) est croissante, donc, pour $n \geqslant n_0$, $u_n \geqslant u_{n_0}$, d'où **$u_n \geqslant \ell + a$.**

0,5pt **3.** En posant $n_2 = \max(n_0, n_1)$, on a à la fois, si $n \geqslant n_2$, $u_n < \ell + a$ et $u_n \geqslant \ell + a$. L'hypothèse de départ est fausse donc, **pour tout n, $u_n \leqslant \ell$.**

Exercice 21

1pt **1.** $u_0 = -1$; $u_1 = \frac{1}{2} = -\frac{1}{2}u_0$; $u_2 = u_1 + \frac{1}{4}u_0 = \frac{1}{2} + \frac{1}{4} = \frac{3}{4}$, donc $u_2 \neq -\frac{1}{2}u_1$.
La suite n'est donc pas géométrique.
$u_2 - u_1 = \frac{1}{4}$ et $u_1 - u_0 = \frac{3}{2}$, donc $u_2 - u_1 \neq u_1 - u_0$.
La suite n'est donc ni arithmétique ni géométrique.

0,25pt **2. a.** $v_0 = u_1 - \frac{1}{2}u_0 = \frac{1}{2} - \frac{1}{2} \times (-1) = \mathbf{1}$.

0,25pt **b.** Pour tout n : $v_{n+1} = u_{n+2} - \frac{1}{2}u_{n+1} = u_{n+1} - \frac{1}{4}u_n - \frac{1}{2}u_{n+1} = \frac{1}{2}u_{n+1} - \frac{1}{4}u_n$

$$= \frac{1}{2}\left(u_{n+1} - \frac{1}{2}u_n\right) = \frac{1}{2}v_n.$$

0,25pt **c.** $v_{n+1} = \frac{1}{2}v_n$, donc **la suite (v_n) est géométrique de premier terme 1 et de raison $\frac{1}{2}$.**

0,25pt **d.** Pour tout $n \in \mathbb{N}$, $v_n = v_0 \times \left(\frac{1}{2}\right)^n = \frac{1}{2^n}$.

0,25pt **3. a.** $w_0 = \dfrac{u_0}{v_0} = \dfrac{-1}{1} = -1.$

0,25pt **b.** $w_{n+1} = \dfrac{u_{n+1}}{v_{n+1}} = \dfrac{v_n + \frac{1}{2}u_n}{\frac{1}{2}v_n} = 2 + \dfrac{u_n}{v_n}.$

0,25pt **c.** Par définition, $\dfrac{u_n}{v_n} = w_n$, donc $\boldsymbol{w_{n+1} = 2 + w_n}$.

0,25pt **d.** (w_n) est une suite arithmétique de premier terme – 1 et de raison 2.
On a donc $w_n = w_0 + n \times 2 = \mathbf{-1 + 2}\boldsymbol{n}$.

0,5pt **4.** D'après la question **3. d.**, $w_n = 2n - 1$; or, par définition, $w_n = \dfrac{u_n}{v_n}$, d'où $u_n = (2n-1)v_n$.
D'après la question **2. d.**, on a $v_n = \dfrac{1}{2^n}$, donc $\boldsymbol{u_n = \dfrac{2n-1}{2^n}}$.

1,5pt **5.** On démontre par récurrence que, pour tout n,
$P_n : S_n = \sum_{k=0}^{n} u_k = u_0 + u_1 + \ldots + u_n = 2 - \dfrac{2n+3}{2^n}$ est vraie.

Initialisation : $S_0 = u_0 = -1$ et $2 - \dfrac{2 \times 0 + 3}{2^0} = 2 - \dfrac{3}{1} = 2 - 3 = -1$, donc P_0 est vraie.

Hérédité : On suppose P_k vraie pour un entier k :

$$S_k = \sum_{i=0}^{k} u_i = u_0 + u_1 + \ldots + u_k = 2 - \frac{2k+3}{2^k}.$$

$$S_{k+1} = S_k + u_{k+1} = 2 - \frac{2k+3}{2^k} + \frac{2(k+1)-1}{2^{k+1}} = 2 + \frac{-4k-6+2k+1}{2^{k+1}}$$

$$= 2 + \frac{-2k-5}{2^{k+1}} = 2 - \frac{2k+5}{2^{k+1}} = 2 - \frac{2(k+1)+3}{2^{k+1}}$$, donc P_{k+1} est vraie.

Conclusion : On a donc démontré par récurrence que, pour tout $n \in \mathbb{N}$, $S_n = 2 - \dfrac{2n+3}{2^n}$.

Exercice 22

0,25pt 0,75pt **1. a.** et **b.**

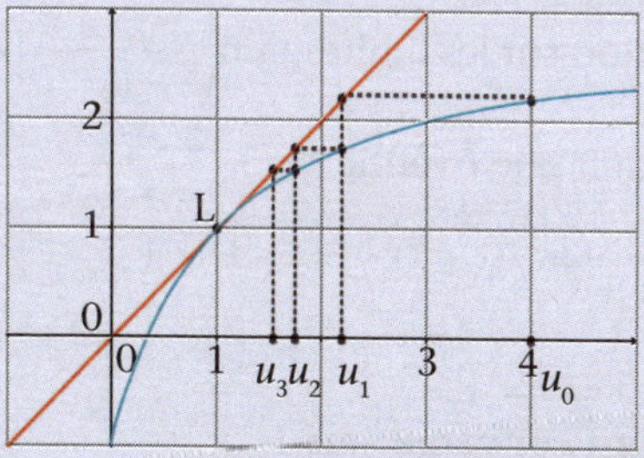

0,5pt **c.** Il semble que **la suite est décroissante et qu'elle converge vers 1.**

0,5pt **2. a.** On démontre par récurrence que pour tout $n \in \mathbb{N}$, $P_n : u_n \geqslant 1$ est vraie.

Initialisation : $u_0 = 4 > 1$, donc P_0 et vraie.

Hérédité : On suppose qu'il existe un entier naturel k tel que P_k soit vraie : $u_k > 1$.

Alors $u_k + 1 > 2$

$$\frac{1}{u_k + 1} < \frac{1}{2}$$

$$\frac{4}{u_k + 4} < 2$$

$$-\frac{4}{u_k + 1} > -2$$

$$3 - \frac{4}{u_k + 1} > 1.$$

Or $3 - \dfrac{4}{u_k + 1} = u_{k+1}$, donc P_{k+1} est vraie.

Conclusion : On a démontré par récurrence que, quel que soit l'entier naturel n, $u_n > 1$.

À NOTER

La connaissances des variations de f simplifie la réponse à la question **2. a.** : si f est croissante sur $]-1, +\infty[$ et $u_n \geqslant 1$, alors $f(u_n) \geqslant f(1)$, donc $u_{n+1} \geqslant 1$.

1pt **b.** La fonction f, somme de fonctions dérivables sur $]-1 ; +\infty[$, est dérivable sur cet intervalle et $f'(x) = \dfrac{4}{(x+1)^2} > 0$.

La fonction f est donc croissante sur $]-1 ; +\infty[$.

On démontre par récurrence que, pour tout n, $P_n : u_{n+1} \leqslant u_n$.

Initialisation : $u_1 = 2{,}2 \leqslant u_0 = 4$, donc P_0 est vraie.

Hérédité : On suppose P_k vraie pour un entier k donné : $u_{k+1} \leqslant u_k$.

f est croissante sur $]-1 ; +\infty[$, donc $f(u_{k+1}) \leqslant f(u_k)$, d'où $u_{k+2} \leqslant u_{k+1}$.

On en déduit que P_{k+1} est vraie.

Conclusion : Pour tout entier naturel n, P_n est vraie ; (u_n) est décroissante.

1pt **c.** La suite (u_n) est décroissante et minorée par 1, elle converge vers $\ell \geqslant 1$.

$\lim u_{n+1} = \lim u_n = \ell$.

Par opération sur les limites, $\lim\left(3 - \dfrac{4}{u_k + 1}\right) = 3 - \dfrac{4}{\ell + 1}$.

On en déduit que ℓ vérifie $\ell = 3 - \dfrac{4}{\ell + 1}$.

$\ell = 3 - \dfrac{4}{\ell + 1} \Leftrightarrow \ell(\ell + 1) = 3(\ell + 1) - 4$

$\Leftrightarrow \ell^2 + \ell - 3\ell - 3 + 4 = 0 \Leftrightarrow \ell^2 - 2\ell + 1 = 0 \Leftrightarrow (\ell - 1)^2 = 0$

$\Leftrightarrow \ell - 1 = 0 \Leftrightarrow \ell = 1.$

La suite (u_n) converge vers 1.

2 Limites de fonctions

1 Limites usuelles

■ $f(x) = \frac{1}{x}$ a pour limite 0 lorsque x tend vers $-\infty$ et lorsque x tend vers $+\infty$ (asymptote horizontale d'équation $y = 0$) et $\lim\limits_{\substack{x \to 0 \\ x > 0}} \frac{1}{x} = +\infty$, tandis que $\lim\limits_{\substack{x \to 0 \\ x < 0}} \frac{1}{x} = -\infty$ (asymptote verticale d'équation $x = 0$).

■ $f(x) = x^2$ a pour limite $+\infty$ lorsque x tend vers $+\infty$ et lorsque x tend vers $-\infty$ (aucune asymptote, ni horizontale, ni verticale, ni oblique).

■ $f(x) = \sqrt{x}$ est définie (et continue) en 0 : $f(0) = 0$ et $\lim\limits_{x \to +\infty} f(x) = +\infty$.

À NOTER

On peut écrire $\lim\limits_{x \to a} f(x) = B$ ou $f(x) \underset{x \to a}{\longrightarrow} B$, mais aussi $\lim\limits_{a} f = B$ s'il n'y a pas d'ambiguïté.

2 Aspects géométriques

■ Si $\lim\limits_{x \to a} f(x) = -\infty$ ou $\lim\limits_{x \to a} f(x) = +\infty$ (a désignant un réel fini), alors $\mathscr{C}_f$ a une asymptote verticale en a.

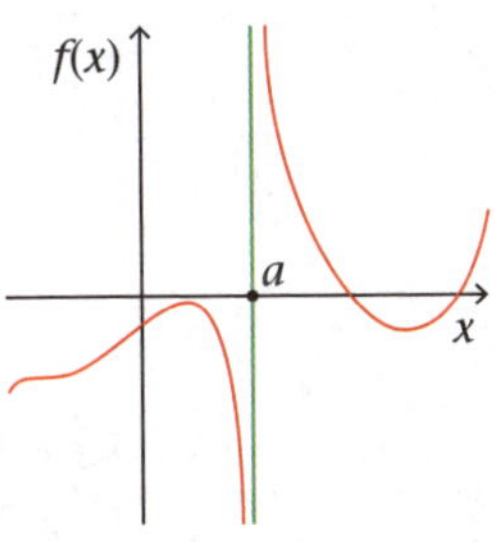

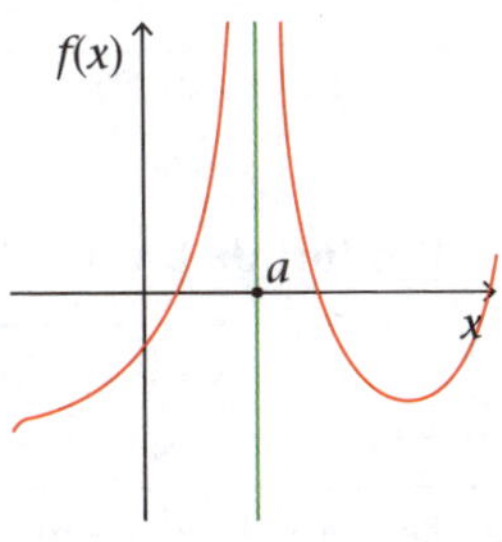

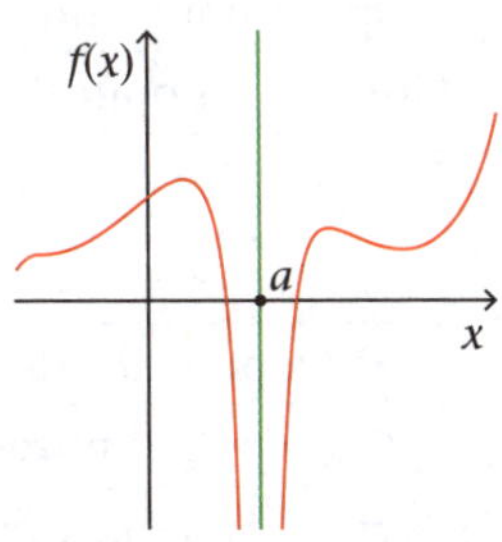

■ Si $\lim_{x \to +\infty} f(x) = a$ (a désignant un réel fini), alors $\mathscr{C}_f$ a une asymptote horizontale en + ∞ (il en est de même en – ∞).

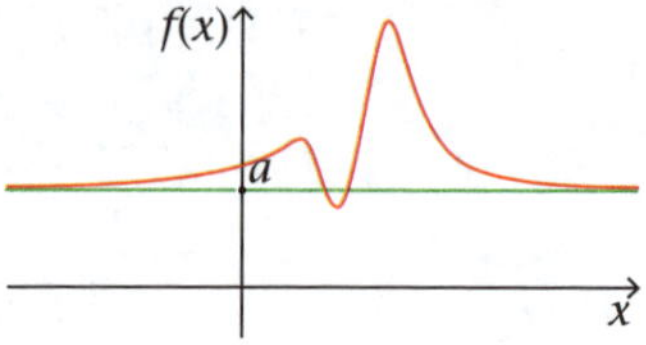

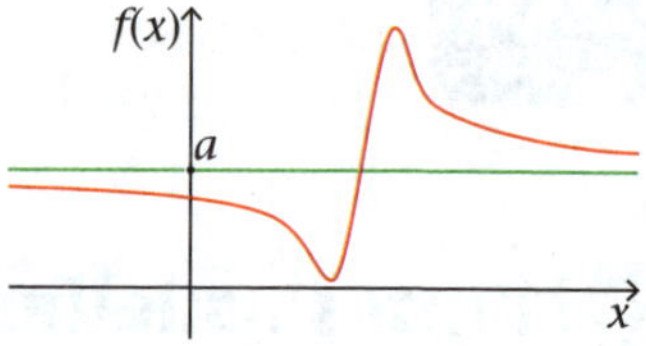

■ Une courbe peut traverser son asymptote horizontale.

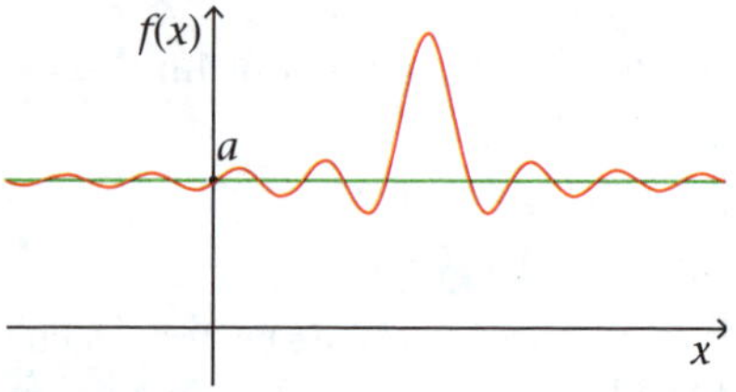

À NOTER
La préposition *en* représente toujours l'abscisse. Par exemple, « limite en + ∞ » veut dire « limite lorsque $x \to +\infty$ ». De même, « asymptote verticale en 2 » signifie « asymptote d'équation $x = 2$ ».

3 Règles opératoires (composition/combinaison)

■ Les tableaux suivants sont valables quelle que soit l'abscisse où l'on prend la limite (en – ∞, en un réel fini, en 0, en + ∞). Les ? représentent les formes indéterminées, k et k' désignent deux réels finis.

Somme algébrique de limites

Si f a pour limite	k	k	k	$+\infty$	$-\infty$	$+\infty$
Si g a pour limite	k'	$+\infty$	$-\infty$	$+\infty$	$-\infty$	$-\infty$
Alors $f+g$ a pour limite	$k+k'$	$+\infty$	$-\infty$	$+\infty$	$-\infty$	?

Produit de limites

Si f a pour limite	k	$k>0$	$k>0$	$k<0$	$k<0$	$+\infty$	$+\infty$	$-\infty$	0
Si g a pour limite	k'	$+\infty$	$-\infty$	$+\infty$	$-\infty$	$+\infty$	$-\infty$	$-\infty$	$\pm\infty$
Alors $f \times g$ a pour limite	kk'	$+\infty$	$-\infty$	$-\infty$	$+\infty$	$+\infty$	$-\infty$	$+\infty$	?

Quotient de limites

Si f a pour limite	$k > 0$	$k > 0$	$k > 0$	0	$k > 0$	0	$\pm\infty$	0
Si g a pour limite	$k' \neq 0$	0^+	0^-	$k \neq 0$	$\pm\infty$	$\pm\infty$	$\pm\infty$	0
Alors $\frac{f}{g}$ a pour limite	$\frac{k}{k'}$	$+\infty$	$-\infty$	0	0	0	?	?

Dans le cas $\frac{k}{0}$, il est important d'étudier le signe du dénominateur.

- Les **quatre formes indéterminées** sont $\frac{\infty}{\infty}$, $\frac{0}{0}$, $0 \times \infty$ et $\infty - \infty$.
- **Limites de fonctions composées :**

Si $\lim\limits_{x \to a} f(x) = b$ et si $\lim\limits_{X \to b} g(X) = c$, alors :

$$\lim_{x \to a} g(f(x)) = c.$$

À NOTER

$\lim\limits_{x \to a} g(f(x)) = c$ s'écrit aussi $\lim\limits_{x \to a} g \circ f(x) = c$.

4 Comparaison

- **Théorème des gendarmes :**

Si $f \leqslant g \leqslant h$ et si f et h tendent vers $k \in \mathbb{R}$ lorsque x tend vers A, alors $\lim\limits_{x \to A} g(x) = k$.

Si $f \leqslant g$ et si f tend vers $+\infty$ lorsque x tend vers A, alors $\lim\limits_{x \to A} g(x) = +\infty$.

À NOTER

A peut désigner $+\infty$ ou $-\infty$ ou un réel fini.

5 Définition formelle

- On dit que $\lim\limits_{x \to +\infty} f(x) = a$ (a étant un réel fini) si, pour tout intervalle $]a - \varepsilon\ ;\ a + \varepsilon[$, il existe une valeur $k \in \mathbb{R}$ telle que l'image de $[k\ ;\ +\infty[$ par f soit incluse dans $]a - \varepsilon\ ;\ a + \varepsilon[$.

- On dit que $\lim\limits_{x \to +\infty} f(x) = +\infty$ si, pour tout intervalle $[M\ ;\ +\infty[$, il existe une valeur $k \in \mathbb{R}$ telle que l'image de $[k\ ;\ +\infty[$ par f soit incluse dans $[M\ ;\ +\infty[$.

1 Lever une indétermination

Énoncé

Déterminer les limites suivantes.

1. $\lim\limits_{x \to -\infty} (x^2 - x - x^3)$. **2.** $\lim\limits_{x \to -\infty} \dfrac{x^2 - x^5}{x^5 + x^7}$.

Solution commentée

Savoir-faire

■ On commence par constater l'indétermination. Les quatre formes indéterminées sont $\frac{\infty}{\infty}$, $\frac{0}{0}$, $0 \times \infty$ et $\infty - \infty$.

■ Dans un cas indéterminé on ne peut pas conclure, il est donc nécessaire de lever l'indétermination. Plusieurs techniques peuvent être utilisées, par exemple :
– on peut factoriser une expression polynomiale par son terme de plus haut degré ;
– on peut multiplier une fonction homographique par l'expression conjuguée du numérateur ou du dénominateur ;
– dans certains cas, des factorisations « évidentes » pourront être faites (identités remarquables, par exemple) ;
– si $\lim\limits_{x \to a} f(x)$ est une forme indéterminée du type « $\frac{0}{0}$ », on peut souvent mettre l'expression $(x - a)$ en facteur au numérateur et au dénominateur afin de lever l'indétermination ;
– dans le cas d'un polynôme, la limite en $-\infty$ ou en $+\infty$ est la même que celle du terme de plus haut degré.

1. La limite est de la forme « $\infty - \infty$ ». Il s'agit d'une forme indéterminée.

Le terme de plus haut degré de $x^2 - x - x^3$ est $-x^3$.

$\lim\limits_{x \to -\infty} (x^2 - x - x^3) = \lim\limits_{x \to -\infty} (-x^3)$

3 est un exposant impair, d'où $\lim\limits_{x \to -\infty} (-x^3) = +\infty$.

2. On constate une forme indéterminée de type « $\frac{\infty}{\infty}$ ».

$$\lim_{x \to -\infty} \frac{x^2 - x^5}{x^5 + x^7} = \lim_{x \to -\infty} \frac{-x^5}{x^7}$$

On peut conclure : $\lim\limits_{x \to -\infty} \dfrac{-x^5}{x^7} = \lim\limits_{x \to -\infty} \dfrac{-1}{x^2} = 0$.

À NOTER
Peu importe les signes $+\infty$ ou $-\infty$: $\frac{\infty}{\infty}$ est toujours une forme indéterminée.

2 Déterminer la limite d'une fonction composée

Énoncé

Déterminer $\lim\limits_{\substack{x \to 4 \\ x < 4}} \sqrt{\dfrac{1}{16 - x^2}}$.

Solution commentée

Savoir-faire

- On exprime la fonction sous la forme d'une composée de plusieurs fonctions.
- On recherche successivement la limite de chacune de ces fonctions en tenant compte à chaque étape du résultat trouvé précédemment.
- Le changement de variable, en posant $A = 16 - x^2$, est une autre façon d'écrire cette méthode.

On pose $a(x) = 16 - x^2$, $b(x) = \dfrac{1}{x}$ et $c(x) = \sqrt{x}$.

On trouve successivement :

$\lim\limits_{\substack{x \to 4 \\ x < 4}} (16 - x^2) = 0^+$;

$\lim\limits_{\substack{a \to 0 \\ a > 0}} \left(\dfrac{1}{a}\right) = +\infty$;

$\lim\limits_{b \to +\infty} \sqrt{b} = +\infty$;

D'où $\lim\limits_{\substack{x \to 4 \\ x < 4}} \sqrt{\dfrac{1}{16 - x^2}} = +\infty$.

LES ERREURS À NE PAS COMMETTRE

• Certaines fonctions peuvent ne pas avoir de limite du tout.

C'est le cas par exemple de la fonction $f(x) = x - E(x)$ où $E(x)$ désigne la partie entière de x.

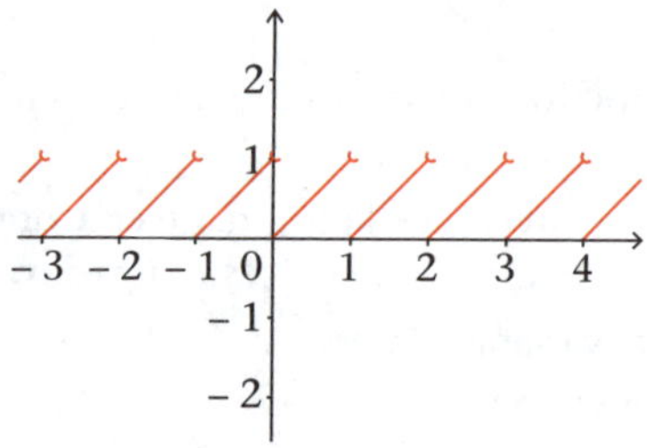

• La forme « $0 \times \infty$ » est indéterminée. Il serait inexact de considérer qu'elle a pour résultat 0, pour la raison que 0 multiplié par n'importe quel réel est égal à 0. Car justement, quand on parle de limites, ni 0 ni l'infini ne sont des réels : ce sont des limites.

Dans $\lim\limits_{x \to +\infty} \left(\dfrac{1}{x} \times x^2\right)$, $\dfrac{1}{x}$ tend vers 0 et x^2 tend vers $+\infty$, la limite est donc de la forme « $0 \times \infty$ » mais le résultat est $+\infty$, puisque $\dfrac{1}{x} \times x^2 = x$.

Exercice 13, p. 42

• Il faut toujours faire attention à la variable considérée. Si $x > 0$ et si l'on cherche $\lim\limits_{k \to 0} x^k$, le résultat est 1, en effet c'est la variable k qui tend vers 0, x est alors considéré comme une constante. Exercice 16, p. 42

• On peut avoir tendance à se tromper sur certaines limites.

Par exemple, les limites suivantes ne constituent pas des formes indéterminées : $\dfrac{0}{\infty} = 0$ et $(-\infty) \times (+\infty) = -\infty$ (on applique la règle des signes).

Exercices 1 à 3, p. 40

• Il faut toujours bien faire attention aux formes $\dfrac{k}{0}$ et $\dfrac{\infty}{0}$. Il faut bien déterminer si la limite du dénominateur tend vers 0^+ ou vers 0^-.

Exercices 4 à 6, p. 40

MÉTHODE

10 qcm pour réviser le cours

Corrigés, p. 44

1 Si $\lim\limits_{x \to +\infty} f(x) = +\infty$ et $\lim\limits_{x \to +\infty} g(x) = +\infty$, alors $\lim\limits_{x \to +\infty} \dfrac{g(x)}{f(x)}$ est égale à :

- ❑ **a.** 0.
- ❑ **b.** $+\infty$.
- ❑ **c.** forme indéterminée.

2 **La définition formelle de $\lim\limits_{x \to -\infty} f(x) = +\infty$ est :**

- ❑ **a.** pour tout réel M, il existe un réel x tel que, pour tout $y \leqslant x$, on ait $f(y) \geqslant M$.
- ❑ **b.** pour tout réel M, il existe un réel x tel que $f(x) \geqslant M$.
- ❑ **c.** pour tout réel M, il existe un réel x tel que, pour tout $y \geqslant x$, on ait $f(y) \geqslant M$.

3 $\lim\limits_{x \to 0} \dfrac{x + \frac{1}{x^2}}{-2 + x^2}$ **est égale à :**

- ❑ **a.** $+\infty$.
- ❑ **b.** $-\infty$.
- ❑ **c.** 0.

4 $\lim\limits_{x \to -\infty} \dfrac{x + \frac{1}{x^2}}{-2 + x^2}$ **est égale à :**

- ❑ **a.** $+\infty$.
- ❑ **b.** 0.
- ❑ **c.** 1.

5 **Une seule des trois phrases suivantes est vraie. Laquelle ?**

- ❑ **a.** Toute fonction définie sur $\mathbb{R}$ a une limite en $+\infty$.
- ❑ **b.** Certaines fonctions peuvent tendre, en $+\infty$, à la fois vers 0 et vers $+\infty$.
- ❑ **c.** Il existe des fonctions qui sont définies sur $\mathbb{R}$ et qui pourtant n'ont pas de limite en $+\infty$.

6 **La fonction $f(x) = \dfrac{1}{x^2}$ admet :**

- ❑ **a.** une asymptote horizontale mais pas d'asymptote verticale.
- ❑ **b.** une asymptote verticale mais pas d'asymptote horizontale.
- ❑ **c.** une asymptote horizontale et une asymptote verticale.

7 $\lim\limits_{t \to -\infty} \left(\dfrac{1}{t} + t^2\right)$ **est égale à :**

- ❑ **a.** 1.
- ❑ **b.** 0.
- ❑ **c.** $+\infty$.

8 **On suppose que, pour tout $x > 0$, on a $f(x) < \dfrac{1}{x}$:**

- ❑ **a.** $\lim\limits_{x \to +\infty} f(x) = 0$.
- ❑ **b.** $\lim\limits_{x \to +\infty} f(x)$ existe mais on ne peut pas présumer de sa valeur.
- ❑ **c.** il est possible que f n'ait pas de limite en $+\infty$.

9 **Si $\lim\limits_{x \to A} f(x) = 0$, alors $\lim\limits_{x \to A} \dfrac{1}{f(x)}$ est égale à :**

- ❑ **a.** 0.
- ❑ **b.** on ne peut rien dire.
- ❑ **c.** soit $+\infty$, soit $-\infty$.

10 **Si $\lim\limits_{x \to -\infty} f(x) = 0$ et $\lim\limits_{x \to +\infty} f(x) = +\infty$, alors :**

- ❑ **a.** f est croissante sur $\mathbb{R}$.
- ❑ **b.** f est continue sur $\mathbb{R}$.
- ❑ **c.** La représentation graphique de f a une asymptote horizontale.

Exercices

Exercice 1 niveau 1

Corrigés, p. 45

Déterminer les limites suivantes.

1. $\lim\limits_{x\to+\infty} \dfrac{\dfrac{1}{x}+x^2}{1-\dfrac{1}{x^2}}$ **2.** $\lim\limits_{x\to-\infty} \dfrac{\dfrac{1}{x}+x^2}{1-\dfrac{1}{x^2}}$

Exercice 2 niveau 1

Corrigés, p. 45

1. Déterminer $\lim\limits_{\substack{x\to4\\x>4}} \sqrt{\dfrac{2+x^2}{x-4}}$.

2. Que pensez-vous de $\lim\limits_{\substack{x\to4\\x<4}} \sqrt{\dfrac{2+x^2}{x-4}}$?

Exercice 3 niveau 1

Corrigés, p. 45

Déterminer $\lim\limits_{x\to-1} \left(\dfrac{1}{1+\dfrac{1}{1+\dfrac{1}{1+x}}} \right)$.

Exercice 4 niveau 1

Corrigés, p. 46

On pose $f(x) = \dfrac{2-x}{(x-3)(3-3x)}$.

Étudier le signe de $(x - 3)(3 - 3x)$ sur $\mathbb{R}$.

En déduire les limites de f au voisinage de 3 et de 1.

Exercice 5 niveau 1

Corrigés, p. 46

Déterminer $\lim\limits_{x\to-\infty} \left(\dfrac{1}{\dfrac{1}{x}-\dfrac{1}{x^2}} \right)$ et $\lim\limits_{x\to+\infty} \left(\dfrac{1}{\dfrac{1}{x}-\dfrac{1}{x^2}} \right)$.

Exercice 6 niveau 1

Corrigés, p. 47

φ est une fonction croissante sur $\mathbb{R}$ avec $\lim\limits_{x\to+\infty} \varphi(x) = -5$.

Trouver $\lim\limits_{x\to+\infty} \dfrac{1}{(\varphi(x))^2-25}$.

Exercice 7 niveau 1

Corrigés, p. 47

On pose $f(x) = \dfrac{2x-3}{x-4}$. Déterminer les limites de f en $-\infty$, $+\infty$, 4^-, 4^+ et en déduire l'existence d'asymptotes à $\mathscr{C}_f$.

Exercice 8 niveau 1

Corrigés, p. 48

1. La représentation graphique d'une fonction peut-elle admettre deux asymptotes horizontales ? trois ? quatre ?
2. La représentation graphique d'une fonction peut-elle couper ses asymptotes horizontales ? Justifier.

Exercice 9 niveau 1

Corrigés, p. 48

Déterminer les limites suivantes.

1. $\lim\limits_{x\to-\infty} (x^3 + 2x^5 - x + 99x^7 - x^{11})$
2. $\lim\limits_{x\to+\infty} \dfrac{x^2 - x^3}{1-x^5}$
3. $\lim\limits_{x\to+\infty} \dfrac{x}{x+\sqrt{x}}$
4. $\lim\limits_{x\to0} \dfrac{\sqrt{x}}{x^2 - x - 3\sqrt{x}}$
5. $\lim\limits_{x\to+\infty} \sqrt{1-x^2+x^4}$

Exercice 10 niveau 1

Corrigés, p. 49

Déterminer les limites suivantes.

1. $\lim\limits_{x\to+\infty} (x - \sqrt{1+x^2})$
2. $\lim\limits_{x\to-\infty} (x - \sqrt{1+x^2})$
3. $\lim\limits_{x\to-\infty} (\sqrt{-1+x^2} - \sqrt{1+x^2})$

Exercice 11 niveau 1

Corrigés, p. 50

On pose $f(x) = \dfrac{\sqrt{3x-8}-1}{x^2-9}$. Trouver $\lim\limits_{\substack{x\to3 \\ x>3}} f(x)$.

Exercice 12 niveau 1

Corrigés, p. 50

Déterminer les limites suivantes.

1. $\lim\limits_{x\to2} \left(\dfrac{x-2}{x^2-4}\right)$
2. $\lim\limits_{x\to1} \dfrac{x^{11}-1}{x-1}$
3. $\lim\limits_{x\to0} \dfrac{x^4-x^2}{x+x^2}$
4. $\lim\limits_{x\to1} \dfrac{x^6-x^4-x^2+1}{x^2-1}$, après avoir vérifié que :

$x^6 - x^4 - x^2 + 1 = (x^4 - 1)(x^2 - 1)$.

Exercice 13 niveau 2

Corrigés, p. 51

Soit f une fonction vérifiant, pour tout $x \in \mathbb{R}$, $-1 \leqslant f(x) \leqslant 2$.
Que peut-on dire des limites suivantes ?

1. $\lim\limits_{x \to +\infty} \dfrac{f(x)}{x^2}$

2. $\lim\limits_{\substack{x \to 0 \\ x > 0}} \dfrac{f(x)}{x}$

3. $\lim\limits_{x \to -\infty} [(f(x) + 2)(x^2 + 2)]$

4. $\lim\limits_{x \to 1} \dfrac{1}{f(x)}$

Exercice 14 niveau 2

Corrigés, p. 51

On pose $f(x) = |x - 2| - |2x + 2|$. Trouver les limites de $f(x)$ en $-\infty$ et $+\infty$.

Exercice 15 niveau 2

Corrigés, p. 52

Démontrer que si $\lim\limits_{x \to +\infty} f(x) = +\infty$ et si $f(x) < u(x)$ dans $\mathbb{R}$, alors $\lim\limits_{x \to +\infty} u(x) = +\infty$.

Exercice 16 niveau 2

Corrigés, p. 52

On pose $f_k(x) = \dfrac{x^k - 1}{x - 1}$ définie dans $]0 ; 1[\cup]1 ; +\infty[$ pour $k \in \mathbb{N}$.

1. Combien vaut $\lim\limits_{k \to +\infty} f_k(x)$? Discuter suivant la valeur de x.

2. Combien vaut $\lim\limits_{x \to +\infty} f_k(x)$? Discuter suivant la valeur de k.

Exercice 17 niveau 3

Corrigés, p. 52

Soit $\mathscr{C}_f$ la représentation graphique dans un repère $(O ; \vec{i}, \vec{j})$ d'une fonction f définie sur $\mathbb{R}$ et $M(x ; f(x))$ un point de cette représentation graphique. On s'intéresse au rectangle formé par les points $O(0 ; 0)$, $H(x ; 0)$, M et $K(0 ; f(x))$, avec $f(x) \neq 0$.

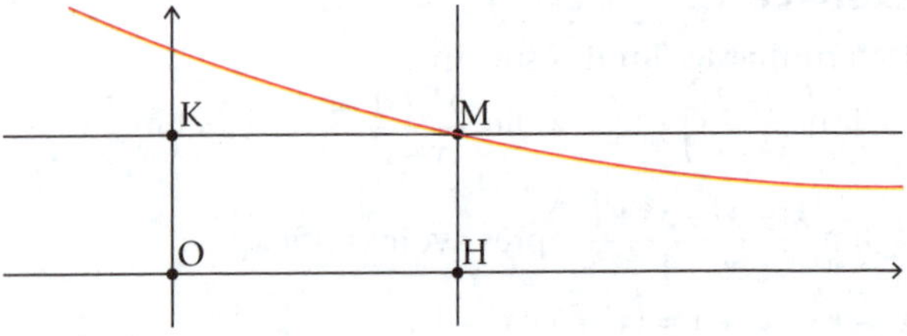

ENTRAÎNEMENT

1. Quelle est la limite, lorsque x tend vers $+\infty$, du périmètre de ce rectangle ?

2. a. Quelle est la limite, lorsque x tend vers $+\infty$, de l'aire de ce rectangle sachant que $f(x) = \dfrac{1}{x^2}$?

b. Même question avec $f(x) = \dfrac{1}{1+\sqrt{x}}$.

Exercice 18 niveau 3

Corrigés, p. 53

Trouver les limites des fonctions suivantes en $+\infty$ et en 1^+.

1. $f_1(x) = \dfrac{x-1}{\sqrt{x^2-1}}$

2. $f_2(x) = \dfrac{x^2-1}{\sqrt{x^2+1}}$

3. $f_3(x) = \dfrac{x-1}{\sqrt{x}-1}$

4. $f_4(x) = \dfrac{x-1}{\sqrt{x^2+3}-2}$

Exercice 19 niveau 3

Corrigés, p. 55

On pose $f(x) = \dfrac{8x^2-x+1}{ax^2+8}$.

Trouver a tel que $\lim\limits_{x\to+\infty} f(x) = -1$.

Combien vaut alors $\lim\limits_{\substack{x\to-1\\x>-1}} f(x)$?

Exercice 20 niveau 3

Corrigés, p. 56

On pose $f(x) = \dfrac{x^3}{x+1}$ et $g(x) = x^2$.

Déterminer $\lim\limits_{x\to+\infty} f(x)$, puis $\lim\limits_{x\to+\infty} g(x)$ et enfin $\lim\limits_{x\to+\infty} [f(x) - g(x)]$.

Exercice 21 niveau 3

Corrigés, p. 56

On pose $f(x) = x + \sqrt{x^2+9}$.

1. Déterminer l'image de 0 et de 4 par f.

2. Déterminer l'antécédent de 1 par f.

3. Déterminer $\lim\limits_{x\to+\infty} f(x)$.

4. Montrer que $f(x) = \dfrac{9}{\sqrt{x^2+9}-x}$. En déduire $\lim\limits_{x\to-\infty} f(x)$.

QCM

1 **c.** Il s'agit d'une limite de forme indéterminée « $\frac{\infty}{\infty}$ ».

2 **c.** La proposition **a.** donne la définition de $\lim_{-\infty} f = +\infty$. La fonction ci-dessous vérifie la proposition **b.** sans pour autant tendre vers $+\infty$ en $-\infty$.

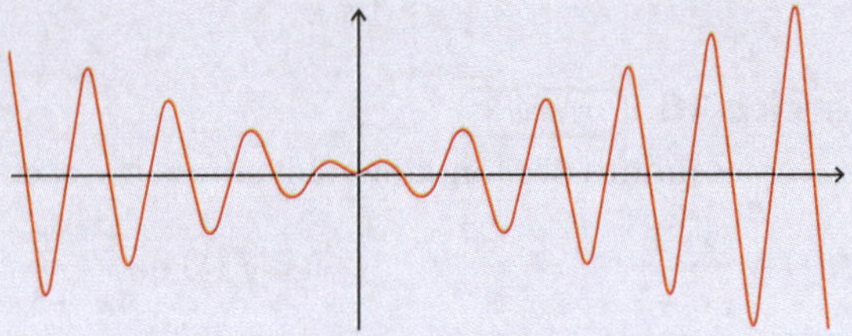

3 **b.** Lorsque x tend vers 0, x^2 tend vers 0^+, donc $\frac{1}{0^+}$ tend vers $+\infty$; par somme, le numérateur tend donc vers $+\infty$. Le dénominateur tend vers -2. Donc par quotient, la limite est $-\infty$.

4 **b.** $\lim_{x \to -\infty} \frac{1}{x^2} = 0$, donc, lorsque x tend vers $-\infty$, le numérateur tend vers $-\infty$, par somme. Quant au dénominateur, il tend vers $+\infty$, donc la limite de ce quotient est une forme indéterminée. On factorise par x au numérateur et par x^2 au dénominateur, on obtient :

$$\lim_{x \to -\infty} \frac{x\left(1+\frac{1}{x^3}\right)}{x^2\left(\frac{-2}{x^2}+1\right)} = \lim_{x \to -\infty} \frac{\left(1+\frac{1}{x^3}\right)}{x\left(\frac{-2}{x^2}+1\right)}. \lim_{x \to -\infty}\left(1+\frac{1}{x^3}\right) = 1 \text{ et } \lim_{x \to -\infty} x\left(\frac{-2}{x^2}+1\right) = 1,$$

donc la limite cherchée est 0, par quotient.

5 **c.** La proposition **a.** est fausse : par exemple, la fonction $f(x) = \sin x$ n'a pas de limite en $+\infty$. La proposition **b.** est fausse, une fonction ne peut avoir qu'une seule limite en $+\infty$, sinon la définition serait mise en contradiction.

6 **c.** Cette fonction admet une asymptote verticale d'équation $x = 0$ car $\lim_{0} f = +\infty$ et une asymptote horizontale d'équation $y = 0$ car $\lim_{+\infty} f = \lim_{-\infty} f = 0$.

7 **c.** Par somme, car lorsque t tend vers $-\infty$, $\frac{1}{t}$ tend vers 0 et t^2 tend vers $+\infty$.

8 **c.** Il aurait fallu que l'énoncé précise $0 < f(x) < \frac{1}{x}$ pour qu'on puisse utiliser le théorème des gendarmes.

CORRIGÉS

9 **b.** Le cas $\frac{1}{0}$ ne peut être conclu tant qu'on n'est pas sûr du signe de la fonction qui tend vers 0.

10 **c.** f admet une asymptote d'équation $y = 0$ en $-\infty$. Les limites en $-\infty$ et $+\infty$ ne peuvent pas présumer du comportement de f entre $-\infty$ et $+\infty$.

Exercice 1

1. $\lim\limits_{x\to+\infty} \frac{1}{x} + x^2 = +\infty$, par somme, puisque $\lim\limits_{x\to+\infty} \frac{1}{x} = 0$.

$\lim\limits_{x\to+\infty} 1 - \frac{1}{x^2} = 1$, par somme, puisque $\lim\limits_{x\to+\infty} \frac{1}{x^2} = 0$.

Par quotient, on en déduit que $\lim\limits_{x\to+\infty} \dfrac{\frac{1}{x} + x^2}{1 - \frac{1}{x^2}} = +\infty$.

2. On procède de la même façon qu'à la question précédente.

$\lim\limits_{x\to-\infty} \frac{1}{x} + x^2 = +\infty$ et $\lim\limits_{x\to-\infty} 1 - \frac{1}{x^2} = 1$ d'où $\lim\limits_{x\to-\infty} \dfrac{\frac{1}{x} + x^2}{1 - \frac{1}{x^2}} = +\infty$.

Exercice 2

1. Lorsque x tend vers 4, $2 + x^2$ tend vers 18 et $x - 4$ tend vers 0. Comme $x > 4$, on peut écrire que $x - 4$ tend vers 0^+ lorsque x tend vers 4.

On a donc $\lim\limits_{\substack{x\to4 \\ x<4}} \dfrac{2+x^2}{x-4} = +\infty$.

$\lim\limits_{X\to+\infty} \sqrt{X} = +\infty$; on en déduit $\lim\limits_{\substack{x\to4 \\ x<4}} \sqrt{\dfrac{2+x^2}{x-4}} = +\infty$, par composée de fonctions.

2. Cette limite n'est pas définie, car dans $]-\infty\,, 4[$, $\dfrac{2+x^2}{x-4} < 0$, donc la racine carrée n'est pas définie.

Exercice 3

$\lim\limits_{\substack{x\to-1 \\ x<-1}} (1 + x) = 0^-$ et $\lim\limits_{\substack{x\to-1 \\ x>-1}} (1 + x) = 0^+$;

Donc $\lim\limits_{\substack{x\to-1 \\ x<-1}} \left(\dfrac{1}{1+x}\right) = -\infty$ et $\lim\limits_{\substack{x\to-1 \\ x>-1}} \left(\dfrac{1}{1+x}\right) = +\infty$;

$$\lim_{\substack{x\to -1\\ x<-1}}\left(1+\frac{1}{1+x}\right)=-\infty \text{ et } \lim_{\substack{x\to -1\\ x>-1}}\left(1+\frac{1}{1+x}\right)=+\infty\ ;$$

$$\lim_{\substack{x\to -1\\ x<-1}}\left(\frac{1}{1+\frac{1}{1+x}}\right)=0^- \text{ et } \lim_{\substack{x\to -1\\ x>-1}}\left(\frac{1}{1+\frac{1}{1+x}}\right)=0^+\ ;$$

$$\lim_{\substack{x\to -1\\ x<-1}}\left(1+\frac{1}{1+\frac{1}{1+x}}\right)=1 \text{ et } \lim_{\substack{x\to -1\\ x>-1}}\left(1+\frac{1}{1+\frac{1}{1+x}}\right)=1.$$

On en déduit $\boldsymbol{\lim_{x\to -1}\left(\frac{1}{1+\frac{1}{1+\frac{1}{1+x}}}\right)=1}$.

Exercice 4

Lorsque x tend vers 1, le numérateur tend vers 1 et le dénominateur tend vers 0.

Lorsque x tend vers 3, le numérateur tend vers – 1 et le dénominateur vers 0. On est donc dans le cas « $\frac{k}{0}$ ».

Afin de déterminer la limite, on étudie donc le signe du dénominateur.

x	$-\infty$		1		3		$+\infty$
$x-3$		–		–	0	+	
$3-3x$		+	0	–		–	
$(x-3)(3-3x)$		–	0	+	0	–	

On étudie la limite de $f(x)$ en 1 :

$\lim\limits_{\substack{x\to 1\\ x<1}}(2-x)=1$ et $\lim\limits_{\substack{x\to 1\\ x<1}}(x-3)(3-3x)=0^-$; d'où $\boldsymbol{\lim\limits_{\substack{x\to 1\\ x<1}}f(x)=-\infty}$.

De même, $\lim\limits_{\substack{x\to 1\\ x>1}}(2-x)=1$ et $\lim\limits_{\substack{x\to 1\\ x>1}}(x-3)(3-3x)=0^+$; d'où $\boldsymbol{\lim\limits_{\substack{x\to 1\\ x>1}}f(x)=+\infty}$.

On étudie la limite de de $f(x)$ en 3 :

$\lim\limits_{\substack{x\to 3\\ x<3}}(2-x)=-1$ et $\lim\limits_{\substack{x\to 3\\ x<3}}(x-3)(3-3x)=0^+$; d'où $\boldsymbol{\lim\limits_{\substack{x\to 3\\ x<3}}f(x)=-\infty}$.

De même, $\lim\limits_{\substack{x\to 3\\ x>3}}(2-x)=-1$ et $\lim\limits_{\substack{x\to 3\\ x>3}}(x-3)(3-3x)=0^-$; d'où $\boldsymbol{\lim\limits_{\substack{x\to 3\\ x>3}}f(x)=+\infty}$.

Exercice 5

On étudie d'abord la limite en $-\infty$:

$\lim\limits_{x\to -\infty}\left(\frac{1}{x}-\frac{1}{x^2}\right)=0$; or $\frac{1}{x}<0$ et $-\frac{1}{x^2}<0$.

On en déduit $\lim_{x \to -\infty} \left(\frac{1}{x} - \frac{1}{x^2} \right) = 0^-$, d'où $\lim_{x \to -\infty} \left(\frac{1}{\frac{1}{x} - \frac{1}{x^2}} \right) = -\infty$.

On étudie ensuite la limite en $+\infty$.

On cherche à déterminer « le signe du 0 ». Il existe deux méthodes.

Première méthode : On sait que lorsque x est grand $\frac{1}{x} > \frac{1}{x^2}$,

donc $\lim_{x \to +\infty} \left(\frac{1}{x} - \frac{1}{x^2} \right) = 0^+$.

On en déduit $\lim_{x \to +\infty} \left(\frac{1}{\frac{1}{x} - \frac{1}{x^2}} \right) = +\infty$.

Seconde méthode : On multiplie le numérateur et le dénominateur par x.

$$\lim_{x \to +\infty} \left(\frac{1}{\frac{1}{x} - \frac{1}{x^2}} \right) = \lim_{x \to +\infty} \left(\frac{x}{1 - \frac{1}{x}} \right) = +\infty.$$

À NOTER

On aurait aussi pu multiplier numérateur et dénominateur par x^2.

Exercice 6

φ étant une fonction croissante, $\varphi(x) < -5$ dans $\mathbb{R}$, donc :

$\lim_{x \to +\infty} (\varphi(x))^2 = 25^+$.

Donc $\lim_{x \to +\infty} (\varphi(x)^2 - 25) = 0^+$.

On en déduit $\lim_{x \to +\infty} \frac{1}{(\varphi(x))^2 - 25} = +\infty$.

Exercice 7

On recherche les limites de $f(x)$ en $-\infty$ et en $+\infty$:

$\lim_{x \to +\infty} \left(\frac{2x-3}{x-4} \right) = \lim_{x \to +\infty} \left(\frac{2x}{x} \right) = 2$.

Avec le même raisonnement, on trouve la même limite en $-\infty$.

La représentation graphique de $f(x)$ admet donc une asymptote horizontale d'équation $y = 2$ en $-\infty$ et $+\infty$.

On recherche la limite de $f(x)$ en 4 :

$\lim_{\substack{x \to 4 \\ x < 4}} (2x - 3) = 5$ et $\lim_{\substack{x \to 4 \\ x < 4}} (x - 4) = 0^-$, d'où $\lim_{\substack{x \to 4 \\ x < 4}} f(x) = -\infty$.

On trouve de même $\lim_{\substack{x \to 4 \\ x > 4}} f(x) = +\infty$.

On en déduit que la représentation graphique de $f(x)$ admet une asymptote verticale d'équation $x = 4$.

Exercice 8

1. Une fonction ne peut avoir qu'une limite en + ∞ et une limite en – ∞, sa représentation graphique ne peut donc admettre au plus qu'une asymptote horizontale en – ∞ et une asymptote horizontale en + ∞.

On en déduit qu'il ne peut pas y avoir davantage que deux asymptotes horizontales.

> **À NOTER**
> En revanche, une répresentation graphique peut avoir une infinité d'asymptotes verticales.

2. Contrairement à ce que l'étymologie du mot peut laisser penser (*asymptote* signifie littéralement « qui s'approche sans jamais toucher »), **la représentation graphique d'une fonction peut couper autant de fois qu'on peut l'imaginer ses asymptotes horizontales.** Voir par exemple la représentation graphique suivante :

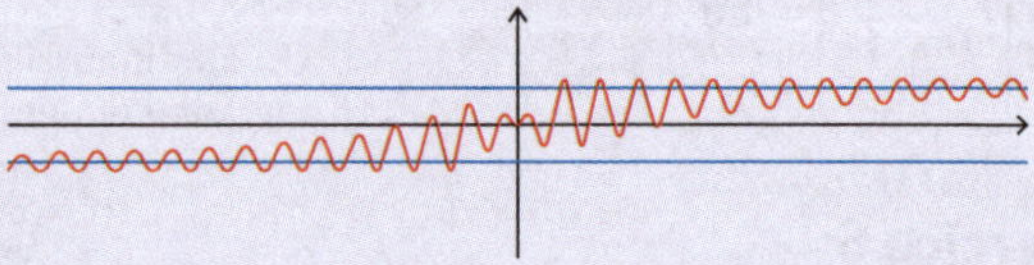

Exercice 9

1. Dans un polynôme, la limite en – ∞ ou + ∞ est la même que celle du terme de plus haut degré.

D'où $\lim\limits_{x \to -\infty} (x^3 + 2x^5 - x + 99x^7 - x^{11}) = \lim\limits_{x \to -\infty} - x^{11} = +\infty$.

2. $\lim\limits_{x \to +\infty} \dfrac{x^2 - x^3}{1 - x^5} = \lim\limits_{x \to +\infty} \dfrac{-x^3}{-x^5} = \lim\limits_{x \to +\infty} \dfrac{1}{x^2} = 0$.

3. $\lim\limits_{x \to +\infty} x = +\infty$ et $\lim\limits_{x \to +\infty} \left(x + \sqrt{x}\right) = +\infty$. On se trouve devant une forme indéterminée de type « $\dfrac{\infty}{\infty}$ ».

Pour lever l'indétermination, on factorise par x car, au voisinage de $+\infty$, $x > \sqrt{x}$.

On obtient $\lim\limits_{x \to +\infty} \dfrac{x}{x + \sqrt{x}} = \lim\limits_{x \to +\infty} \dfrac{x}{x\left(1 + \dfrac{1}{\sqrt{x}}\right)} = \lim\limits_{x \to +\infty} \dfrac{1}{1 + \dfrac{1}{\sqrt{x}}} = 1$.

4. $\lim\limits_{x \to 0} \sqrt{x} = 0$ et $\lim\limits_{x \to 0} \left(x^2 - x - 3\sqrt{x}\right) = 0$. On se trouve devant une forme indéterminée de type « $\dfrac{0}{0}$ ».

Pour lever l'indétermination, on factorise par $\sqrt{x}$ au dénominateur car, au voisinage de 0, $\sqrt{x} > x > x^2$.

On obtient donc $\lim\limits_{x\to 0} \dfrac{\sqrt{x}}{\sqrt{x}\left(-3-\sqrt{x}+x\sqrt{x}\right)} = \lim\limits_{x\to 0} \dfrac{1}{-3-\sqrt{x}+x\sqrt{x}} = -\dfrac{1}{3}$.

5. $\lim\limits_{x\to+\infty} (1 - x^2 + x^4) = \lim\limits_{x\to+\infty} (x^4) = +\infty$ et $\lim\limits_{X\to+\infty} \sqrt{X} = +\infty$,

donc, par composition, $\lim\limits_{x\to+\infty} \sqrt{1-x^2+x^4} = +\infty$.

Exercice 10

1. $\lim\limits_{x\to+\infty} x = +\infty$
et $\lim\limits_{x\to+\infty} (-\sqrt{1+x^2}) = -\infty$.
On obtient une forme indéterminée du type « $+\infty - \infty$ ».

CONSEIL
La factorisation ne permet pas ici de lever l'indétermination. On utilise donc l'expression conjuguée.

$$\lim_{x\to+\infty} (x - \sqrt{1+x^2}) = \lim_{x\to+\infty} \frac{x^2-\left(1+x^2\right)}{x+\sqrt{1+x^2}} = \lim_{x\to+\infty} \frac{-1}{x+\sqrt{1+x^2}}$$

Or $\lim\limits_{x\to+\infty} (x + \sqrt{1+x^2}) = +\infty$, donc $\mathbf{\lim\limits_{x\to+\infty} \dfrac{-1}{x+\sqrt{1+x^2}} = 0}$.

2. $\lim\limits_{x\to-\infty} x = -\infty$
et $\lim\limits_{x\to-\infty} (-\sqrt{1+x^2}) = -\infty$,
d'où $\mathbf{\lim\limits_{x\to-\infty} (x - \sqrt{1+x^2}) = -\infty}$.

CONSEIL
Commencez toujours par vérifier si la limite demandée présente une indétermination. Ici, ce n'est pas le cas ; il est donc inutile de se lancer dans des calculs fastidieux.

3. $\lim\limits_{x\to-\infty} (\sqrt{-1+x^2}) = +\infty$ et $\lim\limits_{x\to-\infty} (-\sqrt{1+x^2}) = -\infty$.
On se trouve devant une forme indéterminée du type « $+\infty - \infty$ ».
Pour lever l'indétermination, on utilise l'expression conjuguée :

$$\lim_{x\to-\infty} (\sqrt{-1+x^2} - \sqrt{1+x^2}) = \lim_{x\to-\infty} \frac{\left(-1+x^2\right)-\left(1+x^2\right)}{\left(\sqrt{-1+x^2}+\sqrt{1+x^2}\right)}$$

$$= \lim_{x\to-\infty} \frac{-2}{\left(\sqrt{-1+x^2}+\sqrt{1+x^2}\right)}.$$

Or $\lim\limits_{x\to-\infty} (\sqrt{-1+x^2} + \sqrt{1+x^2}) = +\infty$;

on en déduit $\mathbf{\lim\limits_{x\to-\infty} \dfrac{-2}{\left(\sqrt{-1+x^2}+\sqrt{1+x^2}\right)} = 0}$.

Exercice 11

On cherche $\lim\limits_{\substack{x\to 3\\ x>3}} \dfrac{\sqrt{3x-8}-1}{x^2-9}$.

$\lim\limits_{\substack{x\to 3\\ x>3}} \sqrt{3x-8} - 1 = 0^+$ et $\lim\limits_{\substack{x\to 3\\ x>3}} (x^2 - 9) = 0^+$.

On se trouve devant une forme indéterminée du type « $\dfrac{0}{0}$ ».

Pour lever l'indétermination, on multiplie le numérateur et le dénominateur par l'expression conjuguée du numérateur.

$$f(x) = \frac{3x-8-1}{(x^2-9)(\sqrt{3x-8}+1)} = \frac{3x-9}{(x^2-9)(\sqrt{3x-8}+1)} = \frac{3x-9}{x^2-9} \times \frac{1}{\sqrt{3x-8}+1}$$

$$= \frac{3(x-3)}{(x-3)(x+3)} \times \frac{1}{\sqrt{3x-8}+1} = \frac{3}{x+3} \times \frac{1}{\sqrt{3x-8}+1} \text{ pour } x \neq 3.$$

$\lim\limits_{\substack{x\to 3\\ x>3}} \dfrac{1}{\sqrt{3x-8}+1} = \dfrac{1}{2}$ et $\lim\limits_{\substack{x\to 3\\ x>3}} \dfrac{3}{x+3} = \dfrac{1}{2}$.

On en déduit $\mathbf{\lim\limits_{\substack{x\to 3\\ x>3}} f(x) = \dfrac{1}{2} \times \dfrac{1}{2} = \dfrac{1}{4}}$.

Exercice 12

1. On cherche $\lim\limits_{x\to 2} \left(\dfrac{x-2}{x^2-4}\right)$.

$\lim\limits_{x\to 2} (x-2) = 0$ et $\lim\limits_{x\to 2} (x^2 - 4) = 0$.

On se trouve devant une forme indéterminée de type « $\dfrac{0}{0}$ ».

Pour lever l'indétermination, on factorise le dénominateur.

$$\lim_{x\to 2} \left(\frac{x-2}{x^2-4}\right) = \lim_{x\to 2} \left(\frac{x-2}{(x-2)(x+2)}\right) = \lim_{x\to 2} \frac{1}{(x+2)} = \mathbf{\frac{1}{4}} \text{ avec } x \neq 2.$$

2. On se trouve devant une forme indéterminée de type « $\dfrac{0}{0}$ ».

On reconnaît la formule de la somme des premiers termes d'une suite géométrique :

$1 + x + \dots + x^{10} = \dfrac{x^{11}-1}{x-1}$.

$\lim\limits_{x\to 1} 1 + x + \dots + x^{10} = 11$; d'où $\mathbf{\lim\limits_{x\to 1} \dfrac{x^{11}-1}{x-1} = 11}$.

3. On cherche $\lim\limits_{x\to 0} \dfrac{x^4-x^2}{x+x^2}$.

$\lim\limits_{x\to 0} x^4 - x^2 = 0$ et $\lim\limits_{x\to 0} x + x^2 = 0$.

On se trouve donc devant une forme indéterminée de type « $\dfrac{0}{0}$ ».

Pour lever l'indétermination, on factorise pour x au numérateur et au dénominateur.

$$\lim_{x\to 0} \frac{x^4 - x^2}{x + x^2} = \lim_{x\to 0} \frac{x(x^3 - x)}{x(1+x)} = \lim_{x\to 0} \frac{x^3 - x}{1+x} = 0 \text{ avec } x \neq 0.$$

À NOTER
La factorisation du numérateur n'est pas évidente, c'est pourquoi l'énoncé vous guide.

4. $\lim_{x\to 1} \frac{x^6 - x^4 - x^2 + 1}{x^2 - 1}$.

$\lim_{x\to 1} (x^6 - x^4 - x^2 + 1) = 0$

et $\lim_{x\to 1} x^2 - 1 = 0$.

On se trouve donc devant une forme indéterminée de type « $\frac{0}{0}$ ».

$(x^4 - 1)(x^2 - 1) = x^6 - x^4 - x^2 + 1$. Donc :

$$\lim_{x\to 1} \frac{x^6 - x^4 - x^2 + 1}{x^2 - 1} = \lim_{x\to 1} \frac{(x^4 - 1)(x^2 - 1)}{x^2 - 1} = \lim_{x\to 1} (x^4 - 1) = 0 \text{ avec } x \neq 1.$$

Exercice 13

1. $-1 \leqslant f(x) \leqslant 2$. On peut donc écrire que $-\frac{1}{x^2} \leqslant \frac{f(x)}{x^2} \leqslant \frac{2}{x^2}$ pour tout $x > 0$.

$\lim_{x\to +\infty} -\frac{1}{x^2} = 0$ et $\lim_{x\to +\infty} \frac{2}{x^2} = 0$.

On en déduit, d'après le théorème des gendarmes, $\mathbf{\lim_{x\to +\infty} \frac{f(x)}{x^2} = 0}$.

2. Lorsque x tend vers 0 ($x > 0$), $-\frac{1}{x}$ tend vers $+\infty$.

La limite en 0^+ de $\frac{f(x)}{x}$ dépendra donc du signe de $f(x)$ en 0^+.

Ce signe est inconnu : on ne peut donc pas conclure.

3. $-1 \leqslant f(x) \leqslant 2$ et $1 \leqslant f(x) + 2 \leqslant 4$.

$x^2 + 2 \leqslant (f(x) + 2)(x^2 + 2) \leqslant 4(x^2 + 2)$ puisque $x^2 + 2 \geqslant 0$.

$\lim_{x\to -\infty} x^2 + 2 = +\infty$.

On en déduit, d'après le théorème des gendarmes :

$\mathbf{\lim_{x\to -\infty} [(f(x) + 2)(x^2 + 2)] = +\infty}$.

4. $-1 \leqslant f(x) \leqslant 2$. **On ne peut pas conclure sur** $\frac{1}{f(x)}$.

Exercice 14

On étudie les limites de $f(x)$ en $-\infty$ et en $+\infty$ en fonction des valeurs prises par x.

Pour tout $x < -1$, $f(x) = |x - 2| - |2x + 2| = -x + 2 - (-2x - 2)$
$= -x + 2 + 2x + 2 = x + 4$.

$\mathbf{\lim_{x\to -\infty} f(x) = -\infty}$.

Pour tout $x > 2$, $f(x) = |x - 2| - |2x + 2| = x - 2 - (2x + 2)$
$= x - 2 - 2x - 2 = - x - 4$.

$\lim\limits_{x \to +\infty} f(x) = -\infty$.

Exercice 15

Soit $M > 0$ un réel (aussi grand que l'on veut). Puisque $\lim\limits_{x \to +\infty} f(x) = +\infty$, on peut affirmer qu'il existe k tel que, dans $]k\,,+\infty[$, on ait $f(x) > M$. Mais puisque $f(x) < u(x)$ dans $\mathbb{R}$ on peut en déduire que, dans $]k\,,+\infty[$, on a aussi $u(x) > M$.

Conclusion : pour tout réel M, il existe un seuil k à partir duquel, pour $x > k$, $u(x) > M$, ce qui est la définition de $\lim\limits_{+\infty} u = +\infty$.

Exercice 16

ATTENTION
Dans la question **1.**, la variable x est fixe : on étudie les limites lorsque k varie. Dans la question **2.** en revanche, c'est k qui est fixe et x qui varie.

1. **Si $x \in]0\,;1[$**, alors $\lim\limits_{k \to +\infty} x^k = 0$,

donc $\lim\limits_{k \to +\infty} f_k(x) = \dfrac{-1}{x-1}$.

Si $x \in]1\,;+\infty[$, alors $\lim\limits_{k \to +\infty} x^k = +\infty$

et $x - 1 > 0$, donc $\lim\limits_{k \to +\infty} f_k(x) = +\infty$.

$x - 1 > 0$ est un réel fixe, puisque dans cette question seul k varie.

2. Lorsque $k > 0$, alors $\lim\limits_{x \to +\infty} x^k = +\infty$ pour tout $x > 0$,

donc $\lim\limits_{x \to +\infty} f_k(x) = \lim\limits_{x \to +\infty} \dfrac{x^k}{x} = \lim\limits_{x \to +\infty} x^{k-1}$:

– si $k > 1$, la limite tend vers $+\infty$;

– si $k = 1$, la limite tend vers 1. Dans ce cas, $f_k(x) = \text{constante} = 1$;

– si $k = 0$, alors $f_k(x) = 0$ pour tout $x \in]0\,;1[\cup]1\,;+\infty[$, donc sa limite vaut 0.

Exercice 17

1. Soit p le périmètre du rectangle OHMK.

$p = 2|x| + 2|f(x)|$, donc $p > 2|x|$.

Lorsque x tend vers $+\infty$, **le périmètre p tend aussi vers $+\infty$.**

2. a. Soit A l'aire du rectangle OHMK. $A = |x| \times |f(x)| = |x| \times \left|\dfrac{1}{x^2}\right|$.

$\lim\limits_{x \to +\infty} \left(|x| \times \dfrac{1}{x^2}\right) = \lim\limits_{x \to +\infty} \left(x \times \dfrac{1}{x^2}\right)$ car $x > 0$

$= \lim\limits_{x \to +\infty} \dfrac{1}{x} = \mathbf{0}$.

CORRIGÉS

b. $A = \left(|x| \times \left|\dfrac{1}{1+\sqrt{x}}\right|\right) = |x| \times \dfrac{1}{1+\sqrt{x}}$

$$\lim_{x\to+\infty}\left(|x| \times \frac{1}{1+\sqrt{x}}\right) = \lim_{x\to+\infty}\left(\frac{x}{1+\sqrt{x}}\right) = \lim_{x\to+\infty}\frac{\sqrt{x}}{\left(\frac{1}{\sqrt{x}}+1\right)} = +\infty.$$

Exercice 18

1. ▪ $f_1(x) = \dfrac{x-1}{\sqrt{x^2-1}}$; $D_{f_1} = \mathbb{R} \setminus \{-1 ; 1\}$.

On cherche $\lim\limits_{x\to+\infty} f_1(x)$. $\lim\limits_{x\to+\infty} x - 1 = +\infty$ et $\lim\limits_{x\to+\infty}\sqrt{x^2-1} = +\infty$. On constate une forme indéterminée de type « $\dfrac{\infty}{\infty}$ ».

On lève l'indétermination en effectuant une factorisation par x^2 sous la racine carrée du dénominateur et x au numérateur.

$$\frac{x-1}{\sqrt{x^2-1}} = \frac{x\left(1-\frac{1}{x}\right)}{\sqrt{x^2\left(1-\frac{1}{x^2}\right)}} = \frac{x\left(1-\frac{1}{x}\right)}{|x|\sqrt{1-\frac{1}{x^2}}} = \frac{x\left(1-\frac{1}{x}\right)}{x\sqrt{1-\frac{1}{x^2}}} \text{ car } x > 0,$$

$$= \frac{1-\frac{1}{x}}{\sqrt{1-\frac{1}{x^2}}}.$$

$\lim\limits_{x\to+\infty} 1 - \dfrac{1}{x} = 1$ et $\lim\limits_{x\to+\infty}\sqrt{1-\dfrac{1}{x^2}} = 1$. On en déduit $\boldsymbol{\lim\limits_{x\to+\infty} f_1(x) = 1}$.

▪ On cherche $\lim\limits_{\substack{x\to1\\x>1}} f_1(x)$.

$\lim\limits_{\substack{x\to1\\x>1}} x - 1 = 0^+$ et $\lim\limits_{\substack{x\to1\\x>1}}\sqrt{x^2-1} = 0^+$. On se trouve devant une forme indéterminée de type « $\dfrac{0}{0}$ ».

Quand x tend vers 1^+, $x > 1$, d'où $x - 1 > 0$ et $x - 1 = \sqrt{(x-1)^2}$.

On transforme le dénominateur en utilisant une identité remarquable.

$$\frac{x-1}{\sqrt{x^2-1}} = \frac{x-1}{\sqrt{(x-1)(x+1)}} = \frac{x-1}{\sqrt{x-1}\sqrt{x+1}} = \frac{\sqrt{x-1}^2}{\sqrt{x-1}\sqrt{x+1}} = \frac{\sqrt{x-1}}{\sqrt{x+1}}.$$

$\lim\limits_{\substack{x\to1\\x>1}}\sqrt{x-1} = 0^+$ et $\lim\limits_{\substack{x\to1\\x>1}}\sqrt{x+1} = \sqrt{2}$, d'où $\boldsymbol{\lim\limits_{\substack{x\to1\\x>1}} f_1(x) = 0}$.

2. ▪ $f_2(x) = \dfrac{x^2-1}{\sqrt{x^2+1}}$; $D_{f_2} = \mathbb{R}$. On cherche $\lim\limits_{x\to+\infty} f_2(x)$.

$\lim_{x\to+\infty} x^2 - 1 = +\infty$ et $\lim_{x\to+\infty} \sqrt{x^2+1} = +\infty$. On se trouve devant une forme indéterminée de type « $\frac{\infty}{\infty}$ ».

On procède de la même manière que pour la recherche de la limite de $f_1(x)$ en $+\infty$, on obtient $f_2(x) = \dfrac{x\left(1-\dfrac{1}{x^2}\right)}{\sqrt{1+\dfrac{1}{x^2}}}$ avec $x \neq 0$.

$\lim_{x\to+\infty} x\left(1-\dfrac{1}{x^2}\right) = +\infty$ et $\lim_{x\to+\infty} \sqrt{1+\dfrac{1}{x^2}} = 1$, d'où $\mathbf{\lim_{x\to+\infty} f_2(x) = +\infty}$.

■ On cherche $\lim_{\substack{x\to1\\x>1}} f_2(x)$.

$\lim_{\substack{x\to1\\x>1}} x^2 - 1 = 0^+$ et $\lim_{\substack{x\to1\\x>1}} \sqrt{x^2+1} = \sqrt{2}$. On en déduit $\mathbf{\lim_{\substack{x\to1\\x>1}} f_2(x) = 0}$.

3. ■ $f_3(x) = \dfrac{x-1}{\sqrt{x}-1}$; $D_{f_3} = \mathbb{R}^+ \setminus \{1\}$. On cherche $\lim_{x\to+\infty} f_3(x)$.

$\lim_{x\to+\infty} x - 1 = +\infty$ et $\lim_{x\to+\infty} \sqrt{x}-1 = +\infty$. On se trouve devant une forme indéterminée de type « $\frac{\infty}{\infty}$ ».

$$\frac{x-1}{\sqrt{x}-1} = \frac{x\left(1-\dfrac{1}{x}\right)}{\sqrt{x}\left(1-\dfrac{1}{\sqrt{x}}\right)} = \frac{\sqrt{x}\left(1-\dfrac{1}{x}\right)}{1-\dfrac{1}{\sqrt{x}}} \text{ avec } x \neq 0.$$

$\lim_{x\to+\infty} \sqrt{x} = +\infty$ et $\lim_{x\to+\infty}\left(1-\dfrac{1}{x}\right) = \lim_{x\to+\infty}\left(1-\dfrac{1}{\sqrt{x}}\right) = 1$, d'où $\mathbf{\lim_{x\to+\infty} f_3(x) = +\infty}$.

■ On cherche $\lim_{\substack{x\to1\\x>1}} f_3(x)$.

$\lim_{\substack{x\to1\\x>1}} x - 1 = 0^+$ et $\lim_{\substack{x\to1\\x>1}} \sqrt{x}-1 = 0$. Pour lever l'indétermination de type « $\frac{0}{0}$ », on utilise l'expression conjuguée du dénominateur.

$$\frac{x-1}{\sqrt{x}-1} = \frac{(x-1)(\sqrt{x}+1)}{x-1} = \sqrt{x}+1 \text{ avec } x \neq 1.$$

$\lim_{\substack{x\to1\\x>1}} \sqrt{x}+1 = 2$, d'où $\mathbf{\lim_{\substack{x\to1\\x>1}} f_3(x) = 2}$.

4. ■ $f_4(x) = \dfrac{x-1}{\sqrt{x^2+3}-2}$; $D_{f_4} =]-\infty\,;\sqrt{3}] \cup [\sqrt{3}\,;+\infty[$.

On cherche $\lim_{x\to+\infty} f_4(x)$.

$\lim\limits_{x \to +\infty} x - 1 = +\infty$ et $\lim\limits_{x \to +\infty} \sqrt{x^2+3} - 2 = +\infty$.

Comme précédemment, on transforme l'expression pour lever l'indétermination.

$$\frac{x-1}{\sqrt{x^2+3}-2} = \frac{x\left(1-\frac{1}{x}\right)}{x\sqrt{3+\frac{1}{x}-\frac{2}{x}}} = \frac{1-\frac{1}{x}}{\sqrt{3+\frac{1}{x^2}-\frac{2}{x}}}.$$

$\lim\limits_{x \to +\infty} 1 - \frac{1}{x} = 1$ et $\lim\limits_{x \to +\infty} \sqrt{3+\frac{1}{x^2}-\frac{2}{x}} = \sqrt{3}$, d'où $\mathbf{\lim\limits_{x \to +\infty} f_4(x) = \frac{1}{\sqrt{3}} = \frac{\sqrt{3}}{3}}$.

■ On cherche $\lim\limits_{\substack{x \to 1 \\ x > 1}} f_4(x)$.

$\lim\limits_{\substack{x \to 1 \\ x > 1}} x - 1 = 0^+$ et $\lim\limits_{\substack{x \to 1 \\ x > 1}} \sqrt{x^2+3} - 2 = 0^+$.

On transforme l'expression pour lever l'indétermination.

$$\frac{x-1}{\sqrt{x^2+3}-2} = \frac{(x-1)\left(\sqrt{x^2+3}+2\right)}{x^2+3-4} = \frac{(x-1)\left(\sqrt{x^2+3}+2\right)}{x^2-1}$$

$$= \frac{(x-1)\left(\sqrt{x^2+3}+2\right)}{(x-1)(x+1)} = \frac{\sqrt{x^2+3}+2}{x+1} \text{ avec } x \neq 1.$$

$\lim\limits_{\substack{x \to 1 \\ x > 1}} \sqrt{x^2+3} + 2 = 4$ et $\lim\limits_{\substack{x \to 1 \\ x > 1}} x + 1 = 2$, d'où $\mathbf{\lim\limits_{\substack{x \to 1 \\ x > 1}} f_4(x) = \frac{4}{2} = 2}$.

Exercice 19

■ $\lim\limits_{x \to +\infty} \frac{8x^2 - x + 1}{ax^2+8} = \lim\limits_{x \to +\infty} \frac{8x^2}{ax^2}$

$= \frac{8}{a}$ pour $a \neq 0$.

Si $a = 0$, alors $\lim\limits_{x \to +\infty} \frac{8x^2 - x + 1}{ax^2+8} = \lim\limits_{x \to +\infty} \frac{8x^2}{8} = +\infty$.

On cherche a tel que $\frac{8}{a} = -1$; on en déduit $\mathbf{a = -8}$.

■ $D_f = \mathbb{R} \setminus \{-1 ; 1\}$. On cherche $\lim\limits_{\substack{x \to -1 \\ x > -1}} \frac{8x^2 - x + 1}{-8x^2+8}$.

$\lim\limits_{\substack{x \to -1 \\ x > -1}} 8x^2 - x + 1 = 10$ et $\lim\limits_{\substack{x \to -1 \\ x > -1}} -8x^2 + 8 = 0$.

On étudie le signe de $-8x^2 + 8 = 0$.

$-8x^2 + 8 = -8(x^2 - 1) = -8(x + 1)(x - 1)$.

On dresse un tableau de signes :

x	$-\infty$		-1		1		$+\infty$
$-8x^2+8$		$-$	0	$+$	0	$-$	

On en déduit $\lim\limits_{\substack{x\to-1\\x>-1}} f(x) = +\infty$.

Exercice 20

■ $D_f = \mathbb{R} \setminus \{-1\}$.

$\lim\limits_{x\to+\infty} f(x) = \lim\limits_{x\to+\infty} \dfrac{x^3}{x+1} = \lim\limits_{x\to+\infty} \dfrac{x^3}{x} = \lim\limits_{x\to+\infty} x^2 = +\infty$.

■ $D_g = \mathbb{R}$.

$\lim\limits_{x\to+\infty} g(x) = \lim\limits_{x\to+\infty} x^2 = +\infty$.

■ $\lim\limits_{x\to+\infty} [f(x) - g(x)]$ correspond à une forme indéterminée de type « $\infty - \infty$ ».

$$f(x) - g(x) = \frac{x^3}{x+1} - x^2 = \frac{x^3 - x^2(x+1)}{x+1} = \frac{x^3 - x^3 - x^2}{x+1} = \frac{-x^2}{x+1}.$$

$$\lim_{x\to+\infty} [f(x) - g(x)] = \lim_{x\to+\infty} \left(\frac{-x^2}{x+1}\right) = \lim_{x\to+\infty} \left(\frac{-x^2}{x}\right) = \lim_{x\to+\infty} (-x) = -\infty.$$

Exercice 21

$f(x) = x + \sqrt{x^2+9}$; $D_f = \mathbb{R}$.

1. $f(0) = \sqrt{9} = \mathbf{3}$ et $f(4) = 4 + \sqrt{25} = \mathbf{9}$

2. $x + \sqrt{x^2+9} = 1 \Leftrightarrow \sqrt{x^2+9} = 1 - x$

$\Leftrightarrow x^2 + 9 = (1-x)^2$ (avec $x < 1$)

$\Leftrightarrow x^2 + 9 = 1 - 2x + x^2$ (avec $x < 1$)

$\Leftrightarrow 2x = -8$ (avec $x < 1$).

$\Leftrightarrow \mathbf{x = -4}$.

3. $\lim\limits_{x\to+\infty} f(x) = +\infty$, par somme de deux termes tendant vers $+\infty$.

4. On utilise l'expression conjuguée :

$$f(x) = \frac{\left(x+\sqrt{x^2+9}\right)\left(x-\sqrt{x^2+9}\right)}{x-\sqrt{x^2+9}} = \frac{x^2-x^2-9}{x-\sqrt{x^2+9}}$$

$$= \frac{-9}{-\left(-x+\sqrt{x^2+9}\right)} = \frac{9}{\sqrt{x^2+9}-x}.$$

$\lim\limits_{x\to+\infty} \sqrt{x^2+9} - x = +\infty$, d'où $\lim\limits_{x\to+\infty} f(x) = 0$.

3 Continuité. Théorème des valeurs intermédiaires

1 Continuité

a. Fonction continue sur un intervalle

Soit f une fonction définie sur un intervalle I de $\mathbb{R}$.

■ f est continue sur I si, pour tout a de I, $\lim_{x \to a} f(x) = f(a)$.

■ Cela signifie que la courbe représentative de f ne présente pas de « trous » sur cet intervalle. On peut la tracer sans lever le crayon.

b. Exemples et contre-exemples

■ Toutes les fonctions usuelles sont continues.
Les fonctions affines, carrées, polynômes, valeurs absolues sont continues sur $\mathbb{R}$. La fonction inverse est continue sur $\mathbb{R}^*$. La fonction racine carrée est continue sur $\mathbb{R}^+$.

■ La fonction partie entière, notée $E(x)$, telle que $E(x) \in \mathbb{Z}$ et $E(x) \leqslant x < E(x) + 1$, est constante sur chacun des intervalles $[n\ ;\ n+1[$, mais discontinue sur l'ensemble des entiers.

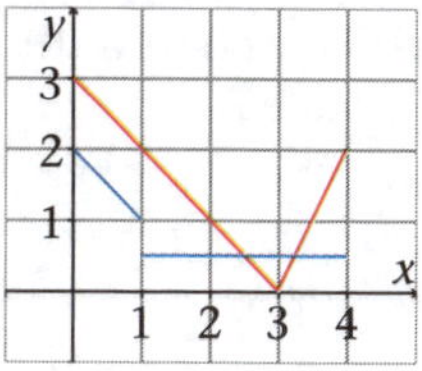

Exemples :
La fonction f (en rouge) définie sur $I = [0\ ;\ 4]$ par $f(x) = 3 - x$ si $x \in [0\ ;\ 3]$ et $f(x) = 2x - 6$ si $x \in]3\ ;\ 4]$ est une fonction affine par intervalle continue ; $f(3) = 0$ et $\lim_{x \to 3} f(x) = 0$.

La fonction g (en bleu) définie sur $I = [0\ ;\ 4]$ par $f(x) = 2 - x$ si $x \in [0\ ;\ 1]$ et $f(x) = \frac{1}{2}$ si $x \in]1\ ;\ 4]$ est une fonction affine par intervalle non continue ; $f(1) = 1$, mais, si $x > 1$, $\lim_{x \to 1} f(x) = \frac{1}{2}$; il y a un problème de « raccordement ».

Propriétés

■ Les fonctions dérivables sur I sont continues sur I. La réciproque est fausse : la fonction valeur absolue est continue sur $\mathbb{R}$, mais n'est pas dérivable en 0.

À NOTER
Si f est une fonction continue sur I et (u_n) une suite qui converge vers $\ell \in I$, alors $f(u_n)$ est une suite qui converge vers $f(\ell)$.

■ La somme, le produit, de deux fonctions continues sur I est continue sur I.

■ L'inverse d'une fonction continue, qui ne s'annule pas sur I, est continue sur I.

2 Théorème des valeurs intermédiaires

a. Théorème

■ Soit f une fonction continue sur un intervalle fermé $I = [a ; b]$. Tout réel c compris entre $f(a)$ et $f(b)$ a au moins un antécédent sur $[a ; b]$; autrement dit, l'équation $f(x) = c$ a au moins une solution sur $[a : b]$.

b. Cas particulier des fonctions strictement monotones

■ Si la fonction est continue strictement croissante (respectivement décroissante) sur $[a ; b]$, pour tout réel c de $[f(a) ; f(b)]$ (respectivement $[f(b) ; f(a)]$), l'équation $f(x) = c$ a une unique solution sur $[a ; b]$.

■ En particulier, si $f(a) \times f(b) < 0$, l'équation $f(x) = 0$ a une unique solution sur $[a ; b]$.

c. Extension aux intervalles ouverts, bornés ou non

■ Si a désigne un réel (ou $-\infty$), b un réel (ou $+\infty$) et $I =]a ; b[$ on remplace $f(a)$ ou $f(b)$ par $\lim\limits_{x \to a} f(x)$ ou $\lim\limits_{x \to b} f(x)$ dans l'énoncé du théorème précédent.

d. Exemples d'utilisation de tableau

■ Dans chacun des cas, l'équation $f(x) = 0$ a une unique solution sur l'intervalle I.

x	2	x_0	5
f	-3 ↗	0	↗ 2

x	$-\infty$	x_0	-3
f	$-\infty$ ↗	0	↗ $+\infty$

x	3	x_0	$+\infty$
f	$+\infty$ ↘	0	↘ -4

À NOTER

On convient que les flèches obliques d'un tableau de variations traduisent la continuité et la stricte monotonie de la fonction sur l'intervalle considéré.

Déterminer le nombre de solutions d'une équation et les localiser

Énoncé

Soit f la fonction définie sur $\mathbb{R}$ par :

$$f(x) = x^3 - 3x - 1.$$

1. a. Étudier les variations de f.

b. Étudier les limites de f.

2. Montrer que l'équation $f(x) = 0$ a trois solutions distinctes que l'on nommera α, β et γ avec $\alpha < \beta < \gamma$.

3. Étudier le signe de $f(x)$ suivant les valeurs de x.

4. Déterminer une valeur de α à 10^{-3} près.

Solution commentée

Savoir-faire

- On ne demande pas de résoudre une équation mais de prouver l'existence de solutions.
- On montre par le théorème des valeurs intermédiaires l'unicité de la solution sur chacun des intervalles de monotonie. L'étude des variations et des limites est donc indispensable.

1. a. f est une fonction polynôme dérivable sur $\mathbb{R}$, de dérivée $f'(x) = 3x^2 - 3 = 3(x-1)(x+1)$, positive à l'extérieur de ses racines -1 et 1.

f est donc croissante sur $]-\infty\,;-1[$ et sur $]1\,;+\infty[$ et décroissante sur $]-1\,;1[$.

b. $f(x) = x^3\left(1 - \dfrac{3}{x^2} + \dfrac{1}{x^3}\right)$.

$\lim\limits_{x \to +\infty} \dfrac{3}{x^2} + \dfrac{1}{x^3} = 0$ et $\lim\limits_{x \to +\infty} x^3 = +\infty$, donc $\lim\limits_{x \to +\infty} f(x) = +\infty$.

De même, $\lim\limits_{x \to -\infty} f(x) = -\infty$.

2. Sur $]-\infty\,;-1]$, f est continue (car dérivable) et strictement croissante. De plus, $f(-1) = 1 > 0$, donc $0 \in \left]\lim\limits_{x \to -\infty} f(x)\,; f(-1)\right]$. On en déduit, d'après le théorème des valeurs intermédiaires, que l'équation $f(x) = 0$ a une unique solution. Enfin, $f(-2) = -3$, donc $-2 < \alpha < -1$.

ATTENTION
L'hypothèse de continuité est indispensable. Même si toutes les fonctions rencontrées sont continues, il convient de le préciser en énonçant le théorème.

De même, $f(1) = -3 < 0$ et f est continue et strictement décroissante sur $[-1 ; 1]$, donc l'équation $f(x) = 0$ a une unique solution.

$f(0) = -1 < 0$, donc $-1 < \beta < 0$.

Sur $[1 ; +\infty[$, en procédant de manière analogue, on trouve une dernière solution : $f(2) = 1 > 0$, donc $1 < \gamma < 2$.

3. Sur $]-\infty ; -1[$, f est strictement croissante et $f(\alpha) = 0$, donc, si $x < \alpha$, $f(x) < 0$ et, si $\alpha < x < 1$, $f(x) > 0$. On agit de même pour les autres intervalles.

x	$-\infty$		α		-1		β		1		γ		$+\infty$
f	$-\infty$	↗	0	↗	1	↘	0	↘	-3	↗	0	↗	$+\infty$
$f(x)$		$-$	0	$+$		$+$	0	$-$		$-$	0	$+$	

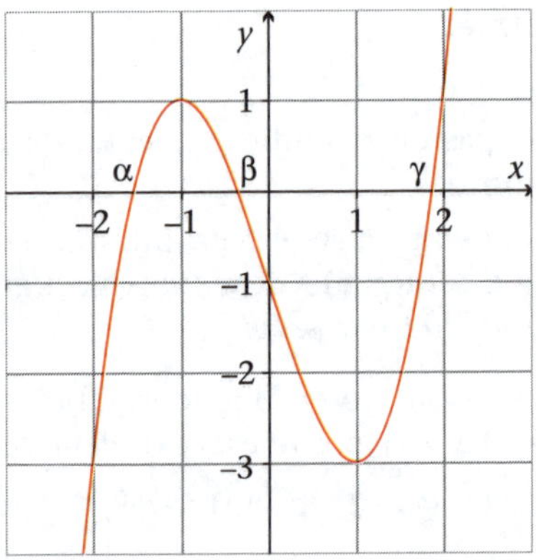

4. Pour déterminer une valeur de α à 10^{-3} près, on peut procéder par balayage à la calculatrice.

On sait déjà que $-2 < \alpha < -1$. On forme alors la table des valeurs par pas de 0,1, de minimum -2.

f étant croissante sur $[-2 ; -1]$, on repère la première valeur x_0 telle que $f(x_0) > 0$. On trouve $f(-1{,}5) = 0{,}125$; $f(-1{,}6) = -0{,}296$, donc $-1{,}6 < \alpha < -1{,}5$.

On recommence, par pas de 0,01 et de minimum $-1{,}6$. On trouve $-1{,}54 < \alpha < -1{,}53$.

Enfin, par pas de 0,001 et de minimum $-1{,}54$, on trouve $-1{,}533 < \alpha < -1{,}532$.

10 qcm pour réviser le cours

Corrigés, p. 66

1 **Soit la courbe d'une fonction f définie sur $[-2 ; 2]$.**

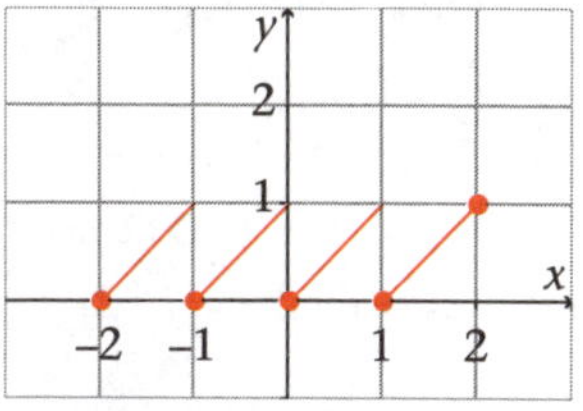

La fonction f est :

❑ **a.** continue sur $[-2 ; 2]$.

❑ **b.** continue sur $[0 ; 1[$.

❑ **c.** continue sur $[0 ; 1]$.

2 **La fonction f définie sur $\mathbb{R}$ par $f(x) = \dfrac{1}{x}$ si $x \neq 0$ et $f(0) = 0$ est :**

❑ **a.** continue sur $\mathbb{R}$.

❑ **b.** continue sur $]0 ; +\infty[$.

❑ **c.** dérivable sur $\mathbb{R}$.

3 **La fonction f définie sur $\mathbb{R}$ par $f(x) = 2x - 3$ si $x \leqslant 0$ et $f(x) = x - 2$ si $x > 0$ est :**

❑ **a.** continue sur $\mathbb{R}$.

❑ **b.** continue sur $]0 ; +\infty[$.

❑ **c.** dérivable sur $\mathbb{R}$.

4 **Soit f une fonction définie sur $\mathbb{R}$, strictement croissante sur $\mathbb{R}$:**

❑ **a.** f est continue sur $\mathbb{R}$.

❑ **b.** f est dérivable sur $\mathbb{R}$.

❑ **c.** si $x \in [a ; b]$, alors $f(x) \in [f(a) ; f(b)]$.

5 **Soit f une fonction continue sur $\mathbb{R}$:**

❑ **a.** f est définie sur $\mathbb{R}$.

❑ **b.** f est dérivable sur $\mathbb{R}$.

❑ **c.** si $x \in [a ; b]$, alors $f(x) \in [f(a) ; f(b)]$.

6 **Soit f une fonction continue sur $[a ; b]$ telle que $f(a) < f(b)$:**

❑ **a.** f est croissante sur $[a ; b]$.

❑ **b.** pour tout x de $[a ; b]$, $f(a) < f(x) < f(b)$.

❑ **c.** si $f(a) < c < f(b)$, alors il existe x_0 tel que $f(x_0) = c$.

7 **Soit f une fonction continue sur $\mathbb{R}$ telle que $\lim\limits_{x \to +\infty} f(x) = +\infty$ et $\lim\limits_{x \to -\infty} f(x) = -\infty$.**

L'équation $f(x) = 0$:

❑ **a.** n'a aucune solution.

❑ **b.** a une unique solution.

❑ **c.** a au moins une solution.

8 **Soit f une fonction continue strictement croissante sur $[a ; b]$.**

L'équation $f(x) = 0$:

❑ **a.** n'a aucune solution.

❑ **b.** a une unique solution.

❑ **c.** on ne peut pas savoir.

9 **Soit f définie sur $\mathbb{R}$ par :**

$$f(x) = x^3 + x + 1.$$

L'équation $f(x) = 0$:

❑ **a.** n'a aucune solution.

❑ **b.** a une unique solution.

❑ **c.** a plusieurs solutions.

10 **Soit f définie sur $\mathbb{R}$ par :**

$$f(x) = x^3 - 3x - 3.$$

L'équation $f(x) = 0$:

❑ **a.** n'a aucune solution.

❑ **b.** a une unique solution.

❑ **c.** a plusieurs solutions.

Exercices

Exercice 1 niveau 1

Corrigés, p. 67

On pose $f(x) = x + 2$ si $x \in [0 ; 1]$ et $f(x) = 2x + 1$ si $x \in]1 ; 2]$.
La fonction f est-elle continue sur $[0 ; 2]$?

Exercice 2 niveau 1

Corrigés, p. 67

On pose $f(x) = x + 1$ si $x \in [0 ; 1]$ et $f(x) = 2x - 1$ si $x \in]1 ; 2]$.
La fonction f est-elle continue sur $[0 ; 2]$?

Exercice 3 niveau 1

Corrigés, p. 67

Soit m un réel et f la fonction définie sur $]0 ; +\infty[$ par $f(x) = \dfrac{1}{x}$ si $x \in [0 ; 2]$ et $f(x) = x + m$ si $x \in]2 ; +\infty[$.
Existe-t-il une valeur de m pour laquelle la fonction f est continue sur $]0 ; +\infty[$?

Exercice 4 niveau 1

Corrigés, p. 67

Soit (u_n) la suite définie par :

$$u_0 = 4 \text{ et } u_{n+1} = \sqrt{u_n + 6}.$$

Si (u_n) converge, quelle est sa limite ?

Exercice 5 niveau 1

Corrigés, p. 67

Soit (u_n) la suite définie par :

$$u_0 = 0 \text{ et } u_{n+1} = \sqrt{2u_n^2 + 1}.$$

1. On suppose que (u_n) converge. Quelle équation vérifie sa limite ?

2. Montrer que (u_n) ne converge pas.

Exercice 6 niveau 1

Corrigés, p. 67

Montrer que l'équation $x^3 + 2x - 1 = 0$ a une unique solution sur $\mathbb{R}$.

Exercice 7 niveau 1

Corrigés, p. 68

Soit m un réel.
Montrer que l'équation $x^3 + x = m$ a une unique solution sur $\mathbb{R}$.

Exercice 8 niveau 1

Corrigés, p. 68

Soit f la fonction définie sur $\mathbb{R}$ par $f(x) = x^3 - 3x^2 + 1$.

1. Étudier les variations et les limites de f et dresser son tableau de variations.

2. Montrer que l'équation $f(x) = 0$ a trois solutions dont on donnera un encadrement à 10^{-1} près.

3. Soit m un réel. Discuter, suivant les valeurs de m, le nombre de solutions de l'équation $f(x) = m$.

Exercice 9 niveau 2

Corrigés, p. 69

Soit m un réel et f la fonction définie sur $\mathbb{R}$ par $f(x) = x^3 - x^2 + m$.

1. Étudier les variations et les limites de f et dresser son tableau de variations.

2. Déterminer, suivant les valeurs de m, le nombre de solutions de l'équation $f(x) = 0$.

Exercice 10 niveau 2

Corrigés, p. 69

Soit f la fonction définie sur $]-\infty\ ;\ 4]$ par $f(x) = \sqrt{4-x}$.

1. Étudier les variations de f.

2. Sur un même graphique, représenter f et la droite Δ d'équation $y = x$. Quel semble être l'abscisse de leur point commun ?

3. On pose $h(x) = f(x) - x$. Montrer, sur $[0\ ;\ 4]$, que l'équation $h(x) = 0$ a une unique solution notée α. Donner un encadrement de α à 10^{-1} près.

Exercice 11 niveau 2

Corrigés, p. 70

Soit f une fonction continue sur $[0\ ;\ 1]$ à valeurs dans $]0\ ;\ 1[$, c'est-à-dire telle que, pour tout x de $[0\ ;\ 1]$, $f(x) \in\ ]0\ ;\ 1[$. On veut montrer qu'il existe au moins un réel x de $[0\ ;\ 1]$ tel que $f(x) = x$.

On pose $g(x) = f(x) - x$.

1. a. Vérifier que g est continue sur $[0\ ;\ 1]$.

b. Montrer que $g(0) > 0$ et $g(1) < 0$.

c. Conclure.

2. Montrer que si, de plus, f est strictement décroissante, ce réel est unique.

3. Illustrer graphiquement que si f n'est pas continue, ce réel peut ne pas exister.

ENTRAÎNEMENT

Exercice 12 niveau 2

Corrigés, p. 70

Un randonneur part d'un point A pour aller à un point B. Le lendemain, il part à la même heure du point B pour rejoindre le point A, par le même chemin, à la même vitesse. On veut montrer qu'il existe un point du trajet par lequel il passe à la même heure à l'aller et au retour.

On appelle f la fonction qui exprime en fonction du temps la distance séparant le promeneur du point A à l'aller et g celle du retour. Ainsi $f(0) = 0$, $g(0) = d$ où d désigne la distance AB. On admet que f et g sont continues et monotones.

1. Soit T le temps mis à l'aller. Exprimer $f(T)$ et $g(T)$.

2. Étudier les variations de $h = f - g$.

3. Conclure.

Exercice 13 niveau 3

Corrigés, p. 71

Soit M(x ; y) un point de $\mathscr{C}$, courbe représentative de la fonction f définie sur $]-1; +\infty[$ par $f(x) = \dfrac{1}{\sqrt{x+1}}$. On cherche le point de $\mathscr{C}$ le plus proche de O, origine du repère, c'est-à-dire tel que OM soit le plus petit.

Soit $g(x) = \text{OM}^2$.

1. Montrer que $g(x) = x^2 + \dfrac{1}{x+1}$.

2. Calculer la dérivée de g et montrer qu'elle a le signe de h, définie par $h(x) = 2x(x+1)^2 - 1$.

3. a. Étudier les variations de h.

b. Montrer que l'équation $h(x) = 0$ a, sur $\mathbb{R}$, une unique solution notée α. Donner un encadrement de α à 10^{-1} près.

c. Étudier le signe de h sur $]-1 ; +\infty[$.

4. Conclure.

Exercice 14 niveau 3

Corrigés, p. 72

Soit f la fonction définie sur $\mathbb{R}^*$ par $f(x) = x^2 + x + \dfrac{1}{x}$.

1. Étudier les limites de f aux bornes de son ensemble de définition.

2. Calculer la dérivée de f et montrer que $f'(x)$ a sur $\mathbb{R}^*$, le même signe que la fonction g définie sur $\mathbb{R}$ par $g(x) = 2x^3 + x^2 - 1$.

3. a. Étudier les variations de g.

b. Montrer que l'équation $g(x) = 0$ a, sur $\mathbb{R}$, une unique solution notée α. Montrer que $\frac{2}{3}$ est une valeur approchée de α à 10^{-1} près.

c. Déterminer le signe de g sur $\mathbb{R}$.

d. En déduire les variations de f.

4. Montrer que l'équation $f(x) = 0$ a une unique solution sur $\mathbb{R}^*$.

Exercice 15 *niveau 3*

Corrigés, p. 73

Soit f la fonction définie sur $I =]-1 ; +\infty[$ par $f(x) = \frac{1-x}{1+x^3}$.

1. a. Étudier les variations de la fonction h définie sur $\mathbb{R}$ par $h(x) = 1 + x^3$.

b. En déduire que l'équation $h(x) = 0$ a une unique solution sur $\mathbb{R}$.

2. Étudier les limites de f aux bornes de son ensemble de définition.

3. Calculer la dérivée de f et montrer que $f'(x)$ a, sur I, le même signe que la fonction g définie sur $\mathbb{R}$ par $g(x) = 2x^3 - 3x^2 - 1$.

4. a. Étudier les variations et les limites de g.

b. Montrer que l'équation $g(x) = 0$ a, sur $\mathbb{R}$, une unique solution notée α.

c. Déterminer le signe de g sur $\mathbb{R}$.

d. En déduire les variations de f.

Exercice 16 *niveau 3*

Corrigés, p. 74

Soit n un entier naturel non nul et f_n la fonction définie sur $[0 ; +\infty[$ par $f_n(x) = x^n + x^{n-1} + \ldots + x - 1$.

1. Calculer $f_n(0)$ et étudier la limite de f_n en $+\infty$.

2. a. Calculer f'_n.

b. Montrer que l'équation $f_n(x) = 0$ a une unique solution que l'on nomme α_n.

c. Déterminer α_1 et α_2.

3. a. Montrer que, pour tout $x > 0$ et pour tout n, $f_{n+1}(x) > f_n(x)$.

b. En déduire que la suite (α_n) est décroissante.

c. Cette suite est-elle convergente ?

QCM

1 **b.** La courbe de f présente des « trous » sur les entiers ; elle est donc continue [0 ; 1[.

2 **b.** La fonction f définie sur $\mathbb{R}$ par $f(x) = \dfrac{1}{x}$ si $x \neq 0$ et $f(0) = 0$ présente une discontinuité en 0. Elle est continue sur $]0 ; +\infty[$.

3 **b.** La fonction f définie sur $\mathbb{R}$ par $f(x) = 2x - 3$ si $x < 0$ et $f(x) = x - 2$ si $x > 0$ présente une discontinuité en 0 car $f(0) = -3$ et si $x > 0$, $\lim\limits_{x \to 0} f(x) = -2$. Elle est continue sur $]0 ; +\infty[$.

4 **c.** f est une fonction définie sur $\mathbb{R}$ et strictement croissante sur $\mathbb{R}$. Si $a \leqslant x \leqslant b$, alors $f(a) \leqslant f(x) \leqslant f(b)$.

5 **a.** f est une fonction continue sur $\mathbb{R}$. f est nécessairement définie, mais pas nécessairement dérivable et $f(b)$ peut être inférieur à $f(a)$.

6 **c.** f est une fonction continue sur $[a ; b]$ telle que $f(a) < f(b)$. Elle n'est pas nécessairement croissante, donc **a.** et **b.** sont fausses et, par le théorème des valeurs intermédiaires, la proposition **c.** est bonne.

7 **c.** f est une fonction continue sur $\mathbb{R}$ telle que $\lim\limits_{x \to +\infty} f(x) = +\infty$ et $\lim\limits_{x \to -\infty} f(x) = -\infty$. L'équation $f(x) = 0$ a au moins une solution par le théorème des valeurs intermédiaires.

8 **c.** f est une fonction continue strictement croissante sur $[a ; b]$. L'existence d'une solution à l'équation $f(x) = 0$ dépend de $f(a)$ et $f(b)$. Si $f(a) \times f(b) \leqslant 0$, l'équation a une unique solution ; sinon elle n'en a aucune.

9 **b.** f est définie sur $\mathbb{R}$ par $f(x) = x^3 + x + 1$. $f'(x) = 3x^2 + 1 > 0$; $\lim\limits_{x \to +\infty} f(x) = +\infty$ et $\lim\limits_{x \to -\infty} f(x) = -\infty$. L'équation $f(x) = 0$ a une unique solution.

10 **b.** f est définie sur $\mathbb{R}$ par $f(x) = x^3 - 3x - 3$.

Son tableau de variations est le suivant :

x	$-\infty$		-1		1	γ		$+\infty$
f	$-\infty$	$\nearrow$	-1	$\searrow$	-5	0	$\nearrow$	$+\infty$

L'équation $f(x) = 0$ a une unique solution.

Exercice 1

$f(1) = 3$ et, si $x > 1$, $\lim_{x \to 1} f(x) = 3$, donc **f est continue sur [0 ; 2].**

Exercice 2

$f(1) = 2$ et, si $x > 1$, $\lim_{x \to 1} f(x) = 1$, donc **f n'est pas continue sur [0 ; 2].**

Exercice 3

$f(2) = \frac{1}{2}$ et, si $x > 2$, $\lim_{x \to 1} f(x) = 2 + m$, donc **$f$ est continue sur]0 ; +∞[**

si $\frac{1}{2} = 2 + m$, donc **pour $m = -\frac{3}{2}$**.

Exercice 4

On pose $f(x) = \sqrt{x+6}$. f est continue sur $[0 ; +\infty[$ et $u_{n+1} = f(u_n) \geqslant 0$.

Si (u_n) converge vers ℓ, $\lim u_{n+1} = \ell$ et $\lim f(u_n) = f(\ell)$.

ℓ est donc solution de l'équation (E) : $x = \sqrt{x+6}$, avec $x \geqslant 0$.

(E) : $x^2 = x + 6$, avec $x \geqslant 0$, ce qui revient à $x^2 - x - 6 = 0$, avec $x \geqslant 0$, soit $(x + 2)(x - 3) = 0$, avec $x \geqslant 0$. On obtient $x = 3$.

Donc si (u_n) converge, sa limite est 3.

Exercice 5

On pose $f(x) = \sqrt{2x^2+1}$. f est continue sur $[0 ; +\infty[$ et $u_{n+1} = f(u_n) \geqslant 0$.

1. Si (u_n) converge vers ℓ, $\lim u_{n+1} = \ell$ et $\lim f(u_n) = f(\ell)$.

ℓ est donc solution de l'équation (E) : $x = \sqrt{2x^2+1}$, avec $x \geqslant 0$.

(E) : $x^2 = 2x^2 + 1$, avec $x \geqslant 0$; cela revient à résoudre $x^2 + 1 = 0$.

2. Cette équation n'a pas de solution réelle, donc **(u_n) ne converge pas.**

Exercice 6

Soit f la fonction définie par $f(x) = x^3 + 2x - 1$, f est une fonction polynôme dérivable sur $\mathbb{R}$, de dérivée $f'(x) = 3x^2 + 2 > 0$.

f est donc strictement croissante et continue (car dérivable) sur $\mathbb{R}$.

$\lim_{x \to +\infty} f(x) = +\infty$ et $\lim_{x \to -\infty} f(x) = -\infty$, donc, d'après le théorème des valeurs intermédiaires, **l'équation $f(x) = 0$ a une unique solution α**. De plus, $f(0) = -1$ et $f(1) = 2$, donc **$0 < \alpha < 1$.**

> **À NOTER**
> Le théorème des valeurs intermédiaires dans sa forme générale justifie l'existence d'au moins une solution d'une équation, mais ne dit rien sur le nombre de solutions. Il y a unicité dans le cas où la fonction est strictement monotone.

Exercice 7

Soit f la fonction définie sur $\mathbb{R}$ par $f(x) = x^3 + x$. f est une fonction polynôme dérivable sur $\mathbb{R}$, de dérivée $f(x) = 3x^2 + 1 > 0$.
f est donc strictement croissante et continue (car dérivable) sur $\mathbb{R}$, et $\lim\limits_{x \to +\infty} f(x) = +\infty$ et $\lim\limits_{x \to -\infty} f(x) = -\infty$. Donc, d'après le théorème des valeurs intermédiaires, pour tout réel m, **l'équation $f(x) = m$ a donc une unique solution.**

Exercice 8

1. Soit f la fonction définie sur $\mathbb{R}$ par $f(x) = x^3 - 3x^2 + 1$. f est une fonction polynôme dérivable sur $\mathbb{R}$, de dérivée $f'(x) = 3x^2 - 6x = 3x(x-2)$, positive à l'extérieur de ses racines 0 et 2.
f est donc croissante sur $]-\infty\,;0[$ et sur $]2\,;+\infty[$ et décroissante sur $]0\,;2[$.
$f(x) = x^2(x-3) + 1$, donc $\lim\limits_{x \to +\infty} f(x) = +\infty$ et $\lim\limits_{x \to -\infty} f(x) = -\infty$.

2. Sur $]-\infty\,;0]$, f est continue (car dérivable) et strictement croissante, et **$f(0) = 1 > 0$.**
De plus, $0 \in \left]\lim\limits_{x \to -\infty} f(x)\,;f(0)\right]$, donc, d'après le théorème des valeurs intermédiaires, l'équation $f(x) = 0$ a une unique solution.
Par balayage, $f(-0{,}6) \leqslant 0 \leqslant f(-0{,}5)$, donc **$-0{,}6 \leqslant \alpha \leqslant -0{,}5$.**
De même, $f(2) = -3 < 0$ et f est continue et strictement décroissante sur $[0\,;2]$, donc l'équation $f(x) = 0$ a une unique solution.
$f(0{,}7) < 0 < f(0{,}6)$, donc **$0{,}6 < \beta < 0{,}7$.**
Sur $[2\,;+\infty[$, une dernière solution : $f(2{,}8) < 0 < f(2{,}9)$, donc **$2{,}8 < \gamma < 2{,}9$.**

> **CONSEILS**
> Énoncez au moins une fois clairement le théorème.
> Précisez bien les valeurs ou limites de la fonctions aux bornes de l'intervalle de monotonie considéré.

3. Tout réel m de $]-\infty\,;1]$ a un unique antécédent sur $]-\infty\,;0]$.
Tout réel m de $[-3\,;1]$ a un unique antécédent sur $[0\,;2]$.
Tout réel m de $[-3\,;+\infty[$ a un unique antécédent sur $[2\,;+\infty[$.
En résumé, l'équation $f(x) = m$ a :
– 1 solution si $m \in\,]-\infty\,;-3[\, \cup\,]1\,;+\infty[$;
– 2 solutions si $m = -3$ ou $m = 1$;
– 3 solutions si $m \in\,]-3\,;1[$.

x	$-\infty$	α	0	β	2	γ	$+\infty$
f	$-\infty$ ↗	0 ↗	1 ↘	0 ↘	-3 ↗	0 ↗	$+\infty$

Exercice 9

1. f est une fonction polynôme dérivable sur $\mathbb{R}$, de dérivée $f'(x) = 3x^2 - 2x = x(3x - 2)$, positive à l'extérieur de ses racines 0 et $\frac{2}{3}$.

f est donc croissante sur $]-\infty\,;0[$ et sur $\left]\frac{2}{3}\,;+\infty\right[$ et décroissante sur $]0\,;2[$.

$f(0) = m$; $f\left(\frac{2}{3}\right) = m - \frac{4}{27}$; $f(x) = x^2(x-1) + m$, donc $\lim\limits_{x\to+\infty} f(x) = +\infty$ et $\lim\limits_{x\to-\infty} f(x) = -\infty$.

2. Si $0 \in \,]-\infty\,;m]$, il a un unique antécédent sur $]-\infty\,;0]$.

Si $0 \in \left]m - \frac{4}{27}\,;m\right]$, il a un unique antécédent sur $\left[0\,;\frac{2}{3}\right]$.

Si $0 \in \left]m - \frac{4}{27}\,;+\infty\right]$, il a un unique antécédent sur $\left[\frac{2}{3}\,;+\infty\right[$.

En résumé, l'équation $f(x) = 0$ a :

– 1 solution si $m \in \,]-\infty\,;0[\, \cup \left]\frac{4}{27}\,;+\infty\right[$;

– 2 solutions si $m = 0$ ou $m = \frac{4}{27}$;

– 3 solutions si $m \in \left]0\,;\frac{4}{27}\right[$.

x	$-\infty$		0		$\frac{2}{3}$		$+\infty$
f	$-\infty$	↗	m	↘	$m - \frac{4}{27}$	↗	$+\infty$

Exercice 10

Soit f la fonction définie sur $]-\infty\,;4]$ par $f(x) = \sqrt{4-x}$.

1. $x \mapsto 4 - x$ est une fonction affine décroissante, donc **f est décroissante.**

2. Les courbes $\mathscr{C}$ et Δ semblent avoir un point commun A. **L'abscisse de A semble être comprise entre 1,5 et 1,6.**

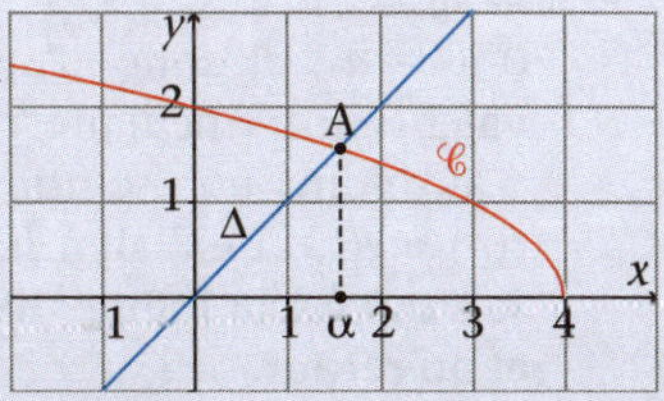

3. h est continue et, somme de deux fonctions strictement décroissantes, elle est donc strictement décroissante.

$h(0) = 2 - 0 = 2$; $h(4) = 0 - 4 = -4$.

D'après le théorème des valeurs intermédiaires, $0 \in [h(4) ; h(0)]$ a un unique antécédent α sur $[0 ; 4]$.

$h(1{,}6) < 0 < h(1{,}5)$, donc $\mathbf{1{,}5 < \alpha < 1{,}6}$.

$h(x) = 0$ équivaut à $f(x) = x$ et on retrouve la valeur approchée de α mise en évidence à la question **2.**

Exercice 11

1. a. g est une somme de fonctions continues sur $[0 ; 1]$; **elle est donc continue sur $[0 ; 1]$.**

b. $f(0) \in]0 ; 1[$, donc $f(0) > 0$.

$f(1) \in]0 ; 1[$, donc $f(1) < 1$.

$\mathbf{g(0) = f(0) > 0}$ **et** $\mathbf{g(1) = f(1) - 1 < 0}$.

c. $0 \in [g(1) ; g(0)]$, donc, d'après le théorème des valeurs intermédiaires, l'équation $g(x) = 0$ a au moins une solution sur $[0 ; 1]$.

Or $g(x) = 0$ équivaut à $f(x) = x$, donc **il existe au moins un réel x de $[0 ; 1]$ tel que $f(x) = x$.**

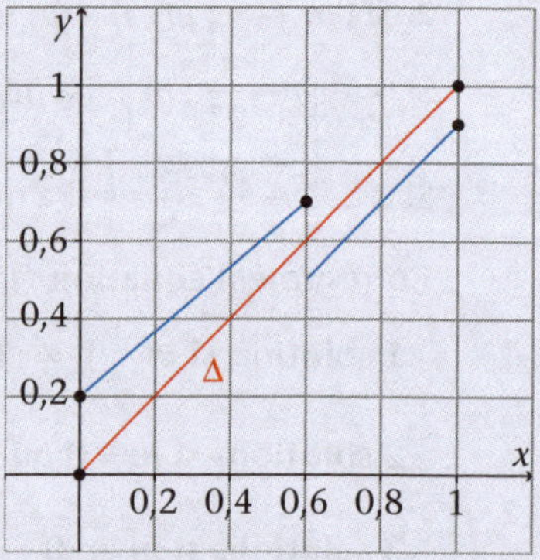

2. Si f est strictement décroissante, alors g l'est aussi ; dans ce cas, **la solution est donc unique.**

3. Voir le graphique ci-dessus.

Exercice 12

1. À l'aller, comme au retour, le randonneur parcourt la distance d en un temps T :

$\mathbf{f(T) = d}$ **et** $\mathbf{g(T) = 0}$.

2. f est croissante et g est décroissante, donc **h est croissante.**

3. $h(0) = f(0) - g(0) = -d$; $h(T) = f(T) - g(T) = d$.

$0 \in [-d ; d]$ donc, d'après le théorème des valeurs intermédiaires, l'équation $h(t) = 0$ a au moins une solution t_0 qui vérifie alors $f(t_0) = g(t_0)$. **Cela signifie qu'au temps t_0, il se trouve à la même distance de A, à l'aller et au retour.**

À NOTER
Si les fonctions sont strictement monotones (le randonneur ne s'arrête pas), le point est unique.

Exercice 13

1. Le point M a pour abscisse x et pour ordonnée $f(x)$, on a donc $OM^2 = x^2 + f(x)^2 = g(x) = \mathbf{x^2 + \dfrac{1}{x+1}}$.

2. g est dérivable sur $]-1\,;+\infty[$ de dérivée :

$$g'(x) = 2x - \frac{1}{(x+1)^2} = \frac{2x(x+1)^2 - 1}{(x+1)^2}.$$

Pour tout $x \in\ ]-1\,;+\infty[$, $(x+1)^2 > 0$, donc **$g'(x)$ est du signe de $h(x) = 2x(x+1)^2 - 1$.**

3. a. $h'(x) = 2(x+1)^2 + 2x \times 2(x+1)$.

$h'(x) = 2(x+1)(x+1+2x) = 2(x+1)(3x+1)$.

Sur $]-1\,;+\infty[$, $h'(x)$ a le signe de $3x+1$, donc h est décroissante sur **$\left]-1\,;-\dfrac{1}{3}\right[$ et croissante sur $\left[-\dfrac{1}{3}\,;+\infty\right[$**.

$$h(-1) = -1\,;\ h\left(-\frac{1}{3}\right) = \frac{-35}{27} < 0 \text{ et } \lim_{x\to+\infty} h(x) = +\infty.$$

b. Sur $\left]-\dfrac{1}{3}\,;+\infty\right[$, h est continue (car dérivable) et strictement croissante. De plus, $0 \in \left[h\left(-\dfrac{1}{3}\right)\,;\ \lim\limits_{x\to+\infty} h(x)\right[$, donc, d'après le théorème des valeurs intermédiaires, **l'équation $h(x) = 0$ a une unique solution.**
Par balayage, $h(0,2) \leqslant 0 \leqslant h(0,3)$, donc **$0,2 \leqslant \alpha \leqslant 0,3$.**

Sur $\left]-1\,;-\dfrac{1}{3}\right[$, $h(x) < 0$, donc h ne s'annule pas.

c. Sur $\left]-\dfrac{1}{3}\,;+\infty\right[$, h est strictement croissante et $h(\alpha) = 0$, donc,

si $-\dfrac{1}{3} \leqslant x < \alpha$, $h(x) < 0$ et si $x > \alpha$, $h(x) > 0$.

4. On en conclut que $g'(x) < 0$ sur $]-1\,;\alpha[$ et $g'(x) > 0$ sur $]\alpha\,;+\infty[$.
g admet donc un minimum en α.
Les variations de g sont les mêmes que celles de OM, donc le point $A(\alpha, f(\alpha))$ réalise le minimum de la distance OM.

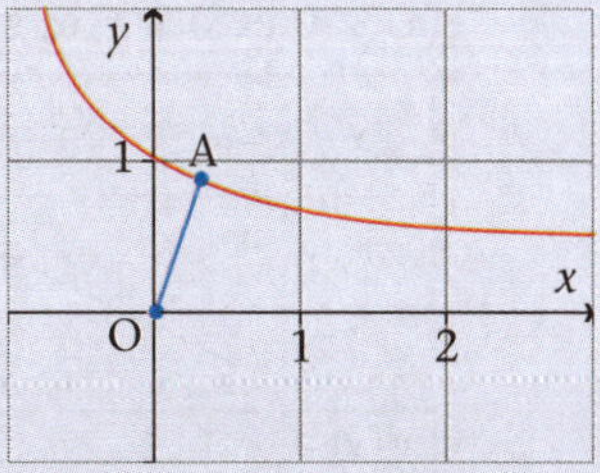

Exercice 14

Soit f la fonction définie sur $\mathbb{R}^*$ par $f(x) = x^2 + x + \frac{1}{x} = x^2\left(1 + \frac{1}{x} + \frac{1}{x^3}\right)$.

1. $\lim\limits_{x \to +\infty} x^2 = \lim\limits_{x \to -\infty} x^2 = +\infty$; $\lim\limits_{x \to +\infty} \frac{1}{x} = \lim\limits_{x \to -\infty} \frac{1}{x} = 0$,

donc $\mathbf{\lim\limits_{x \to +\infty} f(x) = \lim\limits_{x \to -\infty} f(x) = +\infty}$.

$\lim\limits_{x \to 0^+} \frac{1}{x} = +\infty$, donc $\lim\limits_{x \to 0^+} f(x) = +\infty$ et $\lim\limits_{x \to 0^-} \frac{1}{x} = -\infty$, d'où $\mathbf{\lim\limits_{x \to 0^-} f(x) = -\infty}$.

2. f, somme de fonctions dérivables, est dérivable de dérivée :

$f'(x) = 2x + 1 - \frac{1}{x^2} = \mathbf{\frac{2x^3 + x^2 - 1}{x^2}}$.

$\forall x \neq 0$, $x^2 > 0$, donc **$f'(x)$ a, sur $\mathbb{R}^*$, le même signe que $g(x) = 2x^3 + x^2 - 1$.**

3. a. g, somme de fonctions dérivables, est dérivable de dérivée : $g'(x) = 6x^2 + 2x = 2x(3x + 1)$.

g' est positive à l'extérieur de ses racines $-\frac{1}{3}$ et 0, donc **g est croissante sur $\left]-\infty ; -\frac{1}{3}\right]$ et sur $[0 ; +\infty[$ et décroissante sur $\left[-\frac{1}{3} ; 0\right]$.**

$g\left(-\frac{1}{3}\right) = -\frac{26}{27} < 0$.

b. Sur $]-\infty ; 0]$, g présente un maximum strictement négatif. Elle ne s'annule donc pas.

Sur $]0 ; +\infty[$, g est continue (car dérivable) et strictement croissante. De plus, $0 \in [g(0) ; \lim\limits_{x \to +\infty} g(x)[$, donc, d'après le théorème des valeurs intermédiaires, **l'équation $g(x) = 0$ a une unique solution α.**

$g\left(\frac{2}{3} - 0{,}1\right) \leqslant 0 \leqslant g\left(\frac{2}{3} + 0{,}1\right)$, donc

$\mathbf{\left|\alpha - \frac{2}{3}\right| < 0{,}1}$.

c. Sur $]0 ; +\infty[$, g est strictement croissante et $g(\alpha) = 0$, donc **si $0 < x < \alpha$, $g(x) < 0$ et si $x > \alpha$, $g(x) > 0$.**

À NOTER

Pour déterminer le signe d'une fonction, un tableau de variations complet avec limites est nécessaire à la compréhension, mais non suffisant. Un minimum d'explication est requis.

x	$-\infty$		$-\frac{1}{3}$		0		α		$+\infty$
g	$-\infty$	↗	$-\frac{26}{27}$	↘	-3	↗	0	↗	$+\infty$
$g(x)$		$-$			$-$			$+$	

d. f **est donc strictement décroissante sur** $]-\infty\ ;\ \alpha[$ **et croissante sur** $[\alpha\ ;\ +\infty[$.

4. f est continue et strictement décroissante sur $]-\infty\ ;\ 0[$; $\lim\limits_{x\to 0^-} f(x)=-\infty$ et $\lim\limits_{x\to -\infty} f(x)=+\infty$. D'après le théorème des valeurs intermédiaires, l'équation $f(x) = 0$ a une unique solution sur $]-\infty\ ;\ 0[$.

f admet sur $]0\ ;\ +\infty[$ un minimum strictement positif. Elle ne s'annule donc pas et **la solution est unique.**

Exercice 15

1. a. $h'(x) = 3x^2 > 0$ si $x \neq 0$, donc $\boldsymbol{h}$ **est strictement croissante sur** $\mathbb{R}$.

b. $h(-1) = 0$: **c'est la seule solution de l'équation** $\boldsymbol{h(x) = 0}$.

2. $\lim\limits_{x\to -1^+} \dfrac{1}{1+x^3}=+\infty$ et $\lim\limits_{x\to -1}(1-x)=2$, donc $\lim\limits_{x\to -1^+} \boldsymbol{f(x)=+\infty}$.

$$f(x)=\frac{x\left(\dfrac{1}{x}-1\right)}{x^3\left(\dfrac{1}{x^3}+1\right)}=\frac{\left(\dfrac{1}{x}-1\right)}{x^2\left(\dfrac{1}{x^3}+1\right)},\text{ donc } \lim_{x\to+\infty} \boldsymbol{f(x)=0}.$$

3. f, quotient de deux fonctions dérivables, est dérivable :

$$f'(x)=\frac{1}{(1+x^3)^2}(-1-x^3-3x^2(1-x))=\frac{1}{(1+x^3)^2}\,g(x).$$

$\boldsymbol{f'(x)}$ **a, sur** $\boldsymbol{I}$**, le même signe que** $\boldsymbol{g(x) = 2x^3 - 3x^2 - 1}$.

4. a. $g'(x) = 6x^2 - 6x = 6x(x - 1)$: la dérivée est positive à l'extérieur de ses racines 0 et 1.

$\boldsymbol{g}$ **est donc croissante sur** $]-\infty\ ;\ 0[$ **et sur** $]1\ ;\ +\infty[$ **et décroissante sur** $]0\ ;\ 1[$.

$g(x) = x^2(2x - 3) - 1$, donc $\lim\limits_{x\to+\infty} \boldsymbol{g(x)=+\infty}$ et $\lim\limits_{x\to-\infty} \boldsymbol{g(x)=-\infty}$.

$g(0) = -1$ et $g(1) = -2$.

b. Sur $]-\infty\ ;\ 1[$, g présente un maximum strictement négatif, donc ne s'annule pas.

Sur $[1\ ;\ +\infty[$, g est continue (car dérivable) et strictement croissante. De plus, $0 \in [g(1)\ ;\ \lim\limits_{x\to+\infty} g(x)[$, donc, d'après le théorème des valeurs intermédiaires, **l'équation** $\boldsymbol{g(x) = 0}$ **a une unique solution.**

c. Sur $]-\infty\ ;\ 1[$, $g(x) < 0$.

Sur $[1\ ;\ +\infty[$, h est strictement croissante et $g(\alpha) = 0$, donc, si $\boldsymbol{1 \leqslant x < \alpha}$, $\boldsymbol{g(x) < 0}$ **et si** $\boldsymbol{x > \alpha}$, $\boldsymbol{g(x) > 0}$.

d. f **est donc strictement décroissante sur** $]-1\ ;\ \alpha]$ **et croissante sur** $[\alpha\ ;\ +\infty[$.

Exercice 16

Pour $x \geqslant 0$, $f_n(x) = x^n + x^{n-1} + \ldots + x - 1$.

1. $f_n(0) = -1$ et, pour tout $k > 0$, $\lim\limits_{x \to +\infty} x^k = +\infty$, donc $\boldsymbol{\lim\limits_{x \to +\infty} f_n(x) = +\infty}$.

2. a. $\boldsymbol{f'_n(x) = nx^{n-1} + (n-1)x^{n-2} + \ldots + 2x + 1}$.

b. Pour tout $x \geqslant 0$, $f'_n(x) > 0$.

f_n est dérivable, donc continue strictement croissante et :

$0 \in [f(0) \,;\, \lim\limits_{x \to +\infty} f(x)[$.

D'après le théorème des valeurs intermédiaires, **l'équation $f_n(x) = 0$ a une unique solution que l'on nomme α_n.**

c. $f_1(x) = x - 1$, donc $\boldsymbol{\alpha_1 = 1}$.

$f_2(x) = x^2 + x - 1$, donc $\alpha_2 = \dfrac{\sqrt{5} - 1}{2}$.

3. a. Pour tout $x > 0$ et pour tout n, $f_{n+1}(x) = x^{n+1} + f_n(x)$, donc, **pour tout $x > 0$, $f_{n+1}(x) > f_n(x)$.**

b. $f_n(\alpha_n) = 0 = f_{n+1}(\alpha_{n+1}) > f_n(\alpha_{n+1})$ et f_n est croissante donc **(α_n) est décroissante.**

c. Cette suite est décroissante et positive, **elle est donc convergente.**

> **À NOTER**
> On peut démontrer que sa limite est $\frac{1}{2}$.

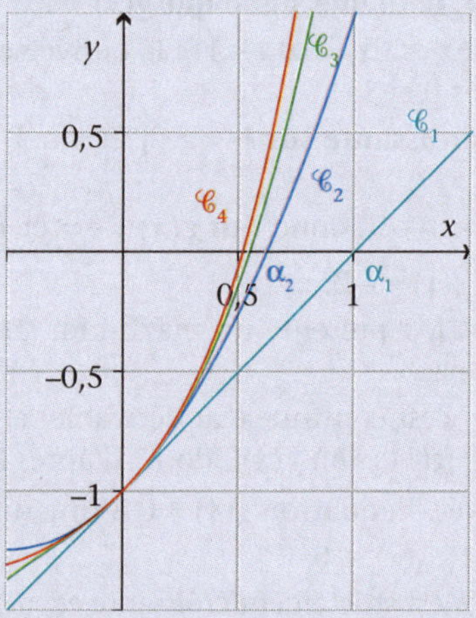

4 Calcul de dérivées

1 Nombre dérivé. Tangente en un point

a. Nombre dérivé

■ Le coefficient directeur de la droite (AM) est le **taux d'accroissement** de la fonction f entre les deux points A et M :

$$m(h) = \frac{\Delta y}{\Delta x} = \frac{f(x_M) - f(x_A)}{x_M - x_A} = \frac{f(x_A + h) - f(x_A)}{h}$$

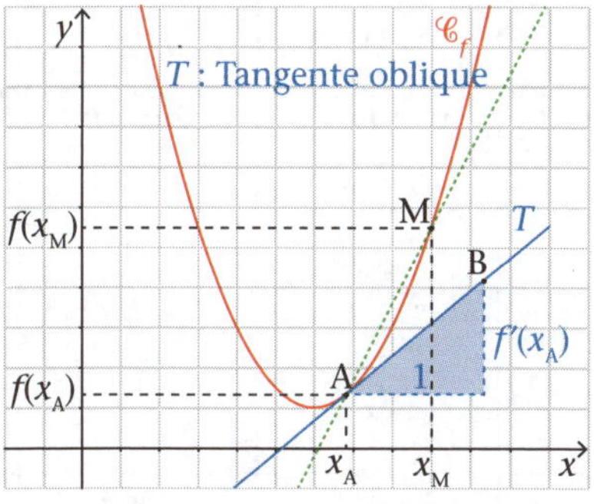

■ La fonction $f(x)$ est **dérivable** en x_A si, et seulement si, $m(h)$ admet une limite finie, $f'(x_A)$, lorsque h tend vers 0.

■ On dit que f est dérivable sur un intervalle I de l'ensemble de définition de f lorsque f admet, pour tout x de I, un nombre dérivé.

b. Tangente

■ Pour $x = x_A$, **l'équation cartésienne de la tangente** T est $y = f'(x_A)(x - x_A) + f(x_A)$.

■ Le taux d'accroissement de la tangente T, entre A et M confondus, est égal à son coefficient directeur $f'(x_A)$ et donné par :

$$f'(x_A) = \frac{y - f(x_A)}{x - x_A}$$, soit $T : y = f'(x_A)(x - x_A) + f(x_A)$, pour $M(x\,;\,y)$.

> **À NOTER**
> Si f est dérivable à droite ou à gauche en x_0, alors $\mathscr{C}_f$ admet, au point d'abscisse x_0, une **demi-tangente** de coefficient directeur $f'_d(x_0)$, ou respectivement $f'_g(x_0)$.

2 Fonction dérivée

a. Définition

■ Soit f une fonction définie sur D_f. On appelle **fonction dérivée**, ou **dérivée** de f, la fonction notée $f'(x)$, qui associe à tout x de I de D_f le nombre dérivé de f en x, soit $f'(x)$.

■ On appelle ensemble de dérivabilité I l'ensemble sur lequel la fonction dérivée est définie. I est toujours inclus dans D_f.

À NOTER
Toute fonction f dérivable sur un intervalle I est continue sur le même intervalle I.
La réciproque n'est pas toujours vraie, c'est le cas de la fonction valeur absolue en 0, par exemple.

b. Dérivées des fonctions usuelles

On admet les résultats suivants.

Fonction	$f(x)$	$f'(x)$	Intervalle de définition
Polynôme de degré 2	$ax^2 + bx + c$	$2ax + b$	$\mathbb{R}$
Puissance	x^n, $n \in \mathbb{Z}^*$	nx^{n-1}	$]-\infty ; 0[\cup]0 ; +\infty[$
Inverse	$\frac{1}{x} = x^{-1}$	$-\frac{1}{x^2}$	$]-\infty ; 0[\cup]0 ; +\infty[$
Racine carrée	$\sqrt{x}$	$\frac{1}{2\sqrt{x}}$	$]0 ; +\infty[$
Sinus	$\sin x$	$\cos x$	$\mathbb{R}$
Cosinus	$\cos x$	$-\sin x$	$\mathbb{R}$

Pour plus de précisions sur les fonctions sinus et cosinus, voir le chapitre 5.

c. Opérations sur les fonctions dérivables

Soient $u'(x)$ et $v'(x)$ les dérivées respectives de $u(x)$ et $v(x)$.

	Somme	Facteur	Produit	Fraction	Composition
Opération	$u + v$	ku	uv	$\frac{u}{v}$, $v \neq 0$	$v \circ u = v(u)$
Dérivée	$u' + v'$	ku'	$u'v + uv'$	$\frac{u'v - uv'}{v^2}$	$u' \times v'(u)$

d. Dérivée de la composée de deux fonctions

Fonction **$v \circ u = v(u)$**	$v(ax+b)$	$[u(x)]^n$, $n \in \mathbb{Z}^*$	$\sqrt{u(x)}$	$\ln[u(x)]$	$e^{u(x)}$
Dérivée **$u' \times v'(u)$**	$a \times v'(u)$	$nu'(x) \times u^{n-1}(x)$	$u'(x)\times\frac{1}{2\sqrt{u(x)}}$	$u'(x)\times\frac{1}{u(x)}$	$u'(x) \times e^{u(x)}$
Validité de u	$\mathbb{R}$	$\mathbb{R}$	$]0\ ;+\infty[$	$]0\ ;+\infty[$	$\mathbb{R}$

■ Si u et v ont le même sens de variation, alors $v \circ u = v(u)$ est **croissante**.

■ Si u et v ont des sens de variation différents, alors $v \circ u = v(u)$ est **décroissante**.

À NOTER
Pour les dérivées des fonctions du type $\ln[(u)]$ et $e^{u(x)}$, voir les chapitres 6 et 7.

3 Sens de variation d'une fonction

a. Théorème

Soit f une fonction dérivable sur un intervalle I.

■ Si, pour tout x de I, $f'(x) = 0$, alors $f(x)$ est **constante** sur I.

■ Si, pour tout x de I, $f'(x) > 0$, alors $f(x)$ est **strictement croissante** sur I.

■ Si, pour tout x de I, $f'(x) < 0$, alors $f(x)$ est **strictement décroissante** sur I.

À NOTER
La réciproque à ce théorème est également vraie.

b. Propriétés

■ Si f est dérivable sur I, et si f admet un extremum local en un point A, distinct des extrémités de I, alors $f'(x_A) = 0$.

Et, si la dérivée $f'(x)$ s'annule et **change de signe en ce point** A, alors f admet un extremum local en ce point A.

■ Lorsque $f'(x)$ s'annule sans changer de signe en A, alors la courbe de f admet un **point d'inflexion** en ce point et non un extremum. De plus, la dérivée seconde $f''(x)$ s'annule et change de signe en A. C'est le cas de la fonction x^3 par exemple.

À NOTER
Une dérivée seconde $f''(x)$ qui s'annule et change de signe en un point A prouve que A est un point d'inflexion pour la courbe de f. $f'(x) = 0$ n'est cependant pas toujours vraie : c'est le cas de la fonction sinus en π par exemple.

1 Utiliser les dérivées de fonctions usuelles

Énoncé

Soit f la fonction définie sur [1 ; 8] par :

$$f(x) = 3x^2 - 2x + \frac{1}{x}.$$

1. Déterminer $f'(x)$.

2. Donner l'équation de la tangente T à la courbe représentative de f au point d'abscisse 3.

Solution commentée

Savoir-faire

- On applique les formules des dérivées des fonctions usuelles données dans le cours et on utilise les opérations sur les dérivées pour décomposer le calcul de la dérivée.
- Pour répondre à la seconde question, on utilise la formule permettant de déterminer l'équation d'une tangente

$$y = f'(x_0)(x - x_0) + f(x_0).$$

1. $f(x) = u(x) + v(x)$, où $u(x) = 3x^2 - 2x$ et $v(x) = \frac{1}{x}$.

Les fonctions u et v sont dérivables, respectivement, sur $\mathbb{R} \cap [1\,;8] = [1\,;8]$ et $\mathbb{R}\setminus\{0\} \cap [1\,;8] = [1\,;8]$.

Par conséquent, f est dérivable sur [1 ; 8].

On a donc, d'après le calcul de dérivation pour l'addition de deux fonctions : $f'(x) = u'(x) + v'(x) = 6x - 2 - \frac{1}{x^2}$.

2. L'équation de la tangente T est donnée par :

$y = f'(3)(x - 3) + f(3)$,

soit $y = \frac{143}{9}x - \frac{79}{3}$, avec $f'(3) = \frac{143}{9}$ et $f(3) = \frac{64}{3}$.

2 Déterminer la dérivée de la composée de deux fonctions

Énoncé

Soit la fonction f définie sur $[2\ ;+\infty[$ par :

$$f(x)=\sqrt{x^2-4}.$$

Calculer la dérivée de la fonction f.

Solution commentée

Savoir-faire

■ On reconnaît dans la fonction f une fonction composée. Pour calculer sa dérivée, on applique la formule $(v \circ u)' = u' \times v'(u)$, sachant que u' est la dérivée de u pour la variable x, et $v'(u)$ est la dérivée de v pour u prise comme variable.

■ On applique ensuite les formules du cours permettant de calculer les dérivées de fonctions usuelles.

$f(x)=\sqrt{u(x)}$ où $u(x) = x^2 - 4$.

La fonction u est dérivable sur $\mathbb{R}$ et la fonction $\sqrt{u}$ est dérivable sur $]0\ ;+\infty[$.

Or $u(x) \in\ ]0\ ;+\infty[$: en effet, pour $x \in\ ]2\ ;+\infty[$, on a $x > 2$, soit $x^2 > 4$ et donc $x^2 - 4 > 0$.

Par conséquent, f est dérivable sur $]2\ ;+\infty[$:

$$f'(x)=2x\times\frac{1}{2\sqrt{x^2-4}}$$

$$=\frac{x}{\sqrt{x^2-4}}.$$

Pour réussir le jour J

LES ERREURS À NE PAS COMMETTRE

• Il est faux de penser qu'une tangente à la courbe d'une fonction f ne représente qu'une variation locale de f. C'est aussi une approximation affine qui sert à approcher f. *Exercices 4 et 5, p. 82*

• Ce n'est pas parce qu'une fonction f est dérivable distinctement à droite et à gauche d'un réel qu'elle l'est en ce réel. C'est le cas, par exemple, de la fonction $|x + 1|$ en -1. *Exercices 10 et 15, p. 84-85*

• Il ne faut pas interpréter la dérivée première de la même manière que la dérivée seconde.

L'étude du signe de la dérivée seconde est souvent utile pour établir les variations de la dérivée première, en dressant le tableau de variations de celle-ci. *Exercice 12, p. 84*

• Lorsqu'une courbe représentative d'une fonction f admet un point d'inflexion, alors la dérivée seconde f'' s'annule et change de signe en ce point.

Il est faux de penser que la dérivée f' change aussi de signe.

Exercices 10 et 15, p. 84-85

• Il est faux de penser que la limite définissant la dérivabilité d'une fonction ne sert qu'au calcul du nombre dérivé s'il existe. En effet, il arrive souvent qu'une limite de fonction nécessite l'utilisation du nombre dérivé pour répondre à certains besoins de calculs de limites.

Exercice 4, p. 82

• Il faut faire attention à ne pas travailler dans des ensembles autres que ceux précisés dans un problème à résoudre. *Exercice 15, p. 85*

• Il est faux de dire que si $f > g$, ou $f < g$, alors $f' > g'$, ou respectivement $f' < g'$. *Exercice 10, p. 84*

10 qcm pour réviser le cours

Corrigés, p. 86

1 Si $f(x)=\dfrac{\sqrt{x^2+4}}{2x+1}$, on a :

❑ **a.** $f'(x)=\dfrac{x-8}{(2x+1)\sqrt{x^2+4}}$.

❑ **b.** $f'(x)=\dfrac{x-8}{(2x+1)^2\sqrt{x^2+4}}$.

❑ **c.** $f'(x)=\dfrac{x+8}{(2x+1)^2\sqrt{x^2+4}}$.

2 Soit f la fonction définie sur $]0\,;+\infty[$ par $f(x)=x^2-\sqrt{x}$. Le nombre dérivé $f'(1)$ est égal à :

❑ **a.** 1. ❑ **b.** 1,5. ❑ **c.** 1,7.

3 Soit f la fonction définie sur $\mathbb{R}$ par $f(x)=x^3-2x+1$.
Une équation de la tangente à la courbe représentative de f au point d'abscisse 2 est :

❑ **a.** $y=10x-15$.
❑ **b.** $y=10x+15$.
❑ **c.** $y=14x-15$.

4 Soit $f'(x)=1-x^2$ la fonction dérivée de f. Il existe une unique tangente qui coupe la courbe représentative de f au point d'abscisse :

❑ **a.** $x=0$.
❑ **b.** $x=1$.
❑ **c.** $x=-1$.

5 À la question précédente, la courbe représentative de f admet une tangente horizontale en :

❑ **a.** $x=0$.
❑ **b.** $x=1$.
❑ **c.** $x=-1$.

6 Une fonction f, définie et dérivable sur [1 ; 7], admet un extremum si :

❑ **a.** $f'(2)=0$ ou $f''(2)=0$.
❑ **b.** $f'(2)=f''(2)=0$.
❑ **c.** $f'(2)=0$ et $f''(2)\neq 0$.

7 La courbe représentative de $f(x)=x^3$ admet en $x=0$:

❑ **a.** une tangente horizontale.
❑ **b.** un extremum.
❑ **c.** un point d'inflexion.

8 Soit g une fonction définie sur un intervalle ouvert D, avec $x_0\in$ D.
Laquelle des propositions suivantes est vraie ?

❑ **a.** Si g est dérivable en x_0, alors g est continue en x_0.
❑ **b.** Si g est continue en x_0, alors g est dérivable en x_0.
❑ **c.** Si g est dérivable en x_0, alors $\lim\limits_{h\to 0}\dfrac{f(x_0+h)-f(x_0)}{h}$ admet une limite finie en 0.

9 Soit f une fonction définie et deux fois dérivable sur $\mathbb{R}$ telle que $f''(x)\leqslant 0$:

❑ **a.** $f'(x)$ est décroissante sur $\mathbb{R}$.
❑ **b.** f admet un unique extremum.
❑ **c.** $f'(x)$ s'annule une fois dans $\mathbb{R}$.

10 Soit f une fonction définie sur $\mathbb{R}$. Si $f'(x)$ est nulle en x_0, alors f admet un point d'inflexion si :

❑ **a.** $f''(x)=0$ en x_0.
❑ **b.** $f''(x)$ s'annule et change de signe en x_0.
❑ **c.** $f''(x)$ s'annule sans changer de signe en x_0.

Exercices

Exercice 1 (niveau 1)

Corrigés, p. 86

Étudier la dérivabilité et donner la fonction dérivée de chacune des fonctions suivantes.

1. $f(x) = 2x^3 - 4x + 1$
2. $g(x) = 2x^3 - 4x^2 + x$
3. $h(x) = 3x^2 + x\sqrt{x}$
4. $i(x) = \dfrac{4x-1}{x+1}$

Exercice 2 (niveau 1)

Corrigés, p. 87

Préciser les domaines de dérivabilité des fonctions suivantes et déterminer leurs dérivées.

1. $g(x) = (2x^2 - 2|x| + 3)^2$
2. $h(x) = x\sqrt{4+x^2}$
3. $m(x) = \sqrt{2x^2 - 4x + 1}$
4. $i(x) = \sqrt{\dfrac{4x-1}{x+1}}$
5. $j(x) = \dfrac{\sqrt{3x^2 - 2x + 1}}{x^2 - 1}$

Exercice 3 (niveau 1)

Corrigés, p. 89

On pose $f(x) = |x|\sqrt{x}$, $g(x) = |x| + |x - 1|$ et $h(x) = \dfrac{2x + x|x|}{x}$ pour $x \neq 0$.

Répondre aux questions suivantes pour chacune de ces fonctions.

1. Déterminer la limite pour $x = 0$.

Ces fonctions sont-elles toutes continues en $x = 0$?

2. Trouver les dérivées de ces fonctions.

Exercice 4 (niveau 1)

Corrigés, p. 89

Déterminer les limites suivantes.

1. $\lim\limits_{x \to 0} \dfrac{\sqrt{x}}{x}$
2. $\lim\limits_{x \to 0} \dfrac{x^2 + 2x - 6}{x}$
3. $\lim\limits_{x \to 0} \dfrac{1}{x}\dfrac{1}{\sqrt{1+x}}$

Exercice 5 (niveau 1)

Corrigés, p. 90

Déterminer, dans chacun des cas suivants, l'équation de la tangente à la courbe représentative de la fonction f au point d'abscisse a.

1. $f(x) = 2x^3 - 4x + 1$, en $a = 1$.
2. $f(x) = \dfrac{1}{\sqrt{1-x^2}}$, en $a = -1$.
3. $f(x) = |2x - 1|$, en $a = \dfrac{1}{2}$.

Exercice 6 (niveau 2)

Corrigés, p. 90

Soit $\alpha > 0$. On considère la fonction f définie par $f(x) = \dfrac{x+2}{x^2+\alpha}$.

Donner l'ensemble de définition de f et déterminer α pour que la courbe représentative de f admette, au point d'abscisse 1, une tangente horizontale.

Exercice 7 (niveau 3)

Corrigés, p. 91

1. Soit f la fonction telle que $f(x) = \dfrac{4x^2+ax+b}{x^2-1}$.

a. Déterminer les réels a et b pour que la courbe représentative de f admette une tangente horizontale T au point M de coordonnées (3 ; 3,5).

b. Connaissant les valeurs de a et b, donner l'équation de la tangente U à la courbe représentative de f au point N de coordonnées (0 ; – 1).

2. On définit la fonction g donnée par $g(x) = \dfrac{4x^2-3x+1}{x^2-1}$.

a. Montrer que, pour tout x du domaine de définition de g, on a :

$$g(x) = A + \frac{B}{x+1} + \frac{C}{x^2-1}.$$

b. Étudier les variations de g.

c. Déterminer la position relative de la courbe représentative de g, $\mathscr{C}_g$, par rapport à la tangente U au point N et construire la courbe $\mathscr{C}_g$.

d. On considère la fonction h définie par $h(x) = \dfrac{4x^2-3|x|+1}{x^2-1}$.

En déduire la courbe représentative de h en utilisant les résultats précédents.

Exercice 8 (niveau 3)

Corrigés, p. 92

Résoudre l'équation $\dfrac{2x^2-3}{x^3-x^2} = 1$ par la méthode du calcul de dérivées.

Exercice 9 (niveau 3)

Corrigés, p. 93

On considère la fonction f définie par $f(x) = \sqrt{-x^2+2x+3}$.

1. Déterminer le domaine de définition de f.

2. Étudier la dérivabilité de f en – 1 et 3.

Donner une interprétation graphique.

3. Justifier que f est dérivable sur]– 1 ; 3[.

Donner la dérivée de la fonction f.

4. La courbe représentative de f admet-elle un axe de symétrie ?

Exercice 10 niveau 3

Corrigés, p. 94

Soient f et g deux fonctions définies telles que :

$$f(x)=\frac{4x^2}{x^2+1} \text{ et } g(x)=3-\sqrt{-x^2+2x+3}.$$

1. Étudier les variations de f et g dans un repère orthogonal.

2. Que représente la droite d'équation $y = 4$ pour la courbe représentative de f ?

3. Résoudre graphiquement l'équation $f(x) = g(x)$.

4. Les fonctions f et g ont-elles une tangente commune en leur point d'intersection ?

5. Existe-t-il une valeur de x donnant lieu simultanément à deux tangentes de même pente ?

Exercice 11 niveau 3

Corrigés, p. 95

Soit f la fonction définie par $f(x)=\dfrac{\sqrt{2x^2+2}-x}{x}$, pour tout $x \neq 0$.

1. Étudier la continuité et la dérivabilité de f en 0.

Interpréter graphiquement.

2. Déterminer les limites de f en $-\infty$ et $+\infty$ et interpréter graphiquement.

3. Dresser le tableau de variations de f.

Exercice 12 niveau 3

Corrigés, p. 96

1. Soit $n(x) = -4x^3 + 3x^2 + 2$, pour tout x de $\mathbb{R}$.

Étudier les variations de la fonction n.

2. On considère la fonction f définie, pour tout $x \neq -1$, par :

$$f(x)=\frac{2x-1}{x^3+1}.$$

Établir le sens de variation de f.

Exercice 13 niveau 3

Corrigés, p. 96

Pour tout entier naturel n, on pose $g_n(x)=x^n\sqrt{x}$.

1. Étudier la continuité et la dérivabilité de g_n en 0.

Quelles valeurs de n permettent d'affirmer une dérivabilité en 0 ?

2. a. Trouver l'unique élément u_n tel que $g_n'(u_n) = 0$, pour $x \in [0 ; 1]$.

b. Donner les variations de g_n, pour $n \geqslant 1$, et représenter g_1, g_2 et g_3.

Exercice 14 (40 min, 4 pts)

Corrigés, p. 97

TYPE BAC

Soit f la fonction aire d'une figure géométrique, définie sur [– 1 ; 1], par $f(x)=(1-x)\sqrt{1-x^2}$.

1. Étudier la dérivabilité de f sur [– 1 ; 1] en – 1 et en 1.
Interpréter graphiquement le résultat.

2. Établir le tableau de variations de la fonction f et construire sa courbe représentative.

3. Déterminer les coordonnées du point maximum de la fonction f.

4. Déterminer, à 10^{-2} près, la valeur de x, autre que zéro, pour laquelle $f(x) = 1$.

Exercice 15 (40 min, 5 pts)

Corrigés, p. 98

TYPE BAC

(La Réunion, septembre 2007)

1. La formule donnant la dérivée du produit de deux fonctions dérivables est supposée connue. On a énoncé ci-dessous deux propositions désignées par P et Q. Dire pour chacune d'elles si elle est vraie ou fausse et justifier.

Dans cet exercice, n désigne un entier naturel strictement supérieur à 1.

P : Soit f la fonction définie sur $\mathbb{R}$ par $f(x) = x^n$; alors f est dérivable sur $\mathbb{R}$, de dérivée f' donnée sur $\mathbb{R}$ par $f'(x) = nx^{n-1}$.

Q : Soit u une fonction dérivable sur $\mathbb{R}$ et soit f la fonction définie sur $\mathbb{R}$ par $f = u^n$; alors f est dérivable sur $\mathbb{R}$ de dérivée f' donnée par $f' = nu^{n-1}$.

2. On désigne par g la fonction définie sur]– 1 ; 1[par $g(0) = 0$ et $g'(x)=\dfrac{1}{\sqrt{1-x^2}}$, où g' désigne la dérivée de la fonction g sur]– 1 ; 1[.

On ne cherchera pas à expliciter $g(x)$.

On considère alors la fonction composée h définie sur]– π ; 0[par $h(x) = g(\cos x)$.

a. Démontrer que, pour tout x de]– π ; 0[, on a $h'(x) = 1$, où h' désigne la dérivée de h.

b. Calculer $h\left(-\dfrac{\pi}{2}\right)$, puis donner l'expression de $h(x)$.

QCM

1 **b.** On utilise la règle de dérivation d'une fraction de deux fonctions pour trouver ce résultat.

2 **b.** Pour trouver le coefficient directeur de la tangente au point d'abscisse 1, on calcule $f'(1)$.

Donc $f'(x) = 2x - \frac{1}{2\sqrt{x}}$, d'où $f'(x) = 1{,}5$.

3 **a.** On retrouve l'équation de la tangente donnée par : $y = f'(2)(x - 2) + f(2)$.

4 **a.** Lorsque la dérivée seconde est égale à 0, alors l'abscisse du point d'inflexion est égale à $x = 0$.

5 **b.** et **c.** Il suffit de résoudre l'équation $f'(x) = 0$, d'où $x = -1$ ou $x = 1$.

6 **c.** Si $f'(x) = 0$, alors f admet un extremum si, et seulement si, $f''(x) \neq 0$.

7 **a.** et **c.** On vérifie que $f'(x) = f''(x) = 0$ pour $x = 0$.

8 **a.** et **c.** La limite exprime la définition du nombre dérivé s'il existe.

9 **a.** $f''(x) \leqslant 0$ indique la décroissance de $f'(x)$, ce qui ne suffit pas à affirmer les propositions **b.** et **c.**

10 **b.** La fonction f'' mesure les variations de celles de f'.

Exercice 1

1. $f(x) = 2x^3 - 4x + 1$ est une fonction polynôme définie et dérivable sur $\mathbb{R}$.

$f(x) = u(x) + v(x)$, où $u(x) = 2x^3$ et $v(x) = -4x + 1$, dont la dérivée est $f'(x) = u'(x) + v'(x)$.

$u'(x) = 6x^2$ et $v'(x) = -4$, donc $\mathbf{f'(x) = 6x^2 - 4}$.

> **ATTENTION**
> Il faut toujours annoncer le domaine de définition dès le départ pour bien localiser l'intervalle de validité de l'étude d'une fonction.

2. $g(x) = 2x^3 - 4x^2 + x$ est une fonction polynôme définie et dérivable sur $\mathbb{R}$.

$g(x) = u(x) + v(x) + w(x)$, où $u(x) = 2x^3$, $v(x) = -4x^2$ et $w(x) = x$, dont la dérivée est $g'(x) = u'(x) + v'(x) + w'(x) = \mathbf{6x^2 - 8x + 1}$, car $u'(x) = 6x^2$, $v'(x) = -8x$ et $w'(x) = 1$.

3. $h(x) = 3x^2 + x\sqrt{x}$ est définie si, et seulement si, $x \geqslant 0$, c'est-à-dire si x appartient à $[0\,;+\infty[$. h est le produit et la somme de fonctions dérivables sur $]0\,;+\infty[$, elle est donc dérivable.

$h(x) = u(x) + v(x)$, où $u(x) = 3x^2$ et $v(x) = x\sqrt{x}$, dont la dérivée est donnée par :

$$h'(x) = u'(x) + v'(x) = \mathbf{6x + \frac{3}{2}\sqrt{x}}.$$

4. $i(x)=\dfrac{4x-1}{x+1}$ est définie si, et seulement si, $x \neq -1$, c'est-à-dire si x appartient à $]-\infty\,;-1[\cup]-1\,;+\infty[$. i est le quotient de fonctions dérivables sur $]-\infty\,;-1[\cup]-1\,;+\infty[$, elle est donc dérivable.

$i(x)=\dfrac{u(x)}{v(x)}$, où $u(x) = 4x - 1$ et $v(x) = x + 1$, dont la dérivée est donnée par $i'(x)=\dfrac{u'(x)\times v(x)-u(x)\times v'(x)}{v^2(x)}=\dfrac{5}{(x+1)^2}$.

Exercice 2

1. $g(x) = (2x^2 - 2|x| + 3)^2$ est une fonction polynôme définie et continue sur $\mathbb{R}$.

$g(x) = [u(x)]^2$, où $u(x) = 2x^2 + 2x + 3$ lorsque $x \leqslant 0$ et $u(x) = 2x^2 - 2x + 3$ lorsque $x \geqslant 0$, dont la dérivée est donnée par $g'(x) = 2 \times u'(x) \times u(x)$.

$\boldsymbol{g'(x) = 4(4x^3 + 6x^2 + 8x + 3)}$ pour $x \leqslant 0$ et $\boldsymbol{g'(x) = 4(4x^3 - 6x^2 + 8x - 3)}$ pour $x \geqslant 0$.

Or $g'_g(0) = 12$ lorsque x tend vers 0^- et $g'_d(0) = -12$ lorsque x tend vers 0^+, donc g n'est pas dérivable en 0, bien qu'elle soit dérivable à droite et à gauche de 0.

g est donc dérivable sur $\mathbb{R}\setminus\{0\}$.

CONSEILS

La continuité et la dérivabilité d'une fonction doivent toujours être vérifiées aux bornes finies d'intervalles fermés, comme pour le cas des fonctions valeurs absolues. Les valeurs absolues, lorsqu'elles existent, doivent être remplacées par des formules affectées à des intervalles différents pour faciliter le traitement d'une fonction.

2. $h(x)=x\sqrt{4+x^2}$ est définie sur $\mathbb{R}$, car $4 + x^2 > 0$ pour tout $x \in \mathbb{R}$.

$h(x)=x\sqrt{u(x)}$, où $u(x) = 4 + x^2$, dont la dérivée est :

$h'(x)=1\times\sqrt{u(x)}+x\times\left(\sqrt{u(x)}\right)'$.

Par conséquent, $h'(x)=\sqrt{4+x^2}+\dfrac{x^2}{\sqrt{4+x^2}}=\dfrac{\boldsymbol{2x^2+4}}{\boldsymbol{\sqrt{4+x^2}}}$ et h est dérivable sur $\mathbb{R}$.

3. $m(x)=\sqrt{2x^2-4x+1}$ est définie si, et seulement si, $2x^2 - 4x + 1 \geqslant 0$, donc définie pour tout réel x de $\left]-\infty\,;1-\dfrac{\sqrt{2}}{2}\right]\cup\left[1-\dfrac{\sqrt{2}}{2}\,;+\infty\right[$.

$m(x)=\sqrt{u(x)}$, où $u(x) = 2x^2 - 4x + 1$, dont la dérivée est :

$m'(x)=u'(x)\times\dfrac{1}{2\sqrt{u(x)}}$.

$m'(x)=\dfrac{2x-2}{\sqrt{2x^2-4x+1}}$,

et m est dérivable sur $\left]-\infty;1-\dfrac{\sqrt{2}}{2}\right]\cup\left[1-\dfrac{\sqrt{2}}{2};+\infty\right[$.

4. $i(x)=\sqrt{\dfrac{4x-1}{x+1}}$ est définie pour tout réel x tel que $\dfrac{4x-1}{x+1}\geqslant 0$ et $x\neq 1$,

où $x\in\ ]-\infty;-1[\ \cup\left[-\dfrac{1}{4};+\infty\right[$.

x	$-\infty$		-1		$\frac{1}{4}$		$+\infty$
$4x-1$		$-$		$-$	0	$+$	
$x+1$		$-$	0	$+$		$+$	
$\dfrac{4x-1}{x+1}$		$+$	‖	$-$	0	$+$	

$i(x)=\sqrt{u(x)}$, où $u(x)=\dfrac{4x-1}{x+1}$, dont la dérivée est donnée par :

$i'(x)=u'(x)\times\dfrac{1}{2\sqrt{u(x)}}=\dfrac{5}{(x+1)^2}\times\dfrac{1}{2}\sqrt{\dfrac{x+1}{4x-1}}$, et i est dérivable sur

$]-\infty;-1[\ \cup\left[-\dfrac{1}{4};+\infty\right[$.

5. $j(x)=\dfrac{\sqrt{3x^2-2x+1}}{x^2-1}$ est définie pour tout réel x tel que $x^2-1\neq 0$ et $3x^2-2x+1\geqslant 0$.

$3x^2-2x+1>0$, pour tout x de $\mathbb{R}$, et $x^2-1\neq 0$ pour x dans $\mathbb{R}\backslash\{-1;1\}$, donc j est définie sur $\mathbb{R}\backslash\{-1;1\}$.

$j(x)=\dfrac{\sqrt{u(x)}}{v(x)}$, où $u(x)=3x^2-2x+1$ et $v(x)=x^2-1$.

$j'(x)=\dfrac{\left(\sqrt{u(x)}\right)'\times v(x)-\sqrt{u(x)}\times v'(x)}{[v(x)]^2}$, où $\left(\sqrt{u(x)}\right)'=\dfrac{3x-1}{\sqrt{3x^2-2x+1}}$

et $v'(x)=2x$, donc $\boldsymbol{j'(x)=\dfrac{-3x^3+3x^2-5x+1}{(x^2-1)^2\sqrt{3x^2-2x+1}}}$, et j est dérivable sur $\mathbb{R}\backslash\{-1;1\}$.

Exercice 3

$f(x)=|x|\sqrt{x}$ est définie sur [0 ; + ∞[, donc $f(x)=x\sqrt{x}$ pour tout réel x de [0 ; + ∞[.

$g(x) = |x| + |x - 1|$ est définie sur $\mathbb{R}$, telle que $g(x) = -x - (x - 1) = -2x + 1$ pour $x \leqslant 0$; $g(x) = x - (x - 1) = 1$, pour $0 \leqslant x \leqslant 1$ et $g(x) = x + (x - 1) = 2x - 1$ pour $x \geqslant 0$.

$h(x)=\dfrac{2x+x|x|}{x}$ est définie sur $\mathbb{R}\backslash\{0\}$, avec $h(x) = -x + 2$ pour $x \leqslant 0$ et $h(x) = x + 2$ pour $x \geqslant 0$.

1. $\lim\limits_{x\to 0^+} f(x)=\lim\limits_{x\to 0^+}\left(x\sqrt{x}\right)=0$, donc **$f$ est continue en 0.**

$\lim\limits_{x\to 0^-} g(x)=\lim\limits_{x\to 0^-}(-2x+1)=1$ et $\lim\limits_{x\to 0^+} g(x)=\lim\limits_{x\to 0^+}(2x-1)=-1$.

On note $\lim\limits_{x\to 0^-} g(x)\neq\lim\limits_{x\to 0^+} g(x)$, donc **$g$ n'est pas continue en 0**, mais elle est continue en 1.

$\lim\limits_{x\to 0^-} h(x)=\lim\limits_{x\to 0^-}(-x+2)=2$ et $\lim\limits_{x\to 0^+} h(x)=\lim\limits_{x\to 0^+}(x+2)=2$,

donc **h est continue en 0.**

2. $f'(x)=1\times\sqrt{x}+x\times\dfrac{1}{2\sqrt{x}}=\dfrac{3}{2}\sqrt{x}$, et f est dérivable sur [0 ; + ∞[.

$g'(x) = -2$ lorsque $x \in\,]-\infty\,;0]$; **$g'(x) = 0$ lorsque $x \in [0\,;1]$ et $g'(x) = 2$ lorsque $x \in [1\,;+\infty[$.** On note que g est dérivable à gauche et à droite de 0 (ou 1), mais elle n'est pas dérivable en 0 (ou en 1), donc g est dérivable sur $\mathbb{R}\backslash\{0\,;1\}$.

$h'(x) = -1$ lorsque $x \in\,]-\infty\,;0]$ et $h'(x) = 1$ lorsque $x \in [0\,;+\infty[$.

h est donc dérivable à gauche et à droite de 0, mais elle n'est pas dérivable en 0, car les nombres dérivés sont différents en 0 ; on en déduit que h est dérivable sur $\mathbb{R}\backslash\{0\}$.

Exercice 4

1. $\lim\limits_{x\to 0}\dfrac{\sqrt{x}}{x}=\lim\limits_{x\to 0^+}\dfrac{\sqrt{x}-0}{x-0}$. On reconnaît le calcul du nombre dérivé en 0 de la fonction $\sqrt{x}$, définie sur [0 ; + ∞[, qui n'est pas dérivable en 0.

$\lim\limits_{x\to 0^+}\dfrac{\sqrt{x}-0}{x-0}=\lim\limits_{x\to 0^+}\left(\sqrt{x}\right)'=\lim\limits_{x\to 0^+}\dfrac{1}{2\sqrt{x}}=+\infty$.

2. $\lim\limits_{x\to 0}\dfrac{x^2+2x-6}{x}=\lim\limits_{x\to 0}x+2-\dfrac{6}{x}$.

Il faut distinguer deux cas :

– si x tend vers 0^-, $\lim\limits_{x \to 0^-} x + 2 - \frac{6}{x} = +\infty$;

– si x tend vers 0^+, $\lim\limits_{x \to 0^+} x + 2 - \frac{6}{x} = -\infty$.

3. $\lim\limits_{x \to 0^-} \frac{1}{x} \frac{1}{\sqrt{1+x}} = -\infty$ et $\lim\limits_{x \to 0^+} \frac{1}{x} \frac{1}{\sqrt{1+x}} = +\infty$.

Exercice 5

1. f est une fonction polynôme définie sur $\mathbb{R}$ et $f(1) = -1$.

$f'(x) = 6x^2 - 4$, d'où $f'(1) = 2$. Donc $T : y = 2(x - 1) - 1$, d'où $\boldsymbol{T : y = 2x - 3}$.

2. $f(x) = \frac{1}{\sqrt{1 - x^2}}$ est définie sur $]-1 ; 1[$, donc **elle n'admet pas de tangente en – 1.**

3. $f(x) = |2x - 1|$ est définie sur $\mathbb{R}$, car $f(x) = -2x + 1$ pour $x \leqslant \frac{1}{2}$ et $f(x) = 2x - 1$ pour $x \geqslant \frac{1}{2}$.

$f\left(\frac{1}{2}\right) = 0$ pour tout x de $\mathbb{R}$.

$\boldsymbol{T : y = -2x + 1}$ **pour** $x \leqslant \frac{1}{2}$

$\boldsymbol{T : y = 2x - 1}$ **pour** $x \geqslant \frac{1}{2}$.

> **RAPPEL**
> L'équation de la tangente T à la courbe représentative de f en a se trouve grâce à la formule : $y = f'(a)(x - a) + f(a)$.

> **À NOTER**
> La tangente locale à une droite, représentative d'une fonction affine, est la même droite, vu qu'il n'y a pas d'autre approximation affine que la droite elle-même.

Exercice 6

$f(x) = \frac{x+2}{x^2 + \alpha}$, avec $\alpha > 0$, est une fonction rationnelle, définie, continue et dérivable sur $\mathbb{R}$.

$f'(x) = \frac{-x^2 - 4x + \alpha}{\left(x^2 + \alpha\right)^2}$; par conséquent, la courbe représentative de f admet une tangente horizontale si, et seulement si, $f'(x) = 0$, c'est-à-dire $-x^2 - 4x + \alpha = 0$. Cette équation admet des solutions si, et seulement si, $\Delta = 16 + 4\alpha \geqslant 0$.

Si $\Delta = 16 + 4\alpha = 0$, équivaut à $\alpha = -4$, alors l'équation n'admet pas de solutions puisque $\alpha > 0$ d'après l'énoncé.

Si $\Delta = 16 + 4\alpha > 0$, équivaut à $\alpha > -4$, soit $\alpha \in]-4 ; +\infty[$, alors on obtient deux solutions données par $x_1 = -2 - \sqrt{4 + \alpha}$ et $x_2 = -2 + \sqrt{4 + \alpha}$.

Pour $x_1 = 1$, $-3 = \sqrt{4 - \alpha}$, qui n'admet pas de solutions sur $]0 ; +\infty[$.

Pour $x_2 = 1$, on trouve **$\alpha = 5$: la courbe représentative de f admet alors une tangente horizontale au point d'abscisse $x = 1$.**

Exercice 7

1. a. $f(x)=\dfrac{4x^2+ax+b}{x^2-1}$ est une fonction rationnelle définie sur $\mathbb{R}\setminus\{-1\ ;\ 1\}$.

$f(x)=\dfrac{u(x)}{v(x)}$, où $u(x) = 4x^2 + ax + b$ et $v(x) = x^2 - 1$, dont la dérivée est donnée par $f'(x)=\dfrac{u'(x)\times v(x)-u(x)\times v'(x)}{v^2(x)}$, avec $u'(x) = 8x + a$ et $v'(x) = 2x$.

Donc $f'(x)=\dfrac{-ax^2-(8+2b)x-a}{(x^2-1)^2}$ et la courbe de f admet une tangente horizontale T au point $\mathrm{M}\left(3\ ;\ \dfrac{7}{2}\right)$ si, et seulement si, $f'(3) = 0$, c'est-à-dire $-a \times 3^2 - (8 + 2b) \times 3 - a = 0$, d'où $5a + 3b + 12 = 0$.

$f(3)=\dfrac{7}{2}$, donc $\dfrac{4\times 3^2+3a+b}{3^2-1}=\dfrac{7}{2}$, d'où $3a + b + 8 = 0$.

En résolvant le système de deux équations à deux inconnues, on trouve $a = -3$ et $b = 1$.

b. Pour $a=-3$ et $b=1$, on a $f(x)=\dfrac{4x^2-3x+1}{x^2-1}$ et $f'(x)=\dfrac{3x^2-10x+3}{(x^2-1)^2}$.

L'équation de la tangente U au point $\mathrm{N}(0\ ;\ -1)$ est donnée par $y = f'(0)(x - 0) + f(0)$.

Sachant que $f'(0) = 3$ et $f(0) = 1$, on en déduit **$U : y = 3x - 1$.**

2. a. On a $g(x)=\dfrac{4x^2-3x+1}{x^2-1}$ et, pour tout réel x de $\mathbb{R}\setminus\{-1\ ;\ 1\}$:

$$g(x)=\frac{4(x^2-1)-3x+5}{x^2-1}=\frac{4(x^2-1)-3(x-1)+2}{(x-1)(x+1)}=\mathbf{4-\frac{3}{x+1}+\frac{2}{x^2-1}}.$$

b. $g'(x)=\dfrac{3}{(x+1)^2}-\dfrac{4x}{(x^2-1)^2}=\dfrac{3x^2-10x+3}{(x^2-1)^2}$.

Donc $g'(x) = 0$ pour $x = \dfrac{1}{3}$ ou $x = 3$; $g'(x) > 0$ et **g est croissante sur l'intervalle $]-\infty\ ;\ -1[\ \cup\ \left]-1\ ;\ \dfrac{1}{3}\right[\ \cup\ ]3\ ;\ +\infty[$** ; $g'(x) < 0$ et **g est décroissante sur l'intervalle $\left]\dfrac{1}{3}\ ;\ 1\right[\ \cup\ ]1\ ;\ 3[$.**

4. Calcul de dérivées

CORRIGÉS

c. On a $U : y = 3x - 1$, tangente de $\mathscr{C}_g$ au point N(0 ; – 1).
L'étude de la position relative passe par l'étude du signe de $g(x) - y = \frac{4x^2 - 3x + 1}{x^2 - 1} - (3x - 1) = \frac{x^2(-3x+5)}{x^2 - 1}$. On étudie le signe de cette fraction et on déduit que $g(x) - y = 0$ pour $x \in \left\{0 \,;\, \frac{5}{3}\right\}$, donc U et $\mathscr{C}_g$ se coupent en $x = 0$ ou en $x = \frac{5}{3}$.

$g(x) - y > 0$ pour $x \in \left]-\infty \,;\, -1\right[\cup \left]1 \,;\, \frac{5}{3}\right[$, donc $\mathscr{C}_g$ est au-dessus de U.

$g(x) - y < 0$ pour $x \in \left]-1 \,;\, 0\right[\cup \left]0 \,;\, 1\right[\cup \left]\frac{5}{3} \,;\, +\infty\right[$, donc $\mathscr{C}_g$ est en dessous de U, incluant le point N.

d. $h(x) = \frac{4x^2 - 3|x| + 1}{x^2 - 1}$: de la même manière que la fonction g, elle est définie sur $\mathbb{R}\backslash\{-1 \,;\, 1\}$.
En effet :
$h(x) = \frac{4x^2 + 3x + 1}{x^2 - 1} = g(-x)$
pour $x \leqslant 0$
et $h(x) = \frac{4x^2 - 3x + 1}{x^2 - 1} = g(x)$
pour $x \geqslant 0$.

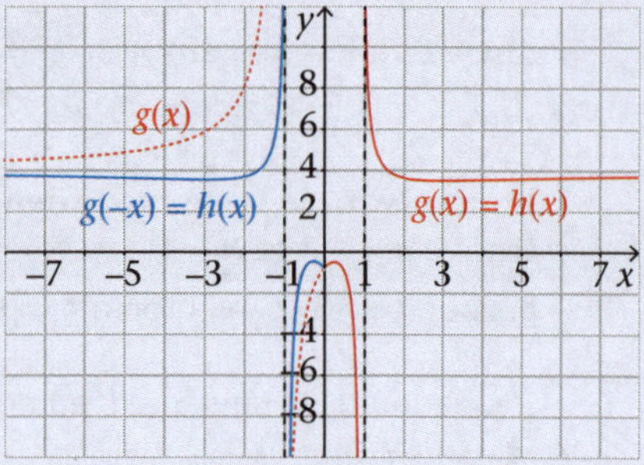

Exercice 8

L'équation $\frac{2x^2 - 3}{x^3 - x^2} = 1$ est définie pour $x^3 - x^2 - = x^2(x - 1) \neq 0$, c'est-à-dire $x \in \mathbb{R}\backslash\{0 \,;\, 1\}$.
L'équation est équivalente à $x^3 - 3x^2 + 3 = 0$. Soit la fonction polynôme f, définie et dérivable sur $\mathbb{R}\backslash\{0 \,;\, 1\}$, telle que $f(x) = x^3 - 3x^2 + 3$.
Sa dérivée est $f'(x) = 3x(x - 2)$.

x	$-\infty$		0		1		2		$+\infty$
$f'(x)$		$+$	‖	$-$	‖	$-$	0	$+$	
$f(x)$	$-\infty$	↗	3 ‖ 3	↘	1 ‖ 1	↘	-1	↗	$+\infty$

On constate, d'après les variations de f, que l'équation $f(x) = 0$ admet trois solutions, car sa courbe représentative coupe l'axe des abscisses en trois points.

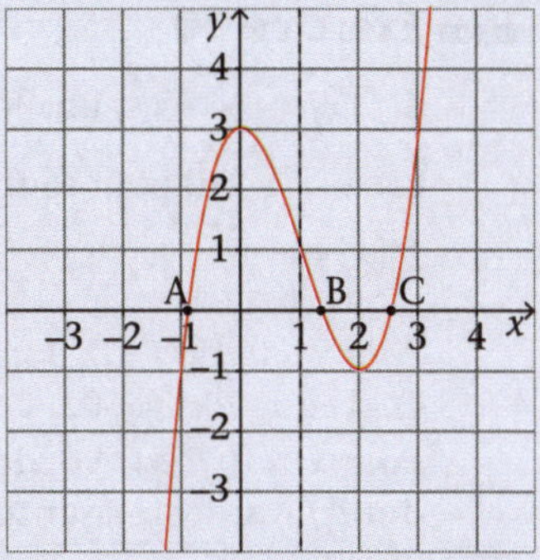

En utilisant la calculatrice, on déduit à 10^{-2} près, les solutions suivantes :
$-0{,}88 < x_1 < -0{,}87$ (abscisse de A) ;
$1{,}34 < x_2 < 1{,}35$ (abscisse de B) ;
$2{,}53 < x_3 < 2{,}54$ (abscisse de C).

Exercice 9

1. $f(x)=\sqrt{-x^2+2x+3}$ est définie pour tout réel appartenant à l'intervalle **[– 1 ; 3]**.
En effet, $-x^2 + 2x + 3 = (x + 1)(3 - x)$, qui est positive dans]–1 ; 3].

2. $\lim\limits_{x\to -1^-} \dfrac{f(x)-f(-1)}{x+1} = \lim\limits_{x\to -1^-} \sqrt{\dfrac{-x+3}{x+1}} = +\infty$

et $\lim\limits_{x\to 3^-} \dfrac{f(x)-f(3)}{x-3} = \lim\limits_{x\to 3^-} \sqrt{\dfrac{-x-1}{x-3}} = +\infty$: **f n'est donc pas dérivable en – 1 et 3 et sa courbe représentative admet deux tangentes verticales en ces points.**

3. f est la composée de fonctions dérivables sur]– 1 ; 3[, elle est donc dérivable sur]– 1 ; 3[.
$f(x)=\sqrt{u(x)}$, avec $u(x) = -x^2 + 2x + 3$, dont la dérivée est :

$$f'(x)=u'(x)\times\frac{1}{2\sqrt{u(x)}}.$$

$$\boldsymbol{f'(x)=\frac{-x+1}{\sqrt{-x^2+2x+3}}}.$$

4. Soit $x = a$ l'équation définissant un axe de symétrie pour la courbe représentative de f, autrement dit $f(2a - x) = f(x)$.

$$f(2a-x)=\sqrt{-(2a-x)^2+2(2a-x)+3}=\sqrt{-x^2+(4a-2)x+(-4a^2+4a+3)}.$$

Par comparaison avec $f(x)$, on observe que la condition $4a - 2 = 2$, soit $\boldsymbol{a = 1}$, satisfait l'égalité.

> **RAPPEL**
> Une fonction f admet la droite d'équation $x = a$ comme axe de symétrie si $f(2a - x) = f(x)$.

Exercice 10

1. $f(x)=\dfrac{4x^2}{x^2+1}$ est une fonction rationnelle définie pour tout x de $\mathbb{R}$, car $x^2+1>0$ pour tout x de $\mathbb{R}$. f est donc dérivable sur $\mathbb{R}$.

$f'(x)=\dfrac{8x}{\left(x^2+1\right)^2}$.

Pour $x=0$, $f'(x)=0$, donc f admet une tangente horizontale au point O, d'équation $y=0$.

Pour $x>0$, $f'(x)>0$, donc f est croissante, et pour $x<0$, $f'(x)<0$, donc f est décroissante.

$g(x)=3-\sqrt{-x^2+2x+3}$ est une fonction racine carrée composée définie sur [– 1 ; 3] et dérivable sur [– 1 ; 3] en tant que composée de fonctions dérivables sur [– 1 ; 3] : $g'(x)=\dfrac{x-1}{\sqrt{-x^2+2x+3}}$.

Pour $x=1$, $g'(x)=0$, donc g admet une tangente horizontale en $x=1$.

g est croissante sur]1 ; 3[car $g'(x)>0$ et g est décroissante sur]– 1 ; 1[car $g'(x)<0$.

> **CONSEIL**
> Si on doit chercher le signe de $f=\sqrt{u(x)}$, il suffit d'étudier celui de $u'(x)$, puisque $f'(x)=\dfrac{u'(x)}{2\sqrt{u(x)}}$.

2. La droite d'équation $y=4$ est une asymptote de $\mathscr{C}_f$ au voisinage de – ∞ et de + ∞, car $\lim\limits_{x\to-\infty}f(x)=\lim\limits_{x\to+\infty}f(x)=4$.

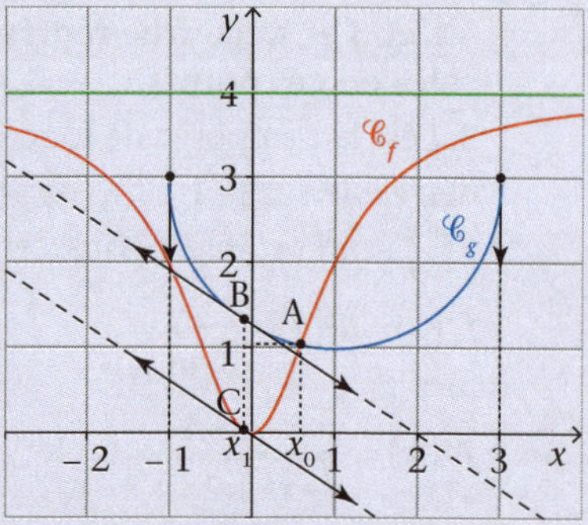

3. Par la calculatrice, l'équation admet une seule solution : **$0{,}59<x_0<0{,}60$.**

4. Autour du point d'intersection A d'abscisse x_0, d'après la question **1.**, f est croissante et g décroissante, donc $f'(x)\neq g'(x)$: **les tangentes admises par les deux courbes au point commun A ne sont donc pas confondues.**

5. Pour qu'une tangente commune puisse exister en deux points de même abscisse, il suffit de résoudre l'équation $f'(x)=g'(x)$. En résolvant graphiquement, par la calculatrice, on trouve un seul point d'intersection des courbes de f' et g', pour **$-0{,}082<x_1<-0{,}081$.** Les deux courbes $\mathscr{C}_f$ et $\mathscr{C}_g$ admettent donc deux tangentes T_1 et T_2 de même coefficient directeur, respectivement aux deux points B et C, de même abscisse x_1.

Exercice 11

1. $f(x)=\dfrac{\sqrt{2x^2+2}-x}{x}$ est définie pour tout réel x de $]-\infty\,;0[\cup]0\,;+\infty[$.

$\lim\limits_{x\to 0^-} f(x)=-\infty$; $\lim\limits_{x\to 0^+} f(x)=+\infty$ et f ne prend pas de valeurs en 0, donc **f n'est pas continue en 0. On dit que la courbe représentative de f admet une asymptote verticale en 0 d'équation $x = 0$.**

$$\lim_{x\to 0^+}\frac{f(x)-f(0)}{x}=\lim_{x\to 0^+}\frac{\sqrt{2x^2+2}-x\left(1+\sqrt{2}\right)}{x^2}=+\infty\ ;$$

de même, $\lim\limits_{x\to 0^-}\dfrac{f(x)-f(0)}{x}=+\infty$, donc **$f$ n'est pas dérivable en 0. Autour de 0, la courbe de f admet donc des tangentes verticales.**

2. $\lim\limits_{x\to-\infty} f(x)=\lim\limits_{x\to-\infty}\dfrac{|x|\sqrt{2+\dfrac{2}{x^2}}-x}{x}=\lim\limits_{x\to-\infty}\left(-\sqrt{2+\dfrac{2}{x^2}}-1\right)=-\sqrt{2}-1,$

donc la courbe de f admet une asymptote horizontale en $-\infty$ d'équation $y=-\sqrt{2}-1$.

$$\lim_{x\to+\infty} f(x)=\lim_{x\to+\infty}\frac{|x|\sqrt{2+\dfrac{2}{x^2}}-x}{x}=\lim_{x\to+\infty}\left(\sqrt{2+\frac{2}{x^2}}-1\right)=\sqrt{2}-1,$$

donc la courbe de f admet une asymptote horizontale en $+\infty$ d'équation $y=\sqrt{2}-1$.

3. f est le produit et la composée de fonctions dérivables sur $\mathbb{R}\setminus\{0\}$, elle est donc dérivable sur $\mathbb{R}\setminus\{0\}$.

$f(x) = u(x)\times v(x)$, où $u(x)=\dfrac{1}{x}$ et $v(x)=\sqrt{2x^2+2}-x$.

$f'(x) = u'(x)\times v(x) + u(x)\times v'(x)$, avec $u'(x)=-\dfrac{1}{x^2}$ et $v'(x)=\dfrac{2x}{\sqrt{2x^2+2}}-1$.

Donc $f'(x)=\dfrac{2}{\sqrt{2x^2+2}}-\dfrac{\sqrt{2x^2+2}}{x^2}$.

x	$-\infty$		0		$+\infty$
$f'(x)$		$-$	||	$-$	
f	$-\sqrt{2}-1$	↘	$-\infty$ || $+\infty$	↘	$\sqrt{2}-1$

Exercice 12

1. $n(x) = -4x^3 + 3x^2 + 2$ est une fonction définie sur $\mathbb{R}$, dont la dérivée est $n'(x) = 6x(1-2x)$.

Pour $x = 0$ et $x = \dfrac{1}{2}$, $n'(x) = 0$, la courbe de n admet alors des tangentes horizontales.

Si $x \in \left]0\,;\dfrac{1}{2}\right[$, $n'(x) > 0$ et n est croissante ; si $x \in \left]-\infty\,;0\right[\cup \left]\dfrac{1}{2}\,;+\infty\right[$, $n'(x) < 0$ et n est décroissante.

2. $f(x) = \dfrac{2x-1}{x^3+1}$, définie pour tout $x \neq -1$, a pour dérivée :

$$f'(x) = \frac{-4x^3+3x^2+2}{\left(x^3+1\right)^2} = \frac{n(x)}{\left(x^3+1\right)^2},$$ qui est du signe de $n(x)$.

À l'aide de la calculatrice : $n(x) = f'(x) = 0$ pour $1{,}13 < x_0 < 1{,}14$.
$x < x_0$, f est croissante car $f'(x) > 0$; et, si $x > x_0$, f est décroissante car $f'(x) < 0$.

x	$-\infty$		-1		0		$\frac{1}{2}$		x_0		$+\infty$
Signe de $n'(x)$		$-$	‖	$-$	0	$+$	0	$-$		$-$	
Signe de $f'(x)$		$+$	‖	$+$		$+$		$+$	0	$-$	
Variations de f	0 ↗		$+\infty$ ‖ $-\infty$	↗	-1	↗	0	↗	$f(x_0)$	↘	0

Exercice 13

1. $g_n(x) = x^n\sqrt{x}$ est définie sur $[0\,;+\infty[$, $\lim\limits_{x\to 0^+} g_n(x) = 0$, d'où g_n est continue en 0.

$$\lim_{x\to 0^+} \frac{g_n(x) - g_n(0)}{x-0} = \lim_{x\to 0^\pm}\left[x^{n-1}\sqrt{x}\right] = 0,$$

d'où g_n est dérivable en 0 si $n - 1 \geqslant 0$, c'est-à-dire si $n \geqslant 1$.

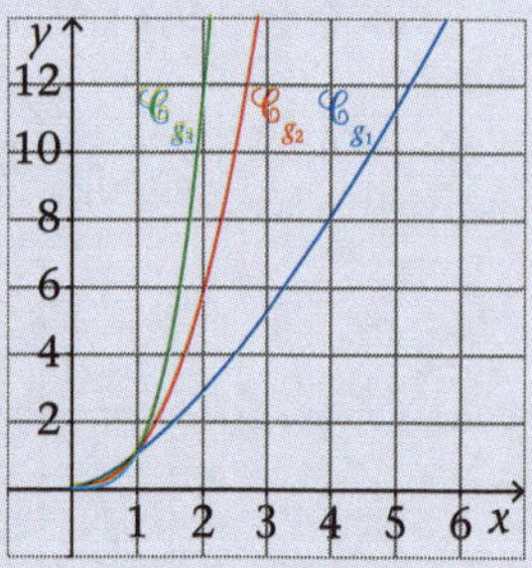

2. a. $g_n'(x) = x^{n-1}\sqrt{x}\left(n + \dfrac{1}{2}\right)$. $g_n'(x) = 0$ équivaut à $x^{n-1}\sqrt{x}\left(n+\dfrac{1}{2}\right) = 0$, ce qui revient à $x^{\frac{2n-1}{2}} = 0$, d'où $\boldsymbol{u_n = 0}$.

b. $g'_n(x) > 0$ pour tout x de $]0\ ;+\infty[$; $g'_n(x) = 0$ pour $x = 0$, dès lors que $n \geqslant 1$.

La courbe représentative de g_n admet une demi-tangente horizontale en $x = 0$; elle est strictement croissante pour tout $x > 0$, avec $\lim\limits_{x\to+\infty} g_n(x) = \lim\limits_{x\to+\infty} x^n\sqrt{x} = +\infty$.

Exercice 14

1 pt **1.** $f(x) = (1-x)\sqrt{1-x^2}$ est définie sur $D_f = [-1\ ;1]$.

f est le produit et la composée de fonctions dérivables sur $]-1\ ;1[$, elle est donc dérivable sur $]-1\ ;1[$.

$$\lim_{x\to-1^+} \frac{f(x)-f(-1)}{x+1} = \lim_{x\to-1^+} (1-x)\sqrt{\frac{1-x}{1+x}} = +\infty$$

et $\lim\limits_{x\to1^-} \dfrac{f(x)-f(-1)}{x-1} = \lim\limits_{x\to1^-}\left(-\sqrt{1-x^2}\right) = 0.$

Donc la courbe représentative de f admet une demi-tangente verticale en – 1 et une demi-tangente horizontale en 1.

f est dérivable à gauche de 1, mais pas à droite de – 1.

2 pts **2.** $f'(x) = \dfrac{2x^2-x-1}{\sqrt{1-x^2}} = \dfrac{(2x+1)(x-1)}{\sqrt{1-x^2}}$.

$f'(x)$ est du signe de son numérateur. $f'(x) \geqslant 0$ pour x dans $\left]-1\ ;\dfrac{-1}{2}\right[$,

f est donc croissante sur $\left]-1\ ;\dfrac{-1}{2}\right[$. $f'(x) \leqslant 0$ pour x dans $\left]\dfrac{-1}{2}\ ;-1\right[$,

f est donc croissante sur $\left]\dfrac{-1}{2}\ ;-1\right[$.

x	– 1		– 0,5		1
$f'(x)$	‖	+	0	–	‖
$f(x)$	0	↗	$f(-0,5)$	↘	0

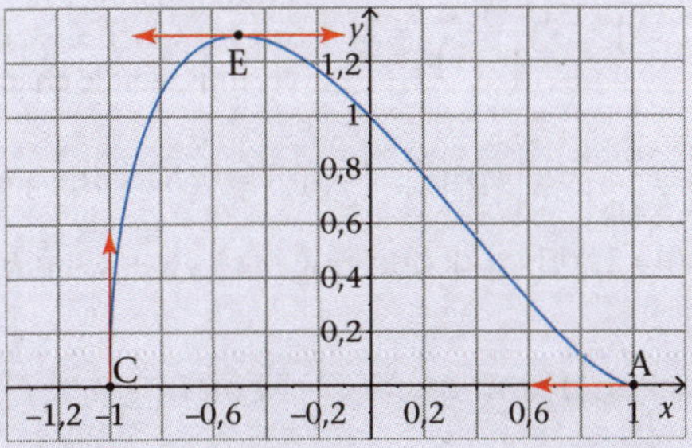

ATTENTION
Le vecteur représentant une demi-tangente est toujours orienté du côté où $f'(x)$ est définie.

0,5 pt **3.** Le point $E\left(-\frac{1}{2};\frac{3\sqrt{3}}{4}\right)$ est le point maximum de la courbe représentative de f ; en effet, $f'(x) = 0$ pour $x = -\frac{1}{2}$

0,5 pt **4.** À l'aide de la calculatrice, on trouve la solution distincte de zéro : $x_2 \approx -0,84$.

Exercice 15

2,5 pts **1.** $f(x) = x^n$ est une fonction polynôme définie et dérivable sur $\mathbb{R}$.
Pour $n = 2$, on a $f(x) = x^2 = x \times x$, d'où $f'(x) = 1 \times x + x \times 1 = 2x$.
Pour $n = 3$, on a $f(x) = x^3 = x^2 \times x$, d'où $f'(x) = 2x \times x + x^2 \times 1 = 3x^2$.
Au rang n, on admet que $f(x) = x^n$ et on suppose vraie $f'(x) = nx^{n-1}$.
Pour $f(x) = x^{n+1} = x^n \times x$, on a $f'(x) = nx^{n-1} \times x + x^n \times 1 = (n+1)x^n$.
P est vraie.

$f = u^n$, avec u dérivable sur $\mathbb{R}$. On cherche par récurrence la dérivée de f.
Pour $n = 2$, on a $f = u^2 = u \times u$, alors $f' = u' \times u + u \times u' = 2u'u$.
De même, pour $n = 3$, on a $f = u^3 = u^2 \times u$,
alors $f' = 2u'u \times u + u^2 \times u' = 3u'u^2$.
Au rang n, on admet que $f(x) = u^n$ et on suppose vraie $f' = nu'u$.
Pour $f = u^{n+1} = u^n \times u$, on a $f' = nu'u^{n-1} \times u + u^n \times u' = (n+1)u'u^n$.
Q est fausse.

2. g est définie sur $]-1\,;1[$ telle que $g(0) = 0$ et $g'(x) = \frac{1}{\sqrt{1-x^2}}$, et h est la fonction composée définie sur $]-\pi\,;0[$ par $h(x) = g[\cos(x)]$.

1,25 pt **a.** $h(x) = (g \circ u)(x)$, où $u(x) = \cos(x)$ a pour dérivée $h'(x) = u'(x) \times g'[u(x)]$, avec $u'(x) = -\sin(x)$:

$$g'[u(x)] = \frac{1}{\sqrt{1-\cos^2(x)}} = \frac{1}{\sqrt{\sin^2(x)}} = \frac{1}{|\sin(x)|} = -\frac{1}{\sin(x)},$$

puisque $\sin(x) < 0$, pour $x \in\,]-\pi\,;0[$;

on obtient $h'(x) = -\sin(x) \times \left[-\frac{1}{\sin(x)}\right] = \mathbf{1}$.

À NOTER
Pour plus de précisions sur les fonctions cosinus et sinus, voir le chapitre 5.

1,25 pt **b.** On a $h\left(-\frac{\pi}{2}\right) = g\left[u\left(-\frac{\pi}{2}\right)\right] = g\left(\cos\left(\frac{\pi}{2}\right)\right) = g(0) = 0$. Sachant que, pour tout x de $]-\pi\,;0[$, $h'(x) = 1$, on en déduit que $h(x) = x + k$, où k est un réel à déterminer.

$h\left(-\frac{\pi}{2}\right) = -\frac{\pi}{2} + k = 0$: on en déduit que $k = \frac{\pi}{2}$, d'où $\boldsymbol{h(x) = x + \frac{\pi}{2}}$.

5 Fonctions sinus et cosinus

1 Le cercle trigonométrique

■ Dans le plan muni d'un repère orthonormé $(O ; \vec{i}, \vec{j})$, on appelle cercle trigonométrique le cercle de centre O et de rayon 1, orienté dans le sens direct (sens inverse des aiguilles d'une montre).

■ À un réel x quelconque on associe le point $M(x)$ situé sur le cercle trigonométrique, tel que $(\vec{i} ; \overrightarrow{OM}) = x$ (en radians).

Les coordonnées de $M(x)$ sont appelées **cosinus** et **sinus** de x et notées $\cos x$ et $\sin x$.

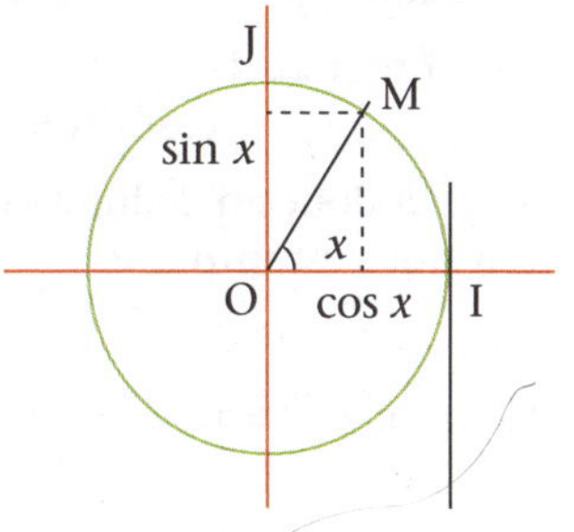

■ La tangente de x (pour $x \neq \frac{\pi}{2} + k\pi$), notée $\tan x$, est le réel défini par :

$$\tan x = \frac{\sin x}{\cos x}.$$

2 Propriétés

■ Pour tout $x \in \mathbb{R}$:

$$\cos^2 x + \sin^2 x = 1.$$

■ Le tableau suivant présente les valeurs remarquables à connaître.

x	0	$\frac{\pi}{6}$	$\frac{\pi}{4}$	$\frac{\pi}{3}$	$\frac{\pi}{2}$	π
sin x	0	$\frac{1}{2}$	$\frac{\sqrt{2}}{2}$	$\frac{\sqrt{3}}{2}$	1	0
cos x	1	$\frac{\sqrt{3}}{2}$	$\frac{\sqrt{2}}{2}$	$\frac{1}{2}$	0	– 1

3 Fonctions circulaires

- Les fonctions **sinus** et **cosinus** sont définies sur $\mathbb{R}$ par :

$$\sin : x \mapsto \sin x \quad \text{et} \quad \cos : x \mapsto \cos x.$$

- Sinus et cosinus sont deux fonctions dérivables sur $\mathbb{R}$ et, pour tout $x \in \mathbb{R}$, on a :

$$\sin'(x) = \cos x \quad \text{et} \quad \cos'(x) = -\sin x.$$

À NOTER

On appelle fonctions circulaires des fonctions qui sont liées au cercle trigonométrique, comme les fonctions sinus et cosinus.

- Pour tout $x \in \mathbb{R}$:

$$\sin(x + 2\pi) = \sin x \quad \text{et} \quad \cos(x + 2\pi) = \cos x.$$

On peut donc en déduire que les fonctions sinus et cosinus sont périodiques de période 2π.

- Pour tout $x \in \mathbb{R}$:

$$\cos(-x) = \cos x \quad \text{et} \quad \sin(-x) = -\sin x.$$

On peut donc en déduire que la fonction cosinus est **paire** et que la fonction sinus est **impaire**.

On se contente donc d'étudier les fonctions sinus et cosinus sur $[0 ; \pi]$.

- Tableau de variations de la fonction sinus :

x	0		$\frac{\pi}{2}$		π
$\cos x$		$+$	0	$-$	
$\sin x$	0	↗	1	↘	0

- Tableau de variations de la fonction cosinus :

x	0		$\frac{\pi}{2}$		π
$-\sin x$	0		$-$		0
$\cos x$	1	↘	0	↘	-1

■ Pour tout $x \in \mathbb{R}$:

$$\sin x = \cos\left(\frac{\pi}{2} - x\right).$$

■ **Réprésentations graphiques des fonctions sinus et cosinus** : la courbe de la fonction sinus est en rouge et celle de la fonction cosinus est en bleu.

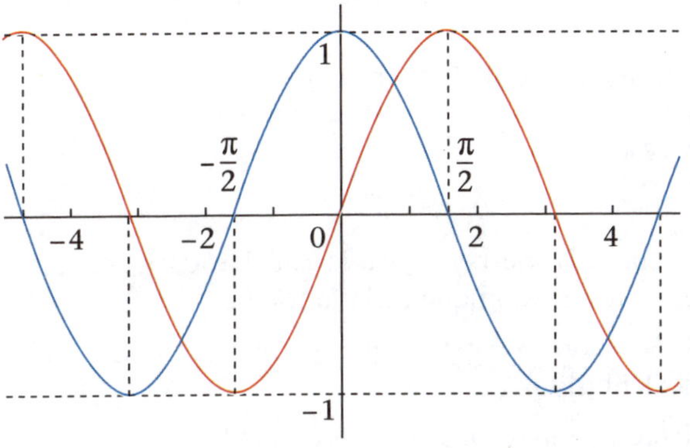

CONSEIL

Même si le tracé de la courbe n'est pas demandé, il est conseillé de le faire à la calculatrice pour visualiser plus aisément les variations dès le début d'un l'exercice.

4 Limites

Les limites suivantes sont utiles à connaître :

$$\lim_{x \to 0} \frac{\sin x}{x} = 1 \text{ et } \lim_{x \to 0} \frac{\cos x - 1}{x} = 0.$$

À NOTER

Ces limites, de formes indéterminées, peuvent être utilisées comme propriétés de cours lors de la résolution d'un exercice.

5 Fonctions composées

■ **Théorème** : Si u est une fonction dérivable sur un intervalle I, alors la fonction $f : x \mapsto u(ax + b)$ est dérivable et sa dérivée est $f'(x) = au'(ax + b)$.

■ Ainsi, si $g(x) = \sin(ax + b)$, alors $g'(x) = a\cos(ax + b)$.

Si $g(x) = \cos(ax + b)$, alors $g'(x) = -a\sin(ax + b)$.

Étudier une fonction circulaire

Énoncé

Soit f la fonction définie sur $[0\ ;\ \pi]$ par $f(x) = \cos x - \cos^2 x$.

1. Étudier les variations de f.

2. Tracer la représentation graphique de f sur $[0\ ;\ \pi]$.

Solution commentée

Savoir-faire

■ On commence par tracer la courbe de f sur la calculatrice pour avoir une vue de la représentation graphique de la fonction.

■ Avant de dériver la fonction, on rappelle que la fonction est dérivable sur son ensemble de définition.

■ Pour étudier facilement le signe de la dérivée, on la factorise. On déduit alors les variations de la fonction f.

■ Pour tracer la représentation graphique de f, on commence par dresser un tableau de valeurs, en s'aidant des valeurs remarquables.

1. La fonction f est la somme de deux fonctions circulaires, elle est donc définie et dérivable sur $[0\ ;\ \pi]$.

Pour tout $x \in [0\ ;\ \pi]$, $f'(x) = -\sin x - (-2\cos x \times \sin x)$.

D'où $f'(x) = -\sin x + 2\cos x \times \sin x$

$f'(x) = \sin x(2\cos x - 1)$.

On recherche les valeurs pour lesquelles la dérivée est nulle.

Pour tout $x \in [0\ ;\ \pi]$:

$$f'(x) = 0 \Leftrightarrow \begin{cases} \sin x = 0 \\ 2\cos x - 1 = 0 \end{cases} \Leftrightarrow \begin{cases} \sin x = 0 \\ \cos x = \dfrac{1}{2} \end{cases}$$

$$f'(x) = 0 \Leftrightarrow \begin{cases} x = 0 \text{ ou } x = \pi \\ x = \dfrac{\pi}{3} \end{cases}$$

CONSEIL
N'hésitez pas à dériver $\cos^2 x$ à part, soit en écrivant cette fonction comme le produit de la fonction cosinus par elle-même ($\cos^2 x = \cos x \times \cos x$), soit en utilisant la dérivée de la fonction u^2 qui est $2u'u$.

Puisque, sur $[0 ; \pi]$, $\sin x \geqslant 0$, alors le signe de la dérivée dépend du signe de $2\cos x - 1$.

Il faut donc résoudre l'équation $2\cos x = 1 \Leftrightarrow \cos x = \frac{1}{2}$.

Sur $[0 ; \pi]$, cette équation a une seule solution qui est $\frac{\pi}{3}$.

Sur $\left[0 ; \frac{\pi}{3}\right]$, $2\cos x - 1 \geqslant 0$ et, sur $\left[\frac{\pi}{3} ; \pi\right]$, $2\cos x - 1 \leqslant 0$.

On peut donc en déduire le signe de la dérivée.
Pour tout $x \in \left[0 ; \frac{\pi}{3}\right]$, $f'(x) \geqslant 0$ et, pour tout $x \in \left[\frac{\pi}{3} ; \pi\right]$, $f'(x) \leqslant 0$.

On en déduit les variations de la fonction f :
pour tout $x \in \left[0 ; \frac{\pi}{3}\right]$, f est croissante et, pour tout $x \in \left[\frac{\pi}{3} ; \pi\right]$, f est décroissante.

On dresse un tableau des variations de la fonction.

x	0		$\frac{\pi}{3}$		π
$f'(x)$	0	$+$	0	$-$	0
f		↗		↘	

CONSEIL
Si aucune unité graphique n'est imposée, on en choisit une qui permet de voir l'ensemble de la fonction clairement sur le domaine proposé.

2.

x	0	$\frac{\pi}{6}$	$\frac{\pi}{4}$	$\frac{\pi}{3}$	$\frac{\pi}{2}$	π
$f(x)$	0	$\frac{\sqrt{3}}{2} - \frac{3}{4} \approx 0,12$	$\frac{-1+\sqrt{2}}{2} \approx 0,21$	$0,25$	0	-2

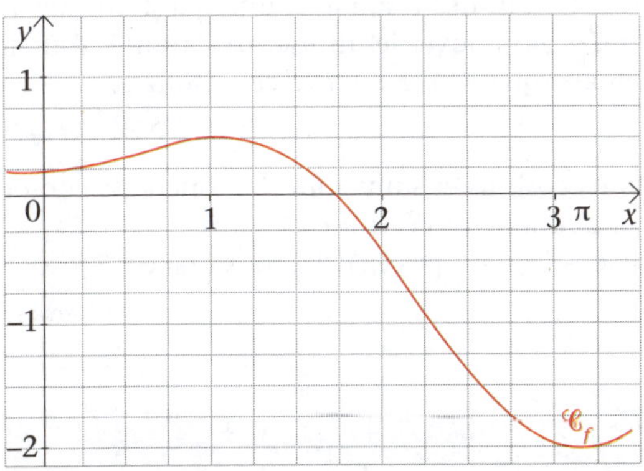

LES ERREURS À NE PAS COMMETTRE

• Avant de dériver une fonction, il ne faut pas oublier de rappeler que la fonction en question est définie et dérivable sur son ensemble de définition.

Exercice 1, p. 106

• N'oubliez pas que les fonctions circulaires obéissent aux mêmes règles de dérivation que les fonctions usuelles (quotient, produit...). Dans le cas de fonctions composées, il ne faut pas oublier d'utiliser la formule des fonctions composées.

Exercice 1, p. 106

• Pour calculer des limites de fonctions trigonométriques, vous ne pouvez pas en général utiliser les limites au voisinage de l'infini, comme pour les fonctions polynômes ou rationnelles. Il faut penser à utiliser le théorème des gendarmes ou de comparaison.

QCM, p. 105

• Il faut se souvenir que votre calculatrice doit être en mode radians avant de tracer les courbes.
De même, ne changez pas l'unité graphique si celle-ci vous est imposée.

Exercice 5, p. 107

• Si vous vous rendez compte que vous avez fait une erreur et que vos variations ne correspondent pas à la fonction étudiée, ne vous entêtez pas. Signalez que vous savez avoir fait une erreur mais que vous n'arrivez pas à la retrouver, et continuez l'exercice avec les bonnes variations.

Exercices 4 à 9, p. 106-108

• Si vous avez besoin des résultats d'une question que vous n'avez pas démontrés, vous pouvez les utiliser par la suite. Toutefois, il vous faut alors signaler que vous admettez ces résultats.

Exercices 4 à 9, p. 106-108

• Les fonctions cosinus et sinus sont des fonctions composées, il ne faut donc pas simplifier les écritures.
Par exemple, $\cos 2x$ n'est pas égal à $2\cos x$ ni à $\cos 2 \times \cos x$.

Exercices 1 et 2, p. 106

10 qcm pour réviser le cours

Corrigés, p. 109

1 **Laquelle (lesquelles) des trois fonctions suivantes est (sont) périodique(s) de période 2π ?**

❑ **a.** $f(x) = \cos^2 x + \sin x$.

❑ **b.** $g(x) = \sin(\omega x + \varphi)$.

❑ **c.** $h(x) = \sin 2x - \cos^2 x$.

2 **Laquelle (lesquelles) des trois fonctions suivantes est (sont) périodique(s) de période $\frac{\pi}{2}$?**

❑ **a.** $f(x) = \sin 4x + \cos 8x$.

❑ **b.** $g(x) = \sin x + \cos 2x$.

❑ **c.** $h(x) = 2 \cos x$.

3 **Parmi les dérivées suivantes, laquelle est celle de $\cos x \sin x$?**

❑ **a.** 1.

❑ **b.** $-\sin x \cos x$.

❑ **c.** $\cos^2 x - \sin^2 x$.

4 **Parmi les dérivées suivantes, laquelle est celle de $\frac{1}{\cos^2 x}$?**

❑ **a.** $\frac{-1}{\cos^4 x}$.

❑ **b.** $\frac{2 \sin x}{\cos^3 x}$.

❑ **c.** $\frac{1}{\cos^3 x}$.

5 **Que vaut $\lim\limits_{x \to \frac{\pi}{4}} \frac{\sin x}{x}$?**

❑ **a.** 0.

❑ **b.** $+\infty$.

❑ **c.** $\frac{2\sqrt{2}}{\pi}$.

6 **Que vaut $\lim\limits_{x \to +\infty} \frac{\sin \frac{\pi}{2}}{x\sqrt{x}}$?**

❑ **a.** 0.

❑ **b.** $+\infty$.

❑ **c.** Cette limite n'existe pas.

7 **Que vaut $\lim\limits_{x \to +\infty} \frac{2 + \cos x}{2 + x}$?**

❑ **a.** 0.

❑ **b.** Cette limite n'existe pas.

❑ **c.** $+\infty$.

8 **Que vaut $\lim\limits_{x \to +\infty} \frac{\sin x + 1}{1 + x}$?**

❑ **a.** Cette limite n'existe pas.

❑ **b.** 0.

❑ **c.** $+\infty$.

9 **Sur $]0 ; \pi[$, la fonction $f(x) = \frac{\cos x}{\sin x}$ est :**

❑ **a.** strictement croissante.

❑ **b.** strictement décroissante.

❑ **c.** ne s'annule pas.

10 **Soit $f(x) = 2x - \frac{\cos x}{\sin x}$ la fonction définie sur $\left]\frac{-\pi}{2} ; \frac{\pi}{2}\right[$.**

La tangente à la courbe représentative de la fonction au point d'abscisse $\frac{-\pi}{4}$ est :

❑ **a.** horizontale.

❑ **b.** verticale.

❑ **c.** oblique.

5. Fonctions sinus et cosinus
ENTRAÎNEMENT

Exercices

Exercice 1 niveau 1

Corrigés, p. 110

Dériver les fonctions suivantes.

1. $f(x) = \sin 3x$

2. $f(x) = \cos^2 x$

3. $f(x) = -3 \sin\left(x + \frac{\pi}{3}\right)$

4. $f(x) = \frac{1}{2} \sin 2x - 2\cos 3x$

5. $f(x) = \frac{\cos x}{3x^2}$

Exercice 2 niveau 1

Corrigés, p. 110

1. Les fonctions sinus et cosinus ont-elles le même nombre dérivé en $\frac{3\pi}{4}$?

2. Déterminer le signe de la fonction $f(x) = 1 - 2 \sin x$ sur $[0 ; 2\pi]$.

3. Soit $f(x) = 2 + \cos\left(x - \frac{\pi}{3}\right)$ la fonction définie sur $\left[0 ; \frac{5\pi}{3}\right]$. Montrer que la courbe représentative de la fonction admet une tangente parallèle à l'axe des abscisses aux points d'abscisses $\frac{\pi}{3}$ et $\frac{4\pi}{3}$.

4. À l'aide du tableau de variations des fonctions sinus et cosinus sur $[0 ; \pi]$, dresser les tableaux de variations des fonctions suivantes.

$$f(x) = 2 \sin x \; ; \; g(x) = -\sin x \; ; \; h(x) = -3 \cos x.$$

Exercice 3 niveau 2

Corrigés, p. 112

On considère les fonctions définies sur $]0 ; +\infty[$ par :

$$f(x) = x^2 + x + \frac{1}{x} \text{ et } g(x) = -2\cos(\pi x) + x^2.$$

1. Déterminer les dérivées des fonctions f et g.

2. Déterminer les équations des tangentes aux courbes représentatives des fonctions f et g au point d'abscisse 1.

3. Que remarquez-vous ?

Exercice 4 niveau 2

Corrigés, p. 112

1. Soit f la fonction définie sur $I = [0 ; +\infty[$ par $f(x) = x - \sin x$.

a. Étudier les variations de f sur $[0 ; +\infty[$. On ne cherchera pas la limite au voisinage de l'infini.

b. En déduire le signe de f sur I puis la comparaison de x et de $\sin x$.

2. Soit g la fonction définie sur I par $g(x) = \cos x - 1 + \frac{x^2}{2}$.

a. Étudier les variations de g sur I, sans chercher les limites.

b. En déduire que, pour tout x de I, $1 - \frac{x^2}{2} \leqslant \cos x \leqslant 1$.

Exercice 5 (niveau 2)

Corrigés, p. 112

Soit $f(x) = x \sin x + \cos x$ la fonction définie sur $[0 ; 2\pi]$.

1. Étudier les variations de f.

2. Déterminer le nombre de solutions de l'équation $f(x) = 0$.
Donner un encadrement de cette (ces) solution(s) à 10^{-2} près.

3. On s'intéresse à la solution la plus petite, montrer qu'elle appartient à $\left]\frac{5\pi}{6} ; \pi\right[$.

4. Construire la courbe représentative de la fonction f.

Exercice 6 (niveau 3)

Corrigés, p. 114

On désigne par f la fonction numérique définie sur $\mathbb{R}$ par :

$$f(x) = 2x - \sin x.$$

On appelle $\mathscr{C}_f$ la courbe représentative de la fonction f dans un repère orthonormé du plan.

1. Calculer la dérivée de f.

2. En déduire le sens de variation de f sur $\mathbb{R}$.

3. Montrer que, pour tout réel x, on a $2x - 1 \leqslant f(x) \leqslant 2x + 1$.
À l'aide de cet encadrement, déduire les limites de f en $-\infty$ et en $+\infty$.

4. Construire $\mathscr{C}_f$ sur $[0 ; \pi]$.

5. Déterminer et tracer les tangentes à $\mathscr{C}_f$ au point O et au point A d'abscisse π.

6. Montrer que l'équation $2x - \sin x = -1$ admet une unique solution α sur $\left[-\frac{\pi}{2} ; 0\right]$.
En déduire le nombre de solutions à cette équation dans $\mathbb{R}$?

Exercice 7 (niveau 3)

Corrigés, p. 116

On veut résoudre sur $\mathbb{R}$, l'équation $\cos x = x^2$.

1. On pose $f(x) = \cos x - x^2$, calculer $f'(x)$ et $f''(x)$.

2. a. Déterminer le signe de $f''(x)$ et en déduire le sens de variation de f'.

b. Calculer $f'(0)$.

c. Déterminer les limites de f'.

d. En déduire le signe de $f'(x)$.

3. En déduire les variations de la fonction f.

4. Montrer que l'équation $f(x) = 0$ a une unique solution sur $\left[0\,;\frac{\pi}{2}\right]$, de même sur $\left[\frac{-\pi}{2}\,;0\right]$.

5. Conclure.

Exercice 8 (50 min, 5 pts)

Corrigés, p. 117

TYPE BAC

Soit la fonction $f : x \mapsto \sin^2 x + \cos x$ définie pour tout réel x et soit $\mathcal{C}_f$ sa courbe représentative dans un repère orthonormé du plan.

1. Démontrer que f est périodique de période 2π.

2. On considère que l'on peut restreindre l'intervalle d'étude de f à $[0\,;\pi]$. Déterminer les variations de f sur $[0\,;\pi]$ et dresser son tableau de variations sur ce même intervalle.

3. Représenter $\mathcal{C}_f$ sur $[0\,;\pi]$, puis compléter la représentation sachant que l'axe des ordonnées est un axe de symétrie de la courbe, enfin utiliser la périodicité de la fonction pour compléter le graphique sur $[-2\pi\,;2\pi]$.

4. Résoudre l'équation (E) : $x^2 - x - 1 = 0$.

5. On admet que l'équation $f(x) = 0$ admet une unique solution α sur $[0\,;\pi]$. Montrer que α est solution de $f(x) = 0$ si, et seulement si, $x = \cos\alpha$ est solution de (E).

6. En déduire la valeur exacte de $\cos\alpha$ et, à l'aide de la calculatrice, donner la valeur approchée de α en radians à 10^{-2} près par défaut.

Exercice 9 (60 min, 6 pts)

Corrigés, p. 118

TYPE BAC

On veut étudier l'existence et le nombre d'extremums de la fonction $f(x) = x^2 - 2\sin x$ sur $\mathbb{R}$.

1. Étude des variations de la fonction $g(x) = x - \cos x$ sur $\mathbb{R}$.

a. Déterminer la limite de cette fonction aux bornes de son ensemble de définition.

b. Déterminer la dérivée de la fonction. En déduire les variations de g.

c. Montrer que l'équation $g(x) = 0$ admet une unique solution sur $\mathbb{R}$.

d. En déduire le signe de $g(x)$.

2. Étude des variations de la fonction f.

a. Calculer la dérivée de la fonction et montrer que le signe de cette dernière dépend du signe de $g(x)$.

b. En déduire les variations de f (sans calculer les limites).

c. Que pouvez-vous en déduire sur l'existence, le nombre, et la nature des extremums pour la fonction f ?

d. On appelle m cet extremum, montrer que $m = \alpha^2 - 2\sqrt{1-\alpha^2}$.

QCM

1 **a.** et **c.** Une fonction est périodique de période T si, pour tout $x \in \mathbb{R}$, $f(x + T) = f(x)$. Les fonctions sinus et cosinus sont telles que :
$\cos(x + 2\pi) = \cos x$ et $\sin(x + 2\pi) = \sin x$.
Donc $f(x + 2\pi) = \cos^2(x + 2\pi) + \sin(x + 2\pi)$
$f(x + 2\pi) = \cos^2 x + \sin x$
$f(x + 2\pi) = f(x)$
On fait de même pour g et h et on remarque que deux fonctions seulement répondent au critère, les fonctions f et h.

2 **a.** Seule la fonction f est périodique de période $\frac{\pi}{2}$, car :

$$\begin{aligned} f\left(x + \frac{\pi}{2}\right) &= \sin(4x + 2\pi) + \cos(8x + 4\pi) \\ &= \sin(4x) + \cos[(8x + 2\pi) + 2\pi)] \\ &= \sin(4x) + \cos(8x + 2\pi) \\ &= \sin(4x) + \cos(8x) \end{aligned}$$

De même :
$g\left(x + \frac{\pi}{2}\right) = \sin\left(x + \frac{\pi}{2}\right) + \cos(2x + \pi)$, ce qui ne convient pas.
$h\left(x + \frac{\pi}{2}\right) = 2\cos\left(x + \frac{\pi}{2}\right)$, ce qui ne convient pas non plus.

3 **c.** Soit $f(x) = \cos x \times \sin x$: cette fonction est de la forme $u \times v$, produit de deux fonctions définies et dérivables sur $\mathbb{R}$, d'où $f'(x) = -\sin x \times \sin x + \cos x \times \cos x = \cos^2 x - \sin^2 x$.

4 **b.** f est une fonction définie et dérivable sur $\mathbb{R}$ et est de la forme $\frac{1}{u}$ avec u définie sur $\mathbb{R} \setminus \left\{\frac{k\pi}{2}, k \in \mathbb{Z} \text{ et impair}\right\}$.

Donc $f'(x) = \dfrac{-2(-\sin x \times \cos x)}{\cos^4 x}$.

Après simplification par $\cos x$, on obtient la réponse **b.**

5 **c.** La fonction est définie sur $\mathbb{R}^*$, donc la limite cherchée est la valeur en $\frac{\pi}{4}$.

D'où $\lim\limits_{x \to \frac{\pi}{4}} \dfrac{\sin x}{x} = f\left(\dfrac{\pi}{4}\right)$.

6 **a.** La fonction est définie sur $]0 ; +\infty[$, on calcule d'une part $\lim\limits_{x \to +\infty} \dfrac{1}{x\sqrt{x}} = 0$ et, d'autre part, $\lim\limits_{x \to +\infty} \sin\left(\dfrac{\pi}{2}\right) = 1$.

Par produit de limites, on trouve bien 0.

7 **a.** On utilise le théorème des gendarmes, $1 \leqslant 2 + \cos x \leqslant 3$; au voisinage de $+\infty$, $2 + x \geqslant 0$. Ce qui nous donne l'encadrement suivant : $\frac{1}{2+x} \leqslant f(x) \leqslant \frac{3}{2+x}$. Les limites à droite et à gauche valent 0, donc, d'après le théorème des gendarmes, la limite de la fonction f au voisinage de $+\infty$ vaut aussi 0.

8 **b.** On suit le même raisonnement que pour la question précédente.

9 **b.** La fonction f est définie et dérivable sur $\mathbb{R} \setminus \left\{\frac{k\pi}{2}, k \in \mathbb{Z} \text{ et impair}\right\}$ et sa dérivée est $f'(x) = \frac{-1}{\sin^2 x}$.

La dérivée est négative, donc la fonction est strictement décroissante ; de plus, $f\left(\frac{\pi}{2}\right) = 0$, donc la fonction s'annule.

10 **c.** On calcule $f'(x) = 2 + \frac{1}{\sin^2 x}$, ce qui donne $f'\left(\frac{-\pi}{4}\right) = 4$. On conclut que la tangente, ayant un coefficient directeur différent de 0, est oblique.

> **CONSEIL**
> Il faut bien connaître l'équation de la tangente à la courbe en $x = a$:
> $y = f'(a)\,(x - a) + f(a)$

Exercice 1

> **ATTENTION**
> On rappelle avant de dériver que la fonction est définie, dérivable sur son ensemble de définition, comme somme, quotient… de fonctions définies et dérivables.

1. $f'(x) = 3 \cos (3x)$.

2. $f'(x) = -2 \sin x \times \cos x$.

3. $f'(x) = -3 \cos \left(x + \frac{\pi}{3}\right)$.

4. $f'(x) = \cos (2x) + 6 \sin (3x)$.

5. Pour tout $x \neq 0$, $f'(x) = \frac{-x \sin x - 2 \cos x}{3x^3}$.

Exercice 2

1. Les fonctions f et g sont définies et dérivables.

D'où $f'(x) = -\sin x$ et $g'(x) = \sin x$

$$f'\left(\frac{3\pi}{4}\right) = -\sin \frac{3\pi}{4} = -\sin \frac{\pi}{4} = -\frac{\sqrt{2}}{2}$$

$$g'\left(\frac{3\pi}{4}\right) = \cos \frac{3\pi}{4} = -\cos \frac{\pi}{4} = -\frac{\sqrt{2}}{2}$$

Les deux fonctions ont bien le même nombre dérivé en $x = \frac{3\pi}{4}$.

2. On cherche les valeurs qui annulent cette fonction : on résout pour cela $1 - 2\sin x = 0 \Leftrightarrow \sin x = \frac{1}{2}$.
Sur l'intervalle $[0\,;\,2\pi]$ cette équation a deux solutions qui sont $x = \frac{\pi}{6}$ ou $x = \frac{5\pi}{6}$.

CONSEIL
Visualiser la courbe permet de vérifier les résultats.

Cela permet de dresser le tableau de signes suivant.

x	0		$\frac{\pi}{6}$		$\frac{5\pi}{6}$		2π
$f(x)$		+	0	–	0	+	

3. La fonction f est définie et dérivable comme somme de fonctions définies et dérivables. La courbe représentative de la fonction admet une tangente parallèle à l'axe des abscisses si le coefficient directeur de la tangente est nul, ce qui signifie que la valeur de la dérivée en ce point vaut 0.

$f'(x) = -\sin\left(x - \frac{\pi}{3}\right)$.

On calcule $f'\left(\frac{\pi}{3}\right) = -\sin(0)$, ce qui d'après le tableau vaut 0 ; de la même façon, on trouve que $f'\left(\frac{4\pi}{3}\right) = 0$.

4.

x	0		π
$\cos x$	1	↘	– 1
h	– 3	↗	3

x	0		$\frac{\pi}{2}$		π
$\sin x$	0	↗	1	↘	0
f	0	↗	2	↘	0
g	0	↘	– 1	↗	0

RAPPEL
Soit u une fonction définie sur I et k un réel. Si k est strictement positif, alors les fonctions f et kf ont le même sens de variation sur I. Si k est strictement négatif, alors les fonctions f et kf ont des sens de variations contraires sur I.

Exercice 3

1. Les fonctions f et g sont définies et dérivables comme sommes de fonctions définies et dérivables.

$\boldsymbol{f'(x) = 2x + 1 - \frac{1}{x^2}}$ et $\boldsymbol{g'(x) = 2\pi \sin(\pi x) + 2x}$.

2. On détermine les équations des deux tangentes au point d'abscisse 1, à l'aide de la formule de l'équation de la tangente : $y = f'(a)(x - a) + f(a)$.

$\boldsymbol{T_A : y = 2x + 1}$ et $\boldsymbol{T_B : y = 2x - 3}$.

3. On remarque que les deux tangentes ont le même coefficient directeur, ce qui signifie que **T_A et T_B sont parallèles.**

Exercice 4

1. a. La fonction f est définie et dérivable sur $[0 ; +\infty[$ comme somme de fonctions définies et dérivables : $f'(x) = 1 - \cos x$.

On étudie le signe de cette dérivée, $f'(x) \geqslant 0 \Leftrightarrow 1 - \cos x \geqslant 0$, ce qui est toujours le cas, donc on peut conclure que $f'(x) \geqslant 0$, ce qui signifie que **la fonction est croissante sur son ensemble de définition**.

b. On calcule $f(0) = 0$, ce qui permet de déduire que, **pour tout $x \in [0 ; + \infty[$, $f(x) \geqslant 0$** ; donc $x - \sin x \geqslant 0 \Leftrightarrow$ **$x \geqslant \sin x$**.

2. a. La fonction g est définie et dérivable sur $[0 ; +\infty[$ comme somme de fonctions définies et dérivables : $g'(x) = -\sin x + x = f(x)$.

Le signe de la dérivée dépend donc du signe de la fonction f. Or cette fonction est positive ou nulle sur I. Ce qui permet de dire que la dérivée de la fonction g est elle aussi positive et donc que **la fonction g est croissante sur I**.

b. On calcule $g(0) = 0$, ce qui permet d'obtenir le signe de la fonction g.

Pour tout $x \in I$, $g(x) \geqslant 0$. Donc $\cos x - 1 + \frac{x^2}{2} \geqslant 0 \Leftrightarrow \cos x \geqslant 1 - \frac{x^2}{2}$.

Or on sait que, pour tout x, $-1 \leqslant \cos x \leqslant 1$, ce qui permet d'en déduire l'inégalité demandée.

Exercice 5

1. La fonction est définie et dérivable sur son ensemble de définition comme somme de fonctions dérivables : $f'(x) = \sin x + x \cos x - \sin x$, ce qui donne, après simplification $f'(x) = x \cos x$.

On étudie le signe de la dérivée.

Tout d'abord, on remarque que, sur son ensemble de définition, x est toujours positif, donc le signe de la dérivée ne dépend que du signe de $\cos x$. Il faut donc chercher sur cet intervalle les différentes valeurs de x qui annulent le cosinus.

$\cos \frac{\pi}{2} = \cos \frac{\pi}{3} = 0.$

On peut donc en déduire le signe de $\cos x$, et dresser le tableau suivant :

CONSEIL
Il faut bien connaître les valeurs remarquables qui sont dans le tableau : vous pouvez dessiner un cercle trigonométrique pour mieux les visualiser.

x	0		$\frac{\pi}{2}$		$\frac{3\pi}{2}$		2π
$f'(x)$	0	$+$	0	$-$	0	$+$	
f	1	↗	$\frac{\pi}{2}$	↘	$-\frac{3\pi}{2}$	↗	1

ATTENTION
N'oubliez pas de calculer les valeurs extrêmes et les mettre ensuite dans le tableau pour que ce dernier soit complet.

2. On remarque que, sur $\left[\frac{\pi}{2} ; \frac{3\pi}{2}\right]$, la fonction est continue et monotone, et qu'elle prend ses valeurs dans $\left[\frac{-3\pi}{2} ; \frac{\pi}{2}\right]$.

On remarque que 0 est une valeur intermédiaire, donc, d'après le théorème des valeurs intermédiaires, l'équation $f(x) = 0$ admet une solution unique.

On fait de même sur $\left[\frac{3\pi}{2} ; 2\pi\right]$. Ainsi sur l'intervalle étudié, **l'équation admet 2 solutions**.

ATTENTION
Vous devez faire attention à l'ordre des bornes.

On détermine un encadrement de ces deux solutions, par balayage à la calculatrice. On montre d'abord que la première solution est dans l'intervalle [2 ; 3], puis on affine les résultats.
D'où $\mathbf{2{,}79 < \alpha < 2{,}80}$ et, de façon analogue pour la seconde solution, $\mathbf{6{,}12 < \beta < 6{,}13}$.

3. La plus petite des deux solutions est donc α.

$$f\left(\frac{5\pi}{6}\right) = \frac{5\pi}{6} \sin \frac{5\pi}{6} + \cos \frac{5\pi}{6} = \frac{5\pi}{6} \sin \frac{\pi}{6} - \cos \frac{\pi}{6}$$

$$= \frac{5\pi}{12} - \frac{\sqrt{3}}{2}$$, ce qui est une valeur positive.

On fait de même avec $f(\pi) = \pi \sin \pi + \cos \pi$ ce qui donne $f(\pi) = -1 < 0$.
Cela prouve que **la plus petite des solutions de l'équation $f(x) = 0$ est telle que $\alpha \in \left]\frac{5\pi}{6} ; \pi\right[$.**

Cela confirme aussi l'encadrement trouvé à la calculatrice pour cette valeur, car $\frac{5\pi}{6} \approx 2{,}62$ et $\pi \approx 3{,}14$.

On remarque que, par balayage, l'encadrement de cette solution est plus fin.

4.

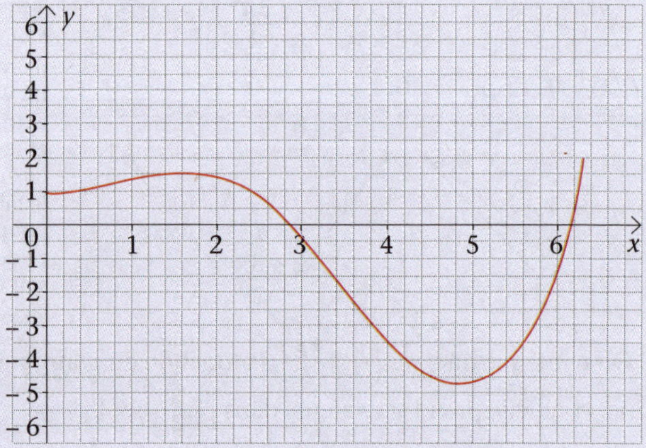

Exercice 6

1. f est une fonction définie et dérivable sur $\mathbb{R}$: $f'(x) = 2 - \cos x$.

2. Sachant que $-1 \leqslant \cos x \leqslant 1$, on peut en déduire, que pour tout $x \in \mathbb{R}$, $f'(x) > 0$, **la fonction est donc croissante.**

3. Par encadrements successifs :

$-1 \leqslant -\sin x \leqslant 1$,

d'où $\mathbf{-1 + 2x \leqslant f(x) \leqslant 1 + 2x}$.

Pour déterminer les limites, on utilise le théorème de comparaison :

$\lim\limits_{x \to +\infty} 2x - 1 = +\infty$,

donc $\lim\limits_{x \to +\infty} (2x - 1) < \lim\limits_{x \to +\infty} f(x)$.

Par comparaison, on en déduit que $\lim\limits_{x \to +\infty} f(x) = +\infty$.

De façon analogue, on montre que $\lim\limits_{x \to -\infty} f(x) = +\infty$.

4.

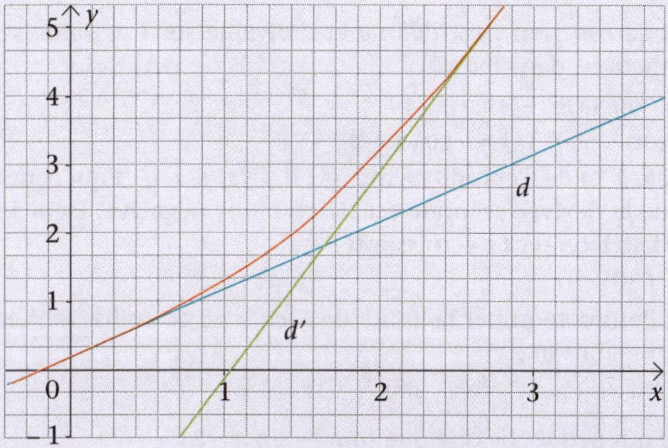

5. En O, une équation de la tangente d est $\boldsymbol{y = x}$.
En A, une équation de la tangente d' est $y = 3(x - \pi) + 2\pi$, donc $\boldsymbol{y = 3x - \pi}$.

6. Pour répondre à cette question, on peut construire le tableau de variations de la fonction.

x	$-\infty$		$\frac{-\pi}{2}$		0		$+\infty$
$f'(x)$			+				
f	$-\infty$	↗	$1-\pi$	↗	0	↗	$+\infty$

On utilise le théorème des valeurs intermédiaires : sur $\left[\frac{-\pi}{2}\,;0\right]$ la fonction est continue, monotone et le calcul des deux images montre que la fonction prend ses valeurs dans l'intervalle $[1 - \pi\,;0]$.

-1 est une valeur intermédiaire, donc on peut conclure que l'équation $f(x) = -1$ admet une unique solution α, sur $\left[\frac{-\pi}{2}\,;0\right]$.

Or il se trouve que, sur $\mathbb{R}$, la fonction est continue et strictement croissante, **l'équation n'a donc qu'une unique solution**.

Exercice 7

1. La fonction f est définie et dérivable sur $\mathbb{R}$ comme somme de fonctions dérivables.

D'où $\boldsymbol{f'(x) = -\sin x - 2x}$;

de même, $\boldsymbol{f''(x) = -\cos x - 2}$.

2. a. À l'aide d'encadrements : $-3 \leqslant f''(x) \leqslant -1$, ce qui permet de dire que **la dérivée seconde est strictement négative.** Donc **la dérivée est strictement décroissante.**

b. $f'(0) = 0$.

c. Pour déterminer la limite de f' en $+\infty$, on utilise le théorème de comparaison :

$-\sin x - 2x \leqslant 1 - 2x, \ \lim\limits_{x \to +\infty} 1 - 2x = -\infty,$

ce qui permet de dire que $\boldsymbol{\lim\limits_{x \to +\infty} -\sin x - 2x = -\infty}$.

De façon analogue on trouve la limite au voisinage de $-\infty$, qui vaut $+\infty$.

d. On dresse le tableau des variations de f' :

x	$-\infty$		0		$+\infty$
$f''(x)$			$-$		
f'	$+\infty$	↘	0	↘	$-\infty$

Ce qui permet de donner le signe de la dérivée, que l'on peut résumer dans un tableau de signes :

x	$-\infty$		0		$+\infty$
$f'(x)$		$+$		$-$	

3. Ce tableau de signes nous permet de connaître les variations de la fonction f :

x	$-\infty$		0		$+\infty$
$f'(x)$		$+$		$-$	
f		↗	1	↘	

4. Pour étudier l'existence des solutions de l'équation, on se place d'abord sur $\left[0\,;\frac{\pi}{2}\right]$ et on calcule l'image de $\frac{\pi}{2}$:

$f\left(\frac{\pi}{2}\right)=\frac{-\pi^2}{4}<0$, or $f(0)=1>0$.

Le théorème des valeurs intermédiaires permet de conclure. En effet sur $\left[0\,;\frac{\pi}{2}\right]$, la fonction est continue, monotone et prend ses valeurs dans $\left[\frac{-\pi^2}{4}\,;1\right]$, 0 est une valeur intermédiaire, donc **l'équation $f(x)=0$ admet une unique solution**.

On fait de même sur $\left[\frac{-\pi}{2}\,;0\right]$ et on montre que **la fonction admet aussi sur cet intervalle une unique solution**.

5. La résolution de l'équation $f(x)=0$ est équivalente à la résolution de l'équation $\cos x = x^2$, ce qui nous permet de conclure que **cette équation admet deux solutions**.

Exercice 8

0,25 pt **1.** La fonction est périodique de période 2π, si, pour tout $x \in \mathbb{R}$, $f(x+2\pi)=f(x)$.
On calcule $f(x+2\pi)=\sin^2(x+2\pi)+\cos(x+2\pi)$.
Les fonctions sinus et cosinus sont périodiques de période 2π, ce qui permet de conclure que $\boldsymbol{f(x+2\pi)=f(x)}$.

1,25 pt **2.** On restreint l'étude à l'intervalle $[0\,;\pi]$: f est une fonction définie et dérivable comme somme de fonctions dérivables.
D'où $f'(x) = 2\cos x \times \sin x - \sin x$
$= \sin x\,(2\cos x - 1)$.
On sait que, sur $[0\,;\pi]$, $\sin x$ est positif ou nul, ce qui permet de dire que le signe de la dérivée ne dépend que du signe de $2\cos x - 1$.

x	0		$\frac{\pi}{3}$		π
$f'(x)$	0	$+$	0	$-$	0
f	1	↗	$\frac{5}{4}$	↘	-1

CONSEIL
Pensez à vérifier la concordance du graphique et de votre tableau.

1 pt **3.**

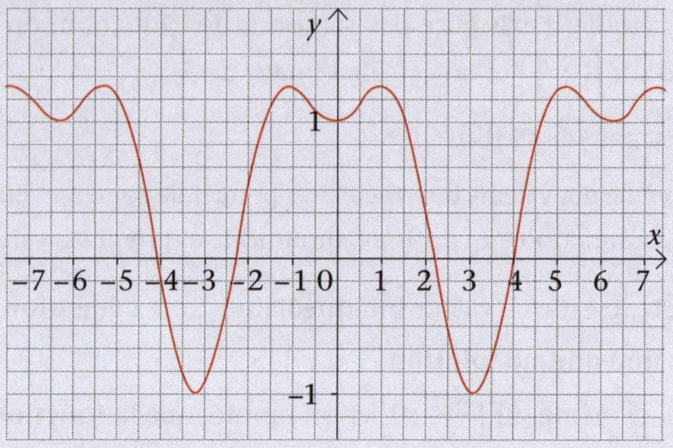

0,5 pt **4.** Pour résoudre l'équation, on calcule le discriminant :
$\Delta = 1 - 4 \times -1 \times 1 = 5$.
Il existe donc deux solutions : $\boldsymbol{x_1 = \frac{1-\sqrt{5}}{2}}$ et $\boldsymbol{x_2 = \frac{1-\sqrt{5}}{2}}$.

1 pt **5.** $f(\alpha) = 0 \Leftrightarrow \sin^2 \alpha + \cos \alpha = 0$
$\Leftrightarrow 1 - \cos^2 \alpha + \cos \alpha = 0$
$\Leftrightarrow \cos^2 \alpha - \cos \alpha - 1 = 0$

Si on pose $X = \cos \alpha$, on a :
$\cos^2 \alpha - \cos \alpha - 1 = 0 \Leftrightarrow X^2 - X - 1 = 0$.

1 pt **6.** À l'aide des questions **4.** et **5.**, on trouve deux valeurs possibles pour cos α, mais seule la première est possible puisque la seconde est plus grande que 1.

D'où $\boldsymbol{\cos \alpha = \frac{1-\sqrt{5}}{2}}$, ce qui signifie que **cos α ≈ – 0,62**, d'où **α ≈ 2,24 radians.**

Exercice 9

1 pt **1. a.** Pour déterminer la limite de la fonction *g*, il faut procéder avec des encadrements pour pouvoir utiliser le théorème de comparaison.

$-\cos x \leqslant 1$

$-\cos x + x \leqslant 1 + x$

$\lim\limits_{x \to -\infty} g(x) \leqslant \lim\limits_{x \to -\infty} (1 + x)$

Or $\lim\limits_{x \to -\infty} (1 + x) = -\infty$

> **À NOTER**
> Dans la première partie vous n'étudiez pas la fonction présentée dans l'introduction, mais ce que l'on appelle une fonction intermédiaire.

Ce qui permet de dire, d'après le théorème de comparaison, que $\lim\limits_{x \to -\infty} g(x) = -\infty$.

De façon analogue, en comparant $x - 1 \leqslant x - \cos x$, on peut conclure que $\lim\limits_{x \to +\infty} g(x) = +\infty$.

0,5 pt **b.** La fonction g est une fonction continue et dérivable sur son domaine de définition, donc $g'(x) = 1 + \sin x$.

Pour déterminer le signe de la dérivée, on procède par encadrement : $-1 \leqslant \sin x \leqslant 1$ et donc $0 \leqslant g'(x) \leqslant 2$.

La dérivée étant positive pour tout x de l'ensemble de définition, on en déduit que **la fonction g est croissante.**

0,5 pt **c.** La fonction g est continue et monotone sur $\mathbb{R}$, elle prend ses valeurs dans $\mathbb{R}$: **l'équation $g'(x) = 0$ admet donc une unique solution notée α.**

CONSEIL
N'hésitez pas à faire un tableau de variations à ce stade : cela permet de visualiser la fonction.

0,5 pt **d.** On dresse le tableau de signes suivant :

x	$-\infty$		α		$+\infty$
$g(x)$		$-$	0	$+$	

1 pt **2. a.** $f'(x) = 2x - 2\cos x = 2(x - \cos x)$, on remarque donc que l'on peut écrire $f'(x) = 2\,g(x)$. **Le signe de la dérivée dépend donc du signe de g**, déterminé à la fin de la question **1.**

ATTENTION
Le signe de g va avoir une importance dans l'étude de la fonction f qui suit, il faut donc bien penser à en tenir compte.

1 pt **b.** On résume le signe de la dérivée et les variations de la fonction dans un tableau :

x	$-\infty$		α		$+\infty$
$f'(x)$		$-$	0	$+$	
f		↘		↗	

0,5 pt **c.** La fonction étant continue, d'abord strictement décroissante puis strictement croissante, **elle admet un minimum, atteint en $x = \alpha$.**

1 pt **d.** On calcule la valeur de ce minimum.

On sait que $g(\alpha) = 0$, ce qui signifie que $\alpha = \cos \alpha$.

De plus, $\cos^2 \alpha + \sin^2 \alpha = 1 \Leftrightarrow \sin \alpha = \sqrt{1 - \cos^2 \alpha} = \sqrt{1 - \alpha^2}$.

Donc $f(\alpha) = m \Leftrightarrow \alpha^2 - 2\sin \alpha = m$

$$\Leftrightarrow \boldsymbol{\alpha^2 - 2\sqrt{1 - \alpha^2} = m}.$$

6 Fonction exponentielle

COURS

1 Une fonction vérifiant $f' = f$ et $f(0) = 1$

■ Il existe une unique fonction f dérivable sur $\mathbb{R}$ telle que $f' = f$ et $f(0) = 1$.

ROC, p. 130

Cette fonction est appelée **fonction exponentielle** et est notée **exp**.

À NOTER
Pour tout réel x,
$\exp'(x) = \exp(x)$;
$\exp(0) = 1$.

■ Pour tout réel x, $\exp(-x) = \dfrac{1}{\exp(x)}$ et $\exp(x) \neq 0$.

■ Pour tout réel x, $\exp(x) > 0$.

2 Nombre e

■ On appelle **e** l'image de 1 par la fonction exp : $\mathbf{e = \exp(1)}$.

■ Une valeur approchée de e à 10^{-3} près est $\mathbf{e \approx 2{,}718}$.

3 Relation fonctionnelle

■ Quels que soient les réels a et b, $\boldsymbol{\exp(a+b) = \exp(a) \times \exp(b)}$.

■ Pour tout x de $\mathbb{R}$, on note $\boldsymbol{\exp(x) = \mathrm{e}^x}$.

■ **Conséquences :**

$$\mathrm{e}^0 = 1 \qquad \mathrm{e}^1 = \mathrm{e}$$

$$\mathrm{e}^{a+b} = \mathrm{e}^a \mathrm{e}^b \qquad \mathrm{e}^{na} = (\mathrm{e}^a)^n,\ n \in \mathbb{Z}$$

$$\mathrm{e}^{-b} = \frac{1}{\mathrm{e}^b} \qquad \mathrm{e}^{a-b} = \frac{\mathrm{e}^a}{\mathrm{e}^b}$$

4 Sens de variation et courbe de la fonction exp

■ Par définition, la fonction exp est dérivable sur $\mathbb{R}$ et a pour dérivée elle-même ; comme elle est strictement positive, exp est strictement croissante sur $\mathbb{R}$.

- Ses limites en l'infini sont :

$$\lim_{x \to +\infty} e^x = +\infty \qquad \text{et} \qquad \lim_{x \to -\infty} e^x = 0.$$

ROC, p. 130

- L'axe des abscisses est asymptote horizontale à la courbe de exp en $-\infty$.

- **Tableau de variation et courbe :**

x	$-\infty$ $\qquad$ $+\infty$
$\exp'(x)$	$+$
$\exp(x)$	0 ↗ $+\infty$

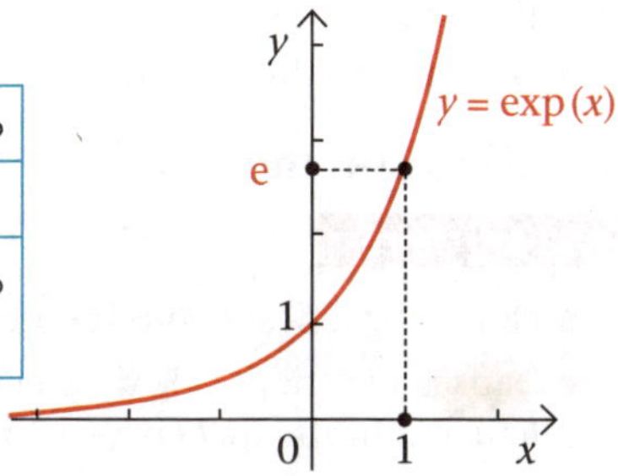

- **Conséquences :**
Pour tout réel m strictement positif, l'équation $e^x = m$ admet une unique solution dans $\mathbb{R}$.

Quels que soient les réels a et b, $e^a = e^b$ équivaut à $a = b$;
$e^a < e^b$ équivaut à $a < b$.

5 D'autres limites

- **Croissance comparée des fonctions $x \mapsto x$ et $x \mapsto e^x$:**

$$\lim_{x \to +\infty} \frac{e^x}{x} = +\infty \qquad \text{et} \qquad \lim_{x \to -\infty} xe^x = 0.$$

- **Comportement au voisinage de 0 :** La fonction exponentielle est dérivable en 0 ; le nombre dérivé $\exp'(0)$ est $e^0 = 1$. Par définition de la limite du taux de variations, on a alors $\lim_{h \to 0} \frac{e^h - 1}{h} = \exp'(0)$.

Propriété : $\lim_{x \to 0} \frac{e^x - 1}{x} = \exp'(0) = 1.$

6 Dérivée de $x \mapsto e^{u(x)}$

- Soit une fonction u définie et dérivable sur un intervalle I.
La fonction f définie sur I par $f(x) = e^{u(x)}$ est dérivable sur I et a pour dérivée :

$$f'(x) = u'(x) \times e^{u(x)}.$$

1 Lever des indéterminations de limites en $+\infty$ ou en $-\infty$

Énoncé

Soit f la fonction définie sur $\mathbb{R}$ par $f(x) = e^x(5 - x)$.

1. Calculer la limite de f en $+\infty$.

2. Calculer la limite de f en $-\infty$.

Solution commentée

Savoir-faire

- La fonction f est le produit de deux fonctions.
- Dans la question **1.**, le théorème sur la limite d'un produit suffit pour calculer la limite de f en $+\infty$.
- Dans la question **2.**, on reconnaît une forme indéterminée. On transforme l'écriture de f pour utiliser le résultat $\lim\limits_{x \to -\infty} xe^x = 0$.

1. La fonction f est le produit des fonctions $x \mapsto e^x$ et $x \mapsto 5 - x$.

$\lim\limits_{x \to +\infty} e^x = +\infty$ et $\lim\limits_{x \to +\infty} (5 - x) = -\infty$; par produit, $\lim\limits_{x \to +\infty} f(x) = -\infty$.

2. $\lim\limits_{x \to -\infty} e^x = 0$ et $\lim\limits_{x \to -\infty} (5 - x) = +\infty$; on ne peut pas conclure.

On développe : $f(x) = 5e^x - xe^x$.

On a $\lim\limits_{x \to -\infty} 5e^x = 0$ et on utilise le résultat $\lim\limits_{x \to -\infty} xe^x = 0$. Par somme, $\lim\limits_{x \to -\infty} f(x) = 0$.

2 Résoudre des équations ou inéquations du type $e^{u(x)} = e^{v(x)}$ ou $e^{u(x)} < e^{v(x)}$

Énoncé

1. Résoudre dans $\mathbb{R}$ l'équation $e^{2x+1} = e^{-0,5x+4}$.

2. Résoudre dans $\mathbb{R}$ l'inéquation $e^{-x+3} < e^{2x+9}$.

Solution commentée

Savoir-faire

- Pour résoudre des équations ou des inéquations du type $e^{u(x)} = e^{v(x)}$ ou $e^{u(x)} < e^{v(x)}$, on utilise la propriété : quels que soient les réels a et b, $e^a = e^b$ équivaut à $a = b$; $e^a < e^b$ équivaut à $a < b$.

MÉTHODE

1. $e^{2x+1} = e^{-0,5x+4}$ équivaut à $2x + 1 = -0,5x + 4$; $2,5x = 3$; $x = \dfrac{3}{2,5}$.

La solution est 1,2.

2. $e^{-x+3} < e^{2x+9}$ équivaut à $-x + 3 < 2x + 9$; $-3x < 6$; $x > -2$.

L'ensemble des solutions est l'intervalle $]-2\,;+\infty[$.

3 Étudier une fonction $f : x \mapsto e^{u(x)}$

▶ Vidéo

Énoncé

Soit u une fonction polynôme du second degré. On donne la courbe $\mathscr{C}$ représentative de la fonction u.

Soit f la fonction définie sur $\mathbb{R}$ par $f(x) = e^{u(x)}$.

Étudier les variations de f.
Déterminer les limites de f en $-\infty$ et en $+\infty$.

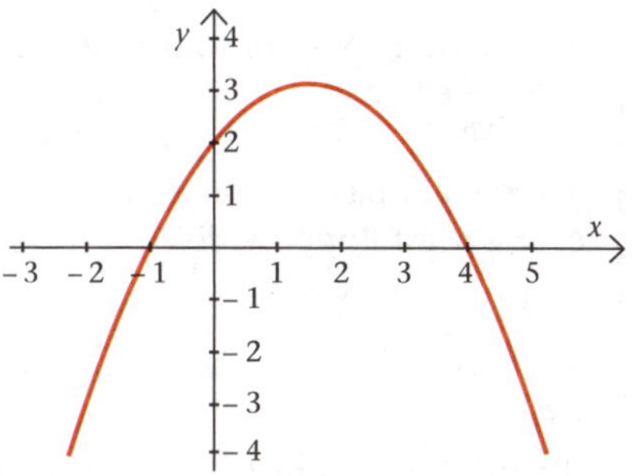

Solution commentée

Savoir-faire

- La fonction f est la composée de la fonction u suivie de la fonction exp.
- On détermine les variations de u d'après le graphique. La fonction exp étant strictement croissante sur $\mathbb{R}$, les fonctions f et u ont le même sens de variation.

La fonction u s'annule pour les valeurs -1 et 4 ; le sommet de la parabole représentant u a donc pour abscisse $\dfrac{-1+4}{2} = 1,5$; on lit $u(1,5) \approx 3$.

La fonction u est croissante sur $]-\infty\,;1,5]$ et décroissante sur $[1,5\,;+\infty[$.

Donc la fonction f est croissante sur $]-\infty\,;1,5]$ et décroissante sur $[1,5\,;+\infty[$.

La fonction u a pour limite $-\infty$ en $-\infty$ et en $+\infty$.

Comme $\lim\limits_{x \to -\infty} e^x = 0$, on a $\lim\limits_{x \to -\infty} f(x) = \lim\limits_{x \to +\infty} f(x) = 0$.

LES ERREURS À NE PAS COMMETTRE

• La fonction exp est définie pour tout réel x et est strictement positive, il est donc faux de dire que e^{-2} n'existe pas ou que ce nombre est négatif.

• Une valeur approchée de e^{-2} donnée par une calculatrice est 0,135. On considère l'équation $e^x = -1$; il est impossible de trouver des solutions dans $\mathbb{R}$.

Exercice 5, p. 126

• Il ne faut pas confondre e^{2x} et $2e^x$; en effet : $e^{2x} = (e^x)^2 = e^x \times e^x$ et $2e^x = e^x + e^x$.

Exercices 3 et 5, p. 126

• Il ne faut pas confondre e^{-x} et $-e^x$; en effet $e^{-x} = \dfrac{1}{e^x}$ est l'inverse de e^x et $-e^x$ est l'opposé de e^x.

Exercices 4 et 12, p. 126 et 128

• On considère l'équation $e^{2x} + e^x = e^4$; on n'a pas le droit d'écrire $2x + x = 4$.

Il faut utiliser dans le bon sens la relation fonctionnelle $e^{a+b} = e^a e^b$.

En revanche, l'égalité $e^{2x} \times e^3 = e^{2x+3}$ est vraie pour tout réel x.

Exercices 3 et 5, p. 126

• Soit la fonction f définie par $f(x) = e^{x^2}$; la dérivée de f n'est pas la fonction $x \mapsto e^{2x}$, mais la fonction $x \mapsto 2xe^{x^2}$.

Exercice 12, p. 128

• Dans l'étude d'une fonction, il faut justifier le signe de la dérivée avant de dresser le tableau de variations.

Exercices 7 et 11, p. 127

• Si une fonction f est la composée d'une fonction u suivie de la fonction exponentielle, c'est-à-dire que $f(x) = e^{u(x)}$, alors la fonction f est dérivable sur l'ensemble de dérivabilité de u et a pour dérivée $f'(x) = u'(x) \times e^{u(x)}$.

On voit que le signe de f' est celui de u' ; ce qui montre que les fonctions u et f ont le même sens de variation.

Exercices 12 et 13, p. 128

10 qcm pour réviser le cours

Corrigés, p. 131

1 La dérivée de la fonction exp est :

- ❑ **a.** $x \mapsto x$.
- ❑ **b.** $x \mapsto e^x$.
- ❑ **c.** $x \mapsto e^{x-1}$.

2 Pour tout réel x, e^{2x+1} peut s'écrire :

- ❑ **a.** $e \times e^x \times e^x$.
- ❑ **b.** $e + e^x + e^x$.
- ❑ **c.** $e + e^x \times e^x$.

3 Soit f la fonction définie sur $\mathbb{R}$ par :

$$f(x) = e^x - x + 7.$$

La limite de f en $+\infty$ est :

- ❑ **a.** $+\infty$.
- ❑ **b.** 0.
- ❑ **c.** 7.

4 Soit f la fonction définie sur $\mathbb{R}$ par :

$$f(x) = \frac{e^x - 1}{e^x + 1}.$$

La limite de f en $-\infty$ est :

- ❑ **a.** -1.
- ❑ **b.** 0.
- ❑ **c.** 1.

5 On considère l'équation :

$$(e^x + 2)(e^x - 2) = 0.$$

Cette équation :

- ❑ **a.** n'admet aucune solution dans $\mathbb{R}$.
- ❑ **b.** admet une solution dans $\mathbb{R}$.
- ❑ **c.** admet deux solutions dans $\mathbb{R}$.

6 Soit la fonction définie par :

$$x \mapsto (x^2 - 3)e^x.$$

La dérivée de cette fonction est :

- ❑ **a.** $x \mapsto 2xe^x$.
- ❑ **b.** $x \mapsto (x^2 + 2x - 3)e^x$.
- ❑ **c.** $x \mapsto (-x^2 + 2x + 3)e^x$.

7 L'équation réduite de la tangente à la courbe de la fonction exp au point d'abscisse 1 est :

- ❑ **a.** $y = ex$.
- ❑ **b.** $y = x$.
- ❑ **c.** $y = ex - 1$.

8 L'ensemble des solutions de l'inéquation $e^{-4x+2} \geqslant 1$ est :

- ❑ **a.** $[0 ; +\infty[$.
- ❑ **b.** $[0,5 ; +\infty[$.
- ❑ **c.** $]-\infty ; 0,5]$.

9 Soient u et f les fonctions définies sur $\mathbb{R}$ par :

$$u(x) = -0,5x + 3 \text{ et } f(x) = e^{u(x)}.$$

- ❑ **a.** f est croissante sur $\mathbb{R}$.
- ❑ **b.** $\lim\limits_{x \to +\infty} f(x) = 0$.
- ❑ **c.** $\lim\limits_{x \to +\infty} f(x) = e^3$.

10 Soit la fonction définie par :

$$x \mapsto e^{x^2 + x}.$$

La dérivée de cette fonction est :

- ❑ **a.** $x \mapsto (2x + 1)e^{x^2 + x}$.
- ❑ **b.** $x \mapsto e^{2x+1}$.
- ❑ **c.** $x \mapsto e^{x^2 + x}$.

Exercices

Exercice 1 (niveau 1)

Corrigés, p. 131

Calculer les dérivées des fonctions suivantes.

1. f définie sur $\mathbb{R}$ par $f(x) = xe^x$.

2. g définie sur $\mathbb{R}$ par $g(x) = \dfrac{x-1}{e^x}$.

3. h définie sur $\mathbb{R}$ par $h(x) = (e^x + x)^2$.

Exercice 2 (niveau 1)

Corrigés, p. 132

Déterminer les limites en $-\infty$ et en $+\infty$ des fonctions suivantes.

1. f définie sur $\mathbb{R}$ par $f(x) = e^x - 3x - 1$.

2. g définie sur $\mathbb{R}$ par $g(x) = e^x(x+2)$.

3. h définie sur $\mathbb{R}$ par $h(x) = e^x + x^2 - 4x + 4$.

Exercice 3 (niveau 1)

Corrigés, p. 132

Simplifier les écritures.

1. $\dfrac{e^2 \times e^5}{e \times e^6}$. **2.** $\dfrac{e^{2x} \times e^{-1}}{e^{x+2}}$. **3.** $\dfrac{(e^x)^3 \times e^x}{e^{-x}}$.

Exercice 4 (niveau 1)

Corrigés, p. 132

Démontrer que, pour tout réel x :

$$\frac{e^x}{e^x + 2} = \frac{1}{1 + 2e^{-x}}.$$

Exercice 5 (niveau 1)

Corrigés, p. 133

Résoudre dans $\mathbb{R}$ les équations suivantes.

1. $e^{3x} = e^{x-9}$. **2.** $e^x + 1 = 0$. **3.** $e^{2x} + 2e^x - 3 = 0$.

Exercice 6 (niveau 1)

Corrigés, p. 133

Résoudre dans $\mathbb{R}$ les inéquations suivantes.

1. $e^x < 1$. **2.** $e^x \times (e^x - e) < 0$. **3.** $(x-5)(e^x + 1) \geqslant 0$.

Exercice 7 niveau 1

Corrigés, p. 134

Soit f la fonction définie sur $\mathbb{R}$ par :

$$f(x) = 2x - 1 - 2e^x.$$

1. a. Déterminer les limites de f en $-\infty$ et en $+\infty$.

b. Démontrer que la droite d'équation $y = 2x - 1$ est asymptote à la courbe $\mathscr{C}$ représentant f en $-\infty$.

2. Calculer la dérivée de f et dresser le tableau de variations de f.

Exercice 8 niveau 2

Corrigés, p. 134

Calculer les dérivées des fonctions suivantes.

1. f définie sur $\mathbb{R}$ par $f(x) = (x^2 - 5x - 1)e^x$.

2. g définie sur $\mathbb{R}$ par $g(x) = \dfrac{e^x - 1}{x^2 + 3}$.

3. h définie sur $\mathbb{R}$ par $h(x) = (e^x + 5)^3$.

Exercice 9 niveau 2

Corrigés, p. 135

Déterminer les limites en $-\infty$ et en $+\infty$ des fonctions suivantes.

1. f définie sur $\mathbb{R}$ par $f(x) = \dfrac{e^x - x}{e^x + 1}$.

2. g définie sur $\mathbb{R}$ par $g(x) = e^{-x}(x - 1)$.

3. h définie sur $\mathbb{R}$ par $h(x) = xe^x - x^2 + x + 1$.

Exercice 10 niveau 2

Corrigés, p. 136

Soit f la fonction définie par $f(x) = \dfrac{x}{e^x - 1}$ et $\mathscr{C}$ sa courbe représentative dans un repère du plan.

1. Quel est l'ensemble de définition de f ?

2. Déterminer les limites de f en 0, $-\infty$ et en $+\infty$.

3. Donner les asymptotes à la courbe $\mathscr{C}$.

Exercice 11 niveau 2

Corrigés, p. 137

Soit f la fonction définie sur $\mathbb{R}$ par :

$$f(x) = e^x\left(1 - \frac{x^2}{2}\right).$$

1. Déterminer les limites de f en $-\infty$ et en $+\infty$.

2. Calculer la dérivée de f et dresser le tableau de variations de f.

Exercice 12 (niveau 2)

Corrigés, p. 138

Soit f la fonction définie sur $\mathbb{R}$ par $f(x) = e^{-x^2}$ et $\mathscr{C}$ sa courbe représentative.

1. Déterminer les limites de f en $-\infty$ et en $+\infty$.

2. Calculer la dérivée de f et dresser le tableau de variations de f.

3. Construire la courbe $\mathscr{C}$ dans un repère du plan.

Exercice 13 (niveau 3)

Corrigés, p. 139

Soit f la fonction définie sur $]0\,;+\infty[$ par $f(x) = e^{\frac{1}{x}}$ et $\mathscr{C}$ sa courbe représentative.

1. Déterminer les limites de f en 0 et en $+\infty$.

2. Calculer la dérivée de f et dresser le tableau de variations de f.

Exercice 14 (niveau 3)

Corrigés, p. 139

Soit f la fonction définie sur $\mathbb{R}$ par $f(x) = (ax + b)e^{-0,5x+1}$ et $\mathscr{C}$ sa courbe représentative.

On cherche à déterminer les réels a et b sachant que la courbe $\mathscr{C}$ passe par le point A(2 ; 3) et que la tangente à $\mathscr{C}$ au point d'abscisse -2 est parallèle à l'axe des abscisses.

1. Déterminer les réels a et b.

2. Étudier les variations de f sur $\mathbb{R}$.

Exercice 15 (niveau 3)

Corrigés, p. 140

Soit f la fonction définie sur $\mathbb{R}$ par :

$$f(x) = e^{x} + 2e^{-x} + x.$$

1. Étudier les variations de f sur $\mathbb{R}$.

2. Déterminer les limites de f en $-\infty$ et en $+\infty$.

3. Dresser le tableau de variations de f.

Exercice 16 (niveau 3)

Corrigés, p. 141

On injecte dans le sang, par piqûre intraveineuse, une dose de 1,8 unité d'une substance médicamenteuse. On suppose que la substance se répartit instantanément dans le sang et qu'elle est ensuite progressivement éliminée. On note $Q(t)$ la quantité de substance présente dans le sang à l'instant t, exprimée en heures. On montre que $Q(t) = 1{,}8e^{-\lambda t}$.

1. a. Sachant qu'au bout d'une heure la quantité de substance présente dans le sang a diminué de 30 %, en déduire une équation vérifiée par λ.

b. En utilisant la fonction $x \mapsto e^{-x}$, montrer qu'il existe un réel λ unique tel que $e^{-\lambda} = 0{,}7$. Donner une valeur décimale approchée de λ à 10^{-4} près.
2. Étudier le sens de variation de la fonction Q sur $[0\,;+\infty[$.
Déterminer sa limite en $+\infty$ et tracer sa courbe représentative.

Exercice 17 (50 min, 4 pts)

Corrigés, p. 141

TYPE BAC

Soit f la fonction définie sur $\mathbb{R}$ par $f(x) = x + 1 - \dfrac{4e^x}{e^x + 1}$ et $\mathscr{C}$ sa courbe représentative.

1. a. Déterminer la limite de f en $-\infty$.

b. Démontrer que la droite $\mathscr{D}$ d'équation $y = x + 1$ est asymptote à la courbe $\mathscr{C}$ en $-\infty$.

c. Étudier la position de $\mathscr{C}$ par rapport à $\mathscr{D}$.

2. a. Déterminer la limite de f en $+\infty$.

b. Démontrer que la droite $\mathscr{D}'$ d'équation $y = x - 3$ est asymptote à la courbe $\mathscr{C}$ en $+\infty$.

c. Étudier la position de $\mathscr{C}$ par rapport à $\mathscr{D}'$.

3. a. Calculer $f'(x)$ et montrer que, pour tout réel x, $f'(x) = \left(\dfrac{e^x - 1}{e^x + 1}\right)^2$.

b. Étudier les variations de f et dresser le tableau de variation de f.

4. Tracer la courbe et ses asymptotes.

Exercice 18 (35 min, 3 pts)

Corrigés, p. 143

TYPE BAC

On considère la famille de fonctions f_n définie sur $\mathbb{R}$ par $f_n(x) = (n - x)e^x$, où n est un nombre entier naturel quelconque.

On appelle $\mathscr{C}_n$ la courbe représentative de la fonction f_n dans un repère.

1. Déterminer les limites de f_n en $-\infty$ et en $+\infty$.

2. Calculer la dérivée de f_n et dresser son tableau de variations.

3. On trace dans un même repère les courbes $\mathscr{C}_1$, $\mathscr{C}_2$, $\mathscr{C}_3$.

On appelle A_n le point de la courbe $\mathscr{C}_n$ ayant pour ordonnée le maximum de la fonction f_n.

Déterminer l'équation d'une courbe à laquelle appartiennent les points A_1, A_2, A_3, ainsi que tous les points A_n.

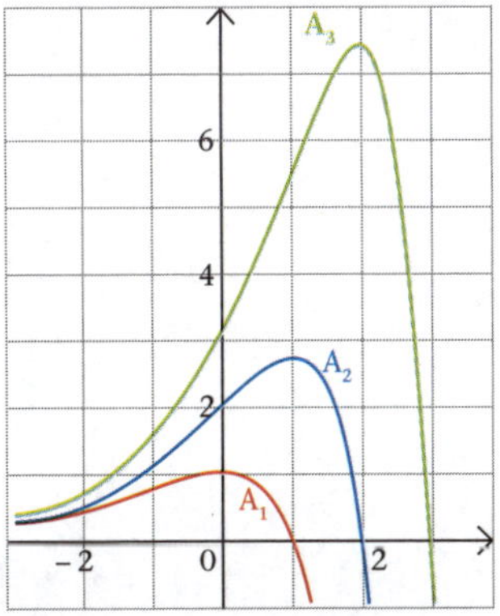

Exercice 19 10 min, 1 pt

Corrigés, p. 144

TYPE BAC

ROC On admet l'existence d'une fonction f dérivable sur $\mathbb{R}$ telle que :

$$f' = f \text{ et } f(0) = 1.$$

L'objectif de cet exercice est de démontrer l'unicité d'une telle fonction que l'on appelle fonction exp.

1. Démontrer que, pour tout réel x :

$$f(x) \times f(-x) = 1.$$

En déduire que cette fonction f ne s'annule pas sur $\mathbb{R}$.

2. Démontrer l'unicité de cette fonction f.

Exercice 20 10 min, 1 pt

Corrigés, p. 144

TYPE BAC

ROC On cherche à démontrer que $\lim\limits_{x \to +\infty} e^x = +\infty$ et $\lim\limits_{x \to -\infty} e^x = 0$.

1. Soit h la fonction définie sur $\mathbb{R}$ par :

$$h(x) = e^x - x.$$

a. Étudier les variations de h.

b. En déduire que, pour tout réel x, $e^x > x$.

c. À l'aide d'un théorème de comparaison, conclure sur la limite de exp en $+\infty$.

2. On rappelle la propriété algébrique suivante :

$$e^{-x} = \frac{1}{e^x}.$$

À l'aide du théorème sur la limite d'une fonction composée, déterminer la limite de exp en $-\infty$.

ENTRAÎNEMENT

QCM

1 **b.** Par définition, la fonction exp est l'unique fonction *f* telle que $f' = f$.

2 **a.** $e^{2x+1} = e^{2x} \times e^1 = (e^x)^2 \times e = e \times e^x \times e^x$.

3 **a.** $f(x) = x\left(\frac{e^x}{x} - 1 + \frac{7}{x}\right)$; on utilise $\lim\limits_{x \to +\infty} \frac{e^x}{x} = +\infty$.

4 **a.** $\lim\limits_{x \to -\infty} e^x = 0$; lorsque x tend vers $-\infty$, le numérateur tend vers -1 et le dénominateur tend vers 1.

5 **b.** Pour tout réel x, $e^x > 0$, donc le premier facteur ne s'annule jamais ; la courbe de la fonction exp rencontre une fois la droite d'équation $y = 2$, donc l'équation $e^x = 2$ a une solution.

6 **b.** On applique la formule $(uv)' = u'v + uv'$; $u : x \mapsto x^2 - 3$ a pour dérivée $u' : x \mapsto 2x$; $v : x \mapsto e^x$ a pour dérivée $v' : x \mapsto e^x$.

7 **a.** $\exp(1) = e$ et $\exp'(1) = e$; équation de la tangente : $y = e(x - 1) + e$.

8 **c.** $e^0 = 1$; $e^{-4x+2} \geqslant e^0$ équivaut à $-4x + 2 \geqslant 0$; $2 \geqslant 4x$; $0{,}5 \geqslant x$.

9 **b.** Les fonctions u et f ont le même sens de variation, la fonction affine u est décroissante, on élimine donc la réponse **a.** ;
$\lim\limits_{x \to +\infty} u(x) = -\infty$ et $\lim\limits_{x \to -\infty} e^x = 0$, donc $\lim\limits_{x \to +\infty} f(x) = 0$.

10 **a.** $f(x) = e^{u(x)}$ a pour dérivée $f'(x) = u'(x) \times e^{u(x)}$. On pose $u(x) = x^2 + x$.

Exercice 1

1. $f(x) = xe^x$; la fonction f est un produit de fonctions dérivables sur $\mathbb{R}$, donc f est dérivable sur $\mathbb{R}$. On utilise la formule $(uv)' = u'v + uv'$.
On pose $u(x) = x$ et $v(x) = e^x$; d'où $u'(x) = 1$ et $v'(x) = e^x$.
$f'(x) = 1 \times e^x + x \times e^x$, donc $\boldsymbol{f'(x) = (1 + x)e^x}$.

2. $g(x) = \frac{x - 1}{e^x}$; la fonction g est un quotient de fonctions dérivables sur $\mathbb{R}$ et le dénominateur ne s'annule jamais, donc g est dérivable sur $\mathbb{R}$.
On utilise la formule $\left(\frac{u}{v}\right)' = \frac{u'v - uv'}{v^2}$.
On pose $u(x) = x - 1$ et $v(x) = e^x$; d'où $u'(x) = 1$ et $v'(x) = e^x$.

$$g'(x) = \frac{1 \times e^x - (x - 1) \times e^x}{(e^x)^2}, \text{ donc } \boldsymbol{g'(x) = \frac{(2 - x)e^x}{e^{2x}}}.$$

À NOTER
$(e^x)^2 = e^{2x}$

3. $h(x) = (e^x + x)^2$; la fonction h est le carré d'une fonction u dérivable sur $\mathbb{R}$, donc f est dérivable sur $\mathbb{R}$. On utilise la formule $(u^2)' = 2uu'$.
On pose $u(x) = e^x + x$; d'où $u'(x) = e^x + 1$.
$\boldsymbol{h'(x) = 2(e^x + x)(e^x + 1)}$.

Exercice 2

1. $f(x) = e^x - 3x - 1$; $\lim_{x \to -\infty} e^x = 0$ et $\lim_{x \to -\infty} (-3x - 1) = +\infty$, donc, par somme, $\mathbf{\lim_{x \to -\infty} f(x) = +\infty}$.

$\lim_{x \to +\infty} e^x = +\infty$ et $\lim_{x \to +\infty} (-3x - 1) = -\infty$: on ne peut pas conclure directement.
On transforme l'écriture de f en mettant x en facteur : $f(x) = x\left(\frac{e^x}{x} - 3 - \frac{1}{x}\right)$.
$\lim_{x \to +\infty} \frac{e^x}{x} = +\infty$ et $\lim_{x \to +\infty} \frac{1}{x} = 0$, donc $\lim_{x \to +\infty}\left(\frac{e^x}{x} - 3 - \frac{1}{x}\right) = +\infty$,

comme $\lim_{x \to +\infty} x = +\infty$, par produit de limites, on obtient $\mathbf{\lim_{x \to +\infty} f(x) = +\infty}$.

2. $g(x) = e^x(x + 2)$; $\lim_{x \to -\infty} e^x = 0$ et $\lim_{x \to -\infty} (x + 2) = +\infty$: on ne peut pas conclure directement.
On développe : $g(x) = xe^x + 2e^x$.
Comme $\lim_{x \to -\infty} xe^x = 0$ et $\lim_{x \to -\infty} 2e^x = 0$, par somme, $\mathbf{\lim_{x \to -\infty} g(x) = 0}$.

$\lim_{x \to +\infty} e^x = +\infty$ et $\lim_{x \to +\infty} (x + 2) = +\infty$, donc, par produit, $\mathbf{\lim_{x \to +\infty} g(x) = +\infty}$.

3. $h(x) = e^x + x^2 - 4x + 4$;
$\lim_{x \to -\infty} e^x = 0$ et $\lim_{x \to -\infty} (x^2 - 4x + 4) = \lim_{x \to -\infty} x^2 = +\infty$, donc, par somme, $\mathbf{\lim_{x \to -\infty} h(x) = +\infty}$.

$\lim_{x \to +\infty} e^x = +\infty$ et $\lim_{x \to +\infty} (x^2 - 4x + 4) = \lim_{x \to +\infty} x^2 = +\infty$, donc $\mathbf{\lim_{x \to +\infty} h(x) = +\infty}$.

Exercice 3

1. $\frac{e^2 \times e^5}{e \times e^6} = \frac{e^{2+5}}{e^{1+6}} = \frac{e^7}{e^7} = e^{7-7} = e^0 = \mathbf{1}$.

2. $\frac{e^{2x} \times e^{-1}}{e^{x+2}} = \frac{e^{2x-1}}{e^{x+2}} = e^{2x-1-x-2} = \mathbf{e^{x-3}}$.

3. $\frac{(e^x)^3 + e^x}{e^{-x}} = (e^{3x} + e^x) \times e^x = e^{4x} + e^{2x}$,
ou encore, en factorisant, $\mathbf{e^{2x}(e^{2x} + 1)}$.

À NOTER
On utilise les propriétés algébriques de exp.

Exercice 4

On peut partir du second membre, en multipliant le numérateur et le dénominateur par e^x :
pour tout réel x, $\frac{1}{1 + 2e^{-x}} = \frac{1 \times e^x}{(1 + 2e^{-x}) \times e^x} = \frac{e^x}{e^x + 2e^{-x}e^x} = \frac{e^x}{e^x + 2}$.

RAPPEL
$e^x \neq 0$ pour tout x.

Exercice 5

1. $e^{3x} = e^{x-9}$ équivaut à $3x = x - 9$; $2x = -9$, d'où $x = -4{,}5$.

La solution de l'équation est – 4,5.

2. Pour tout réel x, $e^x > 0$, donc **l'équation $e^x + 1 = 0$ n'a pas de solution dans $\mathbb{R}$.**

3. Pour résoudre l'équation $e^{2x} + 2e^x - 3 = 0$, on pose $X = e^x$ et on commence par résoudre l'équation d'inconnue X : $X^2 + 2X - 3 = 0$.

Cette équation du second degré a pour discriminant : $\Delta = 16$; comme $\Delta > 0$, cette équation a deux solutions :

$X_1 = \frac{-2-4}{2} = -3$ et $X_2 = \frac{-2+4}{2} = 1$.

On résout ensuite les équations et $e^x = -3$ et $e^x = 1$.

Pour tout réel x, $e^x > 0$, donc l'équation $e^x = -3$ n'a pas de solution dans $\mathbb{R}$.

$e^x = 1$ équivaut à $x = 0$.

Donc l'équation $e^{2x} + 2e^x - 3 = 0$ a une seule solution : 0.

Exercice 6

1. $e^x < 1$ équivaut à $e^x < e^0$.

Comme la fonction exp est strictement croissante, $e^x < e^0$ équivaut à $x < 0$.

Donc **l'ensemble des solutions de l'inéquation est l'intervalle $]-\infty\,;0[$.**

2. $e^x \times (e^x - e) < 0$; pour tout réel x, $e^x > 0$, donc $e^x(e^x - e) < 0$ équivaut à $e^x - e < 0$.

RAPPEL
$e^1 = e$.

$e^x < e$ équivaut à $x < 1$.

Donc l'ensemble des solutions de l'inéquation est l'intervalle $]-\infty\,;1[$.

3. Pour résoudre l'inéquation, on dresse un tableau de signes :

x	$-\infty$		0		5		$+\infty$
$x - 5$		–		–	0	+	
$e^x - 1$		–	0	+		+	
$f(x)$		+	0	–	0	+	

On en déduit que **l'ensemble des solutions de l'inéquation est $]-\infty\,;0] \cup [5\,;+\infty[$.**

Exercice 7

1. a. $f(x) = 2x - 1 - 2e^x$; $\lim_{x \to -\infty} e^x = 0$ et $\lim_{x \to -\infty} (2x - 1) = -\infty$, donc, par somme, $\mathbf{\lim_{x \to -\infty} f(x) = -\infty}$.

Pour chercher la limite en $+\infty$, on transforme l'écriture :

$f(x) = 2x\left(1 - \frac{1}{2x} - \frac{e^x}{x}\right)$.

$\lim_{x \to +\infty} \frac{e^x}{x} = +\infty$ et $\lim_{x \to +\infty} \frac{1}{2x} = 0$, donc $\lim_{x \to +\infty} \left(1 - \frac{1}{2x} - \frac{e^x}{x}\right) = -\infty$.

Comme $\lim_{x \to +\infty} 2x = +\infty$, par produit, $\mathbf{\lim_{x \to +\infty} f(x) = -\infty}$.

b. Par définition, si, pour tout x de $]-\infty\ ; c]$, une fonction f peut s'écrire sous la forme $f(x) = ax + b + g(x)$, avec a non nul et $\lim_{x \to -\infty} g(x) = 0$, alors la droite d'équation $y = ax + b$ est asymptote oblique à $\mathscr{C}$ en $-\infty$.

La fonction f est écrite sous la forme $f(x) = 2x - 1 - 2e^x$ avec $\lim_{x \to -\infty} -2e^x = 0$; donc **la droite d'équation $y = 2x - 1$ est asymptote à $\mathscr{C}$ en $-\infty$.**

2. La fonction f est une somme de fonctions dérivables sur $\mathbb{R}$, donc f est dérivable sur $\mathbb{R}$. On utilise la formule $(u + v)' = u' + v'$.

On pose $u(x) = 2x - 1$ et $v(x) = -2e^x$; d'où $u'(x) = 2$ et $v'(x) = -2e^x$.

$f'(x) = 2 - 2 \times e^x = \mathbf{2(1 - e^x)}$.

On sait que $e^x = 1$ si $x = 0$ et que la fonction exp est strictement croissante sur $\mathbb{R}$.

Donc si $x < 0$, $1 - e^x > 0$ et, si $x > 0$, $1 - e^x < 0$.

On en déduit que la fonction f est croissante sur $]-\infty\ ; 0]$ et décroissante sur $[0\ ; +\infty[$.

Tableau de variations :

x	$-\infty$		0		$+\infty$
$f'(x)$		$+$	0	$-$	
f	$-\infty$	↗	-3	↘	$-\infty$

Exercice 8

1. $f(x) = (x^2 - 5x - 1)e^x$; la fonction f est un produit de fonctions dérivables sur $\mathbb{R}$, donc f est dérivable sur $\mathbb{R}$. On utilise la formule $(uv)' = u'v + uv'$.

On pose $u(x) = x^2 - 5x - 1$ et $v(x) = e^x$; d'où $u'(x) = 2x - 5$ et $v'(x) = e^x$.
$f'(x) = (2x - 5) \times e^x + (x^2 - 5x - 1) \times e^x$, donc $\boldsymbol{f'(x) = (x^2 - 3x - 6)e^x}$.

2. $g(x) = \dfrac{e^x - 1}{x^2 + 3}$; la fonction g est un quotient de fonctions dérivables sur $\mathbb{R}$ et le dénominateur ne s'annule jamais, donc g est dérivable sur $\mathbb{R}$. On utilise la formule $\left(\dfrac{u}{v}\right)' = \dfrac{u'v - uv'}{v^2}$.

On pose $u(x) = e^x - 1$ et $v(x) = x^2 + 3$; d'où $u'(x) = e^x$ et $v'(x) = 2x$.
$g'(x) = \dfrac{e^x \times (x^2 + 3) - (e^x - 1) \times (2x)}{(x^2 + 3)^2}$, donc $\boldsymbol{g'(x) = \dfrac{(x^2 - 2x + 3)e^x + 2x}{(x^2 + 3)^2}}$.

3. $h(x) = (e^x + 5)^3$; la fonction h est le cube d'une fonction u dérivable sur $\mathbb{R}$, donc f est dérivable sur $\mathbb{R}$. On utilise la formule $(u^3)' = 3u^2u'$.
On pose $u(x) = e^x + 5$; d'où $u'(x) = e^x$.
$\boldsymbol{h'(x) = 3(e^x + 5)^2 e^x}$.

Exercice 9

1. $f(x) = \dfrac{e^x - x}{e^x + 1}$; $\lim\limits_{x \to -\infty} e^x = 0$, donc $\lim\limits_{x \to -\infty} (e^x - x) = +\infty$ et $\lim\limits_{x \to -\infty} (e^x + 1) = 1$;
donc, par quotient, $\boldsymbol{\lim\limits_{x \to -\infty} f(x) = +\infty}$.

Pour chercher la limite en $+\infty$, on transforme l'écriture :

$$f(x) = \frac{e^x\left(1 - \dfrac{x}{e^x}\right)}{e^x\left(1 + \dfrac{1}{e^x}\right)} = \frac{1 - \dfrac{x}{e^x}}{1 + \dfrac{1}{e^x}}.$$

$\lim\limits_{x \to +\infty} \dfrac{e^x}{x} = +\infty$, donc, en prenant l'inverse, $\lim\limits_{x \to +\infty} \dfrac{x}{e^x} = 0$.

On a aussi $\lim\limits_{x \to +\infty} \dfrac{1}{e^x} = 0$. On obtient donc $\lim\limits_{x \to +\infty} \left(1 - \dfrac{x}{e^x}\right) = 1$ et $\lim\limits_{x \to +\infty} \left(1 - \dfrac{1}{e^x}\right) = 1$;

donc, par quotient, $\boldsymbol{\lim\limits_{x \to +\infty} f(x) = 1}$.

> **À NOTER**
> $e^{-x} = \dfrac{1}{e^x}$; $xe^{-x} = \dfrac{x}{e^x}$.

2. $g(x) = e^{-x}(x - 1)$;
$\lim\limits_{x \to -\infty} e^{-x} = +\infty$ et $\lim\limits_{x \to -\infty} (x - 1) = -\infty$;
donc, par produit, $\boldsymbol{\lim\limits_{x \to -\infty} g(x) = -\infty}$.

$\lim\limits_{x \to +\infty} e^{-x} = 0$ et $\lim\limits_{x \to +\infty} (x - 1) = +\infty$; on ne peut pas conclure directement.
On développe : $g(x) = xe^{-x} - e^{-x}$; en utilisant $\lim\limits_{x \to +\infty} xe^{-x} = 0$, on obtient $\boldsymbol{\lim\limits_{x \to +\infty} g(x) = 0}$.

3. $h(x) = xe^x - x^2 + x + 1$; $\lim_{x \to -\infty} xe^x = 0$ et $\lim_{x \to -\infty} (-x^2 + x + 1) = \lim_{x \to -\infty} -x^2 = -\infty$;

donc, par somme, $\mathbf{\lim_{x \to -\infty} h(x) = -\infty}$.

Pour chercher la limite en $+\infty$, on transforme l'écriture :
$h(x) = x^2\left(\frac{e^x}{x} - 1 + \frac{1}{x} + \frac{1}{x^2}\right)$.

$\lim_{x \to +\infty} \frac{e^x}{x} = +\infty$ et $\lim_{x \to +\infty} \frac{1}{x} = \lim_{x \to +\infty} \frac{1}{x^2} = 0$, donc $\lim_{x \to +\infty}\left(\frac{e^x}{x} - 1 + \frac{1}{x} + \frac{1}{x^2}\right) = +\infty$.

Comme $\lim_{x \to +\infty} x^2 = +\infty$, par produit de limites, on obtient :

$\mathbf{\lim_{x \to +\infty} h(x) = +\infty}$.

Exercice 10

1. $f(x) = \frac{x}{e^x - 1}$.

La seule solution de l'équation $e^x = 1$ est $x = 0$. Donc **l'ensemble de définition de f est $\mathbb{R}^*$.**

2. $\lim_{x \to 0} \frac{e^x - 1}{x} = 1$, donc $\lim_{x \to 0} \frac{x}{e^x - 1} = 1$, soit $\mathbf{\lim_{x \to 0} f(x) = 1}$.

Limite de f en $-\infty$: $\lim_{x \to -\infty} x = -\infty$ et $\lim_{x \to -\infty} e^x = 0$, d'où $\lim_{x \to -\infty} (e^x - 1) = -1$;

donc, par quotient, $\mathbf{\lim_{x \to -\infty} f(x) = +\infty}$.

Limite en $+\infty$: on transforme l'écriture $f(x) = \frac{1}{\frac{e^x}{x} - \frac{1}{x}}$.

$\lim_{x \to +\infty} \frac{e^x}{x} = +\infty$ et $\lim_{x \to +\infty} \frac{1}{x} = 0$, donc

$\lim_{x \to +\infty}\left(\frac{e^x}{x} - \frac{1}{x}\right) = +\infty$.

> **À NOTER**
> La fonction g définie par $g(0) = 1$ et $g(x) = f(x)$, pour tout réel x non nul, est continue sur $\mathbb{R}$.
> On dit que g est le prolongement par continuité de f.

Puis, en prenant l'inverse, $\lim_{x \to +\infty} \left(\frac{1}{\frac{e^x}{x} - \frac{1}{x}}\right) = 0$, donc $\mathbf{\lim_{x \to +\infty} f(x) = 0}$.

3. Comme $\lim_{x \to +\infty} f(x) = 0$, la droite d'équation $y = 0$ est asymptote à $\mathscr{C}$ en $+\infty$.

En observant la courbe sur l'écran d'une calculatrice, il semble que la droite d'équation $y = -x$ soit asymptote à $\mathscr{C}$ en $-\infty$.

On calcule $f(x) - (-x)$: $f(x) - (-x) = \frac{x}{e^x - 1} + x = \frac{x + x(e^x - 1)}{e^x - 1} = \frac{xe^x}{e^x - 1}$.

La fonction f peut donc s'écrire sous la forme :

$f(x) = -x + \frac{xe^x}{e^x - 1}$, avec $\lim_{x \to -\infty} \frac{xe^x}{e^x - 1} = 0$; on en déduit que **la droite d'équation $y = -x$ est asymptote à $\mathscr{C}$ en $-\infty$.**

Exercice 11

> **CONSEIL**
> On peut commencer par observer la courbe sur la calculatrice et conjecturer les limites et les variations.

1. $f(x) = e^x \left(1 - \frac{x^2}{2}\right)$.

$\lim_{x \to +\infty} e^x = +\infty$ et $\lim_{x \to +\infty} \left(1 - \frac{x^2}{2}\right) = -\infty$;

donc, par produit, $\lim_{x \to +\infty} \boldsymbol{f(x) = -\infty}$.

Pour chercher la limite en $-\infty$, on transforme l'écriture :

$f(x) = e^x - \frac{x^2}{2} e^x$; on sait que $\lim_{x \to -\infty} e^x = 0$ et $\lim_{x \to -\infty} xe^x = 0$.

Pour utiliser le résultat $\lim_{x \to -\infty} xe^x = 0$, on peut écrire :

$\frac{x^2}{2} e^x = 2 \times \left(\frac{x}{2}\right)^2 \left(e^{\frac{x}{2}}\right)^2 = 2\left(\frac{x}{2} e^{\frac{x}{2}}\right)^2$.

> **RAPPEL**
> Si $\lim_{x \to a} f(x) = b$ et $\lim_{x \to b} g(x) = c$,
> alors $\lim_{x \to c} g \circ f(x) = c$.

On utilise le théorème sur la limite d'une fonction composée.

$\lim_{x \to -\infty} \frac{x}{2} = -\infty$, puis $\lim_{x \to -\infty} xe^x = 0$,

donc $\lim_{x \to -\infty} \frac{x}{2} e^{\frac{x}{2}} = 0$.

De plus, $\lim_{x \to 0} x^2 = 0$, donc $\lim_{x \to -\infty} \left(\frac{x}{2} e^{\frac{x}{2}}\right)^2 = 0$.

Finalement, par somme, $\lim_{x \to -\infty} \boldsymbol{f(x) = 0}$.

On en déduit que la droite d'équation $y = 0$ est asymptote horizontale à la courbe représentant f en $-\infty$.

2. La fonction f est un produit de fonctions dérivables sur $\mathbb{R}$, donc f est dérivable sur $\mathbb{R}$. On utilise la formule $(uv)' = u'v + uv'$.

On pose $u(x) = e^x$ et $v(x) = 1 - \frac{x^2}{2}$; d'où $u'(x) = e^x$ et $v'(x) = -x$.

$f'(x) = e^x \left(1 - \frac{x^2}{2}\right) + e^x \times (-x)$, donc $\boldsymbol{f'(x) = e^x \left(\frac{-x^2}{2} - x + 1\right)}$.

On sait que, pour tout réel x, $e^x > 0$; la dérivée a donc le signe du trinôme $\frac{-x^2}{2} - x + 1$.

$\Delta = 3 > 0$, l'équation $\dfrac{-x^2}{2} - x + 1 = 0$ a deux solutions :

$x_1 = -1 - \sqrt{3}$ et $x_2 = -1 + \sqrt{3}$.

Le coefficient de x^2 est $-0{,}5$; comme il est négatif, le trinôme est positif dans l'intervalle $]-1-\sqrt{3}\,;\,-1+\sqrt{3}[$ et négatif à l'extérieur de cet intervalle.

La fonction f est donc décroissante sur $]-\infty\,;\,-1-\sqrt{3}]$, croissante sur $[-1-\sqrt{3}\,;\,-1+\sqrt{3}]$ et décroissante sur $[-1+\sqrt{3}\,;\,+\infty[$.

Tableau de variations :

x	$-\infty$		$-1-\sqrt{3}$		$-1+\sqrt{3}$		$+\infty$
$f'(x)$		+	0	+	0	–	
f	0	↘	m	↗	M	↘	$-\infty$

Avec la calculatrice, $m = f(-1-\sqrt{3}) \approx -0{,}18$ et $M = f(-1+\sqrt{3}) \approx 1{,}52$.

Exercice 12

1. $f(x) = e^{-x^2}$.

On recherche les limites de f en $-\infty$ et en $+\infty$.

La fonction f est la composée de la fonction u définie par $u(x) = -x^2$ suivie de la fonction exp.

On utilise le théorème sur la limite d'une fonction composée :

Si $\lim\limits_{x \to a} f(x) = b$ et $\lim\limits_{x \to b} g(x) = c$, alors $\lim\limits_{x \to a} g \circ f(x) = c$.

$\lim\limits_{x \to -\infty} -x^2 = -\infty$, puis $\lim\limits_{x \to -\infty} \mathbf{e}^x = \mathbf{0}$, donc $\mathbf{\lim\limits_{x \to -\infty} e^{-x^2} = 0}$;

$\lim\limits_{x \to +\infty} -x^2 = -\infty$, puis $\lim\limits_{x \to +\infty} \mathbf{e}^x = \mathbf{0}$, donc $\mathbf{\lim\limits_{x \to +\infty} e^{-x^2} = 0}$.

On en déduit que la droite d'équation $y = 0$ est asymptote horizontale à la courbe représentant f en $-\infty$ et en $+\infty$.

2. On pose $u(x) = -x^2$, d'où $u'(x) = -2x$.

$\mathbf{f'(x) = -2xe^{-x^2}}$.

On sait que, pour tout réel x, $e^x > 0$, donc $e^{-x^2} > 0$; la dérivée a donc le signe de $-2x$.

La fonction f est donc croissante sur $]-\infty\,;\,0]$ et décroissante sur $[0\,;\,+\infty[$.

RAPPEL
Si $f(x) = e^{u(x)}$, alors $f'(x) = u'(x) \times e^{u(x)}$.

Tableau de variations :

x	$-\infty$		0		$+\infty$
$f'(x)$		$+$	0	$-$	
f	0	↗	1	↘	0

3.

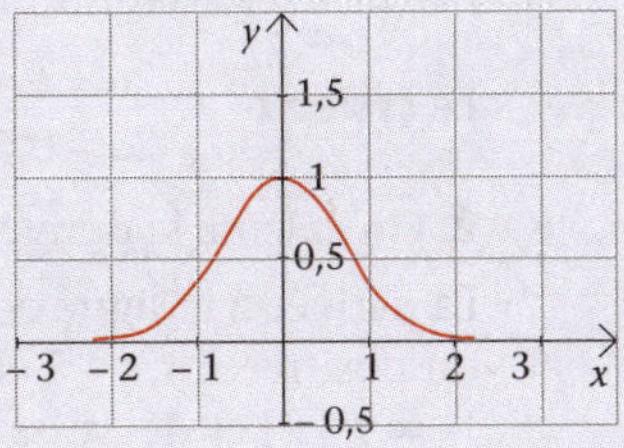

Exercice 13

1. $f(x) = e^{\frac{1}{x}}$. La fonction f est la composée de la fonction u définie par $u(x) = \dfrac{1}{x}$ suivie de la fonction exp.

On utilise le théorème sur la limite d'une fonction composée :

Si $\lim\limits_{x \to a} f(x) = b$ et $\lim\limits_{x \to b} g(x) = c$, alors $\lim\limits_{x \to a} g \circ f(x) = c$.

$\lim\limits_{\substack{x \to 0 \\ x > 0}} \dfrac{1}{x} = +\infty$; puis $\lim\limits_{x \to +\infty} e^x = +\infty$, donc $\mathbf{\lim\limits_{\substack{x \to 0 \\ x > 0}} f(x) = +\infty}$;

$\lim\limits_{x \to +\infty} \dfrac{1}{x} = 0$; puis $\lim\limits_{x \to 0} e^x = 1$, donc $\mathbf{\lim\limits_{x \to +\infty} f(x) = 1}$.

2. On pose $u(x) = \dfrac{1}{x}$, d'où $u'(x) = -\dfrac{1}{x^2}$;

donc $\mathbf{f'(x) = -\dfrac{1}{x^2} e^{\frac{1}{x}}}$.

On sait que, pour tout réel x, $e^x > 0$, donc $e^{\frac{1}{x}} > 0$; la dérivée a donc le signe de $-\dfrac{1}{x^2}$.

La fonction f est donc décroissante sur $]0 ; +\infty[$.

Tableau de variations :

x	0	$+\infty$
$f'(x)$	‖ $-$	
f	‖ $+\infty$ ↘	1

Exercice 14

1. $f(2) = 3$ se traduit par $2a + b = 3$.

On calcule la dérivée : $f'(x) = ae^{-0,5x+1} + (ax + b)(-0,5)e^{-0,5x+1}$;

$f'(x) = (-0,5ax + a - 0,5b)e^{-0,5x+1}$.

$f'(-2) = 0$ se traduit par $(2a - 0{,}5b)e^2 = 0$, d'où $2a - 0{,}5b = 0$.

Le système $\begin{cases} 2a + b = 3 \\ 2a - 0{,}5b = 0 \end{cases}$ a pour solutions $\boldsymbol{a = 0{,}5}$ **et** $\boldsymbol{b = 2}$.

2. On calcule la dérivée : $f'(x) = (-0{,}25x - 0{,}5)e^{-0{,}5x+1}$.

La dérivée a le signe de $-0{,}25x - 0{,}5$; elle s'annule pour $x = -2$; elle est positive si $x < -2$ et négative si $x > -2$. Donc **f est croissante sur $]-\infty\,;-2]$ et décroissante sur $[-2\,;+\infty[$.**

x	$-\infty$		-2		$+\infty$
$f'(x)$		$+$	0	$-$	
f	$-\infty$	↗	3	↘	0

Exercice 15

1. On calcule la dérivée : $f'(x) = e^x + 2(-e^{-x}) + 1$;

$f'(x) = e^x - \dfrac{2}{e^x} + 1 = \dfrac{e^{2x} - 2 + e^x}{e^x}$.

On pose $X = e^x$.

L'équation $X^2 + X - 2 = 0$ a pour solutions $X_1 = 1$ et $X_2 = -2$.

Comme, pour tout réel x, $e^x > 0$, l'équation $e^x = -2$ n'a pas de solution ; $e^x = 1$ a pour solution $x = 0$.

Comme $X^2 + X - 2 = (X - 1)(X + 2)$, on factorise la dérivée :

$f'(x) = \dfrac{(e^x - 1)(e^x + 2)}{e^x}$.

Le signe $f'(x)$ est celui de $e^x - 1$; donc $f'(x) < 0$ si $x < 0$ et $f'(x) > 0$ si $x > 0$.

On en déduit que **f est décroissante sur $]-\infty\,;0]$ et croissante sur $[0\,;+\infty[$.**

2. $\lim\limits_{x\to+\infty} e^x = +\infty$, $\lim\limits_{x\to+\infty} e^{-x} = 0$ et $\lim\limits_{x\to+\infty} x = +\infty$, donc $\boldsymbol{\lim\limits_{x\to+\infty} f(x) = +\infty}$.

Pour déterminer la limite en $-\infty$, on transforme l'écriture :

$f(x) = e^{-x}(e^{2x} + 2 + xe^x)$;

$\lim\limits_{x\to-\infty} e^{2x} = 0$, $\lim\limits_{x\to-\infty} xe^x = 0$,

donc $\lim\limits_{x\to-\infty} (e^{2x} + 2 + xe^x) = 2$.

Comme $\lim\limits_{x\to-\infty} e^{-x} = +\infty$, par produit, $\boldsymbol{\lim\limits_{x\to-\infty} f(x) = +\infty}$.

3. Tableau de variations de f :

x	$-\infty$		0		$+\infty$
$f'(x)$		$-$	0	$+$	
f	$+\infty$	↘	3	↗	$+\infty$

Exercice 16

1. a. $Q(0) = 1{,}8$; $Q(1) = Q(0) - 0{,}3Q(0) = 0{,}7Q(0)$ et $Q(1) = 1{,}8e^{-\lambda}$; donc $e^{-\lambda} = 0{,}7$.

b. La fonction $x \mapsto e^{-x}$ est continue et strictement décroissante sur $\mathbb{R}$, $e^0 = 1$ et $e^{-1} \approx 0{,}37$; le nombre 0,7 étant compris entre 0,37 et 1, **il existe un réel λ unique dans l'intervalle $]0 ; 1[$ tel que $e^{-\lambda} = 0{,}7$.**

Avec la calculatrice :

x	e^{-x}
0,3566	0,70005
0,3567	0,69998

Une valeur décimale approchée de λ à 10^{-4} près est 0,3566.

2. On calcule la dérivée :
$Q'(t) = 1{,}8 \times (-\lambda)e^{-\lambda t}$.

λ étant positif, la dérivée est strictement négative sur $[0 ; +\infty[$; **la fonction Q est donc décroissante sur $[0 ; +\infty[$.**

$\lim\limits_{x \to +\infty} -\lambda t = -\infty$, donc $\lim\limits_{x \to +\infty} e^{-\lambda t} = 0$ et $\lim\limits_{x \to +\infty} Q(t) = 0$.

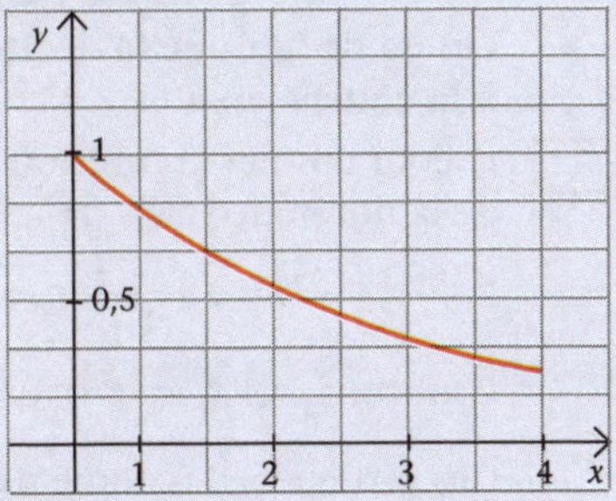

Exercice 17

0,5 pt **1. a.** $f(x) = x + 1 - \dfrac{4e^x}{e^x + 1}$.

$\lim\limits_{x \to -\infty} (x+1) = -\infty$; $\lim\limits_{x \to -\infty} e^x = 0$, d'où $\lim\limits_{x \to -\infty} \dfrac{e^x}{e^x + 1} = 0$; donc, par somme, $\lim\limits_{x \to -\infty} f(x) = -\infty$.

0,5 pt **b.** On veut démontrer que la droite d'équation $y = x + 1$ est asymptote à la courbe $\mathscr{C}$ en $-\infty$.

La fonction f est écrite sous la forme $f(x) = x + 1 - \frac{4e^x}{e^x + 1}$ avec $\lim\limits_{x \to -\infty} \frac{e^x}{e^x + 1} = 0$; donc **la droite d'équation $y = x + 1$ est asymptote à $\mathscr{C}$ en $-\infty$.**

> **RAPPEL**
> Si, pour tout x de $]-\infty ; c]$, f peut s'écrire sous la forme $f(x) = ax + b + g(x)$, avec a non nul et $\lim\limits_{x \to -\infty} g(x) = 0$, alors la droite d'équation $y = ax + b$ est asymptote oblique à $\mathscr{C}_f$ en $-\infty$.

0,25 pt **c.** Pour étudier la position de $\mathscr{C}$ par rapport à $\mathscr{D}$, on étudie le signe de la différence $f(x) - (x + 1)$.

$$f(x) - (x + 1) = \frac{4e^x}{e^x + 1}.$$

On sait que, pour tout réel x, $e^x > 0$, donc $\frac{-4e^x}{e^x + 1} < 0$.

Par conséquent, **la courbe $\mathscr{C}$ est toujours située sous la droite $\mathscr{D}$.**

0,5 pt **2. a.** Pour chercher la limite en $+\infty$, on transforme l'écriture :

$$f(x) = x + 1 - \frac{4e^x}{e^x + 1} = x + 1 - \frac{4e^x}{e^x(1 + e^{-x})} = x + 1 - \frac{4}{1 + e^{-x}} ;$$

$\lim\limits_{x \to +\infty} (x+1) = +\infty$, $\lim\limits_{x \to +\infty} e^{-x} = 0$, d'où $\lim\limits_{x \to +\infty} \frac{4}{1 + e^{-x}} = 4$; donc $\lim\limits_{x \to +\infty} f(x) = +\infty$.

0,5 pt **b.** On calcule $f(x) - (x - 3)$: $f(x) - (x - 3) = x + 1 - \frac{4}{1 + e^{-x}} - (x - 3)$
$= 4 - \frac{4}{1 + e^{-x}}$.

On a montré que $\lim\limits_{x \to +\infty} \frac{4}{1 + e^{-x}} = 4$, donc $\lim\limits_{x \to +\infty} 4 - \frac{4}{1 + e^{-x}} = 0$.

On en déduit que **la droite $\mathscr{D}'$ d'équation $y = x - 3$ est asymptote à la courbe en $+\infty$.**

0,25 pt **c.** Pour étudier la position de $\mathscr{C}$ par rapport à $\mathscr{D}'$, on étudie le signe de la différence $f(x) - (x - 3)$.

$$f(x) - (x - 3) = 4 - \frac{4}{1 + e^{-x}} = \frac{4e^{-x}}{1 + e^{-x}}.$$

Pour tout réel x, $e^{-x} > 0$, donc $\frac{4e^{-x}}{1 + e^{-x}} > 0$.

Par conséquent, **la courbe $\mathscr{C}$ est toujours située au-dessus de la droite $\mathscr{D}'$.**

1 pt **3. a.** On cherche à montrer que, pour tout réel x, $f'(x) = \left(\frac{e^x - 1}{e^x + 1}\right)^2$.

$$f'(x) = 1 - \frac{4e^x \times (e^x + 1) - 4e^x \times e^x}{(e^x + 1)^2}$$

$$f'(x) = \left(\frac{e^x + 1}{e^x + 1}\right)^2 - \frac{4e^{2x} + 4e^x - 4e^{2x}}{(e^x + 1)^2} = \frac{(e^x + 1)^2 - 4e^x}{(e^x + 1)^2}$$

$(e^x + 1)^2 - 4e^x = (e^x - 1)^2$

Par conséquent, $f'(x) = \left(\frac{e^x - 1}{e^x + 1}\right)^2$.

> **CONSEIL**
> On peut utiliser la formule $(a + b)^2 - 4ab = (a - b)^2$.

0,5 pt **b.** La dérivée de f est toujours positive et s'annule pour $x = 0$ (car $e^0 = 1$) ; **la fonction f est donc strictement croissante sur $\mathbb{R}$.**

Tableau de variations :

x	$-\infty$		0		$+\infty$
$f'(x)$		$+$	0	$+$	
f	$-\infty$	↗	-1	↗	$+\infty$

4.

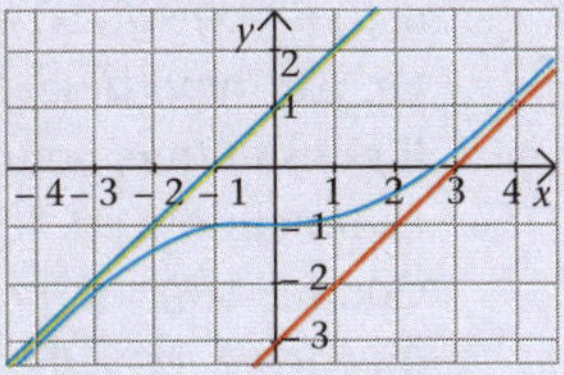

0,5 pt **4.** Voir le graphique ci-contre.

Exercice 18

1 pt **1.** $f_n(x) = (n - x)e^x$; $f_n(x) = ne^x - xe^x$.

$\lim\limits_{x \to -\infty} e^x = 0$, l'entier n est fixé, d'où $\lim\limits_{x \to -\infty} ne^x = 0$.

On sait que $\lim\limits_{x \to -\infty} xe^x = 0$, donc, par somme, $\boldsymbol{\lim\limits_{x \to -\infty} f(x) = 0}$.

$\lim\limits_{x \to +\infty} (n - x) = -\infty$, $\lim\limits_{x \to +\infty} e^x = +\infty$, donc, par produit, $\boldsymbol{\lim\limits_{x \to +\infty} f(x) = -\infty}$.

1,5 pt **2.** f_n est un produit de fonctions dérivables sur $\mathbb{R}$, donc f_n est dérivable sur $\mathbb{R}$. On utilise la formule $(uv)' = u'v + uv'$.

On pose $u(x) = n - x$ et $v(x) = e^x$; d'où $u'(x) = -1$ et $v'(x) = e^x$.

$f'(x) = -1 \times e^x + (n - x) \times e^x$, donc $\boldsymbol{f'(x) = e^x(-x + n - 1)}$.

Pour tout réel x, $e^x > 0$; la dérivée a donc le signe de $-x + n - 1$; elle s'annule pour $x = n - 1$, elle est positive si $x < n - 1$ et négative si $x > n - 1$.

Donc f_n est croissante sur $]-\infty ; n - 1]$ et décroissante sur $[n - 1 ; +\infty[$.

Tableau de variations :

x	$-\infty$		$n - 1$		$+\infty$
$f'(x)$		$+$	0	$-$	
f	0	↗	e^{n-1}	↘	$-\infty$

0,5 pt **3.** A_n a pour coordonnées $(n - 1 ; e^{n-1})$; or $e^{n-1} = \exp(n - 1)$.

Les points A_n appartiennent donc à la courbe représentative de la fonction exp.

CORRIGÉS

Exercice 19

0,5 pt **1.** Soit ϕ la fonction définie sur $\mathbb{R}$ par $\phi(x) = f(x) \times f(-x)$.

La fonction ϕ est dérivable sur $\mathbb{R}$ et a pour dérivée :

$\phi'(x) = f'(x) \times f(-x) + f(x) \times (-f'(-x))$.

Or, par hypothèse, $f' = f$, donc $\phi'(x) = f(x) \times f(-x) + f(x) \times (-f(-x))$;

il s'ensuit que, pour tout réel x, $\phi'(x) = 0$.

La fonction ϕ est donc constante sur $\mathbb{R}$.

Comme $\phi(0) = 1$, pour tout réel x, $\phi(x) = 1$,

ou encore $f(x) \times f(-x) = 1$.

On en déduit que, pour tout réel x, $f(-x) = \dfrac{1}{f(x)}$ et $f(x) \neq 0$.

0,5 pt **2.** On suppose qu'il existe une deuxième fonction g dérivable sur $\mathbb{R}$ telle que $g' = g$ et $g(0) = 1$.

Soit h la fonction définie sur $\mathbb{R}$ par $h(x) = \dfrac{f(x)}{g(x)}$.

(h est définie sur $\mathbb{R}$ car pour tout réel x, $g(x) \neq 0$, d'après la question **1.**)

La fonction h est dérivable sur $\mathbb{R}$ et a pour dérivée :

$h'(x) = \dfrac{f'(x) \times g(x) - f(x) \times g'(x)}{(g(x))^2}$.

Or $f' = f$ et $g' = g$, donc pour tout réel x, $h'(x) = 0$.

La fonction h est donc constante sur $\mathbb{R}$.

Comme $h(0) = 1$, pour tout réel x, $h(x) = 1$, ce qui signifie que $f(x) = g(x)$.

La fonction f est donc unique.

Exercice 20

0,25 pt **1. a.** $h(x) = e^x - x$; h est dérivable sur $\mathbb{R}$ et a pour dérivée $h'(x) = e^x - 1$.

On sait que la fonction exponentielle est strictement croissante sur $\mathbb{R}$ et que $e^0 = 1$: on en déduit que, pour tout réel x positif, $e^x \geqslant 1$ et $h'(x) \geqslant 0$.

La fonction h est donc croissante sur $[0 ; +\infty[$.

0,25 pt **b.** Or $h(0) = 1$; pour tout réel x appartenant à $[0 ; +\infty[$, on a donc $h(x) \geqslant 1 > 0$.

On en déduit que, **pour tout réel x de $[0 ; +\infty[$, $e^x > x$.**

0,25 pt **c.** Comme $\lim\limits_{x \to +\infty} x = +\infty$, on obtient $\boldsymbol{\lim\limits_{x \to +\infty} e^x = +\infty}$.

0,25 pt **2.** Pour tout réel x, $e^x = \dfrac{1}{e^{-x}}$. Lorsque x tend vers $-\infty$, $-x$ tend vers $+\infty$; puis e^{-x} tend vers $+\infty$ et $\dfrac{1}{e^{-x}}$ tend vers 0. Par conséquent, $\boldsymbol{\lim\limits_{x \to -\infty} e^x = 0}$.

7 Fonction logarithme népérien

1 La fonction logarithme népérien : $x \mapsto \ln x$

a. Définition

■ On appelle fonction logarithme népérien, notée **ln** , l'unique fonction dérivable sur $]0\,;+\infty[$ dont la dérivée est $x \mapsto \dfrac{1}{x}$ et qui s'annule en 1.

b. Conséquences

■ $\ln(1) = 0$.

■ La dérivée de la fonction ln étant strictement positive sur $]0\,;+\infty[$, on en déduit que ln est strictement croissante sur $]0\,;+\infty[$.

D'où $\begin{cases} \ln x < \ln y \Leftrightarrow x < y \\ \ln x = \ln y \Leftrightarrow x = y \end{cases}$.

c. Propriétés

Soient a et b deux nombres appartenant à $]0\,;+\infty[$.

■ $\ln(ab) = \ln a + \ln b$.

■ $\ln\left(\dfrac{a}{b}\right) = \ln a - \ln b$

(en particulier $\ln\left(\dfrac{1}{a}\right) = -\ln a$).

■ Pour tout $p \in \mathbb{N}$, $\ln(a^p) = p \ln a$.

■ $\ln(\sqrt{a}) = \dfrac{1}{2}\ln a$.

d. Limites aux bornes de l'ensemble de définition

■ $\lim\limits_{x \to +\infty} \ln x = +\infty$ et $\lim\limits_{x \to 0^+} \ln x = -\infty$.

■ Le tableau de variations de la fonction ln est le suivant :

x	0	$+\infty$
$\ln x$	$-\infty$ ↗	$+\infty$

■ Représentations graphiques des fonctions $x \mapsto e^x$, $x \mapsto x$ et $x \mapsto \ln x$:

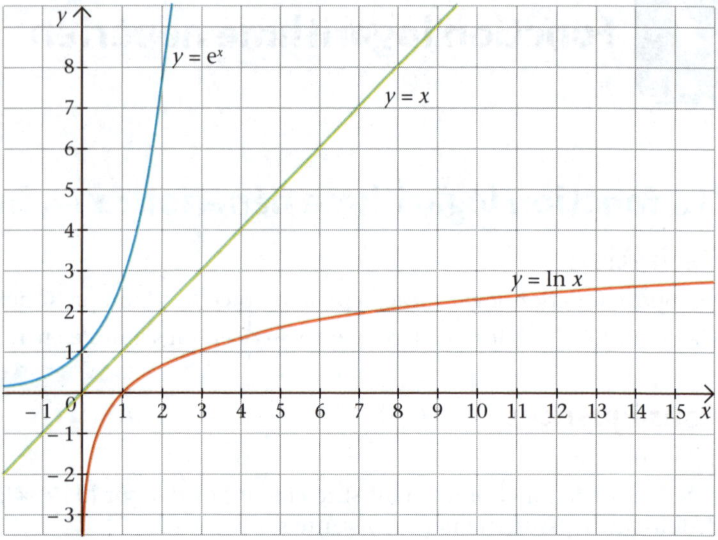

2 Résolution d'équations et d'inéquations

a. Équation du type ln $x = m$ (avec m réel quelconque)

■ La fonction ln est continue et strictement croissante sur $]0\,;+\infty[$, à l'aide de son tableau de variations et, d'après le théorème des valeurs intermédiaires, on peut en déduire que, pour tout réel m, l'équation $\ln x = m$ admet une unique solution dans $]0\,;+\infty[$.

■ Il existe un unique réel strictement positif dont le logarithme népérien est 1 : ce réel est noté e.

$\ln e = 1$, d'où $\ln\left(\frac{1}{e}\right) = -1$ (avec $2{,}718 < e < 2{,}719$).

■ On admet que, pour tout réel m :

$$\ln(x^m) = m \times \ln x \text{ (avec } x > 0\text{).}$$

D'où $\ln x = m \Leftrightarrow \ln x = m \ln e$, puisque $\ln e = 1$;

$\Leftrightarrow \ln x = \ln e^m$;

$\Leftrightarrow x = e^m$.

b. Inéquation du type ln x < e^m (avec m réel quelconque)

■ La propriété de (stricte) croissance de la fonction ln donne la résolution de l'inéquation :

$$\ln x < m \text{ équivaut à } x < e^m.$$

3 Limites et croissances comparées

■ **Croissances comparées en l'infini :** $\lim\limits_{x \to +\infty} \dfrac{\ln x}{x} = 0.$

■ $\lim\limits_{x \to 0^+} x \ln x = 0.$

■ $\lim\limits_{x \to 1} \left(\dfrac{\ln x}{x - 1}\right) = 1$ et $\lim\limits_{x \to 0} \dfrac{\ln (1 + x)}{x} = 1.$

> **À NOTER**
>
> On trouve $\lim\limits_{x \to 0} \dfrac{\ln (1 + x)}{x}$ à partir de la limite précédente à l'aide d'un changement de variable :
>
> $X = x - 1$; $\lim\limits_{x \to 1} \dfrac{\ln x}{x - 1} = \lim\limits_{X \to 0} \dfrac{\ln (X + 1)}{X}.$

4 Logarithme d'une fonction

■ On considère une fonction u définie et strictement positive sur un intervalle I. On étudie la fonction composée notée $\ln(u)$ définie par $\ln [u(x)]$. Les fonctions u et $\ln u$ ont le même sens de variation sur I.

■ Soit u une fonction dérivable et strictement positive sur un intervalle I, la fonction $\ln u$ est dérivable sur I et sa dérivée est $(\ln u)' = \dfrac{u'}{u}$.

5 Logarithme de base a et logarithme décimal

■ Pour tout nombre a strictement positif, on appelle logarithme de base a la fonction notée $\log_a$ telle que :

$$\log_a (x) = \frac{\ln x}{\ln a}.$$

■ $\log_a (a) = 1$ et, $\forall x > 0$, $\log_e (x) = \ln x$.

$\forall x, y > 0$, $\log_a (xy) = \log_a (x) + \log_a (y)$.

$\forall x > 0$, $\log'_a(x) = \dfrac{1}{\ln a} \times \dfrac{1}{x} = \dfrac{1}{x \ln a}$.

■ La fonction logarithme décimal, notée **log**, est la fonction logarithme de base 10. Ainsi, on écrit $\log x = \dfrac{\ln x}{\ln 10}$.

Étudier une fonction logarithme

Énoncé

On considère la fonction f définie sur $]0\ ;+\infty[$ par $f(x) = x + \dfrac{2\ln x}{x}$.

On note $\mathscr{C}_f$ la courbe représentative de f dans un repère orthonormé.

1. On considère la fonction auxiliaire g définie sur $]0\ ;+\infty[$ par :

$$g(x) = x^2 + 2 - 2\ln x.$$

a. Étudier le sens de variation de g et calculer $g(1)$.

b. En déduire le signe de g sur $]0\ ;+\infty[$.

2. Calculer les limites de f aux bornes de son ensemble de définition.

3. Étudier les variations de f et dresser son tableau de variations.

4. Montrer que la droite Δ d'équation $y = x$ est asymptote à $\mathscr{C}_f$.
Étudier les positions relatives de $\mathscr{C}_f$ et Δ.

5. Déterminer les coordonnées du point A de $\mathscr{C}_f$ sachant que $\mathscr{C}_f$ admet en A une tangente T parallèle à Δ.

6. Tracer $\mathscr{C}_f$, Δ et T dans le repère.

7. Démontrer que l'équation $f(x) = 0$ admet une unique solution x_0 et prouver que $\dfrac{1}{2} \leqslant x_0 \leqslant 1$.

Solution commentée

Savoir-faire

■ Pour étudier les variations de la fonction g, on calcule sa dérivée et on étudie son signe. On trace la courbe de la fonction g pour la visualiser et pouvoir ainsi vérifier au fur et à mesure les résultats trouvés.

■ On commence ensuite l'étude de la fonction f : on efface la représentation graphique de la fonction g de la calculatrice et on trace maintenant celle de la fonction f. Cette fonction étant un peu plus difficile à étudier il est important de vérifier les résultats à chaque étape.

■ Pour montrer qu'une droite est asymptote à une courbe, on calcule la différence $f(x) - y$ et on montre que la limite de cette différence au voisinage de l'infini est nulle.

■ Pour étudier les positions relatives entre une courbe et son asymptote, on étudie le signe de la différence $f(x) - y$.

■ Pour pouvoir tracer T, il faut en déterminer une équation. On utilise la formule $y = f'(x_0)(x - x_0) + f(x_0)$.

1. a. La fonction g est une fonction continue et dérivable sur son ensemble de définition, comme somme de fonctions continues et dérivables :

$$g'(x) = 2x - \frac{2}{x}.$$

Pour étudier le signe de la dérivée plus simplement, on transforme l'écriture de la fonction en la mettant au même dénominateur :

$$g'(x) = \frac{2(x-1)(x+1)}{x}.$$

Sur $]0 ; +\infty[$, le dénominateur est strictement positif, donc le signe de la dérivée dépend de celui du numérateur. Le numérateur est un polynôme du second degré qui s'annule pour $x = 1$ ou $x = -1$.

x		-1		1		$+\infty$
Signe du numérateur	$+$	0	$-$	0	$+$	

On obtient donc le tableau suivant :

x	0		1		$+\infty$
$g'(x)$		$-$	0	$+$	
g		↘	3	↗	

On calcule la valeur du minimum : $g(1) = 1 + 2 - 2 \ln 1 = 3$.

b. Pour tout $x \in]0 ; +\infty[$, $g(x) \geqslant 3$. On en déduit le signe de la fonction g : elle est strictement positive sur son ensemble de définition.

2. Pour trouver la limite de f en 0, on peut décomposer la fonction.

$\lim\limits_{x \to 0^+} \frac{1}{x} = +\infty$ et $\lim\limits_{x \to 0} \ln x = -\infty$, donc, par produit de limites, on obtient $\lim\limits_{x \to 0^+} \frac{2 \ln x}{x} = -\infty$.

On en déduit $\lim\limits_{x \to 0} f(x) = -\infty$.

On procède de la même façon pour trouver la limite de f en $+\infty$:
$\lim_{x\to+\infty} x = +\infty$ et $\lim_{x\to+\infty} \frac{\ln x}{x} = 0$, donc, par somme de limites, on obtient $\lim_{x\to+\infty} f(x) = +\infty$.

3. La fonction f est dérivable comme somme et quotient de fonctions continues et dérivables : $f'(x) = 1 + \dfrac{2 \times \frac{1}{x} \times x - 2 \times 1 \times \ln x}{x^2}$. Après simplification et mise au même dénominateur, on obtient la dérivée suivante : $f'(x) = \dfrac{g(x)}{x^2}$.
Sur $]0\,;+\infty[$, le dénominateur étant strictement positif, le signe de la dérivée dépend uniquement du numérateur, donc du signe de la fonction g. Or on a vu à la question **1.** que la fonction g est strictement positive, ce qui permet de dire que $f'(x) > 0$. Par définition la fonction f est donc strictement croissante sur son ensemble de définition.

x	0	$+\infty$
$f'(x)$	$+$	
f	$-\infty$ ↗	$+\infty$

CONSEIL
Remplissez le tableau et vérifiez la cohérence limites/variations/représentation graphique avant d'aller plus loin dans l'étude.

4. $f(x) - y = x + 2\dfrac{\ln x}{x} - x = 2\dfrac{\ln x}{x}$.

$\lim_{x\to+\infty} 2\dfrac{\ln x}{x} = 0$, par définition. Donc la droite Δ d'équation $y = x$ est asymptote à $\mathscr{C}_f$ au voisinage de $+\infty$.

On étudie le signe de la différence $f(x) - y$:

x	0		1		$+\infty$
$\ln x$		$-$	0	$+$	
x		$+$		$+$	
$f(x) - y$		$-$	0	$+$	

CONSEIL
Tracez cette asymptote sur votre graphe.

Pour tout $x \in]0\,;1]$, la courbe est en dessous de son asymptote, et pour tout $x \in]1\,;+\infty[$, la courbe est au-dessus de son asymptote.

5. Si $\mathscr{C}_f$ admet une tangente T parallèle à Δ, alors le coefficient directeur de T et celui de Δ sont égaux. Or le coefficient directeur de Δ vaut 1, donc celui de T vaut aussi 1. De plus, le coefficient directeur de la tangente est égal à la valeur du nombre dérivé en A, ce qui amène donc à résoudre l'équation suivante :

$$f'(x) = 1 \Leftrightarrow \frac{g(x)}{x^2} = 1 \Leftrightarrow g(x) = x^2$$

$$\Leftrightarrow 2 - 2\ln x = 0 \Leftrightarrow \ln x = 1$$

On obtient la solution suivante : $x = \mathrm{e}$, ce qui donne pour le point A les coordonnées suivantes : $A\left(\mathrm{e}\ ;\ \mathrm{e} + \frac{2}{\mathrm{e}}\right)$. On trouve l'ordonnée de A en remplaçant la valeur de l'abscisse dans la fonction.

6. On utilise la formule $y = f'(\mathrm{e})(x - \mathrm{e}) + f(\mathrm{e})$, avec $f'(\mathrm{e}) = 1$ et $f(\mathrm{e}) = \mathrm{e} + \frac{2}{\mathrm{e}}$.
On en déduit : $y = x + \frac{2}{\mathrm{e}}$.

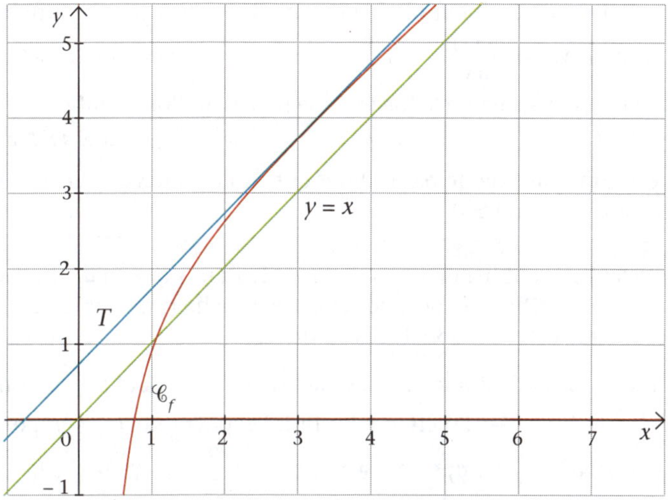

7. Sur $]0\ ;\ +\infty[$, la fonction f est continue, elle est monotone et elle prend ses valeurs dans $\mathbb{R}$, 0 est une valeur intermédiaire, donc, d'après le théorème des valeurs intermédiaires, l'équation $f(x) = 0$ admet une unique solution.
Or $f\left(\frac{1}{2}\right) = \frac{1}{2} - 4 \ln 2 < 0$ et $f(1) = 1 > 0$.

Cela nous permet d'encadrer la solution de l'équation :
$\frac{1}{2} \leqslant x_0 \leqslant 1$.

CONSEIL
On peut encadrer plus finement la solution par balayage à la calculatrice.

Pour réussir le jour J

LES ERREURS À NE PAS COMMETTRE

• Il ne faut pas oublier que la fonction $\ln x$ n'est définie que sur $]0\,;+\infty[$ et que la fonction $\ln u(x)$ n'est définie que pour $u(x) > 0$.

Exercices 5 et 11, p. 154 et 156

• La dérivée de la fonction $\ln u(x)$ suit les règles sur les fonctions composées et vaut $\dfrac{u'(x)}{u(x)}$. *Exercices 3 et 11, p. 154 et 156*

• Il ne faut jamais écrire le logarithme népérien d'un nombre négatif.

Exercices 4 et 5, p. 154

• Il est important de ne pas oublier que, pour tout $x < 1$, $\ln x < 0$ et, pour tout $x > 1$, $\ln x > 0$.

Exercice 7, p. 155

• Il ne faut pas oublier en utilisant l'égalité $\ln(a + b) = \ln a + \ln b$, que l'ensemble de définition de la fonction de gauche risque de ne pas être le même que celui des fonctions de droite. *QCM, p. 153*

• Lors des calculs de limites au voisinage de $+\infty$, il ne faut pas confondre $\lim\limits_{x\to+\infty} \dfrac{\ln x}{x}$ et $\lim\limits_{x\to+\infty} \dfrac{e^x}{x}$. En effet, à l'infini, l'exponentielle « l'emporte » sur x, alors que x « l'emporte » sur $\ln x$. *Exercice 10, p. 156*

• Pour résoudre une équation du type $\ln u(x) = \ln v(x)$, on doit d'abord déterminer l'ensemble de définition des deux fonctions u et v, ce qui donnera l'ensemble de définition commun sur lequel on résoudra l'équation. Enfin, il conviendra de vérifier la véracité de cette solution par rapport à l'ensemble de définition pour ne prendre en compte que les solutions y appartenant.

UN POINT EN + SUR LA COPIE

• Lorsque vous résolvez une équation du type $\ln a = \ln b$, avant d'écrire que cette équation est équivalente à $a = b$, vous pouvez indiquer que vous avez le droit de le faire parce que la fonction ln est strictement croissante.

• Lors du calcul des limites, il se peut que vous remarquiez l'existence d'asymptotes à la courbe, il ne faut pas hésiter à les signaler même si elles ne sont pas demandées.

10 qcm pour réviser le cours

Corrigés, p. 159

1 **Le nombre – 3 est solution de l'équation :**

- ❑ **a.** $\ln x = -\ln 3$.
- ❑ **b.** $\ln e^x = -3$.
- ❑ **c.** $e^{\ln x} = -3$.

2 **Pour tout réel x de $]0\,;1]$:**

- ❑ **a.** $\ln x > 0$.
- ❑ **b.** $\ln x < 0$.
- ❑ **c.** $\ln x \leqslant 0$.

3 **La courbe de la fonction ln admet :**

- ❑ **a.** une asymptote horizontale.
- ❑ **b.** une asymptote verticale.
- ❑ **c.** une asymptote oblique.

4 **Soit a un réel strictement positif, $\ln(2a^2) + 2\ln a =$:**

- ❑ **a.** $\ln 2 + \ln(a^4)$.
- ❑ **b.** $\ln 2a + 3\ln a$.
- ❑ **c.** $\ln[(2a)^4]$.

5 **Sur $]0\,;+\infty[$, si $f(x) = x(\ln x - 1)$, alors :**

- ❑ **a.** $f'(x) = \ln x - 1$
- ❑ **b.** $f'(x) = \ln x - 2$
- ❑ **c.** $f'(x) = \ln x$

6 **Soit f la fonction telle que :**

$$f(x) = x(1 - 3\ln x).$$

$\lim\limits_{x \to +\infty} f(x) =$:

- ❑ **a.** $-\infty$.
- ❑ **b.** 0.
- ❑ **c.** 1.

7 **Soit g la fonction telle que :**

$$g(x) = \ln(x^2 + x - 2).$$

Quelle est la limite de $g(x)$ lorsque x tend vers 1 ($x > 1$) ?

- ❑ **a.** $-\infty$.
- ❑ **b.** -2.
- ❑ **c.** 0.

8 **Soit f la fonction définie et dérivable sur $]0\,;+\infty[$ par :**

$$f(x) = 3\ln x - 2x + 5.$$

Dans le plan muni d'un repère, la tangente à la courbe de la fonction f en son point d'abscisse 1 a pour équation :

- ❑ **a.** $y = x + 2$.
- ❑ **b.** $y = -x + 4$.
- ❑ **c.** $y = 3x + 1$.

9 **Soit u une fonction strictement positive sur l'intervalle $]0\,;+\infty[$.**
Si $\lim\limits_{x \to +\infty} u(x) = 0$, alors :

- ❑ **a.** $\lim\limits_{x \to +\infty} \ln(u(x)) = +\infty$.
- ❑ **b.** $\lim\limits_{x \to +\infty} \ln(u(x)) = -\infty$.
- ❑ **c.** $\lim\limits_{x \to +\infty} \ln(u(x)) = 1$.

10 **Dans quelle(s) condition(s) l'égalité $\ln(x^2 + 3x) = \ln x + \ln(x + 3)$ est-elle vraie ?**

- ❑ **a.** Si $x > 0$.
- ❑ **b.** Si $x < -3$.
- ❑ **c.** si $x < -3$ ou si $x > 0$.

Plus de QCM sur www.defibac.fr

Exercices

Exercice 1 (niveau 1)

Corrigés, p. 159

Simplifier les écritures suivantes.

$A = \ln \frac{3}{4} + \ln \frac{8}{3} - \ln 2^3$

$B = \ln 7^{-3} + 2 \ln 49$

$C = \ln \sqrt{135} + \ln \sqrt{75} - \ln \sqrt{15} - \ln \sqrt{27}$

Exercice 2 (niveau 1)

Corrigés, p. 160

Calculer la valeur exacte des trois nombres A, B et C suivants. Que peut-on remarquer ?

$A = \ln 9 + \ln 4 - 2 \ln 6$

$B = \ln \frac{16}{9} - 4 \ln 2 + 2 \ln 3$

$C = \frac{1}{2} \ln 9 - \ln 3$

Exercice 3 (niveau 1)

Corrigés, p. 160

Indiquer les valeurs de x pour lesquelles les expressions suivantes ont un sens.

$f(x) = 2 \ln x - x$ $\quad g(x) = \ln x^2$ $\quad h(x) = \ln (2x + 3)$

$i(x) = \ln (x^2 - 4)$ $\quad j(x) = \ln (1 - 2x)$

Exercice 4 (niveau 1)

Corrigés, p. 160

Résoudre les équations et inéquations suivantes.

1. $\ln (3x - 5) = \ln (1 - 2x)$.

2. $\ln (3x + 5) = \ln (1 - 2x)$.

3. $\ln (3x + 7) = \ln (x - 5)$.

4. $\ln (x + 5) \geqslant \ln (1 - 2x)$.

5. $\ln (x - 2) \geqslant \ln (2x - 1)$.

Exercice 5 (niveau 1)

Corrigés, p. 161

Soit la fonction $f : x \mapsto x + 1 + 2 \ln \left(\frac{x}{x - 1}\right)$.

1. Déterminer l'ensemble de définition de la fonction.

2. Déterminer les variations de la fonction f sur $]1 ; +\infty[$.

3. En déduire le signe de f.

Exercice 6 niveau 2

Corrigés, p. 162

Résoudre les équations et inéquations suivantes.

1. $\ln(3x^2 - x) \leqslant \ln x + \ln 2$.

2. $\ln(3 - x) + \ln 2 - \ln(2x + 1) = 0$.

3. $\ln(2x - 1) = -5$.

4. $\ln(x + 1) \geqslant 2$.

5. $(\ln x)^2 - 3\ln x - 4 = 0$.

Exercice 7 niveau 2

Corrigés, p. 163

Résoudre dans $\mathbb{N}$.

1. $(1{,}05)^n \geqslant 2$.

2. $0{,}2 \geqslant \left(\frac{2}{5}\right)^n$.

Exercice 8 niveau 2

Corrigés, p. 164

Soit f la fonction définie sur $]0\,;+\infty[$ par $f(x) = \frac{1}{2}x^2 - 4x + 3\ln x$.

1. Déterminer la limite de f en 0.

2. À l'aide d'une factorisation judicieuse, déterminer la limite de f en $+\infty$.

3. Déterminer la dérivée de f.

4. Déterminer les variations de f.

5. Déterminer une équation de la tangente T à la courbe représentative de f au point d'abscisse 2.

Exercice 9 niveau 3

Corrigés, p. 164

1. On considère la fonction g définie sur $]0\,;+\infty[$ par $g(x) = x^2 + \ln x - 1$.

a. Montrer que g est strictement croissante sur $]0\,;+\infty[$.

b. Calculer $g(1)$ et en déduire le signe de $g(x)$ pour tout x de $]0\,;+\infty[$.

2. On considère la fonction f définie sur $]0\,;+\infty[$ par $f(x) = x + 1 - \frac{\ln x}{x}$.

a. Étudier les limites de f en 0 et en $+\infty$.

b. Calculer $f'(x)$ et montrer que $f'(x)$ a le même signe que $g(x)$.

c. En déduire les variations de la fonction f sur $]0\,;+\infty[$.

d. Dresser le tableau de variations de la fonction f en indiquant les limites.

3. Soit $\mathscr{C}$ la courbe représentative de f dans un repère orthonormé.

a. Montrer que $\mathscr{C}$ admet la droite $\mathscr{D}$ d'équation $y = x + 1$ comme asymptote oblique.

b. Étudier la position relative de $\mathscr{C}$ par rapport à cette asymptote oblique $\mathscr{D}$.

c. Déterminer les coordonnées du point J de la courbe $\mathscr{C}$ où la tangente est parallèle à la droite $\mathscr{D}$.

Exercice 10 (niveau 3)

Corrigés, p. 166

L'objectif de cet exercice est de démontrer le résultat suivant :

$$\lim_{x \to +\infty} \left(\frac{\ln x}{x}\right) = 0.$$

Partie A : Étude d'une fonction

On considère la fonction f définie sur $]0\,;+\infty[$ par $f(x) = \ln x - \sqrt{x}$.

1. Montrer que $f'(x) = \dfrac{2 - \sqrt{x}}{2x}$.

2. En déduire les variations de la fonction f et dresser son tableau de variations (les limites ne sont pas demandées).

3. Justifier alors que, pour tout x de $]0\,;+\infty[$, $\ln x < \sqrt{x}$.

Partie B : Utilisation des théorèmes de comparaison

1. En utilisant les résultats de la partie A, démontrer que, pour tout réel x strictement supérieur à 1, on a $0 < \dfrac{\ln x}{x} < \dfrac{1}{\sqrt{x}}$.

2. Déterminer $\lim\limits_{x \to +\infty} \left(\dfrac{1}{\sqrt{x}}\right)$ et en déduire $\lim\limits_{x \to +\infty} \left(\dfrac{\ln x}{x}\right)$.

Exercice 11 (niveau 3)

Corrigés, p. 166

La courbe $\mathscr{C}_f$ ci-contre représente, dans le plan muni d'un repère orthogonal, une fonction f définie sur l'intervalle $[-1\,;6]$.

On sait que la courbe $\mathscr{C}_f$:

– coupe l'axe des ordonnées au point A d'ordonnée 3 et l'axe des abscisses au point B d'abscisse b ;

– admet une tangente parallèle à l'axe des abscisses au point d'abscisse 2 ;

– admet la droite T pour tangente au point A.

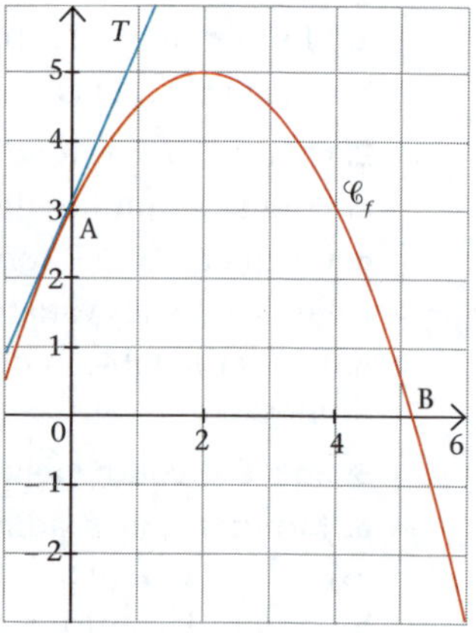

Partie A : Répondre sans justification aux questions suivantes.

1. Lire graphiquement $f(-1)$, $f(0)$, $f(2)$, $f(5)$.
2. Résoudre graphiquement, sur $[-1 ; 6]$, $f(x) = 0$ et $f(x) \geqslant 0{,}5$.
3. Déterminer graphiquement $f'(0)$ et $f'(2)$.
4. Résoudre graphiquement, sur $[-1 ; 6]$, $f'(x) > 0$.

Partie B : On étudie la fonction g qui à x associe $g(x) = \ln [f(x)]$ où ln désigne la fonction logarithme népérien.

Chacune des réponses de cette partie devra être justifiée avec soin, on utilisera les résultats de la partie A.

1. Préciser l'intervalle de définition I de la fonction g.
2. Déterminer la limite de la fonction g quand x tend vers b.
3. Déterminer les variations de la fonction g sur l'intervalle I.
4. Calculer l'image de -1, puis dresser le tableau de variations de g.
5. Calculer $g'(0)$, puis $g'(2)$.
6. Résoudre dans I l'inéquation $g(x) \geqslant -\ln 2$.

Partie C : On admet que g est définie par une expression du type $g(x) = \ln (ax^2 + bx + c)$.

Déterminer les réels a, b et c, à l'aide des réponses des parties A et B.

Exercice 12 (niveau 3)

Corrigés, p. 167

Le son se manifeste par des variations de pression de l'air et l'unité de mesure de cette pression est le pascal. La pression de l'air s'exerce sur le tympan de l'oreille : si la pression est supérieure ou égale à 20×10^{-6} pascals, l'oreille humaine perçoit un son que l'on mesure en décibels (db). Le niveau sonore $d(I)$ d'un son d'intensité I est donné par la formule $d(I) = \dfrac{10}{\ln 10} \ln \left(\dfrac{I}{I_0}\right)$ où I_0 est l'intensité du seuil d'audibilité de l'oreille humaine.

1. Une voix humaine produit un son dont l'intensité I est égale à $10^6 I_0$. Calculer le niveau sonore, en décibels, atteint par cette voix.
2. On considère deux intensités quelconques I_1 et I_2 telles que $I_1 \leqslant I_2$.

a. Déterminer $d(I_2) - d(I_1)$.

b. Calculer cette différence dans le cas où $I_2 = 2I_1$, à l'unité près.

c. Déterminer $\dfrac{I_2}{I_1}$ si $d(I_2) - d(I_1) = 15$. Justifier ensuite l'affirmation :

« 115 décibels, c'est environ 32 fois plus fort que 100 décibels. »

Exercice 13 (60 min, 5 pts)

Corrigés, p. 168

TYPE BAC

Pour tout entier naturel n, on considère la fonction f_n définie sur $]0\,;+\infty[$ par $f_n(x) = -nx - x\ln x$.

On note $\mathscr{C}_n$ la courbe représentative de la fonction f_n dans un repère orthonormé $(O; \vec{i}, \vec{j})$. Les courbes $\mathscr{C}_0$, $\mathscr{C}_1$ et $\mathscr{C}_2$ sont les courbes représentatives des fonctions f_0, f_1 et f_2.

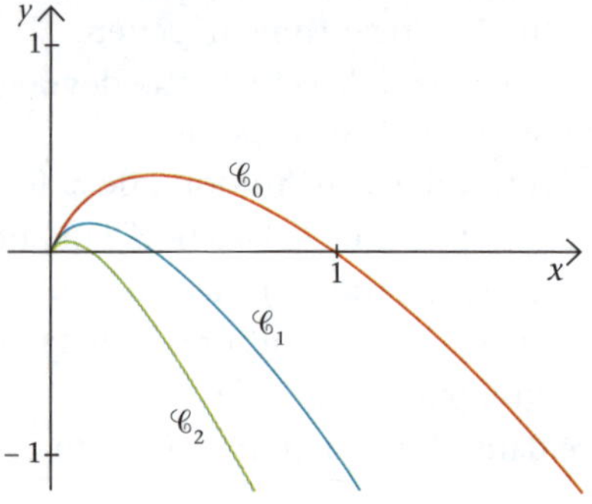

Partie A : Étude de la fonction f_0 définie sur $]0\,;+\infty[$ par :

$$f_0(x) = -x\ln x.$$

1. Déterminer la limite de la fonction aux bornes de son domaine.

2. Déterminer la dérivée $f'_0(x)$ et en déduire les variations de la fonction f_0 sur $]0\,;+\infty[$.

Partie B : Étude des fonctions f_n pour n entier naturel

1. Déterminer la dérivée $f'_n(x)$.

2. a. Démontrer que la courbe $\mathscr{C}_n$ admet en un unique point A_n une tangente parallèle à l'axe des abscisses.

b. Prouver que ce point appartient à la droite Δ d'équation $y = x$.

c. Déterminer les coordonnées des points A_0, A_1, A_2.

Placer ces trois points sur la figure.

3. a. Démontrer que la courbe $\mathscr{C}_n$ coupe l'axe des abscisses en un unique point, noté B_n, et donner son abscisse.

b. Démontrer que la tangente à la courbe $\mathscr{C}_n$ au point B_n a un coefficient directeur indépendant de n.

c. Déterminer et placer sur la figure les points B_0, B_1, B_2.

QCM

1 **b.** ln (– 3) n'existe pas.

2 **c.** L'intervalle est fermé en 1 et ln (1) = 0.

3 **b.** On sait que $\lim\limits_{x \to 0} \ln x = -\infty$.

4 **a.** et **b.** Il suffit de faire le calcul à l'aide des propriétés du cours.
$\ln(2a^2) + 2\ln a = \ln 2 + \ln a^2 + 2\ln a$, on obtient donc $\ln 2 + 4\ln a$, ce qui peut aussi s'écrire $\ln 2 + \ln a^4$. Cela correspond à la réponse **a.**
Or la réponse **b.** peut aussi s'écrire $\ln(2a) + 3\ln a = \ln 2 + \ln a + 3\ln a = \ln 2 + 4\ln a$.
En revanche, la réponse **c.** équivaut à $4\ln(2a) = 4\ln 2 + 4\ln a$.

5 **c.** On dérive un produit de fonctions et $f'(x) = 1 \times (\ln x - 1) + x \times \dfrac{1}{x}$.

6 **a.** Voir le cours pour les produits de limites.

7 **a.** On est en présence d'une fonction composée :
$\lim\limits_{\substack{x \to 1 \\ x > 1}} x^2 + x - 2 = 0^+$ et $\lim\limits_{\substack{X \to 0 \\ X > 0}} \ln X = -\infty$.

8 **a.** On utilise la formule de l'équation de la tangente. On calcule la dérivée de f qui vaut $f'(x) = \dfrac{3}{x} - 2$. On obtient l'équation $y = f'(1)(x - 1) + f(1)$.
Après remplacement, $y = (x - 1) + 3 = x + 2$.

9 **b.** On utilise les limites de fonctions composées :
comme $\lim\limits_{x \to +\infty} u(x) = 0$, alors $\lim\limits_{X \to 0} \ln X = -\infty$.

10 **a.** Le membre de gauche existe si $x^2 + 3x > 0$, ce qui donne $x \in]-\infty\,;-3[\cup]0\,;+\infty[$. On fait la même chose avec le membre de droite. Tout d'abord, $\ln x$ existe si $x > 0$ et $\ln(x + 3)$ existe si $x > -3$. C'est le membre de droite qui donne donc la condition d'existence.

Exercice 1

$A = \ln 3 - \ln 4 + \ln 8 - \ln 3 - 3\ln 2$
$A = -2\ln 2 + 3\ln 2 - 3\ln 2$
$\boldsymbol{A = -2\ln 2}$

$B = -3\ln 7 + 2\ln 7^2$
$B = -3\ln 7 + 4\ln 7$
$\boldsymbol{B = \ln 7}$

$C = \dfrac{1}{2}\ln 135 + \dfrac{1}{2}\ln 75 - \dfrac{1}{2}\ln 15 - \dfrac{1}{2}\ln 27$

$C = \dfrac{1}{2}\ln\dfrac{135}{27} + \dfrac{1}{2}\ln\dfrac{75}{15}$

$C - \dfrac{1}{2}\ln 5 + \dfrac{1}{2}\ln 5$

$\boldsymbol{C = \ln 5}$

Exercice 2

$A = \ln 3^2 + \ln 2^2 - 2\ln(2 \times 3)$

$A = 2\ln 3 + 2\ln 2 - 2\ln 2 - 2\ln 3$

$\boldsymbol{A = 0}$

$B = \ln 16 - \ln 9 - 4\ln 2 + 2\ln 3$

$B = 4\ln 2 - 2\ln 3 - 4\ln 2 + 2\ln 3$

$\boldsymbol{B = 0}$

$C = \ln\sqrt{9} - \ln 3$

$C = \ln 3 - \ln 3$

$\boldsymbol{C = 0}$

À NOTER
On remarque que les trois nombres sont nuls.

Exercice 3

1. La fonction f existe si $x > 0$. Donc $\mathbf{D}_f =]0\,;+\infty[$.

2. La fonction g existe si $x^2 > 0$. Donc $\mathbf{D}_g = \mathbb{R}\setminus\{0\}$.

3. La fonction h existe si $2x + 3 > 0$.

Donc $\mathbf{D}_h = \left]-\dfrac{3}{2}\,;+\infty\right[$.

4. La fonction i existe si $x^2 - 4 > 0$.

Donc $\mathbf{D}_i =]-\infty\,;-2[\, \cup\,]2\,;+\infty[$.

5. La fonction j existe si $1 - 2x > 0$.

Donc $\mathbf{D}_j = \left]+\infty\,;\dfrac{1}{2}\right[$.

RAPPEL
$\ln u(x)$ existe si, et seulement si, $u(x) > 0$.

Exercice 4

1. $\ln(3x - 5)$ existe si $x > \dfrac{5}{3}$.

$\ln(1 - 2x)$ existe si $x < \dfrac{1}{2}$. On peut donc en conclure que l'ensemble de définition est vide, ce qui signifie que **l'équation n'aura pas de solution.**

ATTENTION
Il ne faut pas oublier de chercher d'abord l'ensemble de définition avant de résoudre les équations.

2. $\ln(3x + 5)$ existe si $x > -\dfrac{5}{3}$. $\ln(1 - 2x)$ existe si $x < \dfrac{1}{2}$. On obtient donc l'ensemble de définition suivant : $D = \left]-\dfrac{5}{3}\,;\dfrac{1}{2}\right[$.

D'où $\ln(3x + 5) = \ln(1 - 2x)$ équivaut à $3x + 5 = 1 - 2x$, ce qui donne $x = -\dfrac{4}{5}$.

CONSEIL
N'oubliez pas de rappeler que l'équation $\ln a = \ln b$ équivaut à $a = b$.

On vérifie si cette valeur appartient à l'ensemble de définition avant de conclure. C'est le cas ici, donc $\boldsymbol{S} = \left\{-\dfrac{4}{5}\right\}$.

3. $\ln(3x+7)$ existe si $x > -\frac{7}{3}$. $\ln(x-5)$ existe si $x > 5$. On obtient donc l'ensemble de définition suivant : $D =]5\ ;+\infty[$.
$\ln(3x+7) = \ln(x-5)$ équivaut à $3x + 7 = x - 5$, ce qui donne $x = -6$.
Or il se trouve que cette valeur n'est pas inclue dans l'ensemble de définition, donc $S = \varnothing$.

4. $\ln(x+5)$ existe si $x > -5$. $\ln(1-2x)$ existe si $x < \frac{1}{2}$.
Donc $D = \left]-5\ ;\frac{1}{2}\right[$.
$\ln(x+5) \geqslant \ln(1-2x) \Leftrightarrow x + 5 \geqslant 1 - 2x.$
$\Leftrightarrow x \geqslant -\frac{4}{3}.$
On prend donc l'intersection entre l'ensemble de définition et l'ensemble solution précédent, ce qui donne $S = \left]-\frac{4}{3}\ ;\frac{1}{2}\right[$.

5. $\ln(x-2)$ existe si $x > 2$. $\ln(2x-1)$ existe si $x > \frac{1}{2}$. Ce qui donne $D =]2\ ;+\infty[$.
$\ln(x-2) \geqslant \ln(2x-1) \Leftrightarrow x - 2 \geqslant 2x - 1 \Leftrightarrow x \leqslant -1.$
Si on compare les deux ensembles, on constate que l'ensemble solution de l'inéquation ne coïncide pas avec l'ensemble de définition, ce qui signifie que $S = \varnothing$.

Exercice 5

1. La fonction f existe si $\frac{x}{x-1} > 0$.
À l'aide d'un tableau de signe on obtient $D_f =]-\infty\ ;0[\ \cup\ ]1\ ;+\infty[$.

2. La fonction est dérivable comme somme et composée de fonctions continues et dérivables.
On peut dériver le quotient $\frac{x}{x-1}$ avant de dériver la fonction.
La dérivée de ce quotient vaut $\frac{-1}{(x-1)^2}$, ce qui permet d'écrire :

$$f'(x) = 1 + 2 \times \frac{\frac{-1}{(x-1)^2}}{\frac{x}{x-1}} = \frac{x^2 - x - 2}{x(x-1)}.$$

Pour étudier le signe de la dérivée, il faut factoriser le numérateur.
Les racines sont -1 et 2 et la règle du signe du trinôme permet d'obtenir le signe de ce numérateur.

x	$-\infty$		-1		2		$+\infty$
Signe du numérateur		+	0	−	0	+	

On étudie la fonction sur $]1\ ;+\infty[$. Sur cet intervalle le dénominateur est positif, donc le signe de la dérivée ne dépend que du signe du numérateur, ce qui permet d'obtenir le tableau suivant.

x	1		2		$+\infty$
$f'(x)$		−	0	+	
f		↘	$f(2)$	↗	

3. Pour déterminer le signe de la fonction f, on calcule $f(2)$.
$f(2) = 3 + 2\ln 2$.

Or cette valeur est strictement positive, ce qui permet de conclure sur le signe de la fonction. **Pour tout $x \in\ ]1\ ;+\infty[$, $f(x) > 0$.**

Exercice 6

1. $\ln(3x^2 - x) \leqslant \ln x + \ln 2$.

Il faut d'abord chercher l'ensemble de définition avant de résoudre cette inéquation.

$\ln(3x^2 - x)$ existe si $x \in\ ]-\infty\ ;0[\ \cup\ \left]\frac{1}{3}\ ;+\infty\right[$.

Il faut ensuite modifier le membre de droite pour pouvoir utiliser la définition $\ln a < \ln b$ équivaut à $a < b$.

$$\begin{aligned}\ln(3x^2 - x) \leqslant \ln x + \ln 2 &\Leftrightarrow \ln(3x^2 - x) \leqslant \ln 2x\\ &\Leftrightarrow 3x^2 - x \leqslant 2x\\ &\Leftrightarrow 3x(x-1) \leqslant 0.\end{aligned}$$

On compare ensuite la solution de l'inéquation avec l'ensemble de définition et on obtient l'ensemble solution $\boldsymbol{S} = \left]\frac{\mathbf{1}}{\mathbf{3}}\ ;\mathbf{1}\right[$.

2. $\ln(3 - x) + \ln 2 - \ln(2x + 1) = 0$.

L'ensemble de définition est $\left]-\frac{1}{2}\ ;3\right[$, on modifie ensuite l'équation de façon à pouvoir utiliser la définition.

$$\begin{aligned}\ln[2(3 - x)] &= \ln(2x + 1)\\ 6 - 2x &= 2x + 1\\ 5 &= 4x\end{aligned}$$

On vérifie ensuite si la valeur $\frac{5}{4}$ appartient à l'ensemble solution.

On conclut sur la solution de cette équation : $\boldsymbol{S} = \left\{\frac{\mathbf{5}}{\mathbf{4}}\right\}$.

3. $\ln(2x - 1) = -5$. $D = \left]\frac{1}{2} ; +\infty\right[$.

La solution de l'équation $\ln a = b$ est $a = e^b$, ce qui permet d'écrire :

$2x - 1 = e^{-5}$ équivaut à $x = \frac{e^{-5} + 1}{2}$.

Cette valeur est supérieure à 0,5, donc $\boldsymbol{S} = \left\{\frac{e^{-5} + 1}{2}\right\}$.

4. $\ln(x + 1) \geqslant 2$. $D =]-1 ; +\infty[$.

On résout l'inéquation de la même façon que précédemment.

$\ln(x + 1) \geqslant 2$ équivaut à $x + 1 \geqslant e^2$, d'où $x \geqslant e^2 - 1$. Il faut ensuite trouver l'intervalle commun entre l'ensemble de définition et la solution de l'inéquation : $e^2 - 1 > -1$.

Donc $\boldsymbol{S} = [e^2 - 1 ; +\infty[$.

5. $(\ln x)^2 - 3 \ln x - 4 = 0$.

$D =]0 ; +\infty[$. On remarque que l'équation est de la forme $X^2 - 3X - 4 = 0$ avec $X = \ln x$.

Le trinôme admet 2 solutions qui sont 4 et -1.

> **ATTENTION**
> N'oubliez pas que vous avez fait un changement de variable et que les 2 solutions trouvées ne sont pas celles de l'équation de départ. Les valeurs trouvées sont celles de X et non celles de x.

On a donc maintenant à résoudre : $\begin{cases} \ln x = 4 \\ \ln x = -1 \end{cases} \Leftrightarrow \begin{cases} x = e^4 \\ x = e^{-1} \end{cases}$.

Ce sont deux valeurs positives qui appartiennent à l'ensemble de définition, donc $\boldsymbol{S} = \{e^4 ; e^{-1}\}$.

Exercice 7

1. Pour résoudre ce type d'équation, on utilise la propriété $\ln a^n = n \ln a$.

$(1{,}05)^n \geqslant 2 \Leftrightarrow \ln(1{,}05)^n \geqslant \ln 2 \Leftrightarrow n \ln(1{,}05) \geqslant \ln 2$.

$\ln(1{,}05) > 0$. On peut donc diviser les deux membres de l'inégalité sans changer le sens de l'inéquation.

$n \geqslant \frac{\ln 2}{\ln(1{,}05)} \Leftrightarrow n \geqslant 14{,}2$.

n est un entier naturel, donc **la solution de cette inéquation est $n \geqslant 15$.**

2. $0{,}2 \geqslant \left(\frac{2}{5}\right)^n$ équivaut à $\ln(0{,}2) \geqslant n \ln \frac{2}{5}$.

$\ln\left(\frac{2}{5}\right) < 0$. Il faut donc changer le sens de l'inégalité.

$$n \geqslant \frac{\ln(0{,}2)}{\ln\left(\frac{2}{5}\right)} \Leftrightarrow n \geqslant 1{,}75.$$

n est un entier naturel, donc **la solution de cette inéquation est $n \geqslant 2$.**

CORRIGÉS

Exercice 8

1. $\lim\limits_{x \to 0} \frac{1}{2}x^2 - 4x = 0$ et $\lim\limits_{x \to 0} 3 \ln x = -\infty$, donc, par somme de limites, $\boldsymbol{\lim\limits_{x \to 0} f(x) = -\infty}$.

CONSEIL
Tracez la fonction sur votre calculatrice pour vérifier la cohérence de vos résultats.

2. $f(x) = x^2\left(\frac{1}{2} - \frac{4}{x} + \frac{3 \ln x}{x^2}\right)$.

Ainsi $\lim\limits_{x \to +\infty} x^2 = +\infty$

et $\lim\limits_{x \to +\infty} \left(\frac{1}{2} - \frac{4}{x} + \frac{3 \ln x}{x^2}\right) = \frac{1}{2}$,

donc, par produit de limites,

$\boldsymbol{\lim\limits_{x \to +\infty} f(x) = +\infty}$.

CONSEIL
Si on cherche à déterminer la limite de la fonction au voisinage de l'infini, on trouve une forme indéterminée. Pour lever cette indétermination, on factorise la fonction par le monôme de plus haut degré.

3. La fonction f est dérivable comme somme de fonctions continues et dérivables :

$f'(x) = x - 4 + \frac{3}{x} = \boldsymbol{\frac{(x-3)(x-1)}{x}}$.

4. Sur l'intervalle $]0\,;+\infty[$ le signe de la dérivée dépend du signe de son numérateur.

x	0		1		3		$+\infty$
$f'(x)$	‖	$+$	0	$-$	0	$+$	
f	$-\infty$	↗	$-3{,}5$	↘	$f(3)$	↗	$+\infty$

$f(1) = 0{,}5 - 4 + 3 \ln 1 = -3{,}5$.

$f(3) = 4{,}5 - 12 + 3 \ln 3 \approx -4{,}2$.

5. L'équation de la tangente T à la courbe représentative de f au point d'abscisse 2 est donnée par la formule $y = f'(2)(x-2) + f(2)$.

D'où $\boldsymbol{T : y = -0{,}5x + 3 \ln 2 - 5}$.

CONSEIL
La construction de la tangente sur votre calculatrice, ou un grapheur, permet là encore de vérifier votre calcul.

Exercice 9

1. a. La fonction g est dérivable comme somme de fonctions continues et dérivables : $g'(x) = 2x + \frac{1}{x}$. La fonction étant définie sur $]0\,;+\infty[$, on peut alors dire que la dérivée est positive comme somme de deux fonctions positives. Si la dérivée est positive, on peut alors conclure que **la fonction g est croissante.**

b. $g(1) = 0$, ce qui permet d'en déduire le signe de la fonction g.
Pour tout $x \in]0\ ;\ 1]$, $g(x) < 0$ et pour tout $x \geqslant 1$, $g(x) \geqslant 0$.

2. a. Pour calculer la limite au voisinage de 0, on décompose :
$\lim\limits_{x \to 0} x + 1 = 1$ et $\lim\limits_{x \to 0} -\dfrac{1}{x} \times \ln x = +\infty$, d'où, par somme de limites, $\mathbf{\lim\limits_{x \to 0} f(x) = +\infty}$.

De même, au voisinage de l'infini, $\lim\limits_{x \to +\infty} x + 1 = +\infty$ et $\lim\limits_{x \to +\infty} -\dfrac{1}{x} \times \ln x = 0$, d'où, par somme de limites, $\mathbf{\lim\limits_{x \to +\infty} f(x) = +\infty}$.

b. La fonction f est dérivable comme somme et quotient de fonctions définies et dérivables : $f'(x) = 1 - \dfrac{\frac{1}{x} \times x - \ln x}{x^2} = \dfrac{x^2 - 1 + \ln x}{x^2} = \dfrac{g(x)}{x^2}$.

Le signe de la dérivée de f dépend de celui de son numérateur, or ce numérateur est $g(x)$.

c. Pour tout $x \in]0\ ;\ 1]$, $g(x) < 0$, donc la dérivée est négative et ainsi **la fonction f est décroissante, et pour tout $x \geqslant 1$**, $g(x) \geqslant 0$, donc la dérivée est positive et **la fonction f est croissante.**

d. On peut donc en déduire le tableau de variations suivant :

x	0		1		$+\infty$
$g(x)$		$-$	0	$+$	
f	$+\infty$	↘	2	↗	$+\infty$

$f(1) = 1 + 1 = 2$

3. a. Pour montrer que la courbe admet la droite $\mathcal{D}$ comme asymptote oblique, il faut montrer que $\lim\limits_{x \to +\infty} (f(x) - y) = 0$.

$f(x) - y = -\dfrac{\ln x}{x}$. Or $\lim\limits_{x \to +\infty} -\dfrac{\ln x}{x} = 0$. On peut donc en conclure que **la droite $\mathcal{D}$ d'équation $y = x + 1$ est asymptote oblique à la courbe $\mathcal{C}$.**

b. Pour déterminer si la courbe est en dessous ou au-dessus de son asymptote, il faut déterminer le signe de $f(x) - y$. Sur $]0\ ;\ +\infty[$, le dénominateur est positif, donc le signe de $f(x) - y$ dépend du signe du numérateur. **Ce qui permet de conclure que, pour tout $x \in]0\ ;\ 1[$, $f(x) - y > 0$, donc la courbe est au-dessus de son asymptote, et, pour tout $x \in]1\ ;\ +\infty[$, $f(x) - y < 0$, donc la courbe est en dessous son asymptote.**

c. Pour déterminer les coordonnées du point J de la courbe où la tangente est parallèle à la droite $\mathcal{D}$, il faut résoudre $f'(x) = 1$. En effet, le coefficient directeur de la tangente à la courbe est donné par le nombre dérivé, or le coefficient directeur de la droite $\mathcal{D}$ vaut 1.

$f'(x) = 1 \Leftrightarrow \dfrac{x^2 - 1 + \ln x}{x^2} = 1 \Leftrightarrow x^2 - 1 + \ln x = x^2 \Leftrightarrow \ln x = 1.$

Ce qui permet de déterminer la valeur de x qui vaut e. Les coordonnées de J sont donc **(e ; *f*(e))**, avec $f(\mathrm{e}) = \mathrm{e} + 1 - \dfrac{1}{\mathrm{e}}$.

Exercice 10

Partie A. 1. La fonction f est définie et dérivable sur son domaine de définition, comme somme de deux fonctions dérivables :

$f'(x) = \dfrac{1}{x} - \dfrac{1}{2\sqrt{x}} = \dfrac{2}{2x} - \dfrac{\sqrt{x}}{2x} = \dfrac{\mathbf{2 - \sqrt{x}}}{\mathbf{2x}}.$

2. Le dénominateur de la dérivée est positif, donc le signe de la dérivée ne dépend que du signe de son numérateur. $2 - \sqrt{x} = 0$, c'est-à-dire $x = 4$. On en déduit le tableau de variations suivant :

x	0		4		$+\infty$
$f'(x)$		+	0	–	
f		↗		↘	

$f(4) = \ln 4 - 2 < 0.$

3. Le tableau de variations ainsi que la valeur de $f(4)$ permettent de dire que $f(x) < 0$. $f(x) < 0$ équivaut à $\ln x - \sqrt{x} < 0$, donc $\mathbf{\ln x < \sqrt{x}}$.

Partie B. 1. Si $x > 1$, alors $\ln x > 0$, ce qui permet d'écrire $0 < \ln x < \sqrt{x}$ (d'après la **partie A**). D'où, comme $x > 0$, alors $\mathbf{0 < \dfrac{\ln x}{x} < \dfrac{\sqrt{x}}{x}}$.

2. $\lim\limits_{x \to +\infty} \dfrac{1}{\sqrt{x}} = 0$. D'après le théorème des gendarmes, on peut en conclure que $\lim\limits_{x \to +\infty} \dfrac{\ln x}{x} = 0$.

Exercice 11

Partie A.

$f(-1) =$	0,5
$f(0) =$	3
$f(2) =$	5

$f(5) =$	0,5
$f(x) = 0$	b
$f(x) \geqslant 0{,}5$	$[-1 ; 5]$

$f'(0) =$	2
$f'(2) =$	0
$f'(x) > 0$	$[-1 ; 2[$

Partie B. 1. La fonction g existe si la fonction f est strictement positive. D'après la **partie A**, on peut dire $\mathcal{D}_g = [-1\ ;\ b[$.

2. $\lim\limits_{x \to b} f(x) = 0$, donc $\lim\limits_{X \to 0} \ln X = -\infty$, par composée de fonctions.

3. On sait que la fonction f est croissante pour tout $x \in]-1\ ;\ 2[$ et que f est décroissante pour tout $x \in]2\ ;\ b[$. De plus, la fonction ln est strictement croissante sur son ensemble de définition, on peut donc en conclure, d'après le théorème des fonctions composées, que **la fonction ln $[f(x)]$ a les mêmes variations que la fonction f.**

4. $g(-1) = \ln[f(-1)] = \mathbf{\ln (0,5)}$.

x	-1		2		b
g	$\ln (0,5)$	↗	$\ln 5$	↘	$-\infty$

5. Si $g(x) = \ln[f(x)]$, alors $g'(x) = \dfrac{f'(x)}{f(x)}$, ce qui permet de calculer $g'(0) = \dfrac{f'(0)}{f(0)} = \dfrac{2}{3}$ et $g'(2) = \dfrac{f'(2)}{f(2)} = \mathbf{0}$.

6. $g(x) \geqslant -\ln 2$ équivaut à $\ln [f(x)] \geqslant \ln\left(\dfrac{1}{2}\right)$, d'où $f(x) \geqslant \dfrac{1}{2}$, la fonction ln étant strictement croissante.

À l'aide de la **partie A**, on peut conclure que $\mathbf{S = [-1\ ;\ 5]}$.

Partie C. En utilisant $g(-1)$, $g'(0)$ et $g'(2)$, on peut poser un système permettant de déterminer les réels a, b et c : $g'(x) = \dfrac{2ax + b}{ax^2 + bx + c}$.

$$\begin{cases} \dfrac{b}{c} = \dfrac{2}{3} \\ \dfrac{4a + b}{4a + 2b + c} = 0 \\ \ln (a - b + c) = \ln (0,5) \end{cases} \text{ équivaut à } \begin{cases} 3b - 2c = 0 \\ 4a + b = 0 \\ a - b + c = 0,5 \end{cases}, \text{ d'où } \begin{cases} a = -0,5 \\ b = 2 \\ c = 3 \end{cases}.$$

On peut conclure que $g(x) = \ln (-0,5x^2 + 2x + 3)$.

Exercice 12

1. $d(I) = \dfrac{10}{\ln 10} \ln\left(\dfrac{10^6 I_0}{I_0}\right) = \dfrac{10}{\ln 10} \times 6 \times \ln 10 = 60.$

Cette voix a un niveau de 60 db.

2. a. $d(I_2)-d(I_1)=\dfrac{10}{\ln 10}\ln\left(\dfrac{I_2}{I_0}\right)-\dfrac{10}{\ln 10}\ln\left(\dfrac{I_1}{I_0}\right)=\dfrac{10}{\ln 10}[\ln I_2-\ln I_0-\ln I_1+\ln I_0]$

$=\dfrac{\mathbf{10}}{\mathbf{\ln 10}}\,\mathbf{\ln}\left(\dfrac{\boldsymbol{I_2}}{\boldsymbol{I_1}}\right).$

b. Si $I_2 = 2I_1$, alors $d(I_2) - d(I_1) = \dfrac{10}{\ln 10} \times \ln 2 \approx \mathbf{3}$.

c. Si $d(I_2) - d(I_1) = 15$, alors $15 = \dfrac{10}{\ln 10} \times \ln\left(\dfrac{I_2}{I_1}\right)$ et donc $\ln\left(\dfrac{I_2}{I_1}\right) = \dfrac{15 \ln 10}{10}$.

Par passage à la fonction exponentielle, on en déduit la valeur du quotient : $\dfrac{I_2}{I_1} = \mathrm{e}^{\frac{15 \ln 10}{10}}$, dont une valeur approchée est environ de 32. La différence entre 115 et 100 décibels est de 15, or, pour $d(I_2) - d(I_1) = 115 - 100 = 15$, on a $\boldsymbol{I_2 \approx 32 \times I_1}$.

L'intensité du son est bien 32 fois plus grande avec juste une différence de 15 décibels en plus.

Exercice 13

Partie A.

0,5 pt

1. $\boldsymbol{\lim\limits_{x \to 0} - x \ln x = 0}$ car $\lim\limits_{x \to 0} x \ln x = 0$.

$\boldsymbol{\lim\limits_{x \to +\infty} - x \ln x = - \infty}$ car $\lim\limits_{x \to +\infty} x \ln x = + \infty$.

1,5 pt

2. La fonction f_0 est dérivable comme produit de deux fonctions continues et dérivables :

$\boldsymbol{f'_0(x) = - \ln x - 1}$.

$f'_0(x) = 0$ équivaut à $\ln x = - 1$, d'où $x = \mathrm{e}^{-1}$.

Pour tout $x \in \,]0 ; \mathrm{e}^{-1}[$, $f'_0(x) > 0$, donc la fonction est strictement croissante ; pour tout $x \in \,]\mathrm{e}^{-1} ; + \infty[$, $f'(x) < 0$, la fonction est strictement décroissante.

x	0	e^{-1}	$+ \infty$
f_0	0 ↗	e^{-1}	↘ $- \infty$

$f_0(\mathrm{e}^{-1}) = - \mathrm{e}^{-1} \ln (\mathrm{e}^{-1}) = \mathrm{e}^{-1}$.

On peut vérifier sur la figure donnée à la fin du corrigé que la courbe $\mathscr{C}_0$ correspond au tableau.

Partie B. $f_n(x) = - nx - x \ln x$.

0,5 pt **1.** La fonction est dérivable comme somme et produit de fonctions continues et dérivables :

$f'_n(x) = -n - (\ln x + 1) = -n - \ln x - 1.$

ATTENTION
La variable est x et on dérive la fonction par rapport à cette variable, n est une constante.

0,5 pt **2. a.** Si la courbe $\mathscr{C}_n$ admet une tangente parallèle à l'axe des abscisses, cela signifie que le coefficient directeur de la tangente en ce point est nul. Il faut donc résoudre $f'_n(x) = 0$.

$-n - \ln x - 1 = 0$ équivaut à $\ln x = -1 - n$, d'où $x = e^{-1-n}$.

On trouve une unique solution, donc il existe un unique point A_n tel que la courbe admette en un unique point une tangente horizontale.

0,5 pt **b.** $f_n(e^{-1-n}) = -ne^{-1-n} - e^{-1-n}\ln(e^{-1-n}) = e^{-1-n}$.

Le point A_n est tel que son abscisse et son ordonnée sont identiques, on peut en conclure que **ce point appartient à la droite d'équation $y = x$.**

0,5 pt **c.** $A_0(e^{-1} ; e^{-1})$, $A_1(e^{-2} ; e^{-2})$, $A_2(e^{-3} ; e^{-3})$: pour construire plus facilement les points, il faut tenir compte de la question précédente qui nous dit que les points sont aussi sur la droite Δ, ils seront donc à l'intersection de la courbe et de cette droite.

0,5 pt **3. a.** Pour démontrer que la courbe $\mathscr{C}_n$ coupe l'axe des abscisses en un unique point, il faut résoudre $f_n(x) = 0$.

$f_n(x) = 0$ équivaut à $-nx - x\ln x = 0$, d'où $x(-n - \ln x) = 0$.

Or $x \neq 0$, donc $\ln x = -n$ équivaut à $x = e^{-n}$, **il existe donc un unique point B_n.**

0,5 pt **b.** Le coefficient directeur de la tangente à la courbe au point B_n est le nombre dérivé en $x = e^{-n}$.

On calcule $f'_n(e^{-n}) = -n - 1 - \ln(e^{-n}) = -n - 1 + n = -1$, la valeur trouvée ne dépend pas de n :

le coefficient directeur de la tangente est bien indépendante de n.

0,5 pt **c.** $B_0(1 ; 0)$, $B_1(e^{-1} ; 0)$, $B_2(e^{-2} ; 0)$: on construit les points, en prenant le point d'intersection entre la courbe et l'axe des abscisses.

0,5 pt **d.** Voir le graphique ci-contre.

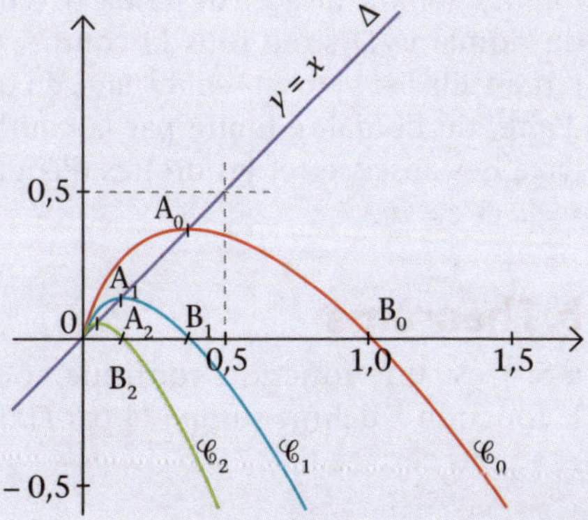

8 Intégration

1 Aire sous une courbe. Intégrale d'une fonction continue et positive

a. Définition

■ Soient a et b deux nombres réels tels que $a < b$. Soient une fonction f continue et positive sur l'intervalle $[a\ ;\ b]$ et $\mathscr{C}$ sa courbe représentative dans un repère orthogonal $(O\ ; \vec{i}, \vec{j})$. L'unité d'aire est l'aire du rectangle coloré sur la figure.

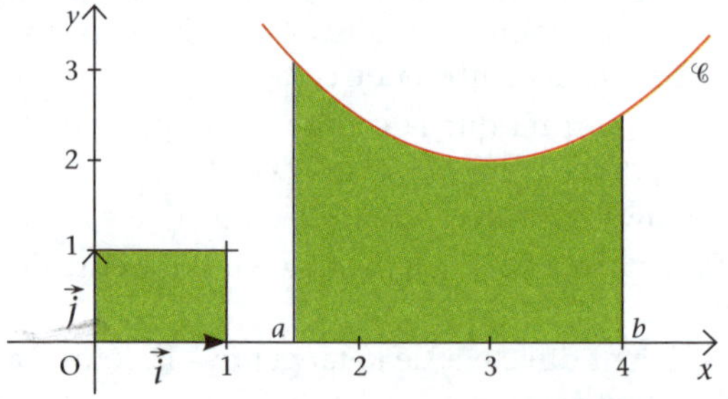

L'**intégrale de a à b de f**, notée $\int_a^b f(x)\mathrm{d}x$ (on lit « somme de a à b de $f(x)\mathrm{d}x$ »), est l'aire du domaine D situé sous la courbe $\mathscr{C}$ sur l'intervalle $[a\ ;\ b]$ (c'est-à-dire l'aire, en unités d'aire, du domaine limité par la courbe $\mathscr{C}$, l'axe des abscisses et les droites d'équation $x = a$ et $x = b$).

À NOTER
a et b sont les **bornes** de l'intégrale ; x est une variable « muette » qui n'intervient pas dans le résultat ; $f(x)\mathrm{d}x$ est l'aire d'un rectangle de dimensions $f(x)$ et $\mathrm{d}x$.

b. Théorème

■ Si f est une fonction continue et positive sur un intervalle $[a\ ;\ b]$, la fonction F définie sur $[a\ ;\ b]$ par $F(x) = \int_a^x f(t)\mathrm{d}t$ est dérivable sur $[a\ ;\ b]$ et a pour dérivée f.

▶ ROC, p. 185

COURS

2 Primitives d'une fonction

a. Définition et propriétés

Définition

■ Soit f une fonction définie sur un intervalle I. Une **primitive** de f sur I est une fonction F dérivable sur I telle que, pour tout x de I, $F'(x) = f(x)$.

Propriétés

Soit F une primitive de f sur un intervalle I.

■ Toutes les primitives de f sur I sont les fonctions G définies sur I par $G(x) = F(x) + k$, où k désigne un nombre réel quelconque.

■ Parmi toutes les primitives F d'une fonction f sur un intervalle I, il en existe une et une seule prenant une valeur donnée y_0 pour une valeur x_0 de I.

Théorème

■ Toute fonction continue sur un intervalle admet des primitives sur cet intervalle.

b. Calcul des primitives

Primitives des fonctions usuelles

■ Dans ce tableau, a, b et k désignent des nombres réels, n un nombre entier naturel.

Intervalle I	Fonction : si $f(x) =$	Primitive : alors $F(x) =$
$\mathbb{R}$	0	k
$\mathbb{R}$	a	$ax + k$
$\mathbb{R}$	x^n, $n \geqslant 1$	$\dfrac{x^{n+1}}{n+1} + k$
$]-\infty\,;0[$ ou $]0\,;+\infty[$	$\dfrac{1}{x^2}$	$\dfrac{-1}{x} + k$
$]-\infty\,;0[$ ou $]0\,;+\infty[$	$\dfrac{1}{x^n}$, $n \geqslant 2$	$\dfrac{-1}{(n-1)x^{n-1}} + k$
$]0\,;+\infty[$	$\dfrac{1}{x}$	$\ln(x) + k$

$]0\,;+\infty[$	$\frac{1}{\sqrt{x}}$	$2\sqrt{x}+k$
$\mathbb{R}$	e^x	e^x+k
$\mathbb{R}$	$\sin(x)$	$\cos(x)+k$
$\mathbb{R}$	$\cos(x)$	$-\sin(x)+k$
$\mathbb{R}$	$\sin(ax+b),\ a\neq 0$	$\frac{-1}{a}\cos(ax+b)+k$
$\mathbb{R}$	$\cos(ax+b),\ a\neq 0$	$\frac{1}{a}\sin(ax+b)+k$

Règles de calcul

Soient f et g des fonctions continues sur un intervalle I ; on note F et G des primitives de f et g sur I.

- Une primitive de $f+g$ est $F+G$.
- Soit k un nombre réel. Une primitive de kf est kF.
- Soit u une fonction dérivable sur I.

Les primitives de la fonction :	sont les fonctions :
$u'e^u$	e^u+k
$u^n u',\ n\geqslant 1$	$\frac{u^{n+1}}{n+1}+k$
$\frac{u'}{u^n},\ u\neq 0, n\geqslant 2$	$\frac{-1}{(n-1)u^{n-1}}+k$
$\frac{u'}{\sqrt{u}},\ u>0$	$2\sqrt{u}+k$
$\frac{u'}{u},\ u>0$	$\ln u+k$

3 Intégrales et primitives

a. Intégrale d'une fonction continue et positive

- Soit f une fonction continue et positive sur $[a\,;b]$.

Si F est une primitive quelconque de f sur $[a\,;b]$, alors $\int_a^b f(x)\mathrm{d}x = F(b)-F(a)$.

b. Intégrale d'une fonction continue et négative

Soit une fonction f continue et négative sur $[a ; b]$.

■ L'intégrale de a à b de f est l'opposée de l'aire du domaine D situé sous la courbe $\mathscr{C}$.

■ On note $\int_a^b f(x)\mathrm{d}x = -\,\text{aire}(D)$.

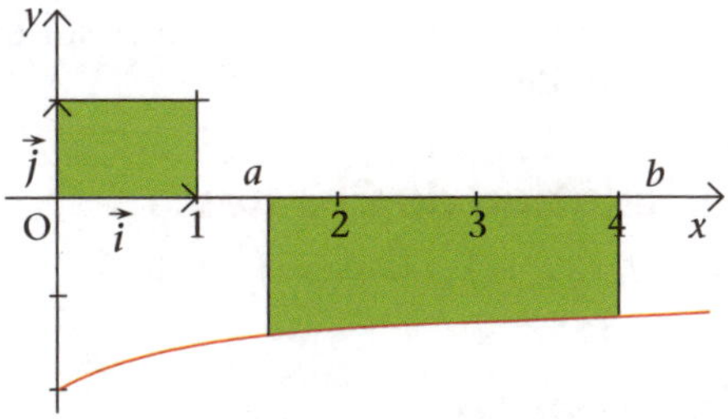

c. Intégrale d'une fonction continue de signe quelconque

■ Soit une fonction f continue et de signe quelconque sur $[a ; b]$.

L'intégrale de a à b de f est la somme des aires algébriques des domaines définis à partir des intervalles sur lesquels $f(x)$ garde un signe constant.

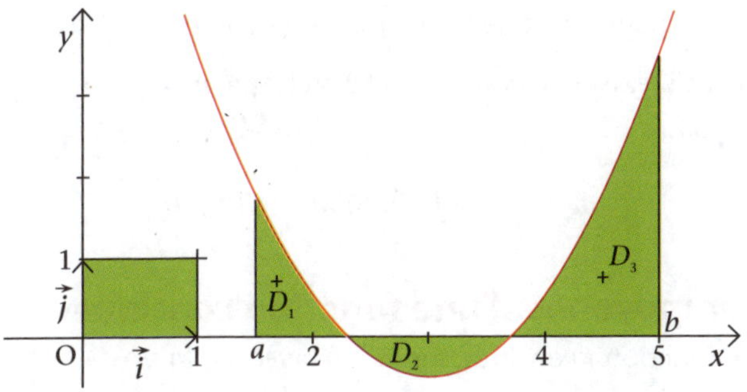

Sur le dessin : $\int_a^b f(x)\mathrm{d}x = \text{aire}(D_1) - \text{aire}(D_2) + \text{aire}(D_3)$.

■ Si F est une primitive quelconque de f sur $[a ; b]$, alors :

$$\int_a^b f(x)\mathrm{d}x = F(b) - F(a).$$

■ **Conséquences :** $\int_a^b f(x)\mathrm{d}x = -\int_b^a f(x)\mathrm{d}x$ et $\int_a^a f(x)\mathrm{d}x = 0$.

■ **Notation :**

Pour simplifier les écritures, on note $\int_a^b f(x)\mathrm{d}x = F(b) - F(a) = [F(x)]_a^b$.

COURS

4 Propriétés de l'intégrale

f et g sont des fonctions continues sur un intervalle I ; a, b et c sont des éléments de I.

a. Relation de Chasles

- $\int_a^b f(x)\mathrm{d}x + \int_b^c f(x)\mathrm{d}x = \int_a^c f(x)\mathrm{d}x.$

b. Linéarité

- $\int_a^b (f(x) + g(x))\mathrm{d}x = \int_a^b f(x)\mathrm{d}x + \int_a^b g(x)\mathrm{d}x.$
- Pour tout réel k, $\int_a^b (kf(x))\mathrm{d}x = k\int_a^b f(x)\mathrm{d}x.$

c. Positivité et ordre

- Si $a < b$ et si f est positive sur $[a\,;\,b]$, alors le nombre $\int_a^b f(x)\mathrm{d}x$ est positif.
- Si $a < b$ et si, pour tout x de $[a\,;\,b]$, $f(x) \leqslant g(x)$, alors $\int_a^b f(x)\mathrm{d}x \leqslant \int_a^b g(x)\mathrm{d}x.$
- Si $a < b$ et s'il existe deux réels m et M tels que $m \leqslant f(x) \leqslant M$, pour tout x de $[a\,;\,b]$, alors :

$$m(b-a) \leqslant \int_a^b f(x)\mathrm{d}(x) \leqslant M(b-a).$$

d. Valeur moyenne d'une fonction continue

- Soit une fonction f continue sur $[a\,;\,b]$ (avec $a < b$).

La **valeur moyenne de la fonction f sur $[a\,;\,b]$** est le réel :

$$\frac{1}{b-a}\int_a^b f(x)\mathrm{d}x.$$

1 Encadrer une aire sous une courbe

Énoncé

Le plan est muni d'un repère orthonormé d'unité le cm.

Sur la figure, on a dessiné la portion de la parabole d'équation $y = x^2 - 2x + 3$ sur l'intervalle $[0 ; 3]$.

On cherche à encadrer l'aire $\int_0^3 (x^2 - 2x + 3)\mathrm{d}x$ sous la courbe.

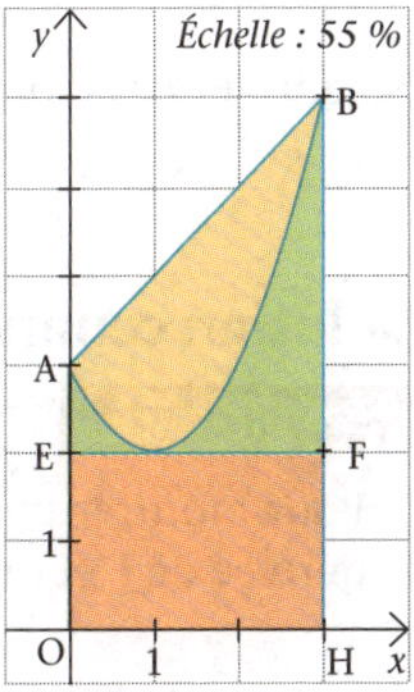

1. On considère les points A(0 ; 3), B(3 ; 6), H(3 ; 0). Calculer l'aire s du trapèze OABH.

2. On considère les points E(0 ; 2) et F(3 ; 2).

Quelle est l'aire s' du rectangle OEFH ?

3. En déduire un encadrement de l'aire sous la courbe.

Solution commentée

Savoir-faire

- Dans la question **1.**, on utilise la formule donnant l'aire d'un trapèze :

$$\text{aire} = \frac{(\text{grande base} + \text{petite base}) \times \text{hauteur}}{2}.$$

- Dans la question **2.**, l'aire du rectangle peut être obtenue en utilisant le quadrillage.

- Dans la question **3.**, on déduit immédiatement un encadrement ; en effet, le graphique montre que le domaine sous la courbe contient le rectangle OEFH et qu'il est à l'intérieur du trapèze OABH.

1. Dans le trapèze OABH, les bases sont OA = 3, HB = 6 et la hauteur est OH = 3.

L'aire du trapèze est, donc $s = \frac{(\text{HB} + \text{OA}) \times \text{OH}}{2} = \frac{(6 + 3) \times 3}{2} = 13{,}5$ cm².

2. L'aire du rectangle OEFH est $s' = \text{OH} \times \text{OE} = 3 \times 2$, donc $s' = 6$ cm².

3. On en déduit que $6 \leqslant \int_0^3 (x^2 - 2x + 3)\mathrm{d}x \leqslant 13{,}5$.

L'aire sous la courbe est comprise entre 6 et 13,5 cm².

2 Montrer qu'une fonction *F* est une primitive d'une fonction *f*

Énoncé

Soient f et F les fonctions définies sur $]-1\ ;+\infty[$ par $f(x)=\dfrac{3x(x+2)}{(x+1)^2}$ et $F(x)=\dfrac{3x^2-2x-2}{x+1}$. Montrer que F est une primitive de f sur $]-1\ ;+\infty[$.

Solution commentée

Savoir-faire

Pour montrer que F est une primitive de f sur $]0\ ;+\infty[$, on calcule la dérivée de F et on doit trouver la fonction f.

F est une fonction rationnelle, elle est dérivable sur son ensemble de définition.

On utilise la formule $\left(\dfrac{u}{v}\right)'=\dfrac{u'v-uv'}{v^2}$.

On pose $u(x)=3x^2-2x-2$ et $v(x)=x+1$; d'où $u'(x)=6x-2$ et $v'(x)=1$.

$F'(x)=\dfrac{(6x-2)\times(x+1)-(3x^2-2x-2)\times 1}{(x+1)^2}$;

$F'(x)=\dfrac{6x^2+6x-2x-2-3x^2+2x+2}{(x+1)^2}$;

$F'(x)=\dfrac{3x^2+6x}{(x+1)^2}$, ou encore, en factorisant, $F'(x)=\dfrac{3x(x+2)}{(x+1)^2}$.

On a bien, pour tout réel x de $]-1\ ;+\infty[$, $F'(x)=f(x)$, donc F est une primitive de f.

3 Calculer des primitives

Énoncé

Déterminer les primitives sur l'intervalle donné de chacune des fonctions suivantes.

1. f définie sur $]3\ ;+\infty[$ par $f(x)=\dfrac{2}{(2x-6)^2}$.

2. f définie sur $\mathbb{R}$ par $f(x)=(2x-9)(x^2-9x+1)^2$.

MÉTHODE

Solution commentée

Savoir-faire

- On commence par regarder attentivement l'écriture de la fonction f. Les primitives des fonctions usuelles sont supposées connues.
- Dans la question **1.**, f est écrite sous la forme $\frac{v'}{v^2}$; une primitive de f est donc de la forme $\frac{-1}{v}$.
- Dans la question **2.**, f est écrite sous la forme $u'u^2$; une primitive de f est donc de la forme $\frac{1}{3}u^3$.

1. En posant $v(x) = 2x - 6$, on a $v'(x) = 2$.

Comme f est écrite sous la forme $\frac{v'}{v^2}$, une primitive de f est $\frac{-1}{v}$.

Les primitives de f sur $]3\,;+\infty[$ sont les fonctions F définies par :

$F'(x) = \frac{-1}{2x-6} + k, k \in \mathbb{R}$.

2. En posant $u(x) = x^2 - 9x + 1$, on a $u'(x) = 2x - 9$.

Comme f est écrite sous la forme $u'u^2$, une primitive de f est $\frac{1}{3}u^3$.

Les primitives de f sur $\mathbb{R}$ sont les fonctions F définies par :

$F(x) = \frac{1}{3}(x^2 - 9x + 1)^3 + k, k \in \mathbb{R}$.

4 Calculer une intégrale

Énoncé

Soit la fonction f définie sur $\mathbb{R}$ par $f(x) = 2x^3 - 3x^2$.

Calculer l'intégrale $\int_{-1}^{2} f(x)\mathrm{d}x$.

Solution commentée

Savoir-faire

- On commence par chercher une primitive F de f.
- On utilise ensuite la formule $\int_a^b f(x)\mathrm{d}x = F(b) - F(a)$.

Une primitive de $x \mapsto 2x^3$ est $x \mapsto \frac{1}{2}x^4$. Une primitive de $x \mapsto 3x^2$ est $x \mapsto x^3$.

Donc une primitive F de f est $F(x) = \dfrac{x^4}{2} - x^3$.

$\int_{-1}^{2} f(x)\mathrm{d}x = F(2) - F(-1)$; $F(2) = 0$, $F(-1) = 1{,}5$, donc $\int_{-1}^{2} f(x)\mathrm{d}x = -1{,}5$.

5 Encadrer une intégrale

Énoncé

Soit la fonction f définie sur $\mathbb{R}$ par $f(x) = \sqrt{x^2 + 3}$.

1. Démontrer que, pour tout réel x de $[1 ; 4]$, $x \leqslant \sqrt{x^2+3} \leqslant x + 1$.

2. En déduire un encadrement de l'intégrale $\int_{1}^{4} \sqrt{x^2+3}\,\mathrm{d}x$.

Solution commentée

Savoir-faire

En classe de terminale S, on ne sait pas calculer une primitive de la fonction proposée. On peut cependant encadrer l'intégrale en encadrant la fonction et en utilisant la propriété : « Si $a < b$ et si, pour tout x de $[a ; b]$, $f(x) \leqslant g(x)$, alors $\int_{a}^{b} f(x)\mathrm{d}x \leqslant \int_{a}^{b} g(x)\mathrm{d}x$. »

1. On commence par visualiser la situation en traçant la courbe de f et les droites représentant les fonctions affines g et h telles que $g(x) = x + 1$ et $h(x) = x$ sur la calculatrice.

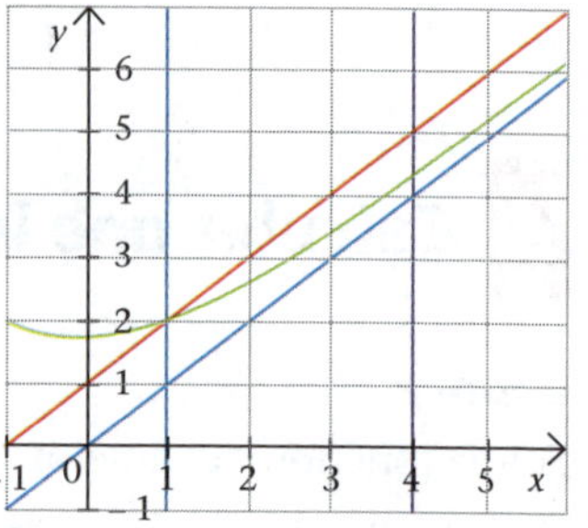

$x^2 < x^2 + 3$ est vraie pour tout réel x.

Pour comparer $\sqrt{x^2+3}$ et $x + 1$, on étudie le signe de la différence de leurs carrés :

$(x+1)^2 - (x^2+3) = 2x - 2$; $2x - 2 \geqslant 0$ équivaut à $x \geqslant 1$.

Donc si $x \geqslant 1$, $x^2 \leqslant x^2 + 3 \leqslant (x+1)^2$; la fonction racine carrée étant strictement croissante sur $[0 ; +\infty[$, on obtient $x \leqslant \sqrt{x^2+3} \leqslant x + 1$.

2. La propriété d'encadrement avec les intégrales permet alors d'écrire :

$\int_{1}^{4} x\mathrm{d}x \leqslant \int_{1}^{4} \sqrt{x^2+3}\,\mathrm{d}x \leqslant \int_{1}^{4} (x+1)\mathrm{d}x$; $\int_{1}^{4} x\mathrm{d}x = \left[\dfrac{x^2}{2}\right]_{1}^{4} = 8 - 0{,}5 = 7{,}5$ et

$\int_{1}^{4} (x+1)\mathrm{d}x = \left[\dfrac{x^2}{2} + x\right]_{1}^{4} = 12 - 1{,}5 = 10{,}5$; donc $7{,}5 \leqslant \int_{1}^{4} \sqrt{x^2+3}\,\mathrm{d}x \leqslant 10{,}5$.

Pour réussir le jour J

LES ERREURS À NE PAS COMMETTRE

- Lorsqu'une fonction f est continue et positive, l'intégrale de a à b de f, $\int_a^b f(x)\mathrm{d}x$, est l'aire du domaine D situé sous la courbe ; sa valeur est donc toujours un nombre positif. Exercices 1, 2, 11 et 13, p. 181 et 184

- La fonction F définie sur $[a\,;b]$ par $F(x) = \int_a^x f(t)\mathrm{d}t$ est dérivable sur $[a\,;b]$ et a pour dérivée f ; cela signifie que $F'(x) = f(x)$; il est inutile de dériver la fonction f.

- Il faut faire attention à ne pas confondre dérivées et primitives.
Par exemple :
– la fonction inverse $x \mapsto \dfrac{1}{x}$ a pour dérivée $x \mapsto \dfrac{-1}{x^2}$;
– la fonction inverse $x \mapsto \dfrac{1}{x}$ a pour primitive $x \mapsto \ln(x)$.
Dériver la primitive que l'on a trouvée dans un exercice est une bonne façon de vérifier son résultat. Exercices 6, 10, 11 et 12, p. 182-184

- Il faut appliquer avec rigueur les règles de calcul de primitives. Par exemple :
– une primitive de la fonction $u'\mathrm{e}^u$ est la fonction e^u ;
– si $u > 0$, une primitive de la fonction $\dfrac{u'}{u}$ est la fonction $\ln u$.
Exercices 5, 9, 10 et 12, p. 182-184

- Si F est une primitive de f, alors $\int_a^b f(x)\mathrm{d}x = F(b) - F(a)$; si vous écrivez $F(a) - F(b)$, vous obtenez l'opposé du résultat.
Exercices 8, 11 et 15, p. 183-185

- Lorsque vous encadrez une fonction ou une intégrale, montrez que vous maîtrisez les règles sur les inégalités. En particulier, on change le sens des inégalités lorsqu'on multiplie par un nombre négatif.
Exercices 11 et 14, p. 184-185

- Il faut montrer que vous connaissez le cours et rappeler systématiquement les résultats avant de les utiliser :
– vous devez faire le lien entre le calcul des intégrales et l'utilisation des primitives ;
– dites clairement que vous utilisez la relation de Chasles, les propriétés de linéarité ou d'encadrement. Exercices 8 et 15, p. 183 et 185

10 qcm pour réviser le cours

Corrigés, p. 186

1 Soit une fonction f continue et positive sur l'intervalle $[a ; b]$ et $\mathscr{C}$ sa courbe représentative dans un repère orthogonal. En unités d'aire, l'aire sous la courbe sur $[a ; b]$ est donnée par :

❑ **a.** $\int_a^b f(x)\mathrm{d}x$.

❑ **b.** $\int_b^a f(x)\mathrm{d}x$.

❑ **c.** $f(b) - f(a)$.

2 Soit f une fonction continue, positive et décroissante sur l'intervalle $[-5 ; 1]$ et F une primitive de f sur $[-5 ; 1]$.

❑ **a.** F est décroissante sur $[-5 ; 1]$.

❑ **b.** F est croissante sur $[-5 ; 1]$.

❑ **c.** F est négative sur $[-5 ; 1]$.

3 Soit F la fonction définie sur $]1 ; 10]$ par $F(x) = \int_2^x \frac{4}{t-1}\mathrm{d}t$.

❑ **a.** F est la primitive de la fonction $x \mapsto \frac{4}{x-1}$ qui s'annule pour $x = 1$.

❑ **b.** $F'(x) = \frac{4}{(x-1)^2}$.

❑ **c.** $F'(x) = \frac{4}{x-1}$.

4 Une primitive F de f définie sur $\mathbb{R}$ par $f(x) = xe^{x^2}$ est :

❑ **a.** $F(x) = \frac{x^2}{2}e^{x^2}$.

❑ **b.** $F(x) = \frac{1}{2}e^{x^2}$.

❑ **c.** $F(x) = 2e^{x^2}$.

5 Une primitive F de f définie sur $]-1 ; +\infty[$ par $f(x) = -3 + \frac{1}{(2x+2)^2}$ est :

❑ **a.** $F(x) = -3x + \frac{1}{2x+2}$.

❑ **b.** $F(x) = -3x - \frac{1}{4x+4}$.

❑ **c.** $F(x) = -3x + 5 + \frac{1}{4x+4}$.

6 L'intégrale $\int_2^4 (x-3)\mathrm{d}x$ est égale à :

❑ **a.** 0. ❑ **b.** 2. ❑ **c.** 4.

7 Soit la fonction f définie sur $]0 ; +\infty[$ par $f(x) = 2x^2 - 3x + 1 + \frac{1}{x^2}$. L'aire sous la courbe de f sur $[1 ; 3]$ est :

❑ **a.** 10. ❑ **b.** 8. ❑ **c.** 13.

8 L'aire sous la courbe de la fonction inverse sur l'intervalle $[2 ; 5]$ est égale à :

❑ **a.** $\frac{\ln(5)}{\ln(2)}$.

❑ **b.** $\ln(2{,}5)$.

❑ **c.** $\ln(2) - \ln(5)$.

9 L'intégrale $\int_1^0 e^x\mathrm{d}x$ est égale à :

❑ **a.** $1 - e$.

❑ **b.** $e - 1$.

❑ **c.** $-e$.

10 La valeur moyenne de la fonction $x \mapsto x^3 - x + 1$ sur l'intervalle $[0 ; 2]$ est :

❑ **a.** 2. ❑ **b.** 4. ❑ **c.** 8.

Exercices

Exercice 1 (niveau 1)

Corrigés, p. 187

Dans le plan muni d'un repère orthonormé d'unité le cm, on cherche à calculer l'aire sous la courbe de la fonction f représentée sur l'intervalle $[-2 ; 6]$ par la ligne brisée ABCD de la figure.

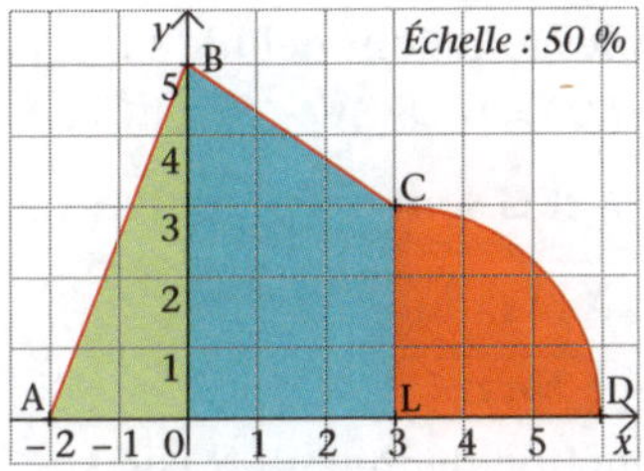

1. a. Calculer l'aire du triangle OAB.

b. Calculer l'aire du trapèze OBCL.

c. Calculer l'aire du quart de cercle de centre L.

d. Calculer l'aire sous la courbe sur l'intervalle $[-2 ; 6]$.

2. En déduire la valeur des intégrales :

$\int_{-2}^{0}(2{,}5x+5)\mathrm{d}x$; $\int_{0}^{3}\left(-\frac{2}{3}x+5\right)\mathrm{d}x$; $\int_{3}^{6}\sqrt{-x^2+6x}\,\mathrm{d}x$ et $\int_{-2}^{6}f(x)\mathrm{d}x$.

Exercice 2 (niveau 1)

Corrigés, p. 187

Le plan est muni d'un repère orthonormé.

Soit la fonction f définie sur l'intervalle $[0 ; 6]$ par $f(x)=\sqrt{9-1{,}5x}$.

On cherche à encadrer l'aire $\int_{0}^{6}\sqrt{9-1{,}5x}\,\mathrm{d}x$ sous la courbe.

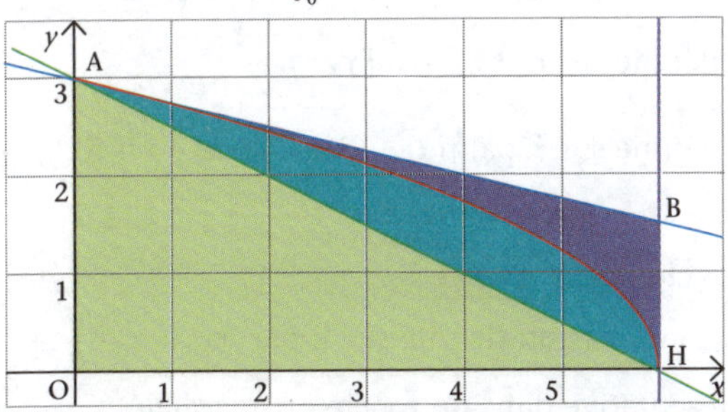

1. On considère les points $A(0 ; 3)$, $B\left(6 ; \frac{3}{2}\right)$ et $H(6 ; 0)$.

Donner les équations des droites (AB) et (AH).

2. Écrire sous forme d'intégrales l'aire du trapèze OABH et l'aire du triangle OAH.

Calculer ces deux intégrales en utilisant les aires de OABH et OAH.

3. En déduire un encadrement de l'aire sous la courbe.

Exercice 3 (niveau 1)

Corrigés, p. 188

Soient F et G les fonctions définie sur $\mathbb{R}$ par :

$$F(x) = 0{,}25(2x^2 + 5)^2 \text{ et } G(x) = x^4 + 5x^2 - 1.$$

Montrer que F et G sont des primitives de la même fonction f sur $\mathbb{R}$.

Exercice 4 (niveau 1)

Corrigés, p. 188

1. Soit f la fonction définie sur $\mathbb{R}$ par :

$$f(x) = 6x^2 + 8x - 3.$$

Déterminer la primitive F de f qui vérifie $F(1) = -2$.

2. Soit g la fonction définie sur $\mathbb{R}$ par :

$$g(x) = \sin\left(3x + \frac{\pi}{4}\right).$$

Déterminer une primitive G de g.

Exercice 5 (niveau 1)

Corrigés, p. 188

Déterminer une primitive sur l'intervalle donné de chacune des fonctions suivantes.

1. f définie sur $]0\,;+\infty[$ par $f(x) = \dfrac{x^3 - 5x^2 - 4}{x^2}$.

2. f définie sur $]-1{,}5\,;+\infty[$ par $f(x) = \dfrac{1}{(2x+3)^2}$.

3. f définie sur $\mathbb{R}$ par $f(x) = (3x^2 - 1)(x^3 - x + 8)$.

Exercice 6 (niveau 1)

Corrigés, p. 189

Soit f la fonction définie sur $\mathbb{R}$ par $f(x) = x - \dfrac{x^2}{2} + \dfrac{x^3}{3}$ et $\mathscr{C}$ sa courbe représentative dans un repère orthogonal.

1. Quel est le signe de f sur $[0\,;+\infty[$?

2. Calculer l'aire sous la courbe sur l'intervalle $[0\,;3]$.

Exercice 7 niveau 1

Corrigés, p. 189

Soit f la fonction définie sur $]1\,;+\infty[$ par $f(x)=\dfrac{(x-2)^2}{x-1}$ et $\mathscr{C}$ sa courbe représentative dans un repère orthogonal.

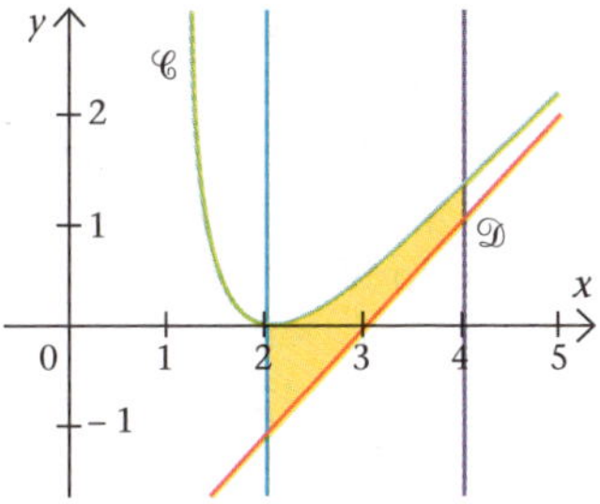

1. Vérifier que pour tout réel x appartenant à $]1\,;+\infty[$:

$$f(x)=x-3+\frac{1}{x-1}.$$

2. On admet que la droite $\mathscr{D}$ d'équation $y=x-3$ est l'asymptote oblique de la fonction f en $+\infty$.

Calculer l'aire du domaine coloré entre la courbe $\mathscr{C}$ et la droite $\mathscr{D}$ sur l'intervalle $[2\,;4]$.

Exercice 8 niveau 1

Corrigés, p. 190

Soit une fonction f dérivable sur $\mathbb{R}$ telle que :

$$\int_1^5 f(x)\mathrm{d}x=32.$$

1. Calculer la valeur moyenne de f sur l'intervalle $[1\,;5]$.

2. Calculer $\int_1^5(2f(x)+3)\mathrm{d}x$.

Exercice 9 niveau 2

Corrigés, p. 190

Déterminer les primitives sur l'intervalle donné de chacune des fonctions suivantes.

1. f définie sur $]3\,;+\infty[$ par $f(x)=\dfrac{1}{\sqrt{x-3}}$.

2. f définie sur $]-\infty\,;-1[$ par $f(x)=\dfrac{5}{\sqrt{-x-1}}$.

3. f définie sur $\mathbb{R}$ par $f(x)=\dfrac{x}{\sqrt{x^2+4}}$.

Exercice 10 niveau 2

Corrigés, p. 190

Déterminer les primitives sur l'intervalle donné de chacune des fonctions suivantes.

1. f définie sur $]0\,;+\infty[$ par $f(x)=\mathrm{e}^x+\dfrac{1}{x}$.

2. f définie sur $\mathbb{R}$ par $f(x)=x\mathrm{e}^{-x^2}$.

3. f définie sur $]-2\,;+\infty[$ par $f(x)=\dfrac{3}{x+2}$.

Exercice 11 (niveau 2)

Corrigés, p. 191

Soit f la fonction définie sur $[0 ; \pi]$ par :

$$f(x) = \sin(x) + \cos(x) + 1.$$

On donne dans un repère orthonormé la courbe représentative de la fonction f.

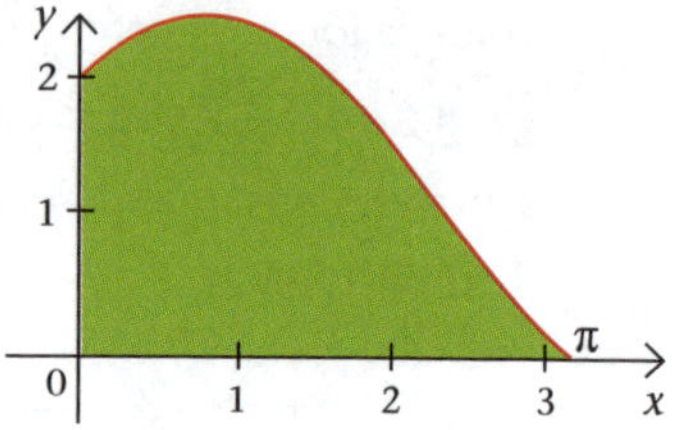

1. a. Étudier les variations de f sur $[0 ; \pi]$.

b. Démontrer que $\int_0^{\pi} f(x)\mathrm{d}x \leqslant (1 + \sqrt{2})\pi$.

2. a. Calculer, en unité d'aire, l'aire sous la courbe sur $[0 ; \pi]$.

b. En déduire la valeur moyenne de f sur $[0 ; \pi]$.

Exercice 12 (niveau 3)

Corrigés, p. 191

Déterminer les primitives sur l'intervalle donné de chacune des fonctions suivantes.

1. f définie sur $\mathbb{R}$ par $f(x) = \dfrac{e^x}{e^x + 1}$.

2. f définie sur $]1 ; +\infty[$ par $f(x) = \dfrac{1}{x \ln(x)}$.

3. f définie sur $]0 ; \pi[$ par $f(x) = \dfrac{\cos(x)}{\sin(x)}$.

Exercice 13 (30 min, 3 pts)

Corrigés, p. 192

TYPE BAC

Soit f la fonction définie sur $]0 ; 4]$ par :

$$f(x) = 2x + 1 + \frac{\ln(x)}{x}.$$

On donne sa courbe représentative $\mathscr{C}$ dans un repère orthogonal (unités graphiques : 2 cm sur l'axe des abscisses et 1 cm sur l'axe des ordonnées).

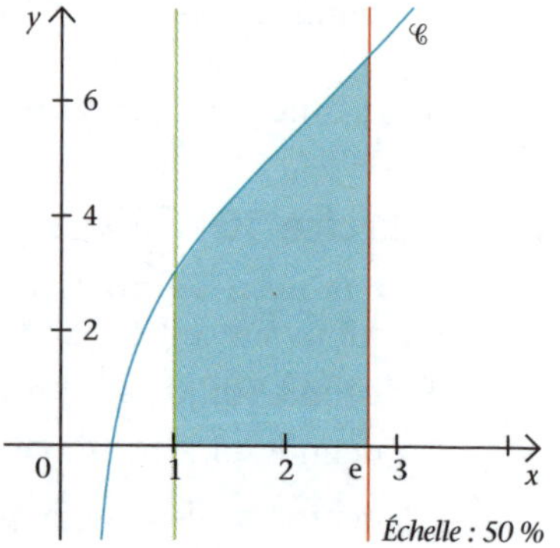

1. Calculer la valeur exacte de l'aire colorée sous la courbe sur l'intervalle $[1 ; e]$.

2. Donner une valeur décimale approchée à 10^{-2} près de cette aire en cm².

Exercice 14 (40 min, 4 pts)

Corrigés, p. 193

TYPE BAC

(D'après Amérique du Sud, novembre 2009) Le but de cet exercice est de déterminer une valeur approchée à 10^{-2} près de l'intégrale $I = \int_0^1 \left(\frac{e^{-x}}{2-x}\right) dx$. On admet que la fonction $f : x \mapsto \frac{e^{-x}}{2-x}$ est strictement décroissante sur l'intervalle [0 ; 1] et que, pour tout réel x de l'intervalle [0 ; 1], on a $\frac{1}{e} \leqslant f(x) \leqslant \frac{1}{2}$.

Soient J et K les intégrales définies par :

$$J = \int_0^1 (2+x)e^{-x} dx \quad \text{et} \quad K = \int_0^1 x^2 f(x) dx.$$

1. Soit G la fonction définie sur $\mathbb{R}$ par $G(x) = (ax + b)e^{-x}$. Déterminer les réels a et b pour que la fonction G soit une primitive de la fonction $g : x \mapsto (2 + x)e^{-x}$ sur l'intervalle [0 ; 1]. Prouver que $J = 3 - \frac{4}{e}$.

2. Utiliser l'encadrement de $f(x)$ obtenu précédemment pour démontrer que $\frac{1}{3e} \leqslant K \leqslant \frac{1}{6}$.

3. Démontrer que $J + K = 4I$.

4. Déduire de ce qui précède un encadrement de I puis donner une valeur approchée à 10^{-2} près de I.

Exercice 15 (30 min, 3 pts)

Corrigés, p. 194

TYPE BAC

Soit f la fonction définie sur $[-\ln(6) ; \ln(6)]$ par $f(x) = |e^x - 1|$. On donne sa courbe représentative $\mathscr{C}$ dans un repère orthonormé.

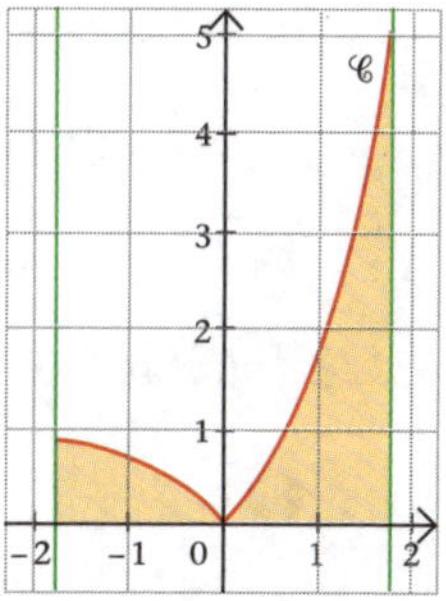

1. Donner l'écriture de f sans le symbole de la valeur absolue. Justifier votre réponse.

2. Calculer les intégrales $\int_0^{\ln(6)} (e^x - 1)dx$ et $\int_{-\ln(6)}^{0} (e^x - 1)dx$.

3. Calculer l'aire sous la courbe $\mathscr{C}$ sur l'intervalle $[-\ln(6) ; \ln(6)]$.

Exercice 16 (10 min, 1 pt)

Corrigés, p. 195

TYPE BAC

ROC Soit f une fonction continue sur un intervalle $[a ; b]$.

Montrer que si f est positive et croissante sur $[a ; b]$, alors la fonction F définie sur $[a ; b]$ par $F(x) = \int_a^x f(t)dt$ est dérivable sur $[a ; b]$ et a pour dérivée f.

QCM

1 **a.** Il s'agit de la définition.

2 **b.** $F' = f$; comme f est positive, F est croissante sur [– 5 ; 1].

3 **c.** $F(x) = \int_2^x \frac{4}{x-1}\,dt$ signifie que F est la primitive de la fonction $x \mapsto \frac{4}{x-1}$ qui s'annule pour $x = 2$; on élimine la réponse **a.** ; et on sait que $F'(x) = \frac{4}{x-1}$.

4 **b.** $f(x) = xe^{x^2} = \frac{1}{2}(2xe^{x^2})$; on utilise $(e^u)' = u'e^u$; donc $F(x) = \frac{1}{2}e^{x^2}$.

5 **b.** $x \mapsto -3$ a pour primitive $x \mapsto -3x$; $\frac{1}{(2x+2)^2} = -\frac{1}{2} \times \frac{-2}{(2x+2)^2}$;

$x \mapsto \frac{-2}{(2x+2)^2}$ a pour primitive $x \mapsto \frac{1}{2x+2}$.

Donc $x \mapsto -\frac{1}{2} \times \frac{-2}{(2x+2)^2}$ a pour primitive $x \mapsto -\frac{1}{2} \times \frac{1}{2x+2}$, soit $-\frac{1}{4x+4}$.

> **À NOTER**
> On utilise $\left(\frac{1}{v}\right)' = \frac{-v'}{v^2}$.

6 **a.** C'est immédiat sur un graphique : la droite d'équation $y = x - 3$ coupe l'axe des abscisses au point d'abscisse 3 ; par raison de symétrie, l'interprétation des intégrales en aire sous la courbe donne $\int_2^3 (x-3)\mathrm{d}x = -\int_3^4 (x-3)\mathrm{d}x$. On peut aussi calculer l'intégrale :

$\int_2^4 (x-3)\mathrm{d}x = \left[\frac{x^2}{2} - 3x\right]_2^4 = 8 - 12 - (2 - 6) = 0.$

7 **b.** Une primitive de f est $F(x) = \frac{2}{3}x^3 - \frac{3}{2} \times x^2 + x - \frac{1}{x}$;

$\int_2^4 f(x)\mathrm{d}x = [F(x)]_1^3 = F(3) - F(1) = 8.$

8 **b.** $\int_2^5 \frac{1}{x}\,\mathrm{d}x = [\ln(x)]_2^5 = \ln(5) - \ln(2) = \ln\left(\frac{5}{2}\right)$.

9 **a.** $\int_1^0 e^x\mathrm{d}x = -\int_0^1 e^x\mathrm{d}x = -(e^1 - e^0) = -e + 1.$

10 **a.** La valeur moyenne de $x \mapsto x^3 - x + 1$ sur l'intervalle [0 ; 2] est :

$$\frac{1}{2-0}\int_0^2 (x^3 - x + 1)\mathrm{d}x = \frac{1}{2}\left[\frac{x^4}{4} - \frac{x^2}{2} + x\right]_0^2$$
$$= \frac{1}{2}\left(\frac{16}{4} - \frac{4}{2} + 2 - 0\right) = 2.$$

CORRIGÉS

Exercice 1

1. a. Le triangle OAB est rectangle en O ; il a pour aire : $\frac{OA \times OB}{2} = \frac{2 \times 5}{2}$, soit **5 cm²**.

b. L'aire du trapèze OBCL est égale à $\frac{(OB + LC) \times OL}{2} = \frac{(5 + 3) \times 3}{2}$, soit **12 cm²**.

c. L'aire du quart de cercle de centre L est égale à $\frac{1}{4} \times \pi \times 3^2$, soit **2,25π cm²**.

d. L'aire sous la courbe sur l'intervalle [– 2 ; 6] est la somme des trois aires précédentes : elle vaut 17 + 2,25π cm², soit environ **24 cm²**.

2. Comme la fonction f est continue et positive sur [– 2 ; 6], chacune des intégrales suivantes donne l'aire sous la courbe sur un intervalle. On doit vérifier l'écriture de f sur chaque portion de courbe.

La droite (AB) a pour équation $y = 2{,}5x + 5$; d'après **1. a.**, $\int_{-2}^{0} (2{,}5x + 5)\mathrm{d}x = 5$.

La droite (BC) a pour équation $y = \frac{-2}{3}x + 5$; d'après **1. b.**, $\int_{0}^{3} \left(\frac{-2}{3}x + 5\right)\mathrm{d}x = 12$.

Le cercle de centre L(3 ; 0) et de rayon 3 a pour équation $(x - 3)^2 + y^2 = 9$ ou encore $x^2 - 6x + y^2 = 0$; par conséquent, $y^2 = -x^2 + 6x$.

On en déduit que le quart de cercle représente la fonction définie sur [3 ; 6] par $x \mapsto \sqrt{-x^2 + 6x}$.

D'après **1. c.**, $\int_{3}^{6} \sqrt{-x^2 + 6x}\,\mathrm{d}x = 2{,}25\pi$.

D'après **1. d.**, $\int_{-2}^{6} f(x)\mathrm{d}x = 17 + 2{,}25\pi$.

Exercice 2

1. A(0 ; 3), $B\left(6 ; \frac{3}{2}\right)$, H(6 ; 0). La droite (AB) a pour équation $y = -0{,}25x + 3$.

La droite (AH) a pour équation $y = -0{,}5x + 3$.

2. Sous forme d'intégrales, l'aire du trapèze OABH est $\int_{0}^{6} (-0{,}25x + 3)\mathrm{d}x$ et l'aire du triangle OAH est $\int_{0}^{6} (-0{,}5x + 3)\mathrm{d}x$.

L'aire du trapèze OABH est $\frac{(OA + HB) \times OH}{2} = \frac{(3 + 1{,}5) \times 6}{2}$ soit **13,5 u.a.**

Le triangle OAH est rectangle en O ; il a pour aire $\frac{OA \times OH}{2} = \frac{3 \times 6}{2}$, soit **9 u.a.**

On en déduit $\int_{0}^{6} (-0{,}25x + 3)\mathrm{d}x = 13{,}5$ et $\int_{0}^{6} (-0{,}25x + 3)\mathrm{d}x = 9$.

3. D'après le graphique, l'aire sous la courbe est encadrée par l'aire du triangle et l'aire du trapèze : il s'ensuit que $9 \leqslant \int_0^6 \sqrt{9-1,5x}\,\mathrm{d}x \leqslant 13,5$.

> CONSEIL
> Vous pouvez compter les carreaux entiers sous la courbe (de côté 0,5) pour vérifier : il y en a 39, ce qui correspond à 9,75 u.a.

Exercice 3

$F(x) = 0,25(2x^2 + 5)^2$, donc $F'(x) = 0,25 \times 2 \times (2x^2 + 5) \times 4x = 4x^3 + 10x$.

$G(x) = x^4 + 5x^2 - 1$, donc $G'(x) = 4x^3 + 10x$.

F et G ont la même dérivée, donc **elles sont des primitives de la même fonction f sur $\mathbb{R}$.**

> RAPPEL
> F est une primitive de f si F est dérivable et si $F' = f$. Toutes les primitives de f sont les fonctions G définies sur I par $G(x) = F(x) + k$, où $k \in \mathbb{R}$.

Exercice 4

1. $f(x) = 6x^2 + 8x - 3 = 2 \times 3x^2 + 4 \times 2x - 3$.

Les primitives de f sont les fonctions $x \mapsto 2x^3 + 4x^2 - 3x + k$, où $k \in \mathbb{R}$.

Pour déterminer la primitive F de f qui vérifie $F(1) = -2$, on résout l'équation d'inconnue k :

$2 \times 1^3 + 4 \times 1^2 - 3 \times 1 + k = -2$; $3 + k = -2$; d'où $k = -5$.

La primitive F de f vérifiant $F(1) = -2$ est définie par $\boldsymbol{F(x) = 2x^3 + 4x^2 - 3x - 5}$.

2. $g(x) = \sin\left(3x + \dfrac{\pi}{4}\right)$.

Une primitive de $x \mapsto \sin(ax + b)$, $a \neq 0$, est la fonction $x \mapsto \dfrac{-1}{a}\cos(ax + b)$.

Une primitive de g est donc $\boldsymbol{G : x \mapsto \dfrac{-1}{3}\cos\left(3x + \dfrac{\pi}{4}\right)}$.

Exercice 5

1. $f(x) = \dfrac{x^3 - 5x^2 - 4}{x^2} = x - 5 - \dfrac{4}{x^2}$.

Une primitive de f sur $]0\,;+\infty[$ est $\boldsymbol{F : x \mapsto \dfrac{x^2}{2} - 5x + \dfrac{4}{x} + 7}$.

> RAPPEL
> Une primitive de $\dfrac{v'}{v^2}$ est $\dfrac{-1}{v}$.
>
> Une primitive de $u'u$ est $\dfrac{1}{2}u^2$.

2. $f(x) = \dfrac{1}{(2x+3)^2} = \dfrac{1}{2} \times \dfrac{2}{(2x+3)^2}$.

Une primitive de f sur $]-1,5\,;+\infty[$ est $\boldsymbol{F : x \mapsto \dfrac{1}{2} \times \dfrac{-1}{2x+3}}$.

3. $f(x) = (3x^2 - 1)(x^3 - x + 8)$.

En posant $u(x) = x^3 - x + 8$, on a $u'(x) = 3x^2 - 1$.

Une primitive de f sur $\mathbb{R}$ est $\boldsymbol{F : x \mapsto \dfrac{1}{2}(x^3 - x + 8)^2 + 5}$.

Exercice 6

1. On commence par étudier les variations de f. $f'(x) = 1 - x + x^2$; le discriminant de ce trinôme est $\Delta = -3$: il est négatif, donc le trinôme garde un signe constant. Le trinôme vaut 1 lorsque x vaut 0, donc, pour tout réel x, $1 - x + x^2 \geqslant 0$.

On en déduit que la fonction f est strictement croissante sur $\mathbb{R}$.

Comme $f(0) = 0$, **la fonction f est positive sur $[0\ ;+\infty[$.**

2. La fonction f étant positive sur l'intervalle $[0\ ;3]$, l'aire sous la courbe est donnée par l'intégrale $\int_0^3 f(x)\mathrm{d}x$. Une primitive F de f est

$$F(x) = \frac{x^2}{2} - \frac{1}{2} \times \frac{x^3}{3} + \frac{1}{3} \times \frac{x^4}{4}, \text{ soit } F(x) = \frac{x^2}{2} - \frac{x^3}{6} + \frac{x^4}{12}.$$

$$\int_0^3 f(x)\mathrm{d}x = F(3) - F(0)\ ;\ F(3) = \frac{3^2}{2} - \frac{3^3}{6} + \frac{3^4}{12} = \frac{27}{4}\ ;\ F(0) = 0.$$

Donc **l'aire sous la courbe de f sur $[0\ ;3]$ est 6,75 u.a.**

Exercice 7

1. $$x - 3 + \frac{1}{x-1} = \frac{(x-3)(x-1)+1}{x-1} = \frac{x^2 - 3x - x + 3 + 1}{x-1}$$
$$= \frac{x^2 - 4x + 4}{x-1} = \frac{(x-2)^2}{x-1}.$$

Donc, pour tout réel x appartenant à $]1\ ;+\infty[$, $\boldsymbol{f(x) = x - 3 + \frac{1}{x-1}}$.

2. $f(x) - (x-3) = \dfrac{1}{x-1}$; sur $]1\ ;+\infty[$, $x - 1 > 0$; donc la courbe $\mathscr{C}$ est au-dessus de la droite $\mathscr{D}$.

L'aire du domaine coloré entre la courbe $\mathscr{C}$ et la droite $\mathscr{D}$ sur l'intervalle $[2\ ;4]$ est égale à la différence des deux intégrales $\int_2^4 f(x)\mathrm{d}x$ et $\int_2^4 (x-3)\mathrm{d}x$.

$$\int_2^4 f(x)\mathrm{d}x - \int_2^4 (x-3)\mathrm{d}x = \int_2^4 (f(x) - (x-3))\mathrm{d}x = \int_2^4 \frac{1}{x-1}\,\mathrm{d}x.$$

Une primitive de la fonction $x \mapsto \dfrac{1}{x-1}$ est la fonction : $x \mapsto \ln(x-1)$.

$$\int_2^4 \frac{1}{x-1}\,\mathrm{d}x = \ln(3) - \ln(1)\ ;$$

$\ln(1) = 0$.

Donc **l'aire du domaine entre la courbe $\mathscr{C}$ et la droite $\mathscr{D}$ est $\ln(3)$ u.a.**

Exercice 8

RAPPEL
La valeur moyenne de la fonction f sur $[a ; b]$ est le réel $\frac{1}{b-a}\int_a^b f(x)\mathrm{d}x$.

1. La valeur moyenne de f sur l'intervalle $[1 ; 5]$ est égale à $\frac{1}{5-1}\int_0^5 f(x)\mathrm{d}x = \frac{1}{4} \times 32$, soit **8**.

2. On utilise les propriétés de linéarité de l'intégrale :
$\int_1^5 (2f(x)+3)\mathrm{d}x = 2\int_1^5 f(x)\mathrm{d}x + \int_1^5 3\mathrm{d}x$.
On a $\int_1^5 3\mathrm{d}x = [3x]_1^5 = 12$; donc $\int_1^5 (2f(x)+3)\mathrm{d}x = 2 \times 32 + 12 = \mathbf{76}$.

Exercice 9

RAPPEL
Les primitives de la fonction $\frac{u'}{\sqrt{u}}$, $u > 0$ sont les fonctions $2\sqrt{u} + k$.

1. $f(x) = \frac{1}{\sqrt{x-3}}$. $x - 3 > 0$ si $x > 3$; les primitives de f sur $]3 ; +\infty[$ sont les fonctions

$\boldsymbol{F : x \mapsto 2\sqrt{x-3} + k, k \in \mathbb{R}}$.

2. En posant $u(x) = -x - 1$, on a $u'(x) = -1$; sur $]-\infty ; -1[$, $-x-1 > 0$.

f s'écrit sous la forme $f(x) = \frac{5}{\sqrt{-x-1}} = -5 \times \frac{-1}{\sqrt{-x-1}}$. Les primitives de f sur $]-\infty ; -1[$ sont les fonctions $\boldsymbol{F : x \mapsto -10\sqrt{-x-1} + k, k \in \mathbb{R}}$.

3. $f(x) = \frac{x}{\sqrt{x^2+4}} = \frac{2x}{2\sqrt{x^2+4}}$. Les primitives de f sur $\mathbb{R}$ sont les fonctions

$\boldsymbol{F : x \mapsto \sqrt{x^2+4} + k, k \in \mathbb{R}}$.

Exercice 10

1. f est définie sur $]0 ; +\infty[$ par $f(x) = \mathrm{e}^x + \frac{1}{x}$. Les primitives de f sur $]0 ; +\infty[$ sont les fonctions $\boldsymbol{F : x \mapsto \mathrm{e}^x + \ln(x) + k, k \in \mathbb{R}}$.

2. $f(x) = x\mathrm{e}^{-x^2}$; f s'écrit sous la forme $f(x) = -\frac{1}{2} \times (-2x\mathrm{e}^{-x^2})$.

Les primitives de la fonction $u'\mathrm{e}^u$ sont les fonctions $\mathrm{e}^u + k$. En posant $u(x) = -x^2$, on a $u'(x) = -2x$. Donc les primitives de f sur $\mathbb{R}$ sont les fonctions :

$$\boldsymbol{F : x \mapsto \frac{-1}{2}\mathrm{e}^{-x^2} + k, k \in \mathbb{R}}.$$

CONSEIL
Reportez-vous au tableau des dérivées et celui des primitives avec les fonctions exp et ln .

3. $f(x) = \frac{3}{x+2} = 3 \times \frac{1}{x+2}$. Les primitives de la fonction $\frac{u'}{u}$, $u > 0$, sont les fonctions $\ln u + k$. En posant $u(x) = x + 2$, on a $u'(x) = 1$; sur $]-2 ; +\infty[$, $x + 2 > 0$. Donc les primitives de f sur $]-2 ; +\infty[$ sont les fonctions $\boldsymbol{F : x \mapsto 3\ln(x+2) + k, k \in \mathbb{R}}$.

Exercice 11

1. a. La fonction f est la somme de fonctions dérivables et a pour dérivée $f'(x) = \cos(x) - \sin(x)$.

Sur $[0 ; \pi]$, la lecture des courbes représentant cos et sin montre que l'équation $\cos(x) = \sin(x)$ a pour unique solution $\frac{\pi}{4}$.

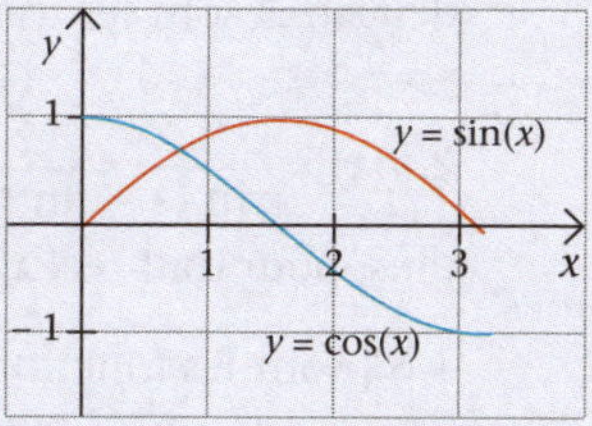

$\cos(x) \geqslant \sin(x)$ sur $\left[0 ; \frac{\pi}{4}\right]$; $\cos(x) \leqslant \sin(x)$ sur $\left[\frac{\pi}{4} ; \pi\right]$.

On en déduit le tableau de variations de f :

x	0		$\frac{\pi}{4}$		π
$f'(x)$		$+$	0	$-$	
f	2	$\nearrow$	$\sqrt{2}+1$	$\searrow$	0

b. D'après son tableau de variations, la fonction f a pour maximum $\sqrt{2} + 1$.

Donc pour tout réel x de $[0 ; \pi]$, $f(x) \leqslant \sqrt{2} + 1$.

D'après la propriété de conservation de l'ordre des intégrales :

$\int_0^{\pi} f(x)\mathrm{d}x \leqslant \int_0^{\pi} (1 + \sqrt{2})\mathrm{d}x$.

Or $\int_0^{\pi} (1 + \sqrt{2})\mathrm{d}x = (1 + \sqrt{2})\pi$, donc $\boldsymbol{\int_0^{\pi} f(x)\mathrm{d}x \leqslant (1 + \sqrt{2})\pi}$.

2. a. Comme la fonction f est continue et positive, l'aire sous la courbe sur $[0 ; \pi]$ est donnée par l'intégrale $\int_0^{\pi} f(x)\mathrm{d}x$; une primitive de f est la fonction $F : x \mapsto -\cos(x) + \sin(x) + x$.

$F(\pi) = 1 + \pi$; $F(0) = 0$, donc l'aire sous la courbe sur $[0 ; \pi]$ est égale à $\mathbf{1 + \pi}$ **u.a.**

b. On en déduit la valeur moyenne de f sur $[0 ; \pi]$:

$\frac{1}{\pi - 0}\int_0^{\pi} f(x)\mathrm{d}x = \frac{1}{\pi} \times (1 + \pi)$, soit $\boldsymbol{\frac{1}{\pi} + 1}$.

Exercice 12

1. $f(x) = \frac{e^x}{e^x + 1}$. En posant $u(x) = e^x + 1$, on a $u'(x) = e^x$; de plus, pour tout réel x, $e^x + 1 > 0$; f s'écrit sous la forme $\frac{u'}{u}$, $u > 0$, donc

8. Intégration CORRIGÉS

les primitives de f s'écrivent sous la forme $\ln u + k$, donc les primitives de f sur $\mathbb{R}$ sont les fonctions $\boldsymbol{F : x \mapsto \ln(e^x + 1) + k,\ k \in \mathbb{R}}$.

2. $f(x) = \dfrac{1}{x\ln(x)} = \dfrac{\frac{1}{x}}{\ln(x)}$. En posant $u(x) = \ln(x)$, on a $u'(x) = \dfrac{1}{x}$; de plus, pour tout réel $x > 1$, $\ln(x) > 0$; donc les primitives de f sur $]1 ; +\infty[$ sont les fonctions $\boldsymbol{F : x \mapsto \ln(\ln(x)) + k,\ k \in \mathbb{R}}$.

3. $f(x) = \dfrac{\cos(x)}{\sin(x)}$. En posant $u(x) = \sin(x)$, on a $u'(x) = \cos(x)$; de plus, pour tout réel x de $]0 ; \pi[$, $\sin(x) > 0$; donc les primitives de f sur $]0 ; \pi[$ sont les fonctions $\boldsymbol{F : x \mapsto \ln(\sin(x)) + k,\ k \in \mathbb{R}}$.

CORRIGÉS

Exercice 13

2,5 pts

1. $f(x) = 2x + 1 + \dfrac{\ln(x)}{x}$. D'après le graphique donné, la fonction f est continue et positive sur $[1 ; e]$, donc l'aire sous la courbe sur l'intervalle $[1 ; e]$ est donnée par l'intégrale $\int_1^e f(x)dx$.

On utilise la propriété de linéarité des intégrales :

$\int_1^e f(x)dx = \int_1^e (2x + 1)dx + \int_1^e \dfrac{\ln(x)}{x}dx$.

Une primitive de la fonction $x \mapsto 2x + 1$ est la fonction $x \mapsto x^2 + x$.

Donc $\int_1^e (2x + 1)dx = [x^2 + x]_1^e = e^2 + e - 2$.

Soit g la fonction définie sur $[1 ; e]$ par $g(x) = \dfrac{\ln(x)}{x}$; on peut aussi écrire $g(x) = \dfrac{1}{x} \times \ln(x)$.

g est alors écrite sous la forme $u'u$, en prenant pour fonction u la fonction ln .

Une primitive G de g est de la forme $\dfrac{1}{2}u^2$, soit $G(x) = \dfrac{1}{2}(\ln(x))^2$.

On en déduit $\int_1^e \dfrac{\ln(x)}{x}dx = G(e) - G(1) = \dfrac{1}{2}(\ln(e))^2 - \dfrac{1}{2}(\ln(1))^2$;

$\ln(e) = 1$ et $\ln(1) = 0$, donc $\int_1^e \dfrac{\ln(x)}{x}dx = 0{,}5$.

Finalement la valeur exacte de l'aire sous la courbe sur $[1 ; e]$ est $(e^2 + e - 2) + 0{,}5 = \boldsymbol{e^2 + e - 1{,}5}$ **u.a.**

0,5 pt

2. Les unités graphiques sont 2 cm sur l'axe des abscisses et 1 cm sur l'axe des ordonnées, donc l'unité d'aire vaut 2 cm².

L'aire sous la courbe exprimée en cm² est $\boldsymbol{2e^2 + 2e - 3}$, soit **environ 17,21 cm²** à 10^{-2} près.

Exercice 14

1 pt

1. $G(x) = (ax + b)e^{-x}$.

On détermine les réels a et b pour que la fonction G soit une primitive de la fonction $g : x \mapsto (2 + x)e^{-x}$ sur l'intervalle $[0 ; 1]$.

G est une primitive de g si $G' = g$.

On applique la formule de dérivée d'un produit $(uv)' = u'v + uv'$.

On pose $u(x) = ax + b$ et $v(x) = e^{-x}$, d'où $u'(x) = a$ et $v'(x) = -e^{-x}$.

$G'(x) = ae^{-x} + (-e^{-x})(ax + b) = (-ax + a - b)e^{-x}$.

$G' = g$ si, et seulement si, $-a = 1$ et $a - b = 2$; on en déduit $a = -1$ et $b = -3$.

Par conséquent, une primitive G de g est $G(x) = (-x - 3)e^{-x}$.

On peut calculer l'intégrale J :

$$J = \int_0^1 (2 + x)e^{-x}dx = G(1) - G(0)$$

$$= -4e^{-1} - (-3).$$

On a ainsi prouvé que $\boldsymbol{J = 3 - \frac{4}{e}}$.

1 pt

2. $\frac{1}{e} \leqslant f(x) \leqslant \frac{1}{2}$.

On multiplie par le nombre positif x^2 :

$$\frac{1}{e}x^2 \leqslant x^2 f(x) \leqslant \frac{1}{2}x^2.$$

On utilise la propriété de conservation de l'ordre sur les intégrales :

$$\int_0^1 \frac{1}{e}x^2dx = \int_0^1 x^2 f(x)dx = \int_0^1 \frac{1}{2}x^2dx.$$

$$\int_0^1 \frac{1}{e}x^2dx = \left[\frac{1}{e} \times \frac{x^3}{3}\right]_0^1 = \frac{1}{3e} \text{ et } \int_0^1 \frac{1}{2}x^2dx = \left[\frac{x^3}{6}\right]_0^1 = \frac{1}{6}.$$

Finalement **on a** $\boldsymbol{\frac{1}{3e} \leqslant K \leqslant \frac{1}{6}}$.

1 pt

3. On utilise les propriétés de linéarité de l'intégrale :

$$J + K = \int_0^1 (2 + x)e^{-x}dx + \int_0^1 x^2\frac{e^{-x}}{2 - x}\,dx \;;$$

$$J + K = \int_0^1 \left((2 + x)e^{-x} + x^2\frac{e^{-x}}{2 - x}\right)dx \;;$$

$$J + K = \int_0^1 e^{-x}\left(\frac{(2 + x)(2 - x) + x^2}{2 - x}\right)dx \;;$$

$$J + K = \int_0^1 e^{-x}\left(\frac{4}{2 - x}\right)dx = 4\int_0^1 \frac{e^{-x}}{2 - x}dx \;;$$

donc $\boldsymbol{J + K = 4I}$.

1 pt **4.** D'après les questions **2.** et **3.**, $J = 3 - \frac{4}{e}$ et $\frac{1}{3e} \leqslant K \leqslant \frac{1}{6}$,

d'où $3 - \frac{4}{e} + \frac{1}{3e} \leqslant J + K \leqslant 3 - \frac{4}{e} + \frac{1}{6}$,

soit $3 - \frac{11}{3e} \leqslant 4I \leqslant \frac{19}{6} - \frac{4}{e}$.

L'encadrement de *I* est $\frac{3}{4} - \frac{11}{12e} \leqslant I \leqslant \frac{19}{24} - \frac{1}{e}$.

$\frac{3}{4} - \frac{11}{12e} \approx 0{,}412\,7$;

$\frac{19}{24} - \frac{1}{e} \approx 0{,}423\,7$.

Une valeur approchée à 10^{-2} près de *I* est alors 0,42.

> **À NOTER**
> La fonction étudiée dans cet exercice n'a pas de primitive explicite.

Exercice 15

0,5 pt **1. Si $x \in [0\ ;\ \ln(6)]$,** alors $x \geqslant 0$,

d'où $e^x \geqslant 1$, $e^x - 1 \geqslant 0$, d'où $|e^x - 1| = e^x - 1$.

Si $x \in [-\ln(6)\ ;\ 0]$, alors $x \leqslant 0$,

d'où $e^x \leqslant 1$, $e^x - 1 \leqslant 0$, d'où $|e^x - 1| = -(e^x - 1)$.

> **RAPPEL**
> Si $x > 0$, $|x| = x$ et si $x < 0$, $|x| = -x$.

1 pt **2.** Une primitive de $x \mapsto e^x - 1$ est $x \mapsto e^x - x$.

$$\int_0^{\ln(6)} (e^x - 1)dx = [e^x - x]_0^{\ln(6)} = e^{\ln(6)} - \ln(6) - e^0 = 6 - \ln(6) - 1 = \mathbf{5 - \ln(6)}.$$

$$\int_{-\ln(6)}^{0} (e^x - 1)dx = [e^x - x]_{-\ln(6)}^{0} = e^0 - (e^{-\ln(6)} + \ln(6)) = 1 - \frac{1}{6} - \ln(6) = \mathbf{\frac{5}{6} - \ln(6)}.$$

1,5 pt **3.** On utilise la relation de Chasles :

$$\int_{-\ln(6)}^{\ln(6)} f(x)dx = \int_{-\ln(6)}^{0} f(x)dx + \int_0^{\ln(6)} f(x)dx\ ;$$

$$\int_{-\ln(6)}^{\ln(6)} f(x)dx = \int_{-\ln(6)}^{0} -(e^x - 1)dx + \int_0^{\ln(6)} (e^x - 1)dx\ ;$$

$$\int_{-\ln(6)}^{\ln(6)} f(x)dx = -\int_{-\ln(6)}^{0} (e^x - 1)dx + \int_0^{\ln(6)} (e^x - 1)dx\ ;$$

d'après la question **2.**, $\int_{-\ln(6)}^{\ln(6)} f(x)dx = \ln(6) - \frac{5}{6} + 5 - \ln(6) = \frac{25}{6}$.

Exercice 16

1 pt

La fonction f étant continue et positive sur $[a\ ;\ b]$, pour tout réel x de $[a\ ;\ b]$, $\int_a^x f(t)\mathrm{d}t$ est l'aire sous la courbe de f sur l'intervalle $[a\ ;\ x]$.

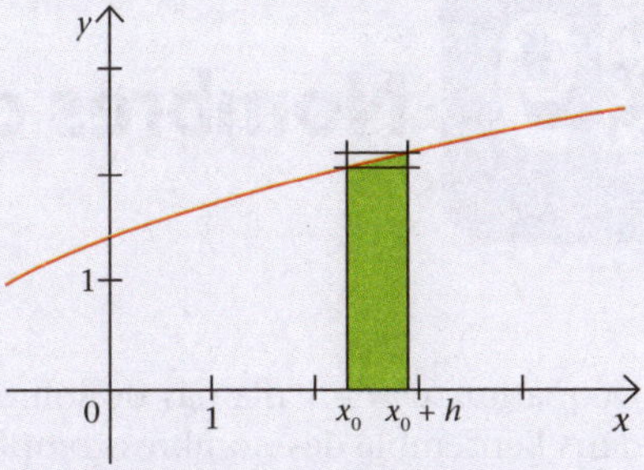

Soient x_0 un réel de $[a\ ;\ b]$ et h un réel positif tel que $x_0 + h \in [a\ ;\ b]$.

$\int_{x_0}^{x_0+h} f(t)\mathrm{d}t$ est l'aire sous la courbe de f sur l'intervalle $[x_0\ ;\ x_0 + h]$.

La fonction f étant croissante sur $[a\ ;\ b]$, pour tout réel t de $[x_0\ ;\ x_0 + h]$, $f(x_0) \leqslant f(t) \leqslant f(x_0 + h)$.

L'aire sous la courbe de f sur l'intervalle $[x_0\ ;\ x_0 + h]$ est alors encadrée par l'aire de deux rectangles de largeur h et on obtient :

$f(x_0)h \leqslant \int_{x_0}^{x_0+h} f(t)\mathrm{d}t \leqslant f(x_0 + h)h.$ (1)

D'après la relation de Chasles, $\int_{x_0}^{x_0+h} f(t)\mathrm{d}t = \int_{x_0}^{a} f(t)\mathrm{d}t + \int_{a}^{x_0+h} f(t)\mathrm{d}t.$

Or $\int_{x_0}^{a} f(t)\mathrm{d}t = -\int_{a}^{x_0} f(t)\mathrm{d}t.$

On en déduit $\int_{x_0}^{x_0+h} f(t)\mathrm{d}t = F(x_0 + h) - F(x_0).$

L'inégalité (1) s'écrit alors $f(x_0)h \leqslant F(x_0 + h) - F(x_0) \leqslant f(x_0 + h)h$.

On divise par h non nul : $f(x_0) \leqslant \dfrac{F(x_0 + h) - F(x_0)}{h} \leqslant f(x_0 + h)$.

Comme f est continue en x_0, $\lim\limits_{h \to 0} f(x_0 + h) = f(x_0)$.

D'après le « théorème des gendarmes », $\lim\limits_{h \to 0} \dfrac{F(x_0 + h) - F(x_0)}{h} = f(x_0)$.

Par définition de la dérivabilité, la fonction F est donc dérivable en x_0 et on a $F'(x_0) = f(x_0)$.

Ce résultat étant valable pour tout réel x_0 de $[a\ ;\ b]$, **la fonction F est dérivable sur $[a\ ;\ b]$ et a pour dérivée f.**

9 Nombres complexes

L'équation $x^2 = -1$ n'a pas de solution dans $\mathbb{R}$, mais elle en admet deux dans l'ensemble des nombres complexes $\mathbb{C}$.

1 Forme algébrique

a. Définitions

■ Tout **nombre complexe** z admet une **écriture algébrique unique** de la forme $z = a + \text{i}b$, où a et b sont des nombres réels et i est un nombre tel que $\text{i}^2 = -1$.

■ Soit z un nombre complexe tel que $z = a + \text{i}b$.

a est la **partie réelle** de z et b est sa **partie imaginaire**.

On note $\text{Re}(z) = a$ et $\text{Im}(z) = b$.

■ Un nombre complexe z est appelé **imaginaire pur** lorsque sa partie réelle est nulle. Il s'écrit alors $z = \text{i}b$.

De même, z est un nombre **réel** lorsque sa partie imaginaire est nulle.

b. Égalité de deux nombres complexes

■ Soient $z = a + \text{i}b$ et $z' = a' + \text{i}b'$:
$z = z'$ si, et seulement si, $a = a'$ et $b = b'$.

> **À NOTER**
> Un nombre complexe $z = a + \text{i}b$ est nul si, et seulement si, $a = 0$ et $b = 0$.

c. Opérations

■ Soient $z = a + \text{i}b$ et $z' = a' + \text{i}b'$ deux nombres complexes :

$z + z' = (a + \text{i}b) + (a' + \text{i}b') = (a + a') + \text{i}(b + b')$;

$zz' = (a + \text{i}b)(a' + \text{i}b') = (aa' - bb') + \text{i}(ab' + a'b)$.

■ Identités remarquables :

$(a + \text{i}b)^2 = a^2 + 2\text{i}ab - b^2 = a^2 - b^2 + 2\text{i}ab$

$(a - \text{i}b)^2 = a^2 - 2\text{i}ab - b^2 = a^2 - b^2 - 2\text{i}ab$

$(a + \text{i}b)(a - \text{i}b) = a^2 + b^2$

> **À NOTER**
> Les règles de calcul que vous avez apprises dans l'ensemble $\mathbb{R}$ des réels s'appliquent dans $\mathbb{C}$.

COURS

d. Conjugué d'un nombre complexe

■ Soit $z = a + \mathrm{i}b$ un nombre complexe. On appelle **conjugué** du nombre z le nombre $\overline{z} = a - \mathrm{i}b$.

■ Soient z un nombre complexe **non nul** et $\overline{z}$ son conjugué :

$$\overline{\left(\frac{1}{z}\right)} = \frac{1}{\overline{z}} \ ; \qquad (\overline{z})^n = \overline{z^n} \ ; \qquad z \times \overline{z} = a^2 + b^2.$$

■ Soient z et z' deux nombres complexes et $\overline{z}$ et $\overline{z}'$ leurs conjugués :

$$\overline{z + z'} = \overline{z} + \overline{z}' \ ; \qquad \overline{z \times z'} = \overline{z} \times \overline{z}' \ ; \qquad \overline{\left(\frac{z}{z'}\right)} = \frac{\overline{z}}{\overline{z}'} \ (z' \neq 0) \ ;$$

$$z + \overline{z} = 2\,\mathrm{Re}(z) \ ; \qquad z - \overline{z} = 2\,\mathrm{Im}(z).$$

■ Le nombre z est un nombre réel si, et seulement si, $z - \overline{z} = 0$.
Le nombre z est un imaginaire pur si, et seulement si, $z + \overline{z} = 0$.

e. Équations du second degré à coefficients réels

Soit l'équation $ax^2 + bx + c = 0$ où a, b et c sont trois nombres **réels**.

On calcule $\Delta = b^2 - 4a$.

■ Si $\Delta > 0$, alors l'équation admet deux solutions réelles : $\dfrac{-b-\sqrt{\Delta}}{2a}$ et $\dfrac{-b+\sqrt{\Delta}}{2a}$.

■ Si $\Delta = 0$, alors $x = -\dfrac{b}{2a}$ est la racine réelle double de l'équation.

■ Si $\Delta < 0 \neq 0$, alors on appelle δ le nombre complexe tel que $\delta = \mathrm{i}\sqrt{-\Delta}$.
$z_1 = \dfrac{-b-\delta}{2a}$ et $z_2 = \dfrac{-b+\delta}{2a}$ sont les deux nombres complexes conjugués solutions de l'équation.

2 Forme géométrique

a. Affixe d'un point

Définitions

■ À tout nombre complexe $z = a + \mathrm{i}b$, on associe le point M de coordonnées $(a \ ; b)$ dans un **repère orthonormé direct** $(\mathrm{O} \ ; \vec{i}, \vec{j})$.

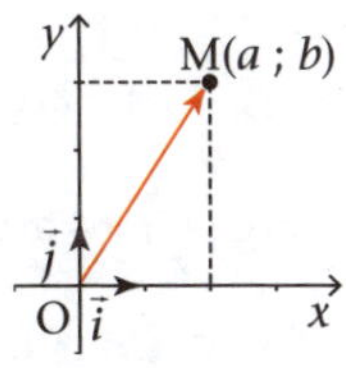

■ L'axe des abscisses est appelé l'axe des réels, l'axe des ordonnées est appelé l'axe des imaginaires purs.

■ Le point M est le **point image** de z. $\overrightarrow{\mathrm{OM}}$ est le **vecteur image** de z.
z est **l'affixe** du point M et du vecteur $\overrightarrow{\mathrm{OM}}$.

■ Le point M′ d'affixe $\overline{z}$ est le symétrique de M par rapport à l'axe des réels.

Propriétés

Soient un point A d'affixe z_A et un point B d'affixe z_B.

- Le vecteur $\overrightarrow{AB}$ a pour affixe $z_B - z_A$.
- Le milieu du segment [AB] a pour affixe $\dfrac{z_A + z_B}{2}$.

b. Module et argument d'un nombre complexe

Le plan est rapporté à un repère orthonormé direct $(O\ ;\ \vec{i}, \vec{j})$ et $M(a\ ;\ b)$ est le point image du nombre complexe z.

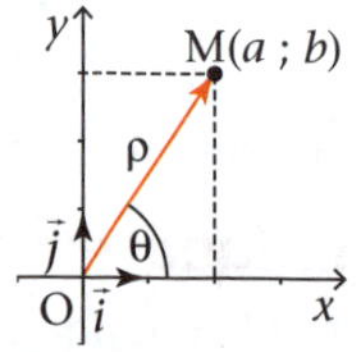

Définitions

Soit $z = a + ib$ un nombre complexe non nul.

- On appelle **module** de z le nombre réel, noté $|z|$, tel que $|z| = \sqrt{a^2 + b^2}$.
- On appelle **argument** de z **une** mesure en radians, notée $\arg(z)$, de l'angle orienté $(\vec{i}, \overrightarrow{OM})\ [2\pi]$.

À NOTER
L'argument d'un nombre complexe n'est pas unique, puisqu'il est défini modulo 2π.

Propriétés

- $|z| = OM = \|\overrightarrow{OM}\| = \sqrt{a^2 + b^2} = \sqrt{z \times \bar{z}}$.
- $AB = |z_B - z_A|$.

  $AB = \sqrt{(x_B - x_A)^2 + (y_B - y_A)^2}$.
- $|-z| = |z|$ $\quad |z| = |\bar{z}|$

  $|zz'| = |z| \times |z'|$ $\quad \left|\dfrac{z}{z'}\right| = \dfrac{|z|}{|z'|}\ (z' \neq 0)$ $\quad z \times \bar{z} = (|z|)^2 = a^2 + b^2$
- $\arg(zz') = \arg(z) + \arg(z')\ [2\pi]$ $\quad \arg\left(\dfrac{z}{z'}\right) = \arg(z) - \arg(z')\ [2\pi]$

  $\arg\left(\dfrac{1}{z}\right) = -\arg(z)\ [2\pi]$ $\quad \arg(\bar{z}) = -\arg(z)\ [2\pi]$

  $\arg(-z) = \arg(z) + \pi\ [2\pi]$ $\quad \arg(z^n) = n \times \arg(z) [2\pi]$
- z est un nombre réel équivaut à $z = 0$ **ou** $\arg(z) = 0 + k\pi$, $k \in \mathbb{Z}$.

z est un nombre imaginaire pur équivaut à $z = 0$ **ou** $\arg(z) = \dfrac{\pi}{2} + k\pi$, $k \in \mathbb{Z}$.

3 Forme trigonométrique

a. Définitions et propriétés

■ Tout nombre complexe z admet une **écriture trigonométrique** de la forme :

$$z = \rho(\cos\theta + i\sin\theta) \text{ avec } \rho \geqslant 0.$$

■ Soient $z = \rho(\cos\theta + i\sin\theta)$ et $z' = \rho'(\cos\theta' + i\sin\theta')$.

$z = z'$ si, et seulement si, $\rho = \rho'$ et $\theta = \theta' + 2k\pi$, $k \in \mathbb{Z}$.

■ Soit z un nombre complexe dont l'écriture algébrique est $z = a + ib$ et dont l'écriture trigonométrique est $z = \rho(\cos\theta + i\sin\theta)$. On a :

$$\cos\theta = \frac{a}{\rho} \text{ et } \sin\theta = \frac{b}{\rho}.$$

b. Interprétation dans un repère orthonormé direct

■ Le plan est rapporté à un repère orthonormé direct $(O ; \vec{i}, \vec{j})$.
Soient A, B, C et D quatre points dont les affixes respectives sont z_A, z_B, z_C et z_D, avec A ≠ B et C ≠ D.

$$\arg(z_B - z_A) = (\vec{i}, \overrightarrow{AB})\ [2\pi]\ ; \qquad \arg\left(\frac{z_D - z_C}{z_B - z_A}\right) = (\overrightarrow{AB}, \overrightarrow{CD})\ [2\pi].$$

c. Notation exponentielle

▶ Vidéo

■ En partant de la notation $e^{i\theta} = \cos\theta + i\sin\theta$, tout nombre complexe z peut s'écrire $z = \rho e^{i\theta}$, qui est la **notation exponentielle** du nombre complexe z de module ρ et d'argument θ.

■ $e^{i\theta} \times e^{i\theta'} = e^{i(\theta+\theta')}$; $\dfrac{e^{i\theta}}{e^{i\theta'}} = e^{i(\theta-\theta')}$.

■ Soient $z = \rho(\cos\theta + i\sin\theta) = \rho e^{i\theta}$ et $z' = \rho'(\cos\theta' + i\sin\theta') = \rho' e^{i\theta'}$ deux nombres complexes :

$$zz' = e^{i\theta} \times e^{i\theta'} = e^{i(\theta+\theta')}.$$

On en déduit que :

$$\rho(\cos\theta + i\sin\theta) \times \rho'(\cos\theta' + i\sin\theta') = \rho\rho'(\cos(\theta+\theta') + i\sin(\theta+\theta')).$$

Après développement, on trouve :

$$\cos(\theta+\theta') = \cos\theta\cos\theta' - \sin\theta\sin\theta'\ ;$$
$$\sin(\theta+\theta') = \sin\theta\cos\theta' + \cos\theta\sin\theta'.$$

> **CONSEIL**
> Cette technique est à connaître afin de pouvoir retrouver le cosinus, le sinus d'une somme ou d'une différence ou de chercher à les déterminer.

■ À partir de l'égalité $(e^{i\theta})^n = e^{in\theta}$, on en déduit que :

$$(\cos\theta + i\sin\theta)^n = \cos n\theta + i\sin n\theta.$$

MÉTHODE

1 Calculer le quotient de deux nombres complexes

Énoncé

Donner la forme algébrique du complexe $z = \frac{7+3i}{2-9i}$.

Solution commentée

Savoir-faire

- On cherche ici à écrire le nombre complexe z sous la forme $z = a + ib$. La méthode consiste à multiplier le numérateur et le dénominateur du nombre z par le conjugué du dénominateur.
- On utilise ensuite la propriété $i^2 = -1$.
- Après avoir effectué les différents calculs, on sépare la partie réelle de la partie imaginaire.

$$Z = \frac{7+3i}{2-9i} = \frac{(7+3i)(2+9i)}{(2-9i)(2+9i)} = \frac{14+63i+6i-27}{4+81} = \frac{-13+69i}{85}.$$

Le dénominateur étant un nombre réel, on peut alors séparer la partie réelle de la partie imaginaire et on obtient :

$$z = -\frac{13}{85} + \frac{69}{85}i.$$

2 Résoudre une équation du second degré à coefficients réels

Énoncé

Résoudre, dans $\mathbb{C}$, les équations $4z^2 - 5z + 11 = 0$ et $8z^2 - 12z\sqrt{2} + 9 = 0$.

Solution commentée

Savoir-faire

- Pour résoudre une équation du second degré dans $\mathbb{C}$, on applique la même méthode que dans $\mathbb{R}$.
- On commence par rechercher le discriminant Δ de l'expression : $\Delta = b^2 - 4ac$ (a, b et c étant des réels).

■ On en déduit alors les solutions de l'équation en appliquant la propriété du cours suivante : « Si $\Delta < 0$, alors on appelle δ le nombre complexe tel que $\delta^2 = \Delta$. » On obtient alors deux solutions complexes conjuguées : $z_1 = \dfrac{-b-\delta}{2a}$ et $z_2 = \dfrac{-b+\delta}{2a}$.

■ Soit l'équation $4z^2 - 5z + 11 = 0$.

On commence par calculer le discriminant Δ :

$\Delta = (-5)^2 - 4 \times 4 \times 11 = -151$.

Puisque le discriminant est négatif, alors cette équation n'admet pas de solution dans $\mathbb{R}$.

On utilise la propriété $i^2 = -1$.

Soit δ tel que $\delta^2 = -151 = (i \times 151)^2$. On en déduit que $\delta = i\sqrt{151}$.

L'équation admet deux solutions z_1 et z_2 dans $\mathbb{C}$:

$z_1 = \dfrac{5+i\sqrt{151}}{8}$ et $z_2 = \dfrac{5-i\sqrt{151}}{8}$.

■ Soit l'équation $8z^2 - 12z\sqrt{2} + 9 = 0$.

$\Delta = (-12\sqrt{2})^2 - 4 \times 8 \times 9 = 0$

L'équation admet une solution réelle double : $z_1 = z_2 = \dfrac{12\sqrt{2}}{16} = \dfrac{3\sqrt{2}}{4}$.

3 Passer de l'écriture algébrique à l'écriture trigonométrique

Énoncé

Écrire le nombre $z = 4\sqrt{3} + 4i$ sous forme trigonométrique.

Solution commentée

Savoir-faire

■ On commence par calculer le module ρ du nombre, sachant que si $z = a + ib$, alors $\rho = \sqrt{a^2 + b^2}$.

■ Afin de calculer un argument θ, on calcule cos ρ et sin ρ en utilisant les formules : $\cos\theta = \dfrac{a}{\rho}$ et $\sin\theta = \dfrac{b}{\rho}$.

■ x et y étant donnés, on résout alors des équations du type $\cos \theta = x$ et $\sin \theta = y$ en utilisant les valeurs remarquables du sinus ou du cosinus d'un angle.

$z = 4\sqrt{3} + 4i$

$\rho = \sqrt{(4\sqrt{3})^2 + 4^2} = \sqrt{48+16} = \sqrt{64} = 8$

$\cos \theta = \frac{4\sqrt{3}}{8} = \frac{\sqrt{3}}{2}$ et $\sin \theta = \frac{4}{8} = \frac{1}{2}$.

Une valeur de θ est $\frac{\pi}{6}$.

On en déduit que $z = 8\left(\cos \frac{\pi}{6} + i \sin \frac{\pi}{6}\right)$.

4 Passer de l'écriture exponentielle ou trigonométrique à l'écriture algébrique

Énoncé

▶ Vidéo

Écrire le nombre $6e^{i\frac{4\pi}{3}}$ sous la forme algébrique.

Solution commentée

Savoir-faire

■ On utilise la forme trigonométrique : $\rho e^{i\theta} = \rho(\cos \theta + i \sin \theta)$.

■ Pour résoudre ce type d'exercices, il est recommandé de bien connaître des formules comme celles des angles associés, du type :

$\cos(\pi - x) = -\cos x$, $\sin\left(\frac{\pi}{2} - x\right) = \cos x$, ou celles du type :

$\cos(a + b) = \cos a \cos b - \sin a \sin b$ ou $\sin(a + b) = \sin a \cos b + \sin b \cos a$.

$6e^{i\frac{4\pi}{3}} = 6\left(\cos \frac{4\pi}{3} + i \sin \frac{4\pi}{3}\right)$

$\cos \frac{4\pi}{3} = \cos\left(\pi + \frac{\pi}{3}\right) = -\cos \frac{\pi}{3} = -\frac{1}{2}$ et $\sin \frac{4\pi}{3} = -\sin \frac{\pi}{3} = \frac{-\sqrt{3}}{2}$.

$6e^{i\frac{4\pi}{3}} = 6\left(-\frac{1}{2} + i\frac{-\sqrt{3}}{2}\right) = -3 - 3i\sqrt{3}$

Pour réussir le jour J

LES ERREURS À NE PAS COMMETTRE

- L'argument d'un nombre complexe n'est pas unique : il est défini modulo 2π.

Si $\frac{\pi}{10}$ est un argument d'un nombre complexe z, alors tous les nombres $\frac{\pi}{10} + 2k\pi$, $k \in \mathbb{Z}$, le sont également. Il ne faut donc pas oublier la mention modulo 2π.
Lorsque vous déterminez un argument d'un nombre complexe, il faut donc bien préciser qu'il s'agit d'**un** argument de ce nombre.

QCM, p. 204

- Le résultat d'une puissance de i peut être un nombre négatif ou positif. Il est donc faux de penser que ce résultat est systématiquement négatif.

Le résultat d'une partie imaginaire pure élevée à une puissance peut être un nombre réel (positif ou négatif) ou un nombre complexe imaginaire pur.
Pour s'en convaincre, il suffit de calculer i^2 ; i^3 ; i^4 ; i^5…
Les nombres entiers naturels, tels que i^n soit un réel, sont de la forme $n = 4k$ ou $n = 4q + 2$, $q \in \mathbb{Z}$.

QCM, p. 204

- Il ne faut pas écrire $\sqrt{3+2i}$.

En effet, l'équation $(3 + 2i)^2 = k$, $k \in \mathbb{R}^*$, possède deux solutions dans $\mathbb{C}$, donc $\sqrt{3+2i}$ n'est pas défini.

De même, il ne faut pas écrire « racine de (– 1) ».

Exercice 9, p. 206

- Il ne faut pas oublier de signaler que dans l'écriture $z = a + ib$, a et b sont des réels. Si ce n'est pas le cas, alors il faut écrire que $\bar{z} = a - ib$ est faux.

Exercice 7, p. 206

- Avant de calculer le quotient d'un nombre complexe, il ne faut pas oublier de préciser que le dénominateur n'est pas nul.

Exercice 10, p. 206

10 qcm pour réviser le cours

Corrigés, p. 209

1 Quelle est la partie réelle de $7 + 5i(i - 3)$?

☐ **a.** 7. ☐ **b.** 2. ☐ **c.** 12.

2 Le résultat de i^{19} est :

☐ **a.** -1. ☐ **b.** $-i$. ☐ **c.** i.

3 Le résultat de $(3 - 2i)(4 + 3i)$ est :

☐ **a.** $12 + 6i$.

☐ **b.** $12 + i$.

☐ **c.** $18 + i$.

4 Quelles sont les solutions de l'équation $7z^2 + 2z + 3$ dans $\mathbb{C}$?

☐ **a.** $z_1 = \dfrac{-1 - 2i\sqrt{5}}{7}$ et $z_2 = \dfrac{-1 + 2i\sqrt{5}}{7}$.

☐ **b.** $z_1 = \dfrac{-1 - 4i\sqrt{-80}}{14}$ et $z_2 = \dfrac{-1 + 4i\sqrt{-80}}{14}$.

☐ **c.** $z_1 = \dfrac{-1 - \sqrt{80}}{14}$ et $z_2 = \dfrac{-1 + \sqrt{80}}{14}$.

5 Quel est le module du nombre complexe $z = 8 - 5i$?

☐ **a.** 13.

☐ **b.** $\sqrt{39}$.

☐ **c.** $\sqrt{89}$.

6 Quel est un argument du nombre complexe $z = 7 + 7i$?

☐ **a.** $\dfrac{\pi}{4} + 2k\pi,\ k \in \mathbb{Z}$.

☐ **b.** $\dfrac{2\pi}{3} + 2k\pi,\ k \in \mathbb{Z}$.

☐ **c.** $\dfrac{3\pi}{4} + 2k\pi,\ k \in \mathbb{Z}$.

7 Quelle est l'écriture algébrique du nombre complexe $z = 8e^{i\frac{\pi}{3}}$?

☐ **a.** $4 + 4i\sqrt{3}$.

☐ **b.** $4 - 4i\sqrt{3}$.

☐ **c.** $-4 - 4i\sqrt{3}$.

8 Le plan complexe étant rapporté à un repère orthonormé $(O ; \vec{i}, \vec{j})$, quel est l'ensemble des points d'affixe z tels que $|z - 7 - 2i| = 3$?

☐ **a.** une droite.

☐ **b.** un cercle.

☐ **c.** un point.

9 Le plan complexe étant rapporté à un repère orthonormé $(O ; \vec{i}, \vec{j})$, on considère trois points L, S et T d'affixes respectives z_L, z_S, z_T telles que $z_L = z_S - z_T$. Que peut-on affirmer ?

☐ **a.** LST est un triangle rectangle.

☐ **b.** LST est un triangle équilatéral.

☐ **c.** OLST est un parallélogramme.

10 Le conjugué de $z' = \dfrac{1 - z}{3 + 2i}$ est :

☐ **a.** $\dfrac{1 + \overline{z}}{3 + 2i}$. ☐ **b.** $\dfrac{1 - \overline{z}}{3 - 2i}$.

☐ **c.** $\dfrac{1 + z}{3 - 2i}$.

Exercices

Exercice 1 niveau 1

Corrigés, p. 210

Donner la forme algébrique des nombres complexes suivants.

$(7 + 3i)(5 - 4i)$; $(4 - i\sqrt{3})^2$; $(2 - 3i)^3$.

Exercice 2 niveau 1

Corrigés, p. 210

Soient $z = 2 - 3i$ et $z' = -3 + i$.

Donner l'écriture algébrique de $z + z'$; $5z + 3z'$; z^2z' ; zz' ; $\dfrac{\overline{z+z'}}{\overline{zz'}}$.

Exercice 3 niveau 1

Corrigés, p. 210

Écrire sous forme algébrique les nombres complexes suivants.

$$z_1 = \frac{2+i}{2-i}\ ; \qquad z_2 = 12e^{i\frac{\pi}{4}}\ ; \qquad z_3 = \frac{8\left(\cos\frac{2\pi}{3} + i\sin\frac{2\pi}{3}\right)}{\sqrt{2}\left(\cos\frac{-\pi}{6} + i\sin\frac{-\pi}{6}\right)}.$$

Exercice 4 niveau 1

Corrigés, p. 211

Écrire sous la forme $\rho e^{i\theta}$ le nombre complexe $\dfrac{1+i\sqrt{3}}{1+i}$.

Exercice 5 niveau 1

Corrigés, p. 211

1. Écrire sous forme trigonométrique les nombres complexes suivants.

$z = 1 + i$; $\qquad z' = \sqrt{3} + i$.

2. En déduire l'écriture trigonométrique de $z \times z'$ et de $\dfrac{z}{z'}$.

3. Donner l'écriture algébrique de $e^{i\frac{\pi}{3}}$; $e^{i\frac{\pi}{4}}$ et de $\dfrac{e^{i\frac{\pi}{3}}}{e^{i\frac{\pi}{4}}}$.

4. En déduire $\cos\dfrac{\pi}{12}$ et $\sin\dfrac{\pi}{12}$.

Exercice 6 niveau 1

Corrigés, p. 212

Le plan complexe étant rapporté à un repère orthonormé direct $(O\ ; \vec{i}, \vec{j})$, on considère les deux points R et S d'affixes respectives $7 + i$ et $3 - 2i$.

Calculer RS.

Exercice 7 niveau 2

Corrigés, p. 212

Donner l'écriture algébrique des nombres suivants.

$\frac{2+3i}{5-4i}$; $\frac{5+3i}{3-i\sqrt{2}}$; $(5 - 3\sqrt{2} + 3i)^2$.

Exercice 8 niveau 2

Corrigés, p. 213

Calculer et donner le résultat sous forme algébrique :

$$(1 + i\sqrt{3})^4(\sqrt{3} + i)^5.$$

Exercice 9 niveau 2

Corrigés, p. 213

Résoudre dans $\mathbb{C}$ les équations suivantes.

1. $7z - 3\bar{z} = 4 - 5i$ **2.** $\frac{z-3}{2z+5} = i$ **3.** $\bar{z} - 2iz = -10 - i$

Exercice 10 niveau 2

Corrigés, p. 214

Le plan complexe est rapporté à un repère orthonormé direct.

Dans chaque cas, déterminer l'ensemble des point M du plan dont l'affixe z vérifie la relation donnée.

1. $|z - 2 - 7i| = |4 - 3i|$ **2.** $|z - 2i| = |z + 5 + 4i|$ **3.** $\left|\frac{z-2}{z-3}\right| = \sqrt{\frac{2}{3}}$

Exercice 11 niveau 3

Corrigés, p. 214

Résoudre dans $\mathbb{C}$ les équations suivantes.

1. $5z^2 - 8z + 5 = 0$ **2.** $3z^4 + 2z^2 - 8 = 0$ **3.** $z^2 + 6\bar{z} - 7 = 0$

Exercice 12 niveau 3

Corrigés, p. 215

Le plan est rapporté au repère orthonormé $(O ; \vec{i}, \vec{j})$. À tout nombre complexe $z = a + ib$, a et b étant des réels, on associe le nombre $z' = \frac{z+i}{\bar{z}+i}$, avec $\bar{z} \neq -i$. Déterminer l'ensemble des points M, images de z, tels que z' soit un nombre réel.

Exercice 13 15 min, 2 pts

Corrigés, p. 216

TYPE BAC

(Polynésie, 2010) On considère l'équation (E) : $z^4 = -4$, où z est un nombre complexe.

1. Montrer que si le nombre complexe z est solution de l'équation (E), alors les nombres complexes $-z$ et $\bar{z}$ sont aussi solutions de l'équation (E).

2. On considère le nombre complexe $z_0 = 1 + \text{i}$.

a. Écrire le nombre le nombre complexe z_0 sous forme exponentielle.

b. Vérifier que z_0 est solution de l'équation (E).

3. Déduire des deux questions précédentes trois autres solutions de l'équation (E).

Exercice 14 (20 min, 3 pts)

Corrigés, p. 216

TYPE BAC

(Sujet national, 2011) Le plan complexe est rapporté à un repère orthonormé $(O ; \vec{i}, \vec{j})$.

On désigne par A, B, C et D les points d'affixe respectives $z_A = 1$, $z_B = \text{i}$, $z_C = -1$ et $z_D = -\text{i}$.

1. L'ensemble des points d'affixe z tels que $|z + \text{i}| = |z - 1|$ est :

a. la médiatrice du segment [BC].

b. le milieu du segment [BC].

c. le cercle de centre O et de rayon 1.

d. la médiatrice du segment [AD].

2. L'ensemble des points d'affixe z tels que $\dfrac{z+\text{i}}{z+1}$ soit un imaginaire pur est :

a. la droite (CD) privée du point C.

b. le cercle de diamètre [CD] privé du point C.

c. le cercle de diamètre [BD] privé du point C.

d. la médiatrice du segment [AB].

3. L'ensemble des points d'affixe z tels que $\arg(z - \text{i}) = -\dfrac{\pi}{2} + 2k\pi$, $k \in \mathbb{Z}$, est :

a. le demi-cercle de diamètre [BD] passant par A.

b. la droite (BD).

c. la demi-droite]BD) d'origine B passant par D privée de B.

d. le cercle de diamètre [BD] privé de B et D.

Exercice 15 (40 min, 4 pts)

Corrigés, p. 217

TYPE BAC

(Asie, 2008) Le plan est rapporté au repère orthonormé direct $(O ; \vec{i}, \vec{j})$.

On prendra pour le dessin $\|\vec{i}\| = 4$ cm.

M est un point d'affixe z non nul. On désigne par M′ le point d'affixe z' tel que $z' = -\dfrac{1}{\overline{z}}$, où $\overline{z}$ désigne le conjugué du nombre complexe z.

Partie A

1. Soit z un nombre complexe non nul.

Déterminer une relation entre les modules de z de z', puis une relation entre les arguments de z et de z'.

2. Démontrer que les points O, M et M′ sont alignés.

3. Démontrer que, pour tout nombre complexe z non nul, on a l'égalité :

$$\overline{z' + 1} = \frac{1}{z}(z - 1).$$

Partie B

On désigne par A et B les deux points d'affixes 1 et – 1.

On nomme $\mathscr{C}$ l'ensemble des points M du plan dont l'affixe z vérifie $|z - 1| = 1$.

1. Quelle est la nature de l'ensemble $\mathscr{C}$?

2. Soit M un point de $\mathscr{C}$ d'affixe z, distinct du point O.

a. Démontrer que $|z' + 1| = |z'|$.

Interpréter géométriquement cette égalité.

b. Est-il vrai que si z' vérifie l'égalité $|z' + 1| = |z'|$, alors z vérifie l'égalité $|z - 1| = 1$?

3. Tracer l'ensemble $\mathscr{C}$ sur une figure. Si M est un point de $\mathscr{C}$, décrire et réaliser la construction du point M′.

Exercice 16 (30 min, 3 pts)

Corrigés, p. 219

TYPE BAC

(Amérique du Sud, 2011)

1. Résoudre dans $\mathbb{C}$ l'équation $z^2 - 2z + 5 = 0$.

2. Le plan complexe est rapporté à un repère orthonormé direct $(O ; \vec{i}, \vec{j})$ d'unité graphique 2 cm.

On considère les points A, B, C et D d'affixes respectives z_A, z_B, z_C et z_D, où $z_A = 1 + 2i$, $z_B = \overline{z_A}$, $z_C = 1 + \sqrt{3} + i$ et $z_D = \overline{z_C}$.

a. Placer les points dans le repère $(O ; \vec{i}, \vec{j})$.

b. Calculer $\dfrac{z_B - z_C}{z_A - z_C}$ et donner le résultat sous forme algébrique.

c. En déduire la nature du triangle ABC.

3. Démontrer que les points A, B, C et D appartiennent à un même cercle Γ dont on déterminera le centre et le rayon.

4. Construire les points C et D dans le repère $(O ; \vec{i}, \vec{j})$.

Expliquer la construction proposée.

QCM

1 **b.** $7 + 5i(i - 3) = 2 - 15i$. Ce nombre a pour partie réelle 2.

2 **b.** $i^{19} = i^{18} \times i = (i^2)^9 \times i = (-1)^9 \times i = -i$.

3 **c.** $(3 - 2i)(4 + 3i) = 12 + 9i - 8i - 6i^2$.

$(3 - 2i)(4 + 3i) = 18 + i$.

4 **a.** $7z^2 + 2z + 3 = 0$.

$\Delta = 2^2 - 4 \times 7 \times 3 = -80$, qui est un nombre négatif.

Soit $\delta = i\sqrt{80} = 4i\sqrt{5}$.

Les deux solutions sont $z_1 = \dfrac{-2-4i\sqrt{5}}{14} = \dfrac{-1-2i\sqrt{5}}{7}$

et $z_2 = \dfrac{-2+4i\sqrt{5}}{14} = \dfrac{-1+2i\sqrt{5}}{7}$.

5 **c.** Soit ρ le module du nombre complexe $z = 8 - 5i$:

$\rho = \sqrt{8^2 + (-5)^2} = \sqrt{64+25} = \sqrt{89}$.

6 **a.** $z = 7 + 7i$

$\rho = \sqrt{7^2 + 7^2} = 7\sqrt{2}$

$z = 7\sqrt{2}\left(\dfrac{1}{\sqrt{2}} + i\dfrac{1}{\sqrt{2}}\right)$

$z = 7\sqrt{2}\left(\dfrac{\sqrt{2}}{2} + i\dfrac{\sqrt{2}}{2}\right)$

$z = 7\sqrt{2}\left(\cos\dfrac{\pi}{4} + i\sin\dfrac{\pi}{4}\right)$

Un argument de z est $\dfrac{\pi}{4}$.

7 **a.** $z = 8e^{i\frac{\pi}{3}} = 8\left(\cos\dfrac{\pi}{3} + i\sin\dfrac{\pi}{3}\right)$.

$\cos\dfrac{\pi}{3} = \dfrac{1}{2}$ et $\sin\dfrac{\pi}{3} = \dfrac{\sqrt{3}}{2}$.

$z = 8\left(\dfrac{1}{2} + i\dfrac{\sqrt{3}}{2}\right)$

$z = 4 + 4i\sqrt{3}$

8 **b.** Soit M un point d'affixe z tel que $|z - 7 - 2i| = 3$ et K le point d'affixe $7 + 2i$. L'égalité $|z - 7 - 2i| = 3$ équivaut à KM = 3.

Le point M appartient au cercle de centre K et de rayon 3.

9 **c.** Le vecteur $\overrightarrow{OL}$ a pour affixe z_L et le vecteur $\overrightarrow{TS}$ a pour affixe $z_S - z_T$.

$z_L = z_S - z_T$ équivaut à $\overrightarrow{OL} = \overrightarrow{TS}$.

On en déduit que OLST est un parallélogramme.

10 **b.** Si $z' = \dfrac{1-z}{3+2i}$, alors $\overline{z'} = \overline{\left(\dfrac{1-z}{3+2i}\right)}$.

$$\overline{z'} = \frac{\overline{1-z}}{\overline{3+2i}} = \frac{1-\overline{z}}{3-2i}.$$

Exercice 1

$(7 + 3i)(5 - 4i) = 35 - 28i + 15i + 12 = \mathbf{47 - 13i}.$

$(4 - i\sqrt{3})^2 = 16 - 8i\sqrt{3} - 3 = \mathbf{13 - 8i\sqrt{3}}.$

$(2 - 3i)^3 = (2 - 3i)(4 - 12i - 9) = (2 - 3i)(-5 - 12i)$

$= -10 - 24i + 15i - 36 = \mathbf{-46 - 9i}.$

Exercice 2

$z + z' = (2 - 3i) + (-3 + i) = \mathbf{-1 - 2i}.$

$5z + 3z' = 5(2 - 3i) + 3(-3 + i) = \mathbf{1 - 12i}.$

$z^2z' = (2 - 3i)^2(-3 + i) = (-5 - 12i)(-3 + i) = 15 - 5i + 36i + 12 = \mathbf{27 + 31i}.$

$zz' = (2 - 3i)(-3 + i) = -6 + 2i + 9i + 3 = \mathbf{-3 + 11i}.$

$$\frac{\overline{z+z'}}{\overline{zz'}} = \frac{-1+2i}{-3-11i} = \frac{(-1+2i)(-3+11i)}{(-3-11i)(-3+11i)} = \frac{3-11i-6i-22}{130} = \frac{-19-17i}{130}$$

$$= \mathbf{\frac{-19}{130} + i\frac{-17}{130}}.$$

Exercice 3

$$z_1 = \frac{2+i}{2-i} = \frac{(2+i)^2}{(2-i)(2+i)} = \frac{4+4i-1}{4+1} = \mathbf{\frac{3}{5} + i\frac{4}{5}}.$$

$$z_2 = 12e^{i\frac{\pi}{4}} = 12\left(\cos\frac{\pi}{4} + i\sin\frac{\pi}{4}\right) = 12\left(\frac{\sqrt{2}}{2} + i\frac{\sqrt{2}}{2}\right) = \mathbf{6\sqrt{2} + 6i\sqrt{2}}.$$

Le nombre complexe résultat d'un quotient a pour module le quotient des deux modules et pour argument la différence des deux arguments. On en déduit que :

$$z_3 = \frac{8\left(\cos\frac{2\pi}{3} + i\sin\frac{2\pi}{3}\right)}{\sqrt{2}\left(\cos\frac{-\pi}{6} + i\sin\frac{-\pi}{6}\right)} = \frac{8}{\sqrt{2}}\left(\cos\left(\frac{2\pi}{3} + \frac{\pi}{6}\right) + i\sin\left(\frac{2\pi}{3} + \frac{\pi}{6}\right)\right)$$

$$= 4\sqrt{2}\left(\cos\frac{5\pi}{6} + i\sin\frac{5\pi}{6}\right)$$

Puisque $\cos(\pi - x) = -\cos x$ et $\sin(\pi - x) = \sin x$, alors on en déduit que $\cos\frac{5\pi}{6} = \cos\left(\pi - \frac{\pi}{6}\right) = -\cos\frac{\pi}{6} = -\frac{\sqrt{3}}{2}$

et $\sin\frac{5\pi}{6} = \sin\left(\pi - \frac{\pi}{6}\right) = \sin\frac{\pi}{6} = \frac{1}{2}$ et $z_3 = 4\sqrt{2}\left(-\frac{\sqrt{3}}{2} + \frac{i}{2}\right)$.

D'où $z_3 = -2\sqrt{6} + 2i\sqrt{2}$.

Exercice 4

Le nombre complexe $1 + i\sqrt{3}$ a pour module $\sqrt{1^2 + (\sqrt{3})^2} = 2$,

d'où $1 + i\sqrt{3} = 2\left(\frac{1}{2} + i\frac{\sqrt{3}}{2}\right) = 2\left(\cos\frac{\pi}{3} + i\sin\frac{\pi}{3}\right)$.

De même, on trouve : $1 + i = \sqrt{2}\left(\cos\frac{\pi}{4} + i\sin\frac{\pi}{4}\right)$.

$$\frac{1+i\sqrt{3}}{1+i} = \frac{2\left(\cos\frac{\pi}{3} + i\sin\frac{\pi}{3}\right)}{\sqrt{2}\left(\cos\frac{\pi}{4} + i\sin\frac{\pi}{4}\right)}$$

$$= \sqrt{2}\,\frac{e^{i\frac{\pi}{3}}}{e^{i\frac{\pi}{4}}} = \sqrt{2}\,e^{i\left(\frac{\pi}{3}-\frac{\pi}{4}\right)} = \sqrt{2}\,e^{i\frac{\pi}{12}}.$$

À NOTER

On utilise la propriété : $\frac{e^{i\theta}}{e^{i\theta'}} = e^{i(\theta - \theta')}$.

Exercice 5

1. Puisque $z = 1 + i$, alors $|z| = |1 + i| = \sqrt{2}$.

$z = \sqrt{2}\left(\frac{\sqrt{2}}{2} + i\frac{\sqrt{2}}{2}\right) = \sqrt{2}\left(\cos\frac{\pi}{4} + i\sin\frac{\pi}{4}\right)$.

Le module du nombre complexe $z' = \sqrt{3} + i$ est $\rho = \sqrt{1^2 + (\sqrt{3})^2} = 2$.

$z' = 2\left(\frac{\sqrt{3}}{2} + i\frac{1}{2}\right) = 2\left(\cos\frac{\pi}{6} + i\sin\frac{\pi}{6}\right)$

2. $zz' = \sqrt{2}\left(\cos\frac{\pi}{4} + i\sin\frac{\pi}{4}\right) \times 2\left(\cos\frac{\pi}{6} + i\sin\frac{\pi}{6}\right)$.

En utilisant $|zz'| = |z| \times |z'|$
et $\arg(zz') = \arg(z) + \arg(z')$,
on en déduit que :

$zz' = 2\sqrt{2}\left(\cos\left(\frac{\pi}{4} + \frac{\pi}{6}\right) + i\sin\left(\frac{\pi}{4} + \frac{\pi}{6}\right)\right)$;

$zz' = 2\sqrt{2}\left(\cos\frac{5\pi}{12} + i\sin\frac{5\pi}{12}\right)$.

À NOTER

$\frac{5\pi}{12} = \frac{6\pi}{12} - \frac{\pi}{12} = \frac{\pi}{2} - \frac{\pi}{12}$.

Or $\cos\left(\frac{\pi}{2} - \theta\right) = \sin\theta$

et $\sin\left(\frac{\pi}{2} - \theta\right) = \cos\theta$.

On en déduit que zz' peut s'écrire $2\sqrt{2}\left(\sin\frac{\pi}{12} + i\cos\frac{\pi}{12}\right)$.

Puisque le nombre z' n'est pas nul, alors $\dfrac{z}{z'} = \dfrac{\sqrt{2}\left(\cos\dfrac{\pi}{4} + i\sin\dfrac{\pi}{4}\right)}{2\left(\cos\dfrac{\pi}{6} + i\sin\dfrac{\pi}{6}\right)}$.

En utilisant $\left|\dfrac{z}{z'}\right| = \dfrac{|z|}{|z'|}$ et $\arg\left(\dfrac{z}{z'}\right) = \arg(z) - \arg(z')$, on en déduit que :

$$\frac{z}{z'} = \frac{\sqrt{2}}{2}\left(\cos\left(\frac{\pi}{4} - \frac{\pi}{6}\right) + i\sin\left(\frac{\pi}{4} - \frac{\pi}{6}\right)\right);$$

$$\frac{z}{z'} = \frac{\sqrt{2}}{2}\left(\cos\frac{\pi}{12} + i\sin\frac{\pi}{12}\right).$$

3. $e^{i\frac{\pi}{3}} = \cos\dfrac{\pi}{3} + i\sin\dfrac{\pi}{3} = \dfrac{1}{2} + i\dfrac{\sqrt{3}}{2}$.

$e^{i\frac{\pi}{4}} = \cos\dfrac{\pi}{4} + i\sin\dfrac{\pi}{4} = \dfrac{\sqrt{2}}{2} + i\dfrac{\sqrt{2}}{2}$.

$$\frac{e^{i\frac{\pi}{3}}}{e^{i\frac{\pi}{4}}} = \frac{\frac{1}{2} + \frac{i\sqrt{3}}{2}}{\frac{\sqrt{2}}{2} + \frac{i\sqrt{2}}{2}} = \frac{1 + i\sqrt{3}}{\sqrt{2} + i\sqrt{2}} = \frac{(1 + i\sqrt{3})(1 - i)}{\sqrt{2}(1 + i)(1 - i)} = \frac{1 + \sqrt{3} + i(\sqrt{3} - 1)}{2\sqrt{2}}$$

$$= \frac{\sqrt{6} + \sqrt{2}}{4} + i\frac{\sqrt{6} - \sqrt{2}}{4}.$$

4. $e^{i\frac{\pi}{12}} = \cos\dfrac{\pi}{12} + i\sin\dfrac{\pi}{12}$ et $e^{i\frac{\pi}{12}} = \dfrac{\sqrt{6} + \sqrt{2} + i\left(\sqrt{6} - \sqrt{2}\right)}{4}$.

On en déduit que $\cos\dfrac{\pi}{12} = \dfrac{\sqrt{6} + \sqrt{2}}{4}$ et $\sin\dfrac{\pi}{12} = \dfrac{\sqrt{6} - \sqrt{2}}{4}$.

Exercice 6

On sait que $RS = |z_S - z_R|$.

$RS = |(3 - 2i) - (7 + i)|$

$RS = |-4 - 3i|$

Soit un nombre complexe $z = a + ib$. On sait que $|z| = \sqrt{a^2 + b^2}$.

$|-4 - 3i| = \sqrt{(-4)^2 + (-3)^2} = 5$.

RS = 5 unités de longueur.

Exercice 7

$$\frac{2 + 3i}{5 - 4i} = \frac{(2 + 3i)(5 + 4i)}{(5 - 4i)(5 + 4i)} = \frac{10 + 8i + 15i - 12}{41} = \frac{-2 + 23i}{41} = \frac{-2}{41} + i\frac{23}{41}.$$

$$\frac{5 + 3i}{3 - i\sqrt{2}} = \frac{(5 + 3i)(3 + i\sqrt{2})}{(3 - i\sqrt{2})(3 + i\sqrt{2})} = \frac{15 + 5i\sqrt{2} + 9i - 3\sqrt{2}}{11}$$

$= \dfrac{15-3\sqrt{2}+i(9+5\sqrt{2})}{11} = \dfrac{\mathbf{15-3\sqrt{2}}}{\mathbf{11}} + \mathbf{i}\dfrac{\mathbf{9+5\sqrt{2}}}{\mathbf{11}}.$

$(5-3\sqrt{2}+3i)^2 = (5-3\sqrt{2})^2 + 6i(5-3\sqrt{2}) - 9$
$= 25 - 30\sqrt{2} + 18 + 30i - 18i\sqrt{2} - 9$
$\mathbf{= 34 - 30\sqrt{2} + i(30 - 18\sqrt{2}).}$

Exercice 8

$$(1+i\sqrt{3})^4 = \left[2\left(\frac{1}{2}+i\frac{\sqrt{3}}{2}\right)\right]^4 = 2^4(e^{i\frac{\pi}{3}})^4 = 2^4 e^{i\frac{4\pi}{3}}.$$

$$(\sqrt{3}+i)^5 = \left[2\left(\frac{\sqrt{3}}{2}+i\frac{1}{2}\right)\right]^5 = 2^5(e^{i\frac{\pi}{6}})^5 = 2^5 e^{i\frac{5\pi}{6}}.$$

$$(1+i\sqrt{3})^4(\sqrt{3}+i)^5 = 2^4 e^{i\frac{4\pi}{3}} \times 2^5 e^{i\frac{5\pi}{6}} = 2^9 e^{i\frac{13\pi}{6}} = 2^9 e^{i\frac{\pi}{6}} = 2^9\left(\frac{\sqrt{3}}{2}+i\frac{1}{2}\right).$$

$\mathbf{(1+i\sqrt{3})^4(\sqrt{3}+i)^5 = 256\sqrt{3} + 256i.}$

Exercice 9

1. Soit $z = a + ib$, avec a et b deux nombres réels.

$7z - 3\overline{z} = 4 - 5i$, ce qui équivaut à $7(a+ib) - 3(a-ib) = 4 - 5i$.

On en déduit que $4a = 4$ et $10b = -5$.

Le nombre cherché est $\mathbf{z = 1 - \dfrac{i}{2}}$.

2. $\dfrac{z-3}{2z+5} = i$ équivaut à $z - 3 = 2iz + 5i$ si $2z + 5$ n'est pas nul.

Cette équation devient $z(1-2i) = 3 + 5i$.

$z = \dfrac{\mathbf{3+5i}}{\mathbf{1-2i}}$ **est la solution de l'équation.**

> **À NOTER**
> z s'écrit aussi $-\dfrac{7}{5}+\dfrac{11}{5}i$.

3. Soit $z = a + ib$, avec a et b deux nombres réels. L'équation $\overline{z} - 2iz = -10 - i$ est équivalente à $a - ib - 2i(a+ib) = -10 - i$.

$a - ib - 2ai + 2b + 10 + i = 0$

$(a + 2b + 10) + i(-2a - b + 1) = 0$

Cette équation est équivalente au système :

$\begin{cases} a + 2b + 10 = 0 \\ -2a - b + 1 + 0 \end{cases}$ qui est équivalent à $\begin{cases} a + 2b = -10 \\ -2a - b = -1 \end{cases}.$

Ce système a pour solution $a = 4$ et $b = -7$.

La solution de l'équation est $\mathbf{z = 4 - 7i}$.

CORRIGÉS

Exercice 10

1. $|z - 2 - 7i| = |4 - 3i|$

On commence par calculer $|4 - 3i|$.

$|4 - 3i| = \sqrt{4^2 + 3^2} = 5$

L'égalité $|z - 2 - 7i| = |4 - 3i|$ est équivalente à $|z - (2 + 7i)| = 5$.

Soit T le point d'affixe 2 + 7i.

L'égalité $|z - (2 + 7i)| = |4 - 3i|$ est équivalente à TM = 5.

L'ensemble des points M cherché est le cercle de centre T(2 + 7i) et de rayon 5.

2. $|z - 2i| = |z + 5 + 4i|$

Soit A le point d'affixe 2i. $|z - 2i| = AM$.

Soit B le point d'affixe – 5 – 4i. $|z + 5 + 4i| = |z - (-5 - 4i)| = BM$.

L'égalité $|z - 2i| = |z + 5 + 4i|$ est équivalente à AM = BM.

L'ensemble des points M cherché est la médiatrice du segment [AB] avec A d'affixe 2i et B d'affixe – 5 – 4i.

3. $\left|\dfrac{z-2}{z-3}\right| = \sqrt{\dfrac{2}{3}}$

z est un nombre complexe différent de 3.

$$\left|\frac{z-2}{z-3}\right| = \sqrt{\frac{2}{3}} \Leftrightarrow |z-2|^2 = \frac{2}{3}|z-2|^2$$

$$\Leftrightarrow (z-2)(\overline{z-2}) = \frac{2}{3}(z-3)(\overline{z-3})$$

$$\Leftrightarrow 3(z-2)(\bar{z}-2) = 2(z-3)(\bar{z}-3).$$

Après calculs, on obtient :

$$\left|\frac{z-2}{z-3}\right| = \sqrt{\frac{2}{3}} \Leftrightarrow z\bar{z} = 6, \text{ or } z\bar{z} = |z|^2,$$

$$\Leftrightarrow |z| = \sqrt{6}.$$

> **À NOTER**
> On utilise la propriété :
> $z \times \bar{z} = |z|^2$ et $\overline{z + z'} = \bar{z} + \bar{z}'$.

L'ensemble des points M cherché est le cercle de centre O et de rayon $\sqrt{6}$.

Exercice 11

1. $5z^2 - 8z + 5 = 0$

$\Delta = (-8)^2 - 100 = -36 = (6i)^2$

$z_1 = \dfrac{8+6i}{10} = \dfrac{4+3i}{5}$ **et** $z_2 = \dfrac{4-3i}{5}$ **sont les solutions de l'équation.**

2. $3z^4 + 2z^2 - 8 = 0$

On pose $z' = z^2$. L'équation devient $3z'^2 + 2z' - 8 = 0$.

$\Delta = 4 + 96 = 100 = 10^2$

Les deux solutions sont alors $z_1' = \dfrac{-2+10}{6} = \dfrac{4}{3}$ et $z_2' = -\dfrac{12}{6} = -2$.

Puisque $z' = z^2$, alors **l'équation $3z^2 + 2z - 8 = 0$ admet quatre solutions :**

$$\mathbf{z_1 = \frac{2\sqrt{3}}{3}\ ;\ z_2 = -\frac{2\sqrt{3}}{3}\ ;\ z_3 = i\sqrt{2}\ \text{et}\ z_4 = -i\sqrt{2}.}$$

3. $z^2 + 6\bar{z} - 7 = 0$

On pose $z = a + ib$, avec $a \in \mathbb{R}$ et $b \in \mathbb{R}$.

L'équation devient $(a + ib)^2 + 6(a - ib) - 7 = 0$

ou $a^2 - b^2 + 6a - 7 + 2ib(a - 3) = 0$, qui est équivalent au système :

$$\begin{cases} a^2 - b^2 + 6a - 7 = 0 \\ 2b\,(a - 3) = 0 \end{cases}.$$

L'équation $2b(a - 3) = 0$ est équivalente à $b = 0$ ou $a = 3$.

Si $b = 0$, alors l'équation $a^2 - b^2 + 6a - 7 = 0$ devient $a^2 + 6a - 7 = 0$, qui admet $a = 1$ et $a = -7$ comme solutions. On obtient alors deux solutions réelles de l'équation : $z_1 = 1$ et $z_2 = -7$.

Si $a = 3$, alors l'équation $a^2 - b^2 + 6a - 7 = 0$ devient $b^2 = 20$. On obtient alors deux solutions complexes conjuguées de l'équation : $z_3 = 3 + 2i\sqrt{5}$ et $z_4 = 3 - 2i\sqrt{5}$.

L'équation $z^2 + 6z - 7 = 0$ admet quatre solutions :

$$\mathbf{z_1 = 1\ ;\ z_2 = -7\ ;\ z_3 = 3 + 2i\sqrt{5}\ ;\ z_4 = 3 - 2i\sqrt{5}.}$$

Exercice 12

z est différent de i et a et b sont des réels.

$$z' = \frac{a+ib+i}{a-ib+i} = \frac{a+i(1+b)}{a+i(1-b)} = \frac{[a+i(1+b)][a-i(1-b)]}{[a+i(1-b)][a-i(1-b)]}$$

$$z' = \frac{a^2 - i(a-ab) + i(a+ab) + (1+b)(1-b)}{a^2+(1-b)^2}$$

$$z' = \frac{a^2 - ia + iab + ia + iab + 1 - b^2}{a^2+(1-b)^2} = \frac{a^2-b^2+1}{a^2+(1-b)^2} + i\frac{2ab}{a^2+(1-b)^2}$$

Le nombre z' est un nombre réel équivalent à $a = 0$ ou $b = 0$ (avec $z \neq i$).

L'ensemble des points M cherché est constitué des deux axes du repère privés du point de coordonnées (0 ; 1).

> **À NOTER**
> Si $b = 0$, alors $z' = 1$ pour tout $a \in \mathbb{R}$.

Exercice 13

0,5 pt **1.** Soit z un nombre complexe solution de $z^4 = -4$.
$(-z)^4 = (i^2z)^4 = i^8z^4 = z^4 = -4$, puisque $i^8 = (i^4)^2 = 1$.
$(\overline{z})^4 = \overline{z^4} = -4$.
$-z$ et $\overline{z}$ sont aussi solutions de l'équation (E).

0,5 pt **2. a.** $z_0 = 1 + i$
$|1 + i| = \sqrt{2}$
Soit θ l'argument principal de z_0 (compris entre $]-\pi ; \pi]$).
$\cos\theta = \sin\theta = \frac{1}{\sqrt{2}} = \frac{\sqrt{2}}{2}$.
On en déduit que $\theta = \frac{\pi}{4}\ [2\pi]$.
$z_0 = \sqrt{2}e^{i\frac{\pi}{4}}$.

0,5 pt **b.** $(z_0)^4 = (\sqrt{2}e^{i\frac{\pi}{4}})^4 = 4e^{i\pi} = \mathbf{-4}$.

0,5 pt **3.** Puisque z_0 est solution de l'équation, alors, en se servant de la propriété démontré à la question **1.**, on peut en déduire que $-z_0$ et $\overline{z_0}$ sont solutions, ainsi que $-\overline{z_0}$ (puisque $\overline{z_0}$ est solution).
Les quatre solutions sont $1 + i$; $-1 - i$; $1 - i$; $-1 + i$.

Exercice 14

1 pt **1.** Soit M un point d'affixe z.
$|z + i| = |z - z_D| = DM$ et $|z - 1| = |z - z_A| = AM$.
$|z + i| = |z - 1|$ équivaut à $DM = AM$.
L'ensemble des points d'affixe z tels que $|z + i| = |z - 1|$ est la médiatrice de [AD].

1 pt **2.** Le nombre complexe $\frac{z+i}{z+1}$ n'est défini que si $z \neq -1$, c'est-à-dire $z \neq z_C$.
Le point M est donc distinct du point C.
$\frac{z+i}{z+1}$ est un imaginaire pur
équivaut à $\frac{z+i}{z+1} = 0$
ou $\arg\frac{z+i}{z+1} = \frac{\pi}{2} + k\pi,\ k \in \mathbb{Z}$.

> **À NOTER**
> On utilise la propriété : z est nombre imaginaire pur équivaut à $z = 0$ **ou** $\arg(z) = \frac{\pi}{2} + k\pi,\ k \in \mathbb{Z}$.

CORRIGÉS

$\frac{z+i}{z+1}$ est un imaginaire pur équivaut à M et D sont confondus ou M est différent des points C et D et $(\overrightarrow{MC}, \overrightarrow{MD}) = \frac{\pi}{2} + k\pi$; $k \in \mathbb{Z}$.

L'ensemble des points d'affixe z tel que $\frac{z+i}{z+1}$ soit un imaginaire pur est le cercle de diamètre [CD] privé du point C.

Une autre méthode consiste à écrire $z = a + ib$ avec a et b deux nombres réels, tels que $a \neq -1$ et $b \neq 0$, puis à utiliser la quantité conjuguée. Le calcul aboutit à un complexe $Z = x + iy$ avec :

$x = a^2 + a + b^2 + b$, qui peut s'écrire $x = \left(a - \frac{1}{2}\right)^2 + \left(b - \frac{1}{2}\right)^2 - \frac{1}{2}$.

$z \neq -1$ et $\frac{z+i}{z+1}$ est un imaginaire pur équivaut à :

$\left(a - \frac{1}{2}\right)^2 + \left(b - \frac{1}{2}\right)^2 - \frac{1}{2} = 0$ avec $a \neq -1$ et $b \neq 0$.

$\left(a - \frac{1}{2}\right)^2 + \left(b - \frac{1}{2}\right)^2 - \frac{1}{2} = 0$ (avec $a \neq -1$ et $b \neq 0$) est une équation du cercle de diamètre [CD] (privé du point C).

> **CONSEIL**
> Cette méthode est à éviter dans la mesure ou elle peut s'avérer longue et porteuse d'erreurs de calcul.

1 pt

3. Soit M un point d'affixe z. On a $\arg(z - i) = (\vec{i}\,; \overrightarrow{BM})\ [2\pi]$.

M est tel que $\arg(z - i) = -\frac{\pi}{2} + 2k\pi$, $k \in \mathbb{Z}$, équivaut à **M appartient à la demi-droite d'origine B passant par D privée du point B (le complexe nul n'a pas d'argument défini).**

Exercice 15

Partie A

0,5 pt

1. Puisque $z' = -\frac{1}{\overline{z}}$ avec $\overline{z} \neq 0$, alors on en déduit que :

$|z'| = \left|-\frac{1}{\overline{z}}\right| = \left|\frac{z}{z'}\right| = \left|\frac{1}{z}\right|$.

Puisque $z' = -\frac{1}{\overline{z}}$ avec $z \neq 0$ et $z' \neq 0$, alors on en déduit que :

$\arg(z') = \arg\left(-\frac{1}{\overline{z}}\right) = \arg\left(\frac{1}{\overline{z}}\right) + \pi$

$= -\arg(\overline{z}) + \pi = \arg(z) + \pi\ [2\pi]$.

> **À NOTER**
> On utilise les propriétés :
> $\arg\left(\frac{z_1}{z_2}\right) = \arg(z_1) - \arg(z_2)$
> $\arg\left(\frac{1}{z}\right) = -\arg(z)$
> $\arg(-z) = \arg(z) + \pi$
> $\arg(\overline{z}) = -\arg(z)$

$|z'| = \left|\frac{1}{z}\right|$ **et arg $(z') = $ arg $(z) + \pi\ [2\pi]$.**

0,5 pt **2.** Le résultat de la question précédente,
arg (z') = arg $(z) + \pi\ [2\pi]$, se traduit par $(\vec{i}\,;\overrightarrow{OM}) = (\vec{i}\,;\overrightarrow{OM'}) + \pi\ [2\pi]$.
D'où l'angle $\widehat{MOM'}$ est un angle plat.
Les trois points O, M et M′ sont alignés.

0,5 pt **3.** Puisque $z' = -\frac{1}{\overline{z}}$, alors $\overline{z'+1} = \overline{\frac{\overline{z}-1}{\overline{z}}} = \overline{\left(\frac{1}{\overline{z}}\right)}(\overline{\overline{z}-1})$.

Or $\overline{\left(\frac{1}{\overline{z}}\right)} = \frac{1}{z}$ et $\overline{\overline{z}-1} = z - 1$.

On en déduit que $\overline{z'+1} = \frac{1}{z}(z-1)$, avec $z \neq 0$.

À NOTER
On utilise les propriétés :
$\overline{z - z'} = \overline{z} - \overline{z'}$ et $\overline{\left(\frac{1}{z}\right)} = \frac{1}{\overline{z}}$ $(z \neq 0)$.

Partie B

0,5 pt **1.** Soient M un du plan dont l'affixe z vérifie $|z - 1| = 1$ et A le point d'affixe 1 :
$AM = |z_M - z_A| = |z - 1|$.
$\mathscr{C}$ est le cercle de centre A et de rayon 1.

0,5 pt **2. a.** $|\overline{z'+1}| = |z'+1|$ et $|\overline{z'+1}| = \left|\frac{1}{z}(z-1)\right|$, avec $z \neq 0$, en utilisant le résultat de la question précédente.

On en déduit que $|z'+1| = \left|\frac{1}{z}(z-1)\right| = \left|\frac{1}{z}\right| \times |z-1|$.

Puisque M est un point de $\mathscr{C}$ distinct de O, alors on en déduit que $|z - 1| = 1$. L'égalité devient :

$$|z'+1| = \left|\frac{1}{z}\right|.$$

Par hypothèse, $z' = -\frac{1}{\overline{z}}$, avec $z \neq 0$, et on a démontré dans la question **1.** que $|z'| = \left|\frac{1}{z}\right|$.

Donc $|z'+1| = |z'|$.

Interprétation géométrique : $z' + 1$ est l'affixe de $\overrightarrow{BM}$ et z' est l'affixe de $\overrightarrow{OM}$.
Écrire $|z'+1| = |z'|$ équivaut à BM = OM.
Le point M appartient donc à la médiatrice du segment [OB].

0,5 pt **b.** L'égalité $\overline{z'+1} = \frac{1}{z}(z-1)$, $z \neq 0$, est équivalente à l'égalité $z - 1 = z(\overline{z'+1})$.

On en déduit que $|z-1| = |\overline{z(z'+1)}| = |\overline{z}| \times |\overline{z'+1}|$. Si z' vérifie l'égalité $|z'+1| = |\overline{z'}|$, alors l'égalité devient $|z-1| = |\overline{z(z'+1)}| = |\overline{z}| \times |\overline{z'}|$.

On a démontré dans la question **1.** que $|z'| = \left|\frac{1}{z}\right|$, d'où $|\overline{z'}| = \left|\frac{1}{z}\right|$.

Donc $|z-1| = |\overline{z}| \times \left|\frac{1}{z}\right| = 1$.

1 pt **3.** M est un point de $\mathscr{C}$ privé du point origine ($z \neq 0$).
Le point M′ est tel que O, M et M′ soient alignés et M′ est un point de la médiatrice de [OB].
À tout point M correspond un et un seul point M′.

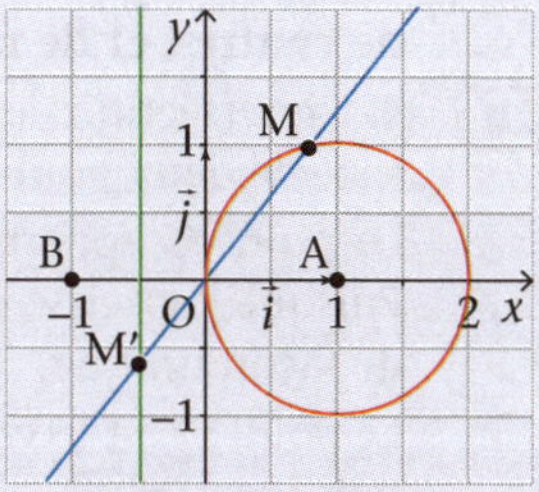

Exercice 16

0,5 pt **1.** $z^2 - 2z + 5 = 0$
$\Delta = -16 = (4i)^2$
L'équation admet deux solutions complexes conjuguées :
$z_1 = \frac{2+4i}{2} = 1 + 2i$ et $z_2 = \frac{2-4i}{2} = 1 - 2i$.

0,5 pt **2. a.** Voir le dessin ci-après.

0,5 pt **b.** $z_A = 1 + 2i$; $z_B = 1 - 2i$; $z_C = 1 + \sqrt{3} + i$; $z_D = 1 + \sqrt{3} - i$.

$$\frac{z_B - z_C}{z_A - z_C} = \frac{1-2i-1-\sqrt{3}-i}{1+2i-1-\sqrt{3}-i} = \frac{-\sqrt{3}-3i}{-\sqrt{3}+i} = \frac{(-\sqrt{3}-3i)(\sqrt{3}+i)}{-4} = \frac{-4i\sqrt{3}}{-4}$$

$$\frac{z_B - z_C}{z_A - z_C} = \mathbf{i\sqrt{3}}.$$

0,5 pt **c.** On sait que Z est nombre imaginaire pur équivaut à $Z = 0$ ou $\arg(Z) = \frac{\pi}{2} + k\pi$, $k \in \mathbb{Z}$.

> **ATTENTION**
> 0 n'a pas d'écriture trigonométrique.

Puisque $\frac{z_B - z_C}{z_A - z_C} = i\sqrt{3}$ n'est pas nul, on en déduit que :

$$\arg\left(\frac{z_B - z_C}{z_A - z_C}\right) = \frac{\pi}{2} + k\pi, k \in \mathbb{Z}.$$

Le triangle ABC est un triangle rectangle en C.

0,5 pt **3.** Puisque le triangle ABC est rectangle en C, il est inscrit dans un cercle dont le centre est le milieu de [AB], le point d'affixe 1, et son rayon est $r = \frac{AB}{2} = 2$.

Le vecteur $\overrightarrow{ID}$ a pour affixe $z_D - z_I = \sqrt{3} - i$.

On en déduit que :

$ID = \sqrt{(\sqrt{3})^2 + 1} = 2$.

Les quatre points A, C, D et B appartiennent au même cercle Γ de centre I et de rayon 2.

0,5 pt **4.** L'intersection de la droite d'équation $y = 1$ et du cercle Γ est constituée de deux points.

Le point C appartient au cercle Γ et à la droite d'équation $y = 1$. Puisque l'abscisse du point C est positive, le point C est déterminé de façon unique.

Le point D est le symétrique du point C par rapport à l'axe des réels, puisque $z_D = \overline{z_C}$.

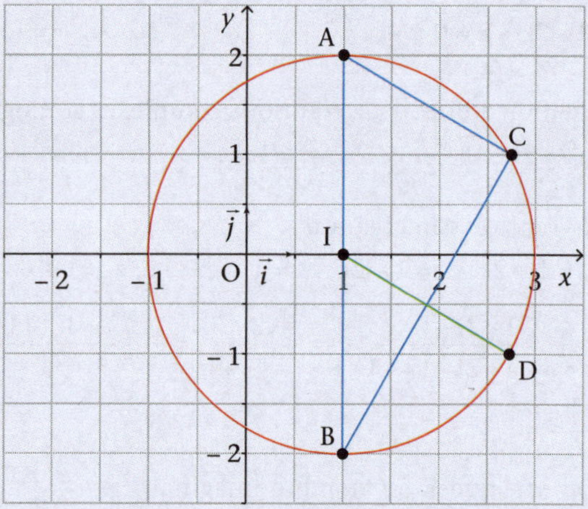

CORRIGÉS

10 Droites et plans de l'espace

1 Rappels

■ Par deux points distincts, il passe une seule droite. Une droite est donc parfaitement déterminée quand on en connaît deux points.

■ Il existe un seul plan contenant trois points non alignés. Un plan est donc parfaitement déterminé quand on en connaît trois points non alignés.

> **À NOTER**
> Il s'agit dans ce chapitre d'étudier les différentes configurations et de s'entraîner à « voir » dans l'espace. Les chapitres suivants donneront des outils pour calculer et démontrer.

■ Si deux points A et B appartiennent à un plan $\mathscr{P}$, alors la droite (AB) est incluse dans ce plan.

■ **Règle fondamentale** : quel que soit le plan, toutes les propriétés de la géométrie plane s'y appliquent.

2 Positions relatives

a. Positions relatives de deux droites

■ Deux droites peuvent être contenues dans un même plan : elles sont alors dites **coplanaires** et elles sont soit sécantes en un point, soit parallèles (éventuellement confondues).

■ Dans le cas contraire, elles sont dites non coplanaires et leur intersection est vide.

Exemple :

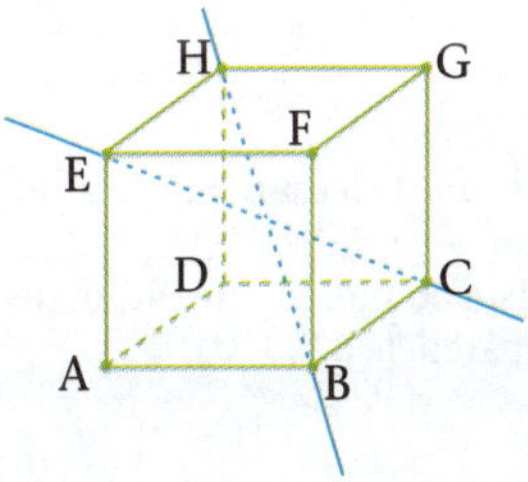

Les droites (HG) et (AB) sont parallèles (donc coplanaires).
Les droites (HG) et (BH) sont sécantes (donc coplanaires).
Les droites (HG) et (EC) sont non coplanaires (donc leur intersection est vide).

■ Deux droites parallèles (non confondues) déterminent un plan unique.

> **À NOTER**
> Il existe une seule droite strictement parallèle à une droite donnée passant par un point donné.

b. Positions relatives de deux plans

■ Deux plans sont parallèles quand ils sont confondus ou si leur intersection est vide.

■ Deux plans non parallèles sont sécants selon une droite.

■ Conséquence : si deux plans distincts ont deux points A et B communs, alors leur intersection est la droite (AB).

■ Autrement dit, pour déterminer l'intersection de deux plans, il suffit d'en déterminer deux points communs.

Exemple :

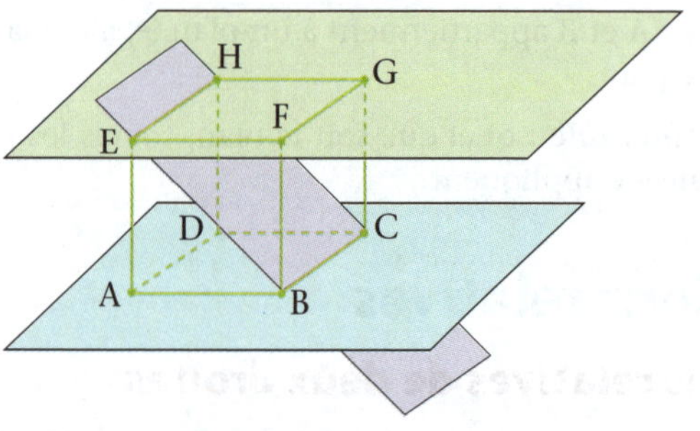

Les plans (EFG) et (ABC) sont parallèles.
Les plans (EFG) et (EBC) sont sécants selon la droite (EH).

c. Positions relatives d'une droite et d'un plan

■ Une droite peut être sécante à un plan (leur intersection est un point) ou parallèle à ce plan.

■ Une droite est parallèle à un plan lorsque elle est contenue dans ce plan ou lorsque leur intersection est vide.

> **À NOTER**
> Une droite d est parallèle à un plan $\mathcal{P}$ si, et seulement si, il existe au moins une droite de $\mathcal{P}$ parallèle à d.

3 Théorèmes d'incidence

■ Si $\mathcal{P}$ est un plan contenant une droite d et si d' est une droite parallèle à d, alors soit d' appartient à $\mathcal{P}$ soit d' est parallèle à $\mathcal{P}$.

■ Si d et d' sont deux droites sécantes chacune parallèle au plan $\mathcal{P}$, alors elles déterminent un plan $\mathcal{P}'$ parallèle à $\mathcal{P}$.

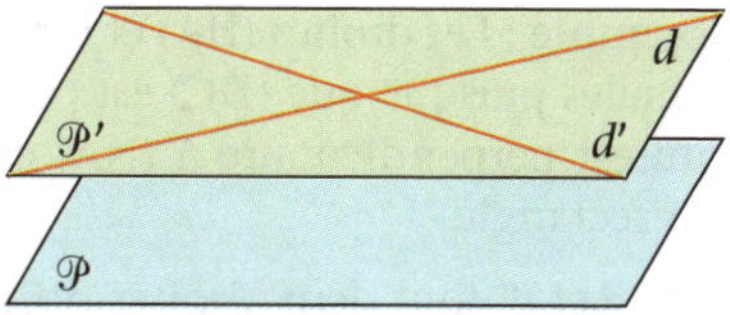

■ Pour démontrer que deux plans $\mathcal{P}$ et $\mathcal{P}'$ sont parallèles, il suffit donc de déterminer deux droites sécantes de $\mathcal{P}$ telles que chacune d'elles soit parallèle à $\mathcal{P}'$.

■ **Théorème du toit :** Soient d et d' deux droites strictement parallèles, un plan $\mathcal{P}$ contenant d et un plan $\mathcal{P}'$ contenant d' ; si $\mathcal{P}$ et $\mathcal{P}'$ sont sécants alors la droite d'intersection des deux plans est parallèle aux droites d et d'.

ROC, *p. 229*

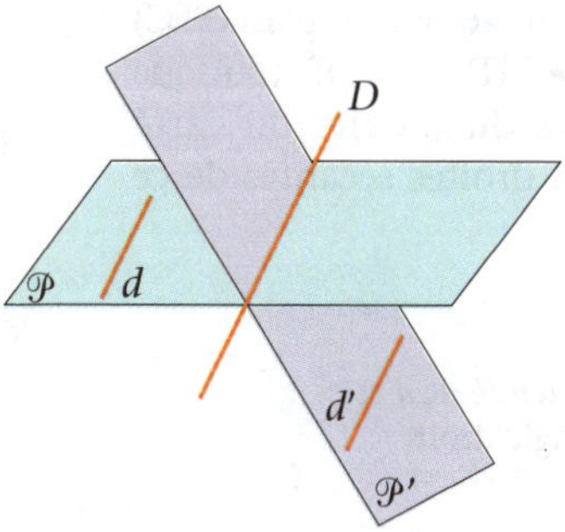

■ Si deux plans sont parallèles, alors tout plan sécant avec l'un est sécant avec l'autre et les deux droites d'intersections sont parallèles entre elles.

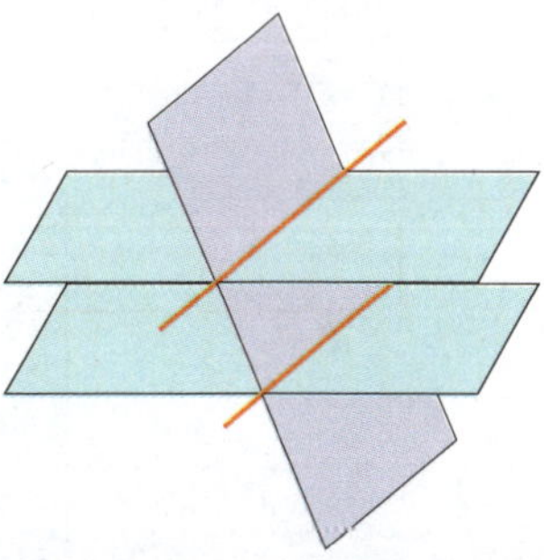

À NOTER

On utilise ce théorème pour construire les sections planes de pavés ou de prismes.

4 Orthogonalité

■ Deux droites sont **orthogonales** si, quel que soit le point A de l'espace, leurs parallèles passant par A sont perpendiculaires.

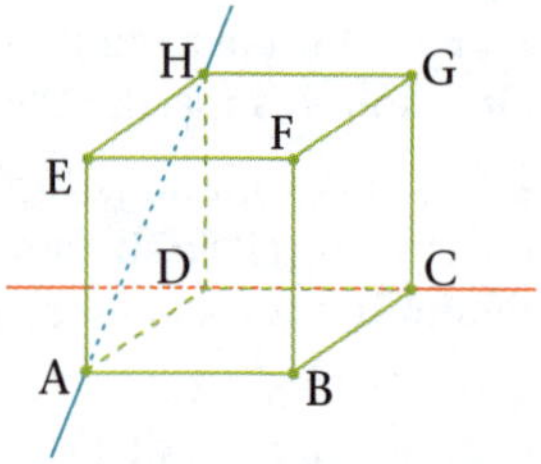

Exemple : Les droites (HA) et (DC) sont orthogonales puisque que (DC) est parallèle à (AB), qui est perpendiculaire à (HA) car ABGH est un rectangle.

■ Si *d* et *d'* sont deux droites orthogonales, alors toute droite parallèle à *d* est orthogonale à *d'*.

■ Une droite est dite orthogonale à un plan si elle est orthogonale à toute droite de ce plan.

■ Pour qu'une droite soit orthogonale à un plan il suffit qu'elle soit orthogonale à deux droites sécantes de ce plan.

Exemple : (HA) est orthogonale au plan (EFC) car elle est orthogonale à (DC) et (DE) (puisque (HA) et (DE) sont les diagonales du carré HEAD) qui sont deux droites sécantes de ce plan.

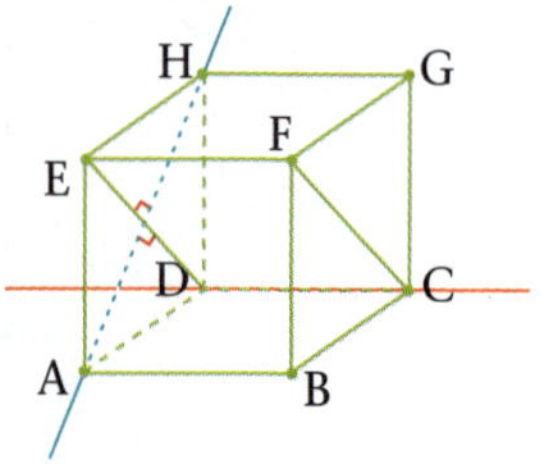

À NOTER

On symbolise l'orthogonalité de *d* et $\mathcal{P}$ par deux marques d'angle droit.

■ Soient $\mathcal{P}$ un plan orthogonal à une droite *d* et $\mathcal{P}'$ un plan orthogonal à une droite *d'*, alors $\mathcal{P}$ et $\mathcal{P}'$ sont orthogonaux si *d* et *d'* sont orthogonales.

■ Il existe une seule droite orthogonale à un plan donné passant par un point donné. Cette droite *d* est sécante avec le plan en un point. Ce point est le projeté orthogonal sur le plan de tout point de la droite *d*.

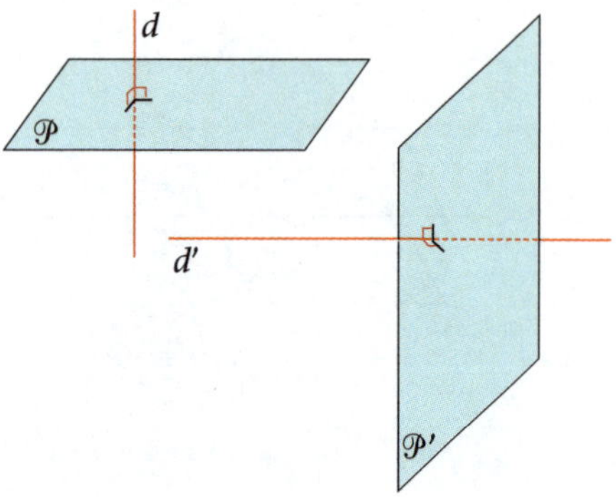

COURS

1 Construire l'intersection de deux plans

Énoncé

Soient ABCD un tétraèdre et I, J, K des points des segments respectifs [AB], [AC] et [AD].

Construire l'intersection des plans (IJK) et (BCD).

Solution commentée

Savoir-faire

■ Si cette intersection existe (plans non parallèles), il s'agit d'une droite d ; il suffit d'en déterminer deux points, ou un point et sa direction. On cherche donc une droite de (IJK) et une droite de (BCD) qui soient sécantes. Leur point d'intersection est un des points de la droite d.

■ Puis, soit on utilise le théorème du toit pour déterminer la direction de d, soit on trouve par un procédé analogue un deuxième point de d.

Trois cas doivent être considérés.

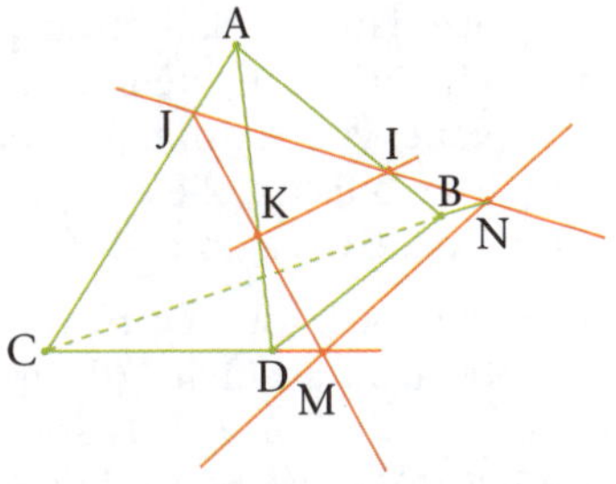

■ Les droites (IJ) et (BC) sont parallèles, ainsi que les droites (JK) et (CD), alors les plans (IJK) et (BCD) sont parallèles. Leur intersection est vide.

■ Les droites (IJ) et (BC) sont parallèles, mais les droites (JK) et (CD) ne le sont pas, alors (JK) et (CD) étant coplanaires (dans le plan (ACD)) elles sont sécantes. Soit M leur intersection.
Ce point appartient à (JK), donc au plan (IJK), et à (CD), donc au plan (BCD). Le plan (IJK) et le plan (BCD) sont sécants et une droite de l'un, (IJ), est parallèle à une droite de l'autre, (BC) ; leur intersection est donc parallèle à ces deux droites (théorème du toit).
Conclusion : (IJK) et (BCD) sont sécants selon la droite passant par M et parallèle à (BC).

■ Les droites (IJ) et (BC) ne sont pas parallèles, les droites (JK) et (CD) ne le sont également pas, alors on construit M l'intersection de (JK) et (CD) et N l'intersection de (IJ) et (BC).
Les plans (IJK) et (BCD) sont sécants selon cette droite (MN).

2 Étudier la position relative de deux droites

Énoncé

Soit ABCDS une pyramide à base carrée de sommet S.

Soient I le milieu de [SB] et J celui de [SC].

Montrer que (AI) et (DJ) sont sécantes.

Soit K leur point d'intersection. Étudier la position relative de (SK) et (AB).

Solution commentée

Savoir-faire

- Pour montrer que deux droites sont sécantes, on montre d'abord qu'elles sont coplanaires.
- Pour montrer que des droites sont parallèles, on pense au théorème du toit.

Les points I et J sont dans le plan (SBC) ; on se place dans ce plan et on peut appliquer au triangle SBC les théorèmes classiques de géométrie plane. Pour ce triangle la droite (IJ) est une droite des milieux, elle est donc parallèle à la base du triangle. On a donc (IJ)//(BC).

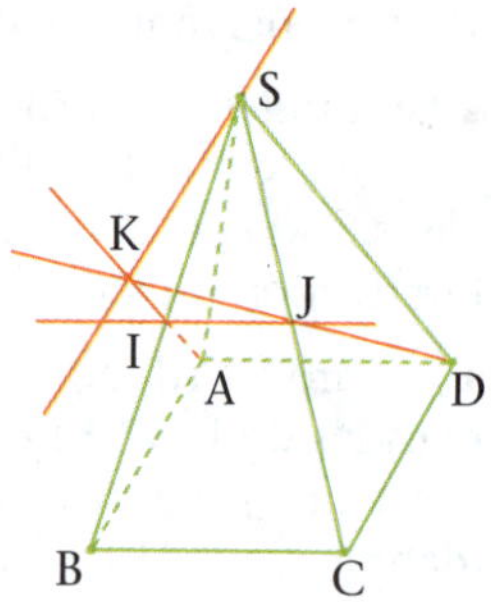

Comme ABCD est un carré on a aussi (BC)//(AD) et donc, par transitivité, (IJ) //(AD). On en déduit que les points A, I, J, D sont coplanaires. Les droites (IA) et (JD) sont donc soit parallèles soit sécantes.

Ces droites ne sont pas parallèles puisque les faces (SAB) et (SCD) de la pyramide ne le sont pas. Elles sont donc sécantes et on nomme K leur intersection.

Les plans (SAB) et (SCD) sont sécants car ils ont au moins un point commun, le point S.

Les droites (AB) et (CD) appartenant chacune à un de ces plans et étant parallèles, l'intersection de (SAB) et (SCD) est la droite passant par S et parallèle à (AB) (théorème du toit).

Cette droite est la droite (SK) car K appartient à (AI), donc à (SAB) et à (DJ), donc à (SCD). Conclusion : (SK) est parallèle à (AB).

Pour réussir le jour J

LES ERREURS À NE PAS COMMETTRE

• Deux droites qui n'ont pas de point commun ne sont pas nécessairement parallèles. Elles peuvent être non coplanaires.

Exercice 7, p. 230

• Un point appartient à un plan ou à une droite, mais une droite est incluse dans un plan, elle ne lui appartient pas.

Exercices 1 à 13, p. 229-231

• Les solides de l'espace (cubes, pavés, prismes, pyramides...) sont représentés en perspective. Sur ces figures, des droites peuvent être représentées par des traits qui se coupent sans que pour autant les droites soient sécantes dans la réalité.

Exercices 1 et 11, p. 229 et 231

UN POINT EN + SUR LA COPIE

• Dans un cube ABCDEFGH d'arête a la diagonale d'une face (par exemple AC) mesure $a\sqrt{2}$, une grande diagonale (par exemple AG) mesure $a\sqrt{3}$.

• On peut s'entraîner à représenter quelques solides usuels de l'espace.

Cube ABCDEFGH

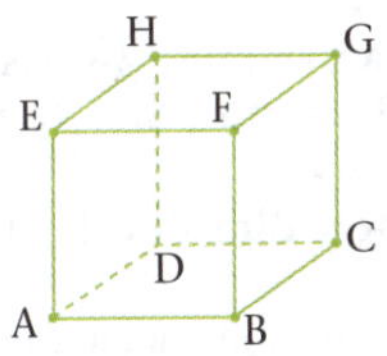

Prisme à base triangulaire ABCDEF

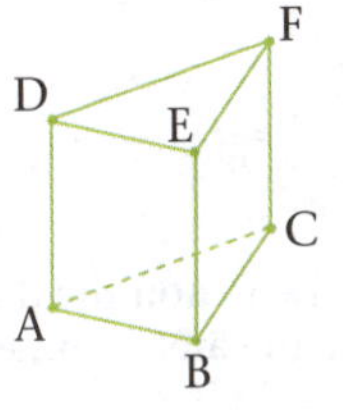

Tétraèdre ABCD

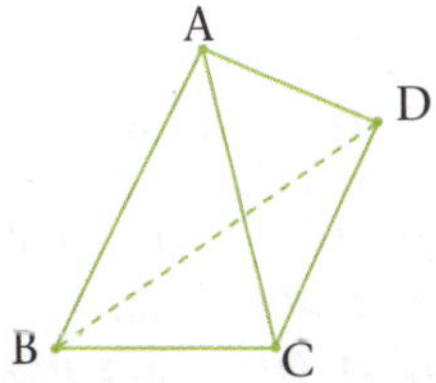

Pyramide à base carrée ABCDS

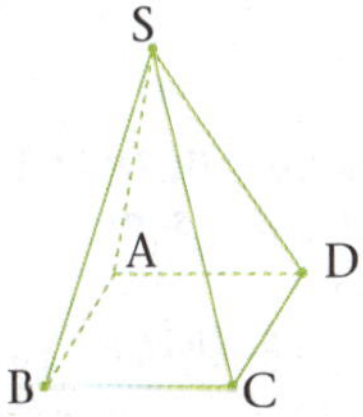

10 qcm pour réviser le cours

Corrigés, p. 232

QCM 1 à 8

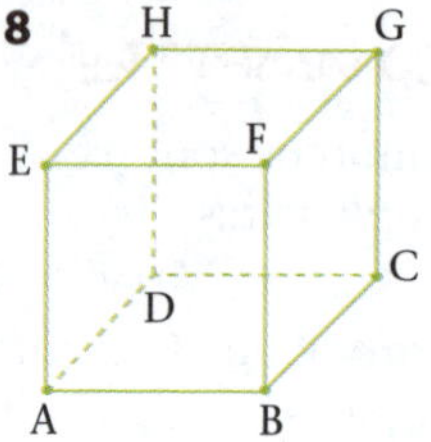

1 **Dans un cube, le nombre de faces orthogonales à une arête donnée est :**

❑ **a.** 1.
❑ **b.** 2.
❑ **c.** 4.

2 **Dans un cube le nombre de faces orthogonales à une face donnée est :**

❑ **a.** 1.
❑ **b.** 2.
❑ **c.** 4.

3 **Dans un cube le nombre d'arêtes parallèles à une arête donnée est :**

❑ **a.** 2.
❑ **b.** 3.
❑ **c.** 4.

4 **Dans un cube le nombre d'arêtes orthogonales à une arête donnée est :**

❑ **a.** 4.
❑ **b.** 6.
❑ **c.** 8.

5 **Dans le cube ABCDEFGH, les plans (ACH) et (EBG) sont :**

❑ **a.** confondus.
❑ **b.** strictement parallèles.
❑ **c.** sécants.

6 **Dans le cube ABCDEFGH, quelles droites ne sont pas coplanaires ?**

❑ **a.** (AG) et (DF).
❑ **b.** (EC) et (AF).
❑ **c.** (CF) et (DE).

7 **Dans le cube ABCDEFGH, on place I sur [EF], distinct de E et F.**
La section du cube par le plan (DHI) est :

❑ **a.** un losange non carré.
❑ **b.** un rectangle non carré.
❑ **c.** un carré.

8 **Dans le cube ABCDEFGH, on considère I le milieu de [AB], J le milieu de [AE] et K le milieu de [GH].**
Alors le triangle KIJ est :

❑ **a.** isocèle en K.
❑ **b.** rectangle en I.
❑ **c.** rectangle en J.

9 **Dans la pyramide ABCDS, à base carrée ABCD, on place le point I milieu de [AS].**
Que peut-on dire des droites (AS) et (CI) ?

❑ **a.** Elles sont non coplanaires.
❑ **b.** Elles sont sécantes.
❑ **c.** Elles sont orthogonales.

10 **Laquelle des affirmations suivantes est vraie ?**

❑ **a.** Si $d // \mathcal{P}$ et $d' // \mathcal{P}$, alors $d // d'$.
❑ **b.** Si $d // \mathcal{P}$ et $d // \mathcal{P}'$, alors $\mathcal{P} // \mathcal{P}'$.
❑ **c.** Si $d // \mathcal{P}$ et $\mathcal{P} // \mathcal{P}'$, alors $d // \mathcal{P}'$.

Exercices

Exercice 1 niveau 1

Corrigés, p. 232

Soit ABCDS une pyramide à base carrée de sommet S. Soit I le milieu de [AS] et soit J le symétrique de S par rapport à C.
Construire l'intersection de la droite (IJ) et du plan (ABC).

Exercice 2 niveau 1

Corrigés, p. 233

Soient ABCDEFGH un cube et I, J, K des points des arêtes [AD], [AE] et [AB].
Construire l'intersection des plans (IJK) et (DGH).

Exercice 3 niveau 2

Corrigés, p. 233

Soit ABCDS une pyramide à base carrée de sommet S. On a placé M sur [SA], N sur [SB] et P sur [SC].
Construire la section plane de la pyramide par le plan (MNP).

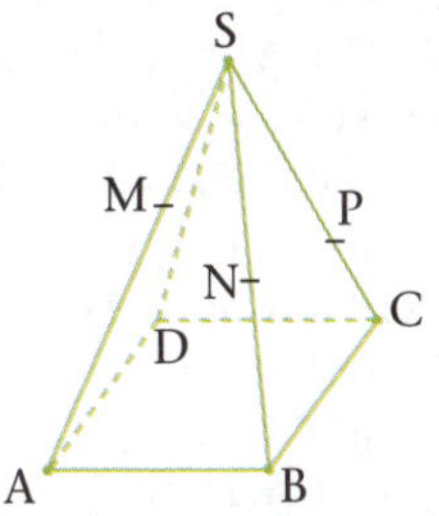

Exercice 4 niveau 2

Corrigés, p. 234

Soit ABCDEFGH un cube d'arête 5. On place M sur [AB] tel que AM = 3, N sur [EF] tel que EN = 1 et P sur [HG] tel que PG = 1.
Construire la section plane de ce cube par le plan (MNP).

Exercice 5 niveau 2

Corrigés, p. 234

ROC Démontrer le théorème du toit.

Exercice 6 niveau 2

Corrigés, p. 234

Soient $\mathcal{P}$ un plan et d une droite contenue dans ce plan. Soient A un point du plan en dehors de d et B un point en dehors de $\mathcal{P}$.
Démontrer que les droites (AB) et d sont non coplanaires.

Exercice 7 niveau 2

Corrigés, p. 235

(D'après Asie, 2008)

Pour chacune des propositions suivantes, indiquer si elle est vraie ou fausse et donner une démonstration de la réponse choisie. Dans le cas d'une proposition fausse la démonstration consistera à proposer un contre-exemple ; une figure pourra constituer ce contre-exemple.

Rappel des notations : $\mathcal{P}_1 \cap \mathcal{P}_2$ désigne l'ensemble des points communs aux plans $\mathcal{P}_1$ et $\mathcal{P}_2$. L'écriture $\mathcal{P}_1 \cap \mathcal{P}_2 = \varnothing$ signifie que les plans $\mathcal{P}_1$ et $\mathcal{P}_2$ n'ont aucun point commun.

1. Si $\mathcal{P}_1$, $\mathcal{P}_2$ et $\mathcal{P}_3$ sont trois plans distincts de l'espace vérifiant $\mathcal{P}_1 \cap \mathcal{P}_2 \neq \varnothing$ et $\mathcal{P}_2 \cap \mathcal{P}_3 \neq \varnothing$, alors on peut conclure que $\mathcal{P}_1$ et $\mathcal{P}_3$ vérifient $\mathcal{P}_1 \cap \mathcal{P}_3 \neq \varnothing$.

2. Si $\mathcal{P}_1$, $\mathcal{P}_2$ et $\mathcal{P}_3$ sont trois plans distincts de l'espace vérifiant $\mathcal{P}_1 \cap \mathcal{P}_2 \cap \mathcal{P}_3 = \varnothing$, alors on peut conclure que $\mathcal{P}_1$, $\mathcal{P}_2$ et $\mathcal{P}_3$ sont tels que $\mathcal{P}_1 \cap \mathcal{P}_2 = \varnothing$ et $\mathcal{P}_2 \cap \mathcal{P}_3 = \varnothing$.

3. Si $\mathcal{P}_1$, $\mathcal{P}_2$ et $\mathcal{P}_3$ sont trois plans distincts de l'espace vérifiant $\mathcal{P}_1 \cap \mathcal{P}_2 \neq \varnothing$ et $\mathcal{P}_3 \cap \mathcal{P}_1 = \varnothing$, alors on peut conclure que $\mathcal{P}_2$ et $\mathcal{P}_3$ vérifient $\mathcal{P}_3 \cap \mathcal{P}_2 \neq \varnothing$.

4. Si $\mathcal{P}_1$ et $\mathcal{P}_2$ sont deux plans distincts et D une droite de l'espace vérifiant $\mathcal{P}_1 \cap D \neq \varnothing$ et $\mathcal{P}_1 \cap \mathcal{P}_2 = \varnothing$, alors on peut conclure que $\mathcal{P}_2 \cap D \neq \varnothing$.

5. Si d_1 et d_2 sont deux droites et $\mathcal{P}$ un plan tels que $d_1 \cap d_2 = \varnothing$ et $\mathcal{P} \cap d_1 \neq \varnothing$, alors $\mathcal{P} \cap d_2 \neq \varnothing$.

Exercice 8 niveau 2

Corrigés, p. 235

Soient $\mathcal{P}$ un plan et d une droite sécante en un point A à ce plan. Soient B et C deux autres points de la droite d et soit M un point n'appartenant ni à d ni à $\mathcal{P}$.

On construit K et L les intersections des droites (MB) et (MC) avec le plan $\mathcal{P}$ (on suppose que ces points existent).

Démontrer que les points K, L et A sont alignés.

Exercice 9 niveau 3

Corrigés, p. 235

Soit $\mathcal{P}$ un plan contenant deux droites d et d' sécantes.

Soit D une droite sécante au plan $\mathcal{P}$ en un point A en dehors de d et d'.

Soit M un point de D distinct de A.

Étudier l'intersection des plans $\mathcal{P}_1$ contenant M et d et $\mathcal{P}_2$ contenant M et d'.

Exercice 10 (niveau 3)

Corrigés, p. 235

Soit ABCD un tétraèdre, on note I le milieu de [AB] et K celui de [AD].
On considère un point M sur [IC] et on note L l'intersection de (MK) et du plan (BCD).
Quel ensemble décrit L quand M décrit [IC] ?

Exercice 11 (niveau 3)

Corrigés, p. 236

Soit ABCD un tétraèdre tel que la droite (DC) soit orthogonale au plan (ABC), ABC et ABD soient rectangles en A et AB = DC.
Placer I le milieu de [BD] et J le milieu de [AC].
Montrer que les droites (BD) et (AC) ont une droite perpendiculaire commune.

Exercice 12 (20 min, 4 pts)

Corrigés, p. 237

TYPE BAC

(D'après Amérique du Sud, 2008)
Soit ABCDEFGH un pavé, tel que AD = 2AB et AE = AB, et soit I le milieu de [AD].
Calculer le volume du tétraèdre GFIH de deux façons de sorte de déterminer GK où K est le projeté orthogonal de G sur (FIH).

Exercice 13 (60 min, 5 pts)

Corrigés, p. 238

TYPE BAC

(D'après Polynésie, 2008)
Soit ABCDEFGH un cube On place sur les arêtes [BC] et [EH] les points I et J tels que $BI = \frac{2}{3}BC$ et $EJ = \frac{2}{3}EH$.
On note K le milieu de [IJ] et P le projeté orthogonal de G sur (FIJ).
On admet que (IJ) est orthogonale au plan (FGP).
Démontrer successivement les propriétés suivantes.

1. Le triangle FIJ est isocèle en F.
2. La droite (FK) est orthogonale à la droite (IJ).
3. La droite (GK) est orthogonale à la droite (IJ).
4. Les points F, G, K, P sont coplanaires.
5. Les points F, P, K sont alignés.

QCM

CONSEIL
N'hésitez pas à refaire un dessin en changeant de point de vue si vous avez du mal à voir dans l'espace les positions relatives des objets.

1 **b.** Pour l'arête [AB] du cube ABCDEFGH par exemple, ce sont les faces (BFGC) et (AEHD).

2 **c.** Pour la face (ABC), ce sont les faces (AEHD), (CBFG), (CDHG) et (ABFE).

3 **b.** Pour l'arête [AB], ce sont les arêtes [EF], [DC] et [GH].

4 **c.** Pour l'arête [AB], ce sont toutes les arêtes sauf celles qui lui sont parallèles.

5 **b.** Ces plans ne sont pas confondus car A, B, C et H ne sont pas coplanaires. (AC) est parallèle à (EG) et (AH) est parallèle à (BG) ; le plan (ACH) contient deux droites sécantes entre elles et parallèles à deux droites de (EBG). Les plans sont donc parallèles.

6 **b.** Les droites (AG) et (DF) sont sécantes, donc coplanaires, car ce sont les diagonales du rectangle AFGD.

7 **b.** Un rectangle non carré. Le côté [HI] est plus grand que le côté [DH], ce n'est donc ni un carré ni un losange.

8 **c.** Le triangle KIJ est rectangle en J. Si a est la longueur de l'arête du cube, le théorème de Pythagore donne successivement $IJ = a\dfrac{\sqrt{2}}{2}$; $JK = \dfrac{a\sqrt{6}}{2}$ et $IK = a\sqrt{2}$.

9 **b.** Les droites (AS) et (CI) ne sont orthogonales (perpendiculaires ici) que dans le cas particulier où ASC est isocèle en C. Ce n'est pas toujours vrai dans une pyramide à base carrée quelconque.

10 **c.** La proposition **a.** est fausse : on peut par exemple considérer les droites (AB) et (BE). La proposition **b.** est fausse : on peut considérer la droite (AB) et les plans (DCH) et (EFG).

Exercice 1

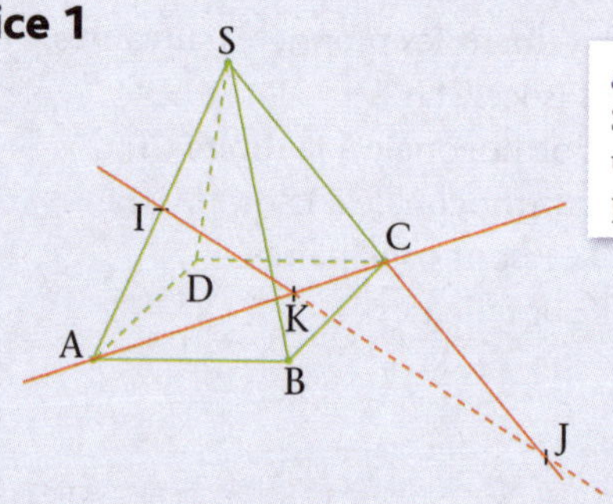

ATTENTION
Sauf indication contraire, une construction doit être justifiée.

Le point I étant sur [SA], il est dans le plan (SAC) ; de même, le point J étant sur (SC), il est dans ce plan.
Les points A, I, C, J sont donc coplanaires et les droites (AC) et (IJ) étant coplanaires sont soit parallèles, soit sécantes. Elles ne sont pas parallèles car J n'est pas le milieu de [SC], elles sont donc sécantes.
On note K leur intersection.
Ce point est sur (IJ) par construction et sur (ABC), puisque sur (AC).
Il s'agit donc de l'intersection de (IJ) et du plan (ABC).

Exercice 2

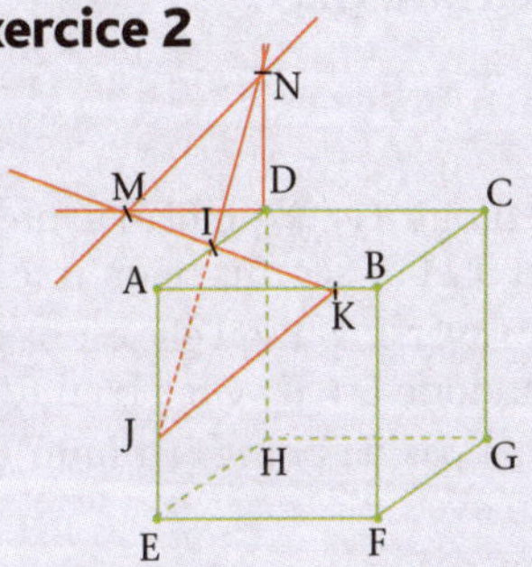

ATTENTION
Contrairement à ce que le dessin peut laisser croire, la droite (KJ) est parallèle au plan (DGH), elle ne coupe donc pas la droite (DH) ; pas plus que la droite (KI) qui est non coplanaire avec (DH).

Les droites (KI) et (CD) sont coplanaires non parallèles : elles sont donc sécantes en M qui appartient aux deux plans (KIJ) et (DGH).
Les droites (IJ) et (DH) sont coplanaires non parallèles, elles sont donc sécantes en N qui appartient aux deux plans (KJI) et (DGH).
L'intersection des plans (IJK) et (DGH) est donc la droite (MN).

Exercice 3

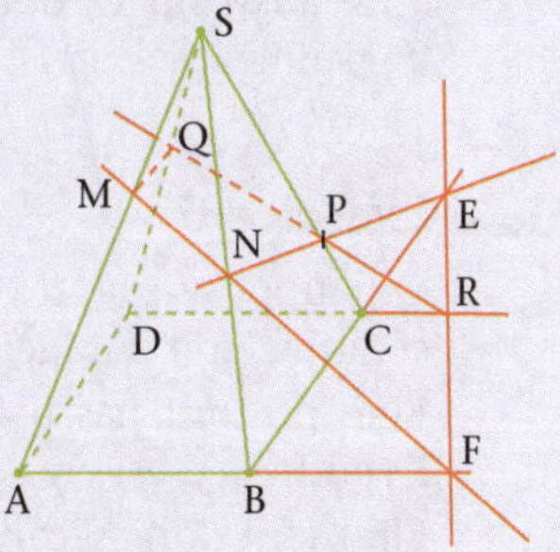

Les droites (NP) et (BC) sont coplanaires, non parallèles, elles se coupent en un point E.
Les droites (AB) et (MN) sont coplanaires non parallèles, elles se coupent en un point F.
La droite (EF) est l'intersection des plans (MNP) et (ABC).
Le plan (MNP) coupe la droite (SD) en un point Q tel que les droites (QP) et (CD) se coupent sur (FE).
On place donc le point R, intersection des droites (DC) et (EF), puis le point Q, intersection des droites (SD) et (PR).
Le plan (MNP) coupe la pyramide selon le quadrilatère MNPQ.

Exercice 4

Le plan (MNP) coupe les faces parallèles selon des droites parallèles.

Il suffit donc de tracer la parallèle à (MN) passant par P, elle coupe [CG] en Q puisque (MN) et (BF) ne sont pas parallèles, et la parallèle à (NP) passant par M, elle coupe [BC] en R puisque (NP) et (FG) ne sont pas parallèles.

Le plan (MNP) coupe le cube en MNPQR.

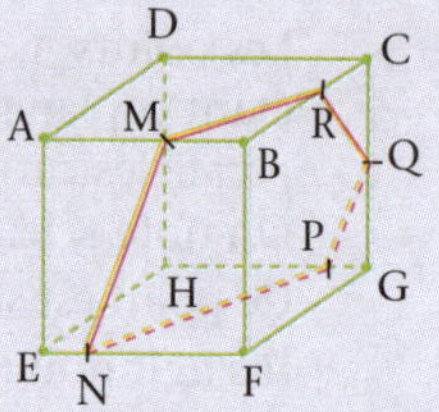

Exercice 5

Soient $\mathcal{P}$ un plan contenant une droite *d* et $\mathcal{P}'$ un plan contenant une droite *d'* avec *d* et *d'* parallèles et $\mathcal{P}$ et $\mathcal{P}'$ sécants selon une droite *D*.

Si la droite *d'* a un point commun avec $\mathcal{P}$, puisqu'elle est parallèle à *d*, elle est alors contenue dans $\mathcal{P}$ et donc $D = d'$. On a bien $d // d' // D$.

On suppose désormais que *d'* n'a pas de point commun avec $\mathcal{P}$ et que *D* n'a pas de point commun avec $\mathcal{P}'$.

On raisonne par l'absurde. On suppose que *d* et *D* ne sont pas parallèles, alors elles se coupent en un point A car elles sont coplanaires. *D* et *d'* étant coplanaires (dans le plan $\mathcal{P}'$), elles sont également sécantes en un point B.

CONSEIL
Pour montrer que deux droites sont non coplanaires, pensez à utiliser un raisonnement par l'absurde.

La droite *D*, passant par A et B, est égale à (AB) et donc A qui est sur *d* est aussi sur *D*, donc dans $\mathcal{P}'$, ce qui est contradictoire avec *d* et $\mathcal{P}'$ parallèles.

Exercice 6

On suppose que *d* et (AB) sont coplanaires, alors elles sont soit sécantes, soit parallèles.

Elles ne sont pas parallèles car (AB) est sécante à $\mathcal{P}$, puisque par hypothèse B est en dehors de $\mathcal{P}$, et *d* est incluse dans $\mathcal{P}$.

Elles sont donc sécantes en un point. Ce point est sur (AB) et sur *d*, donc sur (AB) et dans $\mathcal{P}$: c'est donc le point A, ce qui est contradictoire avec l'hypothèse « A n'appartient pas à *d* ».

Les droites (AB) et *d* n'étant ni sécantes ni parallèles, elles ne sont pas coplanaires.

Exercice 7

> **CONSEIL**
> Réfléchissez à partir des plans et droites d'un cube.

1. Faux. Dans le cube ABCDEFGH, on peut considérer par exemple les plans $\mathcal{P}_1 = (ABC)$, $\mathcal{P}_2 = (BCF)$ et $\mathcal{P}_3 = (EFG)$.

2. Faux. On considère les mêmes plans qu'à la question précédente.

3. Vrai. Si deux plans sont parallèles, alors tout plan sécant avec l'un est sécant avec l'autre.

4. Vrai. Si deux plans sont parallèles, toute droite sécante avec l'un est sécante avec l'autre.

5. Faux. On peut considérer l'exemple où $\mathcal{P}$ contient d_1. De même, dans le cube ABCDEFGH, on peut considérer le plan (ABC) et les droites (AB) et (EF).

Exercice 8

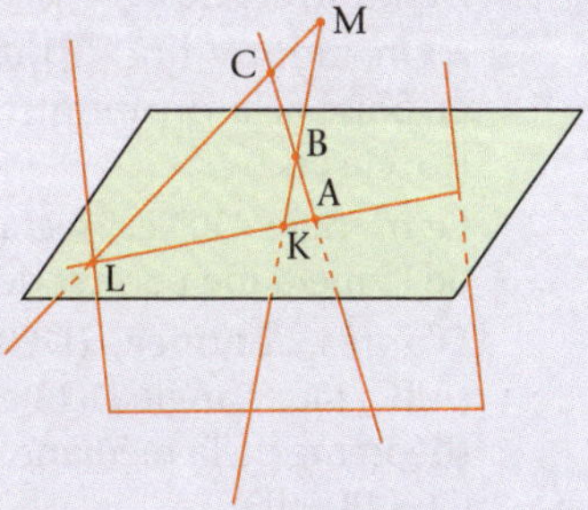

On considère le plan (MBC) : il coupe le plan $\mathcal{P}$ selon une droite qui passe par K et L, c'est donc la droite (KL).

Le plan (MBC) contient B et C, il contient donc la droite (BC), or le point A appartient à cette droite, par construction.

La droite (KL) passe donc par A.

A appartient donc aux plans $\mathcal{P}$ et (MBC) ; par conséquent, A appartient à leur intersection, c'est-à-dire à la droite (KL).

Exercice 9

Soit O le point d'intersection des droites d et d' : ce point appartient à l'intersection de $\mathcal{P}_1$ et $\mathcal{P}_2$. De même, le point M appartient à ces deux plans, **ils sont donc sécants selon la droite (OM).**

Exercice 10

On suppose dans un premier temps que M n'est ni I, ni C.

La droite (AM) coupe [BC] en J et, dans le plan (AJD), les droites (MK) et (JD) ne sont pas parallèles. Car (KM) parallèle à (DJ) n'est réalisé que quand M = I et J = B (théorème de Thalès).

Donc (MK) et (JD) sont coplanaires et non parallèles : elles sont sécantes. Leur point d'intersection appartient à (MK) et à (BCD), c'est donc L.

On suppose maintenant que M = C, alors J = C = L.

On suppose que M = I, alors J = B et les droites (KM) et (JD) sont en fait (KI) et (BD), elles sont donc parallèles. Le point L est donc rejeté à l'infini.

Le point L décrit donc une demi-droite d'origine C.

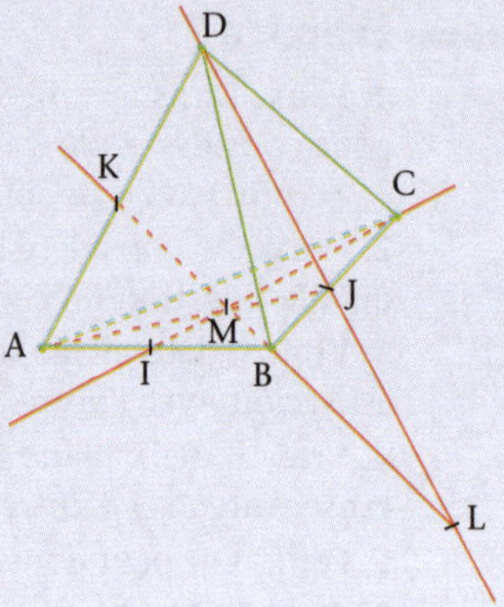

Exercice 11

La perpendiculaire commune semble être la droite (IJ). Démontrons-le.

▪ On montre que (IJ) est perpendiculaire à (AC) et pour cela on montre que le triangle IAC est isocèle en I.

Le triangle ABD est rectangle en A, le théorème de la médiane permet de dire que AI = BI = ID.

D'après l'énoncé, (DC) est orthogonale à (ABC) ; le triangle DCB est rectangle en C, le théorème de la médiane permet de dire que CI = IB = ID.

Par suite, IC = IA, et donc (IJ) qui est la médiane issue de I de ce triangle isocèle de sommet principal I en est aussi une hauteur.

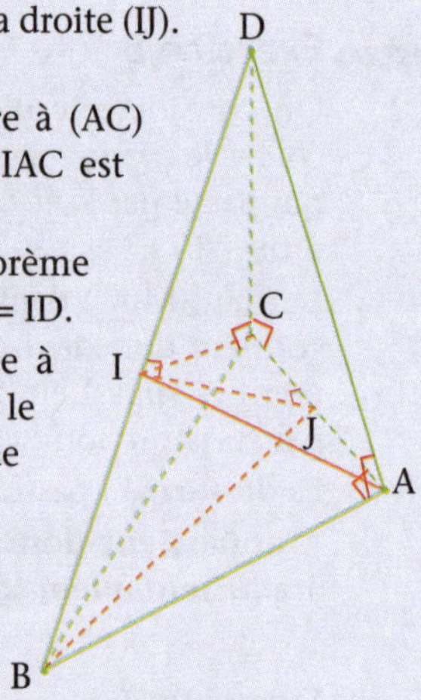

On a donc bien (IJ) perpendiculaire à (AC).

▪ On montre que (IJ) est perpendiculaire à (BD) et pour cela on montre que BJD est isocèle en J.

Le triangle ABJ est rectangle en A, le théorème de Pythagore donne $BJ^2 = AB^2 + AJ^2$.

Le triangle DCJ est rectangle en C, le théorème de Pythagore donne $DJ^2 = DC^2 + CJ^2$.

Mais CJ = JA d'une part, et CD = AB d'autre part : on a donc $BJ^2 = JD^2$ et, par suite, BJD est isocèle en J.

La médiane (JI) est donc aussi une hauteur et **(IJ) est perpendiculaire à (BD).**

À NOTER
La longueur IJ est appelée distance entre les droites (BD) et (AC).

Exercice 12

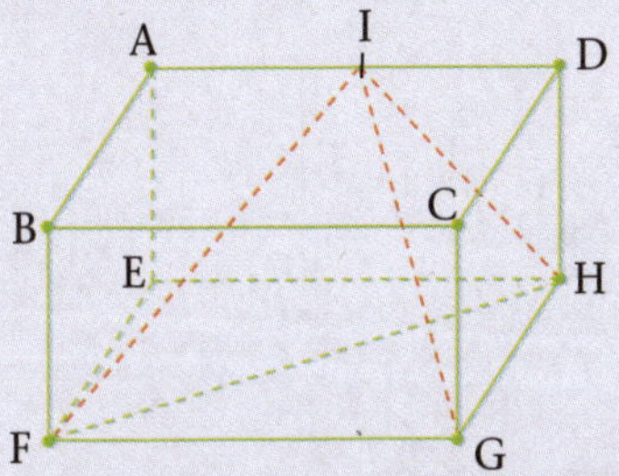

À NOTER
On appelle pavé un prisme à base rectangulaire, on disait autrefois parallélépipède rectangle.

On pose AB = AE = a et AD = $2a$.

1 pt *Première méthode :* Dans le tétraèdre GFIH, on prend pour base le triangle FGH qui est rectangle en G et la hauteur du tétraèdre est donc (IL), où L est le projeté orthogonal de I sur le plan de base (FGH). On a donc IL = AE = a.

RAPPEL
Le volume d'une pyramide (donc d'un tétraèdre) est :
$V = \dfrac{\text{aire de la base} \times \text{hauteur}}{3}$.

Le volume du tétraèdre est donc (en unités de volume) :

$$V = \frac{\dfrac{FG \times HG}{2} \times IL}{3} = \frac{\dfrac{2a \times a}{2} \times a}{3} = \frac{a^3}{3}.$$

3 pts *Seconde méthode :* On peut prendre comme base le triangle IHF, alors la hauteur du tétraèdre est GK, avec K le projeté orthogonal de G sur le plan de base (FIH).

Le théorème de Pythagore appliqué au triangle FGH donne : $HF^2 = FG^2 + HG^2 = 5a^2$.

Appliqué au triangle IHD, il donne $IH^2 = ID^2 + DH^2 = 2a^2$.

Appliqué au triangle FBI, il donne $FI^2 = FB^2 + BI^2 = 3a^2$.

On a donc $FI^2 + IH^2 = FH^2$.

Le triangle FIH est rectangle en I.

Son aire est $\mathcal{A} = \dfrac{HI \times FI}{2} = \dfrac{a\sqrt{2} \times a\sqrt{3}}{2} = \dfrac{a^2\sqrt{6}}{2}$.

Le volume du tétraèdre est donc $V = \dfrac{\mathcal{A} \times GK}{3} = \dfrac{a^2\sqrt{6}}{6} \times GK$.

En rapprochant les deux calculs de V, on obtient **GK =** $\boldsymbol{\dfrac{a\sqrt{3}}{3}}$.

Exercice 13

On note a la longueur de l'arête du cube.

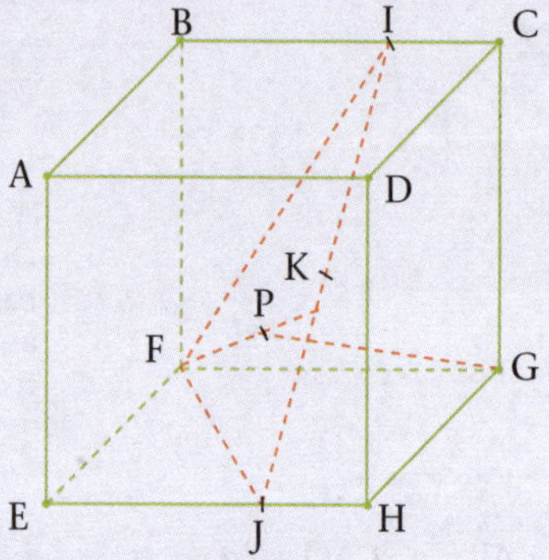

1 pt

1. On utilise le théorème de Pythagore dans le triangle EFJ, puis dans le triangle BFI. On obtient :

$FJ^2 = EF^2 + EJ^2 = a^2 + \left(\frac{2}{3}a\right)^2 = \frac{13}{9}a^2$; de même, $FI^2 = \frac{13}{9}a^2$.

Le triangle FIJ est donc isocèle en F.

0,5 pt

2. La droite (FK) étant la médiane issue du sommet principal du triangle isocèle FIJ, c'est aussi une hauteur et donc **(FK) est perpendiculaire à (IJ).**

1 pt

3. En utilisant le théorème de Pythagore dans les triangles CIG et HGJ, on démontre que le triangle GIJ est isocèle en G, donc (GK) est une hauteur et **(GK) est perpendiculaire à (IJ).**

1,5 pt

4. La droite (IJ) est donc orthogonale à deux droites sécantes du plan (FGK), la droite (GK) et la droite (FK) : elle est donc orthogonale au plan (FGK). De plus, elle est orthogonale au plan (FGP). Or n'il existe qu'un plan orthogonal à une droite donnée passant par un point donné, ici le point est F et la droite (IJ), donc (FGP) et (FKG) sont confondus. **Les points F, G, K et P sont donc coplanaires.**

1 pt

5. Les droites (FK) et (GP) sont orthogonales puisque (GP) est orthogonale à (FIJ), donc à toute droite de ce plan. Comme elles sont coplanaires dans le plan (FGK) elles sont en fait sécantes perpendiculairement. La droite (GP) coupe le plan (FIJ) en P et coupe la droite (FK) de ce plan. L'intersection de (FG) et de (FK) est donc P.

Les points F, P et K sont donc alignés.

11 Géométrie vectorielle dans l'espace

1 Vecteur de l'espace

■ À tout couple de points distincts A et B de l'espace, on associe le vecteur $\overrightarrow{AB}$, qui a pour direction la droite (AB), pour sens celui de A vers B et pour longueur AB.

À NOTER

La notion de vecteur est définie dans l'espace comme dans le plan. Les définitions et théorèmes appris dans le plan restent vrais dans l'espace.

2 Caractérisation vectorielle des droites de l'espace

■ Un point A et un vecteur non nul $\vec{u}$ de l'espace définissent une unique droite : la droite passant par les points A et M telle que $\vec{u} = \overrightarrow{AM}$. On dit alors que $\vec{u}$ est un **vecteur directeur** de la droite (AM).

■ Deux droites sont parallèles si leurs vecteurs directeurs sont colinéaires et elles sont orthogonales si leurs vecteurs directeurs sont orthogonaux.

3 Caractérisation vectorielle des plans de l'espace

■ Un point A et deux vecteurs non colinéaires $\vec{u}$ et $\vec{v}$ de l'espace définissent un unique plan : le plan (ABC) tel que $\vec{u} = \overrightarrow{AB}$ et $\vec{v} = \overrightarrow{AC}$.

Les vecteurs $\vec{u}$ et $\vec{v}$ sont des vecteurs directeurs du plan (ABC).

■ Le point M appartient au plan (ABC) si, et seulement si, il existe deux réels a et b tels que $\overrightarrow{AM} = a\vec{u} + b\vec{v}$.

■ Trois vecteurs $\vec{u}$, $\vec{v}$ et $\vec{w}$ de l'espace sont coplanaires si, et seulement si, il existe deux réels a et b tels que $\vec{w} = a\vec{u} + b\vec{v}$.

■ Soient $\vec{u}$, $\vec{v}$ et $\vec{w}$ trois vecteurs non coplanaires. Tout vecteur s'écrit comme étant une combinaison linéaire de ces trois vecteurs : pour tout vecteur $\vec{t}$ il existe 3 réels a, b et c tel que $\boldsymbol{\vec{t} = a\vec{u} + b\vec{v} + c\vec{w}}$.

- La caractérisation d'un plan par un point et deux vecteurs non colinéaires conduit à une représentation paramétrique de ce plan.

4 Repères de l'espace

- On appelle **base de l'ensemble des vecteurs de l'espace** tout triplet $(\vec{i}, \vec{j}, \vec{k})$ de vecteurs **non coplanaires.**

- On appelle **repère de l'espace** tout quadruplet $(O ; \vec{i}, \vec{j}, \vec{k})$, où O est un point de l'espace et $(\vec{i}, \vec{j}, \vec{k})$ une base.

Si les vecteurs de la base sont orthogonaux deux à deux, alors le repère est dit **orthogonal** et si la norme de chaque vecteur vaut 1, alors le repère est dit **orthonormé**.

Dans la suite, on considère le repère de l'espace $(O ; \vec{i}, \vec{j}, \vec{k})$.

- Soient M et M' deux points de l'espace tels que $M(x ; y ; z)$ et $M'(x' ; y' ; z')$. $\overrightarrow{MM'}$ a pour coordonnées :

$$(x' - x ; y' - y ; z' - z).$$

I, milieu de [MM'], a pour coordonnées :

$$\left(\frac{x + x'}{2} ; \frac{y + y'}{2} ; \frac{z + z'}{2}\right).$$

Si le repère est orthonormé, alors :

$$MM' = \sqrt{(x' - x)^2 + (y' - y)^2 + (z' - z)^2}.$$

- Soient $\vec{u}(x ; y ; z)$, $\vec{v}(x' ; y' ; z')$ et $\vec{w}(x'' ; y'' ; z'')$ trois vecteurs de l'espace.

Si $\vec{u}$, $\vec{v}$ et $\vec{w}$ sont coplanaires, alors il existe des réels a et b tels que :

$$\begin{cases} x'' = ax + bx' \\ y'' = ay + by'. \\ z'' = az + bz' \end{cases}$$

- Si $\vec{u}(x ; y ; z)$ et $\vec{v}(x' ; y' ; z')$ sont deux vecteurs de l'espace, alors le **produit scalaire** des vecteurs $\vec{u}$ et $\vec{v}$ est le **réel** noté :

$$\vec{u} \cdot \vec{v} = xx' + yy' + zz'.$$

À NOTER
Pour plus de précisions sur le produit scalaire et ses applications, voir le chapitre 12.

- Si les deux vecteurs sont orthogonaux, alors :

$$\vec{u} \cdot \vec{v} = 0.$$

5 Droites de l'espace

▶ Vidéo

■ Soit $\mathscr{D}$ la droite de l'espace qui passe par le point A(x_A ; y_A ; z_A) et de vecteur directeur $\vec{u}(a\,;\,b\,;\,c)$, avec a, b et c trois réels tous non nuls.

Un point M (x ; y ; z) appartient à la droite $\mathscr{D}$ si, et seulement si, il existe un réel k tel que :

$$\begin{cases} x = x_A + ka \\ y = y_A + kb. \\ z = z_A + kc \end{cases}$$

À NOTER
Il n'y a pas d'unicité de la représentation paramétrique d'une droite $\mathscr{D}$ de l'espace, celle-ci change si on choisit un autre point de la droite ou un autre vecteur directeur de $\mathscr{D}$.

Il s'agit d'une **représentation paramétrique** de la droite $\mathscr{D}$.

■ Deux droites $\mathscr{D}$ et $\mathscr{D}'$, de vecteurs directeurs respectifs $\vec{u}$ et $\vec{v}$, sont parallèles si, et seulement si, $\vec{u}$ et $\vec{v}$ sont colinéaires.

6 Équation paramétrique d'un plan

■ Dire que le point M appartient au plan (ABC) signifie qu'il existe deux réels a et b tels que :

$$\overrightarrow{AM} = a\overrightarrow{AB} + b\overrightarrow{AC}.$$

Analytiquement, en remplaçant par les coordonnées des points, on obtient une **représentation paramétrique** de ce plan :

$$\begin{cases} x = x_A + a(x_B - x_A) + b(x_C - x_A) \\ y = y_A + a(y_B - y_A) + b(y_C - y_A). \\ z = z_A + a(z_B - z_A) + b(z_C - z_A) \end{cases}$$

Cette représentation n'est pas unique.

Étudier une configuration géométrique dans l'espace

Énoncé

Dans le repère de l'espace $(O; \vec{i}, \vec{j}, \vec{k})$, on donne les points A(1 ; 1 ; 0), B(3 ; 5 ; – 2) et C(2 ; 0 ; – 1).

1. Calculer les coordonnées du milieu I de [AB].

2. Calculer les coordonnées du centre de gravité G du triangle ABC.

3. Calculer les coordonnées des vecteurs $\overrightarrow{AB}$ et $\overrightarrow{AC}$.
Vérifier que ces vecteurs ne sont pas colinéaires.

4. Soit D le point de coordonnées (1 ; 2) dans le repère $(A, \overrightarrow{AB}, \overrightarrow{AC})$.
Quelles sont ses coordonnées dans le repère $(O; \vec{i}, \vec{j}, \vec{k})$?

5. Soit E le point de coordonnées (0 ; 0 ; 1) dans le repère $(O; \vec{i}, \vec{j}, \vec{k})$.
Démontrer que E appartient au plan (ABC).
Quelles sont ses coordonnées dans le repère $(A, \overrightarrow{AB}, \overrightarrow{AC})$?

6. Déterminer les coordonnées de F, symétrique de E par rapport à A, dans le repère $(O; \vec{i}, \vec{j}, \vec{k})$.

Solution commentée

Savoir-faire

- Avant d'effectuer les différents calculs, on commence par énoncer les formules littérales du cours.
- On remplace ensuite par les valeurs numériques fournies dans l'énoncé.
- Pour répondre à la question **2.**, on utilise les propriétés du centre de gravité : ces propriétés vues dans le plan restent vraies dans l'espace. Le centre de gravité se situe aux deux tiers de la médiane en partant du sommet.
- Pour répondre à la question **3.**, on montre que les deux vecteurs ne sont pas colinéaires car il n'existe pas de réel k tel que $\overrightarrow{AB} = k\overrightarrow{AC}$.
- Pour la question **4.**, on montre que, dans l'espace, si deux vecteurs ne sont pas colinéaires, alors cela permet de dire que les points forment un plan.
- Pour la question **5.**, on détermine deux réels a et b tels que $\overrightarrow{AE} = a\overrightarrow{AB} + b\overrightarrow{AC}$.
- Pour répondre à la dernière question, on remarque que le point A est le milieu de [FE].

1. Si I est le milieu de [AB], alors ses coordonnées vérifient la relation :

$$\begin{cases} x = \dfrac{1+3}{2} = 2 \\ y = \dfrac{1+5}{2} = 3 \\ z = \dfrac{0-2}{2} = -1 \end{cases}.$$

Ce qui donne I(2 ; 3 ; – 1).

2. Trouver les coordonnées de G revient à résoudre $\overrightarrow{CG} = \dfrac{2}{3}\overrightarrow{CI}$.

En remplaçant par les coordonnées des différents points, on obtient le système suivant :

$$\begin{cases} x - 2 = \dfrac{2}{3}(2-2) \\ y - 0 = \dfrac{2}{3}(3-0) \\ z + 1 = \dfrac{2}{3}(-1+1) \end{cases}.$$

Ce qui donne G(2 ; 2 ; – 1).

3. $\overrightarrow{AB}(2\,;4\,;-2)$ et $\overrightarrow{AC}(1\,;-1\,;1)$. On cherche un réel k tel que $\overrightarrow{AB} = k\overrightarrow{AC}$.
On remarque que, pour la ligne des abscisses, $k = 2$; or cette valeur de k ne fonctionne pas pour l'ordonnée et la côte.
On peut donc conclure que les deux vecteurs ne sont pas colinéaires.

4. Si D a pour coordonnées (1 ; 2) dans le repère, cela signifie que $\overrightarrow{AD} = 1 \times \overrightarrow{AB} + 2 \times \overrightarrow{AC}$: la résolution du système permet de déterminer les coordonnées de D dans le repère $(O\,; \vec{i}, \vec{j}, \vec{k})$.

$$\begin{cases} x - 1 = 2 + 2 \\ y - 1 = 4 - 2 \\ z - 0 = -2 - 2 \end{cases} \quad \text{équivaut à} \quad \begin{cases} x = 5 \\ y = 3 \\ z = -4 \end{cases}.$$

Ce qui donne D(5 ; 3 ; – 4).

5. Les vecteurs $\overrightarrow{AB}$ et $\overrightarrow{AC}$ sont non colinéaires : ils forment un plan.
On cherche donc à déterminer deux réels a et b tels que $\overrightarrow{AE} = a\overrightarrow{AB} + b\overrightarrow{AC}$.
Cela revient à résoudre un système de 3 équations à 2 inconnues :

$$\begin{cases} 0 - 1 = 2a + b \\ \quad -1 = 4a - b \\ \quad\ \ 1 = -2a - b \end{cases}.$$

Le plus simple est de résoudre le système formé par les 2 premières équations et ensuite de vérifier si les valeurs trouvées remplissent la condition de la 3e équation.

$$\begin{cases} 2a + b = -1 \\ 4a - b = -1 \end{cases} \Leftrightarrow \begin{cases} a = -\dfrac{1}{3} \\ b = -\dfrac{1}{3} \end{cases}.$$

On remplace a et b ensuite dans l'équation 3 et on trouve : $-2 \times \dfrac{-1}{3} - \dfrac{-1}{3} = 1$, ce qui vérifie le système.

On peut donc en déduire que les points A, B, C et E sont coplanaires, d'où $E \in (ABC)$.

De plus, comme le vecteur $\overrightarrow{AE}$ se décompose comme une combinaison des vecteurs $\overrightarrow{AB}$ et $\overrightarrow{AC}$, cela nous permet de déterminer les coordonnées de E dans le repère $(A\ ;\ \overrightarrow{AB}, \overrightarrow{AC})$:

$E\left(-\dfrac{1}{3}\ ;\ -\dfrac{1}{3}\right)$.

6. Si F est le symétrique de E par rapport à A, cela signifie que A est le milieu de [FE].

Les coordonnées de F vérifient le système :

$$\begin{cases} 1 = \dfrac{x + 0}{2} \\ 1 = \dfrac{y + 0}{2} \\ 0 = \dfrac{z + 1}{2} \end{cases}.$$

Donc F(2 ; 2 ; – 1).

MÉTHODE

Pour réussir le jour J

LES ERREURS À NE PAS COMMETTRE

- Il est faux d'écrire qu'un vecteur est égal à un réel.

Dans un repère $(O ; \vec{i}, \vec{j}, \vec{k})$, si $\vec{u}$ a pour coordonnées le triplet $(a ; b ; c)$, alors on peut accepter les différentes écritures suivantes :
$\vec{u} = a\vec{i} + b\vec{j} + c\vec{k}$, qui peut aussi s'écrire en ligne ou en colonnes,

$\vec{u}\ (a ; b ; c)$ ou $\vec{u}\begin{pmatrix} a \\ b \\ c \end{pmatrix}$.

Cependant, en aucun cas, il n'est possible d'écrire $\vec{u} = a + b + c$, ce qui donnerait un réel, ou $\vec{u} = (a ; b ; c)$. Exercice 3, p. 248

- Ne confondez pas le vecteur nul et zéro. Zéro est un nombre, alors que le vecteur nul est un élément géométrique.

On écrira donc $\vec{u} = \vec{0}$, qui est l'égalité de deux vecteurs, ou sous forme de coordonnées $\vec{u}\begin{pmatrix} 0 \\ 0 \\ 0 \end{pmatrix}$.

Cependant, on ne peut pas écrire $\vec{u} = 0$. QCM, p. 246

- Ne confondez pas les termes *coplanaire* et *colinéaire*.

Des vecteurs sont **colinéaires** s'il existe un réel k tel que $\vec{u} = k\vec{v}$.

Des vecteurs sont **coplanaires** si l'un s'écrit comme étant une combinaison linéaire des deux autres. Exercices 1 et 3, p. 247-248

- Il ne faut également pas confondre les termes *perpendiculaire* et *orthogonal*.

On parle de perpendicularité dans le plan et d'orthogonalité dans l'espace.

Deux droites orthogonales sont des droites telles que des parallèles à chaque droite passant par un même point sont perpendiculaires. Deux vecteurs non nuls de l'espace sont orthogonaux si leurs directions sont orthogonales. Exercice 8, p. 249

10 qcm pour réviser le cours

Corrigés, p. 251

L'espace est rapporté au repère orthonormé $(O ; \vec{i}, \vec{j}, \vec{k})$.

1 Les points A(1 ; – 2 ; 1) et B(7 ; – 12 ; 5) sont alignés avec le point :

❑ **a.** C(– 2 ; 3 ; – 1).

❑ **b.** D(– 5 ; – 12 ; 5).

❑ **c.** O(0 ; 0 ; 0).

2 Les points A(4 ; 6 ; 5), B(2 ; 5 ; 1), C(1 ; 2 ; 0) et D(2 ; 0 ; 3) :

❑ **a.** sont coplanaires.

❑ **b.** ne sont pas coplanaires.

❑ **c.** sont alignés.

3 Les vecteurs $\vec{u}(1 ; -1 ; 2)$ et $\vec{v}(2 ; 2 ; 1)$ sont coplanaires avec :

❑ **a.** $\vec{w}(0 ; -4 ; -1)$.

❑ **b.** $\vec{w}(0 ; -4 ; 2)$.

❑ **c.** $\vec{w}(0 ; -4 ; 3)$.

4 Soient A(1 ; 2 ; 5) et B(0 ; – 2 ; 3). Les coordonnées de K, tel que : $2\overrightarrow{KA} + \overrightarrow{KB} = \vec{0}$, sont :

❑ **a.** $K\left(\frac{2}{3} ; \frac{2}{3} ; \frac{13}{3}\right)$.

❑ **b.** $K\left(\frac{-2}{3} ; \frac{-2}{3} ; \frac{-13}{3}\right)$.

❑ **c.** $K\left(\frac{3}{2} ; \frac{3}{2} ; \frac{3}{13}\right)$.

5 Soient A(0 ; 0 ; 3), B(0 ; 0 ; 0), C(2 ; 3 ; – 1) et D(– 1 ; 5 ; 1). Si $2\overrightarrow{GA} + \overrightarrow{GB} + 3\overrightarrow{GC} + 6\overrightarrow{GD} = \vec{0}$, alors :

❑ **a.** $\overrightarrow{AG} = \frac{1}{12}\overrightarrow{AB} + \frac{1}{4}\overrightarrow{AC} + \frac{1}{2}\overrightarrow{AD}$.

❑ **b.** $G\left(0 ; \frac{13}{4} ; \frac{3}{4}\right)$.

❑ **c.** $\overrightarrow{AG} = \frac{1}{12}\overrightarrow{BA} + \frac{1}{4}\overrightarrow{CA} + \frac{1}{2}\overrightarrow{DA}$.

6 Soient $\vec{u}(-1 ; 0 ; 1)$, $\vec{v}(-11 ; 6 ; -1)$ et $\vec{w}(3 ; -2 ; 1)$:

❑ **a.** $\vec{u}$ et $\vec{v}$ sont colinéaires.

❑ **b.** $\vec{u}$; $\vec{v}$ et $\vec{w}$ sont coplanaires.

❑ **c.** $\vec{v} + 3\vec{w} - 2\vec{u} = \vec{0}$.

7 Soit $\vec{u} = \overrightarrow{AB} - \overrightarrow{CB} + 2\overrightarrow{CA}$:

❑ **a.** $\vec{u}$ et $\overrightarrow{AB}$ sont colinéaires.

❑ **b.** $\vec{u}$ et $\overrightarrow{AC}$ sont colinéaires.

❑ **c.** $\vec{u}$ et $\overrightarrow{CB}$ sont colinéaires.

8 Un système paramétrique de la droite passant par A (2 ; 3 ; – 1) et de vecteur directeur $\vec{u}(1 ; 0 ; 1)$ est :

❑ **a.** $\begin{cases} x = k + 2 \\ y = 3 \\ z = k - 1 \end{cases}$. **b.** $\begin{cases} x = 1 + 2k \\ y = 3 \\ z = 1 - k \end{cases}$.

9 Soit $\mathscr{D}$ la droite d'équation paramétrique $\begin{cases} x = 1 + 3k \\ y = 2k \\ z = 1 - k \end{cases}$, $k \in \mathbb{R}$.

$\mathscr{D}$ a pour vecteur directeur :

❑ **a.** $\vec{u}(3 ; 2 ; -1)$. **b.** $\vec{u}(1 ; 0 ; 1)$.

❑ **c.** $\vec{u}(1 + 3k ; 2k ; 1 - k)$.

10 Soient A(2 ; – 1 ; – 3), B(0 ; 1 ; 4) et C(– 3 ; 0 ; 0) trois points de l'espace. La représentation paramétrique du plan (ABC) est :

❑ **a.** $\begin{cases} x = 2 - 2a - 5b \\ y = -1 + 2a + b \\ z = -3 + 7a + 3b \end{cases}$.

❑ **b.** $\begin{cases} x = -2 - 2a - 5b \\ y = 1 + 2a + b \\ z = 3 + 7a + 3b \end{cases}$.

❑ **c.** $-x + 29y - 8z + 3 = 0$.

Exercices

Dans les exercices suivants, on considérera le repère orthonormé $(O\,;\vec{i},\vec{j},\vec{k})$ ainsi que le cube ci-dessous, lorsqu'il en sera question.

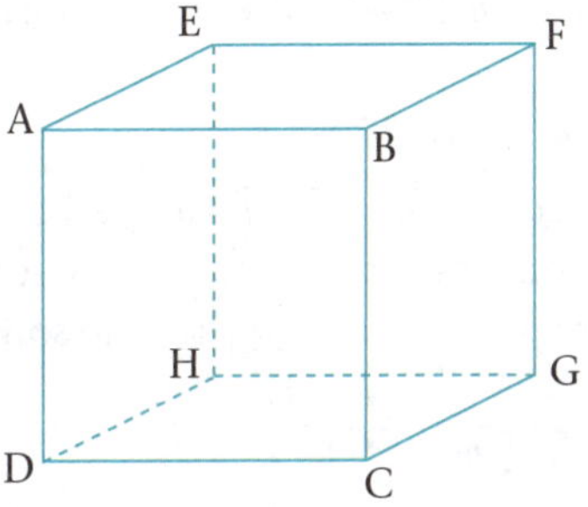

Exercice 1 *niveau 1*

Corrigés, p. 252

On considère le cube ABCDEFGH.

1. Les vecteurs $\overrightarrow{AB}$, $\overrightarrow{AD}$, $\overrightarrow{AE}$ sont-ils coplanaires ?

2. Les vecteurs $\overrightarrow{AB}$, $\overrightarrow{AD}$, $\overrightarrow{AC}$ sont-ils coplanaires ?

3. Les vecteurs $\overrightarrow{AB}$, $\overrightarrow{AD}$, $\overrightarrow{FH}$ sont-ils coplanaires ?

4. Les vecteurs $\overrightarrow{FD}$, $\overrightarrow{AG}$, $\overrightarrow{EH}$ sont-ils coplanaires ?

Exercice 2 *niveau 1*

Corrigés, p. 252

On considère le parallélépipède ABCDEFGH ci-dessous.

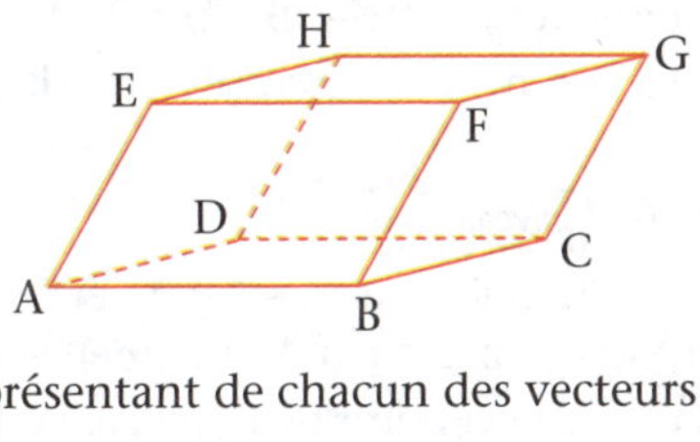

Déterminer un représentant de chacun des vecteurs suivants.

$\overrightarrow{AG} + \overrightarrow{BA}$

$\overrightarrow{AF} + \overrightarrow{AD}$

$\overrightarrow{EC} + \overrightarrow{HE}$

$\overrightarrow{AB} + \overrightarrow{AD} + \overrightarrow{AE}$

Exercice 3 niveau 1

Corrigés, p. 252

1. On pose $\vec{u} = \vec{i} - \vec{j}$; $\vec{v} = 2\vec{j} + \vec{k}$ et $\vec{w} = 2\vec{i} + \vec{k}$.

a. Calculer $2\vec{u} + \vec{v} - \vec{w}$.

b. Qu'en déduire sur les vecteurs $\vec{u}$, $\vec{v}$ et $\vec{w}$? Justifier.

2. Les vecteurs $\vec{u}$ (3 ; – 9 ; 5) et $\vec{v}$ (2 ; – 4 ; 2) sont-ils colinéaires ?

Exercice 4 niveau 1

Corrigés, p. 253

Soient les vecteurs $\vec{u}_1 = \vec{i} - \vec{j} + \vec{k}$, $\vec{u}_2 = 2\vec{i} + \vec{k}$ et $\vec{u}_3 = 3\vec{i} - \vec{j}$.

1. Montrer que les vecteurs $\vec{u}_1$ et $\vec{u}_2$ ne sont pas colinéaires.
2. Montrer les vecteurs $\vec{u}_1$, $\vec{u}_2$ et $\vec{u}_3$ ne sont pas coplanaires.

Exercice 5 niveau 1

Corrigés, p. 253

1. Trouver une représentation paramétrique de la droite (AB) avec A(– 1 ; 2 ; 1) et B(– 2 ; 0 ; 4).
2. On donne la représentation paramétrique d'une droite $\mathcal{D}$: $\begin{cases} x = -1 + 2k \\ y = -3 - k \\ z = 4 + 3k \end{cases}$.

Donner un point et un vecteur directeur de la droite.

3. Trouver une représentation paramétrique de la droite $\mathcal{D}'$ parallèle à $\mathcal{D}$ et passant par le point C(– 1 ; 2 ; 1).

Exercice 6 niveau 1

Corrigés, p. 254

On considère les points A(– 1 ; 3 ; 1), B(3 ; 1 ; – 1), C(1 ; – 3 ; – 1) et D(– 5 ; 0 ; 2).

1. Justifier que le triangle ABC est rectangle.
2. Montrer que les vecteurs $\overrightarrow{AB}$ et $\overrightarrow{CD}$ sont colinéaires.
3. Montrer que les points A, B, C et D sont coplanaires.
4. Quelle est la nature du quadrilatère ABCD ?

Exercice 7 niveau 1

Corrigés, p. 254

On considère le point A(1 ; – 1 ; 1) et le vecteur $\vec{u} = 2\vec{i} + \vec{j} - \vec{k}$. $\mathcal{D}$ est la droite qui passe par A et admet $\vec{u}$ pour vecteur directeur.

1. Soit M(x ; y ; z) un point de l'espace. Écrire un système vérifié par les coordonnées de M et justifiant que M $\in \mathcal{D}$.
2. Parmi les points suivants, lesquels appartiennent à $\mathcal{D}$?

B(– 1 ; – 2 ; 2), C$\left(\frac{8}{3} ; -\frac{2}{3} ; -\frac{2}{3}\right)$ et F(6 ; 2 ; – 2).

ENTRAÎNEMENT

Exercice 8 niveau 2

Corrigés, p. 255

Dans l'espace rapporté à un repère $(O; \vec{i}, \vec{j}, \vec{k})$, on considère les points $A(-2 ; 1 ; 0)$, $B(0 ; 1 ; 1)$, $C(1 ; 2 ; 2)$ et $D(0 ; 3 ; -4)$.

1. Calculer les coordonnées des vecteurs suivants :

$$\overrightarrow{AC}, \overrightarrow{AD}, \overrightarrow{BC}, \overrightarrow{BD} \text{ et } \overrightarrow{CD}.$$

2. Dire si les vecteurs suivants sont orthogonaux :

$$\overrightarrow{AB} \text{ et } \vec{u} = \vec{i} + \vec{j} + \vec{k} \;;\; \overrightarrow{AB} \text{ et } \vec{v} = -\vec{i} + \vec{j} + 2\vec{k}.$$

3. Justifier que les points A, B et C définissent un plan.
4. Calculer les distances AB, AC, AD, BC, BD et CD.
5. Les triangles ABC, ABD et ACD sont-ils rectangles ?
6. Que peut-on dire de la droite (AD) et du plan (ABC) ?

Exercice 9 niveau 2

Corrigés, p. 255

On considère un cube ABCDEFGH.

1. Que peut-on dire des points E, H, C, B ?
2. Démontrer que (GA) et (FD) sont sécantes.
3. Soient I et J les milieux de [AB] et [BC].

Démontrer que (IJ) et (EG) sont parallèles.

4. Que peut-on dire des droites (EI) et (GJ) ?
5. Soit K le point d'intersection des droites (EI) et (GJ).

Que peut-on dire du quadrilatère KBGC ?

Exercice 10 60 min, 5 pts

Corrigés, p. 256

TYPE BAC

On considère le cube ABCDEFGH d'arête de longueur 1.

Soient les points P, Q et R tels que :

$$\overrightarrow{HP} = 2\overrightarrow{HD} \;;\; \overrightarrow{HQ} = 4\overrightarrow{HG} \text{ et } -\overrightarrow{RC} + 2\overrightarrow{RB} = \vec{0}.$$

L'espace est muni du repère orthonormé $(H ; \overrightarrow{HD}, \overrightarrow{HG}, \overrightarrow{HE})$.

1. a. Déterminer les coordonnées des points P, Q et R.

b. Démontrer que ces trois points ne sont pas alignés.

Que peut-on en déduire ?

2. Montrer que l'équation du plan (PQR) est $4x + 2y + z - 8 = 0$.
3. Vérifier que le point E n'appartient pas au plan (PQR).
4. Quelle est la nature du triangle PQR ?
5. On appelle K le projeté orthogonal du point E sur le plan (PQR).

a. Montrer que le vecteur $\vec{n}(4 ; 2 ; 1)$ est orthogonal au plan (PQR).

b. En déduire un système d'équations paramétriques de la droite (EK).

c. Déterminer les coordonnées du point K.

d. Montrer que le point K appartient à la droite (PR).

Exercice 11 70 min, 6 pts

Corrigés, p. 257

TYPE BAC

L'espace est muni d'un repère orthonormé $(O; \vec{i}, \vec{j}, \vec{k})$.

On considère les points A(1 ; – 1 ; 4), B(7 ; – 1 ; – 2) et C(1 ; 5 ; – 2).

1. a. Calculer les coordonnées des vecteurs $\overrightarrow{AB}$, $\overrightarrow{AC}$ et $\overrightarrow{BC}$.

b. Démontrer que les points A, B et C forment un plan.

c. Montrer que le vecteur $\vec{n}(1\ ;\ 1\ ;\ 1)$ est un vecteur normal au plan (ABC).

d. En déduire l'équation cartésienne du plan (ABC).

2. Quelle est la nature du triangle ABC ?

3. Soit $\mathcal{D}$ la droite dont la représentation paramétrique est :

$$\begin{cases} x = -2t \\ y = -2t - 2 \text{ avec } t \in \mathbb{R}. \\ z = -2t - 3. \end{cases}$$

a. Déterminer un vecteur directeur de la droite $\mathcal{D}$.

b. Montrer que la droite $\mathcal{D}$ est perpendiculaire au plan (ABC).

c. Montrer que le point G(3 ; 1 ; 0) appartient à la droite $\mathcal{D}$ et au plan (ABC).

d. Que pouvez-vous en déduire concernant le plan et la droite ?

e. Montrer que G est le centre de gravité du triangle ABC.

QCM

1 **a.** On calcule les coordonnées du vecteur $\overrightarrow{AB}(6\ ;-10\ ;4)$ et on peut ensuite choisir de calculer les coordonnées des vecteurs formés soit avec le point A, soit avec le point B, et l'un des trois points proposés. $\overrightarrow{AC}(-3\ ;5\ ;-2)$, d'où $-2\overrightarrow{AC}=\overrightarrow{AB}$.

De même, pour $\overrightarrow{AD}(-6\ ;-10\ ;4)$ et $\overrightarrow{AO}(-1\ ;2\ ;-1)$: il n'existe pas de réel k tel que $\overrightarrow{AB}$ soit colinéaire à ces deux vecteurs.

2 **a.** On calcule les coordonnées des vecteurs $\overrightarrow{AB}$, $\overrightarrow{AC}$, $\overrightarrow{AD}$:

$\overrightarrow{AB}(-2\ ;-1\ ;-4)$, $\overrightarrow{AC}(-3\ ;-4\ ;-5)$, $\overrightarrow{AD}(-2\ ;-6\ ;-2)$.

Il n'existe pas de réel k tel que $\overrightarrow{AB}=k\overrightarrow{AC}$ ou $\overrightarrow{AB}=k\overrightarrow{AD}$. Les vecteurs ne sont donc pas colinéaires, les points ne sont pas alignés.

> **CONSEIL**
> Pour montrer la coplanarité il faut trouver une décomposition de l'un des vecteurs en fonction des deux autres.

On cherche s'il existe des réels a et b tels que $\overrightarrow{AB}=a\overrightarrow{AC}+b\overrightarrow{AD}$, cela revient à résoudre le système suivant : $\begin{cases}-2=-3a-2b\\-1=-4a-6b\\-4=-5a-2b\end{cases}\Leftrightarrow\begin{cases}a=1\\b=-0{,}5\end{cases}$.

Les vecteurs sont coplanaires et les points aussi.

3 **c.** On procède de la même façon que pour la question **2.**

4 **a.** $2\overrightarrow{KA}+\overrightarrow{KB}=\vec{0}$

$\Leftrightarrow\begin{cases}2(1-x)+(0-x)=0\\2(2-y)+(-2-y)=0.\\2(5-z)+(3-z)=0\end{cases}$

On trouve $K\left(\frac{2}{3}\ ;\frac{2}{3}\ ;\frac{13}{3}\right)$.

> **CONSEIL**
> Pour répondre à cette question, vous pouvez soit calculer les coordonnées de K, à l'aide de l'équation, soit remplacer par les coordonnées proposées et voir lesquelles fonctionnent.

5 **a.** et **b.** On utilise la relation de Chasles :

$2\overrightarrow{GA}+\overrightarrow{GB}+3\overrightarrow{GC}+6\overrightarrow{GD}=\vec{0}$;

$2\overrightarrow{GA}+\overrightarrow{GA}+\overrightarrow{AB}+3(\overrightarrow{GA}+\overrightarrow{AC})+6(\overrightarrow{GA}+\overrightarrow{AD})=\vec{0}$.

6 **b.** et **c.** On montre qu'il n'existe pas de réel k tel que les 2 vecteurs $\vec{u}$ et $\vec{v}$ soient colinéaires, puis on vérifie l'égalité, ce qui permet d'écrire $\vec{v}=2\vec{u}-3\vec{w}$.

Il existe donc bien deux réels a et b tels que l'on puisse faire une décomposition de l'un des vecteurs en fonction des deux autres.

7 **b.** $\vec{u} = \overrightarrow{AB} + \overrightarrow{BC} + 2\overrightarrow{CA} = \overrightarrow{AC} + 2\overrightarrow{CA} = -\overrightarrow{AC}$.

8 **a.** On utilise la formule $\begin{cases} x = x_A + ka \\ y = y_A + kb \\ z = z_A + kc \end{cases}$ et on remplace les coordonnées de A et du vecteur directeur.

9 **a.** On remarque que les coordonnées du vecteur directeur dépendent de k. Le point A a pour coordonnées (1 ; 0 ; 1) et le vecteur directeur (3 ; 2 ; – 1).

10 **a.** On peut déjà éliminer la réponse **c.**, qui est la représentation cartésienne du plan et non paramétrique. On peut utiliser la formule vue dans le cours et remplacer par les coordonnées des points A, B et C pour déterminer entre les réponses **a.** et **b.** laquelle est la bonne.

Exercice 1

1. Les vecteurs ne sont pas coplanaires car le point E n'appartient pas au plan (ABD).

2. Les vecteurs sont coplanaires car on peut écrire $\overrightarrow{AC} = \overrightarrow{AB} + \overrightarrow{AD}$.

3. Les vecteurs sont coplanaires car on peut décomposer le vecteur : $\overrightarrow{FH} = \overrightarrow{BD} = \overrightarrow{BA} + \overrightarrow{AD}$.

4. Les vecteurs sont coplanaires : $\overrightarrow{FD} + \overrightarrow{DA} + \overrightarrow{AF} + \overrightarrow{GF} = \vec{0}$, or $\overrightarrow{DA} = \overrightarrow{GF} = \overrightarrow{HE}$, donc $\overrightarrow{FD} = 2\overrightarrow{EH} - \overrightarrow{AG}$.

Exercice 2

1. $\overrightarrow{AG} + \overrightarrow{BA} = \overrightarrow{BA} + \overrightarrow{AG} = \mathbf{\overrightarrow{BG}}$ (ou tout autre vecteur égal à celui-ci).

2. $\overrightarrow{AF} + \overrightarrow{AD} = \overrightarrow{AD} + \overrightarrow{DG} = \mathbf{\overrightarrow{AG}}$.

3. $\overrightarrow{EC} + \overrightarrow{HE} = \overrightarrow{HE} + \overrightarrow{EC} = \mathbf{\overrightarrow{HC}}$.

4. $\overrightarrow{AB} + \overrightarrow{AD} + \overrightarrow{AE} = \overrightarrow{AC} + \overrightarrow{AE} = \overrightarrow{AC} + \overrightarrow{CG} = \mathbf{\overrightarrow{AG}}$.

> **À NOTER**
> On utilise pour cet exercice la relation de Chasles ou la règle du parallélogramme qui ont été définies dans le plan et restent valables dans l'espace.

Exercice 3

1. $\vec{u}(1 ; -1 ; 0)$, $\vec{v}(0 ; 2 ; 1)$ et $\vec{w}(2 ; 0 ; 1)$.

> **CONSEIL**
> Il est plus simple d'abord d'écrire les coordonnées des trois vecteurs pour faire ensuite les calculs.

a. $2\vec{u} + \vec{v} - \vec{w}(2 + 0 - 2 ; -2 + 2 - 0 ; 0 + 1 - 1)$

$2\vec{u} + \vec{v} - \vec{w} = \vec{0}$.

CORRIGÉS

b. Le résultat de la question précédente permet d'écrire $\vec{w} = 2\vec{u} + \vec{v}$. **On peut en déduire que les vecteurs sont coplanaires.**

2. Pour montrer que les vecteurs sont ou ne sont pas colinéaires, il faut trouver le réel k tel que $\vec{v} = k\vec{u} \Leftrightarrow \begin{cases} 3k = 2 \\ -9k = -4. \\ 5k = 2 \end{cases}$

Il n'est pas possible de trouver une valeur de k unique, **les deux vecteurs ne sont donc pas colinéaires.**

Exercice 4

On écrit d'abord les coordonnées des 3 vecteurs : $\vec{u}_1(1\ ;\ -1\ ;\ 1)$, $\vec{u}_2(2\ ;\ 0\ ;\ 1)$ et $\vec{u}_3(3\ ;\ -1\ ;\ 0)$.

1. Il n'existe pas de réel k tel que $\vec{u}_1 = k\vec{u}_2$. **Les vecteurs $\vec{u}_1$ et $\vec{u}_2$ ne sont pas colinéaires.**

2. On résout le système $\begin{cases} 1 = 2a + 3b \\ -1 = -b \\ 1 = a \end{cases}$.

Les deux dernières équations donnent les valeurs de a et de b, il suffit de remplacer dans la première équation : $2 \times 1 + 3 \times 1 = 5 \neq 1$.
On en conclut que **les trois vecteurs ne sont pas coplanaires.**

Exercice 5

1. Soit M un point de la droite (AB). Il existe un réel k tel que $\overrightarrow{AM} = k\overrightarrow{AB}$. Or $\overrightarrow{AB}(-1\ ;\ -2\ ;\ 3)$, ce qui nous permet d'écrire le système $\begin{cases} x + 1 = -k \\ y - 2 = -2k \\ z - 1 = 3k \end{cases} \Leftrightarrow \begin{cases} \boldsymbol{x = -k - 1} \\ \boldsymbol{y = -2k + 2.} \\ \boldsymbol{z = 3k + 1} \end{cases}$

2. On remplace k par 0 dans l'équation paramétrique de la droite pour trouver les coordonnées d'un point A : **A(– 1 ; – 3 ; 4).**
Pour déterminer le vecteur directeur, il suffit de lire le coefficient « attaché » au réel k dans chaque équation : $\boldsymbol{\vec{u}(2\ ;\ -1\ ;\ 3)}$.

3. Si $\mathscr{D}//\mathscr{D}'$, alors leurs vecteurs directeurs sont colinéaires. On cherche un vecteur colinéaire au vecteur $\vec{u}$ trouvé précédemment.
Si $k = 2$, alors $\vec{v}(4\ ;\ -2\ ;\ 6)$. On en déduit un système d'équations paramétriques pour

$$\mathscr{D}' : \begin{cases} \boldsymbol{x = -1 + 4k} \\ \boldsymbol{y = 2 - 2k} \\ \boldsymbol{z = 1 + 6k} \end{cases}.$$

> **À NOTER**
> Il n'y a pas qu'un seul choix possible, puisqu'il suffit de choisir un réel k non nul pour déterminer $\vec{v} = k\vec{u}$.

Exercice 6

1. On calcule les différentes longueurs du triangle ABC à l'aide de la formule $AB = \sqrt{(x_B - x_A)^2 + (y_B - y_A)^2 + (z_B - z_A)^2}$.

$AB = \sqrt{4^2 + (-2)^2 + (-2)^2} = \sqrt{24}$; $AC = \sqrt{2^2 + (-6)^2 + (-2)^2} = \sqrt{44}$; $BC = \sqrt{(-2)^2 + (-4)^2} = \sqrt{20}$.

Comme $AB^2 + BC^2 = AC^2$, alors, d'après la réciproque du théorème de Pythagore, le triangle ABC est rectangle en B.

2. On calcule les coordonnées des deux vecteurs : $\overrightarrow{AB}(4 ; -2 ; -2)$ et $\overrightarrow{CD}(-6 ; 3 ; 3)$. On remarque que $-\dfrac{3}{2} \times \overrightarrow{AB} = \overrightarrow{CD}$.

Les deux vecteurs sont donc colinéaires.

3. $\overrightarrow{AB}(4 ; -2 ; 2)$, $\overrightarrow{AC}(2 ; -6 ; -2)$ et $\overrightarrow{CD}(-6 ; 3 ; 3)$.

On résout le système $\begin{cases} 4 = 2a - 6b \\ -2 = -6a + 3b \\ -2 = -2a + 3b \end{cases}$, ce qui donne $a = 0$ et $b = -\dfrac{2}{3}$.

Les points A, B, C et D sont donc coplanaires.

4. On reprend les conclusions des questions précédentes : A, B, C et D sont coplanaires, les droites (AB) et (CD) sont parallèles et (AB) et (BC) sont perpendiculaires.

On en déduit que **ABCD est un trapèze rectangle**.

Exercice 7

1. M appartient à la droite passant par A et de vecteur directeur $\vec{u}$, ce qui signifie qu'il existe un réel k tel que $\overrightarrow{AM} = k\vec{u}$. On obtient le système $\begin{cases} \boldsymbol{x = 2k + 1} \\ \boldsymbol{y = k - 1} \\ \boldsymbol{z = -k + 1} \end{cases}$.

2.

$\begin{cases} -1 = 2k + 1 \\ -2 = k - 1 \\ 2 = -k + 1 \end{cases} \Leftrightarrow \begin{cases} k = -1 \\ k = -1 \\ k = -1 \end{cases}$.

On en déduit que **B est un point de la droite $\mathscr{D}$.**

$\begin{cases} \dfrac{8}{3} = 2k + 1 \\ \dfrac{-2}{3} = k - 1 \\ -\dfrac{2}{3} = -k + 1 \end{cases} \Leftrightarrow \begin{cases} k = \dfrac{5}{6} \\ k = \dfrac{1}{3} \\ k = \dfrac{5}{3} \end{cases}$.

On en déduit que **C n'est pas un point de $\mathscr{D}$.**

> **CONSEIL**
> Pour déterminer si les points appartiennent ou non à la droite $\mathscr{D}$, on remplace leurs coordonnées dans le système d'équations paramétriques de cette droite et on détermine la valeur de k : si cette valeur est unique pour le système, alors le point appartient à la droite ; dans le cas contraire, le point n'est pas un point de cette droite.

$$\begin{cases} 6 = 2k + 1 \\ 2 = k - 1 \\ -2 = -k + 1 \end{cases} \Leftrightarrow \begin{cases} k = 2{,}5 \\ k = 3 \\ k = 3 \end{cases}.$$

On en déduit que **F n'est pas un point de $\mathcal{D}$.**

Exercice 8

1. $\overrightarrow{AB}(2\ ;\ 0\ ;\ 1)$, $\overrightarrow{AC}(3\ ;\ 1\ ;\ 2)$, $\overrightarrow{AD}(2\ ;\ 2\ ;\ -4)$, $\overrightarrow{BC}(1\ ;\ 1\ ;\ 1)$, $\overrightarrow{BD}(0\ ;\ 2\ ;\ -5)$, $\overrightarrow{CD}(-1\ ;\ 1\ ;\ -6)$.

2. On utilise la formule d'orthogonalité et on vérifie si le résultat est nul.

$\overrightarrow{AB}\cdot\vec{u} = 2 + 1 \neq 0$, donc **les vecteurs $\overrightarrow{AB}$ et $\vec{u}$ ne sont pas orthogonaux.**

$\overrightarrow{AB}\cdot\vec{v} = -2 + 2 = 0$, donc **$\overrightarrow{AB}$ et $\vec{v}$ sont orthogonaux.**

> À NOTER
> Voir le chapitre 12 sur le produit scalaire.

3. $\overrightarrow{AB}(2\ ;\ 0\ ;\ 1)$ et $\overrightarrow{AC}(3\ ;\ 1\ ;\ 2)$ ne sont pas colinéaires ; en effet, il n'existe pas de réel k unique tel que $\begin{cases} 2 = 3k \\ 0 = k \\ 1 = 2k \end{cases}$. **Les points A, B et C ne sont pas alignés, ils définissent donc un plan.**

4. On calcule les différentes longueurs : **AB = $\sqrt{5}$, AC = $\sqrt{14}$, AD = $\sqrt{24}$, BC = $\sqrt{3}$, BD = $\sqrt{29}$, CD = $\sqrt{38}$.**

5. Comme $AB^2 + AD^2 = BD^2$, alors, d'après la réciproque du théorème de Pythagore, **ABD est rectangle en** A, et puisque $AC^2 + AD^2 = CD^2$, alors le triangle **ACD est rectangle en** A. Le triangle **ABC n'est pas rectangle** car le théorème de Pythagore ne s'applique pas.

6. ABD est rectangle en A, ce qui signifie que (AD) est orthogonale à (AB). De même, ACD est rectangle en A, d'où (AD) est orthogonale à (AC). La droite (AD) est orthogonale à deux droites sécantes du plan (ABC). **On en déduit que (AD) est orthogonale au plan (ABC).**

Exercice 9

1. Les droites (EH) et (BC) sont parallèles ; on en déduit que **les points E, H, B et C sont coplanaires.**

2. $\overrightarrow{AD} = \overrightarrow{FG}$, donc AFGD est un parallélogramme : on en déduit que **ses diagonales (AG) et (FD) sont sécantes.**

3. $\overrightarrow{IJ} = \overrightarrow{IB} + \overrightarrow{BJ} = \frac{1}{2}\overrightarrow{AB} + \frac{1}{2}\overrightarrow{BC} = \frac{1}{2}\overrightarrow{EF} + \frac{1}{2}\overrightarrow{FG} = \frac{1}{2}\overrightarrow{EG}$.

On en déduit que les vecteurs $\overrightarrow{IJ}$ et $\overrightarrow{EG}$ sont colinéaires : **les droites (IJ) et (EG) sont donc parallèles.**

4. La droite (EI) est incluse dans le plan (AEF) et la droite (GJ) est incluse dans le plan (FGC). Ces deux plans sont sécants et leur intersection est la droite (FB). Or les droites (EI) et (GJ) ne sont pas parallèles à la droite (FB). On peut donc conclure que **ces deux droites sont sécantes.**

5. Dans le triangle FGK, d'après les questions précédentes, (BJ)//(FG) et $\frac{1}{2}\overrightarrow{FG} = \overrightarrow{BJ}$: on peut donc conclure que J est le milieu de [GK].

Les diagonales [BC] et [KG] ont même milieu, on en déduit que le quadrilatère **BGCK est un parallélogramme.**

CONSEIL
N'oubliez pas les théorèmes de la géométrie dans le plan que vous pouvez appliquer dans l'espace.

CORRIGÉS

Exercice 10

0,75 pt **1. a.** À l'aide des égalités vectorielles données, nous pouvons déterminer les coordonnées des points :

$$\overrightarrow{HP} = 2\overrightarrow{HD} \Leftrightarrow \begin{cases} x - 0 = 2(1-0) \\ y - 0 = 2(0-0) \\ z - 0 = 2(0-0) \end{cases}, \text{ d'où } \mathbf{P(2\,;0\,;0)}.$$

$$\overrightarrow{HQ} = 4\overrightarrow{HG} \Leftrightarrow \begin{cases} x - 0 = 4(0-0) \\ y - 0 = 4(1-0) \\ z - 0 = 4(0-0) \end{cases}, \text{ d'où } \mathbf{Q\,(0\,;4\,;0)}.$$

$$\overrightarrow{CR} + 2\overrightarrow{RB} = \vec{0} \Leftrightarrow \begin{cases} x - 1 + 2(1-x) = 0 \\ y - 1 + 2(1-y) = 0 \\ z - 0 + 2(1-z) = 0 \end{cases}, \text{ d'où } \mathbf{R\,(1\,;1\,;2)}.$$

0,5 pt **b.** $\overrightarrow{PQ}(-2\,;4\,;0)$, $\overrightarrow{PR}(-1\,;1\,;2)$: il n'existe pas de réel k tel que $\overrightarrow{PQ} = k\overrightarrow{PR}$. **Les points ne sont donc pas alignés : ils forment un plan.**

CONSEIL
On calcule les coordonnées de deux vecteurs et on montre que les deux vecteurs ne sont pas colinéaires.

0,75 pt **2.** Les trois points formant un plan, il suffit de vérifier que leurs coordonnées vérifient l'équation proposée. Le point P appartient au plan si ses coordonnées vérifient l'équation $4 \times 2 + 0 + 0 - 8 = 0$. Le point Q appartient au plan car $0 + 4 \times 2 + 0 - 8 = 0$, et enfin le point R appartient au plan : $4 \times 1 + 2 \times 1 + 2 - 8 = 0$.

0,25 pt **3.** Pour vérifier que le point E n'appartient pas au plan, on remplace ses coordonnées dans l'équation du plan : $4 \times 0 + 2 \times 0 + 1 - 8 = -7 \neq 0$. **Le point E n'appartient donc pas au plan (PQR).**

0,5 pt **4.** On calcule les mesures des côtés du triangle : $PQ = \sqrt{4+16} = \sqrt{20}$, $PR = \sqrt{4+1+1} = \sqrt{6}$ et $QR = \sqrt{1+9+4} = \sqrt{14}$.

$PQ^2 = PR^2 + RQ^2$, donc, d'après la réciproque du théorème de Pythagore, **le triangle PQR est rectangle en R.**

0,5 pt **5. a.** Si K est le projeté orthogonal du point E sur le plan (PQR), cela signifie que (KE) est orthogonale à (PQR).

$\vec{n} \cdot \overrightarrow{PQ} = 4 \times -2 + 2 \times 4 + 1 \times 0 = 0$ et

$\vec{n} \cdot \overrightarrow{PR} = 4 \times (-1) + 2 \times 1 + 1 \times 2 = 0.$

Donc **$\vec{n}$ est orthogonal au plan (PQR).**

CONSEIL

Pour montrer que $\vec{n}$ est orthogonal au plan (PQR), il suffit de montrer que $\vec{n}$ est orthogonal à deux vecteurs non colinéaires du plan. (Voir le chapitre 12 sur le produit scalaire.)

0,75 pt **b.** Si $\vec{n}$ est orthogonale au plan (PQR), alors il est un vecteur directeur de la droite qui est orthogonale à ce plan. De plus, le point E(0 ; 0 ; 1) appartient à la droite issue de K, orthogonale à (PQR), ce qui donne le système $\begin{cases} x = 4k \\ y = 2k \\ z = k + 1 \end{cases}$, $k \in \mathbb{R}$.

0,75 pt **c.** Le point K appartient à la fois à la droite et au plan, ses coordonnées vérifient donc l'équation du plan et celle de la droite :

$$\begin{cases} x = 4k \\ y = 2k \\ z = k + 1 \\ 4x + 2y + z - 8 = 0 \end{cases}$$

On remplace les valeurs de x, y et z dans la quatrième équation et on trouve ainsi $k = \frac{1}{3}$. On remplace k par cette valeur dans les trois premières équations : $K\left(\frac{4}{3} ; \frac{2}{3} ; \frac{4}{3}\right)$.

0,25 pt **d.** Pour montrer que le point K appartient à la droite (PR), on peut montrer que les vecteurs $\overrightarrow{PK}$ et $\overrightarrow{PR}$ sont colinéaires.

$\overrightarrow{PK}\left(-\frac{2}{3} ; \frac{2}{3} ; \frac{4}{3}\right)$, $\overrightarrow{PR}(-1 ; 1 ; 2)$; or $\frac{3}{2}\overrightarrow{PK} = \overrightarrow{PR}$.

On en déduit que le point K est un point de la droite (PR).

Exercice 11

0,75 pt **1. a.** $\overrightarrow{AB}(6 ; 0 ; -6)$, $\overrightarrow{AC}(0 ; 6 ; -6)$, $\overrightarrow{BC}(-6 ; 6 ; 0)$.

0,5 pt **b.** Il n'existe pas de réel k tel que $\overrightarrow{AB} = k\overrightarrow{AC}$, les vecteurs ne sont donc pas colinéaires. **Les points A, B et C n'étant pas alignés, ils forment un plan.**

0,5 pt **c.** $\vec{n} \cdot \overrightarrow{AB} = 6 - 6 = 0$ et $\vec{n} \cdot \overrightarrow{AC} = 6 - 6 = 0$, donc **le vecteur est orthogonal au plan (ABC).**

> **CONSEIL**
> Il suffit de montrer que $\vec{n}$ est orthogonal à deux vecteurs non colinéaires du plan.

0,75 pt **d.** Les coordonnées du vecteur normal donnent les valeurs de a, b et c dans l'équation cartésienne $ax + by + cz + d = 0$. On remplace par les coordonnées de l'un des points du plan.
On trouve $x + y + z - 4 = 0$.

> **À NOTER**
> Quel que soit le point utilisé, la valeur de d sera identique.

0,5 pt **2.** $AB = \sqrt{36+36} = \sqrt{72}$, $BC = \sqrt{72}$, $AC = \sqrt{72}$.
Le triangle ayant trois côtés de même mesure, il est équilatéral.

0,5 pt **3. a.** La formule du cours $\overrightarrow{AM} = t\vec{u}$ permet de déterminer le vecteur directeur $\vec{u}(-2\ ;-2\ ;-2)$. On peut aussi trouver un point de la droite en remplaçant t par 0, par exemple ; on obtient alors le point de coordonnées $(0\ ;-2\ ;-3)$.

0,5 pt **b.** Si la droite est orthogonale au plan, alors le vecteur directeur de cette droite doit être colinéaire au vecteur normal du plan. On remarque que $\vec{u} = -2\vec{n}$. Les vecteurs étant colinéaires, on en déduit que **le plan et la droite sont orthogonaux.**

1 pt **c.** On remplace les coordonnées du point dans l'équation cartésienne du plan : $3 + 1 + 0 - 4 = 0$. Les coordonnées du point G vérifient l'équation du plan (ABC). **Le point G appartient donc au plan.**
On remplace ensuite les coordonnées du point dans le système d'équations paramétriques de la droite : $\begin{cases} 3 = -2t \\ 1 = -2t - 2 \\ 0 = -2t - 3 \end{cases} \Leftrightarrow \left\{ t = -\frac{3}{4} \right.$.
La valeur de t trouvée est unique, donc **le point G appartient à la droite $\mathscr{D}$.**

0,25 pt **d. L'intersection entre le plan et la droite est le point G.**

0,75 pt **e.** Si G est le centre de gravité du triangle, ses coordonnées vérifient l'une des équations suivantes : $\overrightarrow{GA} + \overrightarrow{GB} + \overrightarrow{GC} = \vec{0}$ ou $\overrightarrow{AG} = \frac{2}{3}\overrightarrow{AM}$, avec M milieu de [BC].

$$\overrightarrow{GA} + \overrightarrow{GB} + \overrightarrow{GC} = \vec{0} \Leftrightarrow \begin{cases} 1 - x + 7 - x + 1 - x = 0 \\ -1 - y - 1 - y + 5 - y = 0 \\ 4 - z - 2 - z - 2 - z = 0 \end{cases} \Leftrightarrow \begin{cases} 9 = 3x \\ 3 = 3y \\ 0 = 3z \end{cases} \Leftrightarrow \begin{cases} x = 3 \\ y = 1 \\ z = 0 \end{cases}.$$

D'où **G(3 ; 1 ; 0).**

12 Produit scalaire dans l'espace et applications

1 Produit scalaire de deux vecteurs

a. Définitions

■ Dans l'espace, comme dans le plan, le produit scalaire de deux vecteurs $\vec{u}$ et $\vec{v}$ est défini par :

$$\vec{u} \cdot \vec{v} = \frac{1}{2}\left(\|\vec{u}\|^2 + \|\vec{v}\|^2 - \|\vec{u} - \vec{v}\|^2\right).$$

À NOTER
$\vec{u} \cdot \vec{0} = \vec{0} \cdot \vec{u} = 0.$

■ Si $\vec{u}$ et $\vec{v}$ sont non nuls, alors cette définition est équivalente à :

$$\vec{u} \cdot \vec{v} = \|\vec{u}\| \times \|\vec{v}\| \times \cos(\vec{u}, \vec{v}).$$

À NOTER
Ni $\vec{u}$ ni $\vec{v}$ ne doit être nul pour que l'angle $(\vec{u}, \vec{v})$ existe.

■ Dans un repère orthonormé, si les coordonnées de $\vec{u}$ sont $(x\,;\,y\,;\,z)$ et celles de $\vec{v}\,(x'\,;\,y'\,;\,z')$ alors :

$$\vec{u} \cdot \vec{v} = xx' + yy' + zz'.$$

b. Expression avec des points

Soient A, B et C trois points de l'espace et $\vec{u}$ et $\vec{v}$ deux vecteurs.

■ Si $\vec{u} = \overrightarrow{AB}$ et $\vec{v} = \overrightarrow{AC}$, alors $\overrightarrow{AB} \cdot \overrightarrow{AC} = \frac{1}{2}(AB^2 + AC^2 - BC^2)$.

On a aussi $\vec{u} \cdot \vec{v} = \overrightarrow{AB} \cdot \overrightarrow{AC} = AB \times AC \times \cos(\widehat{BAC})$.

■ Si H est le point projeté orthogonal de B sur la droite (AC), alors :

$$\overrightarrow{AB} \cdot \overrightarrow{AC} = \overrightarrow{AH} \cdot \overrightarrow{AC}.$$

■ On peut spécifier :

– l'angle $\widehat{BAC}$ est aigu si, et seulement si, $\overrightarrow{AB} \cdot \overrightarrow{AC} = AH \times AC$. Le produit scalaire est positif et H appartient à la demi-droite [AC) ;

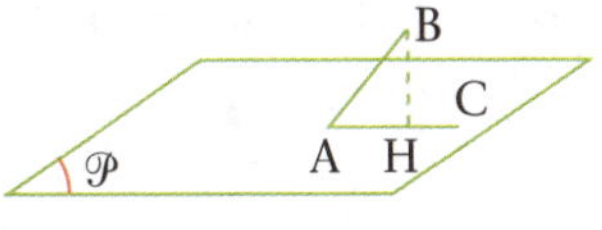

– l'angle $\widehat{BAC}$ est obtus si, et seulement si, $\overrightarrow{AB} \cdot \overrightarrow{AC} = -AH \times AC$. Le produit scalaire est négatif et H n'appartient pas à la demi-droite [AC).

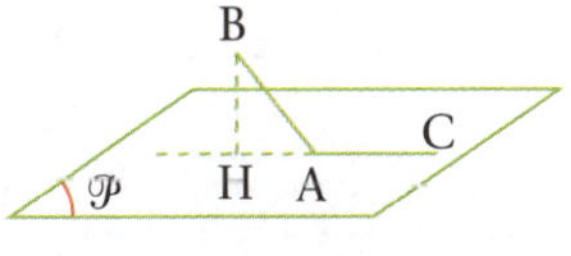

COURS

c. Propriétés

■ Quels que soient les vecteurs $\vec{u}$, $\vec{v}$, $\vec{w}$ et quel que soit le réel k, on a :

$$\vec{u}\cdot\vec{v} = \vec{v}\cdot\vec{u}$$
$$(k\vec{u})\cdot\vec{v} = k(\vec{u}\cdot\vec{v}) = \vec{u}\cdot(k\vec{v})$$
$$\vec{u}\cdot(\vec{v}+\vec{w}) = \vec{u}\cdot\vec{v} + \vec{u}\cdot\vec{w}$$
$$\vec{u}\cdot\vec{u} = \|\vec{u}\|^2$$

À NOTER
$\vec{u}\cdot\vec{u}$ est parfois noté $\vec{u}^{\,2}$ par abus d'écriture.

■ Conséquence : dans un repère orthonormé, si $\vec{u}$ a pour coordonnées $(x ; y ; z)$ alors :

$$\|\vec{u}\| = \sqrt{x^2+y^2+z^2}$$

et donc $\mathrm{AB} = \sqrt{(x_B - x_A)^2 + (y_B - y_A)^2 + (z_B - z_A)^2}$.

2 Applications

a. Orthogonalité

■ Deux vecteurs $\vec{u}$ et $\vec{v}$ sont orthogonaux si, et seulement si, leur produit scalaire est nul.

À NOTER
Le vecteur nul est orthogonal à tout vecteur de l'espace.

■ On dit qu'un vecteur $\vec{n}$ est normal au plan $\mathcal{P}$ si, et seulement si, quels que soient les points M et N du plan, $\vec{n}$ est orthogonal à $\overrightarrow{MN}$.

■ Si le vecteur $\vec{n}$ est normal à $\mathcal{P}$, tout vecteur colinéaire à $\vec{n}$ est aussi normal à $\mathcal{P}$.

■ Pour que $\vec{n}$ soit normal au plan (ABC), il suffit qu'il soit orthogonal à $\overrightarrow{AB}$ et $\overrightarrow{AC}$:

$$\vec{n} \perp (\mathrm{ABC}) \text{ si, et seulement si, } \vec{n}\cdot\overrightarrow{AB} = 0 \text{ et } \vec{n}\cdot\overrightarrow{AC} = 0.$$

■ Deux plans $\mathcal{P}$ et $\mathcal{P}'$ sont parallèles si, et seulement si, leurs vecteurs normaux sont colinéaires. En pratique, il suffit qu'il existe deux vecteurs non nuls, l'un normal à $\mathcal{P}$, l'autre normal à $\mathcal{P}'$, et colinéaires entre eux.

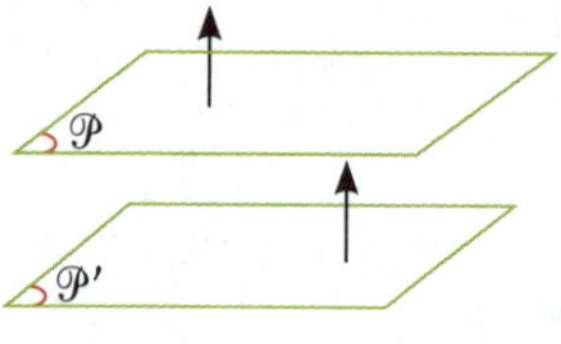

À NOTER
Un plan $\mathcal{P}$ est parfaitement défini quand on en connaît un point et un vecteur normal.

■ Deux plans $\mathcal{P}$ et $\mathcal{P}'$ sont perpendiculaires si, et seulement si, leurs vecteurs normaux sont orthogonaux. En pratique, il suffit qu'il existe deux vecteurs non nuls, l'un normal à $\mathcal{P}$, l'autre normal à $\mathcal{P}'$, et orthogonaux entre eux.

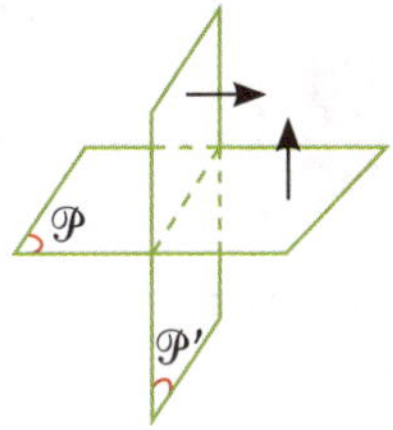

b. Plans de l'espace

Soient A un point et $\vec{n}$ un vecteur non nul de l'espace.

■ L'ensemble des points M de l'espace tels que $\overrightarrow{AM} \cdot \vec{n} = 0$ est le plan passant par A et dont $\vec{n}$ est un vecteur normal.

■ Tout plan de l'espace a une équation du type $ax + by + cz + d = 0$ où a, b, c et d sont des réels.

■ De plus, le vecteur $\vec{n}\,(a\,;\,b\,;\,c)$ est un vecteur normal au plan.

■ Réciproquement, si le vecteur $\vec{n}\,(a\,;\,b\,;\,c)$ est normal à un plan $\mathcal{P}$, alors celui-ci a une équation de la forme $ax + by + cy + d = 0$.

c. Projections orthogonales

D'un point sur un plan

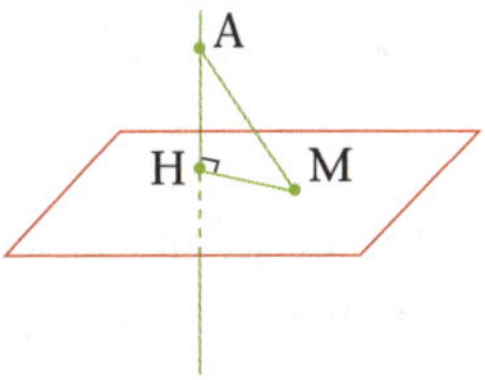

■ Soient A un point et $\mathcal{P}$ un plan ne contenant pas A. La droite perpendiculaire à $\mathcal{P}$ passant par A coupe $\mathcal{P}$ en H.
H est la projection orthogonal de A sur $\mathcal{P}$ et par définition AH est la distance de A à $\mathcal{P}$.

■ Quel que soit M de $\mathcal{P}$, on a $\overrightarrow{\mathbf{AH}} \cdot \overrightarrow{\mathbf{HM}} = \mathbf{0}$ et $\mathbf{AM \geqslant AH}$.

D'un point sur une droite

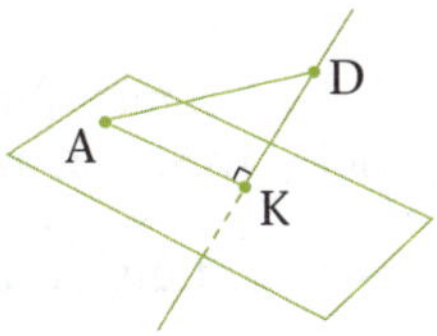

■ Soient A un point et D une droite ne contenant pas A. Le plan perpendiculaire à D contenant A coupe D en un point K.
K est le projeté orthogonale de A sur D.

■ Quel que soit M de D, on a $\overrightarrow{\mathbf{AK}} \cdot \overrightarrow{\mathbf{KM}} = \mathbf{0}$ et $\mathbf{AM \geqslant AK}$.

d. Sphère

■ Soient A et B deux points de l'espace. L'ensemble des points M de l'espace tels que $\overrightarrow{AM} \cdot \overrightarrow{AB} = 0$ est la sphère de diamètre [AB].

1 Déterminer l'intersection de deux plans

Énoncé

On considère les plans $\mathcal{P}$ d'équation $2x - 3y + z - 1 = 0$ et $\mathcal{P}'$ d'équation $x - 2y + 3z + 4 = 0$.

1. Justifier que ces plans sont sécants.

2. Donner une représentation paramétrique de leur droite intersection.

Solution commentée

Savoir-faire

- On considère un vecteur normal à $\mathcal{P}$ et un autre vecteur normal à $\mathcal{P}'$ et on se demande s'ils sont colinéaires.
Si oui les plans sont parallèles ; si ce n'est pas le cas, ils sont sécants selon une droite.
- Il suffit alors de résoudre le système : on choisit une des coordonnées comme paramètre pour obtenir une représentation paramétrique de la droite d'intersection.

1. Le vecteur $\vec{n}\,(2\,;\,-3\,;\,1)$ est normal à $\mathcal{P}$; le vecteur $\vec{m}\,(1\,;\,-2\,;\,3)$ est normal à $\mathcal{P}'$.

Il n'existe pas de réel k tel que l'on ait $\vec{m} = k\vec{n}$, c'est-à-dire à la fois :
$1 = k \times 2$;
$-2 = k \times (-3)$
et $3 = k \times 1$.

Donc les vecteurs $\vec{n}$ et $\vec{m}$ ne sont pas colinéaires, les plans ne sont pas parallèles, ils sont donc sécants selon une droite.

2. Soit $\mathcal{D}$ la droite intersection des plans $\mathcal{P}$ et $\mathcal{P}'$, le système :

$$\begin{cases} 2x - 3y + z - 1 = 0 \\ x - 2y + -3z + 4 = 0 \end{cases}$$

est un système d'équations cartésiennes de $\mathcal{D}$.
On décide que z sera un paramètre (on peut tout aussi bien choisir y ou x) ce qui revient à poser $k = z$.

On obtient le système $\begin{cases} 2x - 3y = -k + 1 \\ x - 2y = -3k - 4 \end{cases}$.

On le résout par combinaison ou par substitution.

On trouve $x = 7k + 14$ et $y = 5k + 9$.

Une représentation paramétrique de la droite est donc :

$$\begin{cases} x = 14 + 7k \\ y = 9 + 5k \\ z = 0 + 1k \end{cases}, k \text{ réel.}$$

À NOTER

On peut alors voir que la droite passe par A (14 ; 9 ; 0) et admet $\vec{u}$ (7 ; 5 ; 1) comme vecteur directeur.

2 Déterminer l'intersection d'un plan et d'une droite

Énoncé

Soit $\mathcal{D}$ la droite passant par le point A(– 1 ; 2 ; 3) et de vecteur directeur $\vec{u}$ (2 ; 1 ; – 1).

Déterminer son intersection avec le plan d'équation :

$$2x + 3y - z + 2 = 0.$$

Solution commentée

Savoir-faire

- On considère un vecteur normal de $\mathcal{P}$ et on regarde s'il est orthogonal à $\vec{u}$.
- Si c'est le cas, et si A appartient au plan, alors la droite est toute entière dans le plan.
- Si au contraire A n'est pas dans le plan, alors la droite et le plan sont strictement parallèles.
- Si les vecteurs $\vec{u}$ et $\vec{n}$ ne sont pas orthogonaux, alors la droite coupe le plan en un point.
Pour déterminer les coordonnées de ce point on utilise une représentation paramétrique de la droite.

■ L'équation de $\mathcal{P}$ est $2x + 3y - z + 3 = 0$; on en déduit que le vecteur $\vec{n}\,(2\,;3\,;-1)$ est normal à $\mathcal{P}$.

La droite $\mathcal{D}$ a pour vecteur directeur $\vec{u}\,(2\,;1\,;-1)$.

Ces vecteurs ne sont pas orthogonaux car leur produit scalaire est non nul en effet :

$$\vec{u}\cdot\vec{n} = x_{\vec{u}}\,x_{\vec{n}} + y_{\vec{u}}\,y_{\vec{n}} + z_{\vec{u}}\,z_{\vec{n}} = 4 + 3 + 1 = 8.$$

La droite $\mathcal{D}$ n'est donc pas parallèle au plan. Ils sont donc sécants et leur intersection est un point.

■ La droite $\mathcal{D}$ contient $A(-1\,;2\,;3)$ et a $\vec{u}\,(2\,;1\,;-1)$ comme vecteur directeur ; on en déduit une représentation paramétrique de $\mathcal{D}$:

$$\begin{cases} x = -1 + 2k \\ y = 2 + k \\ z = 3 - k \end{cases} \quad k \text{ appartenant à } \mathbb{R}.$$

ATTENTION
Il s'agit d'une représentation paramétrique parmi toutes celles possibles.

On reporte ces égalités dans l'équation de $\mathcal{P}$:

$2(-1 + 2k) + 3(2 + k) - (3 - k) + 3 = 0$.

On résout alors cette équation pour trouver la valeur du paramètre k qui correspond au point d'intersection.

$4 + 8k = 0$, d'où $k = -0{,}5$.

On reporte cette valeur dans l'équation paramétrique de $\mathcal{D}$ pour obtenir les coordonnées du point d'intersection.

On obtient $\begin{cases} x = -1 + 2 \times (-0{,}5) = -2 \\ y = 2 + (-0{,}5) = 1{,}5 \\ z = 3 - (-0{,}5) = 3{,}5 \end{cases}$.

Le plan $\mathcal{P}$ et la droite $\mathcal{D}$ sont sécants en $(-2\,;1{,}5\,;3{,}5)$.

Pour réussir le jour J

LES ERREURS À NE PAS COMMETTRE

- On peut avoir $\vec{u} \cdot \vec{v} = 0$ sans que ni $\vec{n}$ ni $\vec{v}$ ne soient nuls. Il suffit que les vecteurs soient orthogonaux. *Exercices 3 et 8, p. 267-268*

- Dans l'espace, une droite n'a pas d'équation cartésienne. Ainsi l'équation $y = ax + b$ est une équation cartésienne d'un plan. Elle équivaut à $ax - y + 0z + b = 0$, donc le vecteur $\vec{n}\,(a\,;-1\,;0)$ est normal au plan et le point $A(0\,;b\,;0)$ lui appartient. *Exercice 1, p. 267*

- Dans le plan muni d'un repère orthonormé, on a deux formules très proches à ne pas confondre :

$\vec{u}\,(x\,;y)$ et $\vec{v}\,(x'\,;y')$ sont **colinéaires** si, et seulement si, $xy' - x'y = 0$.

$\vec{u}\,(x\,;y)$ et $\vec{v}\,(x'\,;y')$ sont **orthogonaux** si, et seulement si, $xx' + yy' = 0$.

Exercice 1, p. 267

- En terminale, vous ne connaissez pas la notion de produit vectoriel permettant de démontrer que deux vecteurs sont colinéaires.
Il faut donc revenir à la définition et chercher s'il existe un réel k tel que $\vec{u} = k\vec{v}$. *Exercice 13, p. 270*

- Vous devez faire attention à ne pas utiliser dans l'espace les définitions qui s'appliquent dans le plan. Par exemple, dans le plan l'ensemble des points situés à égale distance de deux points A et B est la médiatrice de [AB] mais dans l'espace c'est le plan médiateur.

Exercice 9, p. 268

UN POINT EN + SUR LA COPIE

- Au moment d'utiliser une des propriétés du produit scalaire, on justifie cet emploi en disant que le produit scalaire est une forme bilinéaire symétrique.

- L'angle $(\vec{u}, \vec{v})$ est un angle orienté de vecteurs, donc $(\vec{u}, \vec{v}) = -(\vec{v}, \vec{u})$, mais la fonction cosinus étant paire, $\cos(\vec{u}, \vec{v}) = \cos(\vec{v}, \vec{u})$.

10 qcm pour réviser le cours

Corrigés, p. 271

1 On considère le cube ABCDEFGH de côté a. Parmi les produits scalaires suivants, quel est celui valant a^2 ?

- ❑ **a.** $\overrightarrow{AB} \cdot \overrightarrow{AG}$.
- ❑ **b.** $\overrightarrow{AB} \cdot \overrightarrow{CH}$.
- ❑ **c.** $\overrightarrow{BF} \cdot \overrightarrow{HD}$.

2 Soient A, B et C trois points. Si $\overrightarrow{AB} \cdot \overrightarrow{AC} = 7{,}5$; AB = 5 et AC = 3, alors :

- ❑ **a.** A, B et C sont alignés.
- ❑ **b.** $(\overrightarrow{AB} ; \overrightarrow{AC}) = \frac{\pi}{6}[2\pi]$
- ❑ **c.** $\widehat{BAC} = 60°$.

3 Dans un repère orthonormé les vecteurs $\vec{u}(2 ; a ; a)$ et $\vec{v}(2 ; 5 ; a)$ et sont orthogonaux si, et seulement si :

- ❑ **a.** $a = 5$.
- ❑ **b.** $a = -1$ ou $a = -4$.
- ❑ **c.** $a = 1$ ou $a = 4$.

4 L'équation $2x - 4y + 6 = 0$ est celle :

- ❑ **a.** d'un plan de vecteur normal $\vec{n}(2 ; -3 ; 0)$.
- ❑ **b.** d'un plan de vecteur normal $\vec{n}(1 ; -2 ; 0)$.
- ❑ **c.** d'une droite de vecteur directeur $\vec{n}(-3 ; 2 ; 0)$.

**5 On considère le point A(1 ; 2 ; 3) et le vecteur $\vec{n}(-3 ; 1 ; 4)$.
Le plan passant par A et normal à $\vec{n}$ a pour équation :**

- ❑ **a.** $-3x + y + 4z = 0$.
- ❑ **b.** $x + 2y + 3z - 11 = 0$.
- ❑ **c.** $-3x + y + 4z - 11 = 0$.

6 On considère le plan $\mathcal{P}$ d'équation $2x - 3y + z + 1 = 0$. Quelles sont les affirmations exactes ?

- ❑ **a.** Le point A(2 ; 0 ; 1) appartient à $\mathcal{P}$.
- ❑ **b.** Le point B(0 ; 0 ; – 1) appartient à $\mathcal{P}$.
- ❑ **c.** Le vecteur $\vec{v}(4 ; -6 ; 2)$ est normal à $\mathcal{P}$.

**7 On considère trois plans :
$\mathcal{P} : 2x - 3y + z + 3 = 0$;
$\mathcal{P}' : 4x - 6y + 2z + 12 = 0$;
et $\mathcal{P}'' : 5x + 4y + 2z - 3 = 0$.
Parmi ces affirmations lesquelles sont vraies ?**

- ❑ **a.** $\mathcal{P}$ et $\mathcal{P}'$ sont parallèles.
- ❑ **b.** $\mathcal{P}$ et $\mathcal{P}''$ sont parallèles.
- ❑ **c.** $\mathcal{P}$ et $\mathcal{P}''$ sont perpendiculaires.

8 Le système $\begin{cases} 2x - 3y - 6 = 0 \\ 5x + 2y - z = 0 \end{cases}$:

- ❑ **a.** a une infinité de solutions.
- ❑ **b.** a un seul triplet solution.
- ❑ **c.** n'a aucune solution.

9 Soit $\mathcal{D}$ la droite passant par A(1 ; 1 ; 0) et de vecteur directeur $\vec{u}(2 ; 1 ; -3)$ et soit $\mathcal{P}$ le plan d'équation $2x + y - 3z + 5 = 0$. Parmi ces affirmations lesquelles sont vraies ?

- ❑ **a.** $\mathcal{D}$ et $\mathcal{P}$ sont parallèles.
- ❑ **b.** $\mathcal{D}$ et $\mathcal{P}$ sont perpendiculaires.
- ❑ **c.** $\mathcal{D}$ et $\mathcal{P}$ sont sécants en A.

10 L'axe des abscisses :

- ❑ **a.** a pour équation $x = 0$.
- ❑ **b.** a pour équation $y + z = 0$.
- ❑ **c.** est solution du système $\begin{cases} y = 0 \\ z = 0 \end{cases}$.

Exercices

Exercice 1 niveau 1

Corrigés, p. 272

On considère le plan $\mathcal{P}$ d'équation $(m^2 + 1)x + my + (m - 1)z + m = 0$, où m est un réel, et le plan $\mathcal{P}'$ d'équation $x - y - 3z + 7 = 0$.

1. Déterminer l'ensemble des réels m tels que $\mathcal{P}$ et $\mathcal{P}'$ soient parallèles.

2. Déterminer l'ensemble des réels m tels que $\mathcal{P}$ et $\mathcal{P}'$ soient perpendiculaires.
Caractériser alors leur droite intersection.

Exercice 2 niveau 1

Corrigés, p. 273

On considère dans l'espace muni d'un repère orthonormé $(O\,;\vec{i},\vec{j},\vec{k})$ les points A(– 1 ; 1 ; 0), B(1 ; 1 ; – 1) et C(3 ; 0 ; 1).

Déterminer une mesure en degrés de l'angle $\widehat{ABC}$ (arrondie au degré).

Exercice 3 niveau 1

Corrigés, p. 273

Dans un tétraèdre régulier ABCD dont les arêtes sont de longueur a, on place I le milieu de [AB] et J le milieu de [BD].
Déterminer chacun des produits scalaires suivants :
$\overrightarrow{AB}\cdot\overrightarrow{AC}$; $\overrightarrow{AB}\cdot\overrightarrow{CI}$; $\overrightarrow{AC}\cdot\overrightarrow{BD}$; $\overrightarrow{CJ}\cdot\overrightarrow{AD}$.

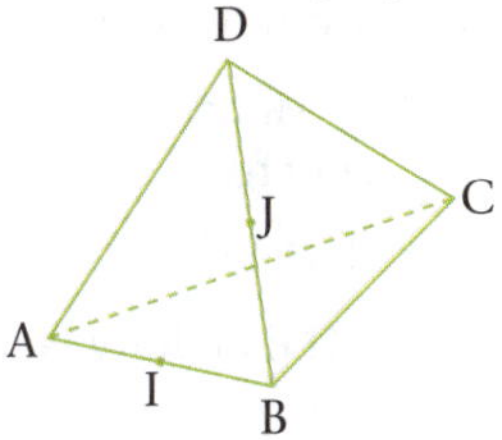

Exercice 4 niveau 1

Corrigés, p. 274

On considère deux points A et B de l'espace.
Déterminer l'ensemble des points M de l'espace tels que :

$$(\overrightarrow{MA} - \overrightarrow{MB})\cdot(\overrightarrow{MA} + \overrightarrow{MB}) = 0.$$

Exercice 5 niveau 2

Corrigés, p. 274

L'espace est muni d'un repère orthonormé $(O\,;\vec{i},\vec{j},\vec{k})$.
Soient les points A(1 ; – 3 ; 2), B(3 ; 2 ; – 2) et C(3 ; – 3 ; 3).

1. Démontrer que le triangle ABC est un triangle rectangle.

2. Démontrer que le vecteur $\vec{n}\,(1\,;-2\,;-2)$ est normal au plan (ABC).
En déduire une équation cartésienne de (ABC).

3. Déterminer une représentation paramétrique de la droite $\mathscr{D}$ passant par le point T(1 ; 3 ; 5) et perpendiculaire à (ABC).

4. Déterminer les coordonnées du point E, intersection de $\mathscr{D}$ et (ABC).

5. Calculer le volume du tétraèdre ABCT.

Exercice 6 *niveau 2*

Corrigés, p. 275

On considère dans l'espace muni d'un repère orthonormé $(O ; \vec{i}, \vec{j}, \vec{k})$ les points A(2 ; 1 ; 0), B(1 ; 1 ; 2) et la droite $\mathscr{D}$ dont une représentation paramétrique est $\begin{cases} x = 3 + 2t \\ y = 5{,}2 + 3t, \ t \in \mathbb{R}. \\ z = 5 + t \end{cases}$

1. Montrer que les droites (AB) et $\mathscr{D}$ sont perpendiculaires.

2. Déterminer leur point d'intersection.

Exercice 7 *niveau 2*

Corrigés, p. 276

On se place dans l'espace rapporté à un repère orthonormé $(O ; \vec{i}, \vec{j}, \vec{k})$.
On note $\mathscr{S}$ la sphère de centre A(1 ; 2 ; – 1) et de rayon 5 cm.

1. Montrer que les points B(4 ; 2 ; 3) et C(1 ; – 2 ; 2) sont sur cette sphère $\mathscr{S}$.

2. Déterminer une mesure de l'angle $\widehat{BAC}$.

3. En déduire la longueur de l'arc $\overset{\frown}{BC}$ à 1 mm près.

Exercice 8 *niveau 3*

Corrigés, p. 276

On considère un cube ABCDEFGH .
Démontrer que la droite (DF) est orthogonale au plan (EBG).

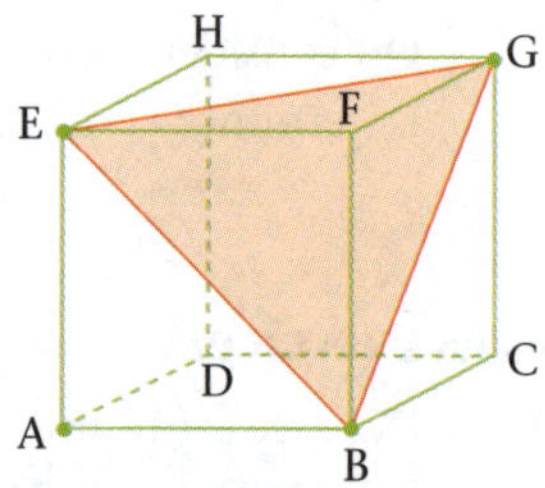

Exercice 9 *niveau 3*

Corrigés, p. 277

On considère deux points A et B de l'espace tels que AB = 4.
Déterminer l'ensemble des points M de l'espace tels que $\overrightarrow{MA} \cdot \overrightarrow{AB} = 12$.

Exercice 10 5 min, 2 pts

Corrigés, p. 277

TYPE BAC

ROC

Démontrer que si une droite est orthogonale à deux droites sécantes d'un plan, alors elle est orthogonale à toute droite de ce plan.

Exercice 11 30 min, 3 pts

Corrigés, p. 277

TYPE BAC

(D'après Amérique du Nord, 2011)

On considère le cube ABCDEFGH d'arête de longueur 1 représenté ci-contre.

L'espace est rapporté au repère orthonormé $(A\,;\,\overrightarrow{AB}, \overrightarrow{AD}, \overrightarrow{AE})$.

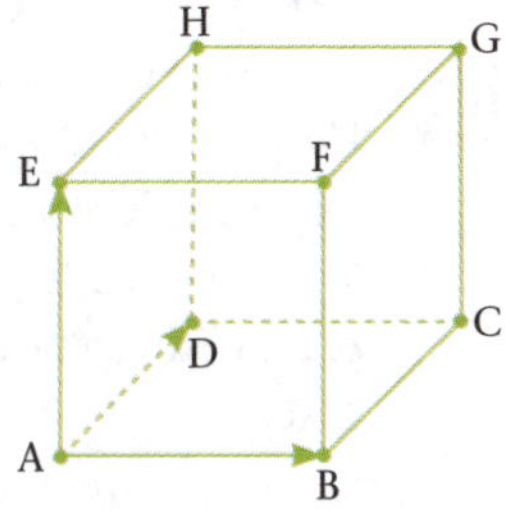

1. Démontrer que le vecteur $\vec{n}$ de coordonnées $(1\,;\,0\,;\,1)$ est un vecteur normal au plan (BCE).

2. Déterminer une équation du plan (BCE).

3. On note $\mathscr{D}$ la droite perpendiculaire en E au plan (BCE). Déterminer une représentation paramétrique de la droite $\mathscr{D}$.

4. Démontrer que la droite $\mathscr{D}$ est sécante au plan (ABC) en un point R, symétrique de B par rapport à A.

Exercice 12 50 min, 4 pts

Corrigés, p. 278

TYPE BAC

(Métropole, 2010)

L'espace est rapporté à un repère orthonormé $(O\,;\,\vec{i}, \vec{j}, \vec{k})$.

Soit $\mathscr{P}$ le plan d'équation $3x + y - z - 1 = 0$ et $\mathscr{D}$ la droite dont une représentation paramétrique est :

$$\begin{cases} x = -t + 1 \\ y = 2t \\ z = -t + 2 \end{cases}, t \in \mathbb{R}.$$

1. a. Le point $C(1\,;\,3\,;\,2)$ appartient-il au plan $\mathscr{P}$? Justifier.

b. Démontrer que la droite $\mathscr{D}$ est incluse dans le plan $\mathscr{P}$.

2. Soit $\mathscr{P}'$ le plan passant par le point C et orthogonal à la droite $\mathscr{D}$.

a. Déterminer une équation cartésienne du plan $\mathscr{P}'$.

b. Calculer les coordonnées du point I, point d'intersection du plan $\mathscr{P}'$ et de la droite $\mathscr{D}$.

c. Montrer que $CI = \sqrt{3}$.

3. Soit t un nombre réel et M_t le point de la droite $\mathscr{D}$ de coordonnées $(-t+1\ ;\ 2t\ ;\ -t+2)$.

a. Vérifier que, pour tout nombre réel t, $CM_t^2 = 6t^2 - 12t + 9$.

b. Montrer que CI est la valeur minimale de CM_t lorsque t décrit l'ensemble des nombres réels.

Exercice 13 (55 min, 5 pts)

Corrigés, p. 279

TYPE BAC

(Nouvelle-Calédonie, 2011)

L'espace est rapporté à un repère orthonormé direct $(O\ ;\ \vec{i},\ \vec{j},\ \vec{k})$.

On considère les points $A(-2\ ;\ 0\ ;\ 1)$, $B(1\ ;\ 2\ ;\ -1)$ et $C(-2\ ;\ 2\ ;\ 2)$.

1. a. Calculer le produit scalaire $\overrightarrow{AB} \cdot \overrightarrow{AC}$, puis les longueurs AB et AC.

b. En déduire une valeur approchée arrondie au degré près de l'angle $\widehat{BAC}$.

c. En déduire que les points A, B et C ne sont pas alignés.

2. Vérifier qu'une équation cartésienne du plan (ABC) est :

$$2x - y + 2z + 2 = 0.$$

3. Soient $\mathscr{P}_1$ et $\mathscr{P}_2$ les plans d'équations respectives $x + y - 3z + 3 = 0$ et $x - 2y + 6z = 0$.

Montrer que les plans $\mathscr{P}_1$ et $\mathscr{P}_2$ sont sécants selon une droite $\mathscr{D}$ dont un système d'équations paramétriques est :

$$\begin{cases} x = -2 \\ y = -1 + 3t, \text{ où } t \text{ est un réel.} \\ z = t \end{cases}$$

4. Démontrer que la droite $\mathscr{D}$ et le plan (ABC) sont sécants et déterminer les coordonnées de leur point d'intersection.

5. Soit $\mathscr{S}$ la sphère de centre $S(1\ ;\ -3\ ;\ 1)$ et de rayon $r = 3$.

Étudier l'intersection de la sphère $\mathscr{S}$ et de la droite $\mathscr{D}$.

QCM

1 **a.** $\overrightarrow{AB} \cdot \overrightarrow{AG} = AB \times AB = a^2$, par projection orthogonale de G sur la droite (AB).

$\overrightarrow{AB} \cdot \overrightarrow{CH} = \overrightarrow{AB} \cdot \overrightarrow{BE} = -\overrightarrow{BA} \cdot \overrightarrow{BE} = -BA \times BA = -a^2$, par projection orthogonale de E sur (AB).

$\overrightarrow{BF} \cdot \overrightarrow{HD} = \overrightarrow{BF} \cdot \overrightarrow{FB} = -BF^2 = -a^2$.

2 **c.** On a $\overrightarrow{AB} \cdot \overrightarrow{AC} = AB \times AC \times \cos(\widehat{BAC})$, donc $\cos(\widehat{BAC}) = \dfrac{7,5}{5 \times 3} = 0,5$.
On en déduit que $\widehat{BAC} = 60°$.

3 **b.** $\vec{u}$ et $\vec{v}$ sont orthogonaux : $\vec{u} \cdot \vec{v} = 4 + 5a + a^2 = 0$, équation dont le discriminant Δ est égal à 9 et qui a deux solutions -1 et -4.

4 **b.** L'équation est de la forme $ax + by + cz + d = 0$, c'est donc l'équation d'un plan de vecteur normal $\vec{n}\,(a\,;\,b\,;\,c)$.
Ici, $a = 2$, $b = -4$ et $c = 0$; on obtient donc le vecteur $\vec{n}\,(2\,;\,-4\,;\,0)$ et le vecteur proposé $(1\,;\,-2\,;\,0)$, étant colinéaire à $\vec{n}$, est aussi normal à $\mathcal{P}$.

5 **c.** Le vecteur $\vec{n}\,(-3\,;\,1\,;\,4)$ est normal à $\mathcal{P}$, donc une équation de $\mathcal{P}$ est de la forme $-3x + 1y + 4z + d = 0$.
De plus, le plan passe par $A(1\,;\,2\,;\,3)$, les coordonnées A satisfont donc l'équation de $\mathcal{P}$: $(-3) \times 1 + 1 \times 2 + 4 \times 3 + d = 0$. D'où $d = -11$.

6 **b.** et **c.** $2x_B - 3y_B + z_B + 1 = -1 + 1 = 0$. Le vecteur $\vec{v}$ est colinéaire à $\vec{n}\,(2\,;\,-3\,;\,1)$, car $\vec{v} = 2\vec{n}$, donc il est aussi normal à $\mathcal{P}$.

7 **a.** et **c.** Vecteur normal à $\mathcal{P}$: $\vec{n}\,(2\,;\,-3\,;\,1)$; vecteur normal à $\mathcal{P}'$: $\vec{n'}\,(4\,;\,-6\,;\,2)$; vecteur normal à $\mathcal{P}''$: $\vec{n'} \cdot \vec{n''}\,(5\,;\,4\,;\,2)$.
Le vecteur $\vec{n'}$ et le vecteur $\vec{n}$ sont colinéaires : les plans $\mathcal{P}$ et $\mathcal{P}'$ sont parallèles. $\vec{n} \cdot \vec{n''} = 2 \times 5 + (-3) \times 4 + 1 \times 2 = 0$.
Les vecteurs sont orthogonaux, les plans $\mathcal{P}$ et $\mathcal{P}''$ sont perpendiculaires.

8 **a.** Les plans ne sont pas parallèles car leurs vecteurs normaux $\vec{n}(2\,;-3\,;0)$ et $\vec{n'}\,(5\,;\,2\,;\,-1)$ ne sont pas colinéaires. Les plans sont donc sécants selon une droite ; les coordonnées des points de cette droite sont les couples solutions du système, il y en a une infinité.

9 **b.** Le vecteur directeur de la droite $\vec{u}\,(2\,;\,1\,;\,-3)$ et le vecteur normal au plan $\vec{n}\,(2\,;\,1\,;\,-3)$ sont colinéaires (car égaux), donc la droite est perpendiculaire au plan. Par conséquent, ils sont sécants en un point, mais ce point n'est pas A, car les coordonnées de A ne satisfont pas l'équation de $\mathcal{P}$, on a $2 \times 1 + 1 + (-3) \times 0 = 2 \neq 0$.

10 **c.** L'équation $y = 0$ est une équation du plan passant par O l'origine du repère et de vecteur normal $\vec{j}$. C'est donc le plan (xOz).

L'équation $z = 0$ est une équation du plan passant par O et de vecteur normal $\vec{k}$.
C'est le plan (xOy).
Les deux plans se coupent selon l'axe (Ox).

> **À NOTER**
> $x = 0$ et $y + z = 0$ sont des équations de plans, pas de droite.

Exercice 1

1. Deux plans sont parallèles si, et seulement si, un vecteur normal de l'un est colinéaire à un vecteur normal de l'autre.

$\mathcal{P}$ a pour vecteur normal le vecteur $\vec{n}\,(m^2 + 1\ ;\ m\ ;\ (m - 1))$.

$\mathcal{P}'$ a pour vecteur normal le vecteur $\vec{n'}\,(1\ ;\ -1\ ;\ -3)$.

Les vecteurs $\vec{n}$ et $\vec{n'}$ sont colinéaires s'il existe un réel k tel que :

$\vec{n} = k\vec{n'}$, c'est-à-dire tel que $\begin{cases} m^2 + 1 = 1 \times k \\ m = -1 \times k \\ m - 1 = -3 \times k \end{cases}$;

ce qui équivaut à $\begin{cases} m = -k \\ m^2 + 1 = -m \\ m - 1 = 3m \end{cases} \Leftrightarrow \begin{cases} m = -k & (1) \\ m^2 + m + 1 = 0 & (2). \\ m = -\dfrac{1}{2} & (3) \end{cases}$

Si ce système a un couple solution, ce ne peut être que $m = -\dfrac{1}{2}$, $k = \dfrac{1}{2}$ d'après les équations (1) et (3). Mais cette valeur de m ne convient pas pour l'équation (2).

On ne peut donc pas trouver de valeur pour *m* de sorte que $\mathcal{P}$ et $\mathcal{P}'$ soient parallèles.

2. Deux plans sont perpendiculaires si, et seulement si, un vecteur normal à l'un est orthogonal à un vecteur normal à l'autre.

Ici, on cherche donc m tel que $\vec{n} \cdot \vec{n'} = 0$, c'est-à-dire :

$(m^2 + 1) \times 1 + m \times (-1) + (m - 1) \times (-3) = 0$;

ce qui équivaut à $m^2 - 4m + 4 = 0$.

Cette équation s'écrit $(m - 2)^2 = 0$ et elle a 2 comme unique solution.

$\mathcal{P}$ et $\mathcal{P}'$ sont perpendiculaires si, et seulement si, $m = 2$.

Puisque $\mathcal{P}$ et $\mathcal{P}'$ sont perpendiculaires, ils sont sécants selon une droite. Cette droite est caractérisée par un point et un vecteur directeur.

CORRIGÉS

Un point M(x ; y ; z) appartient à $\mathcal{P}$ et à $\mathcal{P}'$ si, et seulement si :

$$\begin{cases} 5x+2y+z+2=0 \\ x-y-3z+1=0 \end{cases}.$$

On prend une valeur pour z (de façon arbitraire) et on résout le système où x et y sont les inconnues.

Pour $z = 5$, on obtient $\begin{cases} 5x+2y=-7 \\ x-y=14 \end{cases}$ et donc le point A(3 ; – 11 ; 5) appartient à $\mathcal{P} \cap \mathcal{P}'$.

Pour $z = -2$, on obtient $\begin{cases} 5x+2y=0 \\ x-y=-7 \end{cases}$ et donc le point B(– 2 ; 5 ; – 2) appartient à $\mathcal{P} \cap \mathcal{P}'$.

Les plans $\mathcal{P}$ et $\mathcal{P}'$ se coupent selon la droite qui passe par A(3 ; – 11 ; 5) et de vecteur directeur $\overrightarrow{AB}(-5\,;16\,;-7)$.

Exercice 2

On utilise la formule avec les coordonnées :
on a $\overrightarrow{BA}(-2\,;0\,;1)$ et $\overrightarrow{BC}(2\,;-1\,;2)$,
donc $\overrightarrow{BA}\cdot\overrightarrow{BC} = -4+2=-2$.
D'autre part, $\overrightarrow{BA}\cdot\overrightarrow{BC} = BA \times BC \times \cos(\widehat{ABC})$
$= \sqrt{5}\times 3 \times \cos(\widehat{ABC})$.
On déduit de ces deux calculs que
$\cos(\widehat{ABC}) = \dfrac{-2}{3\sqrt{5}}$; la calculatrice donne
alors $\widehat{ABC}$ = **107° à 1° près.**

> CONSEIL
> La méthode consiste à calculer le produit scalaire $\overrightarrow{BA}\cdot\overrightarrow{BC}$ de deux façons dont l'une faisant intervenir le cosinus de l'angle $\widehat{ABC}$.

Exercice 3

$\overrightarrow{AB}\cdot\overrightarrow{AC} = AB \times AC \times \cos(60°) = \dfrac{1}{2}\boldsymbol{a}^2$, car les faces d'un tétraèdre régulier sont des triangles équilatéraux.

$\overrightarrow{AB}\cdot\overrightarrow{CI} = \mathbf{0}$, car la médiane (CI) du triangle équilatéral ABC en est aussi une hauteur : (AB) et (CI) sont donc perpendiculaires.

$\overrightarrow{AC}\cdot\overrightarrow{BD} = \overrightarrow{AC}\cdot(\overrightarrow{BA}+\overrightarrow{AD})$
$= \overrightarrow{AC}\cdot\overrightarrow{BA}+\overrightarrow{AC}\cdot\overrightarrow{AD}$
$= -\overrightarrow{AC}\cdot\overrightarrow{AB}+\overrightarrow{AC}\cdot\overrightarrow{AD}$
$= -\dfrac{1}{2}a^2+\dfrac{1}{2}a^2 = \mathbf{0}$.

Dans un tétraèdre régulier, les droites (AC) et (BD) qui correspondent à des arêtes opposées sont donc perpendiculaires.

$\overrightarrow{CJ} \cdot \overrightarrow{AD} = (\overrightarrow{CA} + \overrightarrow{AJ}) \cdot \overrightarrow{AD} = \overrightarrow{CA} \cdot \overrightarrow{AD} + \overrightarrow{AJ} \cdot \overrightarrow{AD} = -\overrightarrow{AC} \cdot \overrightarrow{AD} + \overrightarrow{AJ} \cdot \overrightarrow{AD}$

$= -\frac{1}{2}a^2 + AJ^2$, car D se projette orthogonalement sur la droite (AJ) en J.

Or la hauteur d'un triangle équilatéral de côté a mesure $\frac{\sqrt{3}}{2}a$.

Donc $\overrightarrow{CJ} \cdot \overrightarrow{AD} = -\frac{1}{2}a^2 + \left(\frac{\sqrt{3}}{2}a\right)^2 = -\frac{1}{2}a + \frac{3}{4}a^2 = \mathbf{\frac{1}{4}a^2}$.

Exercice 4

Les propriétés du produit scalaire permettent d'écrire :
$(\overrightarrow{MA} - \overrightarrow{MB}) \cdot (\overrightarrow{MA} + \overrightarrow{MB}) = \overrightarrow{MA} \cdot \overrightarrow{MA} - \overrightarrow{MB} \cdot \overrightarrow{MB} = MA^2 - MB^2$.

On cherche donc l'ensemble des points M de l'espace tels que $MA^2 = MB^2$, c'est-à-dire MA = MB.

Il s'agit de l'ensemble des points situés à égale distance de A et de B : **c'est le plan médiateur de [AB], ce plan est perpendiculaire à la droite (AB) et il passe par I le milieu de [AB].**

À NOTER
On obtient le même résultat en écrivant $(\overrightarrow{MA} - \overrightarrow{MB}) = \overrightarrow{BA}$ et $\overrightarrow{MA} + \overrightarrow{MB} = 2\overrightarrow{MI}$.

Exercice 5

1. On a $\overrightarrow{AB}$ (2 ; 5 ; – 4) et $\overrightarrow{AC}$ (2 ; 0 ; 1), donc $\overrightarrow{AB} \cdot \overrightarrow{AC} = 0$: les vecteurs $\overrightarrow{AB}$ et $\overrightarrow{AC}$ sont orthogonaux, **le triangle ABC est rectangle en A.**

2. Soit $\vec{n}$ (1 ; – 2 ; – 2), alors $\vec{n} \cdot \overrightarrow{AB} = 2 - 10 + 8 = 0$, donc $\vec{n}$ et $\overrightarrow{AB}$ sont orthogonaux.

$\vec{n} \cdot \overrightarrow{AC} = 2 - 2 = 0$, donc $\vec{n}$ et $\overrightarrow{AC}$ sont orthogonaux.

Le vecteur $\vec{n}$ est donc normal au plan (ABC).

On en déduit qu'une équation cartésienne de (ABC) est :

$$x - 2y - 2z + d = 0.$$

On trouve d tel que les coordonnées de A satisfassent l'équation.

On obtient $1 - 2 \times (-3) - 2 \times 2 + d = 0$,

c'est-à-dire $d = -3$.

D'où l'équation cartésienne $\mathbf{x - 2y - 2z - 3 = 0}$.

3. La droite passant par T(1 ; 3 ; 5) est perpendiculaire à (ABC) et ses vecteurs directeurs sont les vecteurs normaux à (ABC), en particulier le vecteur $\vec{n}$.

Une de ses représentations paramétriques est donc $\begin{cases} \mathbf{x = 1 + k} \\ \mathbf{y = 3 - 2k}, \mathbf{k \in \mathbb{R}}. \\ \mathbf{z = 5 - 2k} \end{cases}$

CORRIGÉS

4. Le point M(x ; y ; z) est à la fois sur $\mathscr{D}$ et sur (ABC) si, et seulement si, il existe k tel que $\begin{cases} x = 1+k \\ y = 3-2k \\ z = 5-2k \\ x-2y-2z-3=0 \end{cases}$

$$\begin{cases} x = 1+k \\ y = 3-2k \\ z = 5-2k \\ 1+k-2(3-2k)-2(5-2k)-3=0 \end{cases} \Leftrightarrow \begin{cases} x = 1+k \\ y = 3-2k \\ z = 5-2k \\ k=2 \end{cases} \Leftrightarrow \begin{cases} x = 3 \\ y = -1 \\ z = 1 \end{cases}.$$

La droite $\mathscr{D}$ coupe (ABC) en E (3 ; – 1 ; 1).

5. Le segment [TE] représente la hauteur relative à la base ABC du tétraèdre ABCT.

Volume du tétraèdre :

$$\frac{\text{aire de la base} \times \text{hauteur}}{3} = \frac{\frac{AB \times AC}{2} \times TE}{3} = \frac{\frac{\sqrt{45}\times\sqrt{5}}{2} \times 6}{3}$$

$=$ **15 unités de volume.**

Exercice 6

> RAPPEL
> Deux droites sont perpendiculaires si, et seulement si, les deux conditions suivantes sont remplies :
> – leurs vecteurs directeurs sont orthogonaux ;
> – elles sont sécantes.

1. On peut choisir $\overrightarrow{AB}(-1 ; 0 ; 2)$ comme vecteur directeur de la droite (AB) et le vecteur $\vec{u}(2 ; 3 ; 1)$ comme vecteur directeur de la droite $\mathscr{D}$.

$\overrightarrow{AB} \cdot \vec{u} = -1\times 2 + 0 \times 3 + 2 \times 1 = 0$;

les vecteurs sont orthogonaux.

Un point M (x ; y ; z) appartient à (AB) si, et seulement si, il existe un réel k tel que $\overrightarrow{AM} = k\overrightarrow{AB}$.

M appartient à $\mathscr{D}$ si, et seulement si, il existe un réel t tel que :

$$\begin{cases} x = 3+2t \\ y = 5{,}2+3t \\ z = 5+t \end{cases}.$$

On a alors $\overrightarrow{AM}(1+2t ; -3+3t ; 5+t)$.

D'où $\begin{cases} 1+2t = -k \\ 4{,}2+3t = 0 \\ 5+t = 2k \end{cases}$, ce qui équivaut à $\begin{cases} k = -(1+2t) \\ t = -1{,}4 \\ k = \dfrac{5+t}{2} = 1{,}8 \end{cases}$.

On a trouvé une valeur pour k, donc le point d'intersection de (AB) et $\mathscr{D}$ existe. **Les droites (AB) et $\mathscr{D}$ sont donc perpendiculaires.**

2. C'est le point dont les cordonnées vérifient :

$$\begin{cases} x = 3 + 2 \times (-1,4) = 0,2 \\ y = 5,2 + 3 \times (-1,4) = 1. \\ z = 5 - 1,4 = 3,6 \end{cases}$$

Il s'agit du point de coordonnées (0,2 ; 1 ; 3,6).

Exercice 7

> CONSEIL
> Pour montrer qu'un point appartient à la sphère de centre A et de rayon 5 il suffit de montrer que sa distance à A est égale à 5.

1. $AB = \sqrt{(4-1)^2 + (2-2)^2 + (3+1)^2} = 5$, donc **le point B appartient à la sphère $\mathcal{S}$.**

$AC = \sqrt{(1-1)^2 + (-2-2)^2 + (2+1)^2} = 5$, donc **le point C appartient à la sphère $\mathcal{S}$.**

2. On calcule le produit scalaire $\overrightarrow{AB} \cdot \overrightarrow{AC}$.

D'une part, $\overrightarrow{AB} \cdot \overrightarrow{AC} = 3 \times 0 + 0 \times (-4) + 4 \times 3 = 12$;

d'autre part, $\overrightarrow{AB} \cdot \overrightarrow{AC} = AB \times AC \times \cos(\widehat{BAC}) = 5 \times 5 \times \cos(\widehat{BAC})$.

Par identification, on obtient $25\cos(\widehat{BAC}) = 12$,

c'est-à-dire $\cos(\widehat{BAC}) = \dfrac{12}{25}$.

La calculatrice donne $\widehat{BAC} \approx 61,31°$, à 0,01 degré près.

3. La longueur d'un arc est proportionnelle à l'angle au centre.

Un angle au centre de 180° correspond à un demi-cercle de longueur πR.

Un angle au centre de a° correspond donc à un arc de longueur $\dfrac{\pi R}{180} \times a$.

On en déduit que l'arc $\widehat{BC}$ a une longueur environ de 5,4 cm à 1 mm près.

Exercice 8

Pour montrer que la droite (DF) est orthogonale à (EB) et à (BG), on calcule les produits scalaires $\overrightarrow{DF} \cdot \overrightarrow{EB}$ et $\overrightarrow{DF} \cdot \overrightarrow{BG}$.

$\overrightarrow{DF} \cdot \overrightarrow{EB} = (\overrightarrow{DA} + \overrightarrow{AF}) \cdot (\overrightarrow{EA} + \overrightarrow{AB}) = \overrightarrow{DA} \cdot \overrightarrow{EA} + \overrightarrow{DA} \cdot \overrightarrow{AB} + \overrightarrow{AF} \cdot \overrightarrow{EA} + \overrightarrow{AF} \cdot \overrightarrow{AB}$

$\overrightarrow{DF} \cdot \overrightarrow{EB} = -\overrightarrow{AF} \cdot \overrightarrow{AE} + \overrightarrow{AF} \cdot \overrightarrow{AB}$

$\overrightarrow{DF} \cdot \overrightarrow{EB} = -AE^2 + AB^2 = 0$

On en déduit que (DF) est orthogonale à (EB).

> CONSEIL
> Pour démontrer qu'une droite est orthogonale à un plan il suffit de trouver deux droites sécantes de ce plan orthogonales à la droite.

De même, on montre que $\overrightarrow{DF} \cdot \overrightarrow{BG} = 0$ et donc (DF) est orthogonale à (BG).

Les droites (EB) et (BG) sont sécantes en B et contenues dans le plan (EBG), donc **(DF) est orthogonale au plan (BEG).**

Exercice 9

On cherche à construire un point H de la droite (AB) tel que $\overrightarrow{AH} \cdot \overrightarrow{AB} = 12$.

Les points H, A et B sont alignés et le produit scalaire est positif, on en déduit que :

– d'une part, H appartient à la demi-droite d'origine A passant par B ;

– d'autre part, $\overrightarrow{AH} \cdot \overrightarrow{AB} = AH \times AB = 12$.

Donc $AH = \frac{12}{4} = 3$.

On peut donc placer le point H.

CONSEIL
La méthode consiste à chercher d'abord un point particulier satisfaisant la relation, puis de chercher tous les points satisfaisant la relation.

Soit M un point, pas forcément aligné avec A et B, tel que $\overrightarrow{AH} \cdot \overrightarrow{AB} = 12$.

On a $\overrightarrow{AM} \cdot \overrightarrow{AB} = (\overrightarrow{AH} + \overrightarrow{HM}) \cdot \overrightarrow{AB} = \overrightarrow{AH} \cdot \overrightarrow{AB} + \overrightarrow{HM} \cdot \overrightarrow{AB} = 12 + \overrightarrow{HM} \cdot \overrightarrow{AB}$.

Donc le point M est tel que $\overrightarrow{AM} \cdot \overrightarrow{AB} = 12$ si, et seulement si, $\overrightarrow{HM} \cdot \overrightarrow{AB} = 0$.

Cette relation caractérise le plan passant par H et de vecteur normal le vecteur $\overrightarrow{AB}$.

L'ensemble des points cherchés est le plan contenant H et orthogonal à (AB).

Exercice 10

2 pts

Soient $\mathcal{D}_1$ et $\mathcal{D}_2$ deux droites sécantes du plan $\mathcal{P}$ et soit la droite $\mathcal{D}$ telle que $\mathcal{D}$ soit orthogonale à $\mathcal{D}_1$ et à $\mathcal{D}_2$.

On note $\vec{u}$, $\overrightarrow{u_1}$ et $\overrightarrow{u_2}$ les vecteurs directeurs de $\mathcal{D}$, $\mathcal{D}_1$ et $\mathcal{D}_2$.

On a $\vec{u} \cdot \overrightarrow{u_1} = 0$ et $\vec{u} \cdot \overrightarrow{u_2} = 0$.

Soit Δ une droite de $\mathcal{P}$, on note $\vec{v}$ un vecteur directeur de Δ.

Il existe deux réels λ et μ tels que $\vec{v} = \lambda\overrightarrow{u_1} + \mu\overrightarrow{u_2}$.

On a alors $\vec{u} \cdot \vec{v} = \vec{u} \cdot (\lambda\overrightarrow{u_1} + \mu\overrightarrow{u_2}) = \lambda(\vec{u} \cdot \overrightarrow{u_1}) + \mu(\vec{u} \cdot \overrightarrow{u_2}) = 0$.

Donc les vecteurs $\vec{u}$ et $\vec{v}$ sont orthogonaux. Il en est de même des droites $\mathcal{D}$ et Δ.

Exercice 11

0,5 pt

1. Dans le repère $(A ; \overrightarrow{AB}, \overrightarrow{AD}, \overrightarrow{AE})$, les points B, C et E ont pour coordonnées respectives (1 ; 0 ; 0), (1 ; 1 ; 0) et (0 ; 0 ; 1).

On a alors $\overrightarrow{BC}(0 ; 1 ; 0)$ et $\overrightarrow{BE}(-1 ; 0 ; 1)$,

donc $\vec{n} \cdot \overrightarrow{BC} = 1 \times 0 + 0 \times 1 + 1 \times 0 = 0$

et $\vec{n} \cdot \overrightarrow{BE} = 1 \times (-1) + 0 \times 0 + 1 \times 1 = 0$.

Le vecteur $\vec{n}$ est orthogonal à deux vecteurs non colinéaires du plan (BCE), **il est donc normal à ce plan.**

0,5 pt **2.** On en déduit que le plan (BCE) a une équation cartésienne de la forme $x + z + d = 0$, avec d un réel.

On détermine d en utilisant les coordonnées du point B qui appartient au plan (BCE).

On a $1 + d = 0$, donc $d = -1$.

Conclusion : une équation cartésienne du plan (BCE) est $x + z - 1 = 0$.

1 pt **3.** La droite $\mathcal{D}$, perpendiculaire au plan (BCE), a le vecteur $\vec{n}$ comme vecteur directeur.

De plus, elle passe par E, elle admet donc la représentation paramétrique $\begin{cases} x = k \\ y = 0 \\ z = 1 + k \end{cases}$, $k \in \mathbb{R}$.

1 pt **4.** Le plan (ABC) est une des faces du repère, son équation est $z = 0$. Un point $M(x\,;y\,;z)$ appartient à (ABC) et à $\mathcal{D}$ si, et seulement si, il existe un réel k tel que $\begin{cases} x = k \\ y = 0 \\ z = 1 + k \\ z = 0 \end{cases}$.

Or, pour $k = -1$, les quatre équations sont réalisées. **Donc la droite $\mathcal{D}$ coupe le plan (ABC) en R $(-1\,;0\,;0)$, qui est bien tel que A soit le milieu de [BR].**

Exercice 12

0,5 pt **1. a.** Les coordonnées de C vérifient $3 \times 1 + 3 - 2 - 1 = 3 + 3 - 3 = 3$. $3x_C + y_C - z_C - 1 \neq 0$, **le point C n'appartient donc pas au plan $\mathcal{P}$.**

1 pt **b.** D'après la représentation paramétrique, de la droite $\mathcal{D}$, en prenant $t = 0$, on obtient le point A(1 ; 0 ; 2) comme point de $\mathcal{D}$, et, en prenant $t = 1$, on obtient le point B(0 ; 2 ; 1) comme autre point de $\mathcal{D}$. Les coordonnées de ces points vérifient l'équation cartésienne de $\mathcal{P}$: ils sont donc sur $\mathcal{P}$. Si une droite et un plan ont plus d'un point commun, alors **la droite est incluse dans ce plan.**

> **À NOTER**
> On peut aussi vérifier que, pour tout réel t, le point $(-t + 1\,;2t\,;-t + 2)$ est dans $\mathcal{P}$ car $3(-t + 1) + 2t - (-t + 2) - 1 = 0$.

0,5 pt **2. a.** Le plan $\mathcal{P}'$ est orthogonal à $\mathcal{D}$: tout vecteur directeur de $\mathcal{D}$ est un vecteur normal à $\mathcal{P}'$. Or un vecteur directeur de $\mathcal{D}$ est $\vec{u}(-1\,;2\,;-1)$. Une équation cartésienne de $\mathcal{P}'$ est donc de la forme $-x + 2y - z + d = 0$, où d est une constante réelle que l'on détermine grâce aux coordonnées du point C.

On doit avoir $-1 + 2 \times 3 - 2 + d = 0$, c'est-à-dire $d = -3$.

Une équation de $\mathcal{P}'$ est donc $-x + 2y - z - 3 = 0$.

b. Le point $M(x ; y ; z)$, point d'intersection de $\mathcal{D}$ et $\mathcal{P}'$, est tel qu'il existe un réel t tel que :

$$\begin{cases} x = -t+1 \\ y = 2t \\ z = -t+2 \\ -x+2y-z-3=0 \end{cases} \Leftrightarrow \begin{cases} x = -t+1 \\ y = 2t \\ z = -t+2 \\ -(-t+1)+2(2t)-(-t+2)-3=0 \end{cases}$$

$$\begin{cases} x = -t+1 \\ y = 2t \\ z = -t+2 \\ 6t-6=0 \end{cases} \Leftrightarrow \begin{cases} x = 0 \\ y = 2 \\ z = 1 \\ t = 1 \end{cases}$$

Le point I a pour coordonnées (0 ; 2 ; 1).

1 pt **c.** $CI = \sqrt{(0-1)^2+(2-3)^2+(1-2)^2} = \sqrt{3}$.

0,5 pt **3. a.** $CM_t = \sqrt{(-t+1-1)^2+(2t-3)^2+(-t+2-2)^2} = \sqrt{t^2+(2t-3)^2+t^2}$.

$CM_t = \sqrt{t^2+4t^2-12t+9+t^2} = \sqrt{6t^2-12t+9}$.

D'où $\mathbf{CM_t^2 = 6t^2 - 12t + 9}$.

0,5 pt **b.** On reconnaît une expression du second degré (de la forme $at^2 + bt + c$) dont le coefficient de x^2 est positif : la fonction polynôme admet donc un minimum pour $t = \frac{-b}{2a} = \frac{12}{12} = 1$.

C'est donc bien lorsque $t = 1$, et donc lorsque $M_t = I$, que la distance CM_t est minimale.

Exercice 13

1 pt **1. a.** On a $\overrightarrow{AB}(3 ; 2 ; -2)$ et $\overrightarrow{AC}(0 ; 2 ; 1)$,

donc $\overrightarrow{AB} \cdot \overrightarrow{AC} = 3 \times 0 + 2 \times 2 + (-2) \times 1 = \mathbf{2}$.

$AB = \sqrt{3^2+2^2+(-2)^2} = \mathbf{\sqrt{17}}$ et $AC = \sqrt{0^2+2^2+1^2} = \mathbf{\sqrt{5}}$.

0,5 pt **b.** De l'égalité $\overrightarrow{AB} \cdot \overrightarrow{AC} = AB \times AC \times \cos(\widehat{BAC})$, on déduit :

$\cos(\widehat{BAC}) = \frac{2}{\sqrt{17} \times \sqrt{5}}$.

D'où $\mathbf{\widehat{BAC} \approx 77°}$**, à 1 degré près.**

0,5 pt **c.** L'angle $\widehat{BAC}$ n'étant ni un angle nul ni un angle plat, **les points A, B et C ne sont pas alignés.**

0,5 pt

2. Pour vérifier que l'équation cartésienne proposée est bien une équation cartésienne de (ABC), il suffit de vérifier que les coordonnées de chacun des points A, B, C vérifient bien cette équation.

Pour A(– 2 ; 0 ; 1), on a $2 \times (-2) - 0 + 2 \times 1 + 2 = -4 + 2 + 2 = 0$.

Pour B(1 ; 2 ; – 1), on a $2 \times 1 - 2 + 2 \times -1 + 2 = 2 - 2 - 2 + 2 = 0$.

Pour C(– 2 ; 2 ; 2), on a $2 \times (-2) - 2 + 2 \times 2 + 2 = -4 - 2 + 4 + 2 = 0$.

Le plan, dont une équation cartésienne est $2x - y + 2z + 2 = 0$, a trois points non alignés commun avec (ABC) : c'est donc le plan (ABC).

1 pt

3. Deux plans sont sécants selon une droite si, et seulement si, ils ne sont pas parallèles.

Deux plans sont parallèles si, et seulement si, leurs vecteurs normaux sont colinéaires.

Un vecteur normal au plan $\mathscr{P}_1$ est $\overrightarrow{n_1}$ (1 ; 1 ; – 3) ; un vecteur normal au plan $\mathscr{P}_2$ est $\overrightarrow{n_2}$ (1 ; – 2 ; 6).

Ces vecteurs ne sont pas colinéaires puisque leurs coordonnées ne sont pas proportionnelles : les plans $\mathscr{P}_1$ et $\mathscr{P}_2$ ne sont donc pas parallèles.

Les plans $\mathscr{P}_1$ et $\mathscr{P}_2$ sont donc sécants selon une droite $\mathscr{D}$ caractérisée par le système $\begin{cases} x + y - 3z + 3 = 0 \\ x - 2y + 6z = 0 \end{cases}$.

Ce système équivaut à $\begin{cases} x + y = 3t - 3 \\ x - 2y = -6t \\ z = t \end{cases}$.

Par soustraction des deux premières équations, on obtient le système :

$$\begin{cases} x = -y + 3t - 3 \\ 3y = 9t - 3 \\ z = t \end{cases} \Leftrightarrow \begin{cases} \boldsymbol{x = -3t + 1 + 3t - 3 = -2} \\ \boldsymbol{y = 3t - 1} \\ \boldsymbol{z = t} \end{cases}, \boldsymbol{t \in \mathbb{R}}.$$

0,5 pt

4. Un point M(x ; y ; z) appartient à $\mathscr{D}$ et à (ABC) si, et seulement si, il existe un réel t tel que $\begin{cases} x = -2 \\ y = 3t - 1 \\ z = t \\ 2x - y + 2z + 2 = 0 \end{cases}$.

$$\begin{cases} x = -2 \\ y = 3t - 1 \\ z = t \\ 2 \times (-2) - (3t - 1) + 2t + 2 = 0 \end{cases} \Leftrightarrow \begin{cases} x = -2 \\ y = 3t - 1 \\ z = t \\ t = -1 \end{cases} \Leftrightarrow \begin{cases} x = -2 \\ y = -4 \\ z = -1 \end{cases}.$$

La droite $\mathscr{D}$ coupe le plan (ABC) en (– 2 ; – 4 ; – 1).

1 pt

5. Un point M(x ; y ; z) appartient à la sphère et à la droite $\mathcal{D}$ si, et seulement si, il existe un réel t tel que :

$$\begin{cases} x = -2 \\ y = 3t - 1 \\ z = t \\ \text{SM} = 3 \end{cases} \Leftrightarrow \begin{cases} x = -2 \\ y = 3t - 1 \\ z = t \\ \sqrt{(x-1)^2 + (y+3)^2 + (z-1)^2} = 3 \end{cases}$$

$$\begin{cases} x = -2 \\ y = 3t - 1 \\ z = t \\ \text{SM} = 3 \end{cases} \Leftrightarrow \begin{cases} x = -2 \\ y = 3t - 1 \\ z = t \\ (-2-1)^2 + (3t-1+3)^2 + (t-1)^2 = 9 \end{cases}$$

$$\begin{cases} x = -2 \\ y = 3t - 1 \\ z = t \\ \text{SM} = 3 \end{cases} \Leftrightarrow \begin{cases} x = -2 \\ y = 3t - 1 \\ z = t \\ 9 + 9t^2 + 4 + 12t + t^2 + 1 - 2t = 9 \end{cases} \Leftrightarrow \begin{cases} x = -2 \\ y = 3t - 1 \\ z = t \\ 10t^2 + 10t + 5 = 0 \end{cases}$$

Le discriminant de l'équation du second degré est négatif, elle n'a donc pas de solution.

Il n'existe pas de point commun à $\mathcal{D}$ et à la sphère.

13 Conditionnement, indépendance

1 Loi de probabilité sur un ensemble fini

a. Définition

Soit $\Omega = \{a_1, a_2, ..., a_n\}$ un ensemble fini.

■ On définit une loi de probabilité sur Ω en donnant **la probabilité de chaque issue**, c'est-à-dire les nombres $p_1, p_2, ..., p_n$ tels que :
- pour tout i de $\{1, 2, ..., n\}$, $0 \leqslant p_i \leqslant 1$;
- $p_1 + p_2 + ... + p_n = 1$.

■ p_i est la **probabilité élémentaire** de l'événement $\{a_i\}$ et on note $p_i = p(\{a_i\})$ ou parfois plus simplement $p(a_i)$.

■ La **probabilité d'un événement** E est la somme des probabilités de toutes les issues appartenant à E.

b. Propriétés

■ Soit Ω un ensemble fini muni d'une loi de probabilité p.
$p(\Omega) = 1$ (la probabilité de l'événement certain est égale à 1).
$p(\varnothing) = 0$ (la probabilité de l'événement impossible est nulle).
Pour tout événement E, $0 \leqslant p(\text{E}) \leqslant 1$.
$p(\overline{\text{E}}) = 1 - p(\text{E})$.

■ Si A et B sont deux événements **quelconques** alors $p(\text{A} \cup \text{B}) = p(\text{A}) + p(\text{B}) - p(\text{A} \cap \text{B})$.

■ Si A et B sont deux événements **incompatibles** alors $p(\text{A} \cup \text{B}) = p(\text{A}) + p(\text{B})$.

■ Dans le cas où toutes les issues ont la même probabilité, on dit qu'il y a **équiprobabilité** et, pour tout événement E, on a :

$$p(\text{E}) = \frac{\text{card E}}{\text{card } \Omega} = \frac{\text{nombre de cas favorables}}{\text{nombre de cas possibles}}$$

où card E et card Ω désignent respectivement le nombre d'éléments de E et de Ω.

> **À NOTER**
> Les expressions suivantes *dé équilibré* ou *non pipé*, *jeu de cartes non truqué*, *boule tirée de l'urne au hasard*, *boules indiscernables au toucher*... indiquent que, pour les expériences réalisées, le modèle associé est équiprobable.

2 Probabilité conditionnelle

a. Définition

■ p désigne une probabilité sur un univers fini Ω.

A et B étant deux événements de Ω, **B étant de probabilité non nulle**, on appelle « probabilité conditionnelle de l'événement A sachant que B est réalisé » le réel $p(A/B)$ tel que $p(A \cap B) = p(A/B) \times p(B)$.

Le réel $p(A/B)$ se note aussi $p_B(A)$ et se lit aussi « probabilité de A sachant B ».

On a donc $p_B(A) = \dfrac{p(A \cap B)}{p(B)}$.

b. Arbre pondéré

▶ Vidéo

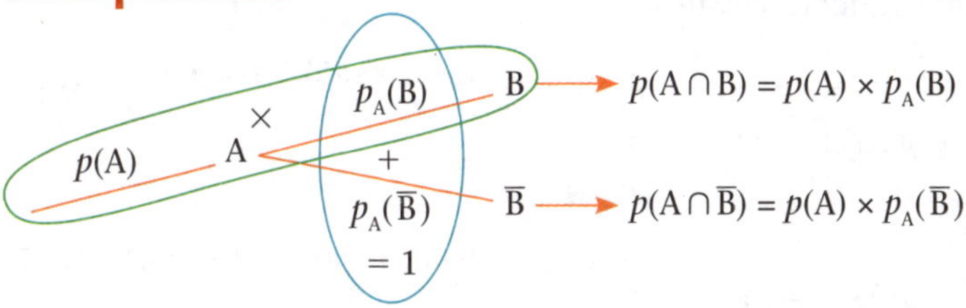

■ La **somme** des probabilités des branches issues d'un même nœud est **1**.

■ La probabilité de l'événement correspondant à un chemin est le **produit des probabilités des différentes branches** composant ce chemin.

> **À NOTER**
> Si A et B sont tous deux de probabilité non nulle, alors les probabilités conditionnelles $p_B(A)$ et $p_A(B)$ sont toutes les deux définies et on a $p_B(A)p(B) = p_A(B)p(A) = p(A \cap B)$.

c. Partition de l'univers

Définition

■ Soient Ω un univers associé à une expérience aléatoire et n un entier supérieur ou égal à 2.

Les événements $A_1, A_2, \ldots, A_n$ forment une partition de Ω si les trois conditions suivantes sont réalisées :

- pour tout $i \in \{1 ; 2 ; \ldots ; n\}$, $A_i \neq \varnothing$;
- pour tous i et j (avec $i \neq j$) de $\{1 ; 2 ; \ldots ; n\}$, $A_i \cap A_j \neq \varnothing$;
- $A_1 \cup A_2 \cup \ldots \cup A_n = \Omega$.

> **À NOTER**
> A et $\overline{A}$ forment une partition de Ω.

Probabilité d'un événement

■ Soient A_1, A_2, …, A_n une partition de l'univers Ω constituée d'événements de probabilités non nulles et B un événement quelconque contenu dans Ω.

Alors $p(B) = p(B \cap A_1) + p(B \cap A_2) + \ldots + p(B \cap A_n)$.

Ou $p(B) = p_{A_1}(B) \times p(A_1) + p_{A_2}(B) \times p(A_2) + \ldots + p_{A_n}(B) \times p(A_n)$.

■ Sur un arbre, la probabilité de l'événement B est la **somme des probabilités des différents chemins** menant à B.

Application fréquente

■ Sur la partition de Ω formée par A et $\overline{A}$, on a :

$$p(B) = p_A(B) \times p(A) + p_{\overline{A}}(B) \times p(\overline{A}),$$

et l'arbre pondéré suivant.

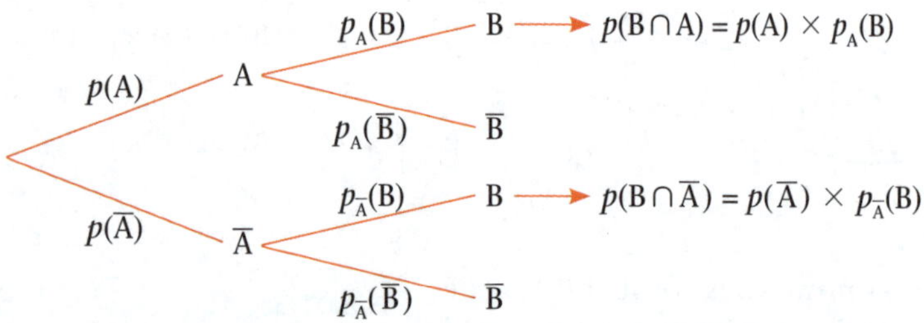

3 Indépendance

■ Soient A et B deux événements de probabilité non nulle.
A et B sont **indépendants** lorsque la réalisation de l'un ne modifie pas les chances de réalisation de l'autre.

■ Soient A et B deux événements de probabilité non nulle.
A et B sont indépendants si, et seulement si :

$$p(A/B) = p_B(A) = p(A) \text{ ou } p(B/A) = p_A(B) = p(A) \text{ ou } p(A \cap B) = p(A)p(B).$$

■ Si A et B sont indépendants, alors il en est de même pour $\overline{A}$ et B.

ROC, *p. 293*

1 Utiliser un arbre pondéré

▶ Vidéo

Énoncé

Une urne contient 3 boules vertes et 2 boules rouges indiscernables au toucher. On tire au hasard une boule dans l'urne puis une deuxième.
À l'aide d'un arbre pondéré, déterminer la probabilité des événements suivants : A « la deuxième boule est rouge » ; B « les deux boules sont de la même couleur ».

Solution commentée

Savoir-faire

- On commence par construire un arbre pondéré décrivant l'expérience aléatoire.
- On exploite ensuite la lecture de cet arbre pour déterminer des probabilités.

On notera respectivement R et V les événements « la boule tirée est rouge » et « la boule tirée est verte ».
L'arbre pondéré décrivant l'expérience peut se construire ainsi :

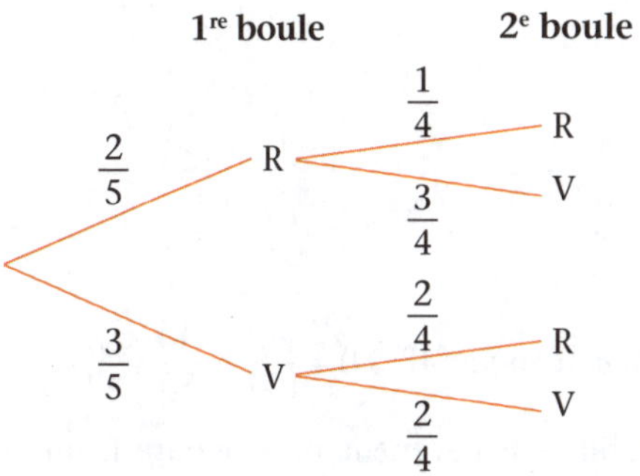

ATTENTION
À l'issue du premier tirage, la composition de l'urne change (il ne reste que 4 boules !).

L'événement A est réalisé de deux manières : en obtenant d'abord V puis R, ou d'abord R puis R.
On a donc $p(A) = \frac{3}{5} \times \frac{2}{4} + \frac{2}{5} \times \frac{1}{4} = \frac{6}{20} + \frac{2}{20} = \frac{8}{20} = \frac{2}{5}$.
L'événement B est réalisé de deux manières : en obtenant d'abord V puis V, ou d'abord R puis R.
On a donc $p(B) = \frac{3}{5} \times \frac{2}{4} + \frac{2}{5} \times \frac{1}{4} = \frac{6}{20} + \frac{2}{20} = \frac{2}{5}$.

2 Déterminer une probabilité conditionnelle

Énoncé

Au zoo, dans la fosse aux ours, on trouve 20 mâles et 30 femelles.

40 % des femelles et 70 % des mâles sont adultes.

Quelle est la probabilité qu'un individu choisi au hasard dans la fosse soit une femelle, sachant que c'est un jeune ?

Solution commentée

Savoir-faire

- On commence par identifier les événements mis en jeu.
- On écrit la formule de la probabilité conditionnelle.
- On utilise éventuellement un tableau pour vérifier le calcul.

Soient F l'événement « l'individu choisi est une femelle » et J l'événement « l'individu choisi est un jeune ».

D'après l'énoncé, on a donc $p(\bar{J}/F) = p_F(\bar{J}) = 40\ \%$ et $p(\bar{J}/\bar{F}) = p_{\bar{F}}(\bar{J}) = 70\ \%$.

On peut donc calculer :

$$p(\bar{J}) = p(\bar{J}/F) \times p(F) + p(\bar{J}/\bar{F}) \times p(\bar{F})$$

$$= \frac{40}{100} \times \frac{30}{50} + \frac{70}{100} \times \frac{20}{50} = \frac{12}{50} + \frac{14}{50} = \frac{26}{50} = \frac{13}{25} ;$$

d'où $p(J) = 1 - p(\bar{J}) = \frac{12}{25}$.

De plus, 60 % des 30 femelles sont adultes, donc $p(F \cap J) = \frac{60}{100} \times \frac{30}{50} = \frac{18}{50} = \frac{9}{25}$.

On peut donc déterminer la probabilité de l'événement F sachant J, autrement dit $p_J(F)$ ou encore $p(F/\bar{J})$:

$$p_J(F) = p(F/J) = \frac{p(F \cap J)}{p(J)} = \frac{\frac{9}{25}}{\frac{12}{25}} = \frac{9}{12} = \frac{3}{4} = 75\ \%.$$

Il y a donc 75 % de chances qu'un individu choisi au hasard dans la fosse soit une femelle, sachant que c'est un jeune.

MÉTHODE

On vérifie le calcul à l'aide d'un tableau.

	F	$\overline{F}$	
J	30 – 12 = 18	20 – 14 = 6	18 + 6 = 24
$\overline{J}$	40 % de 30 = 12	70 % de 20 = 14	12 + 14 = 26
	30	20	30 + 20 = 24 + 26 = 50

On a bien $\frac{18}{24}$ = 75 % (18 jeunes sur 24 sont des femelles).

3 Calculer la probabilité d'un événement sur une partition de l'univers

Énoncé

Dans une entreprise, trois machines fabriquent des stylos dans les proportions suivantes : 20 % sur la machine A, 30 % sur la machine B et 50 % sur la machine C. Le contrôle qualité fait apparaître que la probabilité que les stylos soient sans défaut est de 0,90 sur la machine A, 0,92 sur la machine B et 0,87 sur la machine C.

1. Calculer la probabilité qu'un stylo soit sans défaut.

2. Un stylo pris au hasard étant sans défaut, calculer la probabilité qu'il provienne de la machine A.

Solution commentée

Savoir-faire

- On commence par identifier l'univers sur lequel on travaille : l'ensemble des stylos fabriqués.
- On envisage les partitions possibles de cet univers, induites par l'énoncé : « les stylos sont avec ou sans défaut » permet de définir une première partition , « les stylos proviennent des machines A, B ou C » une seconde.
- On choisit alors la partition de cet univers la plus adaptée, c'est-à-dire celle sur laquelle on connaît les probabilités conditionnelles de notre événement.
- On écrit la formule des probabilités totales sur cette partition.

1. Soit A (respectivement B et C) l'événement « le stylo a été fabriqué par la machine A (respectivement B et C) ».

A, B et C constituent une **partition** de notre univers constitué de l'ensemble des stylos fabriqués.

Soit D l'événement « le stylo n'a pas de défaut ».

On a :

$$\begin{aligned} p(D) &= p_A(D) \times p(A) + p_B(D) \times p(B) + p_C(D) \times p(C) \\ &= 0{,}90 \times 0{,}2 + 0{,}92 \times 0{,}3 + 0{,}87 \times 0{,}5 \\ &= 0{,}891 \end{aligned}$$

Un stylo pris au hasard a donc 89,1 % de chances d'être sans défaut.

2. On calcule $p_D(A)$.

On sait que $p(A \cap D) = p_D(A) \times p(D) = p_A(D) \times p(A)$.

$$\begin{aligned} p_D(A) &= \frac{p_A(D) \times p(A)}{p(D)} \\ &= \frac{0{,}90 \times 0{,}2}{0{,}891} \\ &\approx 0{,}20 \end{aligned}$$

Un stylo pris au hasard étant sans défaut, la probabilité qu'il provienne de la machine A est donc environ de 20 %.

4 Montrer que deux événements sont indépendants

Énoncé

Un sac contient 6 jetons indiscernables au toucher : trois sont de couleur jaune et numérotés de 1 à 3, deux sont de couleur verte et numérotés de 1 à 2, et le dernier est bleu et porte le numéro 1.
On tire un jeton au hasard.
On considère les événements suivants :
J « le jeton est jaune » ;
U « le jeton porte le numéro 1 » ;
D « le jeton porte le numéro 2 ».

Les événements U et J sont-ils indépendants ?
Les événements D et J sont-ils indépendants ?

MÉTHODE

Solution commentée

Savoir-faire

- Dans un premier temps, on doit vérifier que les probabilités des événements ne sont pas nulles.
- Il existe ensuite 3 possibilités pour déterminer si deux événements A et B sont indépendants :

– comparer $p(\text{A})$ et $p_{\text{B}}(\text{A})$;
– comparer $p(\text{B})$ et $p_{\text{A}}(\text{B})$;
– comparer $p(\text{A} \cap \text{B})$ et $p(\text{A}) \times p(\text{B})$.

On se trouve en situation d'équiprobabilité, on peut donc écrire :

$p(\text{U}) = \frac{3}{6} = \frac{1}{2}$, $p(\text{J}) = \frac{3}{6} = \frac{1}{2}$ et $p(\text{D}) = \frac{2}{6} = \frac{1}{3}$.

Les événements ne sont donc pas impossibles.

$p(\text{U} \cap \text{J}) = \frac{1}{6}$ (un seul jeton jaune porte le numéro 1)

et $p(\text{U}) \times p(\text{J}) = \frac{1}{2} \times \frac{1}{2} = \frac{1}{4} \neq \frac{1}{6}$,

donc $p(\text{U} \cap \text{J}) \neq p(\text{U}) \times p(\text{J})$.

Les événements U et J ne sont donc pas indépendants.

$p(\text{D} \cap \text{J}) = \frac{1}{6}$ et $p(\text{D}) \times p(\text{J}) = \frac{1}{3} \times \frac{1}{2} = \frac{1}{6}$,

donc $p(\text{D} \cap \text{J}) = p(\text{D}) \times p(\text{J})$.

Les événements D et J sont donc indépendants.

Pour réussir le jour J

LES ERREURS À NE PAS COMMETTRE

• Il ne faut pas confondre événements indépendants et événements incompatibles :
– 2 événements A et B sont **indépendants** si $p(A \cap B) = p(A)p(B)$;
– 2 événements A et B sont **incompatibles** si $A \cap B = \varnothing$.

Exercices 4, 7 et 9, p. 293-294

• Il ne faut pas croire que l'indépendance de deux événements est liée à leur nature. Votre intuition ne peut en rien vous aider à déterminer si deux événements A et B sont indépendants. Seul le **calcul** peut vous apporter la réponse.
Les événements A et B peuvent être indépendants, alors que les événements A et C ne le sont pas, même si B et C se « ressemblent ».

Exercice 9, p. 294

• Souvenez-vous qu'un arbre peut prendre beaucoup de place : évaluez l'espace nécessaire au brouillon avant de démarrer !

Exercice 9, p. 294

• Il est important de ne pas conditionner une probabilité par un événement impossible. En effet, si $p(B) = 0$, on ne peut pas calculer $\frac{p(A \cap B)}{p(B)}$, donc $p_B(A)$.

Exercices 4, 7 et 9, p. 293-294

• Lisez bien les consignes ! Lors d'un enchaînement, interrogez-vous toujours sur les conséquences de la première issue sur les conditions de réalisation de la deuxième expérience.

Par exemple, après un tirage sans remise dans une urne contenant 3 boules rouges et 2 boules vertes, la probabilité de tirer une boule rouge n'est plus de $\frac{3}{5}$ (comme dans un tirage avec remise) et il ne reste que 4 boules dans l'urne (dont la composition dépend bien évidemment du premier tirage).

Dans des situations moins classiques, avec des énoncés plus complexes tels que le choix d'un élève dans une classe, une lecture trop rapide vous fera vite oublier l'incidence de ce choix sur l'effectif total de la classe.

10 qcm pour réviser le cours

Corrigés, p. 297

1 Lors du lancer successif de 2 pièces, les événements A « la première pièce donne face » et B « les pièces donnent le même résultat » sont :

- ❑ **a.** indépendants.
- ❑ **b.** incompatibles.
- ❑ **c.** les deux.

2 On considère deux événements A et B tels que $p(A) = 0,5$; $p(B) = 0,2$ et $p(A \cup B) = 0,7$.
Ces deux événements sont :

- ❑ **a.** indépendants.
- ❑ **b.** incompatibles.
- ❑ **c.** ni l'un ni l'autre.

3 Quelle valeur doit prendre $p(2)$ pour que la loi P définie par le tableau soit une loi de probabilité sur $\Omega = \{1, 2, 3, 4, 5, 6\}$?

x	1	2	3	4	5	6
$p(x)$	$\frac{1}{20}$	?	$\frac{3}{20}$	$\frac{4}{20}$	$\frac{5}{20}$	$\frac{6}{20}$

❑ **a.** $\frac{1}{20}$. ❑ **b.** $\frac{2}{20}$. ❑ **c.** $\frac{6}{20}$.

4 On tire au hasard une carte dans un jeu de 32 cartes : c'est une carte rouge. Quelle est la probabilité que ce soit le valet de cœur ?

❑ **a.** $\frac{1}{32}$. ❑ **b.** $\frac{1}{16}$. ❑ **c.** $\frac{4}{32}$.

5 Dans une classe, il y a 40 % de filles et 60 % de sportifs. Sachant que 70 % des filles pratiquent un sport, quelle est la probabilité pour qu'une personne faisant du sport soit une fille ?

❑ **a.** $\frac{6}{7}$. ❑ **b.** $\frac{7}{15}$. ❑ **c.** 30 %.

6 Dans la formule « 1 entrée + 1 plat + 1 dessert au choix », j'ai le choix entre 2 entrées, 3 plats et 4 desserts. En composant le menu au hasard, quelle est la probabilité que mon déjeuner comporte un steak-frites et une glace?

❑ **a.** $\frac{1}{24}$. ❑ **b.** $\frac{1}{12}$. ❑ **c.** $\frac{1}{8}$.

QCM 7 à 10

Un lecteur d'une bibliothèque est féru de romans policiers et de biographies. Cette bibliothèque lui propose 150 romans policiers et 50 biographies. 40 % des écrivains de romans policiers et 70 % des écrivains de biographies sont français. Le lecteur choisit un livre au hasard parmi les 200 ouvrages.

7 La probabilité que le lecteur choisisse un roman policier est :

❑ **a.** 0,4. ❑ **b.** 0,75. ❑ **c.** $\frac{1}{150}$.

8 Le lecteur ayant choisi un roman policier, la probabilité que l'auteur soit français est :

❑ **a.** 0,3. ❑ **b.** 0,8. ❑ **c.** 0,4.

9 La probabilité que le lecteur choisisse un roman policier français est :

❑ **a.** 0,4. ❑ **b.** 0,3. ❑ **c.** $\frac{1}{3}$.

10 Le lecteur est venu 2 fois à la bibliothèque ; la probabilité qu'il ait choisi au moins un roman policier est :

- ❑ **a.** $1 - 0,25^2$.
- ❑ **b.** $2 \times 0,75$.
- ❑ **c.** $0,75 \times 0,25^2$.

Exercices

Exercice 1 (niveau 1)

Corrigés, p. 298

On dispose d'un dé cubique pipé dont les faces sont numérotées de 1 à 6.
On lance le dé et on observe le nombre sur la face du dessus.
On note p_i la probabilité de l'événement « le nombre obtenu est i » pour tout entier i compris entre 1 et 6.

1. Calculer les p_i, pour i de 1 à 6, sachant que :

$p_1 = p_2$;

$p_3 = 3p_1$;

$p_4 = p_5 = 2p_1$;

$p_6 = 2p_3$.

2. Calculer la probabilité d'obtenir un chiffre impair.

Exercice 2 (niveau 1)

Corrigés, p. 299

Un QCM est composé de 4 questions. Pour chacune des questions, 3 réponses sont proposées, une seule est correcte. Un candidat s'en remet au hasard.

1. Quelle est la probabilité pour que sa première réponse soit la bonne ?
2. Quelle est la probabilité qu'il donne les bonnes réponses aux 2 premières questions ?
3. Quelle est la probabilité qu'il donne les bonnes réponses aux 4 questions ?

Exercice 3 (niveau 1)

Corrigés, p. 299

Une étude de marché a été réalisée sur un échantillon de 500 personnes. L'enquête a donné les résultats suivants.

	Moins de 50 ans	50 ans et plus
Intéressée par le produit	125	200
Pas intéressée par le produit	80	95

On choisit au hasard une personne de l'échantillon.
On considère les événements :

A : La personne interrogée est intéressée par le produit ;

B : La personne interrogée a moins de 50 ans.

Calculer la probabilité de $A \cap B$, $A \cap \overline{B}$, $\overline{A} \cap B$ et $\overline{A} \cap \overline{B}$.

Construire les deux arbres pondérés possibles pour décrire cette expérience. (On arrondira les probabilités à 0,01 près.)

Exercice 4 (niveau 2)

Corrigés, p. 300

ROC

Si A et B sont indépendants, alors il en est de même pour $\overline{A}$ et B.

Exercice 5 (niveau 2)

Corrigés, p. 301

On considère un échantillon de 100 personnes composé de 60 femmes et 40 hommes.

30 hommes et 40 femmes ont les yeux couleur marron.

On choisit une personne au hasard dans cet échantillon.

1. Sachant que cette personne est un homme, quelle est la probabilité qu'il ait les yeux marron ?

2. Sachant que cette personne a les yeux marrons, quelle est la probabilité que ce soit un homme ?

Exercice 6 (niveau 2)

Corrigés, p. 301

Une maladie atteint 5 % de la population

Un test de dépistage donne les résultats suivants :

– chez les individus malades, 98 % des test sont positifs, les autres étant négatifs ;

– chez les individus non-malades, 96 % des test sont négatifs, les autres étant positifs.

1. Quelle est la probabilité d'avoir un test négatif ? d'avoir un test positif ?

2. Quelle est la probabilité d'être malade alors que le test est négatif ?

3. Quelle est la probabilité de ne pas être malade alors que le test est positif ?

Exercice 7 (niveau 3)

Corrigés, p. 302

ROC

Justifier par un schéma que $\overline{A} \cap \overline{B} = \overline{A \cup B}$.

Montrer que si A et B sont indépendants, alors il en est de même pour $\overline{A}$ et $\overline{B}$.

ENTRAÎNEMENT

Exercice 8 (30 min, 6 pts)

Corrigés, p. 302

TYPE BAC

Une entreprise confie à une société de sondage par téléphone une enquête sur la qualité de ses produits.

On admet que lors du premier appel téléphonique, la probabilité que le correspondant ne décroche pas est 0,3 et que s'il décroche la probabilité pour qu'il réponde au questionnaire est 0,2.

On pourra construire un arbre pondéré.

1. On note D1 l'événement « la personne décroche au premier appel » et R1 l'événement « la personne répond au questionnaire lors du premier appel ».

Calculer la probabilité de l'événement R1.

2. Lorsqu'une personne ne décroche pas au premier appel, on la contacte une seconde fois.

La probabilité pour que le correspondant ne décroche pas la seconde fois est 0,2 et la probabilité pour qu'il réponde au questionnaire sachant qu'il décroche est 0,3.

Si une personne ne décroche pas lors du second appel, on ne tente plus de la contacter.

On note D2 l'événement « la personne décroche au second appel », R2 l'événement « la personne répond au questionnaire lors du second appel » et R l'événement « la personne répond au questionnaire ».

Montrer que la probabilité de l'événement R est 0,212.

3. Sachant qu'une personne a répondu au questionnaire, calculer la probabilité pour que la réponse ait été donnée lors du premier appel (on donnera la réponse arrondie au millième).

Exercice 9 (40 min, 7 pts)

Corrigés, p. 303

TYPE BAC

On dispose d'un dé cubique dont les faces sont numérotées de 1 à 6. Le dé est pipé de telle sorte que les probabilités d'obtenir la face numérotée i (i entier compris entre 1 et 6) lors d'un lancer vérifient les conditions suivantes :

– les nombres $p_1, p_2, p_3, p_4, p_5, p_6$ dans cet ordre sont les six premiers termes d'une suite arithmétique de raison r **non nulle** ;

– les nombres p_1, p_2, p_4 dans cet ordre sont trois termes consécutifs d'une suite géométrique.

1. Montrer que $p_i = \dfrac{i}{21}$ pour tout i de $\{1, 2, 3, 4, 5, 6\}$.

2. On lance le dé une première fois et on considère les événements A « le nombre obtenu est pair », B « le nombre obtenu est supérieur ou égal à 3 », C « le nombre obtenu est 3 ou 4 ».

a. Calculer $p(\mathrm{A})$, $p(\mathrm{B})$ et $p(\mathrm{C})$.

b. Calculer la probabilité que le nombre obtenu soit supérieur ou égal à 3 sachant qu'il est pair.

c. Les événements A et B sont-ils indépendants ?
Les événements A et C sont-ils indépendants ?

3. On dispose en outre d'une urne U_1 contenant une boule blanche et trois boules noires et d'une urne U_2 contenant deux boules blanches et une boule noire.
Le jeu se déroule de la façon suivante.
Le joueur lance le dé pipé étudié précédemment :
– s'il obtient un nombre pair, il tire au hasard une boule de l'urne U_1 ;
– s'il obtient un nombre impair, il tire au hasard une boule de l'urne U_2.
Le joueur est gagnant lorsqu'il tire une boule blanche.
On note G cet événement.
Les tirages sont supposés équiprobables.

a. Déterminer $p(\mathrm{G} \cap \mathrm{A})$, puis $p(\mathrm{G})$.

b. Le joueur est gagnant. Déterminer la probabilité qu'il ait obtenu un nombre pair lors du lancer de dé.

Exercice 10 (40 min, 8 pts)

Corrigés, p. 305

TYPE BAC

1. Une fourmi se déplace sur les arêtes d'une pyramide SABCD de sommet S.
Depuis un sommet quelconque, à chaque minute, elle se dirige au hasard et, de manière équiprobable, arrive sur un sommet voisin.

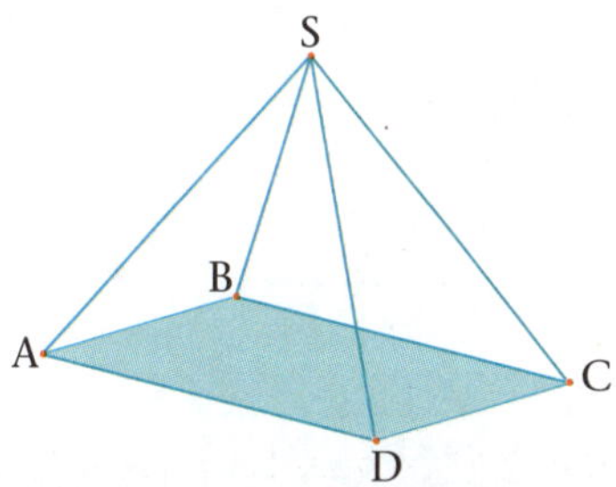

On suppose que la fourmi se trouve en A au départ de l'expérience.

a. Au bout de deux minutes, quelle est la probabilité :

– qu'elle soit en A ?

– qu'elle soit en B ?

– qu'elle soit en S ?

b. Pour tout entier naturel n supérieur ou égal à 1, on note S_n l'événement « la fourmi se trouve en S au bout de n minutes » et p_n la probabilité de cet événement.

Donner p_1 et p_2.

En justifiant que $S_{n+1} = S_{n+1} \cap \overline{S}_n$, montrer que :

$$p_{n+1} = \frac{1}{3}(1 - p_n).$$

2. On considère la suite définie par :

$$p_1 = \frac{1}{3} \text{ et } p_{n+1} = \frac{1}{3}(1 - p_n).$$

Montrer par récurrence que, pour tout n entier naturel supérieur ou égal à 1, on a :

$$p_n = \frac{1}{4}\left(1 - \left(\frac{-1}{3}\right)^n\right).$$

3. Quelle est la probabilité que la fourmi se trouve en S au bout d'un quart d'heure ?

Déterminer la limite de p_n lorsque n tend vers $+\infty$.

En donner une interprétation.

QCM

1 **a.** Les issues équiprobables sont PP, PF, FP, FF.

On a donc $p(\mathrm{A}) = \frac{1}{2}$, $p(\mathrm{B}) = \frac{2}{4} = \frac{1}{2}$ et $p(\mathrm{A} \cap \mathrm{B}) = \frac{1}{4}$,

donc $p(\mathrm{A} \cap \mathrm{B}) = p(\mathrm{A}) \times p(\mathrm{B})$, A et B sont donc indépendants.

De plus, $p(\mathrm{A} \cap \mathrm{B}) \neq 0$, donc A et B ne sont pas incompatibles.

2 **b.** $p(\mathrm{A} \cup \mathrm{B}) = p(\mathrm{A}) + p(\mathrm{B}) - p(\mathrm{A} \cap \mathrm{B})$, donc $p(\mathrm{A} \cap \mathrm{B}) = 0$.

A et B sont donc incompatibles.

De plus, $p(\mathrm{A} \cap \mathrm{B}) \neq p(\mathrm{A}) \times p(\mathrm{B})$, donc A et B ne sont pas indépendants.

3 **a.** On vérifie pour chaque issue que chaque probabilité élémentaire est un réel compris entre 0 et 1 et, pour l'univers, que la somme des probabilités élémentaires est égale à 1.

On trouve donc $\frac{1}{20}$.

4 **b.** Un calcul direct par simple restriction de l'univers aux 16 cartes rouges est possible. Il y a donc une chance sur 16 que la carte tirée soit le valet.

Sinon, sur l'univers formé des 32 cartes, soient les événements VC « la carte tirée est le valet de cœur » et R « la carte tirée est rouge ».

$$\text{On a } p_{\mathrm{R}}(\mathrm{VC}) = p\frac{(\mathrm{VC} \cap \mathrm{R})}{p(\mathrm{R})} = \frac{\frac{1}{32}}{\frac{16}{32}} = \frac{1}{16}.$$

5 **b.** On utilise $p(\mathrm{F} \cap \mathrm{S}) = p_{\mathrm{F}}(\mathrm{S}) \times p(\mathrm{F}) = p_{\mathrm{S}}(\mathrm{F}) \times p(\mathrm{S})$.

$$\text{On a donc } p_{\mathrm{S}}(\mathrm{F}) = \frac{p_{\mathrm{F}}(\mathrm{S}) \times p(\mathrm{F})}{p(\mathrm{S})} = \frac{70}{100} \times \frac{40}{60} = \frac{14}{30} = \frac{7}{15}.$$

6 **b.** Il y a $2 \times 3 \times 4 = 24$ menus distincts, dont 2 comportent un steak-frites et une glace et ne diffèrent que par l'entrée.

La réponse est donc $\frac{2}{24} = \frac{1}{12}$.

La construction de l'arbre permet aussi de répondre :

$$\frac{1}{2} \times \frac{1}{3} \times \frac{1}{4} + \frac{1}{2} \times \frac{1}{3} \times \frac{1}{4} = \frac{2}{24} = \frac{1}{12}.$$

7 **b.** On est en situation d'équiprobabilité. Il y a donc 150 chances sur 200 de choisir un roman policier, soit une probabilité de 0,75.

8 c. Un calcul direct par simple restriction de l'univers aux 150 romans policiers est possible. On a donc 40 % de chances que l'auteur soit français. La probabilité est donc de 0,4. Sinon, sur l'univers formé des 200 romans, soient les événements RF « le livre est un roman policier français » et R « le livre est un roman policier ».

On a $p_R(\text{RF}) = p\dfrac{(\text{RF} \cap \text{R})}{p(\text{R})} = \dfrac{\dfrac{40 \times \dfrac{150}{100}}{200}}{\dfrac{150}{200}} = \dfrac{40}{100} = 0{,}4.$

9 b. Avec les notations précédentes, il s'agit de :

$$p(\text{RF} \cap \text{R}) = \frac{40 \times \dfrac{150}{100}}{200} = \frac{60}{200} = 0{,}3.$$

10 a. Soit B l'événement « le livre choisi est une biographie ».

On a $p(\text{B}) = \dfrac{50}{200} = 0{,}25.$

La probabilité que le lecteur ait choisi au moins un roman policier se calcule grâce à la probabilité de l'événement contraire, c'est-à-dire la probabilité qu'il ait choisi deux biographies.

La construction de l'arbre pondéré nous permet d'obtenir cette probabilité : $0{,}25 \times 0{,}25 = 0{,}25^2$.

La bonne réponse est donc $1 - 0{,}25^2$.

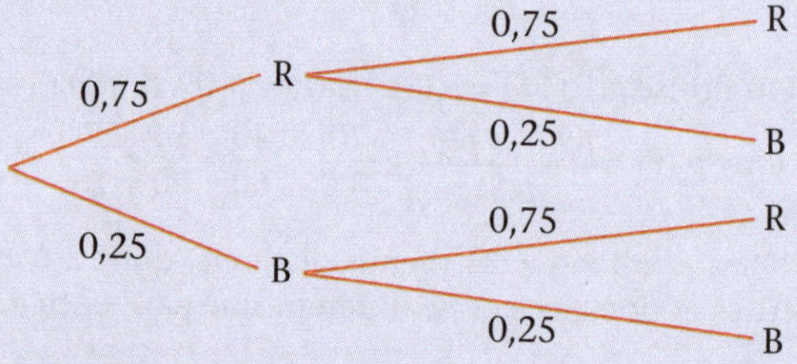

Exercice 1

1. On a $p_1 + p_2 + p_3 + p_4 + p_5 + p_6 = 1$, d'où $p_1 + p_1 + 3p_1 + 2p_1 + 2p_1 + 2 \times 3p_1 = 1$.

Donc $15p_1 = 1$ et, par suite, $p_1 = \dfrac{1}{15}$, $p_2 = \dfrac{1}{15}$, $p_3 = \dfrac{3}{15}$, $p_4 = \dfrac{2}{15}$, $p_5 = \dfrac{2}{15}$ et $p_6 = \dfrac{6}{15} = \dfrac{2}{5}$.

2. L'événement « obtenir un chiffre impair » est réalisé par les issues 1, 3 et 5.
Sa probabilité est donc $p_1 + p_3 + p_5 = \frac{6}{15} = \frac{2}{5}$.

Exercice 2

1. Il y a équiprobabilité, donc **la probabilité que la réponse du candidat soit la bonne est de $\frac{1}{3}$.**

2. On construit l'arbre pondéré (on note J l'événement « la réponse est correcte »).

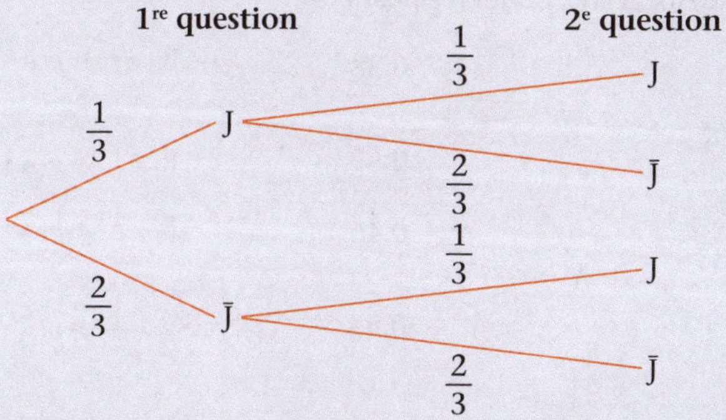

La probabilité d'obtenir les bonnes réponses aux 2 premières questions est donc $\left(\frac{1}{3}\right)^2 = \frac{1}{9}$.

3. En prolongeant le raisonnement, et l'arbre, on peut affirmer que **la probabilité qu'il donne les 4 bonnes réponses est $\left(\frac{1}{3}\right)^4 = \frac{1}{81}$.**

> **CONSEIL**
> Un bon schéma vaut mieux qu'un long discours : « Un arbre pondéré correctement construit constitue une preuve. »
> *(Extrait du programme officiel)*

Exercice 3

Grâce au tableau, on calcule :

$p(\mathrm{A}) = \frac{125 + 200}{500} = 0{,}65$ et $p(\mathrm{B}) = \frac{125 + 80}{500} = 0{,}41$.

$p(\mathrm{A} \cap \mathrm{B}) = \frac{125}{500} = \mathbf{0{,}25}$ $\qquad p(\mathrm{A} \cap \overline{\mathrm{B}}) = \frac{200}{500} = \mathbf{0{,}4}$

$p(\overline{\mathrm{A}} \cap \mathrm{B}) = \frac{80}{500} = \mathbf{0{,}16}$ $\qquad p(\overline{\mathrm{A}} \cap \overline{\mathrm{B}}) = \frac{95}{500} = \mathbf{0{,}19}$

Puis, pour compléter les arbres :

$$p_A(B) = \frac{p(A \cap B)}{p(A)} = \frac{0{,}25}{0{,}65} = \frac{5}{13} \approx 0{,}38$$

$$p_B(A) = \frac{p(A \cap B)}{p(B)} = \frac{0{,}25}{0{,}41} = \frac{25}{41} \approx 0{,}61$$

$$p_{\overline{A}}(B) = \frac{p(B \cap \overline{A})}{p(\overline{A})} = \frac{0{,}16}{1 - 0{,}65} = \frac{16}{35} \approx 0{,}46$$

$$p_{\overline{B}}(A) = \frac{p(A \cap \overline{B})}{p(\overline{B})} = \frac{0{,}4}{1 - 0{,}41} = \frac{40}{59} \approx 0{,}68$$

Il y a deux arbres pondérés possibles.

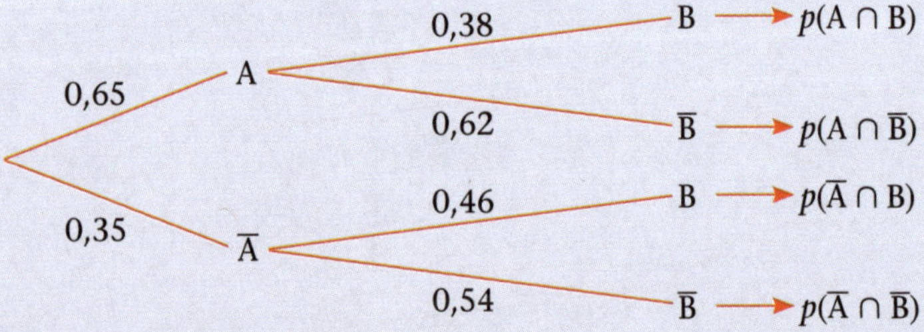

Ou :

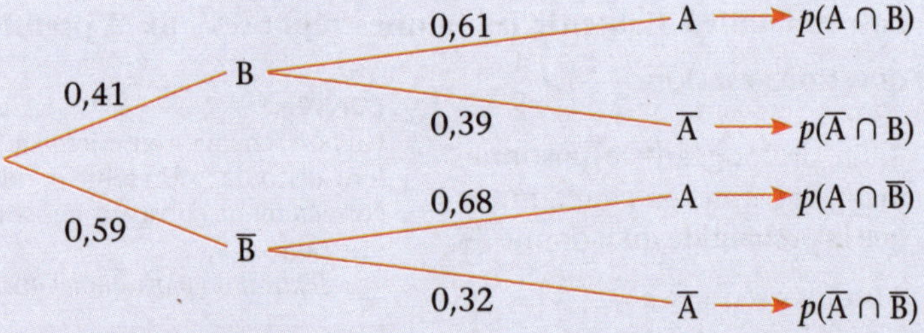

Exercice 4

A et $\overline{A}$ forment une partition de l'univers.

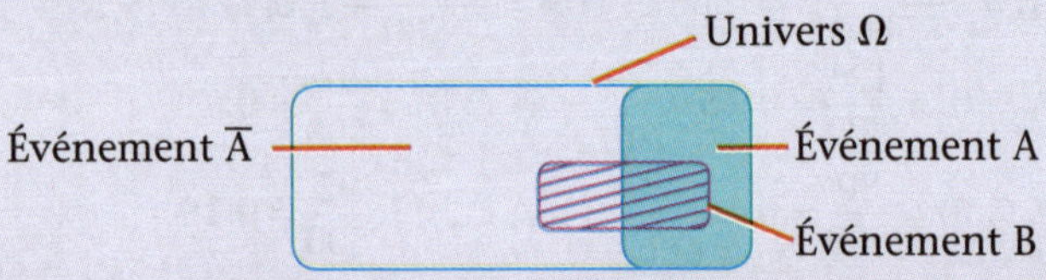

On a $B = (B \cap A) \cup (B \cap \overline{A})$ et $(B \cap A) \cap (B \cap \overline{A}) = \varnothing$.
En utilisant la formule de probabilité d'une réunion d'événements, on a donc $p(B) = p(B \cap A) + p(B \cap \overline{A}) - p\big((B \cap A) \cap (B \cap \overline{A})\big)$, d'où $p(B \cap \overline{A}) = p(B) - p(B \cap A)$ et, si A et B sont indépendants, alors $p(A \cap B) = p(A) \times p(B)$.
Par suite, $p(B \cap \overline{A}) = p(B) - p(A) \times p(B) = p(B)\big(1 - p(A)\big) = p(B) \times p(\overline{A})$; donc $\overline{A}$ et B sont indépendants.
Conclusion : si A et B sont indépendants, alors il en est de même pour $\overline{A}$ et B.

Exercice 5

Soient H l'événement « la personne est un homme » et M l'événement « la personne a les yeux marrons ».

1. $p_H(M) = \dfrac{p(M \cap H)}{p(H)} = \dfrac{30}{40} = 0{,}75$.

2. $p_M(H) = \dfrac{p(H \cap M)}{p(M)} = \dfrac{30}{70} = \dfrac{3}{7}$.

Tableau récapitulatif :

	H	$\overline{H}$	
M	30	40	70
$\overline{M}$	10	20	30
	40	60	100

À NOTER
La formule de probabilité sur une partition s'appelle la **formule des probabilités totales.** La **formule de Bayes** en est une conséquence directe :
$$p_B(A) = \frac{p_A(B) \times p(A)}{p(B)}.$$
On l'utilise, sans la nommer, dans de nombreux exercices.

Exercice 6

On note M l'événement « l'individu est malade » et P l'événement « le test est positif ».
Tableau récapitulatif :

	P	$\overline{P}$	
M	98 % de 5 % = 4,9 %	2 % de 5 % = 0,1 %	5 %
$\overline{M}$	4 % de 95 % = 3,8 %	96 % de 95 % = 91,2 %	95 %
	8,70 %	91,30 %	100 %

1. $p(\overline{\mathrm{P}}) = p_{\mathrm{M}}(\overline{\mathrm{P}}) \times p(\mathrm{M}) + p_{\overline{\mathrm{M}}}(\overline{\mathrm{P}}) \times p(\overline{\mathrm{M}}) = 0{,}02 \times 5\ \% + 0{,}96 \times 95\ \%$

$= 0{,}1\ \% + 91{,}2\ \% = 91{,}3\ \% = \mathbf{0{,}9130}$;

d'où $p(\mathrm{P}) = 1 - p(\overline{\mathrm{P}}) = 1 - 91{,}3\ \% = 8{,}7\ \% = \mathbf{0{,}0870}$.

2. $p_{\overline{\mathrm{P}}}(\mathrm{M}) = \dfrac{p(\overline{\mathrm{P}} \cap \mathrm{M})}{p(\overline{\mathrm{P}})} = \dfrac{0{,}1}{91{,}3} = \dfrac{1}{913} \approx \mathbf{0{,}0011}$.

3. $p_{\mathrm{P}}(\overline{\mathrm{M}}) = \dfrac{p(\mathrm{P} \cap \overline{\mathrm{M}})}{p(\mathrm{P})} = \dfrac{3{,}8}{8{,}7} = \dfrac{38}{87} \approx \mathbf{0{,}4368}$.

> **À NOTER**
> Un arbre pondéré bien construit aurait aussi permis de conclure.

Exercice 7

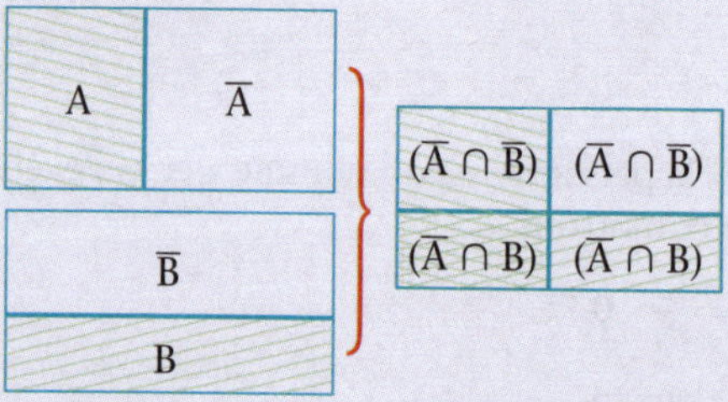

> **À NOTER**
> Pour tout événement A, A et $\overline{\mathrm{A}}$ forment une partition de l'univers.

On a donc $\overline{\mathrm{A}} \cap \overline{\mathrm{B}} = \overline{\mathrm{A} \cup \mathrm{B}}$ (zone non hachurée).

On a alors :

$p(\overline{\mathrm{A}} \cap \overline{\mathrm{B}}) = p(\overline{\mathrm{A} \cup \mathrm{B}}) = 1 - p(\mathrm{A} \cup \mathrm{B}) = 1 - (p(\mathrm{A}) + p(\mathrm{B}) - p(\mathrm{A} \cap \mathrm{B}))$

$= 1 - p(\mathrm{A}) - p(\mathrm{B}) + p(\mathrm{A} \cap \mathrm{B})$.

Si A et B sont indépendants, alors $p(\mathrm{A} \cap \mathrm{B}) = p(\mathrm{A}) \times p(\mathrm{B})$,

donc $p(\overline{\mathrm{A}} \cap \overline{\mathrm{B}}) = 1 - p(\mathrm{A}) - p(\mathrm{B}) + p(\mathrm{A}) \times p(\mathrm{B}) = (1 - p(\mathrm{A}))(1 - p(\mathrm{B}))$

$= p(\overline{\mathrm{A}}) \times p(\overline{\mathrm{B}})$.

$\overline{\mathrm{A}}$ et $\overline{\mathrm{B}}$ sont donc indépendants.

Conclusion : si A et B sont indépendants, alors il en est de même pour $\overline{\mathrm{A}}$ et $\overline{\mathrm{B}}$.

Exercice 8

2,5 pts

1. On construit l'arbre suivant :

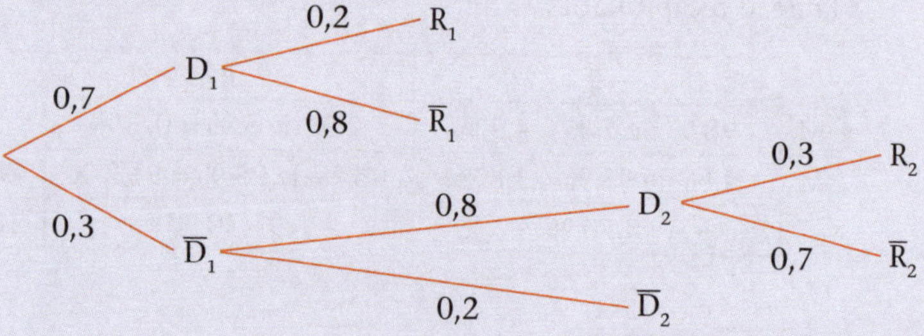

On a alors $p(\text{R}_1) = p(\text{R}_1 \cap \text{D}_1) = 0{,}7 \times 0{,}2 = 0{,}14$.

La probabilité de R_1 est donc de 0,14.

2 pts **2.** $p(\text{R}) = p(\text{R}_1 \cup \text{R}_2) = p(\text{R}_1) + p(\text{R}_2)$ car $\text{R}_1 \cap \text{R}_2 = \varnothing$.

D'où $p(\text{R}) = 0{,}14 + 0{,}3 \times 0{,}8 \times 0{,}3 = 0{,}14 + 0{,}072 = 0{,}212$.

La probabilité de R est donc bien de 0,212.

1,5 pt **3.** $p_R(\text{R}_1) = \dfrac{p(\text{R}_1 \cap \text{R})}{p(\text{R})} = \dfrac{p(\text{R}_1)}{p(\text{R})}$ car $\text{R}_1 \cap \text{R} = \text{R}_1$.

D'où $p_R(R_1) = \dfrac{0{,}14}{0{,}212} \approx 0{,}660$.

La probabilité que la personne ait donné la réponse au premier appel sachant qu'elle a répondu au questionnaire est donc environ de 0,660.

Exercice 9

1,5 pt **1.** On sait que $p_1 + p_2 + p_3 + p_4 + p_5 + p_6 = 1$.

De plus, $p_1, p_2, p_3, p_4, p_5, p_6$ étant les six premiers termes d'une suite arithmétique de raison r, on a :

$p_i = p_1 + (i-1)r$ pour tout i de $\{1, 2, 3, 4, 5, 6\}$.

Donc $p_1 + p_2 + p_3 + p_4 + p_5 + p_6 = 6 \times \left(p_1 + \dfrac{5}{2}r\right)$,

d'où la première équation liant p_1 et r : $2p_1 + 5r = \dfrac{1}{3}$.

On sait de plus que p_1, p_2, p_4 sont trois termes consécutifs d'une suite géométrique, donc $\dfrac{p_2}{p_1} = \dfrac{p_4}{p_2}$ et, par suite, $p_1 \times p_4 = p_2^2$.

On obtient alors $p_1 \times (p_1 + 3r) = (p_1 + r)^2$ et, par suite, $r^2 = r \times p_1$.

La condition r non nul permet d'établir la deuxième équation liant r et p_1 : $r = p_1$.

Des deux équations, on tire $p_1 = r = \dfrac{1}{21}$ et donc $p_2 = p_1 + r = \dfrac{2}{21}$...

D'où, **pour tout *i* de {1, 2, 3, 4, 5, 6}, $\mathbf{p}_i = \dfrac{i}{21}$.**

1,5 pt **2. a.** L'événement A est réalisé par les issues 2, 4 et 6.

On a donc $p(\text{A}) = p_2 + p_4 + p_6$,

d'où $p(\text{A}) = \dfrac{2+4+6}{21} = \dfrac{12}{21} = \mathbf{\dfrac{4}{7}}$.

CORRIGÉS
13. Conditionnement, indépendance

De même, $p(B) = p_3 + p_4 + p_6 + p_6 = \frac{18}{21} = \frac{6}{7}$

et $p(C) = p_3 + p_4 = \frac{7}{21} = \frac{1}{3}$.

1 pt **b.** $B \cap A = \{4, 6\}$,

donc $p(B \cap A) = p_4 + p_6 = \frac{10}{21}$.

On a donc $p_A(B) = \frac{p(A \cap B)}{p(A)} = \frac{\frac{10}{21}}{\frac{12}{21}} = \frac{5}{6}$.

1 pt **c.** $p(A) \times p(B) = \frac{4}{7} \times \frac{6}{7} = \frac{24}{49} \neq \frac{10}{21}$,

donc $p(A) \times p(B) \neq p(A \cap B)$.

Les événements A et B ne sont donc pas indépendants.

$p(A) \times p(C) = \frac{4}{7} \times \frac{7}{21} = \frac{4}{21}$ et $p(A \cap C) = p_4$, donc $p(A) \times p(C) = p(A \cap C)$.

Les événements A et C sont donc indépendants.

1 pt **3. a.** Les tirages étant équiprobables, dans l'urne U_1, on a une probabilité de tirer une boule blanche de $\frac{1}{4}$ $p_A(G)$, et dans l'urne U_2 de $\frac{2}{3}$ $p_{\overline{A}}(G)$.

$$p(G \cap A) = p_A(G) \times p(A) = \frac{1}{4} \times \frac{4}{7} = \frac{1}{7}.$$

On a $p(G) = p(G \cap A) + p(G \cap \overline{A})$,

donc $p(G) = p_A(G) \times p(A) + p_{\overline{A}}(G) \times p(\overline{A})$,

d'où $p(G) = \frac{1}{4} \times \frac{4}{7} + \frac{2}{3} \times \frac{3}{7} = \frac{3}{7}$.

1 pt **b.** $p_G(A) = \frac{p(A \cap G)}{p(G)} = \frac{\frac{1}{7}}{\frac{3}{7}} = \frac{1}{3}$.

La probabilité que le joueur ait obtenu un nombre pair sachant qu'il est gagnant est donc de $\frac{1}{3}$.

Exercice 10

2,5 pts

1. a. Partant de A, on obtient l'arbre suivant.

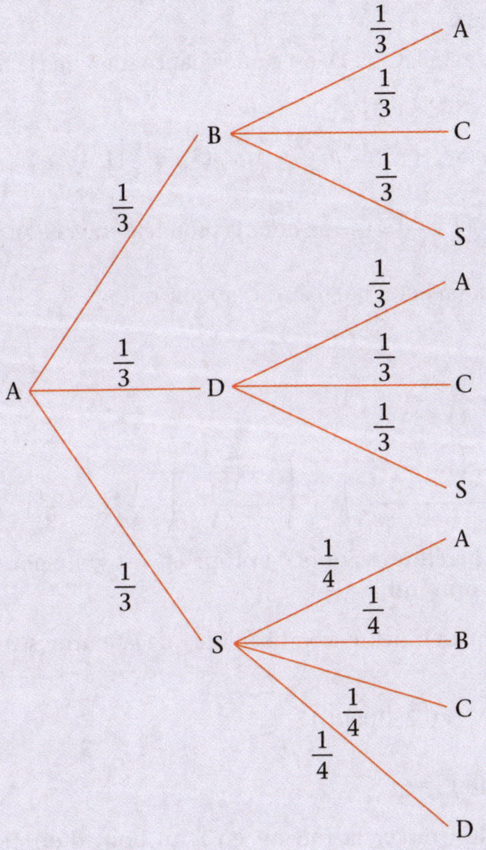

CONSEIL
Il s'agit tout d'abord de remarquer que les sommets A, B, C et D ont 3 voisins, alors que le sommet S en a 4.

La probabilité de revenir en A au bout des 2 minutes est donc de $\left(\frac{1}{3}\right)^2+\left(\frac{1}{3}\right)^2\times\frac{1}{3}\times\frac{1}{4}=\mathbf{\frac{11}{36}}$, celle d'arriver en B est de $\frac{1}{3}\times\frac{1}{4}=\mathbf{\frac{1}{12}}$ et celle d'arriver en S est de $\left(\frac{1}{3}\right)^2+\left(\frac{1}{3}\right)^2=\mathbf{\frac{2}{9}}$.

2,5 pts **b.** D'après l'arbre, on a donc $p_1 = \frac{1}{3}$ et $p_2 = \frac{2}{9}$.

On ne peut pas arriver sur S en venant de S, donc $S_{n+1} \cap S_n = \varnothing$.
D'où $S_{n+1} = S_{n+1} \cap \overline{S}_n$.
De plus, venant de A, B, C ou D, on a une chance sur 3 que la fourmi arrive en S, donc $p_{\overline{S}_n}(S_{n+1}) = \frac{1}{3}$.

Par suite, $p_{n+1} = p(S_{n+1} \cap \overline{S}_n) = p_{\overline{S}_n}(S_{n+1}) \times p(\overline{S}_n) = \mathbf{\frac{1}{3}\,(1 - p_n)}$.

1,5 pt **2.** $\frac{1}{4}\left(1 - \left(\frac{-1}{3}\right)^1\right) = \frac{1}{4}\left(1 + \frac{1}{3}\right) = \frac{1}{3} = p_1$, donc la propriété est vraie au rang 1

Soit n un entier naturel non nul fixé, on suppose que $p_n = \frac{1}{4}\left(1 - \left(\frac{-1}{3}\right)^n\right)$.
$p_{n+1} = \frac{1}{3}(1 - p_n)$,

d'où $p_{n+1} = \frac{1}{3}\left(1 - \frac{1}{4}\left(1 - \left(\frac{-1}{3}\right)^n\right)\right)$,

d'où $p_{n+1} = \frac{1}{3}\left(\frac{4 - \left(1 - \left(\frac{-1}{3}\right)^n\right)}{4}\right) = \frac{1}{4}\left(\frac{3 + \left(\frac{-1}{3}\right)^n}{3}\right) = \mathbf{\frac{1}{4}\left(1 - \left(\frac{-1}{3}\right)^{n+1}\right)}$.

La propriété est héréditaire, donc la propriété est vraie pour tout entier naturel *n* non nul.

1,5 pt **3.** Au bout d'un quart d'heure, la probabilité que la fourmi se trouve en S est :

$p_{15} = \frac{1}{4}\left(1 - \left(\frac{-1}{3}\right)^{15}\right) \approx 0{,}250000017$.

$\left|\frac{-1}{3}\right| < 1$, donc $\lim p_n = \frac{1}{4}$.

La probabilité de trouver la fourmi en S au bout d'un certain temps est de 0,25.

CORRIGÉS

14 Notion de loi à densité

1 Loi à densité sur un intervalle

a. Variable aléatoire continue

■ On considère une expérience aléatoire.

Si X est une variable aléatoire discrète prenant un nombre fini de valeurs, sa loi de probabilité est une fonction qui associe à toute valeur k prise par X sa probabilité $P(X = k)$.

■ On s'intéresse dans ce chapitre à des variables aléatoires X qui prennent leurs valeurs dans un intervalle ; on dit qu'elles sont continues. Comme il y a une infinité de nombres dans un intervalle, on imagine que la probabilité qu'une telle variable aléatoire X prenne une valeur fixée k est nulle. On cherche alors à calculer la probabilité que X prenne des valeurs dans un intervalle inclus dans l'intervalle de départ.

b. Définition d'une loi à densité

■ Soient a et b deux nombres réels. Soit f une fonction définie, continue, positive sur l'intervalle $[a ; b]$.

Si l'aire sous la courbe représentative de f sur $[a ; b]$ est égale à 1, on dit que la fonction f est une **densité de probabilité** sur l'intervalle $[a ; b]$.

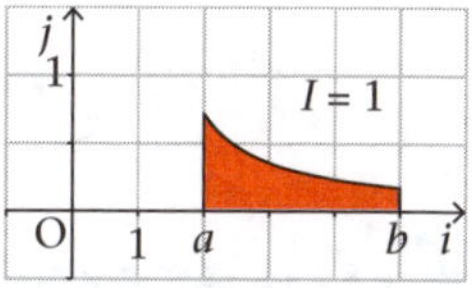

■ On a vu dans le chapitre 8 que l'aire, exprimée en unité d'aire, sous la courbe d'une fonction f continue et positive sur $[a ; b]$ est l'intégrale :

$$I = \int_a^b f(t)\mathrm{d}t.$$

En posant, pour tout x de $[a ; b]$, $P([a ; x]) = \int_a^x f(t)\mathrm{d}t$, on définit une **loi de probabilité d'une variable aléatoire X continue** sur $[a ; b]$; la fonction f est la **densité** de probabilité de cette loi.

c. Espérance mathématique

■ L'espérance d'une variable aléatoire X à densité sur $[a ; b]$ est :

$$E(X) = \int_a^b tf(t)\mathrm{d}t.$$

2 Loi uniforme sur [*a* ; *b*]

a. Définition

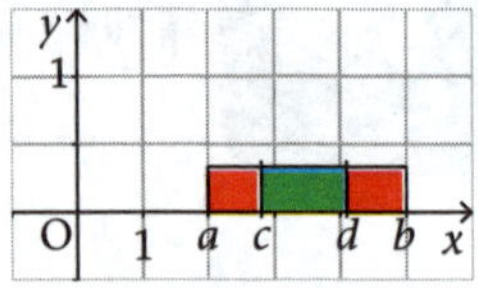

■ La **loi uniforme sur [*a* ; *b*]** modélise le choix au hasard d'un nombre dans l'intervalle $[a\ ;\ b]$. Elle correspond à la fonction de densité f définie :
sur $[a\ ;\ b]$ par :

$$f(x) = \frac{1}{b-a}.$$

> **À NOTER**
> La fonction de densité d'une loi uniforme est une fonction constante.

b. Propriété

■ Soit une variable aléatoire X suivant la loi uniforme sur $[a\ ;\ b]$. Si c et d sont deux nombres appartenant à $[a\ ;\ b]$, l'événement « $c \leqslant X \leqslant d$ » est noté $[c\ ;\ d]$.

■ La probabilité de $[c\ ;\ d]$ est :

$$P([c\ ;\ d]) = \frac{d-c}{b-a}.$$

> **À NOTER**
> $P([a\ ;\ b]) = 1$; $P(\overline{[c\ ;\ d]}) = 1 - P([c\ ;\ d])$ et, si $x \in [a\ ;\ b]$, $P(x) = 0$.

c. Espérance mathématique

■ L'espérance d'une variable aléatoire X suivant la loi uniforme sur $[a\ ;\ b]$ est :

$$E(X) = \frac{a+b}{2}.$$

3 Loi exponentielle (ou loi de durée de vie sans vieillissement)

a. Définition

■ Soit λ un réel strictement positif.

La **loi exponentielle de paramètre λ** modélise la probabilité qu'un élément cesse de « vivre » au cours d'un intervalle de temps donné.

Elle admet pour densité de probabilité la fonction f_λ définie sur $[0\ ;\ +\infty[$ par :

$$f_\lambda(t) = \lambda e^{-\lambda t}.$$

■ L'aire totale sous la courbe sur $[0\ ;\ +\infty[$ est égale à 1.

b. Propriétés

■ Soit une variable aléatoire T suivant une loi exponentielle de paramètre λ.

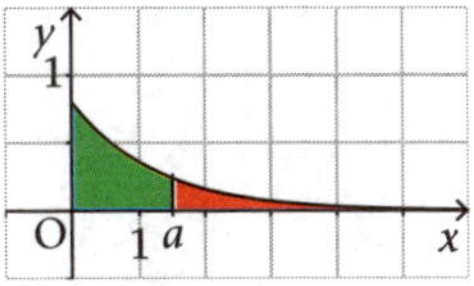

Pour tout réel a strictement positif :

$$P(T \leqslant a) = P([0\ ;\ a]) = \int_0^a f_\lambda(t)\mathrm{d}t = 1 - \mathrm{e}^{-\lambda a}\ ;$$

$$P(T \geqslant a) = 1 - \int_0^a f_\lambda(t)\mathrm{d}t = \mathrm{e}^{-\lambda a}.$$

■ On en déduit la propriété de durée de vie sans vieillissement :

pour tous réels t et h, $P_{T \geqslant t}(T \geqslant t + h) = P(T \geqslant h)$.

ROC, p. 319

c. Espérance mathématique

■ L'espérance d'une variable aléatoire T suivant une loi exponentielle est la limite quand x tend vers $+\infty$ de $\int_0^x tf(t)\mathrm{d}t$ où f est la fonction de densité.

■ L'espérance d'une variable aléatoire T suivant une loi exponentielle de paramètre λ est :

$$E(T) = \frac{1}{\lambda}.$$

ROC, p. 319

4 Loi normale centrée réduite N(0, 1)

a. Définition

■ On appelle **loi normale centrée réduite N(0, 1)**, la loi ayant pour fonction de densité la fonction f définie sur $\mathbb{R}$ par :

$$f(x) = \frac{1}{\sqrt{2\pi}}\mathrm{e}^{-\frac{x^2}{2}}.$$

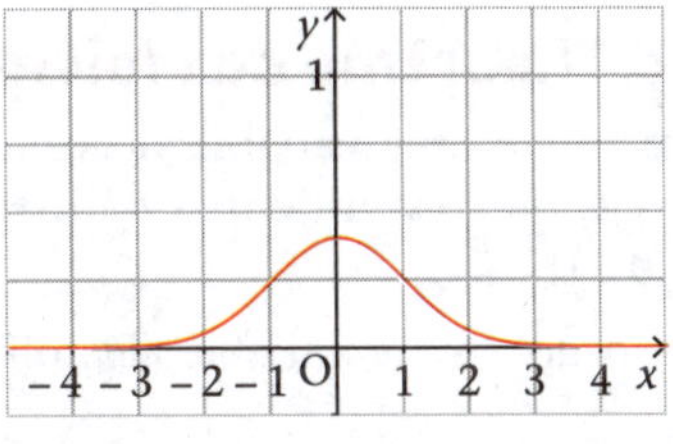

■ Sa courbe représentative est appelée « courbe de Gauss » ou « courbe en cloche ».

La fonction f étant paire, la courbe est symétrique par rapport à l'axe des ordonnées.

L'aire totale sous la courbe en cloche sur l'intervalle $]-\infty\ ;\ +\infty[$ est égale à 1.

b. Propriétés

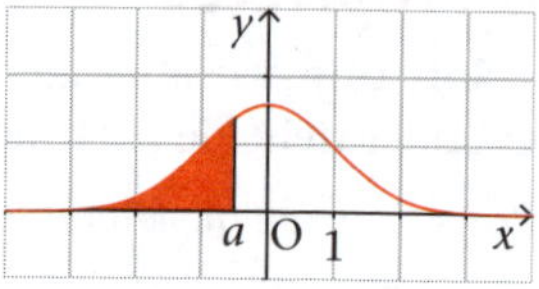

■ Soit X une variable aléatoire suivant la loi normale N(0, 1).

Par définition, X admet une espérance nulle et un écart-type égal à 1.

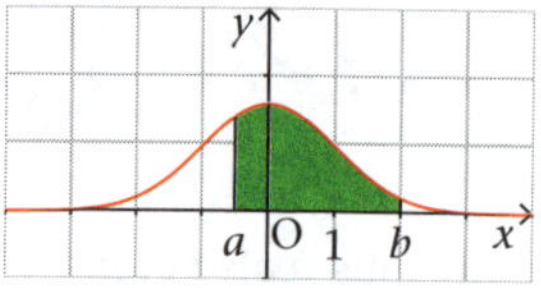

■ Soient a et b deux nombres réels.

La probabilité de l'événement $(X \leqslant a)$ est égale à l'aire sous la courbe sur l'intervalle $]-\infty\,;a]$.

La probabilité de l'événement $(a \leqslant X \leqslant b)$ est égale à l'aire sous la courbe sur l'intervalle $[a\,;b]$;

on a donc $P(a \leqslant X \leqslant b) = \int_a^b \frac{1}{\sqrt{2\pi}} e^{-\frac{x^2}{2}} dx$.

On utilise la calculatrice ou un tableur pour avoir des valeurs approchées de cette intégrale pour des valeurs fixées de a et b.

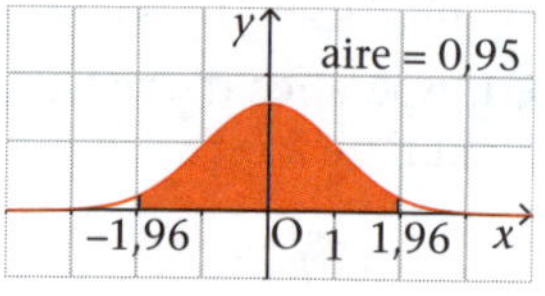

■ Pour tout réel α appartenant à $]0\,;1[$, il existe un unique réel positif t_α tel que :

$$P(-t_\alpha \leqslant X \leqslant t_\alpha) = 1 - \alpha.$$

En particulier :

– pour $\alpha = 0{,}05$, $t_\alpha \approx 1{,}96$;

– pour $\alpha = 0{,}01$, $t_\alpha \approx 2{,}58$.

On retient que lorsque X suit la loi normale N(0, 1), on a :

$P(-1{,}96 \leqslant X \leqslant 1{,}96) = 0{,}95$ et $P(-2{,}58 \leqslant X \leqslant 2{,}58) = 0{,}99$.

c. Théorème de Moivre-Laplace

■ Soit X_n une variable aléatoire suivant la loi binomiale de paramètres n et p, où n est un entier naturel très grand et p un nombre appartenant à $]0\,;1[$.

On note Z_n la variable aléatoire définie par $Z_n = \frac{X_n - np}{\sqrt{np(1-p)}}$. Comme X_n a pour espérance np et pour écart-type $\sqrt{np(1-p)}$, Z_n a pour espérance 0 et pour écart-type 1.

■ **Théorème de Moivre-Laplace** : Pour tous réels a et b, la probabilité que Z_n appartienne à $[a\,;b]$ tend vers $\int_a^b \frac{1}{\sqrt{2\pi}} e^{-\frac{x^2}{2}} dx$ lorsque n tend vers $+\infty$.

5 Loi normale d'espérance μ et d'écart-type σ

a. Définition

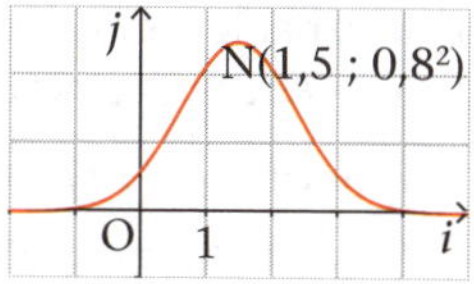

■ Une variable aléatoire X suit une **loi normale N(μ, σ²)** d'espérance μ et d'écart-type σ si la variable aléatoire $\frac{X-\mu}{\sigma}$ suit la loi normale centrée réduite N(0, 1).

■ La courbe représentative de la fonction de densité est une courbe en cloche ; elle admet pour axe de symétrie la droite d'équation $x = \mu$.

■ L'écriture de la fonction de densité et le calcul d'aire sous la courbe ne peuvent pas se faire simplement. La calculatrice ou un tableur sont indispensables pour obtenir des valeurs approchées des probabilités des événements $(X \leqslant a)$ et $(a \leqslant X \leqslant b)$.

b. Propriétés

■ Lorsque X suit la loi normale N(μ, σ²), alors :

$$P(\mu - \sigma \leqslant X \leqslant \mu + \sigma) \approx 0{,}683\ ;$$

$$P(\mu - 2\,\sigma \leqslant X \leqslant \mu + 2\,\sigma) \approx 0{,}954\ ;$$

$$P(\mu - 3\,\sigma \leqslant X \leqslant \mu + 3\,\sigma) \approx 0{,}997.$$

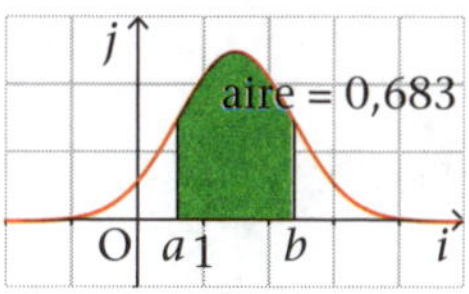	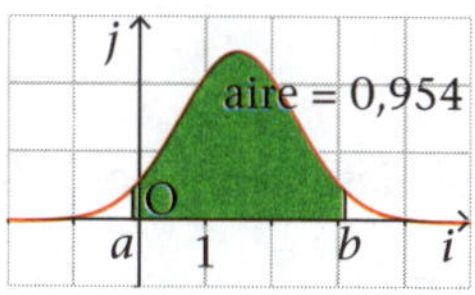	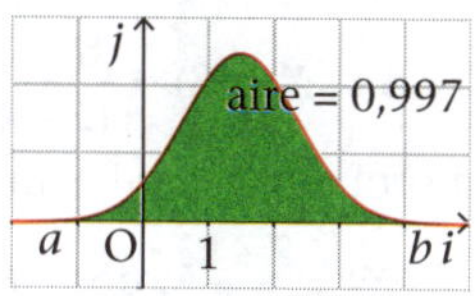
$a = \mu - \sigma$; $b = \mu + \sigma$	$a = \mu - 2\sigma$; $b = \mu + 2\sigma$	$a = \mu - 3\sigma$; $b = \mu + 3\sigma$

MÉTHODE

1 Étudier une loi uniforme

Énoncé

Une variable aléatoire X a pour densité de probabilité une fonction constante $f : x \mapsto k$ sur l'intervalle [2 ; 12].

1. Déterminer la valeur de k.

2. Calculer la probabilité que X prenne des valeurs dans [5 ; 8].

3. Calculer l'espérance de X.

Solution commentée

Savoir-faire

- Une fonction f est une fonction de densité sur $[a ; b]$ si f est continue, positive et si $\int_a^b f(t)\mathrm{d}t = 1$.
- Dans les questions **2.** et **3.**, on utilise les formules :

$$P([c\,;d]) = \frac{d-c}{b-a} \text{ et } E(X) = \frac{a+b}{2}.$$

1. $\int_2^{12} f(t)\mathrm{d}t = \int_2^{12} k\mathrm{d}t = k(12-2) = 10k$.

$\int_2^{12} f(t)\mathrm{d}t = 1$ équivaut à $10k = 1$, donc $k = 0{,}1$.

2. $P(5 \leqslant X \leqslant 8) = \dfrac{8-5}{12-2} = \dfrac{3}{10}$.

La probabilité que X prenne des valeurs dans [5 ; 8] est 0,3.

3. $E(X) = \dfrac{2+12}{2}$, donc $E(X) = 7$.

2 Calculer une probabilité dans le cadre d'une loi exponentielle

Énoncé

On suppose que la durée de vie d'un appareil électrique suit une loi exponentielle de paramètre 0,2.

1. Donner la fonction de densité f de cette loi.

2. Calculer la probabilité que cet appareil ait une durée de vie supérieure à 5 ans.

3. On sait que cet appareil a déjà duré 5 ans.
Quelle est la probabilité que sa durée de vie dépasse 8 ans ?

Solution commentée

Savoir-faire

- La fonction de densité d'une loi exponentielle de paramètre λ est $f_\lambda(t) = \lambda e^{-\lambda t}$.
- Dans la question **2.**, on utilise la formule $P(T \geqslant a) = 1 - \int_0^a f_\lambda(t)\mathrm{d}t = e^{-\lambda a}$.
- Dans la question **3.**, on cherche la probabilité conditionnelle de l'événement $(T \geqslant 8)$ sachant que l'événement $(T \geqslant 5)$ est réalisé. On utilise la formule $P_A(B) = \dfrac{P(A \cap B)}{P(A)}$.

1. $f(t) = 0{,}2e^{-0{,}2t}$.

2. $P(T \geqslant 5) = 1 - \int_0^5 0{,}2e^{-0{,}2t}\mathrm{d}t = 1 - (1 - e^{-0{,}2 \times 5}) = \dfrac{1}{e}$

$= 1 - (1 - e^{-0{,}2\times 5})$:

$= \dfrac{1}{e}$

La probabilité que cet appareil ait une durée de vie supérieure à 5 ans est environ 0,37.

3. On cherche $P_{(T \geqslant 5)}(T \geqslant 8)$.

Comme $(T \geqslant 5) \cap (T \geqslant 8) = (T \geqslant 8)$,

$P_{(T \geqslant 5)}(T \geqslant 8) = \dfrac{P(T \geqslant 8)}{P(T \geqslant 5)}$;

$P(T \geqslant 8) = e^{-0{,}2 \times 8} = e^{-1{,}6}$;

donc $P_{(T \geqslant 5)}(T \geqslant 8) = \dfrac{e^{-1{,}6}}{e^{-1}}$

$= e^{-0{,}6}$.

L'INFO EN +

On compare le résultat de la question **3.** avec la probabilité que la durée de vie dépasse 3 ans : $P(T \geqslant 3) = e^{-0{,}2 \times 3} = e^{-0{,}6}$, soit environ 0,55.
On remarque que la probabilité que l'appareil dure encore plus de 3 ans ne dépend pas de son âge. On dit qu'une variable aléatoire suivant une loi exponentielle vérifie la propriété de durée de vie sans vieillissement.

Sachant que l'appareil a duré 5 ans, la probabilité que sa durée de vie dépasse 8 ans est environ 0,55.

3 Utiliser un tableur pour calculer une probabilité de la loi normale N(0, 1)

Énoncé

Soit une variable aléatoire X suivant la loi normale N(0, 1).
On donne un extrait de tableur de la loi normale N(0, 1) sur l'intervalle [0 ; 3], avec un pas de 0,1.

1. Calculer les probabilités $P(X \leqslant 1{,}5)$, $P(X > 1{,}5)$ et $P(1{,}5 < X \leqslant 2{,}5)$.

2. Calculer les probabilités $P(X < -1)$ et $P(-2 < X < -1)$.

	A	B
1	a	$P(X < a)$
2	0	0,500
3	0,1	0,540
4	0,2	0,579
5	0,3	0,618
6	0,4	0,655
7	0,5	0,691
8	0,6	0,726
9	0,7	0,758
10	0,8	0,788
11	0,9	0,816
12	1	0,841
13	1,1	0,864
14	1,2	0,885
15	1,3	0,903
16	1,4	0,919
17	1,5	0,933
18	1,6	0,945
19	1,7	0,955
20	1,8	0,964
21	1,9	0,971
22	2	0,977
23	2,1	0,982
24	2,2	0,986
25	2,3	0,989
26	2,4	0,992
27	2,5	0,994
28	2,6	0,995
29	2,7	0,997
30	2,8	0,997
31	2,9	0,998
32	3	0,999

Solution commentée

Savoir-faire

- Pour une variable aléatoire continue, $P(a) = 0$ pour tout réel a, donc $P(X \leqslant a) = P(X < a)$.
- La probabilité de l'événement $(X \leqslant a)$ est égale à l'aire sous la courbe sur l'intervalle $]-\infty\,;a]$. La cellule B17 donne $P(X < 1{,}5)$.
- La courbe de la loi normale N(0, 1) est symétrique par rapport à l'axe des ordonnées.

On a donc $P(X < -1) = P(X > 1)$.

1. On lit dans la cellule B17 : $P(X \leqslant 1{,}5) = 0{,}933$;
$P(X > 1{,}5) = 1 - P(X \leqslant 1{,}5)$, donc $P(X > 1{,}5) = 0{,}067$.
En B27, $P(X \leqslant 2{,}5) = 0{,}994$;
$P(1{,}5 < X \leqslant 2{,}5) = P(X \leqslant 2{,}5) - P(X \leqslant 1{,}5) = 0{,}994 - 0{,}933$;
donc $P(1{,}5 < X \leqslant 2{,}5) = 0{,}061$.

2.

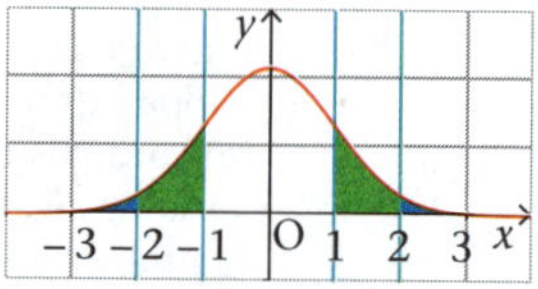

$P(X < -1) = P(X > 1) = 1 - 0{,}841$; donc $P(X < -1) = 0{,}159$.
$P(-2 < X < -1) = P(1 < X < 2) = P(X < 2) - P(X < 1) = 0{,}977 - 0{,}841$;
donc $P(-2 < X < -1) = 0{,}136$.

Pour réussir le jour J

LES ERREURS À NE PAS COMMETTRE

• Il ne faut pas confondre une variable aléatoire discrète, une variable aléatoire continue et les lois de probabilité qui leur sont associées.

Une **variable aléatoire discrète** X prenant des valeurs de 1 à n (où n est un entier naturel non nul) peut suivre, par exemple, la loi binomiale de paramètres n et p ; on calcule la probabilité des événements $(X = k)$, k étant un entier compris entre 0 et n.

Une **variable aléatoire continue** X prend des valeurs sur un intervalle ; si a est un élément de cet intervalle, la probabilité de l'événement $(X = a)$ est nulle. On utilise une fonction de densité de probabilité ; la probabilité que X appartienne à un intervalle est alors donnée par l'aire sous la courbe de la fonction de densité.
Une fonction de densité de probabilité sur un intervalle $[a ; b]$ est toujours continue et positive.
L'aire totale sous la courbe sur $[a ; b]$ est égale à 1.

Exercices 2 et 13, p.317 et 320

• Pour la loi uniforme, la fonction de densité est une constante.

Exercice 1, p.317

• Pour la loi exponentielle de paramètre λ, où λ est un réel strictement positif, la fonction de densité f_λ est définie sur $[0 ; +\infty[$ par $f_\lambda(t) = \lambda e^{-\lambda t}$.
L'espérance est égale à $\frac{1}{\lambda}$.

On sait calculer les probabilités pour la loi exponentielle.

Attention à ne pas oublier le signe « – » : une primitive F de f_λ est définie par $F(t) = -e^{-\lambda t}$.

Exercices 3, 11 et 13, p.317, 319-320

• La loi normale est associée à une courbe en cloche. Sa fonction de densité est définie sur l'ensemble des nombres réels.

On ne sait pas calculer de primitives pour la fonction de densité de la loi normale. Les calculs de probabilité se font à l'aide de la calculatrice ou de tableurs.

Attention à ne pas confondre la table de valeurs de la loi normale qui donne la « courbe en cloche » et la table qui donne les valeurs de l'intégrale, c'est-à-dire l'aire sous la courbe sur $]-\infty ; a]$.

Exercices 4, 6, 7, 8, 9, 10 et 12, p.318-320

10 qcm pour réviser le cours

Corrigés, p. 322

1 **On suppose que la durée d'attente à un service clientèle téléphonique, exprimée en minutes, suit la loi uniforme sur l'intervalle [0 ; 20].**
La probabilité que la durée d'attente d'une personne prise au hasard soit comprise entre 7 et 12 minutes est :

❑ **a.** 0,5. ❑ **b.** 0,25. ❑ **c.** 0,6.

2 **Soit f la fonction définie par :**

$$f(x) = -0,5x + 0,8.$$

La fonction f est une fonction de densité sur l'intervalle :

❑ **a.** [– 0,4 ; 1,6].
❑ **b.** [0 ; 1].
❑ **c.** [0 ; 2].

3 **Soit X une variable aléatoire qui suit une loi exponentielle de paramètre λ (λ étant un nombre réel strictement positif). La probabilité de l'événement ($1 \leqslant X \leqslant 2$) est égale à :**

❑ **a.** $e^{-\lambda}$.
❑ **b.** $e^{-2\lambda} - e^{-\lambda}$.
❑ **c.** $e^{-\lambda} - e^{-2\lambda}$.

4 **Soit X une variable aléatoire qui suit une loi exponentielle de paramètre λ (λ étant un nombre réel strictement positif).**
Si $\int_0^1 f_\lambda(t)\mathrm{d}t = 0,5$, alors λ est égal à :

❑ **a.** ln(2).
❑ **b.** ln(0,5).
❑ **c.** 1.

5 **Soit X une variable aléatoire qui suit une loi exponentielle de paramètre 0,005.**
L'espérance de X est égale à :

❑ **a.** 0,005. ❑ **b.** 200. ❑ **c.** 2 000.

6 **Soit X une variable aléatoire qui suit la loi normale N(0, 1).**
$P(-1,96 \leqslant X \leqslant 1,96)$ est égal à :

❑ **a.** 0,5. ❑ **b.** 0,75. ❑ **c.** 0,95.

7 **Soit X une variable aléatoire qui suit la loi normale N(0, 1), alors :**

❑ **a.** $P(X < -0,5) = 1 - P(X > 0,5)$.
❑ **b.** $P(X < -0,5) = P(X > 0,5)$.
❑ **c.** $P(X < -0,5) = P(X < 0,5)$.

8 **Si X une variable aléatoire suivant la loi normale d'espérance $\mu = 3$ et d'écart-type $\sigma = 0,5$, alors $P(2 \leqslant X \leqslant 4)$ est égal à environ :**

❑ **a.** 0,683. ❑ **b.** 0,954. ❑ **c.** 0,997.

9 **Si X une variable aléatoire suivant la loi normale d'espérance 7 et d'écart-type 2, alors :**

❑ **a.** $P(X \leqslant 7) = 0,5$.
❑ **b.** $P(X \leqslant 5) = 0,5$.
❑ **c.** $P(X \leqslant 9) = 0,5$.

10 **Soit la variable aléatoire X suivant la loi normale d'espérance $\mu = 2$ et d'écart-type $\sigma = 3$:**

❑ **a.** $P(X \leqslant 0) = 0$.
❑ **b.** $P(X \leqslant 0) = 0,252$.
❑ **c.** $P(X \geqslant 0) = 1$.

Exercices

Exercice 1 niveau 1

Corrigés, p. 322

Sur une ligne de tramway, les rames se succèdent toutes les 5 minutes. Un étudiant habite en face de la station Euclide et prend ce tramway tous les jours.

On appelle X le temps d'attente de cet étudiant à la station Euclide.

On suppose que X suit la loi uniforme sur l'intervalle [0 ; 5].

1. Déterminer la fonction de densité correspondant à cette situation. Représenter cette fonction graphiquement.
2. Calculer la probabilité que cet étudiant attende entre 2 et 3 minutes.
3. Calculer la probabilité que cet étudiant attende moins de 30 secondes.
4. Calculer l'espérance de X.

Exercice 2 niveau 1

Corrigés, p. 323

Soit la fonction f définie par :

$f(x) = \frac{-3x^2}{32} + \frac{3}{8}$ si $x \in [-2 ; 2]$ et $f(x) = 0$ si $x \notin [-2 ; 2]$.

On donne la courbe $\mathscr{C}$ représentant f dans un repère orthogonal.

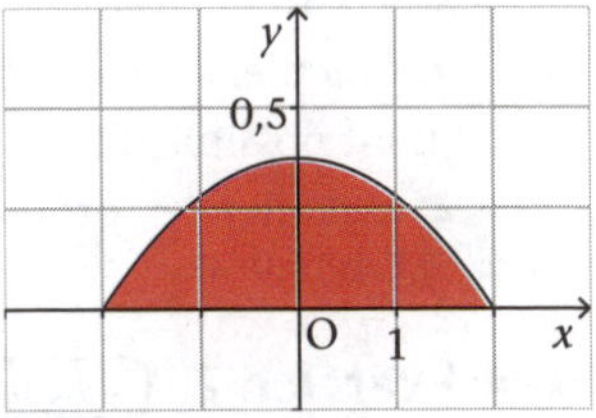

1. Calculer l'aire sous la courbe de f sur l'intervalle [– 2 ; 2].
La fonction f est-elle une fonction de densité sur [– 2 ; 2] ?
2. Calculer les probabilités $P([-2 ; 0])$ et $P([-1 ; 1])$.
3. Calculer $\int_{-2}^{2} tf(t)\,dt$. En déduire l'espérance de la variable aléatoire continue X à densité f sur [– 2 ; 2].

Exercice 3 niveau 1

Corrigés, p. 323

Soit f la fonction définie sur $[0 ; +\infty[$ par $f(t) = 0{,}4e^{-0{,}4t}$.

1. Étudier les variations de f et tracer sa courbe représentative dans un repère orthogonal.
2. Soit X une variable aléatoire qui suit une loi exponentielle de paramètre 0,4.
Calculer et interpréter graphiquement les probabilités $P([0 ; 2{,}5])$, $P([2{,}5 ; 5])$ et $P([5 ; +\infty[)$.

Exercice 4 niveau 2

Corrigés, p. 324

Soit la fonction f définie sur $\mathbb{R}$ par $f(x) = \frac{1}{\sqrt{2\pi}} e^{-\frac{x^2}{2}}$.

1. Étudier les variations de f.

2. Soit X une variable aléatoire suivant la loi normale N(0, 1).
Calculer les probabilités $P(X \leqslant 0{,}7)$ et $P(-0{,}7 < X \leqslant 0{,}7)$.

Exercice 5 niveau 2

Corrigés, p. 324

Soit X_n une variable aléatoire suivant la loi binomiale de paramètres $n = 1\,600$ et $p = 0{,}25$.

On pose $Z_n = \frac{X_n - np}{\sqrt{np(1-p)}}$.

Calculer une valeur approchée de la probabilité que Z_n appartienne à $[-1\,;\,1]$.

Que peut-on en déduire pour X_n ?

Exercice 6 niveau 2

Corrigés, p. 325

Soit X une variable aléatoire suivant la loi normale N(0, 1).

1. Calculer les probabilités $P(X \leqslant -2)$ et $P(0{,}9 < X \leqslant 1{,}1)$.
(Il est possible d'utiliser la calculatrice ou le tableur donné page 314.)

2. Calculer les probabilités $P(-1{,}96 < X < 1{,}96)$, $P(X < 1{,}96)$ et $P(X > 1{,}96)$.

Exercice 7 niveau 2

Corrigés, p. 325

Soit X une variable aléatoire suivant la loi normale d'espérance 10 et d'écart-type 4.

On pose $Y = \frac{X - 10}{4}$, où Y est une variable aléatoire suivant la loi normale N(0, 1).

On donne un extrait de la table de valeurs de la loi normale N(0, 1).

a	$P(Y < a)$
0,5	0,691
1	0,841
1,5	0,933
2	0,977
2,5	0,994

En utilisant les valeurs données, calculer les probabilités $P(X \leqslant 16)$, $P(X > 20)$ et $P(6 < X \leqslant 14)$.

Exercice 8 (niveau 2)

Corrigés, p. 326

3 000 candidats se sont présentés à un examen. La note moyenne est de 10,8 et l'écart-type de 3,1. La distribution des notes permet l'ajustement par la loi normale $N(10{,}8 ; 3{,}1^2)$.

1. Calculer la probabilité des événements A « la note est inférieure à 10 » et B « la note est supérieure à 15 ».

2. Évaluer le nombre de candidats ayant eu une note inférieure à 10, supérieure à 15.

Exercice 9 (niveau 2)

Corrigés, p. 327

Soit T une variable aléatoire continue suivant une loi exponentielle de paramètre λ.

On donne la courbe représentant la fonction de densité f associée à cette loi.

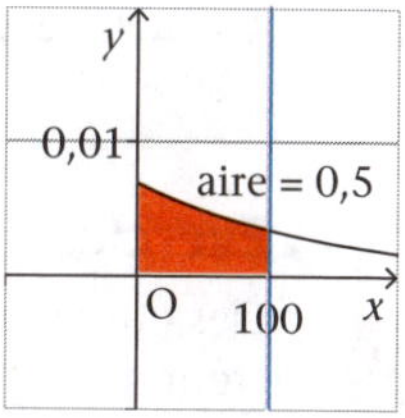

1. Déterminer la valeur de λ sachant que $P([0 ; 100]) = 0{,}5$.

2. En déduire $f(0)$ et l'espérance de T.

Exercice 10 (niveau 3)

Corrigés, p. 327

ROC On rappelle que l'espérance d'une variable aléatoire T suivant une loi exponentielle est la limite quand x tend vers $+\infty$ de $\int_0^x tf(t)\mathrm{d}t$ où f est la fonction de densité.

1. Soit F la fonction définie sur $[0 ; +\infty[$ par $F(x) = \frac{1}{\lambda} - \left(x + \frac{1}{\lambda}\right)\mathrm{e}^{-\lambda x}$.

Calculer la dérivée de F.

2. Démontrer que l'espérance d'une variable aléatoire suivant une loi exponentielle de paramètre λ est $\frac{1}{\lambda}$.

Exercice 11 (niveau 3)

Corrigés, p. 328

ROC On suppose connu le résultat suivant : si X est une variable aléatoire qui suit une loi exponentielle de paramètre strictement positif λ, alors, pour tout réel t positif, $P(X \leqslant t) = \int_0^t \lambda \mathrm{e}^{-\lambda x}\mathrm{d}x$.

Démontrer l'égalité $P(X > t) = \mathrm{e}^{-\lambda t}$.

En déduire que, pour s et t réels positifs, l'égalité suivante est vraie :

$$P_{(X>t)}(X > s + t) = P(X > s)$$

(loi de durée de vie sans vieillissement, $P_{(X>t)}(X > s + t)$ désignant la probabilité de l'événement $(X > s + t)$ sachant que $(X > t)$ est réalisé).

Exercice 12 (40 min, 4 pts)

Corrigés, p. 328

TYPE BAC

La durée de vie, exprimée en heures, d'une ampoule est une variable aléatoire T qui suit une loi exponentielle de paramètre $\lambda = 0{,}000\,1$.

On rappelle que, pour tout $t \geqslant 0$, $P(T \leqslant t) = \int_0^t \lambda e^{-\lambda x} dx$.

1. Calculer $P(T \leqslant 5\,000)$ et $P(T > 5\,000)$.

2. Sachant que l'événement $(T > 5\,000)$ est réalisé, calculer la probabilité de l'événement $(T > 6\,000)$.

3. Sachant qu'une ampoule a fonctionné plus de 10 000 heures, quelle est la probabilité qu'elle tombe en panne avant 11 000 heures ?

4. Quelle est l'espérance de cette variable aléatoire ?

Exercice 13 (40 min, 4 pts)

Corrigés, p. 328

TYPE BAC

Des études statistiques récentes montrent que l'âge auquel un enfant commence à marcher suit une loi normale d'espérance $\mu = 13$ mois et d'écart type $\sigma = 1{,}5$ mois.

On note X la variable aléatoire égale à l'âge d'un enfant qui commence à marcher.

Pour les calculs, on donne un extrait du tableau de valeurs de la loi normale N(0, 1).

Y suit la loi normale N(0, 1)	
a	***P*(*Y* < *a*)**
0	0,500
0,1	0,540
0,5	0,691
0,6	0,726
0,65	0,742
0,66	0,745
0,67	0,749
0,7	0,758
1	0,841
1,5	0,933
2	0,977
2,5	0,994
3	0,999

1. Calculer la probabilité qu'un enfant commence à marcher avant 10 mois, avant 16 mois.

2. Quelle est la probabilité qu'un enfant commence à marcher entre 10 mois et 16 mois ?

3. Quelle est la probabilité qu'un enfant commence à marcher exactement à 13 mois ?

4. Une personne affirme qu'un enfant marchera entre 12 mois et 14 mois.

Calculer la probabilité qu'elle se trompe.

Exercice 14 (45 min, 4 pts)

Corrigés, p. 329

TYPE BAC

La durée d'enregistrement à un comptoir d'aéroport peut être modélisée par une variable aléatoire T qui suit une loi exponentielle de paramètre strictement positif λ.

1. a. Déterminer une expression exacte de λ sachant que $P(T \leqslant 20) = 0{,}55$.

On prendra, pour la suite de l'exercice, la valeur 0,04 comme valeur approchée de λ.

b. Donner une expression exacte de la probabilité conditionnelle $P_{(T>20)}(T > 25)$.

c. Sachant qu'un client a déjà attendu 20 minutes à un comptoir, déterminer la probabilité que son attente totale ne dépasse pas 25 minutes.

On donnera la réponse exacte puis une valeur approchée à 0,01 près de la réponse.

2. On suppose que la durée d'attente à un comptoir est indépendante de celle des autres comptoirs. On suppose que 8 comptoirs sont ouverts.

On désigne par Y la variable aléatoire qui représente le nombre de comptoirs pour lesquels la durée d'attente est supérieure à 20 minutes.

a. Donner la nature et les éléments caractéristiques de Y.

b. Le directeur de l'aéroport ouvre des comptoirs supplémentaires si la durée d'attente à au moins 5 des 8 comptoirs est supérieure à 20 minutes.

Déterminer à 0,1 près la probabilité d'ouverture de nouveaux comptoirs.

QCM

1 **b.** $P(7 \leqslant X \leqslant 12) = \frac{12-7}{20-0} = \frac{5}{20}$.

2 **a.** $\int_{-0,4}^{1,6}(-0,5t+0,8)\mathrm{d}t = \left[-0,25t^2+0,8t\right]_{-0,4}^{1,6} = 1$.

3 **c.** $P(1 \leqslant X \leqslant 2) = \int_1^2 \lambda e^{-\lambda t}\mathrm{d}t = \left[-e^{-\lambda t}\right]_1^2 = -e^{-2\lambda} - (-e^{-\lambda})$.

4 **a.** $\int_0^1 f_\lambda(t)\mathrm{d}t = 0,5$ équivaut à $1 - e^{-\lambda} = 0,5$; $0,5 = e^{-\lambda}$; $\ln(0,5) = -\lambda$; $\lambda = -\ln(0,5) = \ln(2)$.

5 **b.** $E(X) = \frac{1}{\lambda} = \frac{1}{0,005} = 200$.

6 **c.** Ce résultat du cours est à connaître.

7 **b.** La courbe de la loi normale N(0, 1) est symétrique par rapport à l'axe des ordonnées.

8 **b.** $P(2 \leqslant X \leqslant 4) = P(\mu - 2\sigma \leqslant X \leqslant \mu + 2\sigma) \approx 0,954$; ce résultat du cours est à connaître.

9 **a.** La courbe de la loi normale $N(7, 2^2)$ est symétrique par rapport à la droite d'équation $x = 7$.

10 **b.** L' aire sous la courbe sur $]-\infty ; 0]$ n'étant pas nulle, on élimine les réponses **a.** et **c.** On peut aussi, avec la calculatrice ou un tableur, calculer $P(X \leqslant 0)$ pour la loi normale $N(2, 3^2)$.

Exercice 1

1. X suit la loi uniforme sur l'intervalle [0 ; 5], donc X a pour densité de probabilité une fonction constante $f : x \mapsto k$, sur l'intervalle [0 ; 5]. On cherche k de façon que $\int_0^5 f(t)\mathrm{d}t = 1$.

$\int_0^5 f(t)\mathrm{d}t = \int_0^5 k\mathrm{d}t = k(5-0) = 5k$;

$\int_0^5 f(t)\mathrm{d}t = 1$ équivaut à $5k = 1$, donc $\boldsymbol{k = 0,2}$.

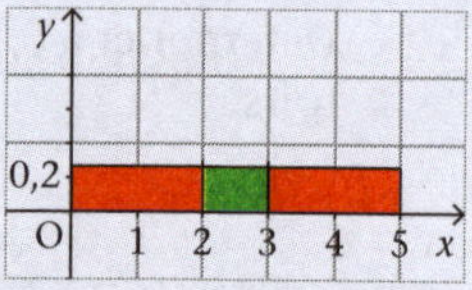

2. $P(2 \leqslant X \leqslant 3) = \frac{3-2}{5-0} = \frac{1}{5}$.

La probabilité que cet étudiant attende entre 2 et 3 minutes est de 0,2.

3. $P(0 \leqslant X \leqslant 0,5) = \frac{0,5-0}{5-0} = \frac{1}{10}$.

La probabilité que cet étudiant attende moins de 30 secondes est de 0,1.

4. $E(X) = \frac{0+5}{2}$; donc $E(X) = 2,5$.

Le temps d'attente moyen est de 2,5 minutes.

Exercice 2

1. Une primitive F de f est $F(x) = -\dfrac{x^3}{32} + \dfrac{3x}{8}$.

$$\int_{-2}^{2} \left(\frac{-3t^2}{32} + \frac{3}{8} \right) \mathrm{d}t = \left[F(t) \right]_{-2}^{2} = F(2) - F(-2)$$

$$= \frac{-2^3}{32} + \frac{3\times 2}{8} - \left(\frac{-(-2)^3}{32} + \frac{3\times(-2)}{8} \right) = -\frac{1}{4} + \frac{3}{4} - \frac{1}{4} + \frac{3}{4}.$$

Donc $\displaystyle\int_{-2}^{2} \left(\frac{-3t^2}{32} + \frac{3}{8} \right) \mathrm{d}t = 1.$

L'aire sous la courbe de f est égale à 1 ; de plus, la fonction f est continue et positive sur $[-2\,;\,2]$, donc **f est une fonction de densité sur $[-2\,;\,2]$.**

2. $\displaystyle P([-2\,;\,0]) = \int_{-2}^{0} \left(\frac{-3t^2}{32} + \frac{3}{8} \right) \mathrm{d}t = F(0) - F(-2) = \mathbf{0{,}5}.$

$$P([-1\,;\,1]) = \int_{-1}^{1} \left(\frac{-3t^2}{32} + \frac{3}{8} \right) \mathrm{d}t = F(1) - F(-1)$$

$$= \frac{-1}{32} + \frac{3}{8} - \left(\frac{-(-1)}{32} + \frac{3\times(-1)}{8} \right) = \mathbf{\frac{11}{16}}.$$

3. $\displaystyle\int_{-2}^{2} tf(t)\,\mathrm{d}t = \int_{-2}^{2} \left(\frac{-3t^3}{32} + \frac{3t}{8} \right) \mathrm{d}t = \left[\frac{-3t^4}{128} + \frac{3t^2}{16} \right]_{-2}^{2} = \mathbf{0}.$

Donc l'**espérance de X est égale à 0.**

Exercice 3

1. f est dérivable sur $[0\,;\,+\infty[$ et a pour dérivée $f'(t) = -0{,}16\mathrm{e}^{-0{,}4t}$.
Pour tout t, $\mathrm{e}^{-0{,}4t} > 0$, donc f' est strictement négative sur $[0\,;\,+\infty[$.
On en déduit que f est strictement décroissante sur $[0\,;\,+\infty[$.

x	0	$+\infty$
$f'(x)$	$-$	
f	$0{,}4$ ↘	0

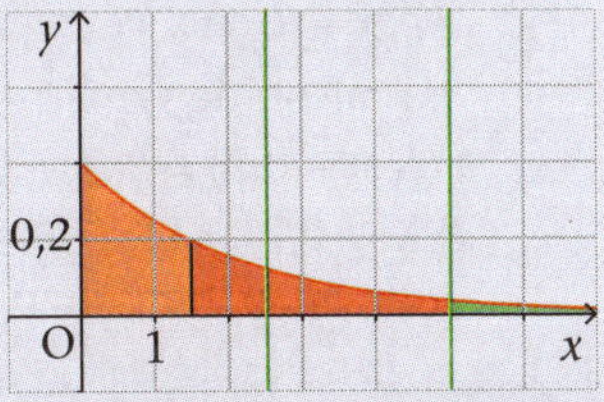

2. La fonction de densité de la variable aléatoire X qui suit une loi exponentielle de paramètre 0,4 est définie par $f(t) = 0{,}4\mathrm{e}^{-0{,}4t}$.

$P([0\,;\,2{,}5]) = P(0 \leqslant X \leqslant 2{,}5)$

$$= \int_{0}^{2{,}5} 0{,}4\mathrm{e}^{-0{,}4t}\mathrm{d}t = \left[-\mathrm{e}^{-0{,}4t} \right]_{0}^{2{,}5} = -\mathrm{e}^{-0{,}4\times 2{,}5} - (-\mathrm{e}^{0}).$$

Donc $P([0 ; 2{,}5]) = 1 - \frac{1}{e}$, **soit environ 0,632 u.a.**

$P([2{,}5 ; 5]) = P(2{,}5 \leqslant X \leqslant 5)$

$$= \int_{2,5}^{5} 0{,}4e^{-0,4t}dt = \left[-e^{-0,4t}\right]_{2,5}^{5} = -e^{-0,4\times5} - (-e^{0,4\times2,5}).$$

Donc $P([2{,}5 ; 5]) = -e^{-2} + e^{-1}$, **soit environ 0,233 u.a.**

$P([5 ; +\infty[) = 1 - P([0 ; 5])$; or $P([0 ; 5]) = P([0 ; 2{,}5]) + P([2{,}5 ; 5])$.

Donc $P([5 ; +\infty[) = e^{-2}$, **soit environ 0,135 u.a.**

Exercice 4

1. $f(x) = \frac{1}{\sqrt{2\pi}} e^{-\frac{x^2}{2}}$; f est dérivable sur $\mathbb{R}$ et a pour dérivée :

$f'(x) = \frac{-x}{\sqrt{2\pi}} e^{-\frac{x^2}{2}}$.

RAPPEL
$(e^u)' = u'e^u$.

Pour tout x, $e^{-\frac{x^2}{2}} > 0$, donc f' a le signe de $-x$.

On en déduit que f est strictement croissante sur $]-\infty ; 0]$ et décroissante sur $[0 ; +\infty[$.

x	$-\infty$	0	$+\infty$
$f'(x)$	+	0	−
f	0 ↗	$\frac{1}{\sqrt{2\pi}}$	↘ 0

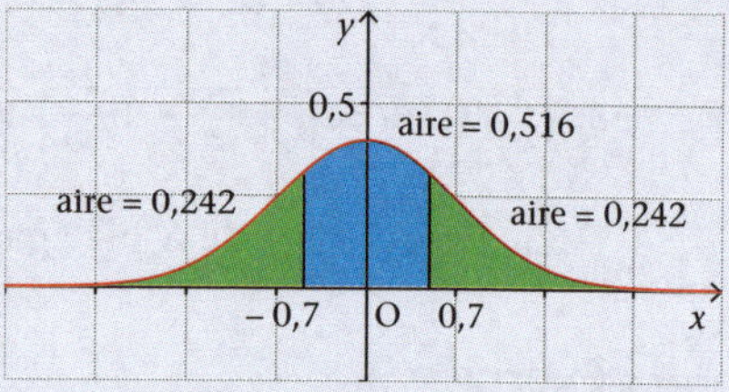

2. Le tableau de valeurs de la page 314 donne $P(X \leqslant 0{,}7) \approx$ **0,758.**

$P(-0{,}7 < X \leqslant 0{,}7) = \int_{-0,7}^{0,7} \frac{1}{\sqrt{2\pi}} e^{-\frac{x^2}{2}} dx$

$= P(X \leqslant 0{,}7) - P(X \leqslant -0{,}7)$

CONSEIL
Votre calculatrice vous donne peut-être la valeur de l'intégrale $\int_{-0,7}^{0,7} \frac{1}{\sqrt{2\pi}} e^{-\frac{x^2}{2}} dx$.

Par raison de symétrie :

$P(X \leqslant -0{,}7) = P(X \geqslant 0{,}7)$;

$P(X \geqslant 0{,}7) = 1 - P(X \leqslant 0{,}7) = 1 - 0{,}758 = 0{,}242$;

donc $P(-0{,}7 < X \leqslant 0{,}7) = 0{,}758 - 0{,}242 \approx$ **0,516.**

Exercice 5

$np = 400$; $\sqrt{np(1-p)} = \sqrt{300} \approx 17{,}32$; $Z_n = \frac{X_n - 400}{\sqrt{300}}$. D'après le théorème de Moivre-Laplace, $P(Z_n \in [-1 ; 1])$ tend vers $\int_{-1}^{1} \frac{1}{\sqrt{2\pi}} e^{-\frac{x^2}{2}} dx$.

Soit X suivant la loi normale N(0, 1) :
$P(-1 \leqslant X \leqslant 1) = P(X \leqslant 1) - P(X \leqslant -1) = P(X \leqslant 1) - P(X \geqslant 1)$ (par raison de symétrie)
$= P(X \leqslant 1) - (1 - P(X \leqslant 1)) = 2\,P(X \leqslant 1) - 1.$
$P(X \leqslant 1) \approx 0{,}841$, donc $P(-1 \leqslant X \leqslant 1) \approx 0{,}682$.
D'où $P(Z_n \in [-1 ; 1]) \approx 0{,}682$.

$Z_n = \dfrac{X_n - 400}{\sqrt{300}}$ équivaut à :
$X_n = Z_n \times \sqrt{300} + 400$;
$-1 \leqslant Z_n \leqslant 1$ équivaut à :
$382 \leqslant X_n \leqslant 418$.
Donc $P(X_n \in [382 ; 418]) \approx 0{,}682$.

À NOTER
Vous pouvez vérifier en utilisant la formule de la loi binomiale ; vous devez calculer :
$$P(X = k) = \binom{n}{k} p^k(1-p)^{n-k}$$
pour toutes les valeurs de k à partir de 382 jusqu'à 418.

Exercice 6

1. $P(X \leqslant -2) = P(X \geqslant 2)$
$= 1 - P(X \leqslant 2)$;
on lit dans la table $P(X \leqslant 2) \approx 0{,}977$;
donc **$P(X \leqslant -2) \approx 0{,}023$.**
$P(0{,}9 < X \leqslant 1{,}1) = P(X \leqslant 1{,}1) - P(X \leqslant 0{,}9)$;
$P(X \leqslant 1{,}1) \approx 0{,}864$ et $P(X \leqslant 0{,}9) \approx 0{,}816$;
donc **$P(0{,}9 < X \leqslant 1{,}1) \approx 0{,}048$.**

RAPPEL
La courbe de la fonction de densité de la loi normale N(0, 1) est symétrique par rapport à l'axe des ordonnées.

2. Si X suit la loi normale N(0, 1), alors $P(-1{,}96 < X < 1{,}96) \approx$ **0,95**.
D'où $P(X \leqslant -1{,}96) + P(X \geqslant 1{,}96) \approx 0{,}05$.
Par raison de symétrie, $P(X \leqslant -1{,}96) = P(X \geqslant 1{,}96) \approx 0{,}025$.
Donc $P(X < 1{,}96) \approx 0{,}95 + 0{,}025 \approx$ **0,975**
et $P(X > 1{,}96) \approx$ **0,025**.

Exercice 7

$X \leqslant 16$; $\dfrac{X-10}{4} \leqslant \dfrac{16-10}{4}$, donc $Y \leqslant 1{,}5$.
Dans la table de N(0, 1), on lit $P(Y \leqslant 1{,}5) \approx 0{,}933$,
donc $P(X \leqslant 16) \approx$ **0,933**.
$X > 20$; donc $Y > 2{,}5$.
On lit $P(Y \leqslant 2{,}5) \approx 0{,}994$, donc $P(Y > 2{,}5) = 1 - P(Y \leqslant 2{,}5) \approx 0{,}006$,
donc $P(X > 20) \approx$ **0,006**.

$6 < X \leqslant 14$, donc $-1 < Y \leqslant 1$.

On lit $P(Y \leqslant 1) \approx 0{,}841$, donc $P(Y > 1) \approx 0{,}159$ et $P(Y \leqslant -1) \approx 0{,}159$; $P(-1 < Y \leqslant 1) = P(Y \leqslant 1) - P(Y \leqslant -1) \approx 0{,}841 - 0{,}159$, soit environ 0,682.

Donc $P(6 < X \leqslant 14) \approx$ **0,682.**

Exercice 8

1. *Première méthode* : On utilise la loi normale N(0, 1).

Soit X la note. X est une variable aléatoire suivant la loi normale N(10,8 ; 3,1²).

On pose $Y = \dfrac{X - 10{,}8}{3{,}1}$, où Y est une variable aléatoire suivant la loi normale N(0, 1).

$X \leqslant 10$; $\dfrac{X-10{,}8}{3{,}1} \leqslant \dfrac{10-10{,}8}{3{,}1}$; $\dfrac{-0{,}8}{3{,}1} \approx -0{,}258$; donc $Y \leqslant -0{,}258$.

Une table de N(0, 1) ou votre calculatrice donnent :

$P(Y \leqslant -0{,}258) \approx 0{,}398$;

donc $P(X \leqslant 10) \approx 0{,}398$.

La probabilité de l'événement A « la note est inférieure à 10 » est 0,398.

$X > 15$; $\dfrac{X-10{,}8}{3{,}1} \geqslant \dfrac{15-10{,}8}{3{,}1}$; $\dfrac{4{,}2}{3{,}1} \approx 1{,}355$; donc $Y > 1{,}355$.

Une table de N(0, 1) donne $P(Y \leqslant 1{,}355) \approx 0{,}912$;

donc $P(Y > 1{,}355) \approx 0{,}088$.

donc $P(X > 15) \approx 0{,}088$.

La probabilité de l'événement B « la note est supérieure à 15 » est 0,088.

Seconde méthode : On dispose d'un tableur de la loi normale N(10,8 ; 3,1²).

On lit $\boldsymbol{P(X \leqslant 10) \approx 0{,}398}$ et $P(X \leqslant 15) \approx 0{,}912$; d'où $\boldsymbol{P(X > 15) \approx 0{,}088}$.

	N(10, 8 ; 3, 1²)
a	*P*(*X* < *a*)
10	0,39818
11	0,52572
12	0,65066
13	0,76105
14	0,84902
15	0,91227

2. Il y a 3 000 candidats.

$3\,000 \times 0{,}398 = 1\,194$, donc **1 194 candidats ont obtenu une note inférieure à 10.**

$3\,000 \times 0{,}088 = 264$, donc **264 candidats ont obtenu une note supérieure à 15.**

Exercice 9

1. $\int_0^{100} f_\lambda(t)\mathrm{d}t = 0{,}5$ équivaut à $1 - \mathrm{e}^{-100\lambda} = 0{,}5$; $0{,}5 = \mathrm{e}^{-100\lambda}$;

$\ln(0{,}5) = -100\lambda$; $\lambda = -\dfrac{\ln(0{,}5)}{100} = \mathbf{\dfrac{\ln(2)}{100}}$.

2. $f(0) = \dfrac{\ln(2)}{100} \approx \mathbf{0{,}00693}$;

$E(T) = \dfrac{1}{\lambda} = \dfrac{100}{\ln(2)} \approx \mathbf{144{,}3}$.

Exercice 10

1. Dérivée de $F(x) = \dfrac{1}{\lambda} - \left(x + \dfrac{1}{\lambda}\right)\mathrm{e}^{-\lambda x}$:

$F'(x) = -\left(\mathrm{e}^{-\lambda x} + \left(x + \dfrac{1}{\lambda}\right)(-\lambda)\mathrm{e}^{-\lambda x}\right)$;

$F'(x) = -\mathrm{e}^{-\lambda x} + \lambda x\mathrm{e}^{-\lambda x} + \mathrm{e}^{-\lambda x}$.

Donc $F'(x) = \lambda x\mathrm{e}^{-\lambda x}$.

2. La fonction de densité f de la loi exponentielle de paramètre λ est définie par $f : x \mapsto \lambda\mathrm{e}^{-\lambda x}$.

D'après la question **1.**, une primitive F de $x \mapsto \lambda x\mathrm{e}^{-\lambda x}$ est définie par :

$F(x) = \dfrac{1}{\lambda} - \left(x + \dfrac{1}{\lambda}\right)\mathrm{e}^{-\lambda x}$.

On a donc $\int_0^x tf(t)\mathrm{d}t = F(x) - F(0)$.

Comme $F(0) = 0$, $\int_0^x tf(t)\mathrm{d}t = F(x)$.

$F(x) = \dfrac{1}{\lambda} - \dfrac{1}{\lambda}\mathrm{e}^{-\lambda x} - x\mathrm{e}^{-\lambda x}$.

On calcule la limite de F lorsque x tend vers $+\infty$.

Comme $\lambda > 0$, $\lim\limits_{x \to +\infty} -\lambda x = -\infty$; on sait que $\lim\limits_{x \to -\infty} \mathrm{e}^x = 0$, donc $\lim\limits_{x \to +\infty} \mathrm{e}^{-\lambda x} = 0$

et $\lim\limits_{x \to +\infty}\left(\dfrac{1}{\lambda}\mathrm{e}^{-\lambda x}\right) = 0$; on sait que $\lim\limits_{x \to -\infty} x\mathrm{e}^x = 0$, donc $\lim\limits_{x \to +\infty}(-\lambda x)\mathrm{e}^{-\lambda x} = 0$ et

$\lim\limits_{x \to +\infty} x\mathrm{e}^{-\lambda x} = 0$.

On en déduit que $\lim\limits_{x \to +\infty} F(x) = \dfrac{1}{\lambda}$.

On a démontré que l'espérance d'une variable aléatoire suivant une loi exponentielle de paramètre λ est $\dfrac{1}{\lambda}$.

CORRIGÉS

Exercice 11

$P(X > t) = 1 - P(X \leqslant t) = 1 - \int_0^t \lambda e^{-\lambda x} dx = 1 - \left[-e^{-\lambda x} \right]_0^t = 1 - 1 + e^{-\lambda t} = \mathbf{e^{-\lambda t}}.$

$$P_{(X>t)}(X > s+t) = \frac{P((X>t)\cap(X>s+t))}{P(X>t)} = \frac{P(X>s+t)}{P(X>t)} = \frac{e^{-\lambda(t+s)}}{e^{-\lambda t}} = e^{-\lambda s}.$$

$= \mathbf{P(X > s)}.$

Exercice 12

1 pt

1. $P(T \leqslant 5\,000) = \int_0^{5\,000} 0{,}000\,1 e^{-0{,}000\,1x} dx = \left[-e^{-0{,}000\,1x} \right]_0^{5\,000}$

$P(T \leqslant 5\,000) = -e^{-0{,}000\,1 \times 5\,000} - (-1)$

$P(T \leqslant 5\,000) = 1 - e^{-0{,}5} \approx \mathbf{0{,}393}.$

$P(T > 5\,000) = 1 - P(T \leqslant 5\,000)$; $P(T > 5\,000) = e^{-0{,}5} \approx \mathbf{0{,}607}.$

1 pt

2. $P_{(T \geqslant 5\,000)}(T \geqslant 6\,000) = \dfrac{P(T \geqslant 6\,000)}{P(T \geqslant 5\,000)}$;

$P(T \geqslant 6\,000) = e^{-0{,}000\,1 \times 6\,000} = e^{-0{,}6}.$

Donc $P_{(T \geqslant 5\,000)}(T \geqslant 6\,000) = \dfrac{e^{-0{,}6}}{e^{-0{,}5}} = e^{-0{,}1}$;

$P_{(T \geqslant 5\,000)}(T \geqslant 6\,000) \approx \mathbf{0{,}905}.$

> **RAPPEL**
> Une variable aléatoire suivant une loi exponentielle vérifie la propriété de durée de vie sans vieillissement.

1 pt

3. On applique la propriété de durée de vie sans vieillissement :

$P_{(T \geqslant 10\,000)}(T \geqslant 11\,000) = P(T \geqslant 1\,000) = e^{-0{,}1}.$

Sachant qu'une ampoule a fonctionné plus de 10 000 heures, la probabilité qu'elle tombe en panne après 11 000 heures est donc environ 0,905.

1 pt

4. $E(T) = \dfrac{1}{0{,}000\,1} = 10\,000.$

La durée de vie moyenne d'une ampoule est de 10 000 heures.

Exercice 13

1,5 pt

1. X suit la loi normale $N(13\,;\,1{,}5^2)$.

La variable aléatoire $Y = \dfrac{X - 13}{1{,}5}$ suit la loi normale N(0, 1).

$$P(X < 10) = P\left(Y < \frac{10-13}{1{,}5}\right) = P(Y < -2) = P(Y > 2) = 1 - P(Y < 2).$$

Dans la table de N(0, 1), $P(Y < 2) \approx 0{,}977$, donc $\mathbf{P(X < 10) \approx 0{,}023}$.

$$P(X < 16) = P\left(Y < \frac{16-13}{1{,}5}\right) = P(Y < 2), \text{ donc } \mathbf{P(X < 16) \approx 0{,}977}.$$

1 pt **2.** $P(10 < X < 16) = P(X < 16) - P(X < 10) = 0{,}977 - 0{,}023 = \mathbf{0{,}954}$.
(On retrouve le résultat $P(\mu - 2\sigma \leqslant X \leqslant \mu + 2\sigma) \approx \mathbf{0{,}954}$.)

0,5 pt **3.** $P(X = 13) = \mathbf{0}$.

1 pt **4.** Soit l'événement « l'enfant commence à marcher entre 12 et 14 mois ». On cherche la probabilité de l'événement contraire « l'enfant commence à marcher avant 12 mois ou après 14 mois ». Ces deux événements sont incompatibles.

$$P(X < 12) + P(X > 14) = P\left(Y < \frac{12-13}{1{,}5}\right) + P\left(Y > \frac{14-13}{1{,}5}\right)$$
$$= P(Y < -0{,}66) + P(Y > 0{,}66) = 2 \times P(Y > 0{,}66).$$

$P(Y < 0{,}66) \approx 0{,}745$, donc $P(Y > 0{,}66) \approx 0{,}255$.
$P(X < 12) + P(X > 14) \approx 0{,}51$.

La probabilité que la personne se trompe est environ 0,51.

Exercice 14

1 pt **1. a.** On cherche λ tel que $P(T \leqslant 20) = 0{,}55$.

$P(T \leqslant 20) = 1 - e^{-20\lambda}$; $e^{-20\lambda} = 0{,}45$, d'où $\boldsymbol{\lambda = -\frac{\ln(0{,}45)}{20}}$.

On vérifie la valeur approchée donnée dans l'énoncé :

$\lambda = -\frac{\ln(0{,}45)}{20} \approx \mathbf{0{,}04}$.

1 pt **b.** On applique la propriété de durée de vie sans vieillissement :
$P_{(T>20)}(T > 25) = P(T > 5) = e^{-0{,}04 \times 5}$, donc $\boldsymbol{P_{(T>20)}(T > 25) = e^{-0{,}2}}$.

0,5 pt **c.** $P_{(T>20)}(T > 25) = 1 - P(T < 5) = 1 - (1 - e^{-0{,}2}) \approx 0{,}82$.

Sachant qu'un client a déjà attendu 20 minutes à un comptoir, la probabilité que son attente totale ne dépasse pas 25 minutes est environ 0,82.

0,5 pt **2. a.** La variable aléatoire Y qui représente le nombre de comptoirs pour lesquels la durée d'attente est supérieure à 20 minutes **suit la loi binomiale de paramètres $n = 8$ et $p = 0{,}45$.**

RAPPEL
Si X suit la loi binomiale de paramètres n et p, pour $n \geqslant 1$ et, tout entier k, $0 \leqslant k \leqslant n$, on a $P(X = k) = \binom{n}{k} p^k (1-p)^{n-k}$.

1 pt **b.** L'événement $(Y \geqslant 5)$ est la réunion des événements deux à deux incompatibles $(Y = 5)$, $(Y = 6)$, $(Y = 7)$ et $(Y = 8)$.

$$P(Y \geqslant 5) = \binom{8}{5} 0{,}45^5\, 0{,}55^3 + \binom{8}{6} 0{,}45^6\, 0{,}55^2 + \binom{8}{7} 0{,}45^7\, 0{,}55 + 0{,}45^8.$$

À 0,1 près, la probabilité d'ouverture de nouveaux comptoirs est environ 0,26.

15 Intervalle de fluctuation Estimation

1 Intervalle de fluctuation

a. Définition

■ Soit X une variable aléatoire suivant une loi binomiale de paramètres n et p.

On appelle **intervalle de fluctuation de X au seuil 0,95** tout intervalle $[a ; b]$ tel que :

$$P(a \leqslant X \leqslant b) \geqslant 0{,}95.$$

Exemple : En classe de seconde, avec les conditions $n \geqslant 25$ et $0{,}2 < p < 0{,}8$, un intervalle de fluctuation approché au seuil 0,95 de la fréquence $\frac{X}{n}$ est $\left[p - \frac{1}{\sqrt{n}} ; p + \frac{1}{\sqrt{n}}\right]$.

b. Intervalle de fluctuation asymptotique

■ Si une variable aléatoire X_n suit une loi binomiale de paramètres n et p, avec $0 < p < 1$, alors, pour tout réel α dans l'intervalle $[0 ; 1]$, on a $\lim\limits_{n \to +\infty} \left(\frac{X_n}{n} \in I_n\right) = 1 - \alpha$ où I_n désigne l'intervalle $\left[p - u_\alpha \frac{\sqrt{p(1-p)}}{\sqrt{n}} ; p + u_\alpha \sqrt{\frac{p(1-p)}{\sqrt{n}}}\right]$ et u_α l'unique réel tel que $P(-u_\alpha \leqslant Z \leqslant u_\alpha) = 1 - \alpha$, où Z suit la loi normale N(0,1).

■ L'intervalle $I_n = \left[p - u_\alpha \frac{\sqrt{p(1-p)}}{\sqrt{n}} ; p + u_\alpha \frac{\sqrt{p(1-p)}}{\sqrt{n}}\right]$ est un intervalle de fluctuation asymptotique de la fréquence $F_n = \frac{X_n}{n}$ au seuil $1 - \alpha$.

C'est un intervalle déterminé à partir de la taille n d'un échantillon et de la proportion p d'individus possédant le caractère étudié dans la population ; cet intervalle contient F_n avec une probabilité d'autant plus proche de $1 - \alpha$ que n est grand.

■ En prenant $\alpha = 0{,}05$, le théorème peut s'écrire sous la forme plus simple : si une variable aléatoire X_n suit une loi binomiale de paramètres n et p, avec $0 < p < 1$, alors $\lim\limits_{n \to +\infty} P\left(p - 1{,}96 \frac{\sqrt{p(1-p)}}{\sqrt{n}} \leqslant \frac{X_n}{n} \leqslant p + 1{,}96 \frac{\sqrt{1-p}}{\sqrt{n}}\right) = 0{,}95.$

ROC, p. 340

■ L'intervalle $I_n = \left[p - 1,96\frac{\sqrt{p(1-p)}}{\sqrt{n}} ; p + 1,96\frac{\sqrt{p(1-p)}}{\sqrt{n}}\right]$ est un intervalle de fluctuation asymptotique de la fréquence $F_n = \frac{X_n}{n}$ au seuil 0,95. Il est déterminé à partir de la taille n d'un échantillon et de la proportion p d'individus possédant le caractère étudié dans la population ; cet intervalle contient F_n avec une probabilité d'autant plus proche de 0,95 que n est grand.

À NOTER

Soit une suite convergeant vers une limite L, pour n assez grand ; le terme de rang n constitue une approximation de L. Dans les situations rencontrées dans ce chapitre, on connaît la limite, mais pas les valeurs de la suite. On admet donc que, sous certaines conditions, on peut approcher le terme de rang n de la suite $P\left(p - 1,96\frac{\sqrt{p(1-p)}}{\sqrt{n}} \leqslant \frac{X_n}{n} \leqslant p + 1,96\frac{\sqrt{p(1-p)}}{\sqrt{n}}\right)$ par sa limite 0,95.

En pratique, on fait l'approximation dès que $\boldsymbol{n \geqslant 30}$**,** $\boldsymbol{np \geqslant 5}$ **et** $\boldsymbol{n(1-p) \geqslant 5}$.

2 Estimation

■ L'intervalle de fluctuation de la variable aléatoire F_n est $\left[p - \frac{1}{\sqrt{n}} ; p + \frac{1}{\sqrt{n}}\right]$, où p est la proportion (connue ou à estimer) dans la population avec une probabilité au moins égale à 0,95.

Or $F_n \in \left[p - \frac{1}{\sqrt{n}} ; p + \frac{1}{\sqrt{n}}\right]$ équivaut à $p - \frac{1}{\sqrt{n}} \leqslant F_n \leqslant p + \frac{1}{\sqrt{n}}$;

$p - \frac{1}{\sqrt{n}} \leqslant F_n$ et $F_n \leqslant p + \frac{1}{\sqrt{n}}$ équivaut à $p \leqslant \frac{1}{\sqrt{n}} + F_n$ *et* $F_n - \frac{1}{n} \leqslant p$;

$F_n - \frac{1}{\sqrt{n}} \leqslant p \leqslant \frac{1}{\sqrt{n}} + F_n$ équivaut à p appartient à l'intervalle $\left[F_n - \frac{1}{\sqrt{n}} ; F_n + \frac{1}{\sqrt{n}}\right]$.

La proportion p à estimer appartient donc à l'intervalle $\left[F_n - \frac{1}{\sqrt{n}} ; F_n + \frac{1}{\sqrt{n}}\right]$ avec une probabilité au moins égale à 0,95.

ROC, *p. 341*

Si f est la fréquence observée sur un échantillon de taille n, la proportion p appartient à l'intervalle $\left[f - \frac{1}{\sqrt{n}} ; f + \frac{1}{\sqrt{n}}\right]$, appelé intervalle de confiance, avec un niveau de confiance de plus de 95 %.

■ Un **intervalle de confiance** pour une proportion p au niveau de confiance 0,95 est la réalisation à partir d'un échantillon d'un intervalle aléatoire contenant la proportion p avec une probabilité supérieure ou égale à 0,95. Cet intervalle aléatoire est déterminé à partir d'une fréquence observée.

1 Déterminer l'intervalle de fluctuation asymptotique d'une proportion

Énoncé

Dans un lycée, on compte trois classes de terminale S. Dans une académie, le pourcentage d'élèves choisissant chaque année la spécialité « maths » est environ de 21 %.

Dans son tableau de prévisions pour la rentrée 2012, le proviseur du lycée indique 102 élèves pour les classes de terminale S.

1. Déterminer l'intervalle de fluctuation asymptotique au seuil de 95 % de la proportion de lycéens susceptibles de choisir la spécialité « maths ».

2. En déduire le nombre de lycéens attendus dans la spécialité « maths ».

Solution commentée

Savoir-faire

- Chaque lycéen intégrant la classe de terminale S peut ou non choisir la spécialité « maths ».
- La variable aléatoire X égale au nombre de lycéens choisissant cette spécialité suit donc une loi binomiale de paramètres n et p où n est le nombre d'élèves prévus en terminale S et p la probabilité qu'un élève choisisse la spécialité « maths ».
On regarde si n et p vérifient les conditions et on utilise la définition de l'intervalle de fluctuation asymptotique de la fréquence au seuil 0,95.

1. Soit X le nombre de lycéens choisissant la spécialité « maths » en terminale S sur l'échantillon de taille $n = 102$.
X suit la loi binomiale de paramètres $n = 102$ et $p = 0{,}21$.
$n \geqslant 30$; $np = 21{,}42 \geqslant 5$ et $n(1-p) = 80{,}58 \geqslant 5$. On applique la formule :

$$\left[p - 1{,}96\frac{\sqrt{p(1-p)}}{\sqrt{n}} ; p + 1{,}96\frac{\sqrt{p(1-p)}}{\sqrt{n}}\right]$$

$$= \left[0{,}21 - 1{,}96\frac{\sqrt{0{,}21(1-0{,}21)}}{\sqrt{102}} ; 0{,}21 + 1{,}96\frac{\sqrt{0{,}21(1-0{,}21)}}{\sqrt{102}}\right].$$

L'intervalle de fluctuation asymptotique au seuil 0,95 est environ [0,13 ; 0,29].

2. $0{,}13 \times 102 = 13{,}26$ et $0{,}29 \times 102 = 29{,}58$.
Le nombre de lycéens attendus dans la spécialité « maths » est compris entre 14 et 29.

2 Estimer une proportion inconnue à partir d'un échantillon

Énonce

On effectue un sondage pour connaître les intentions de vote des électeurs pour un candidat A.

On admet que l'échantillon de 900 personnes choisies au hasard est représentatif de la population totale.
432 personnes de cet échantillon déclarent qu'elles pensent voter pour le candidat A.

Estimer la proportion de votants pour le candidat A sur l'ensemble de la population.

Solution commentée

Savoir-faire

Si f est la fréquence observée sur un échantillon de taille n, la proportion p appartient à l'intervalle de confiance :

$$\left[f - \frac{1}{\sqrt{n}} ; f + \frac{1}{\sqrt{n}}\right]$$

avec un niveau de confiance de plus de 95 %.

La proportion observée f d'électeurs favorables au candidat A pour cet échantillon est :

$$\frac{432}{900} = 0,48.$$

L'intervalle de confiance est :

$$p \in \left[0,48 - \frac{1}{\sqrt{900}} ; 0,48 + \frac{1}{\sqrt{900}}\right],$$

ce qui donne $p \in [0,447 ; 0,513]$.

L'intervalle [0,447 ; 0,513] contient la proportion de votants pour le candidat A avec une probabilité de 0,95.

3 Déterminer une taille d'échantillon

Énoncé

Pour connaître l'impact d'une publicité sur un nouveau produit, on effectue un sondage sur un échantillon de n individus.

Soit f le pourcentage de personnes de cet échantillon ayant entendu parler de ce produit.

Déterminer la taille de l'échantillon pour que la proportion d'individus dans la population totale soit connue au seuil de 95 % avec une précision de 2 %.

Solution commentée

Savoir-faire

La proportion p appartient à l'intervalle $\left[f - \frac{1}{\sqrt{n}} ; f + \frac{1}{\sqrt{n}}\right]$.

La proportion p est connue avec une précision de 2 % si $\frac{1}{\sqrt{n}} \leqslant 0,02$.

On cherche le plus petit entier n tel que :

$$\frac{1}{\sqrt{n}} \leqslant 0,02,$$

ce qui équivaut à $\sqrt{n} \geqslant 50$,

d'où $n \geqslant 2\,500$.

Pour que la proportion d'individus dans la population totale soit connue au seuil de 95 % avec une précision de 2 %, la taille de l'échantillon doit être d'au moins 2 500 individus.

Pour réussir le jour J

LES ERREURS À NE PAS COMMETTRE

• Il ne faut pas confondre un **intervalle de fluctuation** et un **intervalle de confiance**.

Si **la proportion p dans la population est connue**, ou si l'on fait une hypothèse sur sa valeur, on utilise un intervalle de fluctuation. Par exemple, on veut déterminer si la fréquence observée f dans un échantillon de taille n est conforme à la proportion connue dans la population.

Si l'on veut **estimer une proportion inconnue p dans une population** à partir d'une fréquence observée sur un échantillon, on utilise un intervalle de confiance.

Par exemple, si la taille n de l'échantillon est supérieure ou égale à 30 et si la fréquence observée est telle que $nf \geqslant 5$ et $n(1-f) \geqslant 5$, on peut conclure qu'un intervalle de confiance de p au niveau de confiance 0,95 est $\left[f - \frac{1}{\sqrt{n}} ; f + \frac{1}{\sqrt{n}}\right]$.

• Avant de déterminer un intervalle de fluctuation (ou un intervalle de confiance), il faut toujours vérifier que :
– les conditions de validité sont satisfaites ;
– l'intervalle est inclus dans $[0 ; 1]$;
– la proportion p (ou la fréquence observée f) appartient bien à l'intervalle trouvé.

• Lorsqu'on vous demande d'étudier une prise de décision à partir d'un échantillon, vous émettez l'hypothèse que la proportion d'un caractère est p, calculez la fréquence f sur un échantillon de taille n et déterminez l'intervalle de fluctuation I de la proportion p. Cet intervalle I contient au moins 95 % des fréquences observées sur des échantillons de taille n. Il y a donc un risque de 5 % pour une fréquence observée f de ne pas se trouver dans cet intervalle. Il faut alors appliquer la règle suivante :
– si la fréquence observée f appartient à l'intervalle de fluctuation I, alors on ne peut pas rejeter l'hypothèse au seuil de risque 5 % ;
– si la fréquence observée f n'appartient pas à l'intervalle de fluctuation I, alors on rejette l'hypothèse au seuil de risque 5 %.

10 qcm pour réviser le cours

Corrigés, p. 344

Dans toutes les questions, le seuil ou le niveau de confiance est de 0,95. Dans les questions 1 à 5, p désigne la proportion d'un caractère dans une population, n la taille de l'échantillon et I un intervalle de fluctuation.

1 **$p = 0,35$ et $n = 400$. L'intervalle de fluctuation asymptotique est :**

- ❑ **a.** [0,30 ; 0,40].
- ❑ **b.** [0,303 ; 0,397].
- ❑ **c.** [0,325 ; 0,375].

2 **$p = 0,1$ et $n = 49$:**

- ❑ **a.** $I = [-0,043 ; 0,243]$.
- ❑ **b.** $I = [0,016 ; 0,184]$.
- ❑ **c.** $I = [0,061 ; 0,204]$.

3 **$p = 0,93$ et $n = 64$:**

- ❑ **a.** $I = [0,805 ; 1,055]$.
- ❑ **b.** $I = [0,867 ; 0,993]$.
- ❑ **c.** $I = [0,906 ; 0,984]$.

4 **Dans un pays, 70 % des véhicules roulent au gazole. À l'ouverture d'une station, 36 véhicules se présentent. La probabilité m que plus de 31 véhicules parmi les 36 roulent au gazole est telle que :**

❑ **a.** $m < 0,025$. ❑ **b.** $m > 0,05$.

❑ **c.** $m = \binom{36}{31} \times 0,7^{31} \times 0,3^{5}$.

5 **$I = [0,318 ; 0,382]$ et $n = 1000$. Si la fréquence observée du caractère est $f = 0,385$, alors :**

- ❑ **a.** au risque d'erreur 0,05, on rejette l'hypothèse $p = 0,35$.
- ❑ **b.** on ne rejette pas l'hypothèse $p = 0,35$.
- ❑ **c.** il y a une erreur car f doit appartenir à [0,318 ; 0,382].

6 **Soit X une variable aléatoire suivant la loi binomiale de paramètres $n = 20$ et $p = 0,5$.**

$P\left(0,3 \leqslant \frac{X}{20} < 0,7\right) =$:

❑ **a.** 0,5. ❑ **b.** 0,75. ❑ **c.** 0,95.

7 **Sur un échantillon de 196 enfants âgés de 10 à 15 ans, 49 sont en surpoids. L'intervalle de confiance de la fréquence d'enfants en surpoids est :**

- ❑ **a.** [0,179 ; 0,321].
- ❑ **b.** [0,20 ; 0,30].
- ❑ **c.** [0,225 ; 0,275].

8 **Avant une élection, sur un échantillon de 900 personnes, 477 se déclarent pour le candidat A, les autres pour le candidat B.**

On peut dire que :

- ❑ **a.** plus de 50 % des électeurs voteront pour A.
- ❑ **b.** l'écart de voix entre les deux candidats ne peut pas dépasser 12,6 %.
- ❑ **c.** la probabilité que B soit élu est supérieure à 0,025.

9 **Le pourcentage d'utilisation f d'un photocopieur est de 84 %. Après n contrôles, l'intervalle de confiance est [0,8 ; 0,88]. Le nombre n de contrôles effectués est :**

❑ **a.** 400. ❑ **b.** 625. ❑ **c.** 1 600.

10 **La taille d'un échantillon pour que la proportion d'individus dans la population totale soit connue avec une précision inférieure à 1 % est :**

❑ **a.** 1 000. ❑ **b.** 5 000. ❑ **c.** 10 000.

Exercices

Exercice 1 niveau 1

Corrigés, p. 345

En 2011, 80 000 passagers ont été transportés sur une ligne d'aviation. On a constaté que 30 % d'entre ont réservé par Internet.

Un jour de grande affluence, un étudiant effectue un sondage auprès des personnes prêtes à embarquer dans le hall d'un aéroport.

Il interroge 350 personnes.

Soit X_n la variable aléatoire désignant le nombre de personnes ayant réservé par Internet dans l'échantillon.

1. Déterminer l'intervalle de fluctuation asymptotique de la fréquence $F_n = \frac{X_n}{n}$ au seuil 0,95.

2. En déduire un encadrement du nombre de personnes susceptibles d'avoir réservé par Internet dans l'échantillon.

Exercice 2 niveau 1

Corrigés, p. 345

On tire n fois une carte d'un jeu de 32 cartes en remettant à chaque fois la carte tirée avant d'en tirer une autre. On désigne par X_n la variable aléatoire désignant le nombre de rois tirés.

Déterminer l'intervalle de fluctuation asymptotique de la fréquence $F_n = \frac{X_n}{n}$ au seuil 0,95 lorsque :

1. $n = 40$. **2.** $n = 100$. **3.** $n = 1\,000$.

Exercice 3 niveau 2

Corrigés, p. 346

Dans un pays, la proportion de personnes vaccinées contre une maladie est $p = 0{,}16$.

On note X_n la variable aléatoire désignant le nombre de personnes vaccinées dans un échantillon de taille n.

1. On effectue un premier sondage auprès d'un premier échantillon de 30 personnes.

Soit f la fréquence observée dans cet échantillon.

a. Vérifier les conditions d'utilisation de l'intervalle de fluctuation asymptotique de la fréquence $\frac{X_n}{n}$ au seuil 0,95.

b. La variable aléatoire X_n suit la loi binomiale de paramètres $n = 30$ et $p = 0{,}16$. Créer sur un tableur une feuille de calcul donnant les probabilités $P(X \leqslant k)$, pour k compris entre 0 et 30.

Déterminer l'intervalle de fluctuation au seuil de 95 % de la fréquence f du nombre de personnes vaccinées dans un échantillon de taille 30.

2. Lors d'un deuxième sondage sur un échantillon de taille $n = 256$, on a observé 53 personnes vaccinées. La fréquence observée dans cet échantillon appartient-elle à l'intervalle de fluctuation asymptotique de la fréquence $F_n = \frac{X_n}{n}$ au seuil 0,95 ? Que peut-on en conclure ?

Exercice 4 (niveau 2)

Corrigés, p. 346

Pour le plan d'aménagement d'un nouveau quartier d'habitation, le service d'urbanisme d'une ville effectue une enquête pour estimer le nombre de places à prévoir dans les parkings privatifs pour que tous les habitants puissent garer leur voiture. Pour simplifier, on suppose dans cet exercice qu'un ménage dispose d'au plus une voiture.

Sur un échantillon de 1 900 ménages interrogés, on trouve 1 260 voitures.

1. Estimer la proportion de ménages possédant une voiture sur l'ensemble de la population au niveau de confiance 0,95.

2. Dans ce nouveau quartier, on prévoit de loger 950 familles.

Déduire de la question **1.** le nombre de places de parking à prévoir pour que le nombre de places de parking privatif soit suffisant avec une probabilité de 0,95.

Exercice 5 (niveau 2)

Corrigés, p. 347

Une étude affirme que 60 % des enfants dans le monde sont nourris au biberon.

1. Dans une ville, il naît en moyenne 750 enfants par an.

Soit X_n la variable aléatoire désignant le nombre d'enfants nourris au biberon dans l'échantillon.

a. Déterminer l'intervalle de fluctuation asymptotique de la fréquence $F_n = \frac{X_n}{n}$ au seuil 0,95.

b. En déduire un encadrement du nombre prévisible d'enfants nourris au biberon dans l'échantillon.

2. On a interrogé 160 jeunes mamans ; 116 disent nourrir leur enfant au biberon.

a. Quel est le pourcentage f d'enfants nourris au biberon dans cet échantillon ?

Déterminer l'intervalle de confiance de f au niveau de confiance 0,95.

b. Au seuil de risque 5 %, que peut-on dire du pourcentage annoncé d'enfants nourris au biberon dans le monde ?

Exercice 6 (niveau 3)

Corrigés, p. 347

Début 2012, on lit sur Internet que 3,4 millions d'e-mails sont envoyés dans le monde chaque seconde et que plus des $\frac{3}{4}$ sont des spams.

Si une personne reçoit en moyenne 150 e-mails par jour, quel est le nombre minimum de spams qu'elle peut recevoir par an ?

Exercice 7 (niveau 3)

Corrigés, p. 348

1,22 macaron sort chaque seconde (soit 4 392 macarons à l'heure) chez quatre fabricants français de macarons.

1. Un sondage effectué auprès d'un échantillon de 48 amateurs indique que 77 % d'entre eux sont très satisfaits après une dégustation d'une nouvelle variété.

Déterminer l'intervalle de confiance de ce pourcentage au niveau de confiance 0,95.

2. On souhaite effectuer un deuxième sondage sur un échantillon de n individus. Soit f le pourcentage de personnes satisfaites dans cet échantillon.

Déterminer la taille de l'échantillon pour que la proportion d'individus satisfaits dans la population totale soit connue au seuil de 95 % avec une précision de 6 %.

Exercice 8 (niveau 3)

Corrigés, p. 348

En février 2012, une étude menée par le gérant britannique de parking NCP conclut que les femmes sont plus habiles au volant.

Pendant un mois, 2 500 conducteurs ont été observés en train de se garer.

Les vidéos révèlent que les femmes repèrent plus facilement les places car elles conduisent plus lentement et qu'elles sont meilleures pour se positionner et effectuer la manœuvre :
– les femmes sont plus appliquées : 39 % d'entre elles se garent en marche arrière contre 28 % des hommes ;
– les femmes sont plus précises : 52 % sont garées exactement au centre de la place contre 25 % des hommes.

L'étude ne dit pas la proportion de femmes dans l'échantillon de 2 500 conducteurs.

Dans la suite de l'exercice, on admet que dans l'échantillon de 2 500 conducteurs, il y avait autant de femmes que d'hommes.

1. Un parking couvert dispose de 630 places. On prend comme hypothèses les pourcentages donnés dans l'étude.

a. On suppose que toutes les places sont occupées par des véhicules conduits par des femmes.

On note X_n la variable aléatoire désignant le nombre de véhicules garés en marche arrière et X'_n la variable aléatoire désignant le nombre de véhicules garés au centre de la place.

Déterminer :

– l'intervalle de fluctuation asymptotique I_n de la fréquence $\frac{X_n}{n}$ au seuil 0,95 ;

– l'intervalle de fluctuation asymptotique I'_n de la fréquence $\frac{X'_n}{n}$ au seuil 0,95.

b. On suppose que toutes les places sont occupées par des véhicules conduits par des hommes.

On note Y_n la variable aléatoire désignant le nombre de véhicules garés en marche arrière et Y'_n la variable aléatoire désignant le nombre de véhicules garés au centre de la place.

Déterminer :

– l'intervalle de fluctuation asymptotique J_n de la fréquence $\frac{Y_n}{n}$ au seuil 0,95 ;

– l'intervalle de fluctuation asymptotique J'_n de la fréquence $\frac{Y'_n}{n}$ au seuil 0,95.

2. À partir des données de l'échantillon de l'étude, on cherche à estimer les proportions de femmes et d'hommes concernant l'application et la précision dans le stationnement d'un véhicule.

Déterminer les quatre intervalles de confiance au niveau de confiance 0,95.

Exercice 9 (niveau 3)

Corrigés, p. 349

ROC Démontrer que si une variable aléatoire X_n suit une loi binomiale de paramètres n et p, avec $0 < p < 1$, alors :

$$\lim_{n \to +\infty} P\left(p - 1,96\frac{\sqrt{p(1-p)}}{\sqrt{n}} \leqslant \frac{X_n}{n} \leqslant p + 1,96\frac{\sqrt{p(1-p)}}{\sqrt{n}}\right) = 0,95.$$

Exercice 10 niveau 3

Corrigés, p. 350

ROC Soit p une proportion fixée, $0 < p < 1$. On considère une variable aléatoire X_n suivant une loi binomiale de paramètres n et p, et $F_n = \frac{X_n}{n}$ la fréquence de la proportion p. On rappelle que, lorsque $n \geqslant 30$, $np \geqslant 5$ et $n(1-p) \geqslant 5$, $\left[p - \frac{1}{\sqrt{n}}\,;\, p + \frac{1}{\sqrt{n}}\right]$ est un intervalle de fluctuation de F_n au seuil 0,95.

Démontrer que l'intervalle $\left[F_n - \frac{1}{\sqrt{n}}\,;\, F_n + \frac{1}{\sqrt{n}}\right]$ contient la proportion p avec une probabilité au moins égale à 0,95.

Exercice 11 25 min, 2,5 pts

Corrigés, p. 351

TYPE BAC

Des chercheurs ont effectué une étude scientifique sur les habitudes d'écoute de baladeurs MP3 et d'Ipod sur une population de 300 jeunes âgés de 13 à 17 ans. Les données recueillies et les résultats des mesures acoustiques indiquent qu'un jeune sur quatre présente un risque élevé de perte d'audition précoce (c'est-à-dire vers 30 ou 40 ans).

1. On considère une classe de terminale de lycée comptant 35 élèves, possédant tous un baladeur MP3 ou un Ipod. Soit X la variable aléatoire égale au nombre d'élèves de cette classe présentant un risque élevé de perte d'audition précoce.

a. Quelle est la loi de probabilité de X ?

b. Calculer la probabilité de l'événement ($X = 6$).

c. Calculer l'espérance mathématique de X.

Interpréter le résultat obtenu.

2. Dans un lycée de 1 200 élèves, soit p la proportion de jeunes présentant un risque élevé de perte d'audition précoce.

Déterminer l'intervalle de confiance à 95 % de la proportion p.

En déduire une estimation du nombre de jeunes dans ce lycée présentant un risque élevé de perte d'audition précoce.

Exercice 12 40 min, 4 pts

Corrigés, p. 351

TYPE BAC

Partie A

30 % des Français auraient un taux de cholestérol total trop élevé, ce qui en fait l'anomalie la plus fréquente dans la population générale. Dans un cabinet médical, on suit 2300 patients.

Soit X_n la variable aléatoire désignant le nombre de personnes ayant un taux de cholestérol total trop élevé dans l'échantillon.

1. Déterminer l'intervalle de fluctuation asymptotique de la fréquence $F_n = \frac{X_n}{n}$ au seuil 0,95.

2. En réalité, parmi les patients suivis dans ce cabinet médical, 724 avaient lors de leur dernière analyse un taux de cholestérol total trop élevé.

Au seuil de risque 5 %, que peut-on dire du pourcentage annoncé de personnes ayant un taux de cholestérol total trop élevé ?

Partie B

Une étude présentée en février 2005 a évalué la fréquence des différentes dyslipidémies (excès de graisse dans le sang) dans un échantillon représentatif de la population française.

Le tableau ci-dessous donne les prévalences (en médecine « rapport du nombre de cas d'un trouble morbide à l'effectif total d'une population, sans distinction entre les cas nouveaux et les cas anciens, pendant une période donnée ») des dyslipidémies en France, standardisées pour l'âge et le sexe avec des intervalles de confiance à 95 %.

Dyslipidémies		**Prévalences**
Hypertriglycéridémie	Cholestérol total $< 2{,}4$ g/L et triglycémie > 2 g/L	4 %
Hyperlidémie mixte	Cholestérol total $> 2{,}4$ g/L et triglycémie > 2 g/L	5 %
HDL bas	HDL-cholestérol inférieur à 0,4 g/L chez l'homme et 0,5 g/L chez la femme	12 %
Hypercholestérolémie pure	Cholestérol total $> 2{,}4$ g/L et triglycémie < 2 g/L	30 %

1. Déterminer l'intervalle de confiance à 95 % de la prévalence de chacune des dyslipidémies, sur l'échantillon des 2 300 patients de ce cabinet médical.

2. Parmi les sujets présentant un taux de cholestérol total trop élevé, 86 % présentaient un taux de LDL-cholestérol supérieur à 1,6 g/L, le LDL-cholestérol (ou mauvais cholestérol) étant considéré comme meilleur indicateur du risque coronaire que le cholestérol total.

Estimer le nombre de patients du cabinet médical présentant un taux de LDL-cholestérol supérieur à 1,6 g/L.

Exercice 13 (55 min, 5 pts)

Corrigés, p. 352

TYPE BAC

Une compagnie aérienne possède des avions A320 d'une capacité de 160 places.

Cette compagnie a vendu n billets pour un vol Nantes-Nice.

Soit p la probabilité qu'un acheteur se présente à l'embarquement ; on suppose que les comportements des acheteurs sont indépendants les uns des autres.

On note X_n la variable aléatoire désignant le nombre d'acheteurs d'un billet se présentant à l'aéroport.

La compagnie fait de la « surréservation » (*surbooking*), c'est-à-dire que, pour optimiser le remplissage de l'avion, elle vend plus de billets que de places dans l'avion ; on a donc $n > 160$.

1. Déterminer la loi de X_n.

2. On suppose que $0,5 \leqslant p \leqslant 0,95$.

Écrire l'intervalle de fluctuation asymptotique I_n de la fréquence $F_n = \dfrac{X_n}{n}$ au seuil 0,95.

3. Montrer que si $I_n \subset \left[0\,;\dfrac{160}{n}\right]$, alors la probabilité que le nombre de passagers se présentant à l'embarquement soit supérieur à 160 est inférieure ou égale à 0,05.

4. On cherche à déterminer la valeur maximale de n permettant de satisfaire la condition de l'inclusion $I_n \subset \left[0\,;\dfrac{160}{n}\right]$.

a. Montrer que si $I_n \subset \left[0\,;\dfrac{160}{n}\right]$, alors $pn + 1,96\sqrt{n}\sqrt{p(1-p)} - 160 \leqslant 0$.

b. Soit f la fonction définie sur $[0\,;+\infty[$ par :

$$f(x) = px + 1,96\sqrt{x}\sqrt{p(1-p)} - 160.$$

Montrer qu'il existe un entier n_0 unique tel que si $n \leqslant n_0$, alors $f(n) \leqslant 0$ et si $n > n_0$ alors $f(n) > 0$.

c. Tracer les courbes représentatives de f pour les valeurs $p = 0,85$; $p = 0,9$ et $p = 0,95$.

d. Déterminer à l'aide de la calculatrice les valeurs de n_0 pour $p = 0,85$; $p = 0,9$ et $p = 0,95$.

QCM

1 **b.** $I_n = \left[0,35 - 1,96\frac{\sqrt{0,35 \times 0,65}}{\sqrt{400}} ; 0,35 + 1,96\frac{\sqrt{0,35 \times 0,65}}{\sqrt{40}}\right].$

La réponse **a.** est obtenue avec l'intervalle de fluctuation vu en classe de seconde : $\left[p - \frac{1}{\sqrt{n}} ; p + \frac{1}{\sqrt{n}}\right]$. La réponse **c.** est un piège : au seuil 0,95 ne veut pas dire qu'on ajoute ou retire 0,025 à la proportion p.

2 **c.** On élimine la réponse **a.** qui donne une borne inférieure négative.

$49 \times 0,1 = 4,9$; la condition $np \geqslant 5$ n'est pas vérifiée, donc on élimine l'intervalle de fluctuation asymptotique centré en 0,1 de la réponse **b.** Le troisième intervalle est obtenu avec la loi binomiale de paramètres $n = 49$ et $p = 0,1$.

3 **c.** On élimine la réponse **a.** qui donne une borne supérieure à 1.
$64 \times (1 - 0,93) = 4,48$; la condition $n(1 - p) \geqslant 5$ n'est pas vérifiée, donc on élimine l'intervalle de fluctuation asymptotique centré en 0,93 de la réponse **b.** Le troisième intervalle est obtenu avec la loi binomiale de paramètres $n = 64$ et $p = 0,93$.

4 **a.** Intervalle de fluctuation asymptotique au seuil 0,95 :
[0,550 ; 0,849] ; $0,849 \times 36 = 30,564 < 31$.

5 **a.** Remarque pour la réponse **c.** : $0,385 \notin [0,318 ; 0,382]$, mais la probabilité que f n'appartienne pas à l'intervalle de fluctuation est 0,05.

6 **c.** D'après l'extrait de tableur de la loi binomiale de paramètres $n = 20$ et $p = 0,5$:
– le plus petit entier a tel que $P(X \leqslant a) > 0,025$ est $a = 6$;
– le plus petit entier b tel que $P(X \leqslant b) \geqslant 0,975$ est $b = 14$.

$\frac{6}{20} = 0,3$ et $\frac{14}{20} = 0,7$.

k	$P(X \leqslant k)$
5	0,0207
6	0,0577
13	0,9423
14	0,9793

7 **a.** $n = 196$; $\frac{1}{\sqrt{196}} = \frac{1}{14} \approx 0,071$; $f = \frac{49}{196} = 0,25$;
$\left]f - \frac{1}{\sqrt{n}} ; f + \frac{1}{\sqrt{n}}\right[=]0,25 - 0,071 ; 0,25 + 0,071[$.

8 **c.** Les intervalles de confiance pour A et B sont [0,497 ; 0,563] et [0,437 ; 0,503].

A pourrait donc avoir moins de 50 % des voix. La probabilité que A ait plus de 56, 3 % des voix est de 0,025 et la probabilité que B ait moins de 43,7 % est de 0,025 ; l'écart peut donc dépasser 0,126.

9 **b.** $\left[f - \frac{1}{\sqrt{n}} ; f + \frac{1}{\sqrt{n}}\right] =]0,80 ; 0,88[$, donc $\frac{1}{\sqrt{n}} = 0,04$; $\sqrt{n} = 25$.

10 **c.** $\left[f - \frac{1}{\sqrt{n}} ; f + \frac{1}{\sqrt{n}}\right]$; $\frac{1}{\sqrt{n}} \leqslant 0,01$; $\sqrt{n} \geqslant 100$.

Exercice 1

1. Par hypothèse, $n = 350 > 30$, $p = 0{,}30$, donc $np = 105 \geqslant 5$ et $n(1-p) = 245 \geqslant 5$.

Les conditions étant satisfaites, on peut utiliser l'intervalle de fluctuation asymptotique de la fréquence $\frac{X_n}{n}$ au seuil 0,95.

$$I_n = \left[p - 1{,}96\frac{\sqrt{p(1-p)}}{\sqrt{n}}\ ;\ p + 1{,}96\frac{\sqrt{p(1-p)}}{\sqrt{n}}\right].$$

$$I_n = \left[0{,}3 - 1{,}96\frac{\sqrt{0{,}3\times 07}}{\sqrt{350}}\ ;\ 0{,}3 + 1{,}96\frac{\sqrt{0{,}3\times 07}}{\sqrt{350}}\right],$$

soit **[0,252 ; 0,348]**.

2. $0{,}252 \times 350 \approx 88$; $0{,}348 \times 350 \approx 122$.

Le nombre de personnes susceptibles d'avoir réservé par Internet dans l'échantillon doit être compris entre 88 et 122 avec une probabilité de 0,95.

Exercice 2

La probabilité d'obtenir un roi en tirant une carte est :

$p = \frac{4}{32} = 0{,}125.$

1. $n = 40$ et $p = 0{,}125$,

donc $np = 5 \geqslant 5$ et $n(1-p) = 35 \geqslant 5$.

Les conditions étant satisfaites, on peut utiliser l'intervalle de fluctuation asymptotique de la fréquence $\frac{X_n}{n}$ au seuil 0,95 :

$$I_n = \left[0{,}125 - 1{,}96\frac{\sqrt{0{,}125\times 0{,}875}}{\sqrt{40}}\ ;\ 0{,}125 + 1{,}96\frac{\sqrt{0{,}125\times 0{,}875}}{\sqrt{40}}\right],$$

soit **[0,023 ; 0,227]**.

2. Pour $n = 100$:

$$I_n = \left[0{,}125 - 1{,}96\frac{\sqrt{0{,}125\times 0{,}875}}{\sqrt{100}}\ ;\ 0{,}125 + 1{,}96\frac{\sqrt{0{,}125\times 0{,}875}}{\sqrt{100}}\right],$$

soit **[0,060 ; 0,190]**.

3. Pour $n = 1\,000$:

$$I_n = \left[0{,}125 - 1{,}96\frac{\sqrt{0{,}125\times 0{,}875}}{\sqrt{1\,000}}\ ;\ 0{,}125 + 1{,}96\frac{\sqrt{0{,}125\times 0{,}875}}{\sqrt{1\,000}}\right],$$

soit **[0,105 ; 0,145]**.

Exercice 3

1. a. $n = 30$ et $p = 0{,}16$, donc $np = 4{,}8 < 5$.

Les conditions n'étant pas satisfaites, on ne peut pas utiliser l'intervalle de fluctuation asymptotique de la fréquence $\frac{X_n}{n}$ au seuil 0,95.

b. Sur le tableur, dans la cellule B2, avec OpenOffice, on a écrit la formule :
=LOI.BINOMIALE(B2;30;0,16;1).

	A	B
1	k	$P(X \leqslant k)$
2	0	0,0054
3	1	0,0359
4	2	0,1204
5	3	0,2705
6	4	0,4635
7	5	0,6547
8	6	0,8064
9	7	0,9055
10	8	0,9597
11	9	0,9850
12	10	0,9951

On lit en B4 et en B5 :
$P(X \leqslant 2) \approx 0{,}12$; $P(X \leqslant 3) \approx 0{,}27$, donc le plus petit entier a tel que $P(X \leqslant a) > 0{,}025$ est $a = 3$.

On lit en B10 et en B11 :
$P(X \leqslant 8) \approx 0{,}96$; $P(X \leqslant 9) \approx 0{,}98$, donc le plus petit entier b tel que $P(X \leqslant b) \geqslant 0{,}975$ est $b = 9$.

L'intervalle de fluctuation à 95 % de la fréquence f est donc l'intervalle $\left[\frac{3}{30} ; \frac{9}{30}\right]$, soit **[0,1 ; 0,3]**.

2. $n = 256$ et $p = 0{,}16$, donc $np = 40{,}96 \geqslant 5$ et $n(1 - p) = 215{,}04 \geqslant 5$.

Les conditions étant satisfaites, on peut utiliser l'intervalle de fluctuation asymptotique de la fréquence $\frac{X_n}{n}$ au seuil 0,95 :

$$I_n = \left[0{,}16 - 1{,}96\frac{\sqrt{0{,}16 \times 0{,}84}}{\sqrt{256}} ; 0{,}16 + 1{,}96\frac{\sqrt{0{,}16 \times 0{,}84}}{\sqrt{256}}\right],$$

soit **[0,115 ; 0,205]**.

La fréquence observée est $f = \frac{53}{256} \approx 0{,}207$.

Comme 0,207 n'appartient pas à l'intervalle [0,115 ; 0,205], on rejette l'hypothèse $p = 0{,}16$ au seuil de risque 5 %.

Exercice 4

1. La fréquence observée de ménages possédant une voiture est :

$$f = \frac{1\,260}{1\,900},$$

soit environ 0,663.

> **RAPPEL**
> Un intervalle de confiance de p au niveau de confiance 0,95 est $\left[f - \frac{1}{\sqrt{n}} ; f + \frac{1}{\sqrt{n}}\right]$, où f est la fréquence observée.

L'intervalle de confiance à 95 % de la proportion p est :

$$\left]f-\frac{1}{\sqrt{n}}\,;f+\frac{1}{\sqrt{n}}\right[=\left]0,663-\frac{1}{\sqrt{1900}}\,;0,663+\frac{1}{\sqrt{1900}}\right[,$$

soit]**0,640 ; 0,686**[.

2. $950 \times 0,686 \approx 652$.

Le nombre de places de parking privatif à prévoir est donc 652.

Exercice 5

1. a. Par hypothèse, $n = 750 > 30$, $p = 0,60$, donc $np = 450 \geqslant 5$ et $n(1-p) = 300 \geqslant 5$.

Les conditions étant satisfaites, on peut utiliser l'intervalle de fluctuation asymptotique de la fréquence $\frac{X_n}{n}$ au seuil 0,95.

$$I_n=\left[0,6-1,96\frac{\sqrt{0,6\times 0,4}}{\sqrt{750}}\,;0,6+1,96\frac{\sqrt{0,6\times 0,4}}{\sqrt{750}}\right],$$ soit **[0,565 ; 0,635]**.

b. $750 \times 0,565 \approx 424$; $750 \times 0,635 \approx 476$.

Le nombre d'enfants nourris au biberon dans l'échantillon devrait être compris entre 424 et 476, avec une probabilité de 0,95.

2. a. Le pourcentage f d'enfants nourris au biberon dans cet échantillon de taille 160 est $f=\frac{116}{160}=0,725$.

On en déduit l'intervalle de confiance de f au niveau de confiance au seuil 0,95 : $\left]0,725-\frac{1}{\sqrt{160}}\,;0,725+\frac{1}{\sqrt{160}}\right[$, soit]**0,646 ; 0,804**[.

b. 0,725 n'appartient pas à [0,565 ; 0,635].

Comme la fréquence observée f n'appartient pas à l'intervalle de fluctuation I_n, alors on rejette l'hypothèse au seuil de risque 5 %.

Exercice 6

Soit p la proportion p de spams.

On sait que $p \geqslant 0,75$.

Soit X_n la variable aléatoire désignant le nombre de spams reçus par jour dans un échantillon de taille 150 et suivant la loi binomiale de paramètres $n = 150$ et $p = 0,75$.

On détermine l'intervalle de fluctuation asymptotique de la fréquence $F_n=\frac{X_n}{n}$ au seuil 0,95 :

$$I_n=\left[0,75-1,96\frac{\sqrt{0,75\times 0,25}}{\sqrt{150}}\,;0,75+1,96\frac{\sqrt{0,75\times 0,25}}{\sqrt{150}}\right],$$

soit **[0,681 ; 0,819]**.

Le nombre minimum de spams reçus par jour par cette personne est $150 \times 0{,}681 \approx 102$.

Le nombre minimum de spams qu'elle peut recevoir par an serait alors $102 \times 365 =$ **37 230.**

Exercice 7

1. L'intervalle de confiance de la fréquence observée $f = 0{,}77$ à partir d'un échantillon de taille 48, au niveau de confiance 0,95, est $\left[0{,}77 - \frac{1}{\sqrt{48}} ; 0{,}77 + \frac{1}{\sqrt{48}}\right]$, soit **]0,626 ; 0,914[.**

2. Soit p la proportion d'individus satisfaits dans la population totale.

On sait que $p \in \left[f - \frac{1}{\sqrt{n}} ; f + \frac{1}{\sqrt{n}}\right]$, avec une probabilité de 0,95.

La proportion p est connue avec une précision de 6 % si $\frac{1}{\sqrt{n}} \leqslant 0{,}06$.

On cherche le plus petit entier n tel que $\frac{1}{\sqrt{n}} \leqslant \frac{6}{100}$, ce qui équivaut à $\sqrt{n} \geqslant \frac{100}{6}$, d'où $n \geqslant 278$.

Pour que la proportion d'individus satisfaits dans la population totale soit connue au seuil de 95 % avec une précision de 6 %, **la taille de l'échantillon doit être d'au moins 278 individus.**

Exercice 8

1. a. X_n suit une loi binomiale de paramètres $n = 630$ et $p = 0{,}39$.

Par hypothèse, $n > 30$, $np = 245{,}7 \geqslant 5$ et $n(1-p) = 384{,}3 \geqslant 5$.

Les conditions étant satisfaites, on peut utiliser l'intervalle de fluctuation asymptotique de la fréquence $\frac{X_n}{n}$ au seuil 0,95 :

$$I_n = \left[p - 1{,}96\frac{\sqrt{p(1-p)}}{\sqrt{n}} ; p + 1{,}96\frac{\sqrt{p(1-p)}}{\sqrt{n}}\right];$$

$$I_n = \left[0{,}39 - 1{,}96\frac{\sqrt{0{,}39 \times 0{,}61}}{\sqrt{630}} ; 0{,}39 + 1{,}96\frac{\sqrt{0{,}39 \times 0{,}61}}{\sqrt{630}}\right];$$

soit $\boldsymbol{I_n}$ **=]0,352 ; 0,428[.**

De même, avec $n = 630$ et $p = 0{,}52$:

$$I'_n = \left[0{,}52 - 1{,}96\frac{\sqrt{0{,}52 \times 0{,}48}}{\sqrt{630}} ; 0{,}52 + 1{,}96\frac{\sqrt{0{,}52 \times 0{,}48}}{\sqrt{630}}\right];$$

soit $\boldsymbol{I'_n}$ **=]0,481 ; 0,559[.**

b. Y_n suit une loi binomiale de paramètres $n = 630$ et $p = 0{,}28$:
$np = 176{,}4 \geqslant 5$ et $n(1-p) = 453{,}6 \geqslant 5$.

$$J_n = \left[0{,}28 - 1{,}96\frac{\sqrt{0{,}28 \times 0{,}72}}{\sqrt{630}} ; 0{,}28 + 1{,}96\frac{\sqrt{0{,}28 \times 0{,}72}}{\sqrt{630}}\right] ;$$

soit $\boldsymbol{J_n} = \mathbf{]0{,}245 ; 0{,}315[}$.

De même, avec $n = 630$ et $p = 0{,}25$:
$np = 157{,}5 \geqslant 5$ et $n(1-p) = 472{,}5 \geqslant 5$.

$$J'_n = \left[0{,}25 - 1{,}96\frac{\sqrt{0{,}25 \times 0{,}75}}{\sqrt{630}} ; 0{,}25 + 1{,}96\frac{\sqrt{0{,}25 \times 0{,}75}}{\sqrt{630}}\right] ;$$

soit $\boldsymbol{J'_n} = \mathbf{]0{,}216 ; 0{,}284[}$.

ATTENTION
Il ne faut pas confondre un intervalle de fluctuation et un intervalle de confiance (voir p. 335).

2. Sur un échantillon $n = 1250$, 39 % des femmes se garent en marche arrière.
L'intervalle de confiance à 95 % de la proportion p de femmes appliquées à se garer en marche arrière est :

$$\left]f - \frac{1}{\sqrt{n}} ; f + \frac{1}{\sqrt{n}}\right[= \left]0{,}39 - \frac{1}{\sqrt{1\,250}} ; 0{,}39 + \frac{1}{\sqrt{1\,250}}\right[,$$

soit]0,362 ; 0,418[.

52 % des femmes sont garées au centre de la place.
L'intervalle de confiance à 95 % de la proportion p de femmes précises est $\left]0{,}52 - \frac{1}{\sqrt{1\,250}} ; 0{,}52 + \frac{1}{\sqrt{1\,250}}\right[$, soit **]0,492 ; 0,548[**.

28 % des hommes se garent en marche arrière.
L'intervalle de confiance à 95 % de la proportion p d'hommes appliqués à se garer en marche arrière est $\left]0{,}28 - \frac{1}{\sqrt{1\,250}} ; 0{,}28 + \frac{1}{\sqrt{1\,250}}\right[$,
soit **]0,252 ; 0,308[**.

25 % des hommes sont garés au centre de la place.
L'intervalle de confiance à 95 % de la proportion p d'hommes précis est $\left]0{,}25 - \frac{1}{\sqrt{1\,250}} ; 0{,}25 + \frac{1}{\sqrt{1\,250}}\right[$,
soit **]0,222 ; 0,278[**.

Exercice 9

Soit X_n une variable aléatoire suivant la loi binomiale de paramètres n et p, où n est un entier naturel très grand et p un nombre appartenant à]0 ; 1[.

On note Z_n la variable aléatoire définie par $Z_n = \dfrac{X_n - np}{\sqrt{np(1-p)}}$.

Comme X_n a pour espérance np et pour écart-type $\sqrt{np(1-p)}$, Z_n a pour espérance 0 et pour écart-type 1.

On a vu (voir le chapitre 14) que, lorsqu'une variable aléatoire Y suit la loi normale N(0,1), on a $P(-1,96 \leqslant Y \leqslant 1,96) \approx 0,95$.

On remplace Y par Z_n :

$$P(-1,96 \leqslant Z_n \leqslant 1,96) = P\left(-1,96 \leqslant \frac{X_n - np}{\sqrt{np(1-p)}} \leqslant 1,96\right)$$

$$= P(-1,96\sqrt{np(1-p)} \leqslant X_n - np \leqslant 1,96\sqrt{np(1-p)})$$

$$= P(np - 1,96\sqrt{np(1-p)} \leqslant X_n \leqslant np + 1,96\sqrt{np(1-p)})$$

$$= P\left(p - 1,96\frac{\sqrt{p(1-p)}}{\sqrt{n}} \leqslant \frac{X_n}{n} \leqslant p + 1,96\frac{\sqrt{p(1-p)}}{\sqrt{n}}\right).$$

D'après le théorème de Moivre-Laplace, $P(-1,96 \leqslant Z_n \leqslant 1,96)$ tend vers $\int_{-1,96}^{1,96} \frac{1}{\sqrt{2\pi}} \mathrm{e}^{-\frac{x^2}{2}} \mathrm{d}x$ lorsque n tend vers $+\infty$, ce que l'on traduit en langage de limite par $\lim\limits_{n \to +\infty} P(-1,96 \leqslant Z_n \leqslant 1,96) = P(-1,96 \leqslant Y \leqslant 1,96)$.

Donc :

$$\lim_{n \to +\infty} \boldsymbol{P}\left(\boldsymbol{p} - \mathbf{1,96} \leqslant \sqrt{\frac{\boldsymbol{p}(\mathbf{1}-\boldsymbol{p})}{\sqrt{\boldsymbol{n}}}} \leqslant \frac{\boldsymbol{X_n}}{\boldsymbol{n}} \leqslant \boldsymbol{p} + \mathbf{1,96}\sqrt{\frac{\boldsymbol{p}(\mathbf{1}-\boldsymbol{p})}{\sqrt{\boldsymbol{n}}}}\right) = \mathbf{0,95}.$$

Exercice 10

L'intervalle de fluctuation de la variable aléatoire F_n est :
$\left[p - \frac{1}{\sqrt{n}} ; p + \frac{1}{\sqrt{n}}\right]$, où p est la proportion (connue ou à estimer) dans la population avec une probabilité d'au moins égale à 0,95.

Or $F_n \in \left[p - \frac{1}{\sqrt{n}} ; p + \frac{1}{\sqrt{n}}\right] \Leftrightarrow p - \frac{1}{\sqrt{n}} \leqslant F_n \leqslant p + \frac{1}{\sqrt{n}}$

$$p - \frac{1}{\sqrt{n}} \leqslant F_n \text{ et } F_n \leqslant p + \frac{1}{\sqrt{n}} \Leftrightarrow p \leqslant \frac{1}{\sqrt{n}} + F_n \text{ et } F_n - \frac{1}{\sqrt{n}} \leqslant p$$

$$F_n - \frac{1}{\sqrt{n}} \leqslant p \leqslant \frac{1}{\sqrt{n}} + F_n \Leftrightarrow p \in \left[F_n - \frac{1}{\sqrt{n}} ; F_n + \frac{1}{\sqrt{n}}\right]$$

La proportion $\boldsymbol{p}$ à estimer appartient donc à l'intervalle $\left[\boldsymbol{F_n} - \frac{\mathbf{1}}{\sqrt{\boldsymbol{n}}} ; \boldsymbol{F_n} + \frac{\mathbf{1}}{\sqrt{\boldsymbol{n}}}\right]$ avec une probabilité au moins égale à 0,95.

Exercice 11

0,5 pt **1. a.** Chaque jeune présente ou non un risque élevé de perte d'audition : on reconnaît une épreuve de Bernoulli. Le nombre de répétitions est $n = 35$; la probabilité de succès (risque élevé de perte d'audition) pour chaque jeune est 0,25.

X suit donc la loi binomiale de paramètres $n = 35$ et $p = 0{,}25$.

0,5 pt **b.** $P(X=6) = \binom{35}{6} 0{,}25^6\, 0{,}75^{29} \approx 0{,}094$.

0,5 pt **c.** $E(X) = np = 35 \times 0{,}25 = 8{,}75$.

Dans une classe de 35 élèves, 9 jeunes en moyenne présenteront une perte d'audition précoce.

1 pt **2.** La fréquence observée sur l'échantillon de 300 jeunes de 13 à 17 ans est $f = 0{,}25$.

L'intervalle de confiance à 95 % de la proportion p dans un lycée de 1 200 élèves est $\left]f - \frac{1}{\sqrt{n}} ; f + \frac{1}{\sqrt{n}}\right[= \left]0{,}25 - \frac{1}{\sqrt{1\,200}} ; 0{,}25 + \frac{1}{\sqrt{1\,200}}\right[$,

soit]0,221 ; 0,279[.

$1\,200 \times 0{,}221 \approx 265$; $1\,200 \times 0{,}279 \approx 335$.

Le nombre de jeunes dans ce lycée présentant un risque élevé de perte d'audition précoce est donc compris entre 265 et 335.

Exercice 12

Partie A

1 pt **1.** X_n suit une loi binomiale de paramètres $n = 2\,300$ et $p = 0{,}30$.

Par hypothèse, $n = 2\,300 > 30$, $np = 690 \geqslant 5$ et $n(1-p) = 1\,610 \geqslant 5$.

Les conditions étant satisfaites, on peut utiliser l'intervalle de fluctuation asymptotique de la fréquence $\frac{X_n}{n}$ au seuil 0,95 :

$$\left[0{,}30 - 1{,}96\frac{\sqrt{0{,}30 \times 0{,}70}}{\sqrt{2\,300}} ; 0{,}30 + 1{,}96\frac{\sqrt{0{,}30 \times 0{,}70}}{\sqrt{2\,300}}\right],$$

soit **I_n =]0,281 ; 0,319[.**

0,5 pt **2.** En réalité, parmi les patients suivis dans ce cabinet médical, 724 avaient lors de leur dernière analyse un taux de cholestérol total trop élevé.

La fréquence observée est $f = \frac{724}{2\,300} \approx 0{,}315$.

$0{,}315 \in$]0,281 ; 0,319[.

Donc, au seuil de risque 5 %, on ne peut pas rejeter l'hypothèse que 30 % des personnes ont un taux de cholestérol total trop élevé.

Partie B

1,5 pt

1. L'intervalle de confiance à 95 % est $\left]f - \frac{1}{\sqrt{n}} ; f + \frac{1}{\sqrt{n}}\right[$ où f est le pourcentage observé et n la taille de l'échantillon.

Dyslipidémies	Prévalences	Intervalles de confiance
Hypertriglycéridémie	4 %	$\left]0,04 - \frac{1}{\sqrt{2\,300}} ; 0,04 + \frac{1}{\sqrt{2\,300}}\right[$ =]0,019 ; 0,061[
Hyperlidémie mixte	5 %	$\left]0,05 - \frac{1}{\sqrt{2\,300}} ; 0,05 + \frac{1}{\sqrt{2\,300}}\right[$ =]0,029 ; 0,071[
HDL bas	12 %	$\left]0,12 - \frac{1}{\sqrt{2\,300}} ; 0,12 + \frac{1}{\sqrt{2\,300}}\right[$ =]0,099 ; 0,141[
Hypercholestérolémie pure	30 %	$\left]0,30 - \frac{1}{\sqrt{2\,300}} ; 0,30 + \frac{1}{\sqrt{2\,300}}\right[$ =]0,279 ; 0,321[

1 pt

2. L'intervalle de confiance à 95 % des patients présentant un taux de LDL-cholestérol supérieur à 1,6 g/L parmi les 724 ayant un taux de cholestérol total trop élevé est :

$\left]0,86 - \frac{1}{\sqrt{724}} ; 0,86 + \frac{1}{\sqrt{724}}\right[$ =]0,823 ; 0,897[.

$724 \times 0,823 \approx 596$; $724 \times 0,897 \approx 649$.

Le nombre de patients du cabinet médical présentant un taux de LDL-cholestérol supérieur à 1,6 g/L est donc compris entre 596 et 649.

Exercice 13

0,5 pt

1. X_n suit une loi binomiale de paramètres n et p.

1 pt

2. Par hypothèse, $n = 160 > 30$ et $0,5 \leqslant p \leqslant 0,95$, donc $5 \leqslant 80 < np$ et $5 \leqslant 8 \leqslant n(1-p)$.

Les conditions étant satisfaites, on peut utiliser l'intervalle de fluctuation asymptotique de la fréquence $\frac{X_n}{n}$ au seuil 0,95 :

$$\boldsymbol{I_n} = \left[\boldsymbol{p - 1,96\frac{\sqrt{p(1-p)}}{\sqrt{n}} ; p + 1,96\frac{\sqrt{p(1-p)}}{\sqrt{n}}}\right].$$

1 pt **3.** Si $I_n \subset \left[0\,;\dfrac{160}{n}\right]$, alors $P(X_n > 160) \leqslant P\left(\dfrac{X_n}{n} \notin I_n\right)$.

Par définition de l'intervalle de fluctuation asymptotique de la fréquence $\dfrac{X_n}{n}$ au seuil 0,95, $P\left(\dfrac{X_n}{n} \in I_n\right) \approx 0{,}95$, donc $P\left(\dfrac{X_n}{n} \notin I_n\right) \approx 0{,}05$.

On en déduit $P(X_n > 160) \leqslant 0{,}05$.

0,5 pt **4. a.** Si $I_n \subset \left[0\,;\dfrac{160}{n}\right]$, alors $p + 1{,}96\dfrac{\sqrt{p(1-p)}}{\sqrt{n}} \leqslant \dfrac{160}{n}$,

$pn + 1{,}96\dfrac{\sqrt{p(1-p)}}{\sqrt{n}} \times n \leqslant 160$, d'où $pn + 1{,}96\sqrt{n}\sqrt{p(1-p)} - 160 \leqslant 0$.

1 pt **b.** $f(x) = px + 1{,}96\sqrt{x}\sqrt{p(1-p)} - 160$.

La fonction f est dérivable sur $]0\,;+\infty[$ et a pour dérivée :

$f'(x) = p + 1{,}96\sqrt{p(1-p)} \times \dfrac{1}{2\sqrt{x}}$.

Sa dérivée étant strictement positive, la fonction f est strictement croissante sur $[0\,;+\infty[$.

On a $f(0) = -160$ et $\lim\limits_{x\to+\infty} f(x) = +\infty$.

Comme $0 \in\,]-160\,;+\infty[$, l'équation $f(x) = 0$ admet une solution unique x_0.

On en déduit le signe de f : si $x \leqslant x_0$, alors $f(x) \leqslant 0$ et si $x > x_0$, alors $f(x) > 0$.

L'entier n_0 cherché est alors la partie entière de x_0 et on a :

si $n \leqslant n_0$, alors $f(n) \leqslant 0$, et si $n > n_0$, alors $\boldsymbol{f(n) > 0}$.

CONSEIL

Il ne faut pas passer trop de temps dans l'étude de fonction ; vos connaissances à ce sujet sont évaluées dans d'autres exercices. Allez à l'essentiel.

0,5 pt **c.** Courbes représentatives de f pour $p = 0{,}85$, $p = 0{,}9$ et $p = 0{,}95$:

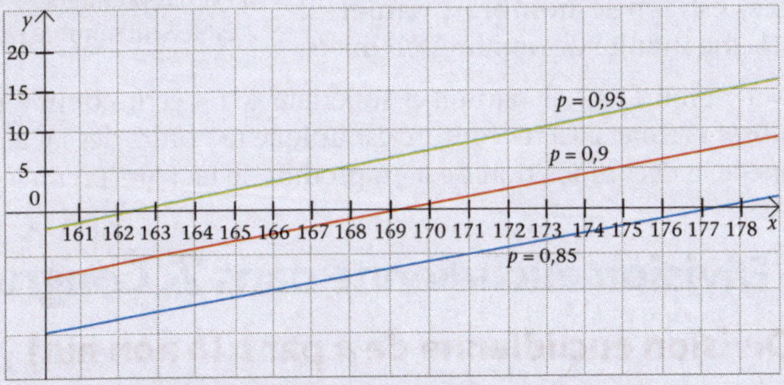

0,5 pt **d.** Pour $p = 0{,}85$, on trouve $\boldsymbol{n_0 = 177}$; pour $p = 0{,}9$, $\boldsymbol{n_0 = 169}$; pour $p = 0{,}95$, $\boldsymbol{n_0 = 162}$.

16 Arithmétique

1 Divisibilité dans $\mathbb{Z}$

Dans ce chapitre, a, b et c désignent des entiers relatifs.

a. Diviseurs d'un nombre relatif

■ On dit que b divise a (ou que b est un diviseur de a ou encore que a est un multiple de b) lorsqu'il existe un entier relatif k tel que $a = b \times k$.

■ Un entier relatif a différent de 0 ; 1 et – 1 a toujours au moins 4 diviseurs : a ; $-a$; 1 et – 1.

> **À NOTER**
> 0 est multiple de tout entier mais n'est diviseur que de lui-même.

■ La notation $b|a$ signifie b divise a.

■ $b|a \Rightarrow |b| \leqslant |a|$.

■ Si $b|a$ et $c|b$, alors $c|a$.

■ Si $c|a$ et $c|b$, alors c divise toute combinaison linéaire de a et b, c'est-à-dire tout nombre s'écrivant $am + bn$ où m et n sont des entiers relatifs. En particulier, si c divise a et b, alors il divise $a - b$ et $a + b$.

b. Nombres premiers dans $\mathbb{N}$

■ Un nombre entier naturel qui a exactement deux diviseurs dans $\mathbb{N}$ (1 et lui-même) est appelé **nombre premier**. Il existe une infinité de nombres premiers.

> **À NOTER**
> 1 n'ayant qu'un seul diviseur n'est pas premier.
> 2 est le seul nombre premier pair.

■ Tout nombre entier naturel n supérieur à 1 s'écrit comme produit de nombres premiers. Cette écriture est unique (à l'ordre des facteurs près) et s'appelle la décomposition de n en produit de facteurs premiers.

2 Division euclidienne dans $\mathbb{Z}$. Congruences

a. Division euclidienne de *a* par *b* (*b* non nul)

■ Quels que soient a et b, il existe un couple $(q\ ;\ r)$, avec q entier relatif et r entier naturel, tel que $a = bq + r$ et $0 \leqslant r < b$.

Ce couple est unique et l'égalité $a = bq + r$ est appelée division euclidienne de a par b dans $\mathbb{Z}$.

■ a est le dividende, b le diviseur, q le quotient et r le reste de cette division euclidienne.

■ Il y a donc exactement $|b|$ restes possibles dans une division euclidienne par b. Ces restes possibles sont $0 ; 1 ; 2 ; \ldots ; |b - 1|$.

À NOTER
$b|a$ équivaut à $r = 0$.

b. Congruences

■ Soit n un entier naturel supérieur à 1.
On dit que a est congru à b modulo n, lorsque a et b ont le même reste dans la division euclidienne par n.
On note $a \equiv b\ [n]$ ou $a \equiv b \pmod{n}$.

■ **Propriétés :**
$a \equiv b\ [n]$ équivaut à n divise $(a - b)$.
$a \equiv 0\ [n]$ équivaut à a est un multiple de n.
Si $a \equiv b\ [n]$ et $b \equiv c\ [n]$, alors $a \equiv c\ [n]$.
Si $a \equiv b\ [n]$, alors, quel que soit c, $a + c \equiv b + c\ [n]$.
Si $a \equiv b\ [n]$, alors, quel que soit l'entier relatif k, $ak \equiv bk\ [n]$.
Si $a \equiv b\ [n]$, alors, quel que soit l'entier naturel m, $a^m \equiv b^m\ [n]$.
Si $a \equiv b\ [n]$, alors il existe un entier relatif k tel que $a = b + kn$.
Si $a \equiv b\ [n]$ et $0 \leqslant b < n$, alors b est le reste de la division de a par n.

3 PGCD

a. PGCD de deux nombres entiers naturels

■ On appelle PGCD de a et b deux entiers naturels, le **p**lus **g**rand **d**iviseur **c**ommun à a et b. On le note $a \wedge b$.

■ Si $a \wedge b = 1$, alors a et b n'ont pas d'autres diviseurs communs que 1. On les dit **premiers entre eux**.

■ Tout diviseur commun à a et à b est un diviseur de leur PGCD.

b. Deux grands théorèmes

■ **Théorème de Gauss** : Si $a|bc$ et $a \wedge b = 1$, alors $a|c$. ROC, p. 364

■ **Théorème de Bézout** : $a \wedge b = 1$ si, et seulement si, il existe deux entiers relatifs u et v tel que $au + bv = 1$.

1 Déterminer le PGCD de deux nombres

Énoncé

Déterminer le PGCD de 594 et 180.

Solution commentée

Savoir-faire

Deux méthodes sont possibles pour déterminer le PGCD de 594 et 180 :
– soit on utilise l'algorithme d'Euclide (voir l'exercice 2) ;
– soit on procède en décomposant les deux nombres en produits de facteurs premiers.

On écrit les décompositions de 594 et 180, en essayant successivement les divisions par les nombres premiers (2 ; 3 ; 5 ; 7 ; 11 ; 13 ; 17...).

On obtient $594 = 2 \times 3^3 \times 11$ et $180 = 2^2 \times 3^2 \times 5$.

Le PGCD est composé des facteurs communs aux deux décompositions, muni chacun du plus petit des exposants avec lequel il apparaît.

Les facteurs premiers communs sont 2 et 3, le plus petit des exposants pour 2 est 1, le plus petit des exposants de 3 est 2.

Le PGCD de 594 et 180 est donc $2^1 \times 3^2 = 18$.

2 Résoudre une équation du type *au* + *bv* = 1

Énoncé

Résoudre dans $\mathbb{Z}^2$ l'équation $59u + 16v = 1$.

Solution commentée

Savoir-faire

- D'après le théorème de Bézout, cette équation a des solutions car 59 et 16 sont premiers entre eux.
- On commence d'abord par chercher une solution particulière.

MÉTHODE

■ On exprime ensuite les solutions générales en fonction de cette solution particulière.

■ **Recherche d'une solution particulière** : On écrit les divisions euclidiennes successives jusqu'à avoir un reste égal à 1, le diviseur et le reste de l'une devenant le dividende et le quotient de la suivante :

$$59 = 16 \times 3 + 11 \qquad (L_1)$$
$$16 = 11 \times 1 + 5 \qquad (L_2)$$
$$11 = 5 \times 2 + 1 \qquad (L_3)$$

On part de la dernière ligne, on isole le produit 5×2 :
$5 \times 2 = 11 - 1$.
On multiplie la ligne précédente par 2 pour faire apparaître 5×2 :
$16 \times 2 = (11 \times 1) \times 2 + 5 \times 2$.
On remplace 5×2 par l'expression obtenue grâce à la ligne L_3 :
$16 \times 2 = 11 \times 2 + 11 - 1$.
On regroupe les « 11 » : $16 \times 2 = 11 \times 3 - 1$.
On isole 11×3 ; on obtient $11 \times 3 = 16 \times 2 + 1$.
On multiplie la ligne L_1 par 3 pour faire apparaître 11×3 :
$59 \times 3 = (16 \times 3) \times 3 + 11 \times 3$.
On remplace 11×3 par l'expression obtenue à l'étape précédente :
$59 \times 3 = 16 \times 9 + 16 \times 2 + 1$.
D'où $59 \times 3 = 16 \times 11 + 1$ et donc (E') : $59 \times 3 + 16 \times (-11) = 1$.
$(3 ; -11)$ est une solution particulière de l'équation $59u + 16v = 1$.

■ **Recherche des solutions générales :**
Si $(u ; v)$ est une solution, on a (E) : $59u + 16v = 1$.
On soustrait membre à membre (E) et (E') ;
on obtient $59(u - 3) + 16(v + 11) = 0$,
ce qui peut s'écrire $59(3 - u) = 16(v + 11)$ (F).
16 divise le produit $59(3 - u)$ et 16 est premier avec 59 ; d'après le théorème de Gauss, 16 divise $(3 - u)$.
Il existe donc un entier relatif k tel que $16k = 3 - u$, c'est-à-dire $u = 3 - 16k$.
En reportant dans l'équation (F), on obtient $59 \times 16k = 16(v + 11)$.
$59k = v + 11$ équivaut à $v = -11 + 59k$.
Si $(u ; v)$ est une solution de l'équation $59u + 16v = 1$, alors il existe un entier relatif k tel que $u = 3 - 16k$ et $v = -11 + 59k$.
Réciproquement, si $u = 3 - 16k$ et $v = -11 + 59k$, il est facile de vérifier que $59u + 16v = 1$.
Conclusion : Les solutions de l'équation sont tous les couples :
$(3 - 16k ; -11 + 59k)$, où $k \in \mathbb{Z}$.

3 Déterminer le reste dans la division euclidienne de a^b par n

Énoncé

Déterminer le reste dans la division euclidienne de $599^{1\,234}$ par 9.

Solution commentée

Savoir-faire

- On cherche le reste de 599 dans la division euclidienne par 9.
- On cherche ensuite le plus petit n non nul tel que r^n soit congru à 1 modulo 9.
  On effectue enfin la division euclidienne de 1 234 par n.

Division de 599 par 9 :
$599 = 9 \times 66 + 5$,
donc $599 \equiv 5\ [9]$.

Tableau de congruences :
On dresse un tableau des congruences de 5^n modulo 9 selon les valeurs de l'entier n jusqu'à obtenir 1.

n	0	1	2	3	4	5	6
Congruences de 5^n modulo 9	1	5	7	8	4	2	1

Le plus petit entier non nul tel que $5^n \equiv 1\ [9]$ est 6.

Division euclidienne de 1 234 par 6 : $1\,234 = 6 \times 205 + 4$.

On a $599^{1\,234} \equiv 5^{1\,234}\ [9] \equiv (5^6)^{205} \times 5^4\ [9] \equiv 1^{205} \times 5^4\ [9] \equiv 5^4\ [9]$.

Or, d'après le tableau précédent, $5^4 \equiv 4\ [9]$.

Le reste dans la division euclidienne de $599^{1\,234}$ par 9 est 4.

MÉTHODE

4 Résoudre une équation dans $\mathbb{Z}$ avec les congruences

Énoncé

Pour quelles valeurs de n l'entier $A(n) = n^3 + n^2 - 5n + 1$ est-il multiple de 3 ?

Solution commentée

Savoir-faire

- On étudie les congruences modulo 3 de $A(n)$ en fonction de celles de n.
- On présente les résultats dans un tableau.

Les restes possibles dans la division euclidienne par 3 sont 0 ; 1 ou 2.
On peut alors établir le tableau où les nombres sont des congruences modulo 3.

n	n^3	n^2	$5n$	$A(n) = n^3 + n^2 - 5n + 1$
0	0	0	0	1
1	1	1	$5 \equiv 2$	1
2	$8 \equiv 2$	$4 \equiv 1$	$10 \equiv 1$	$3 \equiv 0$

Un nombre est divisible par 3 si, et seulement si, il est congru à 0 modulo 3.
$A(n)$ est multiple de 3 si, et seulement si, $n \equiv 2$ [3], c'est-à-dire si, et seulement si, il est de la forme :

$$2 + 3k, \text{ avec } k \in \mathbb{Z}.$$

Pour réussir le jour J

LES ERREURS À NE PAS COMMETTRE

• On peut additionner, soustraire et multiplier les congruences de même module, mais en général on ne peut pas diviser une congruence par un entier.
Par exemple, $27 \equiv 15\ [12]$, mais 9 n'est pas congru à 5 modulo 12.

▶ Exercice 1, p. 362

• La règle « un produit est nul si un des facteurs au moins est nul » ne s'applique pas avec les congruences.
$6 \times 5 \equiv 0\ [15]$, mais ni 6 ni 5 n'est congru à 0 modulo 15.

▶ Exercice 15, p. 364

• Il faut faire attention dans les raisonnements à bien traiter les équivalences. En particulier, dans la résolution des équations de la forme $au + bv = d$, n'oubliez pas la réciproque.

▶ Exercices 5 et 10, p. 363

• Un nombre divisible par a et par b n'est pas nécessairement divisible par le produit ab. Cette implication n'est vraie que si a et b sont premiers entre eux.
Par exemple, 60 est divisible par 2 et par 3, donc par 6, car 2 et 3 sont premiers entre eux.
60 est divisible par 4 et 10, mais n'est pas divisible par 40.

▶ Exercice 3, p. 362

UN POINT EN + SUR LA COPIE

• Quel que soit l'entier n, n et n^2 ont la même parité : soit ils sont tous les deux pairs, soit ils sont tous les deux impairs.

• Un entier n est un carré parfait si, dans sa décomposition en produit de facteurs premiers, tous les exposants sont pairs.

• On appelle PPCM de a et b le plus petit des multiples communs à a et à b. C'est toujours un diviseur du produit ab et on a :

$$\text{PPCM}(a\ ;\ b) \times \text{PGCD}(a\ ;\ b) = a \times b.$$

Par exemple, si $a = 12$ et $b = 30$, alors :

$$\text{PGCD}(12\ ;\ 30) = 6 \text{ et } \text{PPCM}(12\ ;\ 30) = 60.$$

10 qcm pour réviser le cours

Corrigés, p. 367

1 **Combien y a-t-il de couples d'entiers relatifs $(x\ ;\ y)$ solutions de l'équation $x^2 - y^2 = 10$?**

❑ **a.** 0. ❑ **b.** 2. ❑ **c.** 4.

2 **On admet que le couple $(3\ ;\ -1)$ est une solution de l'équation $12x + 35y = 1$, alors :**

❑ **a.** 12 divise $(y + 1)$.

❑ **b.** 12 divise $(y - 1)$.

❑ **c.** 12 divise $(x - 3)$.

3 **L'équation $24x + 9y = 5$ dans $\mathbb{Z}^2$ admet :**

❑ **a.** une infinité de couples solutions.

❑ **b.** un seul couple solution.

❑ **c.** aucun couple solution.

4 **Quel que soit l'entier naturel n, $N = 5^{6n+1} + 2^{3n+1}$:**

❑ **a.** est toujours divisible par 3.

❑ **b.** est toujours divisible par 5.

❑ **c.** est toujours divisible par 7.

5 **On considère l'équation :**

$$x^2 - x + 4 \equiv 0\ [6].$$

Dans $\mathbb{Z}$:

❑ **a.** toutes ses solutions sont paires.

❑ **b.** si x est une solution, alors x a pour reste 2 ou 5 dans la division euclidienne par 6.

❑ **c.** l'équation a pour seules solutions des multiples de 6.

6 **Si $a = 1\ 789$ et $b = 2\ 012$, alors $N = a^b$:**

❑ **a.** a pour reste 1 dans la division par 7.

❑ **b.** est divisible par 7.

❑ **c.** est un nombre premier.

7 **Laquelle des propositions suivantes est exacte ?**

❑ **a.** Si $10a - 4b = 4$, alors $a \wedge b = 4$.

❑ **b.** L'équation $10a - 4b = 3$ n'a pas de solution dans $\mathbb{Z}^2$.

❑ **c.** Si $10a - 4b = 2$, alors $a \wedge b = 2$.

8 **La division euclidienne de a par b (deux entiers naturels) donne pour quotient q et pour reste r.**
La division euclidienne de $(a + 15)$ par $(b + 5)$ donne aussi pour quotient q et pour reste r.
Laquelle des propositions suivantes est exacte ?

❑ **a.** Il est impossible de trouver un couple $(a\ ;\ b)$ satisfaisant ces conditions.

❑ **b.** $q = 3$.

❑ **c.** $r = 0$.

9 **Soit n un entier naturel.**
Laquelle des propositions suivantes est exacte ?

❑ **a.** Si 5 divise n et 7 divise n, alors 35 divise n.

❑ **b.** Si 6 divise n et 10 divise n, alors 60 divise n.

❑ **c.** Si 12 divise $3n$, alors 12 divise n.

10 **Soit n un entier naturel.**
$n^6 + 6$:

❑ **a.** est multiple de 7 si n n'est pas multiple de 7.

❑ **b.** est multiple de 7 si n est multiple de 7.

❑ **c.** n'est jamais multiple de 7.

Exercices

Exercice 1 (niveau 1)

Corrigés, p. 368

Résoudre, dans $\mathbb{Z}$, $3n^2 \equiv 6$ [9].

Exercice 2 (niveau 1)

Corrigés, p. 368

Tester l'algorithme suivant écrit pour $n = 12$, puis $n = 105$ et enfin $n = 97$. (L'instruction floor(x/I) apparaissant ligne 13 renvoie la partie entière de x/I.)

```
1  VARIABLES
2          n EST_DU_TYPE NOMBRE
3          L EST_DU_TYPE LISTE
4          I EST_DU_TYPE NOMBRE
5          J EST DU TYPE NOMBRE
6          x EST_DU_TYPE NOMBRE
7  DÉBUT_ALGORITHME
8          LIRE n
9          x PREND_LA_VALEUR n
10         J PREND_LA_VALEUR 1
11         POUR I ALLANT_DE 2 A n
12               DEBUT_POUR
13               TANT_QUE (floor (x/I) = x/I) FAIRE
14                     DÉBUT_TANT_QUE
15                     x PREND_LA_VALEUR x/I
16                     L[J] PREND_LA_VALEUR I
17                     AFFICHER L[J]
18                     J PREND_LA_VALEUR J+1
19               FIN_TANT_QUE
20               FIN_POUR
21 FIN_ALGORITHME
```

Justifier que les éléments de la liste L sont des nombres premiers.
Que fait cet algorithme ?

Exercice 3 (niveau 1)

Corrigés, p. 368

Quel est le nombre de diviseurs de 720 ?

Exercice 4 niveau 2

Corrigés, p. 369

Soient p et q deux entiers naturels.

On pose $a = 9p + 4q$ et $b = 2p + q$.

1. Montrer que $a \wedge b \equiv p \wedge q$.
2. Prouver que $(9p + 4)$ et $(2p + 1)$ sont premiers entre eux.

Exercice 5 niveau 2

Corrigés, p. 369

1. Déterminer tous les entiers naturels n tels que $\dfrac{n+27}{n+4}$ soit un entier.
2. Montrer que, quel que soit l'entier n, la fraction $\dfrac{2n+1}{3n+1}$ est irréductible.

Exercice 6 niveau 2

Corrigés, p. 369

Déterminer, par la mise en œuvre de l'algorithme d'Euclide, le PGCD de 594 et 60.

Exercice 7 niveau 2

Corrigés, p. 370

Soit p un nombre premier.

Démontrer que si $p \geqslant 7$, alors $p^4 - 1$ est divisible par 240.

Exercice 8 niveau 2

Corrigés, p. 371

Déterminer le reste dans la division par 13 de $4\,579^{3\,569}$.

Exercice 9 niveau 2

Corrigés, p. 371

Soit n un entier naturel. Déterminer les entiers naturels n tels que $n + (n+1)^2 + (n+2)^3$ soit multiple de 7.

Exercice 10 niveau 2

Corrigés, p. 372

Résoudre, dans $\mathbb{Z}$, $x^4 + 5x^3 + 4x^2 \equiv 0\ [5]$.

Exercice 11 niveau 2

Corrigés, p. 372

Démontrer que si la somme de deux fractions irréductibles est un entier, alors les dénominateurs de ces fractions sont égaux.

Exercice 12 (niveau 2)

Corrigés, p. 372

Résoudre, dans $\mathbb{Z}$, l'équation $8x - 5y = 3$.

Exercice 13 (niveau 2)

Corrigés, p. 373

Montrer que $5^{3n} + 5^{2n} + 5^{n} + 1$ est divisible par 13 si, et seulement si, n n'est pas divisible par 4.

Exercice 14 (niveau 3)

Corrigés, p. 373

Soit p un nombre premier. $2p^2$ et $2p^3$ peuvent-ils être parfaits (c'est-à-dire égaux à la somme de leurs diviseurs propres) ?

Exercice 15 (niveau 3)

Corrigés, p. 374

Soit n un entier naturel. Le reste de la division euclidienne de n par 12 est 6, le reste de la division euclidienne de n par 19 est 13. Quel est le reste de la division euclidienne de n par 228 ?

Exercice 16 (niveau 3)

Corrigés, p. 374

ROC On reprend les notations usuelles de la division euclidienne de a par b.

Démontrer que le PGCD de a et b est égal au PGCD de b et r.

Exercice 17 (niveau 3)

Corrigés, p. 375

ROC Démontrer le théorème de Gauss à partir du théorème de Bézout.

Exercice 18 (60 min, 4 pts)

Corrigés, p. 375

TYPE BAC

(D'après sujet national, 2011) Soient p et q deux entiers naturels tels que p et q sont premiers entre eux.

1. Déduire du théorème de Gauss que, si a est un entier relatif tel que $a \equiv 0\ [p]$ et $a \equiv 0\ [q]$, alors $a \equiv 0\ [pq]$.

2. On se propose de déterminer l'ensemble S des entiers relatifs n vérifiant le système :

$$\begin{cases} n \equiv 9\ [17] \\ n \equiv 3\ [5]. \end{cases}$$

On désigne par $(u\,;v)$ un couple d'entiers relatifs tel que $17u + 5v = 1$.

a. Justifier l'existence d'un tel couple $(u\,;v)$.

b. On pose $n_0 = 3 \times 17u + 9 \times 5v$.

Démontrer que n_0 appartient à S.

c. Donner un exemple d'entier n_0 appartenant à S.

3. Caractérisation des éléments de S.

a. Soit n un entier relatif appartenant à S.

Démontrer que $n - n_0 \equiv 0\ [85]$.

b. En déduire qu'un entier relatif n appartient à S si, et seulement si, il peut s'écrire sous la forme $n = 43 + 85k$, où k est un entier relatif.

4. Zoé sait qu'elle a entre 300 et 400 jetons.

Si elle fait des tas de 17 jetons, il lui en reste 9. Si elle fait des tas de 5 jetons, il lui en reste 3.

Combien a-t-elle de jetons ?

Exercice 19 (60 min, 5 pts)

Corrigés, p. 376

TYPE BAC

(Amérique du Sud, novembre 2010) Pour tout entier naturel n supérieur ou égal à 2, on pose $A(n) = n^4 + 1$.

L'objet de l'exercice est l'étude des diviseurs premiers de $A(n)$.

1. a. Étudier la parité de l'entier $A(n)$.

b. Montrer que, quel que soit l'entier n, $A(n)$ n'est pas un multiple de 3.

c. Montrer que tout entier d diviseur de $A(n)$ est premier avec n.

d. Montrer que, pour tout entier d diviseur de $A(n)$, $n^8 \equiv 1$ (modulo d).

2. Recherche de critère

Soit d un diviseur de $A(n)$. On note s le plus petit des entiers naturels non nuls k tels que n^k soit congru à 1 modulo d.

a. Soit k un tel entier. En utilisant la division euclidienne de k par s, montrer que s divise k.

b. En déduire que s est un diviseur de 8.

c. Montrer que si, de plus, d est premier, alors s est un diviseur de $d - 1$.

On pourra utiliser le petit théorème de Fermat : « Si p est un nombre premier et q un entier naturel premier avec p, alors $q^{p-1} \equiv 1$ modulo p. »

3. Recherche des diviseurs premiers de $A(n)$ dans le cas où n est un entier pair

Soit p un diviseur premier de $A(n)$. En examinant successivement les cas $s = 1$, $s = 2$ puis $s = 4$, conclure que p est congru à 1 modulo 8.

4. Dans cette question, toute trace de recherche, même incomplète, sera prise en compte dans l'évaluation.

Appliquer ce qui précède à la recherche des diviseurs premiers de $A(12)$.

Indication : la liste des nombres premiers congrus à 1 modulo 8 débute par 17 ; 41 ; 73 ; 89 ; 97 ; 113 ; 137...

Exercice 20 (60 min, 5 pts)

Corrigés, p. 377

TYPE BAC

(Antilles-Guyane, 2011)

1. Soit l'équation (E) : $11x - 7y = 5$, où x et y sont des entiers relatifs.

a. Justifier, en énonçant un théorème, qu'il existe un couple d'entiers relatifs $(u ; v)$ tels que $11u - 7v = 1$. Trouver un tel couple.

b. En déduire une solution particulière de l'équation (E).

c. Résoudre l'équation (E).

d. Dans le plan rapporté à un repère orthonormé $(O ; \vec{i}, \vec{j})$, on considère la droite $\mathcal{D}$ d'équation cartésienne $11x - 7y - 5 = 0$. On note C l'ensemble des points $M(x ; y)$ du plan tels que $0 \leqslant x \leqslant 50$ et $0 \leqslant y \leqslant 50$.

Déterminer le nombre de points de la droite $\mathcal{D}$ appartenant à l'ensemble C et dont les coordonnées sont des nombres entiers.

2. On considère l'équation (F) : $11x^2 - 7y^2 = 5$, où x et y sont des entiers relatifs.

a. Démontrer que si le couple $(x ; y)$ est solution de (F), alors $x^2 \equiv 2y^2$ (modulo 5).

b. Soient x et y des entiers relatifs.

Recopier et compléter les deux tableaux suivants.

Modulo 5, x est congru à	0	1	2	3	4
Modulo 5, x^2 est congru à					

Modulo 5, y est congru à	0	1	2	3	4
Modulo 5, $2y^2$ est congru à					

Quelles sont les valeurs possibles du reste de la division euclidienne de x^2 et de $2y^2$ par 5 ?

c. En déduire que si le couple $(x ; y)$ est solution de (F), alors x et y sont des multiples de 5.

3. Démontrer que si x et y sont des multiples de 5, alors le couple $(x ; y)$ n'est pas solution de (F).

Que peut-on en déduire pour l'équation (F) ?

QCM

1 **a.** $x^2 - y^2 = 10$ équivaut à $(x - y)(x + y) = 10$.

Or $10 = (-1) \times (-10) = (-2) \times (-5) = 1 \times 10 = 2 \times 5$.

La somme des deux facteurs est toujours un nombre impair ; or elle doit être égale à $2x$, donc il n'y a pas de solution.

2 **a.** On arrive à $12(x - 3) = 35(-y - 1)$, ce qui prouve que 12 divise $(-y - 1)$, donc $(y + 1)$.

3 **c.** PGCD(24 ; 9) = 3 et 5 n'est pas un multiple de 3, donc l'équation n'a pas de solution.

4 **c.** Si $n = 0$, on a $N = 7$ qui n'est pas divisible par 3. N n'est pas divisible par 5, car 5 divisant 5^{6n+1}, il devrait diviser 2^{3n+1}, ce qui est impossible, 5 et 2 étant premiers entre eux. On peut aussi remarquer que $5^6 \equiv 1\ [7]$ et $2^3 \equiv 1\ [7]$, donc $N \equiv 5 + 2 \equiv 0\ [7]$.

5 **b.** On peut établir un tableau de congruences modulo 6, ou bien éliminer la réponse **a.** en prenant $x = 5$ et la réponse **c.** en prenant $x = 6$.

6 **a.** On remarque que $1\,789 \equiv 4\ [7]$; $4^3 \equiv 1\ [7]$ et 2 012 est un multiple de 4. On élimine la réponse **b.** car 1 789 n'est pas un multiple de 7 et 7 est un nombre premier. On élimine la réponse **c.** car N est un produit de facteurs.

7 **b.** $10a - 4b = 4 \Leftrightarrow 5a - 2b = 2 \Leftrightarrow$ PGCD$(a\ ;\ b) = 2$.

$10a - 4b = 3$ n'a pas de solution car, quels que soient a et b, $10a - 4b$ est pair tandis que 3 est impair.

$10a - 4b = 2 \Leftrightarrow 5a - 2b = 1 \Leftrightarrow$ PGCD$(a\ ;\ b) = 1$.

8 **b.** On a $(a + 15) = (b + 5)q + r \Leftrightarrow a + 15 = bq + r + 5q \Leftrightarrow 15 = 5q$ puisque $a = bq + r$, donc $q = 3$.

On peut prendre $a = 20$ et $b = 6$; on a alors $20 = 6 \times 3 + 2$ et $35 = 11 \times 3 + 2$; $q = 3$ et $r = 2$.

9 **a.** On élimine la réponse **b.** en prenant $n = 30$ divisible par 6 et par 10, mais non par 60. On élimine la réponse **c.** en prenant $n = 8$, alors 12 divise $3n = 24$, mais 12 ne divise pas 8.

10 **a.** Il suffit de dresser un tableau des congruences modulo 7.

n	0	1	2	3	4	5	6
n^6	0	1	1	1	1	1	1
$n^6 + 6$	6	0	0	0	0	0	0

$n^6 + 6$ est toujours multiple de 7, sauf quand n est lui-même multiple de 7.

Exercice 1

On dresse un tableau des congruences modulo 9.

n	0	1	2	3	4	5	6	7	8
n^2	0	1	4	0	7	7	0	4	1
$3n^2$	0	3	3	0	3	3	0	3	3

L'équation $3n^2 = 6$ [9] n'a pas de solution.

Exercice 2

Pour $n = 12$, on obtient en affichage 2 ; 2 ; 3.

Pour $n = 105$, on obtient 3 ; 5 ; 7.

Pour $n = 97$, on obtient 97.

Un nombre I est mis dans la liste L (ligne 16) s'il divise x (donc n) et x prend la valeur $\frac{x}{I}$.

> **CONSEIL**
> Apprenez à retrouver très vite la liste des nombres premiers inférieurs à 100 : 2 ; 3 ; 5 ; 7 ; 11 ; 13 ; 17 ; 19 ; 23 ; 29 ; 31 ; 37 ; 41 ; 43 ; 47 ; 53 ; 59 ; 61 ; 67 ; 71 ; 73 ; 79 ; 83 ; 89 ; 97.

On teste de nouveau la division par I. Ainsi I est mis dans L autant de fois qu'il divise n, puis l'algorithme teste l'entier suivant.

Ainsi, si d est un diviseur non premier de n, il s'écrit kd'. En particulier, si d' est inférieur à d, d' aura été testé avant d. Lorsque la division par d sera testée, x ne sera pas divisible par d', donc non divisible par d, et d ne sera pas mis dans la liste L.

Cet algorithme donne sous forme de liste la décomposition en produit de facteurs premiers de n.

Exercice 3

On commence par décomposer 720 en produit de facteurs premiers : $720 = 2^4 \times 3^2 \times 5$.

Un diviseur de 720 peut donc avoir 2 dans sa décomposition avec un exposant 0 ; 1 ; 2 ; 3 ou 4 (il existe donc 5 possibilités).

> **CONSEIL**
> Pour gagner du temps, utilisez les critères de divisibilité par 2 ; 3 ; 5.

Pour chacune de ces possibilités, on peut faire apparaître un facteur 3 avec un exposant 0 ; 1 ou 2 (il existe donc 3 possibilités pour chacune des 5 précédentes).

De plus, pour chacun de ces cas, on peut faire apparaître un facteur 5 avec l'exposant 0 ou 1 (c'est-à-dire encore 2 possibilités pour chacun des $5 \times 3 = 15$ cas).

Il y a donc $15 \times 2 = 30$ décompositions possibles en utilisant les diviseurs premiers de 720, ce qui revient à dire que **720 possède 30 diviseurs** dont $1 = 2^0 \times 3^0 \times 5^0$ et $720 = 2^4 \times 3^2 \times 5^1$.

À NOTER
On pourrait recenser le nombre de cas possibles par un arbre, comme en probabilités.

Exercice 4

1. On pose $a = 9p + 4q$ et $b = 2p + q$.

Soit k un diviseur commun à a et b, alors k divise toute combinaison linéaire de a et de b.

En particulier, il divise $9b - 2a$, c'est-à-dire q, et il divise $a - 4b$, c'est-à-dire p.

Il divise donc p et q et donc leur PGCD. Ainsi le PGCD de a et b divise le PGCD de p et q.

Réciproquement, le PGCD de p et q, divisant p et q, divise a et b. Il divise donc leur PGCD.

D'où **PGCD(*a* ; *b*) = PGCD(*p* ; *q*)**.

2. D'après ce qui précède, PGCD($9p + 4$; $2p + 1$) = PGCD(p ; 1) = **1**.

Exercice 5

1. $\dfrac{n+27}{n+4}$ est un entier équivaut à $(n + 4)$ divise $(n + 27)$ et donc à $(n + 4)$ divise $(n + 4) + 23$, soit $(n + 4)$ divise 23.

Or 23 n'a que deux diviseurs : 1 et lui-même.

Comme n est un entier naturel, on ne peut pas avoir $n + 4 = 1$, donc on a $n + 4 = 23$, d'où $\boldsymbol{n = 19}$.

2. Il s'agit de montrer que $(2n + 1)$ et $(3n + 1)$ sont premiers entre eux.

Soit d un diviseur commun à $(2n + 1)$ et $(3n + 1)$; d divise toute combinaison linéaire de $(2n + 1)$ et $(3n + 1)$; en particulier, d divise $3(2n + 1) - 2(3n + 1) = 1$, donc $\boldsymbol{d = 1}$.

Exercice 6

Tant qu'on obtient un reste non nul, on effectue des divisions euclidiennes successives, le diviseur et le reste de l'une devenant le dividende et le diviseur de la suivante. Le dernier reste non nul est le PGCD de a et b.

$594 = 60 \times 9 + 54$

$60 = 54 \times 1 + 6$

$54 = 6 \times 9 + 0$

Le dernier reste non nul est 6, donc **594 ∧ 60 = 6.**

Exercice 7

On commence par factoriser : $p^4 - 1 = (p - 1)(p + 1)(p^2 + 1)$.

L'entier p s'écrit sous une des formes $4k$, $4k + 1$, $4k + 2$, $4k + 3$.

Par hypothèse, p est un nombre premier supérieur à 7. Il n'est donc pas multiple de 4 et il est impair. On élimine les formes $4k$ et $4k + 2$.

> **À NOTER**
> Il s'agit d'une conséquence de la définition de la division euclidienne par 4 ; les restes possibles y sont 0, 1, 2 ou 3.

S'il est de la forme $4k + 1$, alors $p - 1$ est multiple de 4 et $p + 1$ multiple de 2, donc $(p - 1)(p + 1)$ est multiple de 8.

S'il est de la forme $4k + 3$, alors $p + 1$ est multiple de 4 et $p - 1$ est multiple de 2, donc $(p - 1)(p + 1)$ est multiple de 8.

Dans les deux cas, $(p - 1)(p + 1)$ est multiple de 8.

D'autre part, p est impair, donc p^2 l'est aussi ; d'où $p^2 + 1$ est pair, donc divisible par 2.

Donc $(p - 1)(p + 1)(p^2 + 1)$ est divisible par $8 \times 2 = 16$.

D'autre part, p n'est pas multiple de 3, il s'écrit donc $3k + 1$ ou $3k + 2$.

S'il est de la forme $3k + 1$, alors $p - 1$ est multiple de 3.

S'il est de la forme $3k + 2$, alors $p + 1$ est multiple de 3.

Dans les deux cas, $(p - 1)(p + 1)$ est multiple de 3.

Enfin p est premier, il n'est donc pas non plus multiple de 5 : il est donc d'une des formes $5k + 1$, $5k + 2$, $5k + 3$ ou $5k + 4$.

S'il est de la forme $5k + 1$, alors $p - 1$ est multiple de 5.

S'il est de la forme $5k + 4$, alors $p + 1$ est multiple de 5.

> **ATTENTION**
> k est une variable muette, aucune valeur particulière ne lui est attribuée.

S'il est de la forme $5k + 2$, alors $p^2 + 1$ est de la forme $25k^2 + 20k + 4 + 1$, donc multiple de 5.

S'il est de la forme $5k + 3$, alors $p^2 + 1$ est de la forme $25k^2 + 30k + 9 + 1$, donc multiple de 5.

Dans tous les cas, l'un des facteurs de $(p-1)(p+1)(p^2+1)$ est multiple de 5, donc p^4-1 est multiple de 16, de 3 et de 5. **Ces nombres sont premiers entre eux deux à deux, p^4-1 est donc multiple de $16 \times 3 \times 5 = 240$.**

À NOTER
On procède à une démonstration par exhaustion de cas (étude systématique de tous les cas possibles), fréquente en arithmétique.

Exercice 8

On commence par chercher une congruence de 4 579 modulo 13.
Pour cela, on effectue la division euclidienne de 4 579 par 13.
$4\,579 = 13 \times 352 + 3$, donc $4\,579 = 3$ [13].
Puis on cherche le plus petit entier n non nul tel que $3^n \equiv 1$ [13].
On obtient successivement $3^1 \equiv 3$ [13] ; $3^2 \equiv 9$ [13] ; $3^3 \equiv 1$ [13].
On écrit alors la division euclidienne de 3 569 par 3 :
$3\,569 = 3 \times 1\,189 + 2$.
Donc, modulo 13, on a $4\,579^{3\,569} \equiv 3^{3\,569} \equiv 3^{3 \times 1\,189 + 2} \equiv (3^3)^{1\,189} \times 3^2 \equiv 9$.
Le reste dans la division euclidienne de $4\,579^{3\,569}$ par 13 est donc 9.

Exercice 9

On cherche les entiers naturels n tels que $n + (n+1)^2 + (n+2)^3$ soit multiple de 7, c'est-à-dire congru à 0 modulo 7.
On peut faire une table des congruences modulo 7.

RAPPEL
0, 1, 2, 3, 4, 5, 6 sont les seuls restes possibles dans une division par 7, donc tout entier est congru à un de ces entiers.

n	$n+1$	$(n+1)^2$	$(n+2)$	$(n+2)^3$	$n+(n+1)^2+(n+2)^3$
0	1	1	2	1	2
1	2	4	3	6	4
2	3	2	4	1	5
3	4	2	5	6	4
4	5	4	6	6	0
5	6	1	0	0	6
6	0	0	1	1	0

L'entier $n + (n+1)^2(n+2)^3$ est un multiple de 7 si, et seulement si, n est de la forme $7k+4$ ou de la forme $7k+6$.

Exercice 10

Quel que soit l'entier x, $5x^3$ est un multiple de 5, donc $5x^3 \equiv 0$ [5] ; d'autre part, $4 \equiv -1$ [5], d'où $4x^2 \equiv -x^2$ [5].

L'équation est équivalente à $x^4 + 4x^2 \equiv 0$ [5] $\Leftrightarrow x^4 - x^2 \equiv 0$ [5] $\Leftrightarrow x^2(x-1)(x+1) \equiv 0$ [5].

On peut alors raisonner avec un tableau de congruences modulo 5.

x	x^2	$x-1$	$x+1$	$x^2(x-1)(x+1)$
0	0	4	1	0
1	1	0	2	0
2	4	1	3	2
3	4	2	4	2
4	1	3	0	0

$x^4 + 5x^3 + 4x \equiv 0$ [5] si, et seulement si, x est de la forme $5k$, $5k+1$ ou $5k+4$, où k appartient à $\mathbb{N}$.

Exercice 11

Soient $\frac{a}{b}$ et $\frac{c}{d}$ deux fractions irréductibles.

On suppose qu'il existe un entier n tel que $\frac{a}{b} + \frac{c}{d} = n$.

Alors $ad + bc = nbd$. b divise nbd et b divise bc, donc b divise ad.

Or a et b sont premiers entre eux, puisque la fraction $\frac{a}{b}$ est supposée irréductible, donc, d'après le théorème de Gauss, b divise d.

De la même façon, on démontre que d divise b, donc $\boldsymbol{b = d}$.

Exercice 12

Soit $(x ; y)$ un couple solution de l'équation (E) $8x - 5y = 3$.

$8x - 5y = 3 \Leftrightarrow 5(x-y) + 3x = 3 \Leftrightarrow 5(x-y) = 3 - 3x = 3(x-1)$.

Comme 3 divise $3(x-1)$, on en déduit que 3 divise $5(x-y)$. Or 3 et 5 sont premiers entre eux, donc, d'après le théorème de Gauss, 3 divise $(x-y)$.

Il existe donc un entier relatif k tel que $x - y = 3k$, ce qui équivaut à $x = y + 3k$.

On a donc (E) $\Leftrightarrow 8(y + 3k) - 5y = 3 \Leftrightarrow 3y = 3 - 24k \Leftrightarrow y = 1 - 8k$.

Ainsi, si $(x\,;y)$ est solution de (E), alors il existe un entier relatif k tel que $x = 1 - 5k$ et $y = 1 - 8k$. Réciproquement, s'il existe un entier relatif k tel que $x = 1 - 5k$ et $y = 1 - 8k$, alors $8x - 5y = 8 - 40k - 5 + 40k = 3$; d'où $(x\,;y)$ est solution de (E).
Les solutions de (E) sont donc les couples $(1 - 5k\,;1 - 8k)$ où k est un entier relatif.

> **À NOTER**
> Cette question est classique. Sa réponse, sans oublier la réciproque, doit être maîtrisée.

Exercice 13

Soit $S = 5^{3n} + 5^{2n} + 5^n + 1$, alors $S = (5^n)^3 + (5^n)^2 + (5^n)^1 + (5^n)^0$.
On reconnaît en S la somme des 4 premiers termes d'une suite géométrique de raison (5^n) et de premier terme 1.

> **RAPPEL**
> Somme des termes d'une suite géométrique de raison q différente de 1 :
> $$1 + q + q^2 + \ldots + q^n = \frac{1 - q^{n+1}}{1 - q}.$$

Si n est un multiple de 4, alors il s'écrit $4k$ et $5^n = (5^4)^k$.
Or $5^4 = 625 \equiv 1[13]$, donc $5^n \equiv 1[13]$.
On en déduit que $S \equiv 4\ [13]$: **S n'est donc pas divisible par 4.**
Si n n'est pas un multiple de 4, alors (5^n) n'est pas congru à 1 modulo 13.
Il est en particulier différent de 1, on a donc $S = \dfrac{1 - (5^n)^4}{1 - 5^n} = \dfrac{1 - (5^4)^n}{1 - 5^n}$
et $S \equiv 0\ [13]$, puisque $5^4 \equiv 1\ [13]$.
On en déduit que S est multiple de 13.

Exercice 14

■ La liste des diviseurs de $2p^2$ est 1 ; 2 ; p ; $2p$; p^2 et $2p^2$ (car p est premier). La somme de ses diviseurs propres est donc :
$S = 1 + 2 + p + 2p + p^2 = 3 + 3p + p^2$.
Peut-on avoir $S = 2p^2$? Répondre à cette question, c'est résoudre $2p^2 = p^2 + 3p + 3 \Leftrightarrow p^2 - 3p - 3 = 0$.
Cette équation n'a pas de solution entière.
Si p est premier, $2p^2$ n'est pas un nombre parfait.

■ La liste des diviseurs de $2p^3$ est 1, 2, p, $2p$, p^2, $2p^2$, p^3 et $2p^3$. La somme de ses diviseurs propres est donc :
$S = 1 + 2 + p + 2p + p^2 + 2p^2 + p^3 = 3 + 3p + 3p^2 + p^3$.
$S = 2p^3 \Leftrightarrow 3 + 3p + 3p^2 = p^3$, ce qui signifie que p^3 est divisible par 3 ; or 3 et p sont premiers, donc $p = 3$.
Si $2p^3$ est parfait, alors $p = 3$. Il est facile de vérifier qu'effectivement, si $p = 3$, alors $2p^3 = 54$, qui est parfait.

Exercice 15

Si n a pour reste 6 dans la division par 12, il existe un entier naturel k tel que $n = 12k + 6$.

De même, il existe un entier naturel k' tel que $n = 19k' + 13$.

On a donc $12k + 6 = 19k' + 13$, c'est-à-dire $12k - 19k' = 7$ (relation 1).

On cherche d'abord tous les couples d'entiers relatifs $(k\,;\,k')$ satisfaisant cette relation.

Il existe une solution évidente : $k = -1$ et $k' = -1$.

Si $(u\,;\,v)$ est une autre solution, alors on a $12u - 19v = 7$ (relation 2).

Donc, par soustraction membre à membre des relations 1 et 2, on a $12(k - u) - 19(k' - v) = 0$;

$12(k - u) = 19(k' - v)$ (relation 3).

Comme 12 et 19 sont premiers entre eux, d'après le théorème de Gauss, cette égalité n'est possible que si 19 divise $(k - u)$.

Il existe donc un entier relatif t tel que $k - u = 19t$, c'est-à-dire $u = k - 19t = -1 - 19t$.

En reportant dans la relation (3), il vient $12 \times 19t = 19\,(k' - v)$.

Donc $12t = k' - v$, d'où $v = k' - 12t = -1 - 12t$.

Réciproquement, s'il existe un entier t tel que $u = -1 - 19t$ et $v = -1 - 12t$, alors $12u - 19v = 7$.

Les solutions de l'équation $12k - 19k' = 7$ sont donc tous les couples $(-1 - 19t\,;\,-1 - 12t)$ avec $t \in \mathbb{Z}$.

L'entier n s'écrit donc $12\,(-1 - 19t) + 6 = -6 - 228t$, ce qui signifie que n est congru à -6 modulo 228.

Or le plus petit entier positif congru à -6 modulo 228 est 222.

On en conclut que le reste dans la division de n par 228 est 222.

> **CONSEIL**
> On utilise la propriété : « Si $a \equiv b\ [n]$, alors $a + n \equiv b\ [n]$.

Exercice 16

Si d divise a et b, alors il divise r, car $r = a - bq$ est une combinaison linéaire de a et b. Donc d divise b et r ; par conséquent, il divise leur PGCD.

Réciproquement, si d' est le PGCD de b et r, il divise a car $a = bq + r$, combinaison linéaire de b et r. Donc d' divise a et b ; par conséquent, il divise leur PGCD.

On a donc d/d' et d'/d, d'où $\mathbf{d = d'}$.

> **À NOTER**
> L'algorithme d'Euclide de recherche du PGCD de deux nombres repose sur ce théorème.

Exercice 17

Soient a et b deux entiers naturels premiers entre eux et c un entier tel que a divise bc.

D'après le théorème de Bézout, il existe deux entiers relatifs u et v tels que $au + bv = 1$.

On a donc $acu + bcv = c$.

a divise acu et a divise bcv, donc a divise c.

On a montré que a divise bc et a et b premiers entre eux entraîne a divise c.

Exercice 18

1 pt

1. On suppose ici que $a \equiv 0\ [p]$, c'est-à-dire que a est multiple de p. Il existe donc un entier relatif k tel que $a = pk$.

On suppose de même que $a \equiv 0\ [q]$, c'est-à-dire que q divise a. Il divise donc le produit pk. Mais étant par hypothèse premier avec p, d'après le théorème de Gauss, il divise k. Ainsi, il existe un entier relatif k' tel que $k = k'q$. On peut donc écrire $a = pk = pqk'$. **On en déduit que pq divise a, donc $a \equiv 0\ [pq]$.**

> **RAPPEL**
> Théorème de Gauss : « Soient a, b et c trois entiers relatifs non nuls ; si a divise le produit bc et si a est premier avec b, alors a divise c. »

0,5 pt

2. a. Les entiers 17 et 5 étant premiers entre eux, **le théorème de Bézout permet d'affirmer l'existence de deux entiers u et v tels que $17u + 5v = 1$.**

> **ATTENTION**
> Il ne faut pas oublier d'énoncer la condition « les nombres sont premiers entre eux ».

0,5 pt

b. On pose $n_0 = 3 \times 17u + 9 \times 5v$, alors $n_0 = 3 \times 17u + 9 \times (1 - 17v) = 17(3u - 9v) + 9$.

On en déduit que **n_0 est congru à 9 modulo 17.**

De même, **n_0 est congru à 3 modulo 5**, puisque $n_0 = 3(1 - 5v) + 9 \times 5v = 5(-3v + 9v) + 3$.

c. $17 \times (-2) + 5 \times 7 = 1$: le couple $(-2 ; 7)$ est donc un couple $(u ; v)$ tel que $17u + 5v = 1$.

On en déduit une valeur possible pour n_0, à savoir :
$n_0 = 3 \times 17 \times (-2) + 9 \times 5 \times 7 = \mathbf{213}$.

0,5 pt

3. a. On pose $a = n - n_0$ où n est un élément de S. On a $a \equiv 0\ [17]$ et $a \equiv 0\ [5]$; or 17 et 5 sont premiers entre eux, donc, d'après la question **1.**, **$a \equiv 0\ [17 \times 5]$.**

1 pt

b. On vérifie que 43 est de la forme $3 \times 17u + 9 \times 5v$ avec $(u ; v)$ tels que $17u + 5v = 1$. Il suffit de prendre $u = -2$ et $v = 7$.

Donc, si n est un élément de S, alors $n - 43 \equiv 0$ [85]. Il existe donc un entier relatif k tel que $n = 43 + 85k$.

Réciproquement, si $n = 43 + 85k$, alors $n \equiv 43$ [17] $\equiv 9$ [17] et $n \equiv 43$ [5] $\equiv 3$ [5], donc n est un élément de S.

On a établi l'équivalence suivante : **n est un élément de S si, et seulement si, $n = 43 + 85k$.**

0,5 pt **4.** Soit n le nombre de jetons de Zoé : n est congru à 9 modulo 17 et congru à 3 modulo 5. n est donc de la forme $43 + 85k$. On cherche donc un entier relatif k tel que $43 + 85k$ soit entre 300 et 400.

On trouve une seule solution $k = 4$. Zoé a donc $43 + 4 \times 85 =$ **383 jetons.**

Exercice 19

1,5 pt **1. a.** Quel que soit l'entier naturel n, n et n^2 sont de même parité. Il en est de même de n^2 et n^4. Donc n est n^4 sont de même parité et n et $n^4 + 1$ sont de parité contraire.

Si n est pair, alors $A(n)$ est impair et si n est impair, alors **$A(n)$ est pair.**

b. Si n est un multiple de 3, alors il en est de même de n^4 ; donc $A(n)$ n'est pas un multiple de 3.

Si n n'est pas un multiple de 3, alors il est congru à 1 ou à 2 modulo 3 ; d'où n^4 est congru à 1^4 ou à 2^4, qui sont chacun congrus à 1 modulo 3. Donc $A(n)$ est congru à 2 modulo 3. $A(n)$ n'est donc pas un multiple de 3. **Quel que soit n, $A(n)$ n'est pas un multiple de 3.**

c. Soit d un diviseur commun à $A(n)$ et n, alors d divise 1 et donc $d = 1$. $A(n)$ et n sont donc premiers entre eux, puisque leur seul diviseur commun est 1.

Donc tout diviseur de $A(n)$ est premier avec n.

d. Quel que soit n, on a $n^8 - 1 = (n^4 - 1)(n^4 + 1) = A(n) \times (n^4 - 1)$.

Si d divise $A(n)$, alors il divise $n^8 - 1$, donc $n^8 - 1 \equiv 0$ [d], soit **$n^8 \equiv 1$ [d].**

1,5 pt **2. a.** Soit k un entier tel que $n^k \equiv 1$ [d] et soit s le plus petit des entiers non nuls satisfaisant cette relation.

Alors s est plus petit que k et on peut écrire la division euclidienne de k par s.

Il existe q et r deux entiers naturels tels que $k = sq + r$ avec $0 \leqslant r < s$.

On a alors $n^k = n^{sq+r} = (n^s)^q \times n^r$; or $n^s \equiv 1$ [d], donc $n^r \equiv 1$ [d].

Comme $r < s$ et s est le plus petit des entiers non nuls satisfaisant cette relation, on a nécessairement $r = 0$. Par suite, $k = sq$ et donc **s divise k.**

b. Comme $n^8 \equiv 1$ [d], on peut affirmer, compte tenu de ce qui précède, que s divise 8.

c. Soit d un diviseur de $A(n)$ premier. D'après la question **1. c.**, n est premier avec d ; le petit théorème de Fermat permet d'affirmer que $n^{d-1} \equiv 1\ [d]$. La question **2. a.** énonce alors que **s divise $(d - 1)$**.

1,5 pt **3.** On suppose n pair. Soit p un diviseur premier de $A(n)$.

Soit s le plus petit des entiers k tel que $n^k \equiv 1\ [p]$. On sait, d'après la question **2. b.**, que s divise 8. On examine les différentes possibilités, les diviseurs de 8 étant 1 ; 2 ; 4 et 8.

Si $s = 1$, alors $n^1 \equiv 1\ [p]$, d'où $n^4 + 1 \equiv 2\ [p]$. Or p est un diviseur de $A(n) = n^4 + 1$; on en déduit que $2 \equiv 0\ [p]$ et donc $p = 2$, car 2 est le seul nombre premier pair. Ainsi $A(n)$ serait un multiple de 2 ; or il est impair puisque, par hypothèse, n est pair. Ce cas amène donc à une contradiction.

Si $s = 2$, alors $n^2 \equiv 1\ [p]$, d'où $n^4 + 1 \equiv 2\ [p]$. Le même raisonnement que précédemment amène à exclure ce cas.

Si $s = 4$, alors $n^4 \equiv 1\ [p]$, d'où $n^4 + 1 \equiv 2\ [p]$. On exclue ce cas.

Dans le cas où n est pair, on a une seule possibilité, qui est $s = 8$. 8 divise $(p - 1)$, d'après **2. c.**, donc $p - 1$ est congru à 0 modulo 8, d'où $\boldsymbol{p \equiv 1\ [8]}$.

0,5 pt **4.** Les diviseurs premiers de $A(12)$ sont donc, puisque 12 est pair, de la forme $8k + 1$.

$A(12) = 12^4 + 1 = 20\ 737$. On trouve $\boldsymbol{A(12) = 89 \times 233}$ et 233 est premier. On obtient donc la décomposition en facteurs premiers de $A(12)$.

Exercice 20

2 pts **1. a.** Les entiers 11 et 7 étant premiers entre eux, d'après le théorème de Bézout, il existe des entiers relatifs k et k' tels que $11k + 7k' = 1$. En prenant $u = k$ et $v = -k'$, on a $\boldsymbol{11u - 7v = 1}$.

On peut par exemple prendre $\boldsymbol{u = 2}$ et $\boldsymbol{v = 3}$, ce qui donne :

$11 \times 2 - 7 \times 3 = 22 - 21 = 1$.

b. On en déduit que **le couple (10 ; 15) est une solution de l'équation (E) : $\boldsymbol{11x - 7y = 5}$.**

c. Si $(x\ ;\ y)$ est une autre solution, alors on a :

$11x - 7y = 11 \times 10 - 7 \times 15 = 5$; d'où $11(x - 10) = 7(y - 15)$.

Comme 11 est premier avec 7, cette égalité entraîne que 11 divise $y - 15$. Il existe donc un entier k tel que $y - 15 = 11k$, ce qui équivaut à $y = 15 + 11k$.

En injectant cette égalité dans la relation $11(x - 10) = 7(y - 15)$, il vient $11(x - 10) = 7 \times 11k$, donc $x - 10 = 7k$, d'où $x = 10 + 7k$.

Ainsi, si $(x ; y)$ est une solution de (E), alors il existe un entier relatif k tel que $x = 10 + 7k$ et $y = 15 + 11k$. Réciproquement, tout couple de la forme $(10 + 7k ; 15 + 11k)$, avec $k \in \mathbb{Z}$, est solution de (E).

L'ensemble des solutions de (E) est donc :
$\{(10 + 7k ; 15 + 11k), k \in \mathbb{Z}\}$.

d. Si $\mathcal{D}$ a pour équation $11x - 7y - 5 = 0$, les points de $\mathcal{D}$ à coordonnées entières ont leur coordonnées solutions de $11x - 7y = 5$: elles sont donc de la forme $(10 + 7k ; 15 + 11k)$.

Si, de plus, les points doivent appartenir à C, il s'agit de trouver les valeurs de k telles que : $0 \leqslant 10 + 7k \leqslant 50$ et $0 \leqslant 15 + 11k \leqslant 50$.

Pour $k \in \{-1 ; 0 ; 1 ; 2 ; 3\}$, on obtient les points (3 ; 4), (10 ; 15), (17 ; 26), (24 ; 37), (31 ; 48). **Il y a donc exactement 5 points satisfaisant les conditions.**

2 pts

2. a. Soient (F) : $11x^2 - 7y^2 = 5$ et $(x ; y)$ une solution, alors, comme $11 \equiv 1$ [5] et $7 \equiv 2$ [5], on a $11x^2 - 7y^2 \equiv x^2 - 2y^2$ [5], donc :
$11x^2 - 7y^2 = 5$ entraîne $\boldsymbol{x^2 - 2y^2 \equiv 0}$ **[5]**.

b.

Modulo 5, x est congru à	0	1	2	3	4
Modulo 5, x^2 est congru à	0	1	4	4	1
Modulo 5, y congru à	0	1	2	3	4
Modulo 5, $2y^2$ congru à	0	2	3	3	2

x^2 a donc pour reste 0 ; 1 ou 4 dans la division euclidienne par 5.
$2y^2$ a donc pour reste 0 ; 2 ou 3 dans la division euclidienne par 5.

c. Si $(x ; y)$ est une solution de (F), alors x^2 et $2y^2$ sont congrus modulo 5, ce qui n'est possible que si chacun d'eux est congru à 0 modulo 5, ce qui arrive uniquement si x et y sont eux mêmes congrus à 0 modulo 5.
Autrement dit, si $(x ; y)$ est solution de (F), alors x et y sont multiples de 5.

1 pt

3. Soient x et y deux multiples de 5. Il existe deux entiers relatifs k et k' tels que $x = 5k$ et $y = 5k'$.

On a alors $11x^2 - 7y^2 = 11 \times 25k^2 - 7 \times 25k'^2 = 25\,(11k^2 - 7\,k'^2)$.

Alors la relation $11x^2 - 7y^2 = 5$ équivaut à $25\,(11k^2 - 7k'^2) = 5$, d'où $5(11k^2 - 7k'^2) = 1$.

Or 1 n'est pas un multiple de 5, donc cette égalité ne peut être vérifiée.

On en déduit qu'aucune solution de (F) n'est de la forme $(5k ; 5k')$.

Or c'est la seule forme possible pour une solution de (F).

L'équation (F) n'a donc pas de solution.

17 Matrices et suites

1 Définitions

Soient n et p deux entiers naturels non nuls.

■ Une **matrice A de taille $n \times p$** à coefficients réels est un tableau de nombres réels à n lignes et p colonnes :

$$\underbrace{\begin{pmatrix} a_{11} & a_{12} & \cdots & a_{1p} \\ a_{21} & a_{22} & \cdots & a_{2p} \\ \vdots & \vdots & & \vdots \\ a_{n1} & a_{n2} & \cdots & a_{np} \end{pmatrix}}_{p} \left.\vphantom{\begin{pmatrix} a \\ a \\ \vdots \\ a \end{pmatrix}}\right\} n$$

qui se note de manière compacte sous la forme $A = (a_{ij})_{\substack{1 \leqslant i \leqslant n \\ 1 \leqslant j \leqslant p}}$.

Le terme a_{ij} est souvent appelé **entrée** (ou **coefficient**) de A en position $(i\,;j)$; ce terme est à l'intersection de la ligne i et de la colonne j.

■ La **diagonale principale** de la matrice $A = (a_{ij})_{\substack{1 \leqslant i \leqslant n \\ 1 \leqslant j \leqslant p}}$ est formée des entrées $(a_{ij})_{0 \leqslant i \leqslant n}$.

■ Une **matrice carrée** est une matrice dont le nombre de lignes est égal au nombre de colonnes. Une matrice carrée de taille $n \times n$ est plus simplement appelée matrice carrée d'**ordre n**.

■ La **matrice nulle de taille** $n \times p$ est la matrice dont toutes les entrées sont nulles. Cette matrice est notée (0).

■ La **matrice identité d'ordre n** est la matrice $I_n = \begin{pmatrix} 1 & & 0 \\ & \ddots & \\ 0 & & 1 \end{pmatrix}$.

■ Une **matrice-ligne** est une matrice avec une seule ligne, c'est-à-dire du type $1 \times p$ où p est un entier naturel non nul.

■ Une **matrice-colonne** est une matrice de type $n \times 1$ où n est un entier naturel non nul.

■ Une **matrice triangulaire supérieure** est une matrice carrée dont toutes les entrées sous la diagonale principale sont nulles.

■ Une **matrice diagonale** est une matrice carrée dont toutes les entrées hors de la diagonale principale sont nulles.

2 Opérations sur les matrices

a. Addition et produit par un nombre réel

Définitions

■ On peut additionner deux matrices de même taille. La somme se fait entrée par entrée. Soient $A = (a_{ij})_{\substack{1 \leqslant i \leqslant n \\ 1 \leqslant j \leqslant p}}$ et $B = (b_{ij})_{\substack{1 \leqslant i \leqslant n \\ 1 \leqslant j \leqslant p}}$ deux matrices de taille $n \times p$. La **somme des matrices A et B** est :

$$A + B = (a_{ij} + b_{ij})_{\substack{1 \leqslant i \leqslant n \\ 1 \leqslant j \leqslant p}}.$$

■ Soient λ un nombre réel et $A = (a_{ij})_{\substack{1 \leqslant i \leqslant n \\ 1 \leqslant j \leqslant p}}$ une matrice de taille $n \times p$.

Le produit de la matrice A par le nombre réel λ est :

$$\lambda A = (\lambda a_{ij})_{\substack{1 \leqslant i \leqslant n \\ 1 \leqslant j \leqslant p}}.$$

Propriétés

■ Soient λ et μ deux nombres réels et soient A, B et C trois matrices de même taille $n \times p$.

$$\lambda(\mu A) = (\lambda\mu)A$$

$$(\lambda + \mu)A = \lambda A + \mu A$$

$$0A = (0)$$

$$(A + B) + C = A + (B + C)$$

$$A + (0) = (0) + A = A$$

■ Pour $\lambda = -1$, la matrice $-1 \times A$, notée $-A$, est appelée **opposée** de la matrice A.

$$A + (-A) = (-A) + A = (0)$$

b. Produits

Définitions

■ Soient A une matrice de taille $n \times p$ et B une matrice de taille $p \times q$. Le **produit de A par B** est la matrice AB de taille $n \times q$ donnée par :

$$AB = \left(\sum_{k=1}^{p} a_{ik} b_{kj}\right)_{\substack{1 \leqslant i \leqslant n \\ 1 \leqslant j \leqslant q}}.$$

■ On peut expliciter le produit de deux matrices carrées d'ordre 2 et celui d'une matrice carrée d'ordre 2 par une matrice-colonne de taille 2. Les entrées des matrices ci-dessous sont des nombres réels quelconques.

$$\begin{pmatrix} a_{11} & a_{12} \\ a_{21} & a_{22} \end{pmatrix}\begin{pmatrix} b_{11} & b_{12} \\ b_{21} & b_{22} \end{pmatrix} = \begin{pmatrix} a_{11}b_{11} + a_{12}b_{21} & a_{11}b_{12} + a_{12}b_{22} \\ a_{21}b_{11} + a_{22}b_{21} & a_{21}b_{12} + a_{22}b_{22} \end{pmatrix}$$

$$\begin{pmatrix} a_{11} & a_{12} \\ a_{21} & a_{22} \end{pmatrix}\begin{pmatrix} x_1 \\ x_2 \end{pmatrix} = \begin{pmatrix} a_{11}x_1 + a_{12}x_2 \\ a_{21}x_1 + a_{22}x_2 \end{pmatrix}$$

Propriétés

■ Soient A, B et C des matrices telles que les produits AB et BC soient définis, alors :

$$(AB)C = A(BC).$$

■ Soit A une matrice de taille $p \times q$, alors :

$$AI_q = I_pA = A.$$

■ Soient A, B, C et D quatre matrices telles que les produits AC, BC et AD soient définis, alors :

$$(A + B)C = AC + BC \; ; \; A(C + D) = AC + AD.$$

■ Soient A et B deux matrices telles que le produit AB soit défini et soit λ un nombre réel, alors :

$$\lambda(AB) = (\lambda A)B = A(\lambda B).$$

À NOTER
On peut effectuer le produit de la matrice A et de la matrice B si, et seulement si, le nombre de colonnes de A est égal au nombre de lignes de la matrice B.

À NOTER
Soient A et B deux matrices carrées. On dit que A et B **commutent** si AB = BA.

3 Matrices inversibles

■ Une matrice carrée A de taille n est **inversible** s'il existe une matrice B de même taille que A telle que :

$$AB = BA = I_n.$$

■ Lorsqu'il existe, l'inverse de la matrice A est unique et se note A^{-1}.

■ Une matrice carrée $A = \begin{pmatrix} a & b \\ c & d \end{pmatrix}$ est inversible si, et seulement si, $ad - bc \neq 0$.

■ Si $A = \begin{pmatrix} a & b \\ c & d \end{pmatrix}$ est inversible, alors :

$$A^{-1} = \frac{1}{ad - bc}\begin{pmatrix} d & -b \\ -c & a \end{pmatrix}$$ **(formule de Cramer).**

4 Puissances de matrices

■ Soit A une matrice carrée de taille n. On définit, par récurrence, pour tout entier p, la matrice A^p par $A^0 = I_n$ et, pour tout entier p, $A^{p+1} = AA^p = A^pA$.

■ Pour toute matrice carrée A, $A^1 = A$.

■ Pour tous entiers p et q, on a $A^p A^q = A^{p+q}$ et $\left(A^p\right)^q = A^{pq}$.

5 Matrices et systèmes

a. Écriture matricielle d'un système

■ Soient a_{11}, a_{12}, a_{21}, a_{22}, p et q des nombres réels. Le système $(S)\begin{cases} a_{11}x + a_{12}y = p \\ a_{21}x + a_{22}y = q \end{cases}$

admet l'écriture matricielle AX = B, avec :

$$A = \begin{pmatrix} a_{11} & a_{12} \\ a_{21} & a_{22} \end{pmatrix} \quad X = \begin{pmatrix} x \\ y \end{pmatrix} \quad B = \begin{pmatrix} p \\ q \end{pmatrix}.$$

■ De même, le système $(S)\begin{cases} a_{11}x + a_{12}y + a_{13}z = p \\ a_{21}x + a_{22}y + a_{23}z = q \\ a_{31}x + a_{32}y + a_{33}z = r \end{cases}$ admet l'écriture matricielle

AX = B, avec $A = \begin{pmatrix} a_{11} & a_{12} & a_{13} \\ a_{21} & a_{22} & a_{23} \\ a_{31} & a_{32} & a_{33} \end{pmatrix}$; $X = \begin{pmatrix} x \\ y \\ z \end{pmatrix}$; $B = \begin{pmatrix} p \\ q \\ r \end{pmatrix}$.

b. Propriétés

■ Si B est inversible, alors le système matriciel AX = B admet une unique solution, pour tout second membre B, et cette solution est donnée par $X = A^{-1}B$.

■ Si, pour un second membre $B = \begin{pmatrix} p \\ q \\ r \end{pmatrix}$ quelconque, le système matriciel AX = B admet une unique solution X = PB, alors la matrice A est inversible et $A^{-1} = PB$.

1 Calculer les puissances d'une matrice

Énoncé

Soit A la matrice égale à $\begin{pmatrix} 1 & 1 \\ 1 & 1 \end{pmatrix}$. Calculer A^n pour tout entier $n \geqslant 0$.

Solution commentée

Savoir-faire

- On calcule les premières puissances de la matrice A, ce qui conduit à conjecturer une formule pour la matrice A^n.
- On démontre la formule conjecturée par récurrence.

On calcule :

$\begin{pmatrix} 1 & 1 \\ 1 & 1 \end{pmatrix}\begin{pmatrix} 1 & 1 \\ 1 & 1 \end{pmatrix} = \begin{pmatrix} 1\times1+1\times1 & 1\times1+1\times1 \\ 1\times1+1\times1 & 1\times1+1\times1 \end{pmatrix}$,

soit $A^2 = \begin{pmatrix} 2 & 2 \\ 2 & 2 \end{pmatrix} = 2A$.

On calcule de même $A^3 = AA^2$ et on trouve :

$$A^3 = \begin{pmatrix} 1 & 1 \\ 1 & 1 \end{pmatrix}\begin{pmatrix} 2 & 2 \\ 2 & 2 \end{pmatrix} = \begin{pmatrix} 4 & 4 \\ 4 & 4 \end{pmatrix} = 4A = 2^2A = 2^{3-1}A.$$

Ce que l'on pouvait obtenir plus simplement en observant que :

$$A^3 = AA^2 = A(2A) = 2(AA) = 2A^2 = 2(2A) = 4A.$$

On a $A^0 = I_2$ et on conjecture naturellement, pour tout $n \geqslant 1$, que :

$$A^n = \begin{pmatrix} 2^{n-1} & 2^{n-1} \\ 2^{n-1} & 2^{n-1} \end{pmatrix} = 2^{n-1}A.$$

On considère l'hypothèse de récurrence suivante : $A^n = \begin{pmatrix} 2^{n-1} & 2^{n-1} \\ 2^{n-1} & 2^{n-1} \end{pmatrix} = 2^{n-1}A$, pour $n \geqslant 1$.

Initialisation : pour $n = 1$, la propriété est vraie car $A^1 = A = \begin{pmatrix} 1 & 1 \\ 1 & 1 \end{pmatrix} = 2^0A$.

Hérédité : on suppose que la propriété est vraie pour un entier $n \geqslant 1$ donné (c'est-à-dire $A^n = \begin{pmatrix} 2^{n-1} & 2^{n-1} \\ 2^{n-1} & 2^{n-1} \end{pmatrix} = 2^{n-1}A$).

On a $A^{n+1} = AA^n$. Or, par hypothèse de récurrence, $A^n = 2^{n-1}A$, donc :

$A^{n+1} = AA^n = A(2^{n-1}A) = 2^{n-1}A^2 = 2^{n-1}(2A) = (2^{n-1}2A) = 2^n A$,

soit $A^{n+1} = \begin{pmatrix} 2^n & 2^n \\ 2^n & 2^n \end{pmatrix} = 2^n A$.

Conclusion : La propriété est vraie pour tout entier naturel $n \geqslant 1$ et la conjecture est ainsi démontrée.

2 Inverser une matrice

Énoncé

Soit $A = \begin{pmatrix} 1 & 2 \\ 3 & 4 \end{pmatrix}$. La matrice A est-elle inversible ? Si oui, calculer son inverse.

Solution commentée

Savoir-faire

- On détermine d'abord si la matrice est inversible en appliquant le critère du cours.
- On applique ensuite la formule de Cramer.

On calcule $1 \times 4 - 3 \times 2 = 4 - 6 = -2 \neq 0$. La matrice A est donc inversible.

D'après la formule de Cramer, $A^{-1} = -\dfrac{1}{2}\begin{pmatrix} 4 & -2 \\ -3 & 1 \end{pmatrix}$.

3 Résoudre un système d'équations en utilisant les matrices

Énoncé

1. Résoudre le système $\begin{cases} x + 2y = 1 \\ 3x + 4y = 2 \end{cases}$.

2. Résoudre le système (S) : $\begin{cases} x + 2y = a & (L_1) \\ 3x + 4y = b & (L_2) \end{cases}$.

En déduire que la matrice A est inversible et calculer son inverse.

Solution commentée

Savoir-faire

■ Pour répondre à la première question, on utilise les matrices pour résoudre le système. Si on introduit la matrice de coefficients du système $A = \begin{pmatrix} 1 & 2 \\ 3 & 4 \end{pmatrix}$, les matrices-colonne $X = \begin{pmatrix} x \\ y \end{pmatrix}$ et $B = \begin{pmatrix} 1 \\ 2 \end{pmatrix}$, on voit que le système se résume à l'égalité matricielle AX = B. Si A est inversible, les solutions du système sont alors données par $X = A^{-1}B$.

■ Pour répondre à la seconde question, on résout à l'inverse le système associé à la matrice A avec un second membre quelconque pour en déduire sa matrice inverse, méthode qui est surtout utile dans le cas des matrices d'ordre supérieur ou égal à 3.

1. La forme matricielle du système est $\begin{pmatrix} 1 & 2 \\ 3 & 4 \end{pmatrix}\begin{pmatrix} x \\ y \end{pmatrix} = \begin{pmatrix} 1 \\ 2 \end{pmatrix}$.

On a vu, dans le point méthode précédent, que $A^{-1} = -\frac{1}{2}\begin{pmatrix} 4 & -2 \\ -3 & 1 \end{pmatrix}$.

Les solutions du système sont alors données par $X = A^{-1}B$, soit :

$$X = \begin{pmatrix} x \\ y \end{pmatrix} = A^{-1}B = -\frac{1}{2}\begin{pmatrix} 4 & -2 \\ -3 & 1 \end{pmatrix}\begin{pmatrix} 1 \\ 2 \end{pmatrix} = \begin{pmatrix} 0 \\ \frac{1}{2} \end{pmatrix}.$$

On vérifie que $x = 1$ et $y = \frac{1}{2}$ fournit bien une solution du système, qui est en fait la seule possible.

2. On procède comme pour la question précédente et on constate que le système revient à étudier l'égalité matricielle $\begin{pmatrix} 1 & 2 \\ 3 & 4 \end{pmatrix}\begin{pmatrix} x \\ y \end{pmatrix} = \begin{pmatrix} a \\ b \end{pmatrix}$.

On va maintenant *a contrario* résoudre le système pour en déduire la matrice inverse.

$$(S) \Leftrightarrow \begin{cases} x + 2y = a \\ -2y = -3a + b \end{cases} \quad (L_2 \leftarrow L_2 - 3L_1)$$

$$(S) \Leftrightarrow \begin{cases} x + 2y = a \\ y = -\frac{1}{2}(-3a + b) \end{cases}$$

$$(S) \Leftrightarrow \begin{cases} x = a - 2y = a - 3a + b = -2a + b \\ y = -\frac{1}{2}(-3a + b) \end{cases}$$

On lit $\begin{pmatrix} x \\ y \end{pmatrix} = \begin{pmatrix} -2 & 1 \\ \frac{3}{2} & -\frac{1}{2} \end{pmatrix}\begin{pmatrix} a \\ b \end{pmatrix} = -\frac{1}{2}\begin{pmatrix} 4 & -2 \\ -3 & 1 \end{pmatrix}\begin{pmatrix} a \\ b \end{pmatrix}$. On retrouve $A^{-1} = -\frac{1}{2}\begin{pmatrix} 4 & -2 \\ -3 & 1 \end{pmatrix}$.

4 Étudier des suites récurrentes à l'aide des matrices

Énoncé

On considère les suite récurrentes $(a_n)_{n\geqslant 0}$ et $(b_n)_{n\geqslant 0}$ données par $a_0 = b_0 = 1$, et, pour entier positif n, par le système $\begin{cases} a_{n+1} = a_n + b_n \\ b_{n+1} = a_n + b_n \end{cases}$.

Exprimer ces suites en fonction de n et calculer leurs limites éventuelles.

Solution commentée

Savoir-faire

- On commence par présenter le système récurrent linéaire sous forme matricielle : on introduit, pour tout entier n, la matrice-colonne $V_n = \begin{pmatrix} a_n \\ b_n \end{pmatrix}$. On constate que $V_{n+1} = \begin{pmatrix} a_{n+1} \\ b_{n+1} \end{pmatrix}$.
Le système donné en énoncé devient $V_{n+1} = AV_n$ avec $A = \begin{pmatrix} 1 & 1 \\ 1 & 1 \end{pmatrix}$.
- On montre ensuite par récurrence que, pour tout entier n, $V_n = A^n V_0$.
- On calcule enfin A^n, puis on en déduit les valeurs de a_n et b_n.

On introduit la matrice $A = \begin{pmatrix} 1 & 1 \\ 1 & 1 \end{pmatrix}$ et on constate que $V_{n+1} = AV_n$ pour tout entier positif n. On montre, par récurrence que, pour tout n, $V_n = A^n V_0$.

Initialisation : C'est vrai pour $n = 0$ car $A^0 = I_2$ et $I_2 V_0 = V_0$.

Hérédité : On émet l'hypothèse que, pour un entier positif n donné, on a $V_n = A^n V_0$. $V_{n+1} = A^{n+1} V_0$. On a bien $V_{n+1} = AV_n = A(A^n V_0) = (AA^n) V_0 = A^{n+1} V_0$. L'hypothèse est vraie au rang $n + 1$.

Conclusion : Donc, par récurrence sur n, on obtient que, pour tout entier naturel, $V_n = A^n V_0$.

D'après les résultats du premier point méthode, on a, pour tout entier $n > 0$, $A^n = \begin{pmatrix} 2^{n-1} & 2^{n-1} \\ 2^{n-1} & 2^{n-1} \end{pmatrix}$.

On a donc, pour tout entier $n > 0$, $A^n V_0 = \begin{pmatrix} 2^{n-1} & 2^{n-1} \\ 2^{n-1} & 2^{n-1} \end{pmatrix} \begin{pmatrix} 1 \\ 1 \end{pmatrix} = \begin{pmatrix} 2^n \\ 2^n \end{pmatrix} = \begin{pmatrix} a_n \\ b_n \end{pmatrix}$.

On constate que cette formule est aussi vraie pour $n = 0$, et finalement on a, pour tout entier n, $a_n = b_n = 2^n$. Les suites $(a_n)_{n\geqslant 0}$ et $(b_n)_{n\geqslant 0}$ sont donc égales et ont toutes deux pour limite $+\infty$ lorsque n tend vers $+\infty$.

Pour réussir le jour J

LES ERREURS À NE PAS COMMETTRE

- Les matrices ne commutent pas entre elles en général.

Par exemple, $\begin{pmatrix}1 & 1\\0 & 0\end{pmatrix}\begin{pmatrix}0 & 1\\0 & 0\end{pmatrix}=\begin{pmatrix}0 & 1\\0 & 0\end{pmatrix}$, mais $\begin{pmatrix}0 & 1\\0 & 0\end{pmatrix}\begin{pmatrix}1 & 1\\0 & 0\end{pmatrix}=\begin{pmatrix}0 & 0\\0 & 0\end{pmatrix}=0$.

En particulier, soient A une matrice carrée et P une matrice inversible de même taille, les produits PAP^{-1} et $P^{-1}AP$ sont différents en général.

Exercice 5, p. 389

- Toutes les matrices ne sont pas inversibles.

Par exemple, $\begin{pmatrix}0 & 1\\0 & 0\end{pmatrix}$ n'est pas inversible car $0 \times 0 - 0 \times 1 = 0$.

Exercice 11, p. 392

UN POINT EN + SUR LA COPIE

- Soient A, D et P trois matrices carrées de même taille, on suppose, de plus, que la matrice P est inversible.

Il sera apprécié de savoir rédiger correctement le raisonnement par récurrence qui permet de démontrer les propriétés incontournables suivantes.

$A = PDP^{-1}$ si, et seulement si, $D = P^{-1}AP$. Si $A = PDP^{-1}$ alors, pour tout entier positif n, $A^n = (PDP^{-1}) = PD^nP^{-1}$.

Soit $A = \begin{pmatrix}a_1 & & 0\\ & \ddots & \\ 0 & & a_p\end{pmatrix}$ une matrice carrée diagonale de taille p.

Alors, pour tout entier naturel n, $A^n = \begin{pmatrix}(a_1)^n & & 0\\ & \ddots & \\ 0 & & (a_p)^n\end{pmatrix}$ avec la convention que, pour tout nombre réel a, $a^0 = 1$.

Soient A une matrice carrée de taille n et V_0 une matrice-colonne de taille n. La suite récurrente de matrices-colonnes $(V_n)_{n\geqslant 0}$ est définie par $V_{n+1} = AV_n$. Alors, pour tout entier naturel n, $V_n = A^nV_0$.

ENTRAÎNEMENT

10 qcm pour réviser le cours

Corrigés, p. 393

1 **Soit** $A = \begin{pmatrix} 0 & 5 & 1 & 1 & 1 \\ 0 & 5 & 5 & 0 & 1 \\ 0 & 0 & 5 & 5 & 4 \\ 0 & 0 & 0 & 0 & 1 \end{pmatrix}$. **Laquelle des propositions suivantes est vraie ?**

❑ **a.** A est carrée.

❑ **b.** A est triangulaire supérieure.

❑ **c.** L'entrée (1 ; 2) de A est 5.

2 **On considère la matrice** $\begin{pmatrix} 1 & 0 \\ 0 & 1 \end{pmatrix}$.

❑ **a.** Cette matrice est la matrice identité de taille 2.

❑ **b.** Cette matrice est diagonale.

❑ **c.** Cette matrice n'est pas inversible.

3 **Soient** $A = \begin{pmatrix} 1 & 2 \\ 0 & 1 \end{pmatrix}$ **et** $B = \begin{pmatrix} -1 & 0 \\ 2 & -1 \end{pmatrix}$. **Laquelle des propositions suivantes est exacte ?**

❑ **a.** 5A n'est pas triangulaire supérieure.

❑ **b.** A + B a une diagonale principale nulle.

❑ **c.** A + B est diagonale.

4 **Soient A une matrice carrée de taille 3, B une matrice-ligne de taille 3 et C une matrice-colonne de taille 3. On peut effectuer le produit :**

❑ **a.** AB. ❑ **b.** CA. ❑ **c.** BA.

5 **Lequel des produits suivants n'est pas correct ?**

❑ **a.** $\begin{pmatrix} 1 & 0 \\ 0 & 1 \end{pmatrix}\begin{pmatrix} 1 & 2 \\ 3 & 4 \end{pmatrix} = \begin{pmatrix} 1 & 2 \\ 3 & 4 \end{pmatrix}$.

❑ **b.** $\begin{pmatrix} 1 & 2 \\ 3 & 4 \end{pmatrix}\begin{pmatrix} 1 \\ 2 \end{pmatrix} = \begin{pmatrix} 5 \\ 11 \end{pmatrix}$.

❑ **c.** $\begin{pmatrix} 0 & 1 \end{pmatrix}\begin{pmatrix} 1 & 2 \\ 3 & 4 \end{pmatrix} = \begin{pmatrix} 1 & 3 \end{pmatrix}$.

6 **Soient** $M = \begin{pmatrix} 1 & 1 \\ 0 & 1 \end{pmatrix}$ **et** $N = \begin{pmatrix} 0 & 1 \\ 0 & 0 \end{pmatrix}$. **Laquelle des propositions suivantes est inexacte ?**

❑ **a.** M est triangulaire supérieure.

❑ **b.** $M = I_2 + N$.

❑ **c.** N et I_2 ne commutent pas.

7 **Laquelle des matrices suivantes n'est pas inversible ?**

❑ **a.** $\begin{pmatrix} 0 & 1 \\ 1 & 0 \end{pmatrix}$. ❑ **b.** $\begin{pmatrix} \sqrt{2} & 1 \\ 2 & \sqrt{2} \end{pmatrix}$.

❑ **c.** $\begin{pmatrix} -8 & 2 \\ 3 & 2 \end{pmatrix}$.

8 **Soit A une matrice carrée de taille *n*. Laquelle des formules suivantes est juste ?**

❑ **a.** $A^2A^3 = A^6$. ❑ **b.** $A^{12}A^{-1} = A^{11}$.

❑ **c.** Pour tout entier n $AA^nA^{-1}A^3 = A^{n+2}$.

9 **Laquelle des propositions suivantes est correcte ?**

❑ **a.** La matrice identité d'ordre 5 est diagonale.

❑ **b.** La matrice identité à la puissance 2 012 n'a pas d'inverse.

❑ **c.** On ne peut jamais multiplier une matrice-ligne par une matrice-colonne.

10 **Soit** $M = \begin{pmatrix} 1 & 0 \\ 0 & 1 \end{pmatrix}$. **Laquelle des propositions suivantes est fausse ?**

❑ **a.** $M^0 = \begin{pmatrix} 0 & 1 \\ 1 & 0 \end{pmatrix}$.

❑ **b.** $M^2 = I_2$.

❑ **c.** $M^{17} = I_2$.

Exercices

Exercice 1 niveau 1

Corrigés, p. 393

Soient $A = \begin{pmatrix} 1 & 2 \\ 3 & -2 \end{pmatrix}$ et $B = \begin{pmatrix} 0 & 2 \\ 1 & -1 \end{pmatrix}$. Calculer les matrices suivantes.

1. $-2A$. **2.** $5B$. **3.** $A - B$. **4.** $A + 5B$. **5.** $A + \frac{1}{2}B$.

Exercice 2 niveau 1

Corrigés, p. 394

Effectuer les produits AB dans chaque cas.

1. $A = \begin{pmatrix} 1 & 2 \\ -2 & 2 \end{pmatrix}$ $B = \begin{pmatrix} 1 & 3 \\ -2 & 4 \end{pmatrix}$.

2. $A = \begin{pmatrix} 1 & 2 \\ 4 & -3 \end{pmatrix}$ $B = \begin{pmatrix} -2,5 \\ 8 \end{pmatrix}$.

3. $A = \begin{pmatrix} 1 & 0 & 2 \\ 2 & -1 & 0 \\ 3 & 0 & -1 \end{pmatrix}$ $B = \begin{pmatrix} 1 & 0 & 2 \\ 5 & -2 & 0 \\ 0 & 7 & 1 \end{pmatrix}$.

Exercice 3 niveau 1

Corrigés, p. 394

Soit $A = \begin{pmatrix} 1 & 0 \\ 0 & 5 \end{pmatrix}$. Calculer A^n pour tout entier n.

Exercice 4 niveau 1

Corrigés, p. 394

Vérifier que les matrices suivantes sont inversibles, puis effectuer le calcul de leur inverse d'après la formule de Cramer.

1. $\begin{pmatrix} 3 & 0 \\ 0 & 4 \end{pmatrix}$. **2.** $\begin{pmatrix} 1 & 2 \\ -2 & 2 \end{pmatrix}$. **3.** $\begin{pmatrix} 0 & 1 \\ 1 & 0 \end{pmatrix}$. **4.** $\begin{pmatrix} \pi & 1 \\ 1 & \pi \end{pmatrix}$.

Exercice 5 niveau 2

Corrigés, p. 395

Soient $A = \begin{pmatrix} 0 & 1 \\ 1 & 0 \end{pmatrix}$ et $P = \begin{pmatrix} 1 & -1 \\ 1 & 1 \end{pmatrix}$.

1. Montrer que P est inversible et calculer son inverse.

2. Montrer que $D = P^{-1}AP$ est une matrice diagonale.

3. Calculer D^n.

4. Montrer que $A = PDP^{-1}$.

5. Montrer que, pour tout entier naturel n, $A^n = PD^nP^{-1}$.

6. En déduire l'expression de A^n en fonction de n.

Que vaut A^n si n est pair ? impair ?

Exercice 6 niveau 2

Corrigés, p. 396

Soit $A = \begin{pmatrix} 0 & 1 & 3 \\ 0 & 0 & 2 \\ 0 & 0 & 0 \end{pmatrix}$. Calculer A^n pour tout entier n.

Exercice 7 niveau 3

Corrigés, p. 396

Soit A la matrice $A = \begin{pmatrix} 1 & 1 & 0 \\ 1 & 0 & 1 \\ 0 & 1 & 1 \end{pmatrix}$. Soient $X = \begin{pmatrix} x \\ y \\ z \end{pmatrix}$ et $B = \begin{pmatrix} a \\ b \\ c \end{pmatrix}$ où x, y, z, a, b et c sont des nombres réels.

1. Résoudre le système (S) : $AX = B$.

2. En déduire que A est inversible et donner A^{-1}.

Exercice 8 niveau 3

Corrigés, p. 397

La suite de Fibonacci est la suite doublement récurrente $(F(n))_{n \geqslant 0}$ définie par $F(0) = F(1) = 1$ et, pour tout entier positif n :

$$F(n+2) = F(n+1) + F(n).$$

Soient $F = \begin{pmatrix} 1 & 1 \\ 1 & 0 \end{pmatrix}$ et, pour tout entier positif n, $V_n = \begin{pmatrix} F(n+1) \\ F(n) \end{pmatrix}$.

1. Vérifier que l'on a bien $V_{n+1} = FV_n$.

2. En déduire que, pour tout entier $n \geqslant 0$, $V_n = F^n V_0$.

3. Pour calculer les puissances de la matrice F, on introduit la matrice :

$$P = \begin{pmatrix} \frac{\sqrt{5}+1}{2} & \frac{1-\sqrt{5}}{2} \\ 1 & 1 \end{pmatrix}.$$

Montrer que P est inversible et que $D = P^{-1}FP = \frac{1}{2}\begin{pmatrix} 1+\sqrt{5} & 0 \\ 0 & 1-\sqrt{5} \end{pmatrix}$.

4. En déduire que $PDP^{-1} = F$, puis que, pour tout entier naturel n, $F^n = PD^nP^{-1}$.

5. Montrer alors que, pour tout entier positif n :

$$F(n) = \frac{1}{\sqrt{5}}\left(\frac{1+\sqrt{5}}{2}\right)^{n+1} - \frac{1}{\sqrt{5}}\left(\frac{1-\sqrt{5}}{2}\right)^{n+1}.$$

Exercice 9 (45 min, 4 pts)

Corrigés, p. 399

TYPE BAC

Soit A la matrice égale à $\begin{pmatrix} 0,2 & 0,8 \\ 0,1 & 0,9 \end{pmatrix}$.

1. Montrer que $A\begin{pmatrix} 1 \\ 1 \end{pmatrix} = \begin{pmatrix} 1 \\ 1 \end{pmatrix}$.

2. Déterminer une matrice-colonne $V = \begin{pmatrix} x \\ y \end{pmatrix}$ non nulle telle que :

$$AV = (0,1)V.$$

3. Soit $P = \begin{pmatrix} 1 & -8 \\ 1 & 1 \end{pmatrix}$. Montrer que P est inversible et calculer $D = P^{-1}AP$.

En déduire que $A^n = PD^nP^{-1}$ pour tout entier positif n.

4. La suite A^n converge-t-elle ?

Exercice 10 (60 min, 5,5 pts)

Corrigés, p. 400

TYPE BAC

On considère les suites récurrentes $(a_n)_{n\geqslant 0}$ et $(b_n)_{n\geqslant 0}$ définies par

$a_0 = b_0 = 1$ et le système $\begin{cases} a_{n+1} = \dfrac{a_n + b_n + 1}{4} \\ b_{n+1} = \dfrac{b_n - a_n + 2}{4} \end{cases}$.

On pose, pour tout entier naturel n, $V_n = \begin{pmatrix} a_n \\ b_n \end{pmatrix}$ et $B = \begin{pmatrix} \frac{1}{4} \\ \frac{1}{2} \end{pmatrix}$.

1. Vérifier que le système ci-dessus admet la forme matricielle $V_{n+1} = AV_n + B$ où $A = \dfrac{1}{4}\begin{pmatrix} 1 & 1 \\ -1 & 1 \end{pmatrix}$.

2. Soit $L = \begin{pmatrix} x \\ y \end{pmatrix}$. Résoudre l'équation $L = AL + B$.

3. On pose $W_n = V_n - \begin{pmatrix} \frac{1}{2} \\ \frac{1}{2} \end{pmatrix}$.

Montrer que, pour tout entier naturel n, $W_{n+1} = AW_n$.

4. Montrer que, pour tout entier n, $W_n = A^nW_0$.

5. On pose $M = A^4$. Étudier la suite $(M^n)_{n\geqslant 0}$. En déduire que la suite $(A^n)_{n\geqslant 0}$ est convergente de limite la matrice nulle.

6. En déduire que la suite (V_n) est convergente.

7. Quelle est la limite des suites $(a_n)_{n\geqslant 0}$ et $(b_n)_{n\geqslant 0}$?

Exercice 11 (60 min, 5 pts)

Corrigés, p. 401

TYPE BAC

Un personnage se déplace d'un sommet à l'autre d'un triangle non aplati $A_1A_2A_3$. Lorsqu'il est positionné en un sommet, il se déplace obligatoirement en une minute vers l'un des deux autres sommets, et cela de manière équiprobable. Chaque déplacement est indépendant des précédents. On cherche à modéliser la situation au bout de n minutes à l'aide des matrices et des suites.

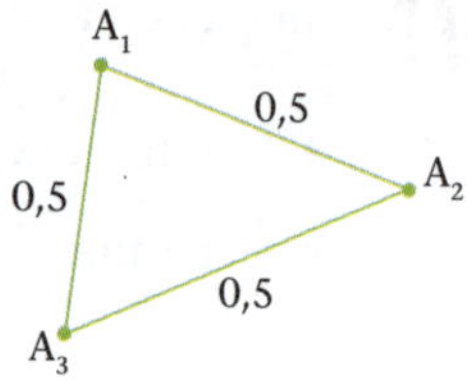

On considère la matrice $M = \begin{pmatrix} 0 & 0,5 & 0,5 \\ 0,5 & 0 & 0,5 \\ 0,5 & 0,5 & 0 \end{pmatrix}$. On a placé en entrée $(i\,;\,j)$ la probabilité, étant au sommet A_i, d'aller au sommet A_j.

1. On suppose que le promeneur se trouve au départ au sommet A_1. Quelle est la probabilité qu'il atteigne les sommets A_1, A_2 et A_3 en une étape ? en deux étapes ? On pourra s'aider d'un graphe pour raisonner.

2. Calculer les entrées de la première colonne de M^2 et comparer ses entrées avec les calculs effectués dans la question **1.**

3. On admet le résultat suivant, qu'on vient de vérifier sur un exemple : en ligne i et en colonne j, on lit dans la matrice M^n la probabilité d'être en A_i en n étapes en partant de A_j.

Montrer que les matrices $P = \begin{pmatrix} 1 & 1 & 1 \\ 1 & -1 & 0 \\ 1 & 0 & -1 \end{pmatrix}$ et $B = \frac{1}{3}\begin{pmatrix} 1 & 1 & 1 \\ 1 & -2 & 1 \\ 1 & 1 & -2 \end{pmatrix}$ sont inverses l'une de l'autre.

4. Vérifier que $D = P^{-1}MP = \begin{pmatrix} 1 & 0 & 0 \\ 0 & -0,5 & 0 \\ 0 & 0 & -0,5 \end{pmatrix}$ et montrer que la suite $\left(D^n\right)_{n\geqslant 0}$ converge vers la matrice $D = \begin{pmatrix} 1 & 0 & 0 \\ 0 & 0 & 0 \\ 0 & 0 & 0 \end{pmatrix}$.

5. Exprimer A en fonction de D, puis montrer que, pour tout entier naturel n, on a $A^n = PD^nP^{-1}$.

6. Montrer que la suite $\left(A^n\right)_{n\geqslant 0}$ converge vers une matrice A_∞ et donner une interprétation de sa limite.

QCM

1 **c.** A est une matrice à 4 lignes et 5 colonnes.

L'entrée à l'intersection de la section de la ligne 1 et de la colonne 2 est bien 5.

Le nombre de lignes (4) est différent du nombre de colonnes (5), ce qui élimine la réponse **a.** Une matrice triangulaire est forcément carrée ; la proposition **b.** est donc fausse.

2 **a.** et **b.** La proposition **c.** est fausse car la matrice identité est sa propre inverse.

3 **b.** $5A = \begin{pmatrix} 5 & 10 \\ 0 & 5 \end{pmatrix}$ est triangulaire supérieure, ce qui élimine la proposition **a.**

$A + B = \begin{pmatrix} 0 & 2 \\ 2 & 0 \end{pmatrix}$ a des entrées non nulles hors de la diagonale principale, ce qui élimine la proposition **c.**

4 **c.** Le nombre de colonnes de B est bien égal au nombre de lignes de A.

5 **c.** $(0 \quad 1)\begin{pmatrix} 1 & 2 \\ 3 & 4 \end{pmatrix} = (3 \quad 4)$.

6 **c.** La matrice identité commute avec toutes les matrices carrées de même taille.

7 **b.** $\sqrt{2} \times \sqrt{2} - 2 \times 1 = 2 - 2 = 0$. La matrice $\begin{pmatrix} \sqrt{2} & 1 \\ 2 & \sqrt{2} \end{pmatrix}$ n'est donc pas inversible.

8 **b.** $A^{12}A^{-1} = A^{11}AA^{-1} = A^{11}$. La proposition **a.** est fausse ; en effet, $A^2A^3 = A^{2+3} = A^5$. La proposition **c.** est fausse : pour tout entier n, $AA^nA^{-1}A^3 = AA^nA^{-1}AA^2 = AA^nA^2 = A^{1+n+2} = A^{n+3}$.

9 **a.** La matrice identité reste, à n'importe quelle puissance, la matrice identité, et la matrice identité est inversible, égale à son inverse : la proposition **b.** est donc fausse. La proposition **c.** est fausse ; on peut par exemple considérer le produit $(1 \quad 1)\begin{pmatrix} 1 \\ 1 \end{pmatrix} = (2)$.

10 **c.** $M^{17} = M^{16}M = (M^2)^8 M = (I_2)^8 M = I_2M = M \neq I_2$.

Exercice 1

1. $-2A = \begin{pmatrix} -2 & -4 \\ -6 & -4 \end{pmatrix}$. **2.** $5B = \begin{pmatrix} 0 & 10 \\ 5 & -5 \end{pmatrix}$.

3. $A - B = \begin{pmatrix} 1 & 2 \\ 3 & 2 \end{pmatrix} - \begin{pmatrix} 0 & 2 \\ 1 & -1 \end{pmatrix} = \begin{pmatrix} 1-0 & 2-2 \\ 3-1 & 2-(-1) \end{pmatrix} = \begin{pmatrix} 1 & 0 \\ 2 & 3 \end{pmatrix}$.

4. $A + 5B = \begin{pmatrix} 1 & 2 \\ 3 & 2 \end{pmatrix} + \begin{pmatrix} 0 & 10 \\ 5 & -5 \end{pmatrix} = \begin{pmatrix} 1 & 12 \\ 8 & -3 \end{pmatrix}$.

5. $A + \frac{1}{2}B = \begin{pmatrix} 1 & 2 \\ 3 & -2 \end{pmatrix} + \begin{pmatrix} 0 & 1 \\ \frac{1}{2} & -\frac{1}{2} \end{pmatrix} = \begin{pmatrix} 1 & 3 \\ \frac{7}{2} & -\frac{5}{2} \end{pmatrix}$.

Exercice 2

1. $AB = \begin{pmatrix} 1 & 2 \\ -2 & 2 \end{pmatrix}\begin{pmatrix} 1 & 3 \\ -2 & 4 \end{pmatrix} = \begin{pmatrix} -3 & 11 \\ -6 & 2 \end{pmatrix}$.

2. $AB = \begin{pmatrix} 1 & 2 \\ 4 & -3 \end{pmatrix}\begin{pmatrix} -2,5 \\ 8 \end{pmatrix} = \begin{pmatrix} 13,5 \\ -34 \end{pmatrix}$.

3. $AB = \begin{pmatrix} 1 & 0 & 2 \\ 2 & -1 & 0 \\ 3 & 0 & -1 \end{pmatrix}\begin{pmatrix} 1 & 0 & 2 \\ 5 & -2 & 0 \\ 0 & 7 & 1 \end{pmatrix} = \begin{pmatrix} 1 & 14 & 4 \\ -3 & 2 & 4 \\ 3 & -7 & 5 \end{pmatrix}$.

Exercice 3

On calcule $A^2 = \begin{pmatrix} 1 & 0 \\ 0 & 25 \end{pmatrix} = \begin{pmatrix} 1 & 0 \\ 0 & 5^2 \end{pmatrix}$, $A^3 = \begin{pmatrix} 1 & 0 \\ 0 & 125 \end{pmatrix} = \begin{pmatrix} 1 & 0 \\ 0 & 5^3 \end{pmatrix}$. Ceci nous amène à conjecturer que, pour tout entier naturel n, $A^n = \begin{pmatrix} 1 & 0 \\ 0 & 5^n \end{pmatrix}$.

On va démontrer cette proposition par récurrence.

Initialisation : Cela est vrai pour $n = 0$ car $A^0 = I_2 = \begin{pmatrix} 1 & 0 \\ 0 & 1 \end{pmatrix} = \begin{pmatrix} 1 & 0 \\ 0 & 5^0 \end{pmatrix}$.

Hérédité : On suppose la proposition vraie pour un entier naturel n, c'est-à-dire que $A^n = \begin{pmatrix} 1 & 0 \\ 0 & 5^n \end{pmatrix}$.

On a $A^{n+1} = AA^n = \begin{pmatrix} 1 & 0 \\ 0 & 5^n \end{pmatrix}\begin{pmatrix} 1 & 0 \\ 0 & 5 \end{pmatrix} = \begin{pmatrix} 1 & 0 \\ 0 & 5^n \times 5 \end{pmatrix} = \begin{pmatrix} 1 & 0 \\ 0 & 5^{n+1} \end{pmatrix}$, donc la proposition est vraie pour $n + 1$.

Conclusion : On a ainsi démontré par récurrence que, pour tout entier naturel n, $A^n = \begin{pmatrix} 1 & 0 \\ 0 & 5^n \end{pmatrix}$.

Exercice 4

1. $\begin{pmatrix} 3 & 0 \\ 0 & 4 \end{pmatrix}$ **est inversible** car $3 \times 4 = 12 \neq 0$ et son inverse est $\frac{1}{12}\begin{pmatrix} 4 & 0 \\ 0 & 3 \end{pmatrix} = \begin{pmatrix} \frac{1}{3} & 0 \\ 0 & \frac{1}{4} \end{pmatrix}$.

2. $\begin{pmatrix} 1 & 2 \\ -2 & 2 \end{pmatrix}$ **est inversible** car $1\times 2-(-2\times 2)=2+4=6\neq 0$ et son inverse est $\frac{1}{6}\begin{pmatrix} 2 & -2 \\ 2 & 1 \end{pmatrix}$.

3. $\begin{pmatrix} 0 & 1 \\ 1 & 0 \end{pmatrix}$ **est inversible** car $0\times 0-(1\times 1)=-1\neq 0$ et son inverse est $\frac{1}{-1}\begin{pmatrix} 0 & -1 \\ -1 & 0 \end{pmatrix}=\begin{pmatrix} 0 & 1 \\ 1 & 0 \end{pmatrix}$.

4. $\begin{pmatrix} \pi & 1 \\ 1 & \pi \end{pmatrix}$ **est inversible.** En effet, $\pi\times\pi-(1\times 1)=\pi^2-1\neq 0$ car $\pi>3$, donc $\pi^2-1>3^2-1=8>0$. Son inverse est $\frac{1}{\pi^2-1}\begin{pmatrix} \pi & -1 \\ -1 & \pi \end{pmatrix}$.

Exercice 5

1. On a $1\times 1-(1\times -1)=1+1=2\neq 0$, donc **P est inversible.** Avec la formule de Cramer, $\mathbf{P}^{-1}=\frac{1}{2}\begin{pmatrix} 1 & 1 \\ -1 & 1 \end{pmatrix}$.

2. On calcule $AP=\begin{pmatrix} 0 & 1 \\ 1 & 0 \end{pmatrix}\begin{pmatrix} 1 & 1 \\ 1 & -1 \end{pmatrix}=\begin{pmatrix} 1 & 1 \\ 1 & -1 \end{pmatrix}$,

puis $D=P^{-1}AP=P^{-1}(AP)=\frac{1}{2}\begin{pmatrix} 1 & 1 \\ -1 & 1 \end{pmatrix}\begin{pmatrix} 1 & 1 \\ 1 & -1 \end{pmatrix}=\frac{1}{2}\begin{pmatrix} 2 & 0 \\ 0 & -2 \end{pmatrix}=\begin{pmatrix} 1 & 0 \\ 0 & -1 \end{pmatrix}$,

qui est bien **une matrice diagonale.**

3. On montre par récurrence, que, pour tout entier positif n, $D^n=\begin{pmatrix} 1 & 0 \\ 0 & (-1)^n \end{pmatrix}$.

Initialisation : Cette formule est vraie au rang 0 car $D^0=\begin{pmatrix} 1 & 0 \\ 0 & (-1)^0 \end{pmatrix}=I_2$.

Hérédité : On suppose la formule vraie au rang n donné. On a alors $D^{n+1}=DD^n=\begin{pmatrix} 1 & 0 \\ 0 & (-1) \end{pmatrix}\begin{pmatrix} 1 & 0 \\ 0 & (-1)^n \end{pmatrix}=\begin{pmatrix} 1 & 0 \\ 0 & (-1)^{n+1} \end{pmatrix}$, ce qui établit la formule au rang $n+1$.

Conclusion : Par récurrence, la formule est vraie pour tout entier positif n.

> **À NOTER**
> On utilise la même méthode que pour l'exercice 3.

4. On calcule $PDP^{-1}=PP^{-1}APP^{-1}=I_2AI_2=A$.

5. On montre par récurrence que, pour tout entier naturel n, $A^n=PD^nP^{-1}$.

Initialisation : La proposition est vraie pour $n=0$, car $A^0=I_2=PP^{-1}=PI_2P^{-1}=PD^0P^{-1}$, et pour $n=1$, car on a vu que : $A^0=A=PDP^{-1}=PD^1P^{-1}$.

Hérédité : On suppose la proposition vraie pour un entier naturel n, c'est-à-dire que $A^n = PD^nP^{-1}$ et on montre qu'alors $A^{n-1} = PD^{n+1}P^{-1}$. On a $A^{n+1} = A^nA = PD^nP^{-1}PDP^{-1} = PD^nI_2DP^{-1} = PD^nDP^{-1} = PD^{n+1}P^{-1}$. La proposition est donc vraie au rang $n + 1$.

Conclusion : Pour tout entier naturel n, $\mathbf{A^n = PD^nP^{-1}}$.

6. En remplaçant D par la valeur calculée à la question **3.** dans l'expression obtenue à la question **4.**, on obtient :

$$A^n = PD^nP^{-1} = P\begin{pmatrix}1 & 0\\ 0 & (-1)^n\end{pmatrix}P^{-1} = \begin{pmatrix}1 & 1\\ 1 & -1\end{pmatrix}\begin{pmatrix}1 & 0\\ 0 & (-1)^n\end{pmatrix}\frac{1}{2}\begin{pmatrix}1 & 1\\ 1 & -1\end{pmatrix}.$$

En explicitant le dernier produit, on obtient que, pour tout entier naturel n : $\mathbf{A^n} = \begin{pmatrix}\dfrac{1+(-1)^n}{2} & \dfrac{1-(-1)^n}{2}\\ \dfrac{1-(-1)^n}{2} & \dfrac{1+(-1)^n}{2}\end{pmatrix}$.

Avec cette expression, on en déduit que **si n est pair, $A^n = I_2$, et si n est impair, $A^n = A$.**

Exercice 6

On calcule $A^2 = \begin{pmatrix}0 & 0 & 2\\ 0 & 0 & 0\\ 0 & 0 & 0\end{pmatrix}$ et $A^3 = (0)$. On a donc, pour tout entier $n \geqslant 3$, $A^n = A^{n-3}A^3 = A^{n-3}(0) = \mathbf{(0)}$.

On a ainsi calculé toutes les puissances de A.

Exercice 7

1. On introduit les matrices-colonnes $X = \begin{pmatrix}x\\ y\\ z\end{pmatrix}$ et $B = \begin{pmatrix}a\\ b\\ c\end{pmatrix}$ et on considère le système (S) : $AX = B$.

On calcule que $AX = \begin{pmatrix}x+y\\ x+z\\ y+z\end{pmatrix}$.

Ce système se présente sous la forme $(S) : \begin{cases} x+y=a & (L_1)\\ x+z=b & (L_2)\\ y+z=c & (L_3)\end{cases}$.

$$(S) : \begin{cases} x+y=a & (L_1)\\ -y+z=b-a & (L_2) \leftarrow (L_2 - L_1)\\ y+z=c & (L_3)\end{cases} \quad (S) : \begin{cases} x+y=a & (L_1)\\ -y+z=b-a & (L_2)\\ 2z=b-a+c & (L_3) \leftarrow (L_3 + L_2)\end{cases}$$

Le dernier système peut se résoudre « en cascade » : de la dernière équation, on tire $z = \dfrac{b-a+c}{2} = \dfrac{-a+b+c}{2}$.

On remplace cette valeur dans l'avant-dernière équation :

$$y = z - b + a = \frac{b-a+c}{2} - b + a = \frac{b-a+c-2b+2a}{2} = \frac{a-b+c}{2}.$$

On trouve enfin $x = a - y = a - \frac{a-b+c}{2} = \frac{2a-a+b-c}{2} = \frac{a+b-c}{2}$.

La solution du système est $\begin{cases} x = \frac{1}{2}(a+b-c) \\ y = \frac{1}{2}(a-b+c) \\ z = \frac{1}{2}(-a+b+c) \end{cases}$.

2. Le système admet donc une unique solution pour tous réels a, b et c ; **la matrice A est donc inversible** et on lit $A^{-1} = \frac{1}{2}\begin{pmatrix} 1 & 1 & -1 \\ 1 & -1 & 1 \\ -1 & 1 & 1 \end{pmatrix}$.

Exercice 8

1. $FV_n = \begin{pmatrix} 1 & 1 \\ 1 & 0 \end{pmatrix}\begin{pmatrix} F(n+1) \\ F(n) \end{pmatrix} = \begin{pmatrix} F(n+1)+F(n) \\ F(n+1) \end{pmatrix} = \begin{pmatrix} F(n+2) \\ F(n+1) \end{pmatrix} = V_{n+1}$.

2. On le montre par récurrence pour tout entier naturel n.

Initialisation : La formule est vraie pour $n = 0$.

Hérédité : On suppose la formule vraie à un rang n positif quelconque. On a alors $V_n = F^n V_0$. Or $V_{n+1} = FV_n = FF^n V_0 = F^{n+1} V_0$.

La formule est donc vraie au rang $n + 1$.

Conclusion : Par récurrence, la formule $V_n = F^n V_0$ est vraie pour tout entier positif n.

3. $\frac{\sqrt{5}+1}{2} \times 1 - \left(1 \times \frac{1-\sqrt{5}}{2}\right) = \frac{\sqrt{5}+1}{2} - \frac{1-\sqrt{5}}{2} = \frac{\sqrt{5}+1-1+\sqrt{5}}{2}$

$= \sqrt{5} \neq 0.$

P est inversible ; la formule de Cramer donne $\mathbf{P^{-1}} = \frac{1}{\sqrt{5}}\begin{pmatrix} 1 & \frac{\sqrt{5}-1}{2} \\ -1 & \frac{\sqrt{5}+1}{2} \end{pmatrix}$.

De même, on calcule $\mathbf{D = P^{-1} FP} = \frac{1}{2}\begin{pmatrix} 1+\sqrt{5} & 0 \\ 0 & 1-\sqrt{5} \end{pmatrix}$.

4. $PDP^{-1} = P\left(P^{-1} FP\right)P^{-1} = F$.

On montre par récurrence que, pour tout entier positif n, on a la formule $F^n = PD^n P^{-1}$.

Initialisation : Cette formule est vraie pour $n = 0$ car :
$F^0 = I_2 = PP^{-1} = PD^0 P^{-1}$.

Hérédité : On suppose la formule vraie pour un rang positif n fixé.
Alors $F^{n+1} = FF^n = PDP^{-1}\ PD^n P^{-1} = PDD^n P^{-1} = PD^{n+1} P^{-1}$.

Conclusion : On a donc, pour tout entier positif n :

$V_n = F^n V_0 = PD^n P^{-1} V_0$.

5. Il s'agit de calculer les puissances de la matrice D. Par récurrence, on montre que, pour tout entier positif n, on a :

$$D^n = \frac{1}{2^n}\begin{pmatrix}(1+\sqrt{5})^n & 0\\ 0 & (1-\sqrt{5})^n\end{pmatrix} = \begin{pmatrix}\left(\frac{1+\sqrt{5}}{2}\right)^n & 0\\ 0 & \left(\frac{1-\sqrt{5}}{2}\right)^n\end{pmatrix}.$$

Initialisation : La formule est vraie pour $n = 0$.

Hérédité : On suppose la formule vraie pour un rang positif n fixé, alors :

$$D^{n+1} = DD^n = \frac{1}{2}\begin{pmatrix}(1+\sqrt{5}) & 0\\ 0 & (1-\sqrt{5})\end{pmatrix}\frac{1}{2^n}\begin{pmatrix}(1+\sqrt{5})^n & 0\\ 0 & (1-\sqrt{5})^n\end{pmatrix} = \frac{1}{2^{n+1}}\begin{pmatrix}(1+\sqrt{5})^{n+1} & 0\\ 0 & (1-\sqrt{5})^{n+1}\end{pmatrix}.$$

La formule est donc vraie au rang $n + 1$.

Conclusion : On a ainsi démontré par récurrence que la formule est vraie pour tout entier naturel n.

On explicite ensuite le produit $V_n = F^n V_0 = PD^n P^{-1} V_0$.

$$V^n = \frac{1}{\sqrt{5}}\begin{pmatrix}\frac{\sqrt{5}+1}{2} & \frac{1-\sqrt{5}}{2}\\ 1 & 1\end{pmatrix}\begin{pmatrix}\left(\frac{1+\sqrt{5}}{2}\right)^{n+1}\\ \left(\frac{\sqrt{5}-1}{2}\right)^{n+1}\end{pmatrix}$$

L'INFO EN +
Le nombre $\frac{1+\sqrt{5}}{2}$ est plus connu sous le nom de **nombre d'or**.

$$V^n = \frac{1}{\sqrt{5}}\begin{pmatrix}\left(\frac{1+\sqrt{5}}{2}\right)^{n+2} & -\left(\frac{\sqrt{5}-1}{2}\right)^{n+2}\\ \left(\frac{1+\sqrt{5}}{2}\right)^{n+1} & -\left(\frac{\sqrt{5}-1}{2}\right)^{n+1}\end{pmatrix} = \begin{pmatrix}F(n+1)\\ F(n)\end{pmatrix}$$

D'où, pour tout entier naturel n :

$$\mathbf{F}(\boldsymbol{n}) = \frac{1}{\sqrt{5}}\left(\frac{1+\sqrt{5}}{2}\right)^{n+1} - \frac{1}{\sqrt{5}}\left(\frac{1-\sqrt{5}}{2}\right)^{n+1}.$$

On obtient donc une formule qui permet de calculer $F(n)$ directement, sans avoir à calculer tous les termes de rang inférieur.

Exercice 9

1 pt **1.** On a $A\begin{pmatrix}1\\1\end{pmatrix}=\begin{pmatrix}0,2 & 0,8\\0,1 & 0,9\end{pmatrix}\begin{pmatrix}1\\1\end{pmatrix}=\begin{pmatrix}0,2+0,8\\0,1+0,9\end{pmatrix}=\begin{pmatrix}1\\1\end{pmatrix}$.

1 pt **2.** On a $AV=\begin{pmatrix}0,2x+0,8y\\0,1x+0,9y\end{pmatrix}$ et $(0,1)V=0,1\begin{pmatrix}x\\y\end{pmatrix}=\begin{pmatrix}0,1x\\0,1y\end{pmatrix}$. On obtient donc le système $\begin{cases}0,2x+0,8y=0,1x\\0,1x+0,9y=0,1y\end{cases}$, soit $\begin{cases}0,1x+0,8y=0\\0,1x+0,8y=0\end{cases}$.

Il faut et il suffit d'avoir $x=-8y$. Pour $y=1$, on obtient $x=-8$.

Réciproquement, $V\begin{pmatrix}-8\\1\end{pmatrix}$ vérifie bien que $\mathbf{AV=(0,1)V}$.

0,5 pt **3. P est inversible** car $1-(-8)=9\neq 0$ et, d'après la formule de Cramer, $P^{-1}=\frac{1}{9}\begin{pmatrix}1 & 8\\-1 & 1\end{pmatrix}$. On calcule $\mathbf{D=P^{-1}AP}=\begin{pmatrix}\mathbf{1} & \mathbf{0}\\\mathbf{0} & \mathbf{0,1}\end{pmatrix}$.

1,5 pt **4.** On montre d'abord par récurrence sur n la formule : pour tout entier positif n, $D^n=\begin{pmatrix}1 & 0\\0 & (0,1)^n\end{pmatrix}$.

Initialisation : C'est vrai pour $n=0$ car $D^0=I_2=\begin{pmatrix}1 & 0\\0 & (0,1)^0\end{pmatrix}$.

Hérédité : On suppose la formule vraie au rang fixé positif n.

On a alors $D^{n+1}=DD^n=\begin{pmatrix}1 & 0\\0 & 0,1\end{pmatrix}\begin{pmatrix}1 & 0\\0 & (0,1)^n\end{pmatrix}=\begin{pmatrix}1 & 0\\0 & (0,1)^{n+1}\end{pmatrix}$.

Conclusion : On a ainsi démontré la formule annoncée par récurrence.

On montre ensuite par récurrence que, pour tout entier naturel n :

$A^n=PD^nP^{-1}=P\begin{pmatrix}1 & 0\\0 & (0,1^n)\end{pmatrix}P^{-1}$.

Initialisation : C'est vrai pour $n=0$ car $A^0=I_2=PP^{-1}=PD^0P^{-1}$.

Hérédité : On suppose la formule vraie à un rang n fixé positif quelconque, alors $A^{n+1}=AA^n=PDP^{-1}PD^nP^{-1}=PDD^nP^{-1}=PDD^{n+1}P^{-1}$.

La formule est donc vraie au rang $n+1$.

Conclusion : On a ainsi démontré la formule par récurrence. La suite $(0,1^n)_{n\geqslant 0}$ est une suite géométrique de raison 0,1 positive strictement plus petite que 1, donc qui converge vers 0. La suite $\begin{pmatrix}1 & 0\\0 & (0,1)^n\end{pmatrix}$

converge donc vers $\begin{pmatrix}1 & 0\\0 & 0\end{pmatrix}$; d'où $(A^n)_{n\geqslant 0}$ converge vers $P\begin{pmatrix}1 & 0\\0 & 0\end{pmatrix}P^{-1}$. On calcule $P\begin{pmatrix}1 & 0\\0 & 0\end{pmatrix}P^{-1} = \frac{1}{9}\begin{pmatrix}1 & 1\\8 & 8\end{pmatrix}$. **Donc $(A^n)_{n\geqslant 0}$ converge vers $\frac{1}{9}\begin{pmatrix}1 & 8\\1 & 8\end{pmatrix}$.**

Exercice 10

0,5 pt **1.** Il suffit de faire la vérification.

1 pt **2.** $L = AL + B \Leftrightarrow L - AL = B$

$$\Leftrightarrow (I_2 - A)L = B$$

$$\Leftrightarrow \left(\begin{pmatrix}1 & 0\\0 & 1\end{pmatrix} - \frac{1}{4}\begin{pmatrix}1 & 1\\-1 & 1\end{pmatrix}\right)L = B$$

$$\Leftrightarrow \frac{1}{4}\left(\begin{pmatrix}4 & 0\\0 & 4\end{pmatrix} - \begin{pmatrix}1 & 1\\-1 & 1\end{pmatrix}\right)\begin{pmatrix}x\\y\end{pmatrix} = B = \begin{pmatrix}\frac{1}{4}\\\frac{1}{2}\end{pmatrix}$$

$$\Leftrightarrow \frac{1}{4}\begin{pmatrix}3 & -1\\1 & 3\end{pmatrix}\begin{pmatrix}x\\y\end{pmatrix} = \begin{pmatrix}\frac{1}{4}\\\frac{1}{2}\end{pmatrix}$$

$$\Leftrightarrow \begin{pmatrix}3 & -1\\1 & 3\end{pmatrix}\begin{pmatrix}x\\y\end{pmatrix} = \begin{pmatrix}1\\2\end{pmatrix},$$

On obtient le système $(S) : \begin{cases}3x - y = 1\\x + 3y = 2\end{cases}$, dont l'unique solution est : $x = y = \frac{1}{2}$.

On a donc $\mathbf{L} = \begin{pmatrix}\frac{1}{2}\\\frac{1}{2}\end{pmatrix}$.

0,75 pt **3.** On remarque que $W_n = V_n - \begin{pmatrix}\frac{1}{2}\\\frac{1}{2}\end{pmatrix} = V_n - L$. On a, pour tout entier naturel n, $V_{n+1} = AV_n + B$ et $L = AL + B$.

La différence de ces deux équations donne :
$W_{n+1} = V_{n+1} - L = (AV_n + B) - (AL + B) = A(V_n - L) = \mathbf{AW_n}$.

0,75 pt **4.** On va démontrer que $W_n = A^n W_0$, pour tout entier positif n, par récurrence sur n.

Initialisation : La formule est vraie pour $n = 0$ car $W_0 = I_2 W_0 = A^0 W_0$.

Hérédité : On suppose la propriété vraie au rang n fixé, c'est-à-dire

$W_n = A^n W_0$. On sait que $W_{n+1} = AW_n$, donc $W_{n+1} = AA^n W_0 = A^{n+1} W_0$. La propriété est donc vraie au rang $n + 1$.

Conclusion : On a démontré que la propriété est vraie pour tout entier naturel n.

1 pt **5.** On calcule $M = A^4 = \frac{1}{64}\begin{pmatrix}-1 & 0\\ 0 & -1\end{pmatrix} = -\frac{1}{64}I_2$. Il s'ensuit que, pour tout entier positif n, $M^n = \left(\frac{-1}{64}I_2\right)^n = \left(\frac{-1}{64}\right)^n I_2^n = \left(\frac{-1}{64}\right)^n I_2$. La suite $(M^n)_{n\geqslant 0} = (A^{4n})_{n\geqslant 0}$ converge donc vers (0). **Par conséquent, les suites $(AA^{4n})_{n\geqslant 0}$, $(A^2A^{4n})_{n\geqslant 0}$, $(A^3A^{4n})_{n\geqslant 0}$ admettent également la limite nulle. Il en est donc de même pour la suite $(A^n)_{n\geqslant 0}$.**

1 pt **6.** La suite $(W_n)_{n\geqslant 0} = (A^n W_0)_{n\geqslant 0} = (V_n L)_{n\geqslant 0}$ converge donc également vers (0). Finalement, $(V_n)_{n\geqslant 0}$ **converge vers** $L = \begin{pmatrix}\frac{1}{2}\\ \frac{1}{2}\end{pmatrix}$.

0,5 pt **7.** Puisque $V_n = \begin{pmatrix}a_n\\ b_n\end{pmatrix}$, **les suites $(a_n)_{n\geqslant 0}$ et $(b_n)_{n\geqslant 0}$ convergent toutes les deux vers $\frac{1}{2}$.**

Exercice 11

0,75 pt **1.** On suppose que le promeneur est au départ au sommet A_1. La probabilité qu'il atteigne le sommet A_1 est nulle car il doit aller vers l'un des deux autres sommets. D'après l'énoncé, il se déplace vers A_2 et A_3 de manière équiprobable, soit **une probabilité de 0,5 pour chacun des deux sommets.**

En deux étapes, en partant de A_1, les chemins possibles sont :

$$A_1 \rightarrow A_2 \rightarrow A_1$$
$$A_1 \rightarrow A_2 \rightarrow A_3$$
$$A_1 \rightarrow A_3 \rightarrow A_1$$
$$A_1 \rightarrow A_3 \rightarrow A_2$$

Chacun a une probabilité de $0,5 \times 0,5 = 0,25$.

La probabilité d'être en A2 ou A3 en deux étapes est donc de 0,25, mais celle d'être en A1 est de 0,25 + 0,25 = 0,5, car il y a deux chemins possibles.

0,75 pt **2.** On calcule $M^2 = \begin{pmatrix}0,5 & 0,25 & 0,25\\ 0,25 & 0,5 & 0,25\\ 0,25 & 0,25 & 0,5\end{pmatrix}$. En ligne i, dans la colonne 1, on lit la probabilité d'être en A_i en deux étapes en partant de A_1.

0,5 pt **3.** On calcule $BP = PB = I_3$. **P est donc inversible d'inverse $P^{-1} = B$.**

1 pt **4.** On effectue d'abord le calcul du produit P, puis de $P^{-1}(MP)$.

On trouve bien $D = P^{-1}MP = \begin{pmatrix} 1 & 0 & 0 \\ 0 & -0,5 & 0 \\ 0 & 0 & -0,5 \end{pmatrix}$.

On montre par récurrence que $D^n = \begin{pmatrix} 1 & 0 & 0 \\ 0 & (-0,5)^n & 0 \\ 0 & 0 & (-0,5)^n \end{pmatrix}$ pour tout entier naturel n.

Initialisation : La formule est explicite pour $n = 0$.

Hérédité : On la suppose vraie au rang fixé positif n quelconque, alors $D^{n+1} = DD^n = \begin{pmatrix} 1 & 0 & 0 \\ 0 & -0,5 & 0 \\ 0 & 0 & -0,5 \end{pmatrix}\begin{pmatrix} 1 & 0 & 0 \\ 0 & (-0,5)^n & 0 \\ 0 & 0 & (-0,5)^n \end{pmatrix} = \begin{pmatrix} 1 & 0 & 0 \\ 0 & (-0,5)^{n+1} & 0 \\ 0 & 0 & (-0,5)^{n+1} \end{pmatrix}$, la formule est donc vraie au rang $n + 1$.

Conclusion : On a démontré par récurrence la formule pour tout entier naturel n.

D'où $(D^n)_{n \geqslant 0}$ converge bien vers la matrice $D_\infty = \begin{pmatrix} 1 & 0 & 0 \\ 0 & 0 & 0 \\ 0 & 0 & 0 \end{pmatrix}$, puisque la suite $(0,5)^n$ converge vers 0.

1 pt **5.** On a **$M = PDP^{-1}$**, d'où, par récurrence, pour tout entier naturel n, $M^n = PD^nP^{-1}$.

Initialisation : La formule est vraie pour $n = 0$ et $n = 1$.

Hérédité : On suppose qu'elle est vraie au rang n positif fixé quelconque, alors $M^{n+1} = MM^n = PDP^{-1}PD^nP^{-1} = PDD^nP^{-1} = PD^{n+1}P^{-1}$, ce qui démontre la formule au rang $n + 1$.

Conclusion : On a démontré par récurrence la formule pour tout entier naturel n.

1 pt **6.** La suite $\left(M^n\right)_{n \geqslant 0}$ converge : $PD_\infty P^{-1} = \frac{1}{3}\begin{pmatrix} 1 & 1 & 1 \\ 1 & 1 & 1 \\ 1 & 1 & 1 \end{pmatrix}$.

Au bout d'un grand nombre d'étapes, le promeneur est sur chaque sommet de manière équiprobable, et ce indépendamment de son sommet de départ.

Sujet n° 1

Plus de sujets sur www.defibac.fr

Exercice 1

Notion traitée :
- Fonction exponentielle

Chapitre 6, p. 120

Exercice 2

Notions traitées :
- Conditionnement, indépendance
- Notion de loi à densité

Chapitres 13 et 14, p. 282 et 307

Exercice 3 (spécifique)

Notion traitée :
- Nombres complexes

Chapitre 9, p. 196

Exercice 3 (spécialité)

Notion traitée :
- Arithmétique

Chapitre 16, p. 354

Exercice 4

Notions traitées :
- Droites et plans
- Produit scalaire

Chapitres 10 et 12, p. 221 et 259

Exercice 1

1. On considère la fonction f définie sur $\mathbb{R}$ par $f(x) = \dfrac{6}{\mathrm{e}^{-x}+1}$.

a. Déterminer les limites de f en $+\infty$ et en $-\infty$.

b. On note f' la fonction dérivée de f. Déterminer $f'(x)$.

c. Dresser le tableau de variations de f sur $\mathbb{R}$.

2. On considère la fonction g définie sur $\mathbb{R}$ par $g(x) = 3 + 1{,}5x\mathrm{e}^{x}$.

a. Déterminer les limites de g en $+\infty$ et en $-\infty$.

b. On note g' la fonction dérivée de g. Déterminer $g'(x)$.

c. Dresser le tableau de variations de g sur $\mathbb{R}$.

d. Déterminer les réels a et b tels que la fonction H définie par $\mathrm{H}(x) = (ax + b)\mathrm{e}^{x}$ soit une primitive de la fonction $h : x \mapsto x\mathrm{e}^{x}$. En déduire une primitive de g.

3. On note $\mathscr{C}_f$ et $\mathscr{C}_g$ les courbes représentatives des fonctions f et g.

a. Montrer que les deux courbes ont la même tangente T au point d'abscisse 0.

b. On donne à la page suivante la courbe $\mathscr{C}_f$; tracer T et la courbe $\mathscr{C}_g$.

c. Calculer, en unités d'aire, l'aire du domaine limité par les courbes $\mathscr{C}_f$ et $\mathscr{C}_g$ d'une part, et par les droites d'équation $x = 0$ et $x = \ln(3)$ d'autre part.

(On admet que sur $\mathbb{R}$ la courbe $\mathscr{C}_f$ est au-dessous de la courbe $\mathscr{C}_g$.)

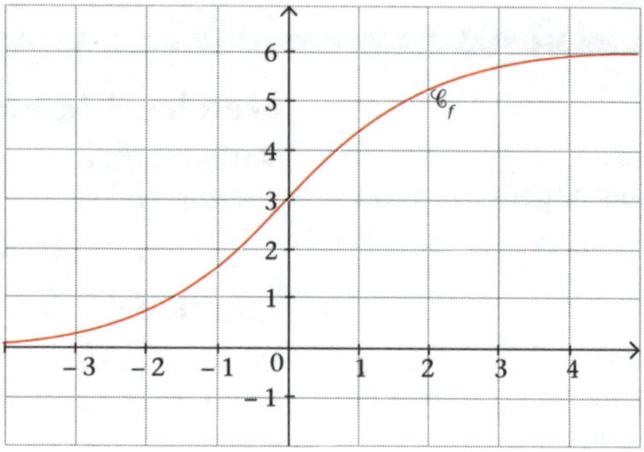

Exercice 2

Pour se rendre à son travail, un employé a le choix entre deux parcours.

1. Sur le premier parcours, le trajet dure entre 5 et 25 minutes. La variable aléatoire X mesurant le temps du trajet suit une loi uniforme.

a. Quelle est la densité de probabilité de X ?

b. Quelle est la probabilité que le trajet dure moins de 20 minutes ?

2. Sur le second parcours, le trajet dure entre 10 et 35 minutes. La variable aléatoire Y mesurant la durée du parcours suit une loi de probabilité dont la densité est donnée par la fonction f définie sur $[10 ; 35]$ par $f(x) = \dfrac{14}{x^2}$.

Calculer la probabilité que le trajet dure moins de 20 minutes.

3. L'employé emprunte le premier parcours deux fois sur cinq. On note E l'événement « le trajet a duré moins de 20 minutes », A l'événement « l'employé a pris le premier parcours » et B l'événement « l'employé a pris le second parcours ».

a. Calculer la probabilité que l'employé emprunte le premier parcours et mette moins de 20 minutes pour effectuer le trajet.

b. Montrer que la probabilité que l'employé mette moins de 20 minutes pour aller à son travail est égale à 0,72.

c. Calculer la probabilité que l'employé ait emprunté le premier parcours sachant qu'il a mis moins de 20 minutes.

4. Cet employé effectue ce trajet 5 fois par semaine. Les trajets sont supposés indépendants. Quelle est la probabilité qu'il effectue au moins un des cinq trajets en moins de 20 minutes ? (On en donnera la valeur exacte, puis une valeur approchée à 10^{-3} près.)

Exercice 3 (spécifique)

1. Résoudre dans $\mathbb{C}$ l'équation $z^2 - 6z + 12 = 0$.

2. Soit $a = 3 + \sqrt{3}\,\mathrm{i}$; on pose $Z_1 = \dfrac{a}{a-4}$ et $Z_2 = \dfrac{a-4}{a-2}$.

a. Écrire Z_1 et Z_2 sous forme exponentielle.

b. Déterminer le plus petit entier n tel que $(Z_1Z_2)^n$ soit réel. Quel est ce réel ?

3. Le plan complexe est rapporté au repère orthonormé $\left(\mathrm{O}\,;\vec{u},\vec{v}\right)$. On fera un dessin unité graphique 2 cm.

On considère les points A d'affixe a, B d'affixe $\overline{a}$, C d'affixe 4 et D d'affixe 2.

a. Montrer que A est sur le cercle de diamètre [OC].

b. Placer C et D dans le graphique.
Proposer et réaliser une construction des points A et B qui n'utilise pas de valeur approchée de $\sqrt{3}$.

4. Pour tout complexe z, avec $z \neq 2$, on pose $Z = \dfrac{z-4}{z-2}$.
Déterminer et construire l'ensemble (E) des points du plan dont l'affixe z est telle que Z soit un imaginaire pur.

Exercice 3 (spécialité)

1. a. Montrer que, quel que soit l'entier naturel n, le nombre $3^{n+6} - 3^n$ est divisible par 7.

b. Montrer que, quel que soit l'entier naturel n non nul, le nombre $3^{6n-4} - 2$ est divisible par 7.

c. Montrer que, quel que soit l'entier naturel n, le nombre $3^{2n+1} + 2^{n+2}$ est divisible par 7.

2. Déterminer le plus petit entier naturel a tel que $2012^{2012} \equiv a \pmod 7$.

3. On veut savoir si un nombre est un multiple de 7 sans effectuer de division par 7.
Soit N un nombre dont l'écriture en base 10 est $\overline{a_n a_{n-1} \ldots \ldots a_1 a_0}$.

a. Démontrer que N est divisible par 7 si, et seulement si, $\overline{a_n a_{n-1} \ldots \ldots a_1} - 2a_0$ est divisible par 7.

b. Utiliser plusieurs fois ce critère de divisibilité pour démontrer que $N = 7\,654\,321$ est divisible par 7 si, et seulement si, 58 l'est. Conclure.

c. Afin d'automatiser l'utilisation de ce critère, on a conçu l'algorithme suivant.
L'instruction Ent (x) désigne la partie entière de x.

Variables : N, M, A, P, R
Entrée algorithme
Lire la variable N
Donner à A la valeur 0
Donner à P la valeur N
Tant que : 2 × A < P faire
  – M prend la valeur P– 2 × A
  – A prend la valeur M–(10 × Ent(M/10))
  – P prend la valeur (M–A)/10
Fin tant que
  R prend la valeur P
Tant que R>7 faire
  R prend la valeur R – 7
Fin tant que
Si .... alors................ (*instruction incomplète*)
Sinon afficher « N n'est pas divisible par 7 »
Fin algorithme

Que représente la variable A ?
Recopier et compléter l'instruction signalée incomplète.

Exercice 4

L'espace est rapporté à un repère orthonormé $\left(0\,;\vec{i},\vec{j},\vec{k}\right)$.

On considère alors les points A (2 ; 1 ; 0), B (1 ; – 1 ; 1) et C (3 ; 0 ; 5).

1. Démontrer que les points A, B et C forment un triangle rectangle.

2. Déterminer les coordonnées du point D tel que ABCD soit un rectangle.

3. On considère Δ la droite dont une représentation paramétrique est :

$$\begin{cases} x = 3t \\ y = 2 - 2t,\ t \in \mathbb{R}. \\ z = 6 - t \end{cases}$$

a. Montrer que la droite Δ passe par le point C et qu'elle est perpendiculaire au plan (ABC).

b. En déduire une équation cartésienne du plan (ABC).

4. a. Soit E(t) un point de Δ. Exprimer en fonction du paramètre t le volume de la pyramide ABCDE.

Comment choisir t pour que le volume de la pyramide ABCDE soit égal à 14 unités de volume ?

b. Montrer que, quel que soit le point E(t) de Δ distinct de C, l'angle $\widehat{\text{BED}}$ est aigu.

Corrigé n°1

POUR UN POINT EN PLUS
Vous pouvez signaler que la courbe de la fonction f a donc deux asymptotes horizontales, l'une en $-\infty$ d'équation $y = 0$ et l'autre en $+\infty$ d'équation $y = 6$.

Exercice 1

1. a. Calcul de la limite de f en $+\infty$:
$\lim\limits_{x \to +\infty} e^{-x} = \lim\limits_{x \to -\infty} e^{x} = 0$,
donc $\lim\limits_{x \to +\infty} f(x) = 6$.
Calcul de la limite de f en $-\infty$: $\lim\limits_{x \to -\infty} e^{-x} = \lim\limits_{x \to +\infty} e^{x} = +\infty$,
donc $\lim\limits_{x \to -\infty} f(x) = 0$.

b. La fonction f est dérivable sur $\mathbb{R}$ car elle est le quotient de deux fonctions dérivables sur $\mathbb{R}$, le dénominateur ne s'annulant pas.
On utilise $(e^u)' = u'e^u$. Pour tout x de $\mathbb{R}$, on a $f'(x) = \dfrac{6e^{-x}}{(e^{-x}+1)^2}$.

c. Puisque, quel que soit x, on a $e^{-x} > 0$, on a aussi $f'(x) > 0$.
D'où le tableau des variations de f.

x	$-\infty$		$+\infty$
$f'(x)$		+	
f	0	↗	6

2. a. Calcul de la limite de g en $+\infty$:
$\lim\limits_{x \to +\infty} e^{x} = +\infty$, donc $\lim\limits_{x \to +\infty} (3 + 1{,}5xe^{x}) = +\infty$,
par produit de limites.
Calcul de la limite de g en $-\infty$: $\lim\limits_{x \to -\infty} xe^{x} = 0$,
par théorème ; on en déduit $\lim\limits_{x \to -\infty} 1{,}5xe^{x} = 0$.
Donc $\lim\limits_{x \to -\infty} g(x) = 3$.

À NOTER
La courbe de g a donc une asymptote horizontale d'équation $y = 3$ au voisinage de $-\infty$.

b. La fonction g est dérivable sur $\mathbb{R}$ comme somme et produit de fonctions qui le sont. On utilise $(uv)' = u'v + uv'$.
Pour tout x de $\mathbb{R}$, on a $g'(x) = (1{,}5 + 1{,}5x)e^{x}$.
Tableau des variations de g :

x	$-\infty$		-1		$+\infty$
$1{,}5 + 1{,}5x$		$-$	0	+	
e^x		+		+	
$g'(x)$		$-$	0	+	
g	3	↘	$g(-1)$	↗	$+\infty$

Avec $g(-1) = 3 - 1{,}5e^{-1} \approx 2{,}45$.

d. Soit H une fonction définie sur $\mathbb{R}$ par $H(x) = (ax + b)e^x$.

La fonction H est dérivable sur $\mathbb{R}$ et, pour tout x de $\mathbb{R}$, on a :

$H'(x) = ae^x + (ax + b)e^x = (ax + a + b)e^x$.

La fonction H est une primitive de $h : x \mapsto xe^x$ sur $\mathbb{R}$, si et seulement si, quel que soit x de $\mathbb{R}$, on a $H'(x) = xe^x$, c'est-à-dire $(ax + a + b)e^x = xe^x$.

Cette relation est vraie pour tout x de $\mathbb{R}$ si, et seulement si, $\begin{cases} a = 1 \\ a + b = 0 \end{cases}$; c'est-à-dire pour $\boldsymbol{a = 1}$ **et** $\boldsymbol{b = -1}$.

La fonction H définie par $H(x) = (x - 1)e^x$ est donc la primitive cherchée.

On en déduit qu'une primitive de g est la fonction G définie sur $\mathbb{R}$ par $\boldsymbol{G(x) = 3x + 1{,}5(x - 1)e^x}$.

3. a. L'équation d'une tangente se détermine à l'aide de la formule : $y = f'(a)\,(x - a) + f(a)$.

Pour $a = 0$ et $\mathscr{C}_f$ on obtient $y = \dfrac{3}{2}x + 3$ car $f'(0) = \dfrac{6}{(1+1)^2} = \dfrac{6}{4} = \dfrac{3}{2}$ et $f(0) = \dfrac{6}{(1+1)} = 3$.

Pour $a = 0$ et $\mathscr{C}_g$ on obtient $y = 1{,}5x + 3$ car $g'(0) = 1{,}5$ et $g(0) = 3$.

Les équations sont identiques ; les deux courbes ont donc la même tangente au point d'abscisse 0.

b. On trace la courbe $\mathscr{C}_g$ et cette tangente commune (voir le graphique page suivante).

c. Les fonctions f et g sont positives sur $[0 ; \ln(3)]$ comme le montrent leurs tableaux de variations.

Si une fonction est positive, l'aire sous la courbe est égale à l'intégrale de la fonction.

L'aire du domaine est donc, en unités d'aire :

$$A = \int_0^{\ln(3)} g(x)\mathrm{d}x - \int_0^{\ln(3)} f(x)\mathrm{d}x.$$

Or on remarque que $f(x) = \dfrac{6}{e^{-x}+1} = \dfrac{6e^x}{1+e^x}$ car $e^{-x} = \dfrac{1}{e^x}$: on reconnaît une expression de la forme $6\dfrac{u'}{u}$ avec $u > 0$. Une primitive de f est donc F définie par $F(x) = 6\ln(e^x + 1)$ (par lecture inverse de $(\ln(u))' = \dfrac{u'}{u}$).

On en déduit que $A = [3x + 1{,}5(x-1)e^x]_0^{\ln(3)} - [6\ln(e^x+1)]_0^{\ln(3)}$.

Or $[6\ln(e^x+1)]_0^{\ln(3)} = 6\ln(3+1) - 6\ln(1+1) = 6\ln(4) - 6\ln(2)$.

En effet, $e^0 = 1$ et $e^{\ln(3)} = 3$.

$[6\ln(e^x+1)]_0^{\ln(3)} = 6\ln(2)$ et :

> **RAPPEL**
> $\ln a - \ln b = \ln \dfrac{a}{b}$.

$[3x+1{,}5(x-1)e^x]_0^{\ln(3)} = [3\ln(3) + 1{,}5(\ln(3)-1)\times 3] - [-1{,}5]$
$= 7{,}5\ln(3) - 3.$

Donc $A = 7{,}5\ln(3) - 3 - 6\ln(2)$; $A \approx$ **1,08 unité d'aire.**

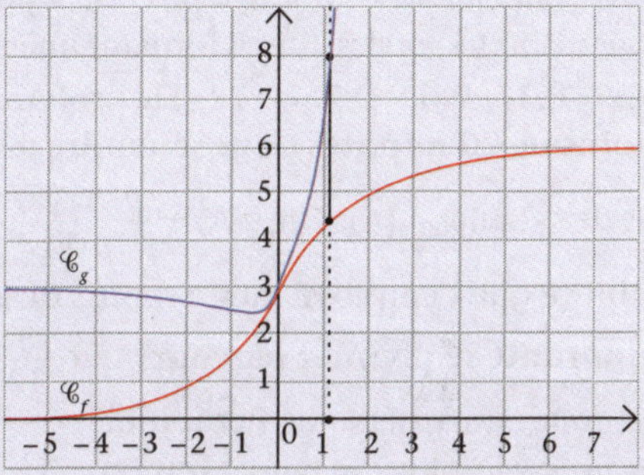

Exercice 2

1. a. La variable aléatoire X prend toutes les valeurs dans l'intervalle [5 ; 25] qui est d'amplitude 20. La fonction de densité de sa loi de probabilité est donc la fonction f définie sur [5 ; 25] par $f(x) = \dfrac{1}{20}$.

b. Par théorème, $P(5 \leqslant X \leqslant 20) = \int_5^{20} f(x)\,dx$, donc :

$$P(5 \leqslant X \leqslant 20) = \left[\frac{x}{20}\right]_5^{20} = 1 - \frac{5}{20} = 0{,}75.$$

La probabilité que le trajet dure moins de 20 minutes est 0,75.

2. Par théorème, $P(10 \leqslant Y \leqslant 20) = \int_{10}^{20} \frac{14}{x^2}\,dx = \left[-\frac{14}{x}\right]_{10}^{20}$
$= -\frac{14}{20} + \frac{14}{10} = \frac{14}{20} = 0{,}7.$

La probabilité que le trajet dure moins de 20 minutes est 0,7.

3. On peut modéliser la situation par un arbre pondéré.

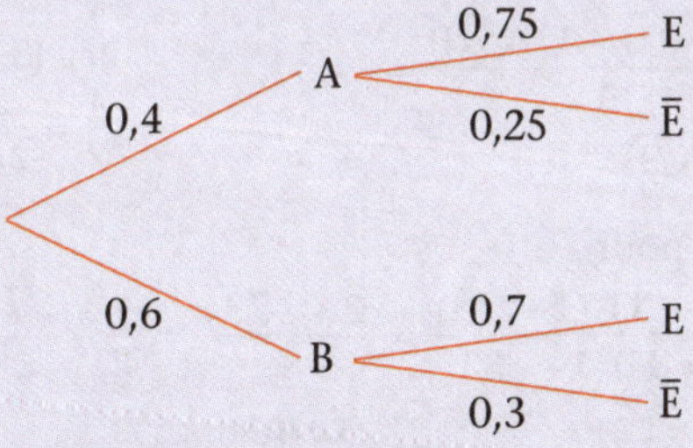

CONSEIL
Même si l'arbre pondéré n'est pas demandé, il est recommandé de le tracer.

a. Il s'agit de calculer $p(A \cap E)$. Or $p(A \cap E) = p_A(E) \times p(A)$.

Donc $p(A \cap E) = 0{,}75 \times 0{,}4 = 0{,}3$. **La probabilité que l'employé effectue le trajet en empruntant le premier parcours et en moins de 20 minutes est 0,3.**

b. Il s'agit de calculer $p(E)$. Or $p(E) = p(A \cap E) + p(B \cap E)$, d'après la formule des probabilités totales, A et B formant une partition de l'univers.

Donc $p(E) = 0{,}3 + 0{,}6 \times 0{,}7 = 0{,}72$. **La probabilité que l'employé mette moins de 20 minutes pour se rendre à son travail est 0,72.**

c. Il s'agit de calculer $p_E(A)$. Or $p_E(A) = \dfrac{p(A \cap E)}{p(E)} = \dfrac{0{,}3}{0{,}72} = \dfrac{5}{12}$.

La probabilité que l'employé mette moins de 20 minutes, sachant qu'il a emprunté le premier parcours, est $\dfrac{5}{12}$.

4. On reconnaît un schéma de Bernoulli.

L'épreuve est « l'employé se rend à son travail ». Le succès est « l'employé met moins de 20 minutes » et $p(S) = p(E) = 0{,}72$.

L'épreuve est répétée 5 fois de manières indépendantes.

La variable aléatoire Z qui compte les succès suit la loi binomiale $\mathcal{B}(5\,;\,0{,}72)$.

On cherche $(Z \geqslant 1)$; or $P(Z \geqslant 1) = 1 - P(Z = 0)$,

donc $P(Z \geqslant 1) = 1 - (1 - 0{,}72)^5 = 1 - 0{,}28^5 \approx$ **0,998**.

Exercice 3 (spécifique)

1. L'équation proposée est à coefficients réels, on calcule le discriminant $\Delta = (-6)^2 - 4 \times 12 = -12$.

Le discriminant est négatif, l'équation a donc deux solutions complexes conjuguées.

Ces solutions sont $\dfrac{6 - 2\sqrt{3}\,i}{2} = \mathbf{3 - \sqrt{3}\,i}$ **et** $\dfrac{6 + 2\sqrt{3}\,i}{2} = \mathbf{3 + \sqrt{3}\,i}$.

2. a. On écrit d'abord Z_1 sous forme algébrique.

$$Z_1 = \frac{3 + \sqrt{3}\,i}{-1 + \sqrt{3}\,i} = \frac{(3 + \sqrt{3}\,i)(-1 - \sqrt{3}\,i)}{4} = -\sqrt{3}\,i,$$

d'où $Z_1 = \sqrt{3} \times (-i) = \mathbf{\sqrt{3}\,e^{-i\frac{\pi}{2}}}$.

RAPPEL

$$\frac{1}{z} = \frac{\bar{z}}{z\bar{z}} = \frac{\bar{z}}{|z|^2}$$

On procède de même pour Z_2.

$$Z_2 = \frac{-1 + \sqrt{3}\,i}{1 + \sqrt{3}\,i} = \frac{(-1 + \sqrt{3}\,i)(1 - \sqrt{3}\,i)}{(1 + \sqrt{3}\,i)(1 - \sqrt{3}\,i)} = \frac{2 + 2\sqrt{3}\,i}{4} = \frac{1}{2} + \frac{\sqrt{3}}{2}i = \mathbf{e^{i\frac{\pi}{3}}}.$$

En effet, $|Z_2| = 1$

et $\arg(Z_2) = \dfrac{\pi}{3} \pmod{2\pi}$.

CONSEIL

Il est recommandé de retenir par cœur $i = e^{i\frac{\pi}{2}}$ et $-i = e^{-i\frac{\pi}{2}}$.

b. On a alors $Z_1Z_2 = \sqrt{3}\,e^{-i\frac{\pi}{2}}e^{i\frac{\pi}{3}} = \sqrt{3}\,e^{-i\frac{\pi}{6}}$.
Le plus petit entier n non nul tel que $(Z_1Z_2)^n$ soit réel est donc $\boldsymbol{n = 6}$.
Alors $(Z_1Z_2)^6 = 27e^{-\pi i} = \mathbf{-27}$.

RAPPEL
Un complexe z non nul est réel si, et seulement si, $\arg(z) = 0\ [\pi]$.

3. a. Pour montrer que A est sur le cercle de diamètre [OC], il suffit de montrer que le triangle AOC est rectangle en A.

Or $OA = |a| = \sqrt{3^2 + \sqrt{3}^2} = \sqrt{12}$; $OC = 4$;

$AC = |4 - a| = |1 - i\sqrt{3}| = \sqrt{1^2 + (-\sqrt{3})^2} = 2$.
On a $OC^2 = OA^2 + AC^2$. D'après le théorème de Pythagore, le triangle OAC est rectangle en A. **Donc A est sur le cercle de diamètre [OC].**

À NOTER
On aurait pu aussi calculer le produit scalaire $\overrightarrow{AC} \cdot \overrightarrow{AO}$ afin de vérifier qu'il est nul.

b. Le point A est, d'une part, sur la droite verticale d'équation $x = 3$ car la partie réelle de a est 3 et, d'autre part, sur le cercle de diamètre [OC]. Le point A est donc un des deux points d'intersection entre la droite et le cercle, c'est celui dont l'ordonnée est positive car la partie imaginaire de a est positive. Par symétrie par rapport à l'axe des réels, B est le second point d'intersection entre la droite et le cercle.

4. On pose $z = x + iy$. Dans toute cette question, on suppose z différent de 2.

ATTENTION
La condition $z \neq 2$ se traduit par le fait qu'il faudra penser à exclure le point D de l'ensemble des points trouvés.

Alors $Z = \dfrac{z-4}{z-2} = \dfrac{(x-4)+iy}{(x-2)+iy}$

$= \dfrac{((x-4)+iy)((x-2)-iy)}{((x-2)+iy)((x-2)-iy)}$

$= \dfrac{(x-4)(x-2)+y^2+i((x-2)y-(x-4)y)}{(x-2)^2+y^2}$

$Z = \dfrac{x^2-6x+8+y^2}{(x-2)^2+y^2)} + \dfrac{2y}{(x-2)^2+y^2}\,i$.

Z est imaginaire pur si, et seulement si, sa partie réelle est nulle, c'est-à-dire si, et seulement si :

$$x^2 - 6x + 8 + y^2 = 0.$$

Cette équation peut s'écrire :

$$(x-3)^2 + y^2 = 1.$$

On reconnaît l'équation du cercle de centre le point d'affixe 3 et de rayon 1. C'est le cercle de diamètre [CD].

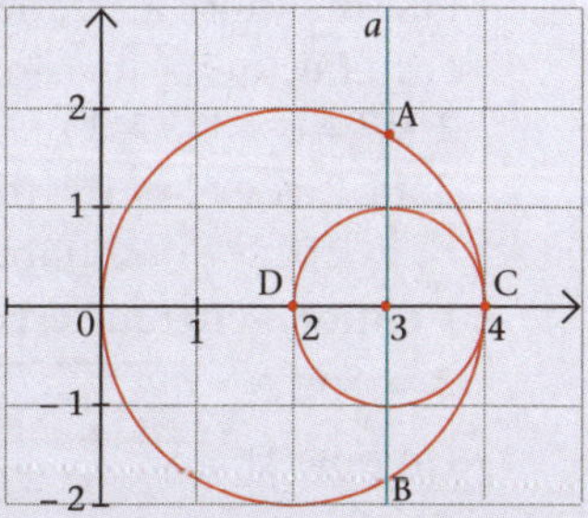

Le point D est sur ce cercle, donc **l'ensemble des points du plan dont l'affixe z est telle que Z soit un imaginaire pur est le cercle C de diamètre [CD] privé du point D.**

Autre méthode :

Z imaginaire pur $\Leftrightarrow Z = 0$ ou $\arg(Z) = \frac{\pi}{2} \pmod{\pi}$

$\Leftrightarrow Z = 4$ ou$(\overrightarrow{DM}\,;\overrightarrow{CM}) = \frac{\pi}{2} \pmod{\pi}$

$\Leftrightarrow$ M = C ou M est sur le cercle de diamètre [CD] privé de C et D.

$\Leftrightarrow$ M est sur le cercle de diamètre [CD] privé de D.

À NOTER

On traite à part le cas $Z = 0$ car 0 n'a pas d'argument.

Exercice 3 (spécialité)

1. a. Quel que soit l'entier naturel n, on a $3^{n+6} - 3^n = 3^n(3^6 - 1)$.
Or $3^6 = (3^2)^3$ et $3^2 \equiv 2 \pmod 7$, donc $3^6 \equiv 8 \pmod 7 \equiv 1 \pmod 7$.
On en déduit que $3^6 - 1 \equiv 0$ et, par suite, $3^{n+6} - 3^n \equiv 0 \pmod 7$, ce qui équivaut à dire que **$3^{n+6} - 3^n$ est divisible par 7.**

b. Quel que soit l'entier n non nul, on peut écrire :
$3^{6n-4} = 3^{6(n-1)+2} = (3^6)^{n-1} \times 3^2$. Donc $3^{6n-4} \equiv 1 \times 2 \pmod 7 \equiv 2 \pmod 7$.
On en déduit que $3^{6n-4} - 2 \equiv 0 \pmod 7$, ce qui équivaut à dire que **$3^{6n-4} - 2$ est divisible par 7.**

c. Quel que soit l'entier n, on peut écrire $3^{2n+1} + 2^{n+2} = (3^2)^n \times 3 + 2^n \times 2^2$.
Donc $3^{2n+1} + 2^{n+2} \equiv 2^n \times 3 + 2^n \times 4 \pmod 7$ car $3^2 \equiv 2 \pmod 7$.
$3^{2n+1} + 2^{n+2} \equiv 2^n \times 7 \pmod 7 \equiv 0$ mod (7), ce qui prouve que **$3^{2n+1} + 2^{n+2}$ est divisible par 7.**

2. On commence par déterminer la congruence de 2 012 modulo 7 ; pour cela on effectue la division euclidienne de 2 012 par 7 :
$2012 = 7 \times 287 + 3$, donc $2012 \equiv 3 \pmod 7$.
Puis on utilise le fait déjà vu que $3^6 \equiv 1 \pmod 7$.
On effectue la division euclidienne de 2 012 par 6, on obtient $2012 = 6 \times 335 + 2$;
donc $2012^{2012} \equiv 3^{2012} \pmod 7 \equiv (3^6)^{335} \times 3^2 \pmod 7$;
$2012^{2012} \equiv 2 \pmod 7$ car $3^6 \equiv 1 \pmod 7$ et $3^2 \equiv 2 \pmod 7$.
L'entier *a* cherché est donc 2.

3. a. Soit $N = \overline{a_n a_{n-1} \dots \dots a_1 a_0}$.
On pose $M = \overline{a_n a_{n-1} \dots \dots a_1}$ et $P = M - 2a_0$.

On a alors $N = M \times 10 + a_0$ et $10P = 10M - 20a_0 = 10M + a_0 - 21a_0$, donc $10P = N - 21a_0$.

Si N est divisible par 7, comme 21 est aussi divisible par 7, alors $10P = N - 21a_0$ est divisible par 7.

Mais comme 7 est premier avec 10, le théorème de Gauss permet d'affirmer que 7 divise P.

Réciproquement, si 7 divise P, il divise $10P + 21a_0$, c'est-à-dire N.

On a établi l'équivalence : **N divisible par 7 si, et seulement si, P est divisible par 7.**

b. On peut écrire successivement :

7 654 321 divisible par 7 si, et seulement si, 765 432 – 2 = 765 430 est divisible par 7 ;

765 430 est divisible par 7 si, et seulement si, 76 543 – 0 = 76 543 est divisible par 7 ;

76 543 est divisible par 7 si, et seulement si, 7 654 – 6 = 7 648 est divisible par 7 ;

7 648 est divisible par 7 si, et seulement si, 764 – 16 = 748 est divisible par 7 ;

748 est divisible par 7 si, et seulement si, 74 – 16 = 58 est divisible par 7.

Or $58 = 8 \times 7 + 2$, donc 58 n'est pas divisible par 7 ;

d'où 7 654 321 n'est pas non plus divisible par 7.

c. A représente le chiffre des unités du nombre N (noté a_0 dans son écriture décimale).

La boucle « tant que » qui précède l'instruction à compléter a pour but de retirer le plus grand nombre de fois possible 7 à P.

À la fin de cette boucle « tant que », on obtient R, le reste dans la division euclidienne de P par 7.

L'instruction manquante est : « Si $R = 0$, alors afficher N est divisible par 7. »

Exercice 4

1. On a $\overrightarrow{BA}(1 ; 2 ; -1)$ et $\overrightarrow{BC}(2 ; 1 ; 4)$, donc $\overrightarrow{BA} \cdot \overrightarrow{BC} = 2 + 2 - 4 = 0$. On en déduit que les vecteurs $\overrightarrow{BA}$ et $\overrightarrow{BC}$ sont orthogonaux. **Le triangle ABC est donc rectangle en B.**

2. Pour que le quadrilatère ABCD soit un rectangle, il suffit que $\overrightarrow{DC} = \overrightarrow{AB}$; il vient **D (4 ; 2 ; 4).**

3. a. Le point C est sur la droite Δ si, et seulement si, il existe un réel t tel que $\begin{cases} 3t = 3 \\ 2 - 2t = 0 \\ 6 - t = 5 \end{cases}$. Or ces trois équations ont la même solution $t = 1$.

Donc le point C est sur Δ, il est obtenu en prenant $t = 1$ dans la représentation paramétrique donnée de Δ. Un vecteur directeur de Δ est le vecteur $\vec{u}\,(3\,;-2\,;-1)$.

On a $\vec{u} \cdot \overrightarrow{BA} = 3 - 4 + 1 = 0$ et $\vec{u} \cdot \overrightarrow{BC} = 6 - 2 - 4 = 0$, ainsi le vecteur $\vec{u}$ est orthogonal à deux vecteurs non colinéaires entre eux du plan (ABC). Il est donc normal au plan (ABC).

On en déduit que la droite Δ est perpendiculaire à (ABC) en C.

b. Une équation de (ABC) est donc de la forme $3x - 2y - z + d = 0$ avec d un réel.

Comme le point A est sur (ABC), ses coordonnées vérifient cette équation ; on a donc $3 \times 2 - 2 \times 1 - 0 + d = 0$.

D'où $d = -4$. **Une équation du plan (ABC) est $3x - 2y - z - 4 = 0$.**

4. a. Le volume de la pyramide est $V = \dfrac{\text{aire de la base} \times \text{hauteur}}{3}$.

La base est le rectangle ABCD, son aire est AB × AC, avec :

$AB = \sqrt{(-1)^2 + (-2)^2 + 1^2} = \sqrt{6}$ et $BC = \sqrt{2^2 + 1^2 + 4^2} = \sqrt{21}$.

La hauteur est CE car la droite Δ est perpendiculaire en C au plan de base.

On a $CE = \sqrt{(3t-3)^2 + (2-2t)^2 + (6-t-5)^2} = \sqrt{14t^2 - 28t + 14}$
$= \sqrt{14(t^2 - 2t + 1)} = \sqrt{14} \times \sqrt{(t-1)^2} = \sqrt{14} \times |t-1|$.

On a donc $V = \dfrac{\sqrt{6} \times \sqrt{21} \times \sqrt{14} \times |t-1|}{3} = \mathbf{14|t-1|}$.

Le volume de la pyramide est égal à 14 unités de volume quand $|t - 1| = 1$, c'est-à-dire **quand $t = 2$ ou quand $t = 0$.**

> **ATTENTION**
> $\forall x \geqslant 0, \left(\sqrt{x}\right)^2 = x$, mais $\forall x \in \mathbb{R}$, $\sqrt{x^2} = |x|$.

b. Pour montrer qu'un angle est aigu, on peut montrer que le produit scalaire est positif.

On calcule $\overrightarrow{EB} \cdot \overrightarrow{ED}$ avec $\overrightarrow{EB}\,(1 - 3t\,;-3 + 2t\,;-5 + t)$ et $\overrightarrow{ED}\,(4 - 3t\,;2t\,;-2 + t)$.

$\overrightarrow{EB} \cdot \overrightarrow{ED} = (1 - 3t)(4 - 3t) + (-3 + 2t)(2t) + (-5 + t)(-2 + t)$
$= 14t^2 - 28t + 14 = 14(t - 1)^2$.

Ce produit scalaire est toujours positif, l'angle $\widehat{BED}$ est aigu, sauf quand $t = 1$, c'est-à-dire quand E = C où le produit scalaire est nul et l'angle $\widehat{BED}$ est droit.

Sujet n° 2

Plus de sujets sur www.defibac.fr

Exercice 1

Partie A

On considère deux fonctions f et g définies sur $[0\,;+\infty[$ par :

$$f(x) = 1{,}6\mathrm{e}^{-1{,}6x} \text{ et } g(x) = 0{,}625\mathrm{e}^{-0{,}625x}.$$

On donne leurs courbes représentatives $\mathscr{C}_f$ et $\mathscr{C}_g$ dans un repère orthogonal (unités : 10 cm sur l'axe des abscisses, 3 cm sur l'axe des ordonnées).

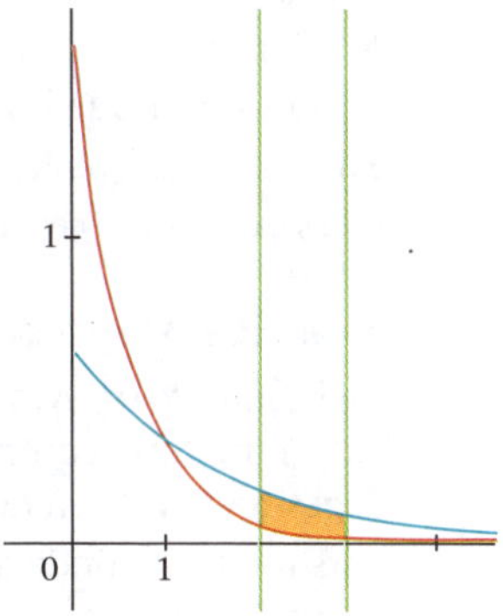

1. Calculer $f(0)$ et $g(0)$.

2. Résoudre l'équation $f(x) = g(x)$ et l'inéquation $f(x) < g(x)$.

3. Calculer la limite de f en $+\infty$.

4. a. Calculer les dérivées des fonctions f et g.

b. En déduire une équation de chacune des tangentes à $\mathscr{C}_f$ et $\mathscr{C}_g$ au point d'abscisse 0.

5. Calculer l'aire de la région du plan comprise entre les deux courbes sur l'intervalle $[2\,;3]$.

Partie B

1. Soit X une variable aléatoire qui suit une loi exponentielle de paramètre 1,6.

Calculer les probabilités $P([0\ ;\ 2])$ et $P([2\ ;\ +\infty[)$.

2. Soit Y une variable aléatoire qui suit une loi exponentielle de paramètre 0,625.

Calculer les probabilités $P([0\ ;\ 2])$ et $P([2\ ;\ +\infty[)$.

3. Donner les espérances mathématiques des variables aléatoires X et Y.

Exercice 2

Le plan complexe est muni d'un repère orthonormé direct $(\mathrm{O}\ ;\vec{u}, \vec{v})$.

1. Résoudre dans l'ensemble $\mathbb{C}$ des nombres complexes l'équation :

$$z^2 + 2z + 4 = 0.$$

2. Soit A le point d'affixe $z_A = -1 + i\sqrt{3}$.

Déterminer le module et un argument de z_A.

3. Soient B et E les points d'affixes $z_B = (z_A)^2$ et $z_E = -z_A$.

a. Déterminer le module et un argument de chacun des nombres z_B et z_E.

b. Déterminer l'écriture algébrique de z_B et z_E.

c. Démontrer que le triangle ABE est rectangle.

4. Soient C et D les points d'affixes $z_C = 4$ et $z_D = 7i$.

a. Démontrer que les points B, E et C sont alignés.

b. Démontrer que les points B, A et D sont alignés.

c. Les droites (AE) et (DC) sont-elles parallèles ? Justifier votre réponse.

Exercice 3 (spécifique)

(Asie, juin 2010) Avant le début des travaux de construction d'une autoroute, une équipe d'archéologie préventive procède à des sondages successifs en des points régulièrement espacés sur le terrain.

Lorsque le n^e sondage donne lieu à la découverte de vestiges, il est dit positif.

L'événement « le n^e sondage est positif » est noté V_n, on note p_n la probabilité de l'événement V_n.

L'expérience acquise au cours de ce type d'investigation permet de prévoir que :

– si un sondage est positif, le suivant a une probabilité égale à 0,6 d'être positif ;

– si un sondage est négatif, le suivant a une probabilité égale à 0,9 d'être aussi négatif.

On suppose que le premier sondage est positif, c'est-à-dire $p_1 = 1$.

1. Calculer les probabilités des événements suivants.

a. A : « les 2e et 3e sondages sont positifs. »

b. B : « les 2e et 3e sondages sont négatifs. »

2. Calculer la probabilité p_3 pour que le 3e sondage soit positif.

3. n désigne un entier naturel supérieur ou égal à 2.

Recopier et compléter l'arbre ci-dessous en fonction des données de l'énoncé.

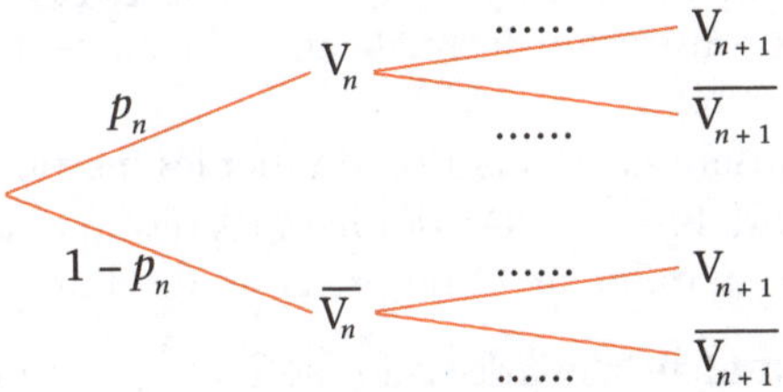

4. Pour tout entier naturel n non nul, établir que $p_{n+1} = 0{,}5p_n + 0{,}1$.

5. On note u la suite définie, pour tout entier naturel n non nul, par :

$$u_n = p_n - 0{,}2.$$

a. Démontrer que u est une suite géométrique.

En préciser le premier terme et la raison.

b. Exprimer p_n en fonction de n.

c. Calculer la limite, quand n tend vers $+\infty$, de la probabilité p_n.

Exercice 3 (spécialité)

Chaque mois, un institut de sondage donne la cote de popularité d'un groupe politique dans l'opinion publique. Les personnes sondées sont soit favorables, soit défavorables à ce groupe.

Initialement, il y a autant de personnes favorables à ce groupe politique que de personnes qui lui sont défavorables. De chaque mois au mois suivant, on considère que :

– 10 % des personnes qui étaient favorables à ce groupe politique ne le sont plus ;

– 15 % qui n'étaient pas favorables à ce groupe politique le deviennent.

On note, pour tout entier naturel n :

a_n la probabilité qu'une personne interrogée au hasard au bout de n mois soit favorable à ce groupe politique ;

b_n la probabilité qu'une personne interrogée au hasard au bout de n mois ne soit pas favorable à ce groupe politique.

1. Justifier que, pour tout entier n : $\begin{cases} a_{n+1} = 0{,}9a_n + 0{,}15b_n \\ b_{n+1} = 0{,}1a_n + 0{,}85b_n \end{cases}$.

2. On considère la matrice colonne $P_n = \begin{pmatrix} a_n \\ b_n \end{pmatrix}$ et la matrice $M = \begin{pmatrix} 0{,}9 & 0{,}15 \\ 0{,}1 & 0{,}85 \end{pmatrix}$.
Justifier l'égalité $P_{n+1} = M \times P_n$.
Cette égalité est l'écriture matricielle du système linéaire de la question **1.**

3. a. Calculer la matrice P_2 en détaillant les calculs. (On donnera les résultats sous forme décimale arrondie au centième.) Interpréter le résultat obtenu.

b. En utilisant la calculatrice, donner les matrices M^5 et M^{20}.
En déduire P_5 et P_{20}. (On donnera les résultats sous forme décimale arrondie au millième.) Interpréter les résultats obtenus.

c. On considère la matrice colonne $P = \begin{pmatrix} x \\ y \end{pmatrix}$, x et y étant deux nombres réels vérifiant $x + y = 1$. Déterminer la matrice P vérifiant P = MP.
Interpréter le résultat obtenu en terme de répartition des personnes favorables et défavorables au groupe politique au bout d'un temps suffisamment long.

Exercice 4

Dans un décor de théâtre, on utilise un cube OABCDEFG d'arête 5 m. On tend un filin entre un point R situé sur la face latérale droite du cube et un point L situé sur la face avant.

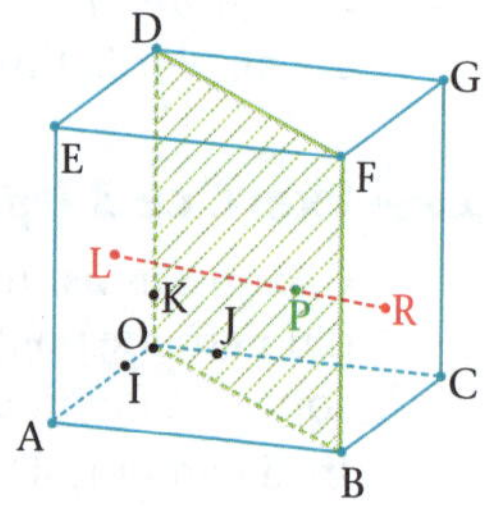

Ce filin coupe le plan vertical (OBD) au point P. Le but de cet exercice est de déterminer la position de P.

On choisit le repère orthonormé (O ; I, J, K) tel que :

$$\overrightarrow{OA} = 5\overrightarrow{OI}, \overrightarrow{OB} = 5\overrightarrow{OJ} \text{ et } \overrightarrow{OD} = 5\overrightarrow{OK}.$$

1. On suppose que les points R et L ont respectivement pour coordonnées (3 ; 5 ; 2) et (5 ; 1 ; 3).
Déterminer une représentation paramétrique de la droite (RL).

2. Déterminer une équation du plan (OBD).

3. En déduire les coordonnées du point P.

Corrigé n°2

Exercice 1

Partie A

1. $f(x) = 1{,}6\mathrm{e}^{-1{,}6x}$, donc $f(0) = \mathbf{1{,}6}$; $g(x) = 0{,}625\mathrm{e}^{-0{,}625x}$, donc $g(0) = \mathbf{0{,}625}$.

2. $1{,}6\mathrm{e}^{-1{,}6x} = 0{,}625\mathrm{e}^{-0{,}625x}$; $\dfrac{1{,}6}{0{,}625} = \dfrac{\mathrm{e}^{-0{,}625x}}{\mathrm{e}^{-1{,}6x}}$; $2{,}56 = \mathrm{e}^{-0{,}625x+1{,}6x}$;

$\mathrm{e}^{0{,}975x} = 2{,}56$; $0{,}975x = \ln(2{,}56)$; $x = \dfrac{\ln(2{,}56)}{0{,}975}$, soit environ 0,964.

La solution de l'équation est 0,964.

$1{,}6\mathrm{e}^{-1{,}6x} < 0{,}625\mathrm{e}^{-0{,}625x}$;

pour tout réel x, $\mathrm{e}^{-1{,}6x} > 0$; on peut donc écrire $\dfrac{1{,}6}{0{,}625} < \dfrac{\mathrm{e}^{-0{,}625x}}{\mathrm{e}^{-1{,}6x}}$;

$2{,}56 < \mathrm{e}^{0{,}975x}$; la fonction ln étant croissante sur $[0 ; +\infty[$,

$\ln(2{,}56) < 0{,}975x$, d'où $x > \dfrac{\ln(2{,}56)}{0{,}975}$.

L'ensemble des solutions de l'inéquation est $\left]\dfrac{\ln(2{,}56)}{0{,}975} ; +\infty\right[$.

3. $\lim\limits_{x\to+\infty} -1{,}6x = -\infty$, puis $\lim\limits_{x\to-\infty} \mathrm{e}^{x} = 0$, donc $\lim\limits_{x\to+\infty} f(x) = \mathbf{0}$.

4. a. $f'(x) = 1{,}6 \times (-1{,}6)\mathrm{e}^{-1{,}6x} = \mathbf{-2{,}56\mathrm{e}^{-1{,}6x}}$;
$g'(x) = 0{,}625 \times (-0{,}625)\,\mathrm{e}^{-0{,}625x} = \mathbf{-0{,}390\,625\,\mathrm{e}^{-0{,}625x}}$.

> **RAPPEL**
> $(\mathrm{e}^{u})' = u'\mathrm{e}^{u}$.

b. $f(0) = 1{,}6$ et $f'(0) = -2{,}56$, donc une équation de la tangente à $\mathscr{C}_f$ au point d'abscisse 0 est $\mathbf{y = -2{,}56x + 1{,}6}$.
$g(0) = 0{,}625$ et $g'(0) = -0{,}390\,625$, donc une équation de la tangente à $\mathscr{C}_g$ au point d'abscisse 0 est $\mathbf{y = -0{,}390\,625x + 0{,}625}$.

5. D'après la question **2.**, $\mathscr{C}_f$ est au-dessous de $\mathscr{C}_g$ sur $[2 ; 3]$. L'aire de la région du plan comprise entre les deux courbes sur l'intervalle $[2 ; 3]$ est donnée par l'intégrale :

$\displaystyle\int_2^3 (g(x) - f(x))\,\mathrm{d}x.$

$\displaystyle\int_2^3 (0{,}625\mathrm{e}^{-0{,}625x} - 1{,}6\mathrm{e}^{-1{,}6x})\,\mathrm{d}x = \left[-\mathrm{e}^{-0{,}625x} + \mathrm{e}^{-1{,}6x}\right]_2^3$

$= -\mathrm{e}^{-0{,}625\times 3} + \mathrm{e}^{-1{,}6\times 3} - (-\mathrm{e}^{-0{,}625\times 2} + \mathrm{e}^{-1{,}6\times 2})$

$= -\mathrm{e}^{-1{,}875} + \mathrm{e}^{-4{,}8} + \mathrm{e}^{-1{,}25} - \mathrm{e}^{-3{,}2}$, soit environ **0,100 6 u.a.**

Partie B

> **RAPPEL**
> Soit $\lambda > 0$. La loi exponentielle de paramètre λ admet pour densité de probabilité la fonction f_λ définie sur $[0\,;+\infty[$ par $f_\lambda(t) = \lambda e^{-\lambda t}$. Pour tout réel $a > 0$, $P([0\,;a]) = \int_0^a f_\lambda(t)\,dt$.

1. Si X suit une loi exponentielle de paramètre 1,6 :

$P([0\,;2]) = \int_0^2 1{,}6e^{-1{,}6t}\,dt$

$= \mathbf{1 - e^{-3{,}2}}$, soit environ **0,959**.

$P([2\,;+\infty[) = 1 - P([0\,;2]) = \mathbf{e^{-3{,}2}}$, soit environ **0,041**.

2. Si Y suit une loi exponentielle de paramètre 0,625 :

$P([0\,;2]) = \int_0^2 0{,}625e^{-0{,}625t}\,dt = \mathbf{1 - e^{-1{,}25}}$, soit environ **0,713**.

$P([2\,;+\infty[) = 1 - P([0\,;2]) = \mathbf{e^{-1{,}25}}$, soit environ **0,287**.

3. Les espérances mathématiques des variables aléatoires X et Y sont :

$E(X) = \dfrac{1}{1{,}6} = \mathbf{0{,}625}$ et $E(Y) = \dfrac{1}{0{,}625} = \mathbf{1{,}6}$.

Exercice 2

1. $z^2 + 2z + 4 = 0$. On calcule le discriminant : $\Delta = -12 < 0$.

L'équation admet deux solutions dans $\mathbb{C}$: $\mathbf{\dfrac{-2-i\sqrt{12}}{2} = -1-i\sqrt{3}}$ **et** $\mathbf{\dfrac{-2+i\sqrt{12}}{2} = -1+i\sqrt{3}}$.

2. $z_A = -1+i\sqrt{3}$ a pour module $|z_A| = \sqrt{(-1)^2+(\sqrt{3})^2} = \mathbf{2}$.

$z_A = 2\left(\dfrac{-1}{2}+\dfrac{i\sqrt{3}}{2}\right)$, donc un argument est $\mathbf{arg(z_A) = \dfrac{2\pi}{3}}$.

3. a. $|z_B| = |z_A^2| = \mathbf{4}$; $|z_E| = |-z_A| = \mathbf{2}$.

$\arg(z_B) = 2\times\arg(z_A) = \mathbf{\dfrac{4\pi}{3}}$ et $\arg(z_E) = \arg(z_A) + \pi = \mathbf{\dfrac{5\pi}{3}}$.

b. $z_B = 4\left(\cos\left(\dfrac{4\pi}{3}\right)+i\sin\left(\dfrac{4\pi}{3}\right)\right) = 4\left(\dfrac{-1}{2}+i\dfrac{-\sqrt{3}}{2}\right)$, donc $\mathbf{z_B = -2-2i\sqrt{3}}$.

On peut vérifier $(-1+i\sqrt{3})^2 = 1-2i\sqrt{3}-3 = -2-2i\sqrt{3}$.

$z_E = 2\left(\cos\left(\dfrac{5\pi}{3}\right)+i\sin\left(\dfrac{5\pi}{3}\right)\right) = 2\left(\dfrac{1}{2}+i\left(\dfrac{-\sqrt{3}}{2}\right)\right)$, donc $\mathbf{z_E = 1-i\sqrt{3}}$.

c. Pour démontrer que le triangle ABE est rectangle, on utilise la réciproque du théorème de Pythagore :

$AE^2 = |z_E - z_A|^2 = |2-2i\sqrt{3}|^2 = 2^2+(2\sqrt{3})^2 = 16.$

$BE^2 = |z_E - z_B|^2 = |3+i\sqrt{3}|^2 = 3^2+\sqrt{3}^2 = 12.$

$AB^2 = |z_B - z_A|^2 = |-1-3i\sqrt{3}|^2 = (-1)^2+(-3\sqrt{3})^2 = 28.$

$AE^2+BE^2 = AB^2$, donc **le triangle ABE est rectangle en E.**

4. a. Pour démontrer que les points B, E et C sont alignés, on démontre que les vecteurs $\overrightarrow{BE}$ et $\overrightarrow{BC}$ sont colinéaires. Ces vecteurs ont respectivement pour affixes $z_{\overrightarrow{BE}} = z_E - z_B = 3 + i\sqrt{3}$ et $z_{\overrightarrow{BC}} = z_C - z_B = 6 + 2i\sqrt{3}$.

On obtient $\overrightarrow{BC} = 2 \cdot \overrightarrow{BE}$, donc **B, C et E sont alignés.**

b. De même, $z_{\overrightarrow{BA}} = 1 + 3i\sqrt{3}$ et $z_{\overrightarrow{BD}} = 2 + i\left(7 + 2\sqrt{3}\right)$.

$2(1 + 3i\sqrt{3}) \neq 2 + i(7 + 2\sqrt{3})$, donc les points **B, A et D ne sont pas alignés.**

c. $z_{\overrightarrow{AE}} = 2 - 2i\sqrt{3}$ et $z_{\overrightarrow{DC}} = 4 - 7i$.

$2 \times 2\sqrt{3} \neq 7$, donc les vecteurs $\overrightarrow{AE}$ et $\overrightarrow{DC}$ ne sont pas colinéaires et **les droites (AE) et (DC) ne sont pas parallèles.**

Exercice 3 (spécifique)

1. a. $A = V_2 \cap V_3$; d'après l'énoncé, $p_2 = p(V_2) = 0{,}6$ et $p_{V_2}(V_3) = 0{,}6$.

$p(A) = p(V_2 \cap V_3) = p(V_2) \times p_{V_2}(V_3) = 0{,}6 \times 0{,}6 = \mathbf{0{,}36}$.

b. $B = \overline{V_2} \cap \overline{V_3}$; $p(\overline{V_2}) = 1 - p(V_2) = 1 - 0{,}6 = 0{,}4$; d'après l'énoncé, $p_{\overline{V_2}}(\overline{V_3}) = 0{,}9$.

$p(B) = p(\overline{V_2} \cap \overline{V_3}) = p(\overline{V_2}) \times p_{\overline{V_2}}(\overline{V_3}) = 0{,}4 \times 0{,}9 = \mathbf{0{,}36}$.

2. D'après la formule des probabilités totales :

$p_3 = p(V_2) \times p_{V_2}(V_3) + p(\overline{V_2}) \times p_{\overline{V_2}}(V_3) = 0{,}36 + 0{,}4 \times 0{,}1$, donc $p_3 = \mathbf{0{,}4}$.

3.

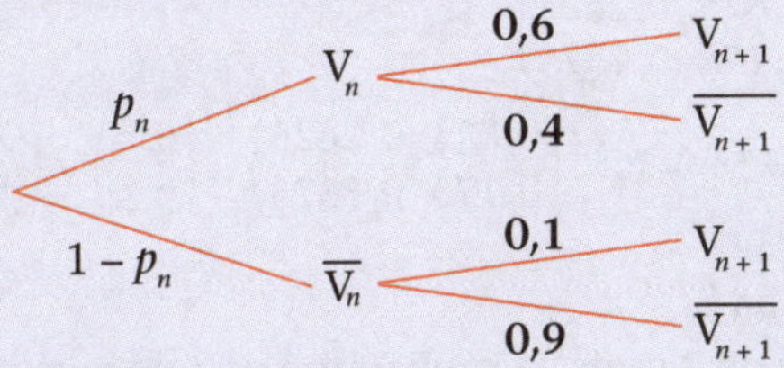

4. D'après l'arbre pondéré, $p_{n+1} = p(V_n) \times p_{V_n}(V_{n+1}) + p(\overline{V_n}) \times p_{\overline{V_n}}(V_{n+1})$;

$p_{n+1} = p_n \times 0{,}6 + (1 - p_n) \times 0{,}1$; d'où $\mathbf{p_{n+1} = 0{,}5\, p_n + 0{,}1}$.

5. a. Pour tout entier naturel n non nul :

$u_{n+1} = p_{n+1} - 0{,}2 = 0{,}5\, p_n + 0{,}1 - 0{,}2 = 0{,}5\, p_n - 0{,}1 = 0{,}5\,(p_n - 0{,}2) = 0{,}5 u_n$, donc $u_{n+1} = 0{,}5\, u_n$.

Cette égalité signifie que **la suite *u* est géométrique de raison 0,5.**

Son **premier terme** est $u_1 = p_1 - 0{,}2 = 1 - 0{,}2 = \mathbf{0{,}8}$.

b. Pour tout entier naturel n non nul, $u_n = 0{,}8 \times 0{,}5^{n-1}$,

donc $\mathbf{p_n = 0{,}8 \times 0{,}5^{n-1} + 0{,}2}$.

c. 0,5 est compris entre 0 et 1, donc $\lim\limits_{n \to +\infty} 0{,}5^{n-1} = 0$; on en déduit que $\lim\limits_{n \to +\infty} p_n = 0{,}2$.

Exercice 3 (spécialité)

1.

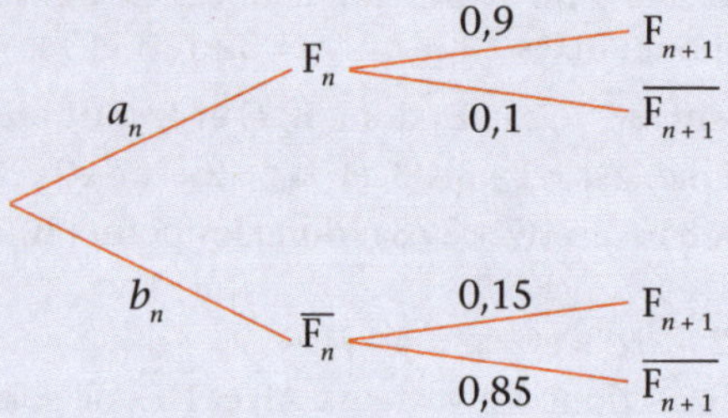

$$\begin{cases} a_{n+1} = P(F_{n+1}) = 0,9 \times a_n + 0,15 \times b_n \\ b_{n+1} = P(\overline{F_{n+1}}) = 0,1 \times a_n + 0,85 \times b_n \end{cases}.$$

2. $M \times P_n = \begin{pmatrix} 0,9 & 0,15 \\ 0,1 & 0,85 \end{pmatrix} \times \begin{pmatrix} a_n \\ b_n \end{pmatrix} = \begin{pmatrix} 0,9\,a_n + 0,15\,b_n \\ 0,1\,a_n + 0,85\,b_n \end{pmatrix} = \begin{pmatrix} a_{n+1} \\ b_{n+1} \end{pmatrix} = P_{n+1}.$

3. a. $P_2 = M \times P_1 = M \times M \times P_0 = M^2 \times P_0.$

$$M^2 = \begin{pmatrix} 0,9 & 0,15 \\ 0,1 & 0,85 \end{pmatrix} \times \begin{pmatrix} 0,9 & 0,15 \\ 0,1 & 0,85 \end{pmatrix}$$

$$= \begin{pmatrix} 0,9 \times 0,9 + 0,15 \times 0,1 & 0,9 \times 0,15 + 0,15 \times 0,85 \\ 0,1 \times 0,9 + 0,85 \times 0,1 & 0,1 \times 0,15 + 0,85 \times 0,85 \end{pmatrix}.$$

$$M^2 = \begin{pmatrix} 0,825 & 0,2625 \\ 0,175 & 0,7375 \end{pmatrix},$$

d'où $P_2 = M^2 \times P_0 = \begin{pmatrix} 0,825 & 0,2625 \\ 0,175 & 0,7375 \end{pmatrix} \times \begin{pmatrix} 0,5 \\ 0,5 \end{pmatrix} = \begin{pmatrix} 0,54375 \\ 0,45625 \end{pmatrix}.$

$P_2 \approx \begin{pmatrix} 0,54 \\ 0,46 \end{pmatrix}.$

Au bout de 2 mois, la probabilité qu'une personne interrogée soit favorable au groupe politique est environ 0,54.

b. $M^5 = \begin{pmatrix} 0,695 & 0,458 \\ 0,305 & 0,542 \end{pmatrix}$, d'où $P_5 \approx \begin{pmatrix} 0,576 \\ 0,424 \end{pmatrix}.$

$M^{20} = \begin{pmatrix} 0,601 & 0,598 \\ 0,399 & 0,402 \end{pmatrix}$, d'où $P_{20} \approx \begin{pmatrix} 0,600 \\ 0,400 \end{pmatrix}$

Au bout de 20 mois, la probabilité qu'une personne interrogée soit favorable au groupe politique est environ 0,6.

c. $\begin{pmatrix} x \\ y \end{pmatrix} = \begin{pmatrix} 0,9 & 0,15 \\ 0,1 & 0,85 \end{pmatrix} \times \begin{pmatrix} x \\ y \end{pmatrix}$ équivaut au système $\begin{cases} x = 0,9x + 0,15y \\ y = 0,1x + 0,85y \end{cases}.$

Les deux lignes sont équivalentes à l'équation $0{,}1x - 0{,}15y = 0$.

On résout le système $\begin{cases} x + y = 1 \\ 0,1x - 0,15y = 0 \end{cases}$.

On trouve $x = 0{,}6$ et $y = 0{,}4$.

La répartition au bout d'un temps suffisamment long est donc de 60 % de personnes favorables et 40 % de personnes défavorables au groupe politique.

Exercice 4

1. Soit un point M de coordonnées $(x\ ;\ y\ ;\ z)$.

M appartient à la droite (LR) si, et seulement si, les vecteurs $\overrightarrow{LM}$ et $\overrightarrow{LR}$ sont colinéaires, c'est-à-dire s'il existe un nombre réel k tel que le vecteur $\overrightarrow{LM} = k \cdot \overrightarrow{LR}$.

$\overrightarrow{LM}$ $(x - 5\ ;\ y - 1\ ;\ z - 3)$; $\overrightarrow{LR}$ $(-2\ ;\ 4\ ;\ -1)$.

On obtient alors la représentation paramétrique de la droite LR :

$\begin{cases} x - 5 = -2k \\ y - 1 = 4k \\ z - 3 = -k \end{cases}$, k étant un nombre réel ;

$\begin{cases} x = 5 - 2k \\ y = 1 + 4k \\ z = 3 - k \end{cases}$, **$k$ étant un nombre réel.**

2. Une équation du plan (OBD) est $x - y = 0$.

En effet, le vecteur $(1\ ;\ -1\ ;\ 0)$ est orthogonal à $\overrightarrow{OB}(5\ ;\ 5\ ;\ 0)$ et à $\overrightarrow{OD}$ $(0\ ;\ 0\ ;\ 5)$ et O appartient au plan (OBD).

3. Soient $(x\ ;\ y\ ;\ z)$ les coordonnées de P. On remplace dans l'équation du plan (OBD) les inconnues x, y et z par leurs valeurs dans la représentation paramétrique de la droite (LR).

On obtient l'équation suivante d'inconnue k :

$5 - 2k - 1 - 4k = 0$; $4 - 6k = 0$; d'où $k = \dfrac{2}{3}$.

On en déduit P $\left(\dfrac{11}{3}\ ;\ \dfrac{11}{3} ;\ \dfrac{7}{3}\right)$.

La position de P est environ (3,67 ; 3,67 ; 2,33).

Sujet n°3

Plus de sujets sur www.defibac.fr

Exercice 1

Notions traitées :
- Limites de fonctions
- Continuité sur un intervalle. Théorème des valeurs intermédiaires
- Calculs de dérivées
- Fonction logarithme
- Intégration

Chapitres 2, 3, 4, 7 et 8, p. 33, 57, 75, 145 et 170

Exercice 2

Notions traitées :
- Droites et plans
- Géométrie vectorielle
- Produit scalaire

Chapitres 10, 11 et 12, p. 221, 239 et 259

Exercice 3 (spécifique)

Notion traitée :
- Nombres complexes

Chapitre 9, p. 196

Exercice 3 (spécialité)

Notion traitée :
- Arithmétique

Chapitre 16, p. 354

Exercice 4

Notion traitée :
- Notion de loi à densité

Chapitre 14, p. 307

Exercice 1

Soit la fonction f définie sur $]-1\,;3[$ par $f(x) = \ln\left(\dfrac{-2x+6}{x+1}\right)$.

On donne la courbe $\mathscr{C}$ représentative de f dans un repère orthonormé.

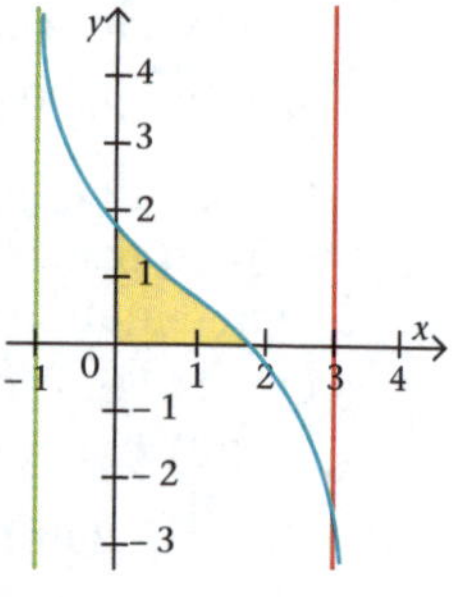

1. a. Étudier les limites de f en -1 et 3.

b. En déduire les équations des asymptotes.

2. Résoudre l'équation $f(x) = 0$.

3. a. Calculer la dérivée f' de f.

Étudier le signe de $f'(x)$ selon les valeurs de x.

b. Dresser le tableau de variations de f.

c. En déduire le signe de f.

4. Soit F la fonction définie sur $]-1\,;3[$ par :

$$F(x) = (x-3)\ln(3-x) - (x+1)\ln(x+1) + x\ln(2).$$

a. Démontrer que F est une primitive de f sur $]-1\,;3[$.

b. Calculer l'aire sous la courbe sur $[0\,;a]$, où a est l'abscisse du point d'intersection de la courbe et de l'axe des abscisses.

Exercice 2

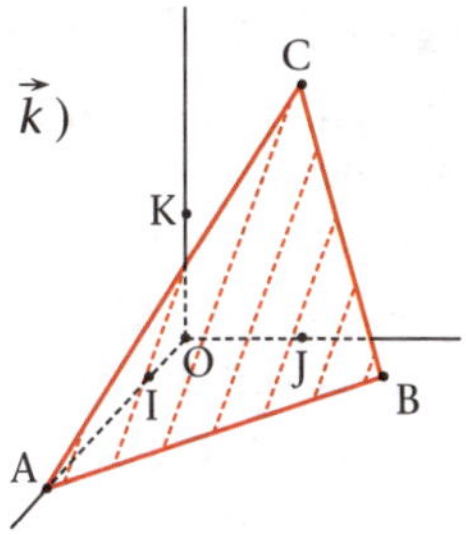

L'espace est muni d'un repère orthonormé $(O\,;\,\vec{i},\,\vec{j},\,\vec{k})$

On pose $\vec{i} = \overrightarrow{OI}$, $\vec{j} = \overrightarrow{OJ}$ et $\vec{k} = \overrightarrow{OK}$.

On considère les points A(4 ; 0 ; 0), B(1 ; 2 ; 0) et C(0 ; 1 ; 2).

1. a. On se place dans le plan (OIJ).
Déterminer une équation de la droite (AB).

b. Soit E le point d'intersection de la droite (AB) et de la droite (OJ).
Déterminer les coordonnées de E.

2. a. Calculer le produit scalaire $\overrightarrow{AB} \cdot \overrightarrow{AC}$.

b. Calculer une mesure approchée, en degrés, de l'angle géométrique $\widehat{BAC}$.

3. a. Démontrer que le vecteur $\vec{n}\,(4\,;\,6\,;\,5)$ est un vecteur normal au plan (ABC).

b. Déterminer une équation du plan (ABC).

c. Soit F le point d'intersection du plan (ABC) et de la droite (OK).
Déterminer les coordonnées de F.

4. Les points F, C et E sont-ils alignés ? Justifier votre réponse.

Exercice 3 (spécifique)

Pour chacune des affirmations suivantes, indiquer si elle est vraie ou fausse en justifiant la réponse. Toute réponse non justifiée ne sera pas prise en compte.

Le plan complexe est muni d'un repère orthonormé direct $(O\,;\,\vec{u},\,\vec{v})$.
On considère les nombres complexes $z_1 = -\sqrt{2} + i\sqrt{2}$ et $z_2 = \sqrt{3} - i$ d'images respectives A et B.

1. Affirmation 1 : La forme algébrique du quotient $\frac{z_1}{z_2}$ est $\frac{-\sqrt{2}}{\sqrt{3}} - \sqrt{2}$.

2. Affirmation 2 : Un argument du quotient $\frac{z_1}{z_2}$ est $\frac{11\pi}{12}$.

3. Affirmation 3 : La forme exponentielle du produit $z_1 \times z_2$ est $2e^{i\frac{7\pi}{12}}$.

4. Affirmation 4 : L'ensemble des points M d'affixe z tels que $|z - z_1| = 3$ est un cercle de centre A.

5. Affirmation 5 : L'ensemble des points M d'affixe z tels que :
$\arg(z) = \frac{3\pi}{4} + 2k\pi$, $k \in \mathbb{Z}$, est une demi-droite d'origine O.

Exercice 3 (spécialité)

(D'après Liban, 2010 et 2007 et Antilles-Guyane, juin 2009) Pour chacune des affirmations suivantes, indiquer si elle est vraie ou fausse en justifiant la réponse. Toute réponse non justifiée ne sera pas prise en compte.

1. On appelle S l'ensemble des couples $(x\,;\,y)$ d'entiers relatifs solutions de l'équation $3x - 5y = 2$.

Affirmation 1 : S est l'ensemble des couples $(5k - 1\,;\,3k - 1)$, où k est un entier relatif.

2. Affirmation 2 : $1\,991^{2009} \equiv 2\ [7]$.

3. a et b sont deux entiers relatifs quelconques, n et p sont deux entiers naturels premiers entre eux.

Affirmation 3 : $a \equiv b\ [p]$ si, et seulement si, $na \equiv nb\ [p]$.

4. Soit n un entier naturel supérieur ou égal à 3.

Affirmation 4 : Pour tout entier naturel k, $(2 \leqslant k \leqslant n)$, le nombre $n! + k$ n'est pas un nombre premier.

5. Affirmation 5 : Si un entier naturel n est congru à 1 modulo 7, alors le PGCD de $3n + 4$ et de $4n + 3$ est égal à 7.

Exercice 4

Les deux parties sont indépendantes.

Partie A *(D'après Bac STI, La Réunion, 2011)*

Un jeu en ligne propose aux internautes d'effectuer des missions de difficulté croissante qui, si elles sont réussies, permettent de valider successivement le niveau 1, puis le niveau 2 et enfin le niveau 3.

De plus, les joueurs peuvent bénéficier d'un bonus de rapidité d'un montant de 3 € lorsque le dernier niveau validé l'a été en moins de deux minutes.

Une enquête portant sur 1 200 joueurs a été réalisée.

Le tableau suivant donne les résultats de cette enquête.

Joueurs ayant validé	le niveau 1 uniquement	les niveaux 1 et 2	les trois niveaux	Total
avec bonus	144	36	6	186
sans bonus	576	324	114	1 114
Total	720	360	120	1 200

1. On choisit au hasard un joueur dans ce groupe.

a. Quelle est la probabilité qu'il ait validé les niveaux 1 et 2 sans bonus ?

b. Quelle est la probabilité qu'il ait validé les trois niveaux avec bonus ?

2. Chaque joueur doit payer une mise de 5 € pour participer au jeu.
Le règlement du jeu est alors défini comme suit :
– sans bonus, la validation du niveau 1 ne rapporte rien ;
– sans bonus, la validation des niveaux 1 et 2 rapporte 4 € ;
– sans bonus, la validation des trois niveaux rapporte 7 €.

À cela s'ajoute le bonus de rapidité de 3 € qui ne peut être attribué qu'une seule fois, dans les conditions précisées en introduction.

Soit X la variable aléatoire qui à chaque partie associe le gain du joueur, en euros. On rappelle que le gain est la différence entre la somme rapportée et la mise. Il peut être positif ou négatif.

a. Donner les valeurs prises par la variable aléatoire X.

b. Donner sous forme de tableau la loi de probabilité de la variable aléatoire X.

c. Calculer l'espérance mathématique $E(X)$ de la variable aléatoire X.
Donner une interprétation de $E(X)$.

Partie B

7 300 candidats ont passé un examen. La distribution des notes entre 0 et 20 obtenues par les candidats est une variable aléatoire suivant une loi normale de moyenne μ et d'écart-type σ.

Sachant que 59 % des candidats ont obtenu une note inférieure à 11 et que 95 % des candidats ont obtenu une note inférieure à 15, calculer μ et σ.

Corrigé n°3

Exercice 1

1. a. f est définie sur $]-1\,;3[$ par $f(x) = \ln\left(\dfrac{-2x+6}{x+1}\right)$.

Sur $]-1\,;3[$, $-2x+6>0$ et $x+1>0$.

On transforme l'écriture de f : $f(x) = \ln(-2x+6) - \ln(x+1)$.

$\lim\limits_{x \to 3}(-2x+6) = 0$ et $-2x+6>0$ si $x<3$, puis $\lim\limits_{\substack{x \to 0 \\ x>0}} \ln(x) = -\infty$,

donc $\lim\limits_{\substack{x \to 3 \\ x<3}} f(x) = -\infty$.

$\lim\limits_{x \to -1}(x+1) = 0$ et $x+1>0$ si $x>-1$, puis

$\lim\limits_{\substack{x \to 0 \\ x>0}} \ln(x) = -\infty$, donc $\lim\limits_{\substack{x \to -1 \\ x>-1}} f(x) = +\infty$.

> **RAPPELS**
> Si $a>0$ et $b>0$,
> $\ln\left(\dfrac{a}{b}\right) = \ln(a) - \ln(b)$.
> Si $\lim\limits_{x \to a} f(x) = b$ et $\lim\limits_{x \to b} g(x) = c$,
> alors $\lim\limits_{x \to a} g \circ f(x) = c$.

b. Les asymptotes à $\mathscr{C}$ ont pour équations **$x = -1$ et $x = 3$.**

2. $\ln\left(\dfrac{-2x+6}{x+1}\right) = \ln(1)$ équivaut à $\dfrac{-2x+6}{x+1} = 1$ et $x \in\,]-1\,;3[$.

$-2x+6 = x+1$; $5 = 3x$; d'où $x = \dfrac{5}{3}$.

La solution de l'équation est $\dfrac{5}{3}$.

> **RAPPEL**
> $(\ln u)' = \dfrac{u'}{u}$.

3. a. $f(x) = \ln(-2x+6) - \ln(x+1)$.

$f'(x) = \dfrac{-2}{-2x+6} - \dfrac{1}{x+1}$; $f'(x) = \dfrac{1}{x-3} - \dfrac{1}{x+1}$; $f'(x) = \dfrac{x+1-(x-3)}{(x-3)(x+1)}$;

d'où $f'(x) = \dfrac{4}{(x+1)(x-3)}$.

Sur $]-1\,;3[$, $x+1>0$ et $x-3<0$, donc $f'(x)<0$.

b. Tableau de variations de f :

x	-1		3
$f'(x)$	‖	$-$	‖
f	‖ $+\infty$	↘	$-\infty$ ‖

c. La fonction f est strictement décroissante et s'annule pour la valeur $\dfrac{5}{3}$; donc **$f>0$ sur $\left]-1\,;\dfrac{5}{3}\right[$ et $f<0$ sur $\left]\dfrac{5}{3}\,;3\right[$.**

4. a. $F(x) = (x-3)\ln(3-x) - (x+1)\ln(x+1) + x\ln(2)$.

F est une primitive de f sur $]-1\,;3[$ si $F' = f$.

$F'(x) = 1\times\ln(3-x) + (x-3)\times\dfrac{-1}{3-x} - 1\times\ln(x+1) - (x+1)\times\dfrac{1}{x+1} + \ln(2)$

$F'(x) = \ln(3-x) + 1 - \ln(x+1) - 1 + \ln(2)$

$F'(x) = \ln(3-x) - \ln(x+1) + \ln(2)$

Sur $]-1\,;3[$, $f(x) = \ln\left(\dfrac{-2x+6}{x+1}\right) = \ln(2(-x+3)) - \ln(x+1)$

$= \ln(2) + \ln(3-x) - \ln(x+1)$.

Pour tout x de $]-1\,;3[$, $F'(x) = f(x)$, donc **F est une primitive de f sur $]-1\,;3[$.**

b. D'après la question **2.**, $a = \dfrac{5}{3}$. La fonction f est positive sur $[0\,;a]$, donc l'aire sous la courbe sur $[0\,;a]$ est donnée par l'intégrale $\displaystyle\int_0^a f(x)\mathrm{d}x$.

$\displaystyle\int_0^a f(x)\mathrm{d}x = [F(x)]_0^a$, où F est la primitive de la question précédente.

$F(0) = -3\ln(3)$;

$F\left(\frac{5}{3}\right) = \left(\frac{5}{3} - 3\right)\ln\left(3 - \frac{5}{3}\right) - \left(\frac{5}{3} + 1\right)\ln\left(\frac{5}{3} + 1\right) + \frac{5}{3}\ln(2)$

$F\left(\frac{5}{3}\right) = -\frac{4}{3}\ln\left(\frac{4}{3}\right) - \frac{8}{3}\ln\left(\frac{8}{3}\right) + \frac{5}{3}\ln(2)$

$F\left(\frac{5}{3}\right) = -\frac{4}{3}\ln(4) + \frac{4}{3}\ln(3) - \frac{8}{3}\ln(8) + \frac{8}{3}\ln(3) + \frac{5}{3}\ln(2)$

$F\left(\frac{5}{3}\right) = \frac{1}{3}(-8\ln(2) + 4\ln(3) - 24\ln(2) + 8\ln(3) + 5\ln(2))$

$F\left(\frac{5}{3}\right) = \frac{1}{3}(12\ln(3) - 27\ln(2)) = 4\ln(3) - 9\ln(2)$

$F\left(\frac{5}{3}\right) - F(0) = 4\ln(3) - 9\ln(2) - (-3\ln(3))$;

donc **l'aire sous la courbe vaut $7\ln(3) - 9\ln(2)$, soit environ 1,45 u.a.**

Exercice 2

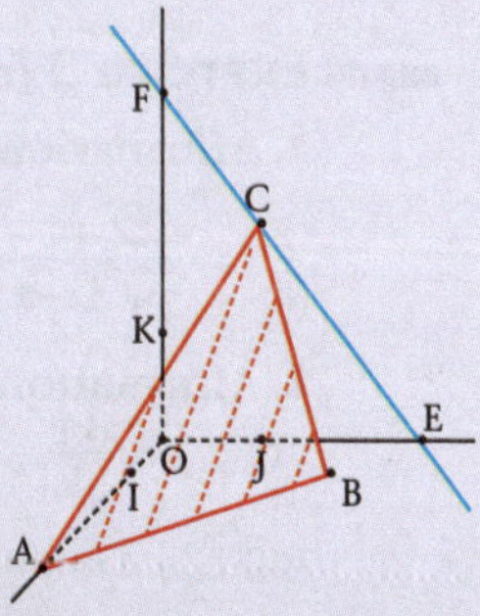

1. a. Dans le plan (OIJ), A(4 ; 0) et B(1 ; 2).

On cherche une équation sous la forme $y = mx + p$.

Le coefficient directeur de la droite (AB) est $m = -\dfrac{2}{3}$.

Au point A : $-\dfrac{2}{3}\times 4 + p = 0$; donc $p = \dfrac{8}{3}$.

La droite (AB) a pour équation $y = -\dfrac{2}{3}x + \dfrac{8}{3}$.

b. E est le point d'intersection de la droite (AB) et de la droite (OJ), il a donc pour abscisse 0. **Les coordonnées de E sont** $\left(0\ ;\ \frac{8}{3}\right)$.

2. a. $\overrightarrow{AB}\ (-3\ ;2\ ;0)$; $AB=\sqrt{13}$; $\overrightarrow{AC}\ (-4\ ;1\ ;2)$; $AC=\sqrt{21}$.
$\overrightarrow{AB}\cdot\overrightarrow{AC}=-3\times(-4)+2\times 1+0\times 2=\mathbf{14}$.

b. $\cos(\widehat{BAC})=\dfrac{\overrightarrow{AB}\cdot\overrightarrow{AC}}{AB\times AC}=\dfrac{14}{\sqrt{13}\times\sqrt{21}}\approx 0{,}847$.

Donc une mesure approchée, en degrés, de l'angle géométrique $\widehat{BAC}$ est 32°.

3. a. Pour démontrer que le vecteur $\vec{n}\,(4\ ;6\ ;5)$ est un vecteur normal au plan (ABC), il suffit de vérifier que $\vec{n}$ est orthogonal à deux vecteurs non colinéaires du plan (ABC).
$\vec{n}\cdot\overrightarrow{AB}=4\times(-3)+6\times 2+5\times 0=0$, donc $\vec{n}$ est orthogonal à $\overrightarrow{AB}$.
$\vec{n}\cdot\overrightarrow{AC}=4\times(-4)+6\times 1+5\times 2=0$, donc $\vec{n}$ est orthogonal à $\overrightarrow{AC}$.
Donc $\vec{n}$ (4 ; 6 ; 5) est un vecteur normal au plan (ABC).

b. Une équation d'un plan s'écrit sous la forme $ax+by+cz+d=0$, où $\vec{n}\ (a\ ;b\ ;c)$ est un vecteur normal au plan. D'après la question précédente, une équation de (ABC) est $4x+6y+5z+d=0$.
On calcule d avec le point A(4 ; 0 ; 0) : $4\times 4+d=0$, d'où $d=-16$.
Une équation du plan (ABC) est $4x+6y+5z-16=0$.

c. Le point F d'intersection de (ABC) et de (OK) a ses coordonnées (0 ; 0 ; z) qui satisfont l'équation de (ABC) ; donc la cote de F est $z=\dfrac{16}{5}=3{,}2$.
Les coordonnées de F sont (0 ; 0 ; 3,2).

4. Les points E et F appartiennent au plan (ABC) et au plan (OJK), donc la droite (EF) est la droite d'intersection des deux plans. Le point C appartient aussi aux deux plans, donc il appartient à la droite (EF). On en déduit que **les points F, C et E sont alignés.**

Exercice 3 (spécifique)

1. Affirmation 1 : Faux.

$$\frac{z_1}{z_2}=\frac{-\sqrt{2}+i\sqrt{2}}{\sqrt{3}-i}=\frac{(-\sqrt{2}+i\sqrt{2})(\sqrt{3}+i)}{(\sqrt{3}+i)(\sqrt{3}-i)}=\frac{-\sqrt{6}-\sqrt{2}}{4}+i\frac{-\sqrt{6}-\sqrt{2}}{4}.$$

2. Affirmation 2 : Vrai.

$\arg(z_1)=\dfrac{3\pi}{4}$; $\arg(z_2)=\dfrac{-\pi}{6}$;

$$\arg\left(\frac{z_1}{z_2}\right)=\arg(z_1)-\arg(z_2)=\frac{3\pi}{4}-\left(\frac{-\pi}{6}\right)=\frac{11\pi}{12}.$$

3. Affirmation 3 : Faux.

$z_1 = 2\ e^{i\frac{3\pi}{4}}$ et $z_2 = 2\ e^{i\frac{-\pi}{6}}$; $z_1 \times z_2 = 4\ e^{i\frac{7\pi}{12}}$.

4. Affirmation 4 : Vrai.

$|z - z_1| = AM$. L'ensemble des points M est le cercle de centre A et de rayon 3.

5. Affirmation 5 : Vrai.

Par définition, $\arg(z) = (\vec{u}, \overrightarrow{OM})$. L'ensemble des points M d'affixe z tels que $\frac{3\pi}{4} + 2k\pi$, $k \in \mathbb{Z}$, est la demi-droite d'origine O et passant par A.

CONSEILS

Citez les théorèmes et définitions du cours et utilisez des mots de liaison dans les raisonnements.

Exercice 3 (spécialité)

1. Affirmation 1 : Vrai.

Soit (E) l'équation $3x - 5y = 2$.

$(-1 ; -1)$ est une solution de (E).

$3x - 5y = -3 + 5$ équivaut à $3(x + 1) = 5(y + 1)$.

On utilise le théorème de Gauss : 3 est premier avec 5 et divise $5(y + 1)$, donc 3 divise $(y + 1)$.

Il existe un entier relatif k tel que $y + 1 = 3k$, $y = 3k - 1$.

$3(x + 1) = 5 \times 3k$, donc $x + 1 = 5k$, d'où $x = 5k - 1$.

RAPPEL

Théorème de Gauss : Soient a, b et c trois nombres entiers relatifs non nuls. Si a divise le produit bc et si a est premier avec b, alors a divise c.

Si $(x ; y)$ est solution de (E), alors $(x ; y) = (5k - 1 ; 3k - 1)$, $k \in \mathbb{Z}$.

Réciproquement, $3(5k - 1) - 5(3k - 1) = 15k - 3 - 15k + 5 = 2$.

Donc tous les couples $(5k - 1 ; 3k - 1)$, $k \in \mathbb{Z}$, vérifient (E).

2. Affirmation 2 : Faux.

$1\,991 = 284 \times 7 + 3$; donc $1\,991^{2\,009} \equiv 3^{2\,009}$ [7].

Or $3 \equiv 3$ [7] ; $3^2 \equiv 2$ [7] ; $3^3 \equiv 6$ [7] ; $3^4 \equiv 4$ [7] ; $3^5 \equiv 5$ [7] ; $3^6 \equiv 1$ [7].

$2\,009 = 334 \times 6 + 5$.

On a alors $1\,991^{2\,009} \equiv 3^{334 \times 6 + 5}$ [7].

$1\,991^{2\,009} \equiv (3^6)^{334} \times 3^5$ [7]

$1\,991^{2\,009} \equiv 1^{334} \times 5$ [7], soit $1\,991^{2\,009} \equiv 5$ [7].

3. Affirmation 3 : Vrai.

a et b sont deux entiers relatifs quelconques.

Si $a = b$ [p], comme, pour tout entier naturel n, $n \equiv n$ [p], alors $na \equiv nb$ [p].

Réciproquement, si $na \equiv nb\,[p]$, avec n et p entiers naturels premiers entre eux, il existe un entier relatif k tel que $na - nb = kp$, $n(a-b) = kp$.
D'après le théorème de Gauss, comme p est premier avec n et divise $n(a-b)$, p divise $a - b$.
Donc $a \equiv b\,[p]$.

4. Affirmation 4 : Vrai.

k est un entier naturel tel que $2 \leqslant k \leqslant n$, donc k divise $n!$ et k divise la somme $n! + k$. Le nombre k est donc un diviseur de $n! + k$. Par hypothèse, $2 \leqslant k$, donc $k \neq 1$.
De plus, $k \neq n! + k$, car $n \neq 0$.
D'où $n! + k$ n'est pas un nombre premier.

5. Affirmation 5 : Vrai.

Si $n \equiv 1\,[7]$, alors il existe un entier relatif k tel que $n = 7k + 1$.
On a alors $3n + 4 = 3(7k+1) + 4 = 21k + 7 = 7(3k+1)$
et $4n + 3 = 4(7k+1) + 3 = 28k + 7 = 7(4k+1)$.
Le nombre 7 est donc un diviseur commun à $3n + 4$ et $4n + 3$. Il reste à vérifier que $3k + 1$ et $4k + 1$ sont premiers entre eux.
Les nombres 4 et -3 sont tels que $4(3k+1) - 3(4k+1) = 1$.
D'après le théorème de Bézout, $3k + 1$ et $4k + 1$ sont premiers entre eux. Finalement, le PGCD de $3n + 4$ et de $4n + 3$ est égal à 7.

RAPPEL
Théorème de Bézout : Deux nombres entiers relatifs non nuls a et b sont premiers entre eux si, et seulement si, il existe des entiers relatifs u et v tels que $au + bv = 1$.

Exercice 4

Partie A

1. a. La probabilité que le joueur ait validé les niveaux 1 et 2 sans bonus est égale à $\dfrac{324}{1\,200} = \dfrac{27}{100} = \mathbf{0{,}27}$.

b. La probabilité qu'il ait validé les trois niveaux avec bonus est $\dfrac{6}{1\,200} = \mathbf{0{,}005}$.

2. a. Les valeurs prises par X sont **– 5 ; – 2 ; – 1 ; 2** et **5**.

b. Loi de probabilité de la variable aléatoire X :

x_i	-5	-2	-1	2	5	Total
$P(X = x_i)$	$\dfrac{576}{1\,200}$	$\dfrac{144}{1\,200}$	$\dfrac{324}{1\,200}$	$\dfrac{36+114}{1\,200} = \dfrac{150}{1\,200}$	$\dfrac{6}{1\,200}$	1

c. $E(X) = (-5) \times \frac{576}{1\,200} + (-2) \times \frac{144}{1\,200}$

$$+ (-1) \times \frac{324}{1\,200} + 2 \times \frac{150}{1\,200} + 6 \times \frac{6}{1\,200} = -\frac{3\,162}{1\,200}$$

Donc $\boldsymbol{E(X) = -2{,}635}$.

Sur un grand nombre de parties, un joueur perd en moyenne 2,635 € par partie.

Partie B

Une variable aléatoire X suit une loi normale $N(\mu, \sigma^2)$ d'espérance μ et d'écart-type σ si la variable aléatoire $Y = \frac{X - \mu}{\sigma}$ suit la loi normale centrée réduite $N(0\,;\,1)$.

D'après l'énoncé, $P(X \leqslant 11) = 0{,}59$ et $P(X \leqslant 15) = 0{,}95$.

a	$P(Y < a)$
0,22	0,587
0,23	0,591
1,64	0,949
1,65	0,951

On cherche une valeur de a telle que $P(Y \leqslant a) = 0{,}59$ pour la loi normale $N(0\,;\,1)$. Avec un tableur (ou une calculatrice), on trouve $a = 0{,}23$.

On en déduit l'équation $\frac{11 - \mu}{\sigma} = 0{,}23$.

De même, une valeur de a telle que $P(Y \leqslant a) = 0{,}95$ pour la loi normale $N(0\,;\,1)$ est $a = 1{,}65$.

On en déduit l'équation $\frac{15 - \mu}{\sigma} = 1{,}65$.

Le système d'équations $\begin{cases} 11 - \mu = 0{,}23\sigma \\ 15 - \mu = 1{,}65\sigma \end{cases}$

a pour solutions $\boldsymbol{\mu = 10{,}35}$ **et** $\boldsymbol{\sigma = 2{,}82}$.

Sujet n° 4

Plus de sujets sur www.defibac.fr

Exercice 1

Notions traitées :
- Fonctions sinus et cosinus
- Intégration

Chapitres 5 et 8, p. 99 et 170

Exercice 2

Notions traitées :
- Notion de loi à densité
- Intervalle de fluctuation Estimation

Chapitres 14 et 15, p. 307 et 330

Exercice 3 (spécifique)

Notion traitée :
- Suites

Chapitre 1, p. 9

Exercice 3 (spécialité)

Notion traitée :
- Matrices et suites

Chapitre 17, p. 379

Exercice 4

Notions traitées :
- Fonction exponentielle
- Limites de fonctions
- Continuité sur un intervalle. Théorème des valeurs intermédiaires
- Fonction exponentielle
- Intégration

Chapitres 2, 3, 4, 6 et 8, p. 33, 57, 75, 120 et 170

Exercice 1

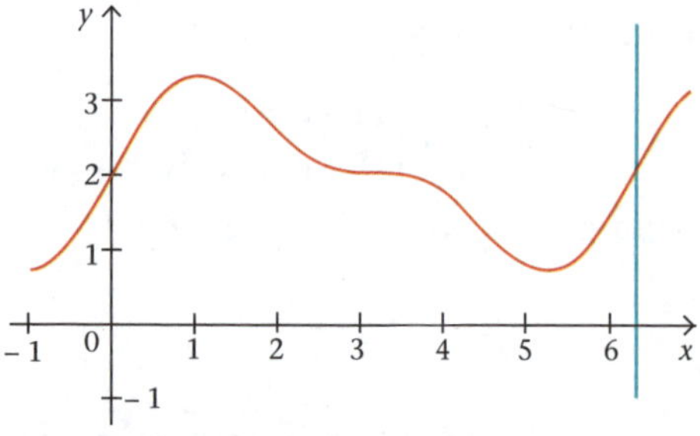

La courbe ci-dessus représente une partie de la fonction f définie sur $\mathbb{R}$ par $f(x) = 2 + 0{,}5\sin(2x) + \sin(x)$.

1. a. Calculer la dérivée f' de f.

b. Démontrer que la courbe admet une tangente parallèle à l'axe des abscisses en trois points sur l'intervalle $[0 ; 2\pi]$.

On déterminera la valeur exacte des abscisses de ces points.

2. Calculer la valeur moyenne de f sur l'intervalle $[0 ; 2\pi]$.

Exercice 2

QCM : Pour chaque question, une seule des trois réponses proposées est exacte.

Un joueur teste la sortie du « 6 » sur un dé à six faces numérotées de 1 à 6.

Soit X_n la variable aléatoire désignant le nombre de « 6 » obtenus dans un échantillon de taille n.

1. Avec un dé parfait, la proportion connue p de « 6 » sur un échantillon de taille n est $\frac{1}{6}$.

a. Lorsqu'on fait 600 lancers, on obtient 100 fois le « 6 ».

b. L'intervalle de fluctuation asymptotique de p dans un échantillon de taille 720 au seuil 0,95 est [0,139 ; 0,194].

c. La probabilité d'obtenir au moins une fois « 6 » en lançant six fois le dé est égale à 1.

2. Le joueur a effectué 120 lancers avec ce dé et il a obtenu 42 fois le « 6 ».

a. On appelle f la fréquence observée. L'intervalle de confiance de f au niveau de confiance 0,95 de la sortie du « 6 » est [0,26 ; 0,44].

b. Le joueur s'est trompé : il n'est pas possible d'observer une fréquence de sortie du « 6 » égale à 0,35 en lançant le dé.

c. La probabilité d'obtenir 42 fois la sortie du « 6 » sur 120 lancers est environ 0,000 000 582.

3. La taille d'un échantillon pour que la proportion de sorties du « 6 » soit connue avec une précision inférieure à 5 % est :

a. 100. **b.** 200. **c.** 400.

4. Avec un dé parfait, soit X_n la variable aléatoire désignant le nombre de « 6 » obtenus dans un échantillon de taille n.

Pour n assez grand, on rappelle que pour simplifier les calculs, on remplace la loi binomiale $B(n ; p)$ par la loi normale $N(\mu, \sigma^2)$ d'espérance μ et d'écart-type σ, lorsque certaines conditions sont remplies.

a. Si X_n est une variable aléatoire suivant la loi binomiale $B(n ; p)$ avec $n = 720$ et $p = \frac{1}{6}$, alors $P(X_n \geqslant 360) = 0,5$.

b. Si Z suit la loi normale $N(120, 10^2)$, alors $P(Z = 120) = 0,5$.

c. Si Z suit la loi normale $N(120, 10^2)$, alors $P(100 \leqslant Z \leqslant 140) \approx 0,954$.

5. Le joueur effectue 400 nouveaux lancers pour tester son dé. Il obtient 88 fois le « 6 ». Il fait l'hypothèse que le dé est parfait $\left(p = \frac{1}{6}\right)$.

a. Au risque d'erreur 0,05, on rejette l'hypothèse que le dé est parfait.

b. On ne peut pas rejeter l'hypothèse que le dé est parfait au seuil de risque 5 %.

c. On ne sait pas.

Exercice 3 (spécifique)

(Antilles-Guyane, 2009) On considère la suite (u_n) définie, pour tout entier naturel n non nul, par :

$$u_n = \left(1 + \frac{1}{n}\right)^n.$$

1. Soit f la fonction définie sur $[0 ; +\infty[$ par $f(x) = x - \ln(1 + x)$.

a. En étudiant les variations de f, montrer que, pour tout réel x positif ou nul, $\ln(1 + x) \leqslant x$.

b. En déduire que, pour tout entier naturel n non nul, $\ln(u_n) \leqslant 1$.

c. La suite (u_n) peut-elle avoir pour limite $+\infty$?

2. Soit la suite (v_n) définie, pour tout entier naturel n non nul, par $v_n = \ln(u_n)$.

a. On pose $x = \frac{1}{n}$. Exprimer v_n en fonction de x.

b. Que vaut $\lim\limits_{x \to 0} \frac{\ln(1 + x)}{x}$? Aucune justification n'est demandée.

Calculer $\lim\limits_{n \to +\infty} v_n$.

c. En déduire que la suite (u_n) est convergente et déterminer sa limite.

Exercice 3 (spécialité)

(*D'après Bac ES, Centres étrangers,* 2006) Dans une région, on considère trois types de temps : beau, variable, pluvieux.

On sait que :

– s'il fait beau un jour donné, la probabilité qu'il fasse beau le lendemain est 0,33 et la probabilité qu'il pleuve est 0,17 ;

– si le temps est variable, la probabilité qu'il soit variable le lendemain est 0,25 et la probabilité qu'il pleuve est 0,5 ;

– s'il pleut, la probabilité qu'il pleuve le lendemain est 0,25 et la probabilité qu'il fasse beau est 0,5.

On note :

B l'événement « le temps est beau » ;

V l'événement « le temps est variable » ;

A l'événement « le temps est pluvieux ».

L'état probabiliste du temps dans n jours est représenté par une matrice ligne $P_n = (b_n\ v_n\ a_n)$ où b_n désigne la probabilité qu'il fasse beau dans n jours, v_n désigne la probabilité que le temps soit variable dans n jours et a_n désigne la probabilité qu'il pleuve dans n jours.

Aujourd'hui, il fait beau, on a donc $P_0 = (1\ \ 0\ \ 0)$, matrice ligne décrivant l'état initial.

1. Justifier que, pour tout entier n, $\begin{cases} b_{n+1} = 0,33b_n + 0,25v_n + 0,5a_n \\ v_{n+1} = 0,5b_n + 0,25v_n + 0,25a_n \\ a_{n+1} = 0,17b_n + 0,5v_n + 0,25a_n \end{cases}$.

2. On considère la matrice $M = \begin{pmatrix} 0,33 & 0,5 & 0,17 \\ 0,25 & 0,25 & 0,5 \\ 0,5 & 0,25 & 0,25 \end{pmatrix}$

Justifier l'égalité $P_{n+1} = P_n \times M$.

Cette égalité est l'écriture matricielle du système linéaire de la question **1**.

3. Déterminer la probabilité de chaque type de temps dans deux jours.

4. On considère la matrice ligne $P = (x\ \ y\ \ z)$, x, y et z étant trois nombres réels vérifiant $x + y + z = 1$.

Déterminer la matrice P vérifiant $P = P \times M$.

Interpréter le résultat obtenu en termes de limites pour les trois suites (b_n), (v_n) et (a_n).

Exercice 4

(Amérique du Nord, juin 2007)

1. Restitution organisée de connaissances

L'objet de cette question est de démontrer que $\lim\limits_{x \to +\infty} \dfrac{e^x}{x} = +\infty$.

On supposera connus les quatre résultats suivants :

- La fonction exponentielle est dérivable sur $\mathbb{R}$ et est égale à sa fonction dérivée.
- $e^0 = 1$.
- Pour tout réel x, on a $e^x > x$.

• Soient deux fonctions φ et ψ définies sur l'intervalle $[A\ ;+\infty[$, où A est un réel positif.
Si, pour tout x de $[A\ ;+\infty[$, $\varphi(x) \leqslant \psi(x)$ et si $\lim\limits_{x \to +\infty} \varphi(x) = +\infty$, alors $\lim\limits_{x \to +\infty} \psi(x) = +\infty$.

a. On considère la fonction g définie sur $[0\ ;+\infty[$ par $g(x) = \mathrm{e}^x - \dfrac{x^2}{2}$.
Montrer que, pour tout x de $[0\ ;+\infty[$, $g(x) \geqslant 0$.

b. En déduire que $\lim\limits_{x \to +\infty} \dfrac{\mathrm{e}^x}{x} = +\infty$.

2. On appelle f la fonction définie sur $[0\ ;+\infty[$ par $f(x) = \dfrac{1}{4} x\,\mathrm{e}^{\frac{-x}{2}}$.
On appelle $\mathscr{C}$ sa courbe représentative dans un repère orthogonal.

a. Montrer que f est positive sur $[0\ ;+\infty[$.

b. Déterminer la limite de f en $+\infty$. En déduire une conséquence graphique pour la courbe $\mathscr{C}$.

c. Étudier les variations de f, puis dresser son tableau de variations sur $[0\ ;+\infty[$.

3. On considère la fonction F définie sur $[0\ ;+\infty[$ par $F(x) = \displaystyle\int_0^x f(t)\,\mathrm{d}t$.

a. Montrer que F est une fonction strictement croissante sur $[0\ ;+\infty[$.

b. Montrer que $F(x) = 1 - \mathrm{e}^{\frac{-x}{2}} - \dfrac{x}{2}\,\mathrm{e}^{\frac{-x}{2}}$.

c. Calculer la limite de F en $+\infty$ et dresser le tableau de variations de F sur $[0\ ;+\infty[$.

d. Justifier l'existence d'un unique réel positif α tel que $F(\alpha) = 0{,}5$.
À l'aide de la calculatrice, déterminer une valeur approchée de α à 10^{-2} près par excès.

4. Soit n un entier naturel non nul. On note A_n l'aire, en unités d'aire, de la partie du plan située entre l'axe des abscisses, la courbe de f et les droites d'équations $x = 0$ et $x = n$.
Déterminer le plus petit entier naturel n tel que $\mathrm{A}_n \geqslant 0{,}5$.

Corrigé n°4

Exercice 1

1. a. $f'(x) = \cos(2x) + \cos(x)$.

b. La courbe admet une tangente parallèle à l'axe des abscisses lorsque la dérivée s'annule.

On résout l'équation $f'(x) = 0$.

$\cos(2x) + \cos(x) = 0$;

$\cos(2x) = -\cos(x)$.

Or $\cos(\pi - x) = -\cos(x)$;

$\cos(2x) = \cos(\pi - x)$ équivaut à $2x = \pi - x + 2k\pi$ ou $2x = -(\pi - x) + 2k\pi$, $k \in \mathbb{Z}$.

$2x = \pi - x + 2k\pi$ équivaut à $3x = \pi + 2k\pi$, soit $x = \frac{\pi}{3} + k\frac{2\pi}{3}$.

$2x = -(\pi - x) + 2k\pi$ équivaut à $x = -\pi + 2k\pi$.

En donnant à k les valeurs 0, 1 et 2, on obtient, sur $[0 ; 2\pi]$, les trois solutions $\boldsymbol{\frac{\pi}{3}}$, $\boldsymbol{\pi}$ et $\boldsymbol{\frac{5\pi}{3}}$.

2. La fonction f est continue sur l'intervalle $[0 ; 2\pi]$.

La valeur moyenne de f sur $[0 ; 2\pi]$ est $\frac{1}{2\pi - 0}\int_0^{2\pi} f(x)\,\mathrm{d}x$.

Une primitive F de f est :

$F(x) = 2x - 0{,}25\cos(2x) - \cos(x)$.

$F(2\pi) = 4\pi - 1{,}25$, $F(0) = -1{,}25$.

$\int_0^{2\pi} f(x)\mathrm{d}(x) = F(4\pi) - F(0) = 4\pi$.

Donc la valeur moyenne de f sur l'intervalle $[0 ; 2\pi]$ est $\frac{1}{2\pi} \times 4\pi = 2$.

> **RAPPEL**
> La valeur moyenne d'une fonction continue f sur $[a ; b]$ est le réel $\frac{1}{b-a}\int_a^b f(x)\mathrm{d}x$.

Exercice 2

1. b. $I_n = \left[\frac{1}{6} - 1{,}96\frac{\sqrt{\frac{1}{6}\times\frac{5}{6}}}{\sqrt{720}} ; \frac{1}{6} + 1{,}96\frac{\sqrt{\frac{1}{6}\times\frac{5}{6}}}{\sqrt{720}}\right]$,

soit environ **[0,139 4 ; 0,193 9]**.

> **À NOTER**
> On vérifie au préalable que $n = 720 > 30$; $np = 120 \geqslant 5$ et $n(1 - p) = 600 \geqslant 5$.

2. a. $f = \dfrac{42}{120} = 0,35.$

$$\left[f - \frac{1}{\sqrt{n}} \; ; \; f + \frac{1}{\sqrt{n}}\right] = \left[0,35 - \frac{1}{\sqrt{120}} \; ; \; 0,35 + \frac{1}{\sqrt{120}}\right] = \mathbf{[0,26 \; ; \; 0,44]}.$$

Dans la réponse **c.**, le calcul est fait avec la loi binomiale de paramètres $n = 120$ et $p = \dfrac{1}{6}$, mais on ne sait pas si le dé est parfait.

3. c. $\left]f - \dfrac{1}{\sqrt{n}} \; ; \; f + \dfrac{1}{\sqrt{n}}\right[$; $\dfrac{1}{\sqrt{n}} \leqslant 0,05$; $\sqrt{n} \geqslant 20$, d'où $\boldsymbol{n \geqslant 400}$.

4. c. L'espérance de la loi binomiale de paramètres $n = 720$ et $p = \dfrac{1}{6}$ est $np = 120$; son écart-type est $\sigma = \sqrt{np\,(1-p)} = 10$.
Par approximation, Z suit la loi normale $N(\mu, \sigma^2)$; on utilise le résultat :
$P(\mu - 2\sigma \leqslant Z \leqslant \mu + 2\sigma) \approx$ **0,954**.

ATTENTION
Pour la réponse **a.**, la symétrie d'une loi binomiale n'est réalisée que lorsque $p = 0,5$; pour la réponse **b.**, la loi normale est la loi d'une variable aléatoire continue, donc $P(Z = 120) = 0$.

5. a. L'intervalle de fluctuation asymptotique de p dans un échantillon de taille 400 au seuil 0,95 est [0,130 ; 0,203] ; la fréquence observée est $\dfrac{88}{400} = 0,22$; $0,22 \notin [0,130 \; ; \; 0,203]$.

Exercice 3 (spécifique)

1. a. Pour tout x positif ou nul, $1 + x > 0$, donc f est définie et dérivable sur $[0 \; ; +\infty[$.
$f(x) = x - \ln(1 + x)$.
$f'(x) = 1 - \dfrac{1}{x+1} = \dfrac{x+1-1}{x+1} = \dfrac{x}{x+1}.$
La dérivée s'annule pour $x = 0$ et est strictement positive sur $]0 \; ; +\infty[$, donc f est strictement croissante sur $[0 \; ; +\infty[$.
Tableau de variations :

x	0	$+\infty$
$f'(x)$	$+$	
f	0 ↗	

D'après le tableau de variations, pour tout réel x appartenant à $[0 \; ; +\infty[$, $f(x) \geqslant 0$; donc $x - \ln(1 + x) \geqslant 0$ ou encore $\boldsymbol{\ln(1 + x) \leqslant x}$.

b. Pour n entier strictement positif, on pose $x = \frac{1}{n}$.

D'après la question précédente, $\ln\left(1+\frac{1}{n}\right) \leqslant \frac{1}{n}$; $n \ln\left(1+\frac{1}{n}\right) \leqslant 1$;

$\ln\left(1+\frac{1}{n}\right)^n \leqslant 1$; d'où, pour tout entier naturel n non nul, $\mathbf{\ln(u_n) \leqslant 1}$.

c. On sait que pour tout $n > 0$, $\ln(u_n) \leqslant 1$; on a alors $u_n \leqslant e$.

La suite (u_n) est majorée par e ; **elle ne peut donc pas avoir pour limite + ∞.**

2. a. $v_n = \ln(u_n) = \ln\left(1+\frac{1}{n}\right)^n = n\ln\left(1+\frac{1}{n}\right)$.

En posant $x = \frac{1}{n}$, on obtient $\mathbf{v_n = \frac{1}{x}\ln(1+x)}$.

b. On sait que $\lim\limits_{x \to 0} \frac{\ln(1+x)}{x} = 1$.

On utilise la limite d'une fonction composée :

$\lim\limits_{n \to +\infty} \frac{1}{n} = 0$ en posant $x = \frac{1}{n}$, $\mathbf{\lim\limits_{x \to 0} \frac{\ln(1+x)}{x} = 1}$, d'où $\mathbf{\lim\limits_{n \to +\infty} v_n = 1}$.

c. $v_n = \ln(u_n)$ équivaut à $u_n = e^{v_n}$.

$\lim\limits_{n \to +\infty} u_n = \lim\limits_{n \to +\infty} e^{v_n}$. Comme $\lim\limits_{n \to +\infty} v_n = 1$, on obtient $\lim\limits_{n \to +\infty} u_n = e$.

La suite (u_n) admet une limite finie, donc elle est convergente.

Exercice 3 (spécialité)

1. On peut construire un arbre pondéré :

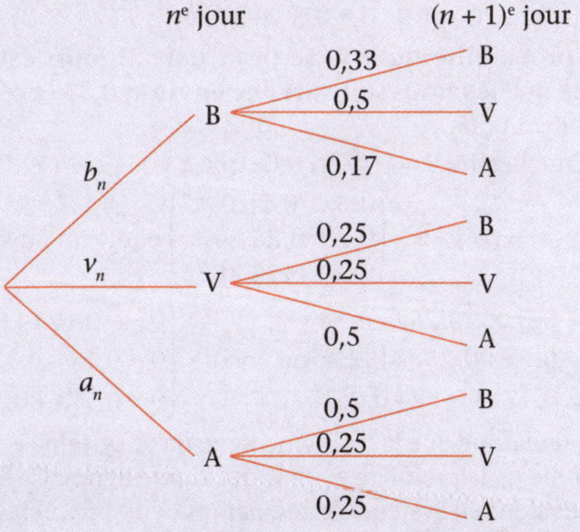

On utilise la formule des probabilités totales.

D'après l'arbre, pour tout entier n : $\begin{cases} b_{n+1} = 0,33b_n + 0,25v_n + 0,5a_n \\ v_{n+1} = 0,5b_n + 0,25v_n + 0,25a_n \\ a_{n+1} = 0,17b_n + 0,5v_n + 0,25a_n \end{cases}$.

2. $P_n \times M = (b_n \quad v_n \quad a_n) \times \begin{pmatrix} 0,33 & 0,5 & 0,17 \\ 0,25 & 0,25 & 0,5 \\ 0,5 & 0,25 & 0,25 \end{pmatrix}$.

Le produit d'une matrice ligne L à 3 colonnes par une matrice carrée M d'ordre 3 donne une matrice ligne à 3 colonnes dont le coefficient de la colonne j est le produit de la matrice L par la j^e colonne de la matrice M.
Le coefficient de la 1re colonne est $0,33b_n + 0,25v_n + 0,5a_n$, soit b_{n+1} ;
celui de la 2e colonne est $0,5b_n + 0,25v_n + 0,25a_n$, soit v_{n+1} ;
celui de la 3e colonne est $0,17b_n + 0,5v_n + 0,25$, soit a_{n+1}.
D'où l'égalité $P_{n+1} = P_n \times M$.

3. La probabilité de chaque type de temps dans deux jours est donnée par la matrice $P_2 = (b_2 \; v_2 \; a_2)$. $P_2 = P_1 \times M = (P_0 \times M) \times M = P_0 \times M^2$.

$$M^2 = \begin{pmatrix} 0,33 & 0,5 & 0,17 \\ 0,25 & 0,25 & 0,5 \\ 0,5 & 0,25 & 0,25 \end{pmatrix} \times \begin{pmatrix} 0,33 & 0,5 & 0,17 \\ 0,25 & 0,25 & 0,5 \\ 0,5 & 0,25 & 0,25 \end{pmatrix} ;$$

$$M^2 = \begin{pmatrix} 0,3189 & 0,3325 & 0,3486 \\ 0,395 & 0,3125 & 0,2925 \\ 0,3525 & 0,375 & 0,2725 \end{pmatrix}.$$

Donc $P_2 = (0,3189 \quad 0,3325 \quad 0,3486)$.

La probabilité qu'il fasse beau dans 2 jours est environ 0,32, celle que le temps soit variable environ 0,33 et celle qu'il pleuve environ 0,35.

4. On cherche $P = (x \; y \; z)$ telle que $x + y + z = 1$ et $P = P \times M$.

$(x \;\; y \;\; z) = (x \;\; y \;\; z) \times \begin{pmatrix} 0,33 & 0,5 & 0,17 \\ 0,25 & 0,25 & 0,5 \\ 0,5 & 0,25 & 0,25 \end{pmatrix}$ équivaut au système :

$$\begin{cases} x = 0,33x + 0,25y + 0,5z \\ y = 0,5x + 0,25y + 0,25z \\ z = 0,17x + 0,5y + 0,25z \end{cases} \text{ ou encore } \begin{cases} 0 = -0,67x + 0,25y + 0,5z \\ 0 = 0,5x - 0,75y + 0,25z \\ 0 = 0,17x + 0,5y - 0,75z \end{cases}.$$

On remarque que la troisième ligne de ce système est l'opposée de la somme de la première et de la deuxième lignes. Ce système est donc équivalent au système formé par les deux premières lignes.

Comme $x + y + z = 1$, on doit résoudre le système :

$$\begin{cases} 0 = -0,67x + 0,25y + 0,5z \\ 0 = 0,5x - 0,75y + 0,25z \\ 1 = x + y + z \end{cases}.$$

$$\begin{cases} 0 = -0,67x + 0,25y + 0,5(1 - x - y) \\ 0 = 0,5x - 0,75y + 0,25(1 - x - y) \\ z = 1 - x - y \end{cases}$$

$$\begin{cases} 0 = -1,17x - 0,25(0,25x + 0,25) + 0,5 \\ y = 0,25x + 0,25 \\ z = 1 - x - y \end{cases}$$

À NOTER
Vous pouvez aussi résoudre ce système en utilisant des matrices et la calculatrice.

On trouve successivement $\boldsymbol{x \approx 0,354\,97}$, $\boldsymbol{y \approx 0,338\,74}$ et $\boldsymbol{z \approx 0,306\,29}$.
On en déduit :

$\lim\limits_{n \to +\infty} b_n \approx 0,354\,97$; $\lim\limits_{n \to +\infty} v_n \approx 0,338\,74$ et $\lim\limits_{n \to +\infty} a_n \approx 0,306\,29$.

Cela signifie que la probabilité qu'il fasse beau un jour dans le futur sera environ 0,355, celle que le temps soit variable environ 0,339 et celle qu'il pleuve environ 0,306.

Exercice 4

1. a. $g(x) = e^x - \frac{x^2}{2}$; g est dérivable et a pour dérivée $g'(x) = e^x - x$.

On sait que, pour tout réel x, $e^x > x$, donc $g'(x) > 0$ sur $[0 ; +\infty[$.
On en déduit que g est strictement croissante sur $[0 ; +\infty[$.
De plus, $g(0) = 1$; donc, **pour tout x de $[0 ; +\infty[$, $g(x) \geqslant 0$.**

b. D'après la question **a.**, pour tout x de $[0 ; +\infty[$, $e^x - \frac{x^2}{2} \geqslant 0$, donc $e^x \geqslant \frac{x^2}{2}$, puis, en divisant par $x > 0$, $\frac{e^x}{x} \geqslant \frac{x}{2}$.

D'après le dernier résultat rappelé, comme $\lim\limits_{x \to +\infty} \frac{x}{2} = +\infty$, alors $\boldsymbol{\lim\limits_{x \to +\infty} \frac{e^x}{x} = +\infty}$.

2. a. Sur $[0 ; +\infty[$, $\frac{1}{4}x \geqslant 0$ et, pour tout réel x, $e^{\frac{-x}{2}} \geqslant 0$, donc **$f$ est positive sur $[0 ; +\infty[$.**

b. Sur $[0 ; +\infty[$, $f(x) = \frac{1}{4}x\, e^{\frac{-x}{2}} = \frac{1}{2} \times \frac{0,5\,x}{e^{0,5x}}$.

D'après la question **1.**, $\frac{e^{0,5x}}{0,5\,x} = +\infty$, donc $\lim\limits_{x \to +\infty} \frac{0,5x}{e^{0,5x}} = 0$ **et $\lim\limits_{x \to +\infty} f(x) = 0$.**

On en déduit que **la courbe $\mathscr{C}$ admet l'axe des abscisses comme asymptote en $+\infty$.**

c. La fonction f est dérivable comme produit de fonctions dérivables.
$f'(x) = \frac{1}{4}\, e^{\frac{-x}{2}} + \frac{1}{4}x \times \frac{-1}{2}\, e^{\frac{-x}{2}} = \frac{1}{4}\, e^{\frac{-x}{2}}\left(1 - \frac{x}{2}\right)$.

La dérivée f' a le signe de $1 - 0{,}5x$: elle s'annule pour $x = 2$, elle est positive si $x < 2$ et négative si $x > 2$.
f est donc croissante sur $[0 ; 2]$ et décroissante sur $[2 ; +\infty[$.

x	0		2		$+\infty$
$f'(x)$		$+$	0	$-$	
f	0	↗	$\frac{1}{2e}$	↘	0

3. a. F est définie sur $[0 ; +\infty[$ par $F(x) = \int_0^x f(t)\mathrm{d}t$; par définition, F est la primitive de f qui s'annule en 0 ; donc f est la dérivée de F.
D'après la question **2. c.**, la fonction f est positive sur $[0 ; +\infty[$, donc **F est strictement croissante sur $[0 ; +\infty[$.**

b. On pose $G(x) = 1 - e^{\frac{-x}{2}} - \frac{x}{2}\, e^{\frac{-x}{2}}$.
$G'(x) = \frac{1}{2}e^{\frac{-x}{2}} - \frac{1}{2}e^{\frac{-x}{2}} - \frac{x}{2} \times \left(\frac{-1}{2}\right)e^{\frac{-x}{2}}$,
donc $G'(x) = \frac{x}{4}e^{\frac{-x}{2}}$; comme $e^0 = 1$, $G(0) = 0$.
Donc $G(x) = \int_0^x f(t)\mathrm{d}t = F(x)$
et $F(x) = 1 - e^{\frac{-x}{2}} - \frac{x}{2}e^{\frac{-x}{2}}$.

c. $F(x) = 1 - e^{-0{,}5x} - 0{,}5xe^{-0{,}5x}$.
$\lim\limits_{x \to +\infty} e^{-0{,}5x} = 0$ et, d'après la question **2. b.**, $\lim\limits_{x \to +\infty} \frac{0{,}5\,x}{e^{0{,}5x}} = 0$, donc $\lim\limits_{x \to +\infty} F(x) = 1$.

x	0		$+\infty$
$F'(x)$	0	$+$	
F	0	↗	1

d. F est continue et strictement croissante sur $[0 ; +\infty[$, $F(0) = 0$ et $\lim\limits_{x \to +\infty} F(x) = 1$; $0{,}5 \in [0 ; 1[$.
D'après le théorème des valeurs intermédiaires, il existe un unique réel positif α tel que $F(\alpha) = 0{,}5$.
À l'aide de la calculatrice, $F(3{,}35) \approx 0{,}498\,9$ et $F(3{,}36) \approx 0{,}500\,5$; donc $3{,}35 < \alpha < 3{,}36$.
Une valeur approchée de α à 10^{-2} près par excès est 3,36.

4. f étant positive sur $[0 ; +\infty[$, l'aire sous la courbe de f sur $[0 ; n]$ est $A_n = \int_0^n f(t)\mathrm{d}t$. Donc $A_n = F(n)$.
D'après les questions **2.** et **3.**, $F(n) \geqslant 0{,}5$ équivaut à $n \geqslant \alpha$.
Le plus petit entier naturel n tel que $A_n \geqslant 0{,}5$ est $n = 4$.

Formulaire

Limites des fonctions exp et ln

$\lim\limits_{x \to +\infty} e^x = +\infty$; $\lim\limits_{x \to -\infty} e^x = 0$; $\lim\limits_{x \to +\infty} \frac{e^x}{x} = +\infty$; $\lim\limits_{x \to -\infty} xe^x = 0$;

$\lim\limits_{x \to 0} \frac{e^x - 1}{x} = \exp'(0) = 1.$

$\lim\limits_{x \to +\infty} \ln(x) = +\infty$; $\lim\limits_{x \to 0} \ln(x) = -\infty$; $\lim\limits_{x \to +\infty} \frac{\ln(x)}{x} = 0$; $\lim\limits_{x \to 0} x\ln(x) = 0$

$\lim\limits_{x \to 0} \frac{\ln(1+x)}{x} = \ln'(1) = 1.$

Dérivées

Dérivées des fonctions usuelles

Fonction	Ensemble de définition	Dérivée
k	$\mathbb{R}$	0
$ax + b$	$\mathbb{R}$	a
$x^n (n \in \mathbb{Z}^*)$	$\mathbb{R}^*$	nx^{n-1}
$\sqrt{x}$	$]0 ; +\infty[$	$\frac{1}{2\sqrt{x}}$
$\sin(x)$	$\mathbb{R}$	$\cos(x)$
$\cos(x)$	$\mathbb{R}$	$-\sin(x)$
$\ln(x)$	$]0 ; +\infty[$	$\frac{1}{x}$
e^x	$\mathbb{R}$	e^x

Opérations sur les fonctions dérivées

$(u + v)' = u' + v'$

$(ku)' = ku'$

$(uv)' = u'v + uv'$

$\left(\frac{u}{v}\right)' = \frac{u'v - uv'}{v^2} \, (v \neq 0)$

$(\sqrt{u})' = \frac{u'}{2\sqrt{u}} \, (u > 0)$

$(u^n)' = nu'u^{n-1}$

$(v \circ u)' = (v' \circ u)u'$

$(e^u)' = u'e^u$

$(\ln u)' = \frac{u'}{u} \, (u > 0)$

Calcul intégral

Si $F(x) = \int_a^x f(t)\,dt$, alors $F'(x) = f(x)$.

Si F est une primitive de f sur $[a ; b]$, alors $\int_a^b f(x)\,dx = F(b) - F(a)$.

La valeur moyenne de la fonction f sur $[a ; b]$ est le réel :

$$\frac{1}{b-a}\int_a^b f(x)\,dx.$$

Nombres complexes

Soit $z = x + iy$ la forme algébrique d'un nombre complexe.

$\text{Re}(z) = x$; $\text{Im}(z) = y$.

Conjugué de z :

$$\overline{z} = x - iy.$$

Module de z :

$$|z| = \sqrt{z\overline{z}} = \sqrt{x^2 + y^2}.$$

Forme trigonométrique de z non nul de module r et d'argument θ :

$$z = r(\cos\theta + i\sin\theta).$$

Notation exponentielle de z :

$$z = re^{i\theta}.$$

Soient z et z' deux nombres complexes non nuls.

Propriétés des modules

$|\overline{z}| = |z|$ $\quad \left|\dfrac{1}{z}\right| = \dfrac{1}{|z|}$

$|zz'| = |z||z'|$

Propriétés des arguments

$\arg(zz') = \arg(z) + \arg(z')[2\pi]$

$\arg\left(\dfrac{z}{z'}\right) = \arg(z) - \arg(z')[2\pi]$

$\arg(\overline{z}) = -\arg(z)[2\pi]$

Produit scalaire

Dans le plan, soient $\vec{u}$ et $\vec{v}$ deux vecteurs non nuls :
$\vec{u} \cdot \vec{v} = ||\vec{u}|| \, ||\vec{v}|| \cos(\vec{u}, \vec{v})$.

Dans un repère orthonormé de l'espace, soient $\vec{u}\,(x\,;y\,;z)$ et $\vec{v}\,(x'\,;y'\,;z')$:

$$\vec{u} \cdot \vec{v} = xx' + yy' + zz'.$$

Propriétés du produit scalaire

Soient $\vec{u}, \vec{v}$ et $\vec{w}$ trois vecteurs de l'espace et k un réel.

$\vec{u} \cdot \vec{v} = \vec{v} \cdot \vec{u}$

$(k\vec{u}) \cdot \vec{v} = k(\vec{u} \cdot \vec{v}) = \vec{u} \cdot (k\vec{v})$

$\vec{u} \cdot (\vec{v} + \vec{w}) = \vec{u} \cdot \vec{v} + \vec{u} \cdot \vec{w}$

$\vec{u} \cdot \vec{u} = \|\vec{u}\|^2$

Conditionnement et indépendance

Soient A et B deux événements quelconques.

Propriétés

$p(\overline{A}) = 1 - p(A)$

$p(A \cup B) = p(A) + p(B) - p(A \cap B)$

Si A et B sont incompatibles :
$p(A \cup B) = p(A) + p(B)$

Probabilité de A sachant B

$$p_B(A) = \frac{p(A \cap B)}{p(B)}$$

Indépendance

A et B sont indépendants si, et seulement si, $p_B(A) = p(A)$ ou $p_A(B) = p(B)$.

$p(A \cap B) = p(A) \times p(B)$

Notion de loi à densité

Loi exponentielle

La loi exponentielle de paramètre λ admet pour densité de probabilité la fonction définie sur $[0 ; +\infty[$ par :

$$f_\lambda(t) = \lambda e^{-\lambda t}.$$

Soient T une variable aléatoire suivant la loi exponentielle de paramètre λ et a un réel strictement positif.

$$P(T \leqslant a) = P([0 ; a]) = \int_0^a f_\lambda(t)\,dt = 1 - e^{-\lambda a}$$

$$P(T \geqslant a) = 1 - \int_0^a f_\lambda(t)\,dt = e^{-\lambda a}$$

Loi normale N(0, 1)

La loi normale centrée réduite N(0, 1) admet pour densité de probabilité la fonction définie sur $\mathbb{R}$ par :

$$f(x) = \frac{1}{\sqrt{2\pi}} e^{-\frac{x^2}{2}}.$$

Soient X une variable suivant la loi normale centrée réduite N(0, 1) et a et b deux réels :

$$P(a \leqslant X \leqslant b) = \int_a^b \frac{1}{\sqrt{2\pi}} e^{-\frac{x^2}{2}}\,dx.$$

Loi normale N(μ, σ²)

Une variable aléatoire X suit une loi normale $N(\mu, \sigma^2)$ d'espérance μ et d'écart-type σ si la variable aléatoire $\frac{X-\mu}{\sigma}$ suit la loi normale centrée réduite $N(0, 1)$.

Lorsque X suit la loi normale $N(\mu, \sigma^2)$, alors :

$P(\mu - \sigma \leqslant X \leqslant \mu + \sigma) \approx 0,683$;

$P(\mu - 2\sigma \leqslant X \leqslant \mu + 2\sigma) \approx 0,954$;

$P(\mu - 3\sigma \leqslant X \leqslant \mu + 3\sigma) \approx 0,997$.

Intervalle de fluctuation et estimation

Soit X_n une variable aléatoire suivant la loi binomiale de paramètres n et p, avec n un entier naturel très grand et $p \in]0 ; 1[$.

L'intervalle $\left[p - 1,96\frac{\sqrt{p(1-p)}}{\sqrt{n}} ; p + 1,96\frac{\sqrt{p(1-p)}}{\sqrt{n}}\right]$ est un intervalle de fluctuation asymptotique de la fréquence $F_n = \frac{X_n}{n}$ au seuil de 0,95.

Création maquette : Josiane Sayaphoum – Mise en pages : Facompo, Compo Méca / Graph'im

Régie publicitaire : Com d'habitude publicité 05 55 24 14 03 contact@comdhabitude.fr

MIXTE
Papier issu de sources responsables
FSC® C022030
www.fsc.org

N° projet : 10236931
Dépôt légal : juin 2017
Imprimé en France
par Loire Offset